Peter Vogl

Das große Buch des kleinen Horrors

Für meine Mutter, auch wenn's ihr nicht gefallen wird.

Peter Vogl

Das große Buch des kleinen Horrors

MÜHLBEYER
FILMBUCHVERLAG

Bibliografische Information der Deutschen Nationalbibliothek:
Die Deutsche Nationalbibliothek verzeichnet diese Publikation in der Deutschen Nationalbibliografie; detaillierte bibliografische Daten sind im Internet über http://dnb.d-nb.de abrufbar.

Inh. Harald Mühlbeyer
Frankenstraße 21a
67227 Frankenthal
www.muehlbeyer-verlag.de

Lektorat, Layout: Harald Mühlbeyer
Umschlagbild: © Edison Wormhole
Umschlaggestaltung: Steven Löttgers, Löttgers-Design Birkenheide / Harald Mühlbeyer

ISBN: 978-3-945378-49-6
Druck: BoD, Norderstedt
Printed in Germany

Inhalt

Vorwort 11
Aberrations ★☆☆☆☆ 19
Anna ★☆☆☆☆ 21
Annabelle ★★★★☆ 23
Annabelle: Creation ★★★☆☆ 25
Asylum ★★★★☆ 27
Attack of the Beast Creatures ★★★☆☆ 29
Attack of the Killer Donuts ★★★☆☆ 32
Attack of the Puppet People ★★★☆☆ 34
Baby Blood ★★★★☆ 36
Bad Milo! ★★★★☆ 38
Basket Case ★★★★★ 41
Basket Case 2 ★★★☆☆ 44
Basket Case 3 ★★★☆☆ 46
The Beast with Five Fingers ★★★☆☆ 48
Beasties ★☆☆☆☆ 51
The Bermuda Triangle ★★☆☆☆ 53
Black Devil Doll ★★★☆☆ 56
Black Devil Doll from Hell ★★☆☆☆ 58
Blood Dolls ★★★★☆ 62
Komplette Liste der 32 Charles Band-Produktionen in diesem Buch 64
Blood Gnome ★★☆☆☆ 65
Body Bags ★★★★☆ 68
The Boogens ★★☆☆☆ 70
The Boy ★★★★☆ 72
Brain Damage ★★★★☆ 74
Cat's Eye ★★★★★ 76
Charlotte ★☆☆☆☆ 78
Child's Play ★★★★★ 79
Child's Play 2 ★★★★★ 82
Child's Play 3 ★★★★☆ 84
Bride of Chucky ★★★★☆ 86
Seed of Chucky ★★★★☆ 89

- Curse of Chucky ★★★★☆ 91
- Cult of Chucky ★★★★☆ 93

The Crawling Hand ★☆☆☆☆ 95

Critters ★★★★★ 97

- Critters 2 ★★★☆☆ 100
- Critters 3 ★★★☆☆ 102
- Critters 4 ★★★☆☆ 104

Cute Little Buggers ★★★☆☆ 106

Dangerous Worry Dolls ★★☆☆☆ 108

Dead of Night ★★★★☆ 110

Dead Silence ★★★★★ 112

The Deadly Spawn ★★★★☆ 115

Death Doll ★★☆☆☆ 118

Demon Dolls (1993) ★★☆☆☆ 120

Demon Dolls (2015) ★☆☆☆☆ 122

Demonic Toys ★★★★★ 124

- Demonic Toys 2 ★☆☆☆☆ 126
- Dollman vs. The Demonic Toys ★★★☆☆ 128

Demonoid ★★★★☆ 131

Devil Doll ★★★☆☆ 133

The Devil-Doll ★★★★☆ 135

The Devil's Gift ★★☆☆☆ 137

Doll Graveyard ★★☆☆☆ 140

Doll Master ★☆☆☆☆ 142

Dolls ★★★★★ 144

Dolly Dearest ★★★☆☆ 146

Don't Be Afraid of the Dark (1973) ★★★☆☆ 148

Don't Be Afraid of the Dark (2011) ★★★★☆ 150

Dr. Terror's House of Horrors ★★★☆☆ 152

The Dummy ★☆☆☆☆ 154

The Dummy – Bloody Anniversary ★☆☆☆☆ 156

- The Dummy 2 ★☆☆☆☆ 158

The Elf ★☆☆☆☆ 160

Elves ★★★☆☆ 162

Evolver ★★★☆☆ 166

Feeders ★☆☆☆☆ 169

Feeders 2: Slay Bells ★☆☆☆☆ 171
Feeding Frenzy ★☆☆☆☆ 172
Fiend Without a Face ★★★☆☆ 174
Finders Keepers ★★☆☆☆ 176
Ghastlies ★☆☆☆☆ 178
Ghoulies ★★★☆☆ 180
Ghoulies II ★★★★☆ 182
Ghoulies Go to College ★★★☆☆ 184
Ghoulies IV ★★☆☆☆ 186
The Gingerdead Man ★☆☆☆☆ 188
Gingerdead Man 2: Passion of the Crust ★★☆☆☆ 190
Gingerdead Man 3: Saturday Night Cleaver ★★☆☆☆ 192
Goosebumps ★★★★☆ 194
Grave Danger ★☆☆☆☆ 196
Gremlin ★★★☆☆ 198
Gremlins ★★★★★ 200
Gremlins 2: The New Batch ★★★★☆ 203
Growth ★★★☆☆ 206
The Hand ★★★★★ 208
Heidi ★★☆☆☆ 210
Herencia diabolica ★☆☆☆☆ 211
Hideous! ★★★☆☆ 213
Hobgoblins ★☆☆☆☆ 216
Hobgoblins 2 ★☆☆☆☆ 219
Honto ni atta kowai hanashi: Ju shi ryō ★★☆☆☆ 221
Idle Hands ★★★☆☆ 223
The Incredible Shrinking Man ★★★☆☆ 225
Infection: The Invasion Begins ★☆☆☆☆ 227
Inhabited ★★☆☆☆ 229
It's Alive (1974) ★★★★★ 231
It's Alive 2 ★★★☆☆ 233
It's Alive III: Island of the Alive ★★★★☆ 235
It's Alive (2009) ★☆☆☆☆ 237
The Jar ★☆☆☆☆ 238
Joey ★★★★★ 240
Killer Eye: Halloween Haunt ★☆☆☆☆ 243

Kiseichû: Kirâ Pusshî ★★☆☆☆ 245
Kondom des Grauens ★★☆☆☆ 248
Larva ★★☆☆☆ 250
Leprechaun ★★★★☆ 252
Leprechaun 2 ★★★☆☆ 255
Leprechaun 3 ★★★★☆ 257
Leprechaun 4: In Space ★★★☆☆ 260
Leprechaun in the Hood ★★☆☆☆ 263
Leprechaun: Back 2 tha' Hood ★★★☆☆ 265
Leprechaun: Origins ★★☆☆☆ 267
Little Devils: The Birth ★★★☆☆ 269
Maria Leonora Teresa ★★★☆☆ 272
Munchies ★★☆☆☆ 274
Muñecos infernales (The Curse of the Doll People) ★★★☆☆ 276
Der Nachtmahr ★★☆☆☆ 278
Night of the Creeps ★★★☆☆ 280
Ooga Booga ★★☆☆☆ 282
Papi Gudia ★★★☆☆ 285
Parasite ★★☆☆☆ 289
Phantasm ★★★★★ 291
Pinocchio's Revenge ★★★☆☆ 294
The Pit ★★★★☆ 296
Possessed by the Night ★★☆☆☆ 298
The Power ★★☆☆☆ 300
Puppetmaster ★★★★★ 302
Puppet Master II ★★★★★ 306
Puppet Master III: Toulon's Revenge ★★★★★ 310
Puppet Master 4 ★★★★★ 313
Puppet Master 5 ★★★★☆ 316
Curse of the Puppet Master ★★☆☆☆ 319
Retro Puppetmaster ★★★☆☆ 322
Puppet Master: The Legacy ★☆☆☆☆ 325
Puppet Master: Axis of Evil ★★☆☆☆ 327
Puppet Master X: Axis Rising ★★★☆☆ 330
Puppet Master: Axis Termination ★★★☆☆ 333
Puppet Master: The Littlest Reich ★★★★☆ 336

Puppet Master vs Demonic Toys ★★★☆☆ 338
Puppet Show ★☆☆☆☆ 341
Quicksilver Highway ★★★☆☆ 343
Ragdoll ★★☆☆☆ 345
Revenge of the Red Baron ★★☆☆☆ 347
Robert ★★★☆☆ 350
    The Curse of Robert ★★☆☆☆ 353
    The Toymaker ★☆☆☆☆ 355
    The Revenge of Robert ★★☆☆☆ 357
Rumpelstiltskin ★★★☆☆ 360
Screamtime ★★★★☆ / ★★★☆☆ 363
Secrets in the Attic ★★☆☆☆ 365
Seedpeople ★★☆☆☆ 367
Severed Ties ★★★☆☆ 369
Shake Rattle and Roll 12 ★★★☆☆ 372
Shivers ★★★★☆ 374
Shrunken Heads ★★★★☆ 376
Silent Night, Deadly Night 5: The Toy Maker ★★☆☆☆ 379
The Skull ★★☆☆☆ 381
Slither ★★★★☆ 383
The Suckling ★★★☆☆ 385
Tales from the Hood ★★★★★ 388
Tales of Halloween ★★★☆☆ 391
The Telling ★☆☆☆☆ 392
Tiki ★★★☆☆ 394
The Tingler ★★★☆☆ 396
Totem ★★★☆☆ 398
Trilogy of Terror ★★★★★ 400
    Trilogy of Terror II ★★★☆☆ 402
Triloquist ★★★☆☆ 404
Troll ★★★★☆ 406
Troll 2 ★★★☆☆ 409
Tuyul: Part 1 ★☆☆☆☆ 415
The Unborn ★★★☆☆ 417
    The Unborn II ★★☆☆☆ 420
Vacaciones de terror ★★★★☆ 422

Vacaciones de terror 2: cumpleaños diábolico ★★★☆☆ 425
Won Ton Baby! ★★☆☆☆ 427
Yoga Hosers ★★☆☆☆ 429
Zapatlela 2 ★☆☆☆☆ 431
Zombeavers ★★★★☆ 434
Zombie Babies ★☆☆☆☆ 437
Tiny TV-Terrors: Folgen von TV-Serien mit kleinem Horror 439
Filmliste, nach Jahren und Jahrzehnten geordnet 448

Movies are so rarely great art, that if we cannot appreciate great trash,
we have very little reason to be interested in them.

Pauline Kael

Vorwort

Das war's, ich habe fertig. Alle Texte sind geschrieben. Es war ein spannendes und einzigartiges Buchprojekt: Die Filme sind sehr oft lustig, zu oft langweilig, immer wieder eigenartig und manchmal auch abartig, pervers, banal, inspirierend... und viele von ihnen können auch unerträglich frustrierend und in einigen Fällen sogar fast seelenraubend schlecht sein. Fast niemand – auch unter Genrefilmfans – tut sich freiwillig und regelmäßig so einen Schrott an. Ich komme mir ehrlich gesagt vor wie einer dieser Typen, der alle Achttausender-Gipfel dieser Welt bestiegen hat. Nur war ich nicht oft extrem hoch oben, sondern oft extrem weit unten – in den Untiefen von Low-Budget, Micro-Budget und manchmal auch No-Budget. Doch woher kommen eigentlich solche Filme?

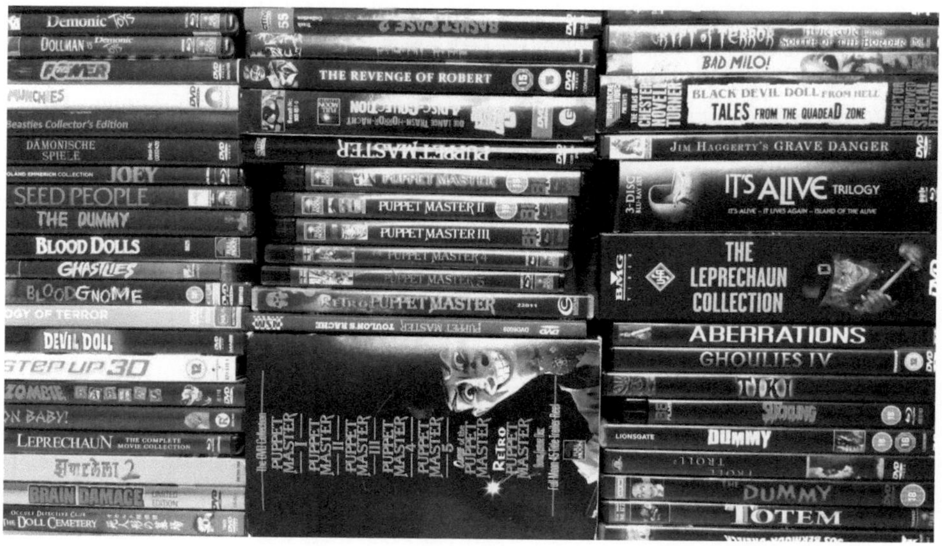

Abb. 1: Das lustige Suchspiel des kleinen Horrors: Einer dieser Filme passt nicht zu den anderen.

Coming to a TV screen near you!

Die 1980er waren in den USA in popkultureller Hinsicht aus mehreren Gründen spannend, unter anderem auch, weil der Videomarkt einen Boom erlebte. Nachdem die Major Studios in den frühen 80ern die B-Filme aus den Kinos verdrängten, auch weil sie selber populistischere »B-Stoffe« brachten, fanden diese in den Wohnzimmern dank erschwinglicher VHS-Geräte ein neues Zuhause. Es gab, auch international, eine enorme Nachfrage nach Filmen, die mit den typischen Mainstreamproduktionen alleine nicht gedeckt werden konnte. Das rief viele kleine Labels auf den Plan, die den Markt mit einer Menge Low-Budget-Produktionen und ordentlich Vitamin »B« versorgten – das Horrorgenre florierte.[1]

Hey guys, let's make a movie!

Eine deutliche Stufe darunter sind die auf einfachen Videokameras gedrehten Amateurfilme, von denen sich auch ein paar in diesem Buch finden. Einige stammen ebenfalls aus den 1980ern, aber vor allem im darauffolgenden Jahrzehnt wurden Videokameras und Filmequipment immer billiger und damit einer breiteren Masse zugänglich. Das führte dazu, dass einige untalentierte und übermotivierte Menschen beschlossen, ein paar Hundert Dollar in die Hand zu nehmen und mit ihren Freunden für ein paar Tage einen Film zu drehen. Wäre es bei einem kleinen Spaßprojekt unter Freunden und Verwandten geblieben – warum nicht. Aber da es eben am Videomarkt eine starke Nachfrage gab, begab es sich, dass einige Videotheken und sogar Videoketten in den USA einige dieser *shot-on-video*-Schundwerke ankauften und auf ihre unwissenden, unschuldigen Kunden losließen.

Wir haben es hier also nicht nur mit B-, sondern auch mit richtigen C-Filmen zu tun. Wenn man jedoch lange genug im durchwachsenen, dreckigen Dickicht des Vergessenswerten wühlt, findet man auch Perlen.

Warum Trash und B?

Und es sind gar nicht so wenige Perlen. Warum sieht man sich aber überhaupt billige Genrefilme an? Ich mache das, weil man bei ihnen Erfahrungen machen und Dinge sehen kann, welche die oft seichten Mainstreamproduktionen nicht bieten wollen und können. Ein riesiges Budget garantiert fast immer ein hohes Level an technischer Qualität, bedeutet aber auch ein hohes Risiko. Die großen Filmstudios sind aber nicht umsonst für ihre Risikounfreudigkeit bekannt – also mal lieber nicht zu ausgefallen und anders sein. Kreativität kann man nicht kaufen, und oft wird etwas gerade wegen des geringen Budgets und der damit verbundenen Einschränkungen etwas Besonderes.

Oder, um ein Beispiel aus einem anderen Bereich zu nehmen: Videospiele kratzen bereits am Fotorealismus und technisch sind ihnen kaum noch Grenzen gesetzt. Trotzdem ist die Kreativität im Mainstreambereich nicht unbedingt explodiert in den letzten Jahren. In den technisch vergleichsweise massiv eingeschränkten Jahren der 1980ern und 1990ern hat es dagegen ganz anders ausgesehen.

1 Der legendäre Cannon-Boss Menahem Golan hat 1986 in einem Interview gesagt: »Theatrical is not the only mouth to feed. If Hollywood produced five times as many films as it does now, it would still not meet the demand. There is space for the mediocre!«

B- und Trashfilme sind expliziter, überraschender, extremer, brutaler, bunter, verrückter und mehr für den Bauch als für das Gehirn. Nichts gegen moderne Hollywoodmegaspektakel – die kann ich ebenso abgöttisch lieben. Aber man kann nicht jeden Tag Steak essen, ab und zu muss eine deftige, auch mal stinkende Käseplatte her.

Warum tiny terrors?

Ich fände es etwas müßig, lange über die Anziehungskraft von leblosen Objekten zu philosophieren, die sich bewegen. Es gefällt und unterhält, also warum viel herumanalysieren? Puppen, mit ihren toten, menschlichen Gesichtern und kleinen Fantasiewesen haftet einfach etwas Gruseliges, Unheimliches an, und sie scheinen eine Urangst anzusprechen. Vielleicht sehnen wir uns in unserer modernen, abgeklärten Welt nach etwas Fantastischem und Magischem.

Dies ist wahrlich kein Subgenre für Filmsnobs, die sich vielleicht ab und zu »ironisch« einen B-Film ansehen. Auch nicht für Leute, die ihre fiktiven Stoffe am liebsten realistisch, subtil, düster, zynisch, ernsthaft oder überdramatisch haben wollen. Die Puppen- und *small creature*-Horrorfilme sind in der Regel absichtlich kindisch und wollen mit unprätentiösen Mitteln unterhalten.

Im besseren Fall haben diese Produktionen einen ganz eigenen Charme oder Flair. Erfahrungen, die sich anfühlen wie PUPPETMASTER (1989), BASKET CASE (1982) oder auch wie weniger herausragende Titel wie THE DEADLY SPAWN (1983) und ATTACK OF THE BEAST CREATURES (1985) wird es wohl nie wieder geben, zumindest nicht in unserer Lebenszeit. Erstens sind im B-Bereich schon lange die Budgets massiv geschrumpft worden, und man braucht halt doch etwas Kies, um seine Vorstellungen Realität werden zu lassen. Es wird auch nicht mehr auf Filmmaterial, sondern digital gedreht, und es herrschen ein anderer Zeitgeist, andere Sensibilitäten und ein ganz anderer Markt. Außerdem: Wer von den Jüngeren will heute noch Filmemacher werden? Dann schon lieber YouTube-Star oder professioneller Videospieler, oder irgendwas mit »content« und »social media«.

In dieser geek-schicken Post-*Big Bang Theory*-Welt, in der Popkultur zelebriert und kommerziell ordentlich ausgeschlachtet wird, gilt es aber erfreulicherweise als cool, wenn man mit seinem inneren, begeisterungsfähigen Kind eng in Kontakt steht. Vielleicht erleben die *tiny terror*-Filme deshalb gerade so etwas wie eine kleine Renaissance. ANNABELLE (2014) und THE BOY (2016) wurden vor ein paar Jahren als Puppenhorror vermarktet, PUPPETMASTER hat gerade ein höher budgetiertes Remake bekommen, sowohl eine Chucky- als auch eine Critters-TV-Serie sind geplant und ein Reboot von GREMLINS (1984) wird wohl auch bald kommen.

Die geringstmögliche Hürde

Es gab keine Qualitätshürde, ab der sich ein Film für dieses Buch qualifizierte. Die einzigen Anforderungen waren: 1. Man kann ihn dem Horrorgenre zuordnen, 2. Ein oder mehrere kleine Wesen treten prominent auf, 3. Es ist kein Kurzfilm und 4. Er wurde irgendwo, irgendwann auf einem Trägermedium kommerziell veröffentlicht. Das bedeutet folgerichtig, dass er mit rein durfte, sobald sich irgendein kleines Schundlabel dazu entschloss, den Film auf DVD zu vertreiben.

Es ist auch vorgekommen, dass ich einen mega-obskuren Film nicht finden und sichten konnte. Bei diesen wirklich extrem seltenen Fällen war es aber ohnehin nicht klar, ob der Film ins Buch passt, und zweitens muss man davon ausgehen, dass es sich um eine extreme Schrottproduktion handelt, bei der fraglich ist, ob es überhaupt jemals eine echte, reguläre Veröffentlichung gab.

Filme, die es nicht geschafft haben:

Nicht jeder Film, in dem *tiny terrors* vorkommen, findet sich in diesem Buch. Die berühmten Facehugger gehören zu den beliebtesten kleinen Monstern überhaupt, haben aber in den ALIEN-Filmen nur Gastauftritte. In POLTERGEIST (1982, und in dessen Remake 2015) gibt es eine einprägsame Clownpuppenszene und in der britischen Amicus-Produktion AND NOW THE SCREAMING STARTS! (1973) spielt eine herrenlose Hand eine untergeordnete Rolle. Einen größeren Gastauftritt haben kleine Monster auch im empfehlenswerten THE GATE (1987) und im eigenartigen Mainstream-Flop DREAMCATCHER (2003). Filme wie THE HIDDEN (1987), in denen kleine Wesen nicht autonom agieren, sondern Menschen kontrollieren, sind auch ausgelassen. Richard Attenboroughs MAGIC (1978) mit Anthony Hopkins ist ein wunderbarer Horrorfilm und mit Abstand der beste, in dem es um eine Bauchrednerpuppe geht. Aber da es sich um einen Fall von gespaltener Persönlichkeit handelt und nicht um eine Killerpuppe – woran nie ein Zweifel besteht –, wurde der Film hier nicht aufgenommen.[2]

Kleine Lebewesen, die ausgeschlossen wurden:

Tierhorror ist ein eigenes Genre, und dessen Vertreter mit kleinen Viechern wie Killerratten, Mörderfröschen, Piranhas, Ameisen etc. sind nicht Teil dieses Buches. Wurmähnliche Aliens wie jene in SHIVERS (1975) oder SLITHER (2006) zählen dagegen

[2] Außerdem nicht enthalten sind die Full Moon Compilation-Filme DEVILDOLLS (2012) und THE HAUNTED DOLLHOUSE (2012), die in der IMDb fälschlicherweise unter einem Eintrag vereint sind. Beide bestehen aus drei Episoden – zusammengestutzte frühere Produktionen, von denen bis auf eine (SKULL HEADS [2009], der in Wahrheit keine kleinen Killer hat) alle einen Eintrag in diesem Buch haben. In WHEN PUPPETS AND DOLLS ATTACK! (2005) sind gleich elf Full Moon-Filme vereint, alle davon haben ebenfalls einen eigenen Eintrag.

sehr wohl. Ebenfalls nicht enthalten sind die Kind-als-Monster-Filme wie der exzellente The Omen (1976) oder die weniger exzellente Children of the Corn-Reihe (1984-2018). Dem Kleinvieh und den Kindern mangelt es am Fantastischen.

Ein simples 5-Sterne-System

Jeder Film hat eine Kritik und ein Fazit bekommen, was hoffentlich eine gute Entscheidungshilfe ist, ob man sich das Ding irgendwann zu Gemüte führen sollte, oder nicht. Zwecks Einfachheit und Übersichtlichkeit kommen dazu noch die Sterne, die etwa so viel anzeigen sollen:

5 Sterne: Ein Vorzeigewerk. Nur 19 von den 181 Filmen in diesem Buch haben ein 5er-Rating bekommen.

4 Sterne: Ein empfehlenswerter Film, der deutlich zu den besseren gehört.

3 Sterne: Ein (innerhalb dieses Subgenres) durchschnittlicher bis leicht überdurchschnittlicher Film, mit eindeutig sichtbaren Mängeln, aber auch erkennbaren Qualitäten und Unterhaltungswert.

2 Sterne: Ein deutlich schlechter Film mit wenigen Elementen und/oder Szenen, die ihn davor retten, zu den richtig miesen zu gehören.

1 Stern: Eine absolute Katastrophe. Warnung: Deine Stimmungslage, wenn nicht sogar Dein seelisches Gleichgewicht, können durch dieses Schundstück in ernsthafte Gefahr geraten.

Übrigens: Manche herausragende Werke wie It's Alive (1974) und The Hand (1981) haben eher kurze Texte bekommen, während weitaus weniger ansprechendes Zeug wie Ooga Booga (2013), Papi Gudia (1996) oder Black Devil Doll from Hell (1984) sehr lange Texte hat. Bei sehr guten Filmen wollte ich oft absichtlich nicht zu viel verraten, aber trotzdem einen guten Eindruck vermitteln. Bei schlechten Filmen macht es viel mehr Spaß zu ergründen, warum sie so eigenartig und/oder mies sind, und man nimmt ihnen dabei auch nicht wirklich etwas weg.

Freaks wie wir

Der famose Quentin Tarantino hat einmal etwas sehr Treffliches gesagt, nämlich dass es zwei Arten von Menschen gibt: Jene, die Filme lieben und jene, die nur die Filme lieben, die sie lieben (»people who love movies and people who only love the movies they love«). Die *tiny horrors* sind logischerweise eher für die erste Gruppe der echten Liebhaber gedacht. Denn nur damit das klar ist: Den meisten Leuten – von Kritikern gar nicht zu sprechen – wären die 5-Stern-Filme dieses Buches maximal zwei Sterne wert. Aber wir sind ja nicht »die meisten« Leute. Und wem sage ich das überhaupt – Du hast dieses Buch ja nicht umsonst in Hand. Vielleicht hast Du (so wie ich) alle Chuck Norris- und Godzilla-Filme schon durch und bist jetzt auf der Suche nach dem nächsten B- oder Trash-Kick. Vielleicht ermüden Dich die typischen Exploitationfilme bereits. Oder Du willst einfach nur etwas Besonderes sehen und warst immer schon etwas kindisch veranlagt. Dann bist Du beim »kleinen Horror« richtig. Es gibt Spaß, Effekte, Blut, Grusel und Schrecken und noch mehr. Und wenn es bei einem der vorgestellten Filme, wie so oft, ob der miesen Qualität nichts zu Lachen gibt, dann vermag es hoffentlich zumindest die eine oder andere Stelle im dazugehörigen Text, zu erheitern. Ich wünsche gutes Vergnügen.

Anmerkungen zum Aufbau der Enzyklopädie:

Titel: Der Titel wir ausschließlich so angegeben, wie er im Film selber vorkommt, nicht auf Postern oder DVDs etc. So mag z. B. überall, auch auf den DVDs und Blu-Rays vom siebten PUPPET MASTER-Film, zwar »Retro Puppet Master« stehen, im Film selber aber sehen wir die Schreibweise »Retro Puppetmaster«. Oder: Im Internet und auch auf dem DVD-Cover steht »The Dummy«, im Film selber aber der volle Titel »The Dummy – Bloody Anniversary«.

Ursprungsland: Sofern nicht anders angegeben, sind die Filme US-Produktionen. Es zählt alleine das Land/die Länder der Produktionsfirma/-firmen und nicht, in welchem Land gedreht wurde.

Jahr: Es ist das Ersterscheinungsjahr angegeben, nicht das Produktionsjahr oder das Copyright-Jahr. Wobei die erste breitere Veröffentlichung gezählt wird, also keine Filmfestivals und kein, wie in manchen Fällen, auf wenige Kinos beschränkter Release (*limited run*).

Deutscher Titel: Deutsche Verleihtitel werden klarerweise nur dann angegeben, wenn sie überhaupt existieren und vom Originaltitel abweichen.

Regie: Hier wird, sofern vorhanden, eine Auswahl an relevanten Regiearbeiten des Verantwortlichen aufgelistet.

Drehbuch: Hier wird, sofern vorhanden, eine Auswahl an relevanten Drehbuchcredits des Verantwortlichen aufgelistet.

Drehbuch und Regie: Wenn hier Titel aufgelistet werden, dann hat diese Person für sie sowohl einen Regie- als auch einen Drehbuchcredit, sofern nicht [nur Drehbuch] oder [nur Regie] angemerkt sind.

Nennenswerter Cast: Schauspieler, die man kennen könnte oder sollte, mit relevanten Filmen, in denen sie ebenfalls mitgespielt haben.

Coole Tagline: Hat ein Film auf einem offiziellen Poster oder auf der Vorder- oder Rückseite einer VHS, DVD oder Blu-Ray einen bemerkenswert coolen Werbespruch, wird er hier genannt (ohne Anspruch auf Vollständigkeit).

Minutenangabe: IMDb.com ist schon was sehr Feines, aber man kann der Filmdatenbank nicht immer zu hundert Prozent trauen. Am wenigsten, glaube ich, bei der Angabe der Laufzeit der Filme. Wenn Ihr also gestresste Businesstypen seid (und wer sonst würde so ein Buch kaufen) und für Euch jede Minute zählt, werdet Ihr hier informiert.

Kill Count: Nicht immer sind alle Menschen, die über den Handlungsverlauf des Films sterben, hier mitgezählt, sondern nur dann, wenn sie gewaltsam getötet werden und wir den Kill auch wirklich sehen. Wenn wir einer Ermordung beiwohnen, aber einen wesentlichen Teil davon nicht sehen dürfen, dann wird der Kill als »off camera« gezählt. »5 (3 off camera)« bedeutet z. B. »insgesamt fünf Morde, drei davon *off camera*.« Unfälle und Selbstmorde werden nicht gezählt.

ABERRATIONS

2012
Drehbuch und Regie: Steve Sessions
80 Min.

In diesem Amateur-Episodenfilm nimmt eine Horrorautorin mit Hilfe eines Ouijabretts (Hexenbrett) Kontakt mit einem verstorbenen Kollegen auf, der ihr Geschichten erzählen soll, die er Zeit seines Lebens nicht verwertet hat. Manchmal fällt einem halt einfach nix ein – das gilt leider auch für den Macher von ABERRATIONS (deutsch: »Abweichungen, Irrwege«). Der ganze Kack-Film ist ein einziger Irrweg.

In der ersten Episode findet eine Frau in ihrem gemieteten Lagerraum eine Bauchrednerpuppe und hat keine Ahnung, woher diese kommt. Sie nimmt sie trotzdem mit nach Hause und nennt sie Donald. Der Pupperich bewegt ganz gespenstisch in der Nacht seine Augen. Die Frau fühlt sich durch ihn an irgendjemanden erinnert, bis es ihr schließlich einfällt: Donnie war ein Junge, den sie in der High School gedatet hat. Beim Abschlussball wurde er betrunken von einem Truck überfahren.

Spoiler (hey, niemand von Euch wird hoffentlich diesen Film jemals sehen): Weil Donnie beim Abschlussball zu aufdringlich war (#metoo), hat sie ihn vor den Truck gestoßen. Sofort nachdem wir diese Info erhalten haben, rammt Puppendonnie ihr ein Messer rein. Das sehen wir aber nicht, sondern nur einen großen Blutspritzer an der Wand.

Diese erste Episode ist nur zehn Minuten lang und hat trotzdem viel zu viele unnötige Minuten, wie jene einer Dusch- und einer Autofahrszene. Die anderen Geschichten sind sogar noch mieser: Eine besteht zu einem Großteil daraus, dass jemand mit einem Kammerjäger über Kakerlakenbefall spricht. In einer anderen Episode stapft eine Frau im Wald herum und versucht einem Scharfschützen zu entgehen, der gleichzeitig hobbymäßiger Mörder ist.

ABERRATIONS ist zu Recht komplett unbekannt und hat alle Merkmale einer No-Budget-Amateurproduktion: Nicht-Schauspieler, lahme Geschichte(n), uninspirierte Szenen und Kameraeinstellungen, schlagartig wechselnde Audioqualität und Lautstärke, die Wohnungen und Häuser der Darsteller müssen als Sets herhalten, und so weiter. Niemand sollte diesen oberüblen Film jemals sehen, nicht mal eingefleischteste Trash-Aficionados.[3]

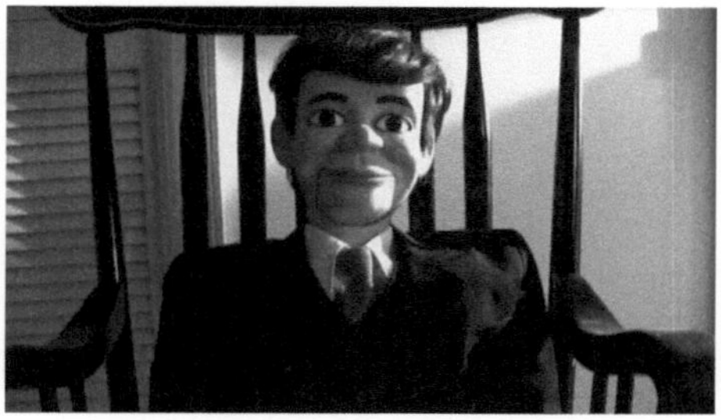

Abb. 2: Der beste Darsteller des Films.

[3] Übrigens: 555 Film-Screenshots zieren dieses Buch. Also die Zahl des Tieres, nur eine Stufe kleiner – kleiner Horror eben. »Der Teufel hat viele Gesichter, auch den Zufall«, hat ein deutscher Heilpraktiker mal gesagt.

Mit dem ersten Film in diesem Buch starten wir also ganz weit unten. Doch es wird besser...und auch noch um einiges schlechter. Viel Spaß noch!

★☆☆☆☆ (Die erste Episode)

★☆☆☆☆ (ABERRATIONS als Ganzes)

Besonderheiten: *Keine.*
Creative Killing: *Nein.*
Nervige Skeptiker: *Keine.*
Kill Count *(Episode 1): 1 off camera.*

ANNA

2017
Regie: Michael Crum (CYPRESS CREEK)
Drehbuch: Unbekannt. Es ist fraglich, ob es überhaupt ein richtiges Drehbuch gab.
97 Min.

Zwei nervige Freunde, die auf Paranormales stehen, wollen mit einem ihrer Videos endlich einen YouTube-Hit landen. Deshalb stehlen sie eine angeblich besessene Puppe aus dem »USA Paranormal Haunted Museum« und bringen sie auf ihre Spuk-Baustelle. Der Name des Museums klingt, als ob er einem Siebenjährigen eingefallen wäre. Angeblich waren die Opfer der Puppe alle weiblich. Also laden die Jungs eine freizügige Frau (die sich als Prostituierte herausstellt, weil haha) auf die Baustelle ein und hoffen, dass dadurch die böse Seite der Puppe ausgelöst wird.

Kurz vor dem Date meint einer der zwei Typen, dass sie unbedingt noch schnell eine Gemüse-Platte holen müssen, denn »a woman feels comfortable when there's a plate for her to eat on of delicious vegetables.« Die zwei Idioten verschwinden, um die wichtige Veggie-Platte zu holen, die Prostituierte kommt und stirbt im Dunkeln. Die Puppe hat nämlich irgendwie eine Frau mit Piranhapflanzenkopf herbeigezaubert. Später sind auch die zwei Freunde in Gefahr, also kidnappen sie eine Wahrsagerin und sperren sie auf der Baustelle ein. Ob das hilft?

ANNA ist allerunterste Schublade, ein zurecht unbekannter und auf allen erdenklichen Ebenen schlechter und komplett amateurhafter Film. In der zweiten Hälfte kennt man sich nicht mehr richtig aus und vor lauter Dunkelheit und schlechter Kamera kann man nicht mal mehr erkennen, was passiert. Die zwei Freunde streiten und hadern permanent miteinander, was lustig sein soll, aber nie ist. Die Szenen dauern viel zu lange und die Dialoge sind fast ausschließlich Voice-Overs, wurden also im Nachhinein zu den Filmaufnahmen beigefügt. An zwei Stellen des Films stößt jeweils eine Frau zu den zwei Freunden, und der Ton wechselt von gut verständlichem Voice-Over zu einer schlechten Location-Aufnahme. Offensichtlich wollten die zwei Damen nach ihren Szenen keine weiteren Aufnahmen mehr machen, oder sie wurden einfach nicht mehr kontaktiert. Die Puppe bewegt sich natürlich nie, denn das hätte ja eines Mindestmaßes an Anstrengung und Können bedurft.

Auf dem Cover der britischen DVD wird die Rezension einer Website mit »one of the best horror films of 2017« zitiert. Eine glatte Lüge, denn dieser Satz findet sich nicht in der Rezension. ANNA wirkt so, als ob jemand, genau wie die zwei Deppen im Film, eine Idee für ein schlechtes YouTube-Video hatte, sich mit zwei Kumpels ein halbes Wochenende frei genommen hat, und dabei irgendwie diese 90 Minuten dabei herausgekommen sind. Zumindest habe ich gelernt, dass man einer Frau frisches Gemüse anbieten muss, wenn man will, dass sie sich wohl fühlt.

★☆☆☆☆

Besonderheiten: *Keine.*
Creative Killing: *Nein.*
Nervige Skeptiker: *Keine.*
Kill Count: *2 (beide off camera) Ganz sicher bin ich mir aber nicht, denn das Bild war oft zu dunkel und außerdem hat mein Hirn immer wieder mal auf Not-Aus geschaltet.*

ANNABELLE

2014
Regie: John R. Leonetti (MORTAL KOMBAT: ANNIHILATION, WISH UPON)
Drehbuch: Gary Dauberman (ANNABELLE: CREATION [Seite 25], THE NUN)
Nennenswerter Cast: Annabelle Wallis (THE MUMMY [2017])
99 Min.

THE CONJURING (James Wan, 2013) war einer der erfolgreichsten Horrorfilme der jüngeren Zeit. Der von Wan mitproduzierte ANNABELLE spielt Anfang der 1970er und versteht sich als dessen Spin-off und Prequel. Die zwei Filme verbindet aber alleine die Puppe Annabelle, deren Entstehungsgeschichte wir hier erleben. Ein paar Jahre später wird sie in den Besitz des Geisterjägers Ed Warren übergehen (siehe THE CONJURING, in dem die Puppe einen Gastauftritt hat).

Es ist 1970 in Kalifornien, und Charles Manson geistert durch die Medien. Aus Angst vor den Killersekten fangen Leute vermehrt an, ihre Häuser zuzusperren. Das durchschnittliche, vergleichsweise spießige, aber grundgute Paar Mia und John erwartet ein Baby. Die beiden sind glücklich zusammen und sehen aus, als wären sie einem Modekatalog entsprungen. Wir verbringen sehr viel Zeit mit diesen zwei eher langweiligen Menschen. Mia sammelt Puppen und bekommt ein seltenes Exemplar von John.

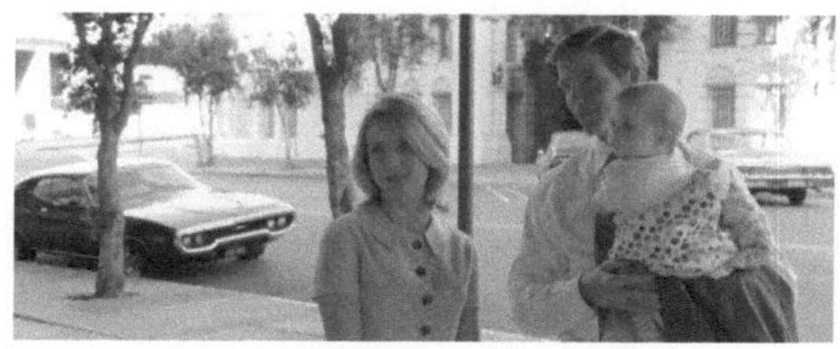

Abb. 3: Wer ist am schönsten? Sie, er, das Baby oder das Auto im Hintergrund?

Eines Nachts kehrt Annabelle, die von zu Hause weggelaufene Hippie-Tochter der Nachbarn, zurück und bringt, gemeinsam mit ihrem Freund, ihre Eltern um. Die durchgedrehte junge Frau will dadurch einen Dämon beschwören, wie wir später erfahren. Diese verdammten Hippies und ihre bizarren satanischen Rituale... Sie werden von John, der nach dem Rechten sieht, und einem Polizisten aufgehalten – scheinbar. Die junge Frau hat sich den Hals aufgeschlitzt, und Blut tropft in das Auge von Mias neuer Puppe.

Noch während der Schwangerschaft, vor allem aber nach der Geburt ihrer Tochter Leah, passieren übernatürliche Dinge in der Wohnung von Mia und John, der in der zweiten Hälfte des Films angenehm durch längere Abwesenheit auffällt. Die lebensbedrohlichen Ereignisse scheinen alle in Zusammenhang mit Mias neuer Puppe zu stehen. Anstatt zu einem Psychologen oder einem sonstigen Experten zu gehen, sucht das Paar Hilfe bei einem Priester, den sie schon vorher jeden Sonntag brav in der Kirche besucht

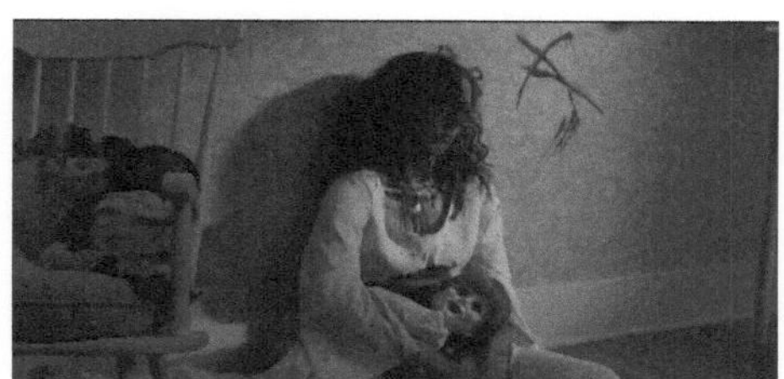

Abb. 4: Aaannabelle, ach Annabelle, du bist so herrlich unkonventionell. (© Reinhard Mey)

haben. Dieser erklärt ihnen, ohne dabei auch nur mit der Wimper zu zucken, dass Dämonen Objekte als Kanal nützen können, um an ihre Ziele zu gelangen. Das oberste Ziel dieses Dämons sei es, die Seele von Leah zu bekommen.

Die teils verhaltenen Publikumsreaktionen und schlechten Kritiken des Films hatten sicher auch mit Erwartungshaltungen zu tun, denn beim Marketing wurde er stark mit dem vergleichsweise wilden THE CONJURING in Verbindung gebracht. ANNABELLE ist dagegen ein ruhiger, konservativer Gruselfilm. Es dauert relativ lange, bis er in Fahrt kommt, und die Schockmomente sind spärlich gesetzt, aber dafür äußerst effektiv. Das liegt auch daran, dass erfolgreich ein sehr intimes Setting geschaffen wird.

Im ganzen Film sieht man kein einziges Mal, dass sich die Puppe von selbst bewegt. Sie blickt vor allem ominös in die Kamera. Übrigens sieht und hört man ständig TV-Sendungen und Musik der 1960er und 1970er, damit das Publikum auf keinen Fall vergisst, in welchem Jahrzehnt wir uns befinden.

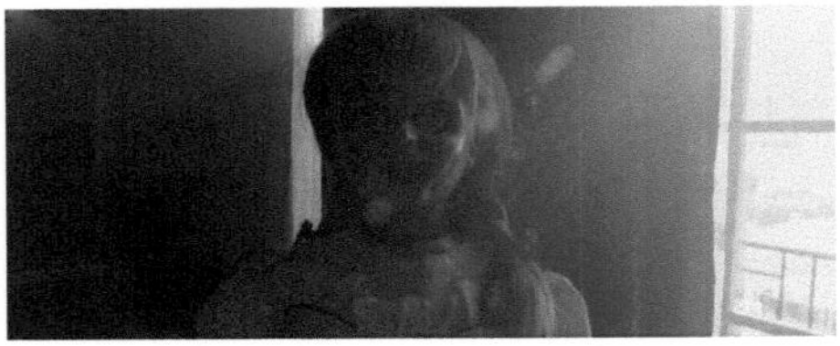

Abb. 5: »Annabelle – Spielzeug des Dämons« wäre ein cooler deutscher old school-*Titel gewesen, oder nicht?*

ANNABELLE bringt dem Genre keine neuen Ideen, ist aber richtig schön gruselig und technisch sauber gemacht. Mit mehr Puppenszenen könnte man ihn sogar zu den besten des Genres zählen. Doch Annabelle rührt keinen Finger, und selbst der Dämon, der angeblich *unbedingt* eine Seele braucht, scheint wie gesagt nur sporadisch motiviert zu sein. Der Film hat weltweit über 250 Millionen Dollar eingespielt – wobei die Popularität von THE CONJURING hier sicherlich geholfen hat.

★★★★☆

Besonderheiten: *Die titelgebende Puppe ist anscheinend kamerascheu und bewegt sich nicht.*
Creative Killing: *Fehlanzeige.*
Nervige Skeptiker: *John meint zuerst, seine Frau leide vielleicht unter Angstzuständen, aber dann glaubt er ihr.*
Kill Count: *3 (2 off camera)*

ANNABELLE: CREATION

2017
Deutscher Titel: ANNABELLE 2
Regie: David F. Sandberg (LIGHTS OUT, SHAZAM!)
Drehbuch: Gary Dauberman (ANNABELLE [Seite 23], THE NUN)
Nennenswerter Cast: Anthony LaPaglia (EMPIRE RECORDS, *Without a Trace*, SO I MARRIED AN AXE MURDERER, THE CLIENT)
Coole Tagline: The Next Chapter in THE CONJURING Universe
110 Min.

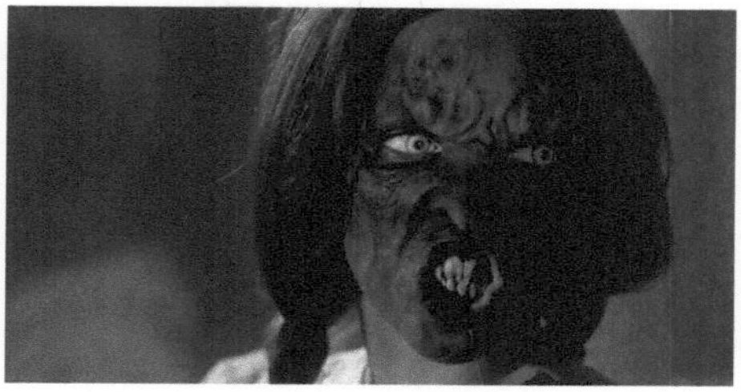

Abb. 6: BUH!

In diesem Prequel zum Prequel (!) befinden wir uns in den 1950ern und folgen der lieben Linda, die mit einem Polio-Fuß (damals noch nicht heilbar) und Krücken durchs Leben gehen muss. Sie darf, zusammen mit einer Busladung anderer junger Mädchen, aus einem katholischen Waisenhaus ausziehen und von nun an in einem ziemlich stattlichen Anwesen in der ländlichen Einöde leben. Ihre neuen Pateneltern sind ein resignierter Puppenbauer und seine bettlägerige Frau, die nach dem Unfalltod ihrer Tochter wieder Leben in ihrer Bude haben wollen. Mit diesen zwei Figuren gibt es allerdings kaum Interaktionen.

Bei einem unheimlichen Versteckspiel findet Linda die Annabelle-Puppe und hat sofort Angst vor ihr, denn sie fühlt eine böse Präsenz. Türen öffnen und schließen sich von selbst und andere merkwürdige Dinge passieren. Der Puppenbauer ahnt, was los ist, und schnitzt zur Sicherheit schon mal ein Kreuz aus Holz. Was verheimlicht er den Mädchen?

ANNABELLE: CREATION ist eine dieser Suspense & *Jump-Scare*-Angelegenheiten. Es läuft immer gleich ab: Irgendwo lauert etwas Böses. Vielleicht sieht man kurz eine Bewegung oder ein anderes Lebenszeichen und plötzlich – Buh! – wird man von irgendetwas schlagartig erschreckt, oder soll zumindest erschreckt werden. Wie auch beim Vorgänger haben wir es hier nicht mit wirklichem Puppenhorror zu tun. Es geht, wie bei ANNABELLE *(Seite 23)* sowie den INSIDIOUS- und CONJURING-Filmen, um einen bösen Dämon, der die Leute bedroht. Die böse Präsenz nutzt die Puppe nur als Körper. Annabelle bewegt sich vor der Kamera noch immer nicht und bekommt noch weniger Aufmerksamkeit als in Teil 1.

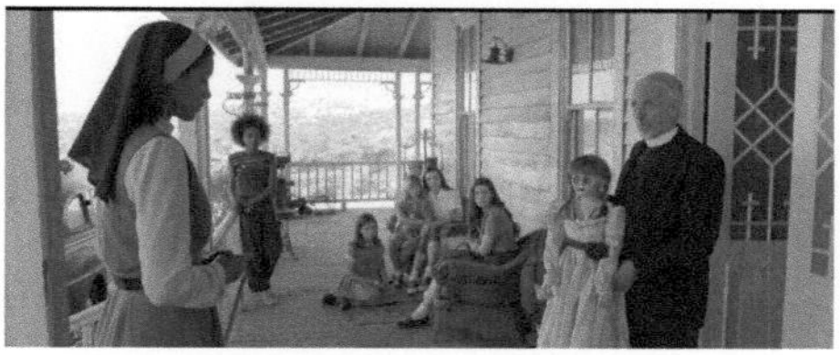

Abb. 7: Kirchenvertreter beraten sich darüber, was am besten zu tun sei.

ANNABELLE: CREATION war sowohl beim Publikum als auch bei Kritikern beliebter als der erste Teil. Den Machern mangelt es allerdings an Vorstellungskraft und guten Ideen für den Plot, von dem es so gut wie keinen gibt. Es ist kein langweiliger Film und auch kein schlecht gemachter, aber ein ziemlich belangloser. Für einen Horrorfilm ist es auch sehr verwunderlich, dass man einen großen Pool an Figuren hat und kaum eine von ihnen sterben lässt. An den Kinokassen spielte er noch mehr ein als der Vorgänger, deshalb wird es voraussichtlich Juli 2019 einen dritten Teil geben.

★★★☆☆

> ***Besonderheiten:*** *Hat sogar noch mehr Geld eingespielt als der bereits sehr erfolgreiche Vorgänger. / Hört genau da auf, wo* ANNABELLE *(Seite 23) anfängt. Die Timeline:* ANNABELLE: CREATION – ANNABELLE – THE CONJURING – THE CONJURING 2. *Wir haben es mit einem Conjuring-Universum zu tun, zu dem 2018 auch* THE NUN *dazukam. Nachdem Disney Milliarden von Dollar mit ihrem* MARVEL Cinematic Universe *scheffeln, müssen klarerweise mehr von den Film-Universen her. Soll mir recht sein! Ich warte immer noch auf das 2016 angekündigte Hanna-Barbera Cinematic Universe.*
> ***Creative Killing:*** *Nein.*
> ***Nervige Skeptiker:*** *Keine.*
> ***Kill Count:*** *3*

Asylum

UK 1972
Deutscher Titel: Asylum – Irrgarten des Schreckens
Regie: Roy Ward Baker (A Night to Remember, Quatermass and the Pit, The Vampire Lovers, Don't Bother to Knock, The Legend of the 7 Golden Vampires)
Drehbuch: Robert Bloch (Autor von *Psycho*, auf dem der gleichnamige Film von Alfred Hitchcock basiert; The Skull [Seite 381], Strait-Jacket)
Nennenswerter Cast (Mannikins of Horror): Herbert Lom (Pink Panther-Filme der 1970er, Hexen bis aufs Blut gequält, Nachts, wenn Dracula erwacht, The Phantom of the Opera [1962], Der Schatz im Silbersee, The Ladykillers [1955], A Shot in the Dark, King Solomon's Mines, War and Peace, Gambit, The Dead Zone, Hell Drivers), Patrick Magee (Il gatto nero [The Black Cat], A Clockwork Orange, Barry Lyndon, The Masque of the Red Death)
Coole Tagline: You have nothing to lose but your mind.
89 Min.

Asylum ist zur Abwechslung eine britische Produktion und neben Trilogy of Terror (Seite 400) eine weitere, sehr nette Horror-Anthologie aus den 1970ern, die mit ein paar guten Ideen und wenigen Schockeffekten auskommt.

Nach drei Episoden lernen wir Dr. Byron (Herbert Lom) kennen, einen eloquenten und intelligenten Arzt. Er ist überzeugt, sein Bewusstsein in eine kleine, von ihm gebaute roboterartige Figur transferieren und sie somit zum Leben erwecken zu können, wenn er sich nur stark genug konzentriert. Für diese Überzeugung ist er vom Leiter der Irrenanstalt (heute kein politisch korrekter Begriff mehr, aber hey, wir sind in den 1970ern in der britischen Einöde) Dr. Rutherford (Patrick Magee) ebendort eingesperrt worden. Byron will sich dafür rächen. Mit dem Finale wird gleichzeitig die Rahmenhandlung des Films abgeschlossen, in der sich ein junger Londoner Psychiater um eine Stelle im Asylum bewirbt. Er lernt die Patienten kennen, und ihre Erzählungen bilden die ersten drei Episoden. Diese handeln von offensichtlich psychotischen, schizophrenen Menschen. Ob Dr. Byron auch einer von ihnen ist?

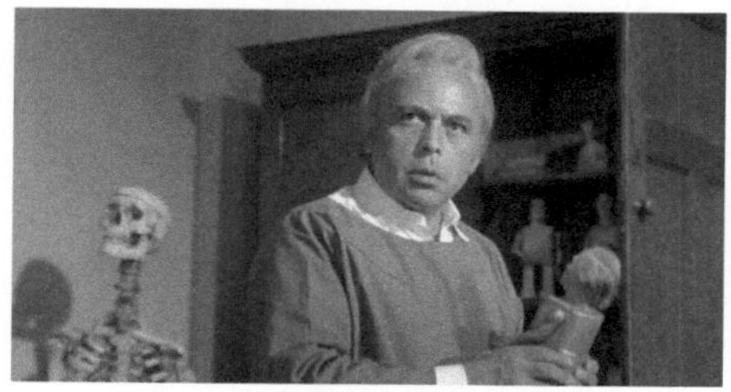

Abb. 8: Jeder braucht ein Hobby.

»Mannikins of Horror«, in dem eigentlich nur ein *Mannikin* angreift, arbeitet mit Twists, und die Auflösung ist etwas verwirrend und fast unvorhersehbar. Diese vierte Episode bietet die wahrscheinlich unbedrohlichste kleine Killerfigur der Filmgeschichte. Wenn der Miniroboter in Schneckengeschwindigkeit herumschreitet, kann selbst die schreckhafteste Oma nur Schmunzeln. Zum Spaß habe ich mir die Roboterszenen beim zweiten Mal in dreifacher Geschwindigkeit angesehen, und sie waren immer noch zu langsam, um bedrohlich zu wirken. Das Ding sieht auch in keiner Weise beängstigend aus. Spielzeughersteller würden dem Doktor jedenfalls nicht die Türe einrennen, auch nicht im Jahr 1972. Trotzdem sind die Rahmenhandlung und das Finale des Films, wie auch der Großteil des Rests, ziemlich spannend inszeniert. Die Stärken liegen eher beim Drehbuch und bei den schauspielerischen Leistungen.

★★★★☆ (Mannikins of Horror)

★★★★☆ (ASYLUM als Ganzes)

Besonderheiten: *Die erste von drei Amicus-Produktionen in diesem Buch. Die zwei anderen sind DR. TERROR'S HOUSE OF HORRORS (Seite 152) und THE SKULL (Seite 381). / Um den lächerlichen Mini-Roboter wieder vergessen zu machen, sollte man sich vielleicht gleich nach ASYLUM einen japanischen Godzillafilm mit Mechagodzilla ansehen. Ich empfehle den sehr actionreichen GOJIRA VS MEKAGOJIRA aus dem Jahr 1993 (Deutscher Titel: GODZILLA VS. MECHAGODZILLA II).*
Creative Killing: *Nein.*
Nervige Skeptiker: *Der Leiter der Anstalt hält Dr. Byron, sowie alle anderen seiner Patienten, natürlich für verrückt, wie es auch der junge Psychiater tut.*
Kill Count *(Mannikins of Horror): 3*

Attack of the Beast Creatures

1985
Deutscher Titel: Beast Creatures
Regie: Michael Stanley
Drehbuch: Robert A. Hutton
82 Min.

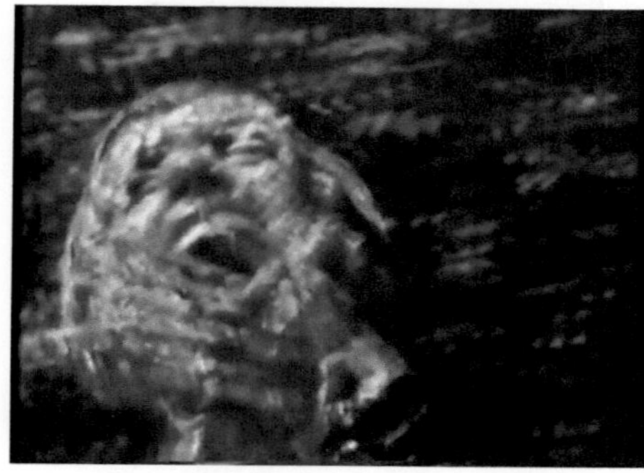

Abb. 9: Achtung: Kein Trinkwasser! Liebe Grüße, ihre Inselverwaltung.

Irgendwo im Nordatlantik geht im Mai 1920 ein Kreuzschiff unter. Warum wir uns im Jahr 1920 befinden, wird nicht geklärt, es hat auch keinen Einfluss auf den Film. Vielleicht sollte so der Eindruck vermittelt werden, dass eine auf einer wahren Begebenheit basierende Geschichte erzählt wird – mit kleinen, flinken Killermännchen. Eine Gruppe von sechs Männern und drei Frauen hat es auf ein Rettungsboot geschafft und driftet nun ziellos auf dem Ozean herum, auf der Ausschau nach Schiffen.

Die Truppe strandet mit einem Schwerverletzten auf einer Insel und schöpft Hoffnung, zu überleben. Sie stoßen ins Landesinnere vor und fragen sich, warum hier tropisches Klima herrscht, obwohl sie im Nordatlantik sein sollten. Als einer von ihnen endlich einen Fluss findet, hängt er gleich sein durstiges Gesicht in das Wasser, worauf ihm dieses sofort wegschmilzt und er tot in die ätzende Brühe fällt. Wenigstens sind die kleinen Beeren genießbar, die die Gestrandeten fleißig pflücken.

Für den Schwerverletzten war es zu spät, er wurde zurückgelassen und sollte später begraben werden. Doch als die Gruppe zu seiner Leiche zurückkehrt, ist nur noch ein Skelett da – irgendetwas hat die komplette Leiche in kürzester Zeit von den Knochen abgekiefelt!

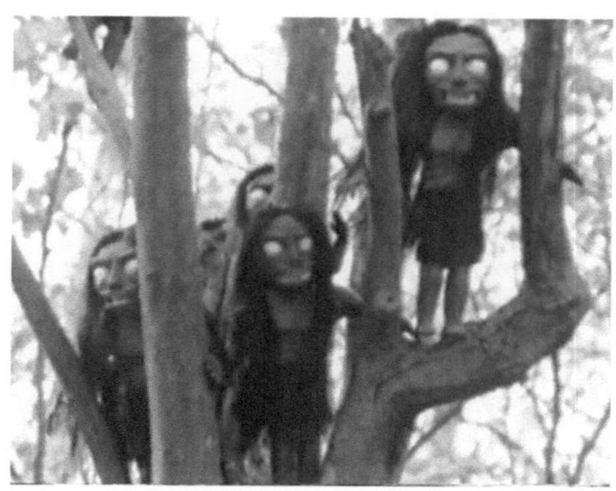

Abb. 10: We are Beast Creatures. We are legion!

In der Nacht schlafen unsere Protagonisten an einem Lagerfeuer, als auf einmal etliche leuchtende Augen in der Dunkelheit erscheinen. Es folgt eine Mega-Attacke kleiner Wesen, die von allen Seiten auf Lianen herbeischwingen und sich überall am Körper reinbeißen. Die kleinen rot-braunen und etwa 30 cm großen Männlein haben große, weiße Augen, pechschwarzes Haar und scharfe Zähne. Sie sehen aus wie ein Downgrade der Zuni-Puppe aus Trilogy of Terror, rennen blitzschnell herum und hüpfen den Menschen ständig auf die Beine oder in ihre

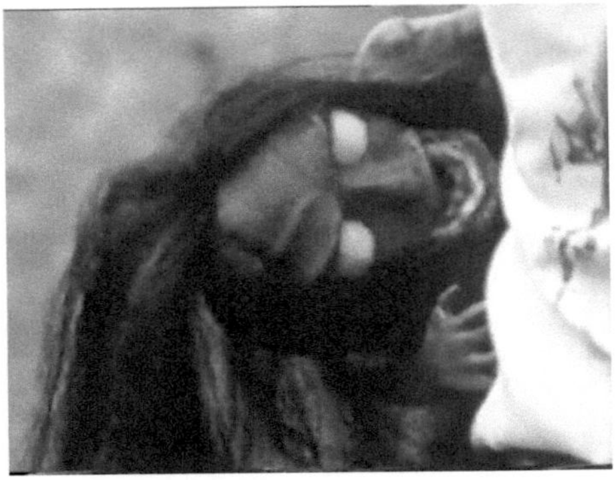

Abb. 11: Wadelbeißer (österr./süddt.): 1. Ein Hund, der auf Grund seiner kleinen Statur Menschen nur in die Waden beißen kann. 2. Ein boshafter, verbissener, zynischer Mensch. 3. Alternativbegriff für filmische tiny terrors. *Mjam!*

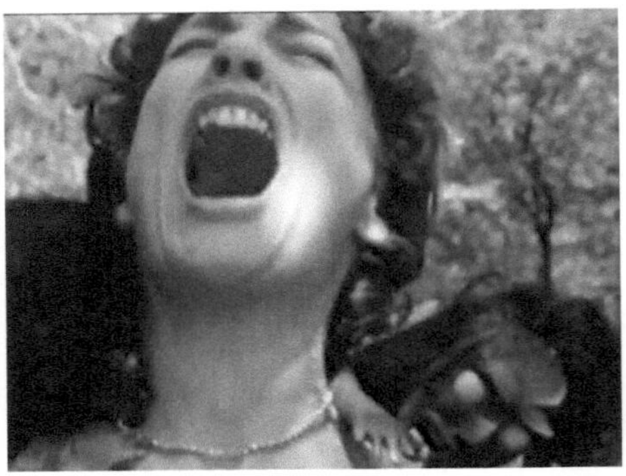

Abb. 12: »Der Schrei« von Edvard Munch kann einpacken.

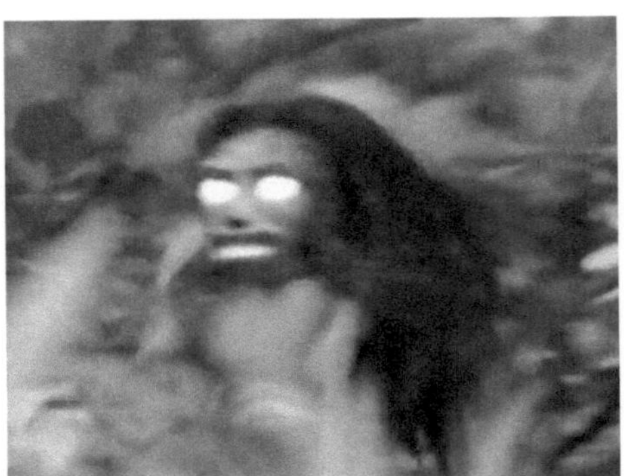

Abb. 13: Ein Männlein rennt im Walde.

Haare. Unsere Helden können die Mini-Urwaldarmee in die Flucht schlagen und kommen einstweilen mit Bisswunden und dem Schrecken davon.

Sie stoßen weiter vor und werden wieder attackiert, wobei diesmal eine der Frauen dran glauben muss. Wer wird den Inselhorror überleben?

ATTACK OF THE BEAST CREATURES ist nicht gruselig, stimmungsvoll oder besonders. Aber wenigstens kann man sich nicht beschweren, dass die Monster zu wenig vorkommen. Wenn gerade ein Angriff war, ist der nächste nicht weit.

Was den Film ein bisschen einzigartig macht, ist, dass die Angriffe keiner typischen Monsterfilm-Dramaturgie folgen. Man hat sich als Filmfan an einen gewissen Rhythmus gewöhnt, und üblicherweise gibt es vielleicht zwei große Attacken. Hier hingegen können die kleinen Biester überall lauern. Beispiel: Die Gestrandeten sind auf einem Fußmarsch und man glaubt, dass sie jetzt mindestens für einige Minuten Ruhe haben, bevor die Männlein wieder kommen, es hat ja auch gerade erst ein Angriff stattgefunden. Doch da springt eines einem Mann ans Bein, beißt zu und haut wieder ab. Dann geht die Gruppe weiter. Oder man glaubt bei den großen Attacken, dass es vorbei ist, und dann springen noch ein paar von ihnen aus dem Dschungel raus. Die Bodentruppen-Piranhas sind eine ständige Präsenz, was erfrischend ist. Die Kleinen sind auch geschickt, lösen das Rettungsboot von der Schnur und lassen es wegtreiben. Somit sind die Menschen auf der Insel gefangen und müssen sich dem Überlebenskampf stellen. Wenn sie Rast machen, werden die Menschen angegriffen, und auch, wenn sie marschieren – sie kommen nicht aus.

Die Effekte sind wirklich nichts besonderes, aber effektiv genug. Ständig hängen und beißen zwei oder drei Männlein auf den Leuten herum, während diese weglaufen oder sich die Dinger wieder von Leib reißen wollen. Das hat auch eine gewisse Comedy-Qualität. Man könnte jetzt sagen, dass das für alle Mini-Monster-Filme gilt, aber hier ist es eben noch akzentuierter. Action gibt es genug, auch wenn sich die Männlein kaum bewegen können, wenn sie mal an den Menschen hängen.

Es gibt keine einprägsamen Charaktere, bis auf einen: Mr. Morgan macht ständig Ärger und ist der Eric Cartman der Truppe. Immer am meckern, egoistisch, frech und alle verabscheuen ihn. Handlung ist fast keine vorhanden, die Figuren versuchen inmitten der ganzen Attacken einfach nur durchzukommen. Als dann endlich die erlösende Rettung kommt und die wenigen Überlebenden eingesammelt werden, meint einer der beiden Helfer, mit dem letzten Satz des Films: »What were THOSE things?« oder in der deutschen Fassung: »Was waren denn das für Dinger?« Wir haben es nicht erfahren, auch nicht woher sie kamen, waren aber ganz gut unterhalten.

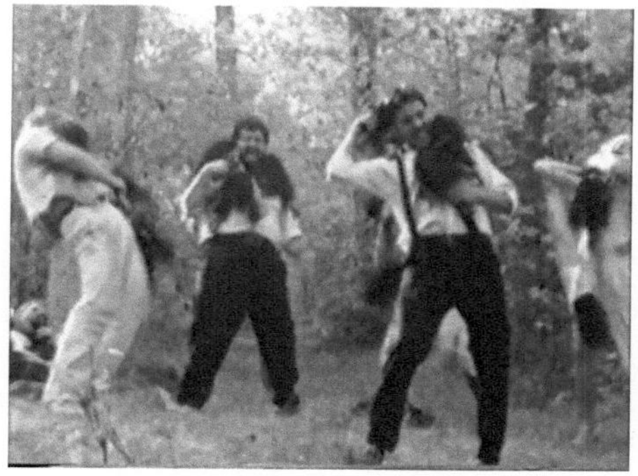

Abb. 14: Tanztheater oder Mini-Monster-Attacke?

★★★☆☆

Besonderheiten: *Das Copyright des Films stammt von 1983. Er wurde also vor dem Erfolg der ganzen anderen* tiny terrors *produziert, ist aber offensichtlich von* TRILOGY OF TERROR *(1975, Seite 400) inspiriert.*
Creative Killing: *Schmelzgesicht? Trink ich nicht.*
Nervige Skeptiker: *Keine.*
Kill Count: *6*

ATTACK OF THE KILLER DONUTS

2017
Regie: Scott Wheeler (TRANSMORPHERS: FALL OF MAN, MILF, CELEBRITY SEX TAPE)
Drehbuch Nathan Dalton, Chris De Christopher, Rafael Diaz-Wagner
Nennenswerter Cast: C. Thomas Howell (THE OUTSIDERS, THE HITCHER, RED DAWN [1984])
Tagline: We LOVE Eating Them, Now It's THEIR turn!
81 Min.

Der Teenager Johnny arbeitet mit Michelle, seiner besten Freundin seit Kindheitsjahren, im etwas schäbigen »Dandy Donuts«, wo sich selten ein Kunde hin verirrt. Seine Mama stellt ihm am Morgen einen ganzen Teller gebratenen Speck auf den Tisch, sonst nichts – quasi ein *extreme-low-carb*-Frühstück. Aber da nichts umsonst ist auf dieser Welt, muss sich Johnny von ihr anhören, dass er sich endlich an Michelle ranmachen soll. Ich finde, seine Mama hat absolut Recht: Michelle ist ein süßes, kluges Mädchen, das in ihn verliebt ist. Johnny jagt aber lieber einem blonden Gift hinterher, einer doofen Tussi, die ihn nur ausnimmt und mit einem genau so doofen *gym bro* betrügt. Tja, jeder ist seines Glückes Schmied.

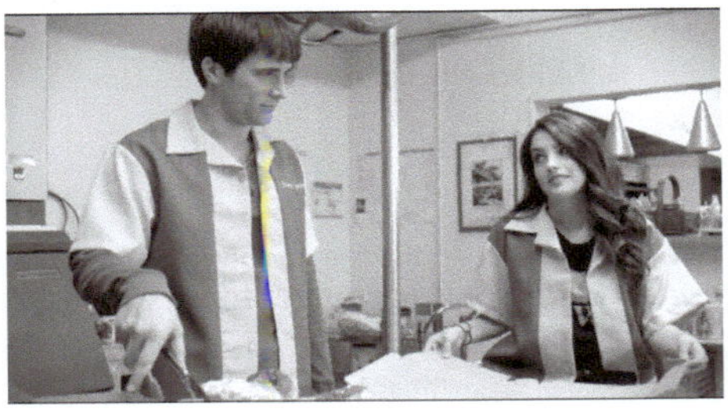

Abb. 15: Junge, da geht was.

Johnnys Onkel wohnt im Keller des Hauses und ist ein verrückter Wissenschaftler / verkanntes Genie. Mit seinem neuesten Serum gelingt es ihm, eine tote Ratte wiederzubeleben. Das Onkelchen besucht Johnny an seinem Arbeitsplatz, wo seine spezielle Mixtur bei einem Gerangel in die Fritteuse fällt. Dadurch entstehen lebende Killerschmalzkringel mit Fangzähnen, die bald in Massen durch die Gegend hüpfen und Menschen zu Tode beißen. Der rosafarbene Strawberry Frosted Donut wird der Anführer der Teig-Fett-Zucker-Killerbande, falls Ihr Euch das gefragt habt.

Zusammen mit ihrem Nerdkumpel und zwei glücklosen Cops treten Johnny und Michelle gegen die Killernachspeisen an und zwar mit allem, was greifbar ist, wie Baseball-, Tennis- und Hockeyschlägern. Im Finale zeigen sich die Killerdonuts kurz schockiert und hören auf herumzuspringen, als der Nerdkumpel seinem besten Freund Johnny beichtet, dass er mit dessen Mutter eine Affäre hat. Nachdem sie die Kringel besiegt haben (Spoiler, sorry), küssen sich Johnny und Michelle zum ersten Mal und haben danach ausgiebig Sex. Was einfach beweist, dass der Mensch immer wieder mal Stresssituationen braucht, um im Leben voranzukommen und um zu erkennen, was wirklich zählt.

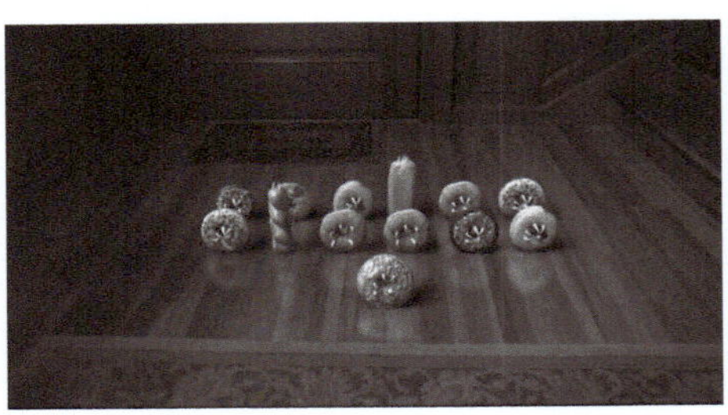

Abb. 16: Die Killerdonuts sind ungewöhnlich diszipliniert.

Für den Horrorkomödienfan, der wirklich schon alles gesehen hat, ist ATTACK OF THE KILLER DONUTS ein sehr leicht verdauliches (Back)Werk mit durchgehend amüsantem Ton. Nicht, dass er übermäßig lustig wäre, aber in dem harm- und belanglosen Film gibt es immer wieder mal was zum Schmunzeln, und es sind sogar ein paar Lacher zu holen. Schlichtem Humor und simplen Gags sollte man hier nicht abgeneigt sein, und ab und zu gibt es auch Slapstick und ein paar derbe Einlagen mit Fürzen und grüner Kacke.

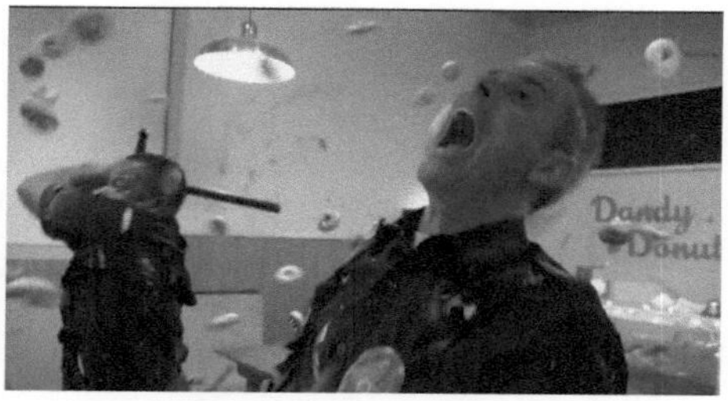

Abb. 17: Wissenschaft außer Kontrolle.

Der Film wirkt wie eine Mischung aus einem von Pubertierenden vorgetragenen Theaterstück – eine Posse, für die sich alle Klassenclowns einer Schule versammelt haben – und einer doofen Teenie-B-Horrorkomödie aus den 1980ern. Vielleicht hätte damals auch irgendjemand genau so einen Film gemacht, wenn es die Möglichkeit gegeben hätte, halbwegs glaubwürdige CGI-Killerdonuts zu kreieren.

Aber warum werden durch ein Reanimationsserum Dinge »wieder«belebt, die nie gelebt haben? Du denkst Dir jetzt vielleicht »LOL, bei einem Film über Killerdonuts sollte man wohl lieber nicht anfangen nachzudenken!«, aber diese Philosophie teile ich nicht. Auch das lächerlichste Konzept sollte zumindest einer gewissen internen Logik folgen, verdammt!

★★☆☆☆

Besonderheiten: *Die zwei Polizisten heißen Rogers und Hammerstein. Warum zwei Nebenfiguren in einem B-Film über menschenfressende Donuts nach zwei der größten Musical-Songwritern der Menschheitsgeschichte (Richard Rodgers und Oscar Hammerstein) benannt sind, ist mir nicht ganz klar, aber egal.*
Creative Killing: *Von Donuts mit Zähnen zu Tode gebissen. / Tod durch flüssige, ätzende Donut-Füllung. / Von einem Teigstrudel ins Hirn gebohrt.*
Nervige Skeptiker: *Keine.*
Kill Count: *6, plus sehr viele Killerdonuts.*

ATTACK OF THE PUPPET PEOPLE

1958
Regie: Bert I. Gordon (EMPIRE OF THE ANTS, THE FOOD OF THE GODS, EARTH VS THE SPIDER)
Drehbuch: George Worthing Yates (EARTH VS. THE FLYING SAUCERS, IT CAME FROM BENEATH THE SEA)
Coole Tagline: Doll dwarfs versus the crushing giant beats!
79 Min.

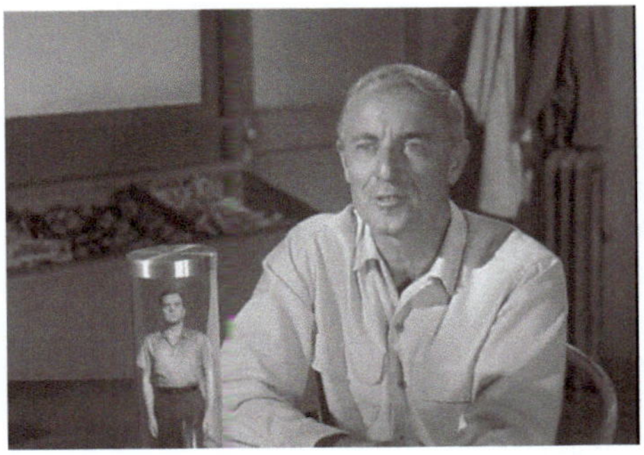

Abb. 18: Wissenschaft außer Kontrolle #2.

Wir haben alle unsere eigene Art, mit Schmerz und Verlust umzugehen. Manche Techniken sind aber interessanter als andere: Nachdem der unscheinbare, sanfte Mr. Franz von seiner Frau verlassen wurde, hängt er seine erfolgreiche Karriere als einer der weltbesten Puppenspieler an den Nagel und baut eine Maschine, mit der er Menschen schrumpfen kann, damit sie ihn nicht mehr verlassen können.

Die hübsche, junge Sally bewirbt sich als Sekretärin bei »Dolls Incorporated«, einer kleinen Puppenfabrik mit einem Büroraum, in dem kleine Glasröhren mit scheinbar geschrumpften Menschen herumstehen. Die ominöse Musik verrät uns, dass wir das »scheinbar« gleich wieder vergessen können. Der Chef des Ladens, der einsame Mr. Franz, stellt sich bei Sally mit »Young lady, do you like my dolls?« vor – ein Satz, bei dem sich die meisten Frauen aus dem Staub machen wollen, so auch Sally. Mr. Franz kann aber mit Verlust nicht umgehen und bettelt sie an, den Job doch anzunehmen. Sally lässt sich überreden, und nachdem nicht nur ihre Vorgängerin mysteriös verschwunden ist, sondern nun auch ein Postbote, dessen Tasche dann in Franz' geheimen Hinterzimmer auftaucht, ist endgültig klar, was hier läuft: Mr. Franz ist, wie Dr. Frankenstein, einer dieser verrückten deutschen Wissenschaftler und schrumpft Menschen in seinem Hinterzimmer. Dann veranstaltet er Mini-Partys mit ihnen oder zwingt sie zu singen, damit er nicht mehr so einsam ist. Als Franz mal kurz weg ist, planen die Mini-Menschen zu fliehen.

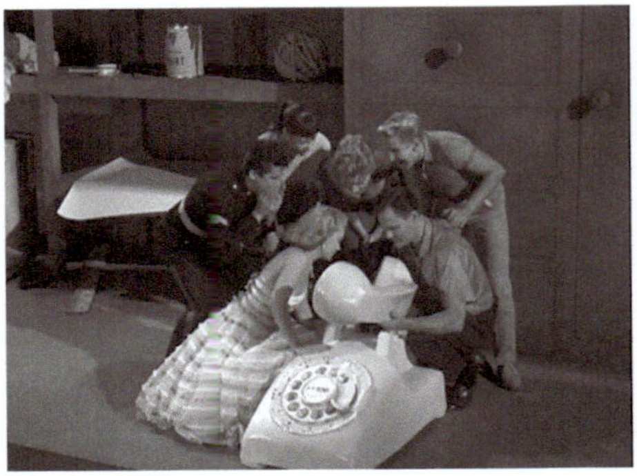

Abb. 19: »Nein, das ist kein Scherzanruf, HILFE! Hallo? HALLO!?«

ATTACK OF THE PUPPET PEOPLE ist einer dieser billigen B-Filme, die damals zu Hauf fürs Kino produziert wurden. Es gibt fast nur eine Location, viele Dialoge und kaum Action. Entgegen dem Versprechen des Filmtitels attackieren die Miniaturmenschen niemals irgendwen (auch keinen wilden Hund, wie auf dem Filmplakat), sie rennen nur in ein paar wenigen Szenen vor aus ihrer Sicht riesigen Tieren davon. Ein ganz netter, aber sehr langsamer alter Film, der vielleicht auch mit seinen damals noch klar verteilten Geschlechterrollen zu amüsieren vermag. Mr. Franz ist die einzige interessante Figur.

★★★☆☆

> ***Besonderheiten:*** *Keine.*
> ***Creative Killing:*** *Nein.*
> ***Nervige Skeptiker:*** *Die Polizei, dein Freund und Helfer: Als Sally einem Sergeant der Polizei erzählt, Mr. Franz hätte ihren Verlobten geschrumpft, ist er gewillt, der Sache nachzugehen, nachdem Sally ihm auch die Namen zweier anderer vermisster Personen nennt, die Franz geschrumpft haben soll. Kein nerviger Skeptiker!*
> ***Kill Count:*** *0*

Baby Blood

Frankreich 1990
Regie: Alain Robak
Drehbuch: Serge Cukier, Alain Robak
84 Min.

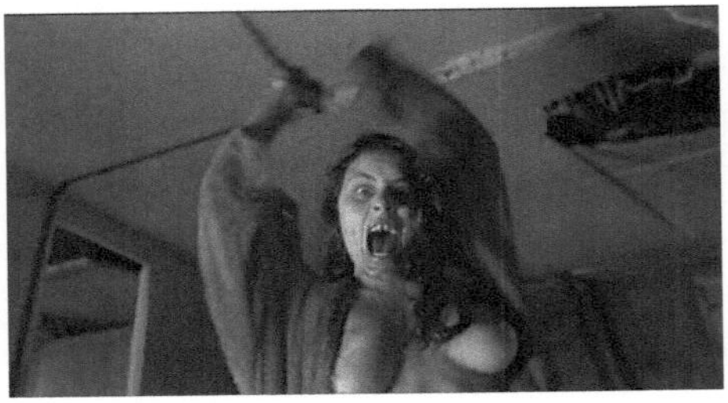

Abb. 20: Die Schöne ist ein Biest.

Französische Filme sind... anders – im Guten und im Schlechten. Horror aus Frankreich kommt einem in der Wildnis eher selten unter. Wie ein Reh, das dann meist brutal und verstörend ist. So wie dieses besondere Reh hier:

Eingangs erzählt uns das Monster ein wenig davon, wo es herkam. Ich paraphrasiere: »Vor langer, langer Zeit entstanden auf dem Planeten Erde im afrikanischen Sumpf die ersten Lebensformen. Sie vermehrten sich alle und entwickelten sich weiter. Alle, bis auf mich. Ich durfte nie geboren werden.« Bis heute! Ein intelligentes Urzeitwesen also, das endlich schlüpfen und seinen rechtmäßigen Platz in der Evolutionsgeschichte einnehmen will.

Man stelle sich vor, alle Filmmonster würden Voice-Overs bekommen. Z. B. Alien: »Jetzt sitze ich schon ewig in diesem kalten Raumschiff herum und warte, bis Ripley endlich wieder vorbeikommt. Man sieht mich fast nie in diesem Film, ich muss mal mit meinem Agenten reden«. Oder Predator: »Dieser Schwarzenegger ist eine ziemliche Kante, ich wechsle mal lieber in den Tarnmodus. Taktischer Vorteil, yeah!«

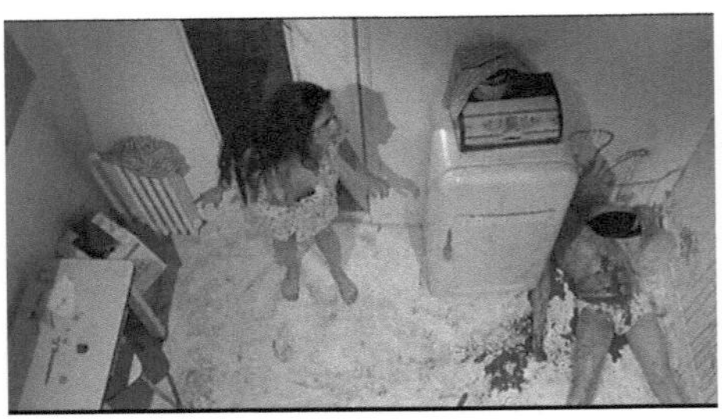

Abb. 21: Horror-Date.

Irgendwie schafft es das Urzeitviech, in einen afrikanischen Löwen einzudringen. Vielleicht trank das Tier Sumpfwasser an einer falschen Stelle. Von Afrika wird es dann zu einer französischen Zirkustruppe geliefert, wo wir die schöne Bianca kennenlernen. Die junge Frau wird von ihrem aggressiven Chef und »Lieb«haber unterdrückt und misshandelt. Das Wesen bringt den Löwen zum zerplatzen (leider *off camera*) und stellt sich als dicker, schwarzer schlangenartiger Wurm heraus. Dann dringt das Ding aus der Urzeit untenrum in Bianca ein, als diese schläft.

Fortan wird sie von dem Parasiten kontrolliert. Allerdings nicht im Zombie-Stil einer totalen Besessenheit, sondern mehr wie ein Konflikt und ein Ringen mit einem Kind. Bianca konnte aber ohnehin Abwechslung in ihrem trostlosen Leben brauchen, und wollte vorher schon abhauen. Allerdings: Das Wesen zwingt Bianca, für sich zu töten, damit es wachsen kann. Wenn sie ihr neues, ungewolltes Baby nicht mit Blut füttert, fügt es ihr große Schmerzen zu. Das Blut holen sich die zwei ausschließlich von Männern. Ob es das Wesen oder sie so will, ist nicht klar. Als Kellnerin und später Taxifahrerin sucht sich Bianca ihre Opfer.

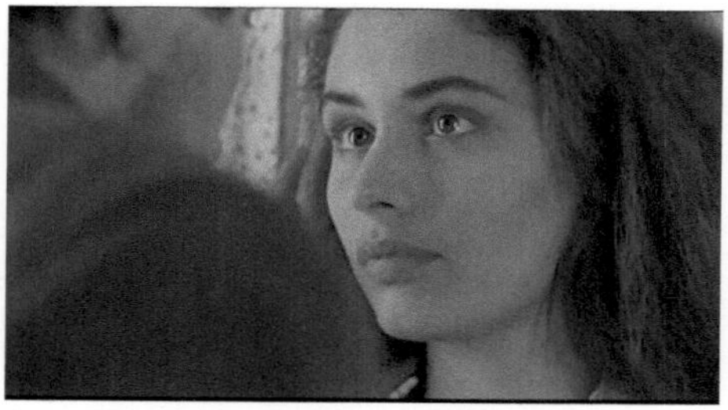

Abb. 22: Séduction.

Obwohl der neue Mitbewohner ihr Leben belastet und sie kontrolliert, hat sie merkwürdigerweise mehr Kontrolle über ihr Leben als zuvor. Die neue Mama spricht ständig mit ihrem Monsternachwuchs, und die zwei haben ein sehr eigenartiges Verhältnis, das zwischen freundschaftlich und zu Tode verfeindet schwankt. Lustig ist unter anderem die Szene, in der sich der Nachwuchs im Bauch beschwert, dass Bianca nicht rauchen soll, weil das schädlich für ihn/sie/es wäre. Schafft es das Wesen bis zum Meer, um seinen Masterplan umsetzen zu können?

Das Monster verbringt zwar fast die gesamte Zeit im Bauch der Hauptdarstellerin, ist aber durch den gesamten Film hindurch eine ständige Präsenz. Es tritt zudem sowohl zu Beginn kurz in Aktion wie auch im Finale, als es schlüpft und einem Busfahrer auf den Kopf hüpft. Ah mon Dieu!

Man kann den ganzen Film als sehr schwarze Komödie oder Splatter-Parodie sehen. Doch es ist im Grunde ein harter, blutgetränkter und streckenweise düstererer Horrorthriller. Ein echter Geheimtipp, und auch mal was anderes: Ein ungeborener *tiny terror*! Ob die Macher von THE UNBORN (Seite 417) – dem einzigen mir bekannten anderen Horrorfilm über ein ungeborenes Monster[4] – BABY BLOOD gesehen haben? Das Interesse wird jedenfalls konstant aufrechterhalten, und nicht nur durch die blutigen Kills. Die Männer in diesem Film sind entweder unattraktive, trottelige Luschen oder Vergewaltiger-Typen. Was mit ein Element ist, das ihn in Richtung schwarze Komödie rückt.

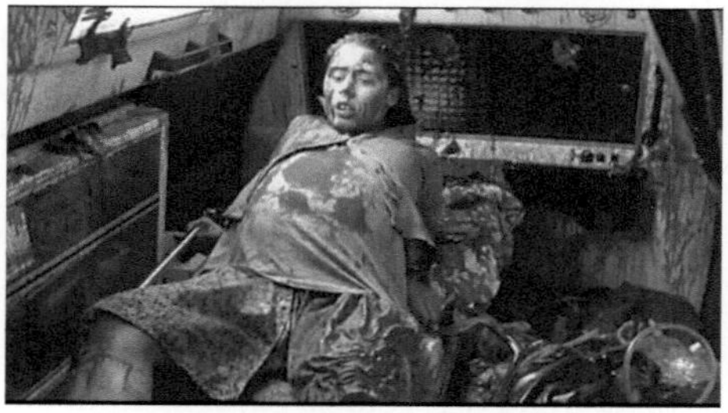

Abb. 23: ...Mama sein dagegen sehr!

★★★★☆

Besonderheiten: *Angeblich spricht Oscarpreisträger Gary Oldman das Wesen in der amerikanischen Fassung, die mir leider nicht zur Überprüfung vorliegt. Er soll dabei nicht so Monster-artig klingen wie das französische Original. / Reden Franzosen wirklich so viel und so unverblümt mit fremden Menschen über Sex?*
Creative Killing: *Mit einem Beatmungsgerät bis zum Zerplatzen aufgeblasen. / Mit einem Telefonkabel erwürgt.*
Nervige Skeptiker: *Keine.*
Kill Count: *12 (6 off camera)*

[4] Es gibt noch eine amerikanische Komödie namens HELL BABY mit derselben Grundidee. Aber die würde ich hier nicht zählen, weil sie nur wenige Horror-Elemente hat.

Bad Milo!

2013
Regie: Jacob Vaughan
Drehbuch: Benjamin Hayes, Jacob Vaughan
Nennenswerter Cast: Kumail Nanjiani (The Big Sick, *Silicon Valley*), Gillian Jacobs (*Community*, Gardens of the Night), Peter Stormare (Fargo, Constantine), Patrick Warburton (*Rules of Engagement*, Joe Swanson in *Family Guy*), Mary Kay Place (Captain Ron)
Coole Tagline: Embrace your inner demon.
84 Min.

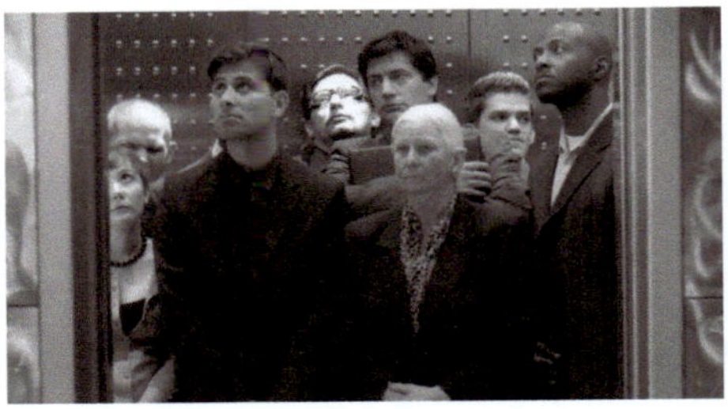

Abb. 24: The daily grind...

Duncan ist friedfertiger, netter Durchschnittstyp. Der gestresste Firmenangestellte hat aber schon länger Magen-Darm-Probleme. (Nicht weiterblättern, es wird besser, versprochen!) Eineinhalb Stunden räumt er täglich für Toilettensessions ein, die für ihn immer mehr zur Tortur werden. Seine Freundin steckt sich schon Ohrenstöpsel rein, damit sie am Abend trotz seiner Stuhlgang-Schreie schlafen kann. Nach einer Anus-Inspektion steht für den Arzt fest: Duncan hat einen Polypen in seinem Darm und sollte zukünftig jeglichen Stress vermeiden. Das gestaltet sich allerdings sehr schwierig, da er sowohl in seinem Job als auch privat ständig unter Spannung steht. Duncan erhält von seinem schleimigen Boss eine undankbare Aufgabe und muss fortan in einer Toilette arbeiten, die für ihn zu einem Büro umfunktioniert wurde. Seine Mutter nervt ihn mit Sexgeschichten, hält ihn für impotent und will unbedingt ein Enkelkind von ihm haben. Sein neuer Arbeitskollege ist ein Vollidiot, der ihm stundenlange Arbeitszeit zunichte macht.

Irgendwann ist es dann zu viel: Während einer besonders schlimmen Badezimmerszene kommt plötzlich ein kleines Wesen aus Duncan heraus. Denn wisset: Das Böse kann immer und überall sein, auch in Deinem Darm. Milo ist geboren, und er ist *bad*. Ein *badass ass-monster*, sozusagen. Duncan bricht bewusstlos vor dem Klo zusammen, während des Teufels Exkrement in die Nacht entfleucht.

Wenig später muss Duncan erfahren: Milo hat einen seiner Arbeitskollegen getötet. Dieses war der erste Streich, doch der zweite folgt sogleich sogleich. Jep: In dieser Komödie geht es um eine mordende Arschgeburt! Hey, die Damen haben mit Teeth (2008) einen Horrorfilm über eine Killer-Vagina bekommen, somit ist es eigentlich nur logisch und auch gerecht, wenn die Männer eine Horrorkomödie über ein böses Anal-Wesen bekommen. Und wer wirklich noch nie eine Fantasie darüber hatte, all seinen Stress,

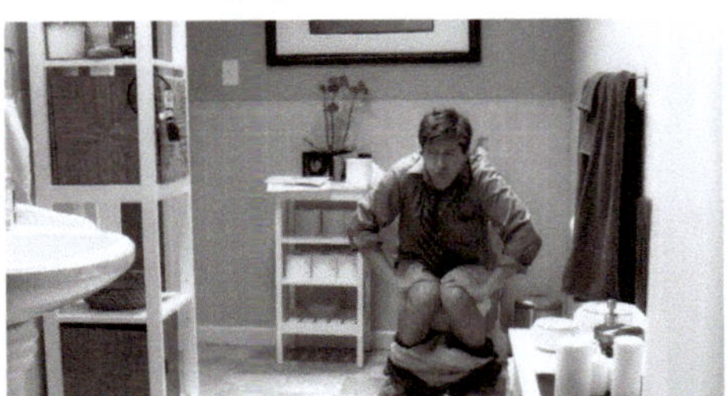

Abb. 25: Die Geburt einer Legende.

seine Sorgen und Probleme auf einen Sitz bei einem kathartischen Klo-Besuch ausscheiden zu können, der hatte wahrscheinlich noch nie einen stressigen 40-Stunden-Job (oder er hat ungesunde Hemmungen).

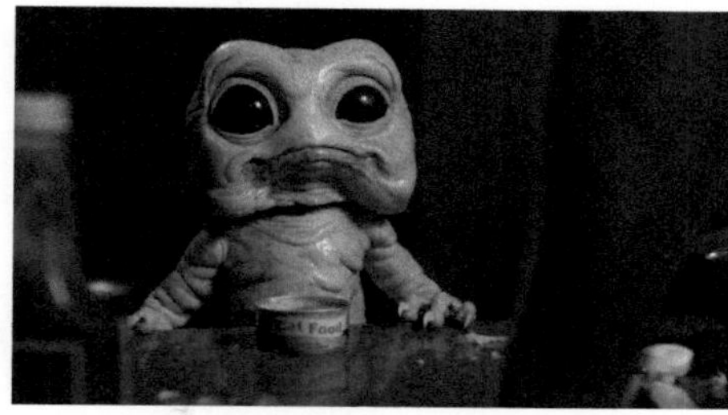

Abb. 26: Katzenfutter mag er nicht.

Duncan weiß noch gar nicht, was hier geschieht, als zu seinem Entsetzen während eines Besuchs bei seinem neuen Therapeuten erneut das kleine, großäugige Viech aus seinem Hintern gekrochen kommt. Nach seinen mörderischen Ausflügen kehrt Milo nämlich immer wieder »nach Hause« zurück. Wie soll er seiner Frau bloß beibringen, dass ein Alien in seinem Allerwertesten haust? Zum Glück ist der Therapeut ein absoluter Profi und ein Gelehrter der alternativen Art, der erkennt: Milo ist kein Alien, sondern die Manifestation von Duncans Unterbewusstsein und seiner dunklen Seite, und somit ein Teil von ihm. Er weiß: Bevor die Religion unter den Menschen die Oberhand gewann, gab es einst eine alte Legende über den menschlichen Anus und was diesem entsteigen kann. Ich traue es den Vertretern der Weltreligionen absolut zu, dass sie aus Machtgründen den Glauben an diesen großartigen Mythos zurückgedrängt und versucht haben, ihn aus den Geschichtsbüchern zu schreiben. (Ich finde, die Unterdrückung des Anus-Mythos hätte eine Nebengeschichte in Der Name der Rose sein sollen – neben der Geschichte über die Unterdrückung von Aristoteles’ Abhandlung zur Komödie seitens der katholischen Kirche.)

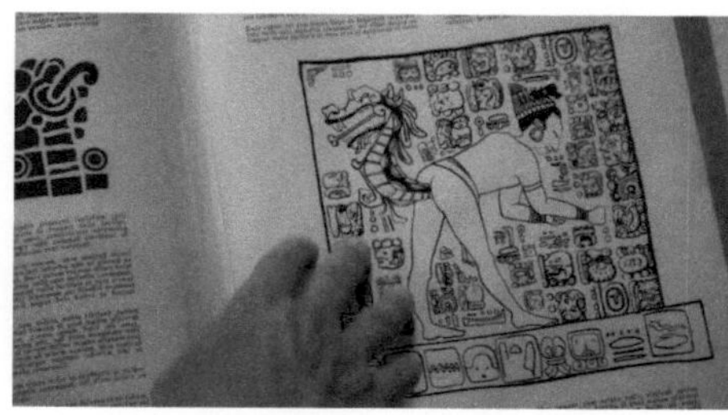

Abb. 27: Die alte Anus-Legende. Beuge dich vor grauem Haar, höre zu wie's damals war...

Duncan kann also Milo nicht umbringen und muss ihn irgendwie unter Kontrolle bringen. Seine Frau will endlich ein Kind von ihm, doch er fühlt sich dazu nicht bereit. Zuerst muss Duncan mit seinem Hippie-Vater, der ihn im Kindesalter verlassen hat, reinen Tisch machen, und außerdem hat er ja selber gerade ein kleines Wesen zur Welt gebracht.

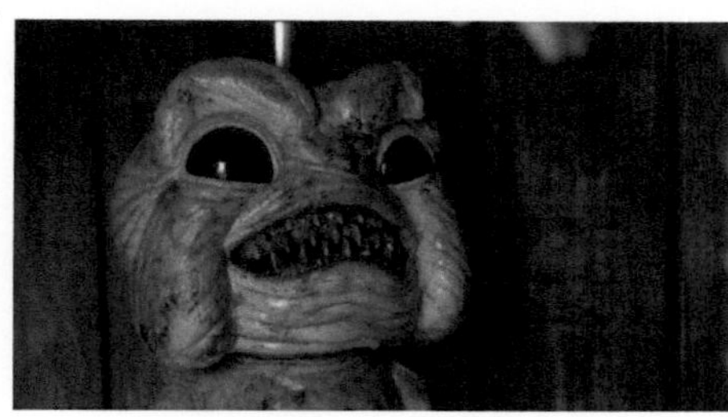

Abb. 28: Was kommt da aus dem Arsch gekrochen? Sagt, habt ihr das auch gerochen? Was hat er denn jetzt verbrochen?

Bad Milo! bewegt sich, auch humoristisch, auf einem höheren Niveau, als man vielleicht annehmen würde, und ist alles andere als ein Griff ins Klo. Spaßig ist er sowieso, aber er hat nicht nur einen Arsch, sondern auch ein Herz. Auch außerhalb der Durchfall-Szenen kann man mit Duncan mitfühlen. Der Film hat einige gute Comedy-Schauspieler zu bieten, auch in Nebenrollen.

Milo selbst ist eine gut gemachte und inszenierte Puppe, die nicht nur böse, sondern auch ganz lieb sein kann. Wie ein Gizmo, der aus der Toilette kam. Wer *toilet humor* mag, eine Analfixierung hat oder gar Anhänger der alten Anus-Legende ist, kann dem 4-er-Rating noch einen fünften Stern dazugeben.

★★★★☆

> ***Besonderheiten:*** *Das kleine Monster kommt diesmal nicht aus einer anderen Dimension oder aus dem Weltall, einem fremden Land, einem Labor, der Hölle und nicht drauß' vom Walde, sondern aus dem Arschloch des Hauptdarstellers.*
> ***Creative Killing:*** *Einem von Milos Opfern wird sein bestes Stück abgebissen. Es wundert mich, dass in Horrorfilmen nicht mehr Penisse abgebissen werden. Der im Text erwähnte TEETH (2008) ist ein prominentes Beispiel dafür, der japanische Muschiparasit (Seite 245) ein sehr obskures. Auch in TRILOQUIST (Seite 404) und ZOMBEAVERS (Seits 434) kommt das vor – immerhin. Wes Cravens THE LAST HOUSE ON THE LEFT (1972) könnte das früheste Beispiel dafür sein, aber da möchte ich mich nicht festlegen.*
> ***Nervige Skeptiker:*** *Keine.*
> ***Kill Count:*** *3*

BASKET CASE

1982
Deutscher Titel: BASKET CASE – DER UNHEIMLICHE ZWILLING
Drehbuch und Regie: Frank Henenlotter (BRAIN DAMAGE [Seite 74], BASKET CASE 2 [Seite 44], BASKET CASE 3 [Seite 46], FRANKENHOOKER, BAD BIOLOGY)
Coole Tagline: The Tenant in Room 7 is Very Small, Very Twisted and Very Mad.
91 Min.

Der Titel »Basket Case« ist ein schönes *double entendre*, hat also eine Zweideutigkeit: Wenn z. B. ein amerikanischer Arzt jemanden *basket case* nennt (was er heutzutage nicht mehr tun dürfte, ohne von der hypersensiblen PC-Gesellschaft verstoßen zu werden), dann weil der unheilbar psychisch krank ist, ein hoffnungsloser Fall. Im Film trägt unser Protagonist Duane, der aussieht, als würde er in einer Tears for Fears Lookalike-Band spielen, einen *basket* mit sich herum: Einen Flechtkorb mit Deckel und Schloss, dessen Inhalt vom deutschen Verleihtitel bereits verraten wird.

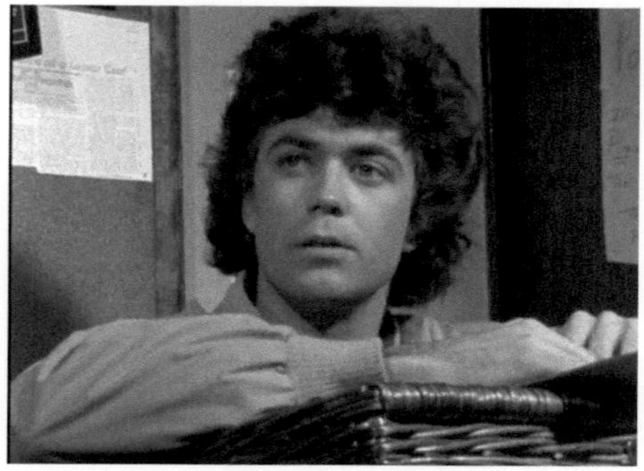

Abb. 29: Unzertrennlich.

Der unscheinbare, schüchterne 20-jährige Duane quartiert sich in einem schäbigen Hotel in der New Yorker 42nd Street ein. Die gesamte rechte Seite seines Oberkörpers, vom Brustkorb bis zur Hüfte, ist von einer riesigen Narbenfläche bedeckt. Duanes schlechtere Hälfte, sein böser siamesischer Zwilling Belial, wohnt in dem Flechtkorb und will Rache. Duane und Belial wurden mit zwölf Jahren gegen ihren Willen getrennt, im wahrsten und körperlichsten Sinne des Wortes. Nun suchen die beiden nach und nach jene Ärzte auf, die dafür verantwortlich waren.

Belial sieht ziemlich cool und sehr einzigartig aus – ein bisschen wie das Alienhirn Krang von den Ninja Turtles, aber mit einem menschlicheren Gesicht. Er ist intelligent und kann zwar nicht sprechen, gibt aber Laute von sich und kann telepathisch mit Duane kommunizieren. Belial zerkratzt seinen Opfern das Gesicht und zerreißt sie dann in zwei Hälften, so als wären seine Morde ein Kommentar auf das Unrecht, das ihm und seinem Bruder widerfahren ist.

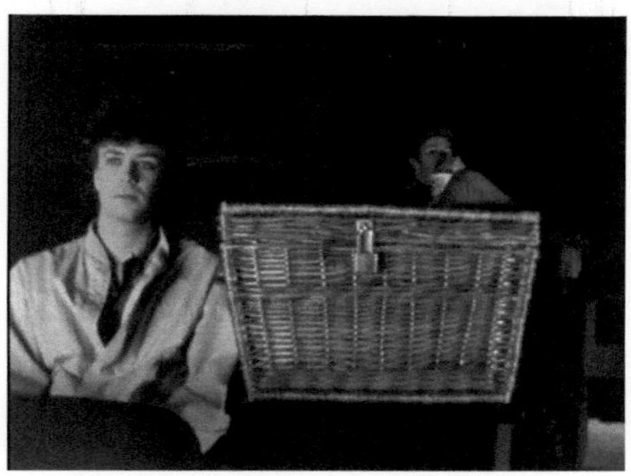

Abb. 30: Im Grindhouse-Kino wird ein alter Kung Fu-Reißer gezeigt.

Bei einem ihrer Opfer lernt Duane eine blonde Sekretärin kennen. Sie wirkt zwar sehr durchschnittlich, erkennt aber sofort, dass Duane »anders« ist als die anderen Kerle und verliebt sich gleich in ihn. Beim ersten Date gibt's gleich Zungenaction unter der Freiheitsstatue. Belial ist darüber gar nicht erfreut. Kann diese Beziehung funktionieren, wenn ein eifersüchtiges, auf Rache gesinntes Monster in Duanes Kopf telepathisch herumspukt?

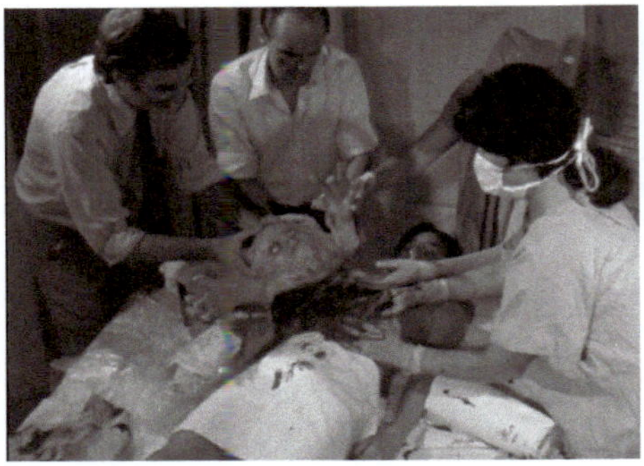

Abb. 31: Monster in weißen Kitteln.

Diese »Lovestory« nimmt zum Glück nicht zu viel Zeit in Anspruch. Stattdessen erfährt man in Rückblenden die tragische Hintergrundgeschichte der zwei Brüder. Nachdem die Mutter bei ihrer Geburt gestorben ist, sind sie abgeschottet von der Menschheit bei einer Tante aufgewachsen. Der Papa erkannte Belial nicht als seinen Sohn an und fand drei Ärzte, die im Gegensatz zu all ihren Kollegen keine ethischen Bedenken hatten und die Operation auf seinen Wunsch durchführten. »I'm not even sure it's human" kommentierte die weibliche Ärztin. Nach der Operation wird Belial lebendig auf den Müll geworfen. Das erste Opfer seiner Rache ist der Vater, den er durch eine Falle in zwei Hälften zerteilt. Na, wie fühlt es sich an?

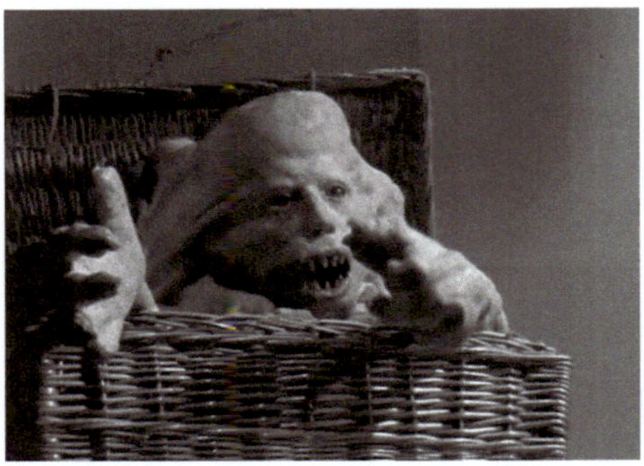

Abb. 32: Jeder Mensch hat sein Päckchen zu tragen. In Duanes Fall ist es halt ein Korb. Mit einer Monstrosität drinnen.

»Haarsträubender Unfug, der auf den Brechreiz des Zuschauers spekuliert« schrieb das Lexikon des internationalen Films. Brechreiz bekomme ich höchstens, wenn ich mir vorstelle, was die Lieblingsfilme der Autoren des Lexikons sind. Zusammen mit BRAIN DAMAGE (Seite 74) ist BASKET CASE der bekannteste Film von Frank Henenlotter. Ersterer ist eine halbe Komödie, wogegen der zweite einen ernsteren Ton hat, in dem nur sehr wenige Szenen lustig inszeniert sind. Aber je nachdem, wie ernst man das eigentlich dramatische Konzept nimmt, könnte man auch BASKET CASE als reine schwarze Komödie sehen. Wenn Duane seinem Zwilling massig Essen in den Korb wirft, das dieser dann laut schmatzend verschlingt, wobei der Korb heftig wackelt, ist das wie eine Looney Tunes-Szene. Auch ein paar der Kills sind wie aus einem brutalen Cartoon genommen – was ja nichts Schlechtes ist.

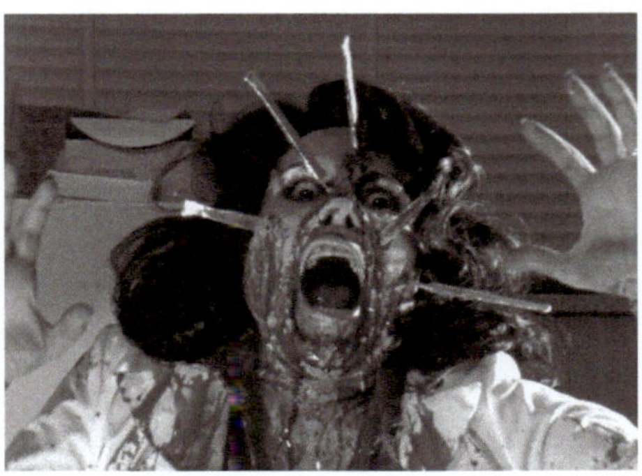

Abb. 33: Oh, the humanity!

Für mickrige 33.000 Dollar drehte Henenlotter den Film auf New Yorks (damals) berüchtigt-schäbigen 42nd Street, auf der er aufwuchs. Klar, die Dialoge sind nichts Besonderes und einige der Nebendarsteller dürften keine professionellen Schauspieler gewesen sein, aber der Film ist ein einzigartiges Erlebnis. Er hat nicht nur eine coole Idee, viel Blut und ein paar Stop Motion-Effekte, sondern vor allem eine ganz eigene, düstere und skurrile Qualität und ein überraschend tragisches Finale.

★★★★★

Besonderheiten: *Das Grundkonzept des Films. / In einer Szene entpuppt sich Belial als Höschen-Fetischist.*
Creative Killing: *Von einer riesigen Kreissäge auf Rädern zweigeteilt. / Fünf Skalpelle ins Gesicht gesteckt.*
Nervige Skeptiker: *Keine.*
Kill Count: *6*

BASKET CASE 2

1990
Drehbuch und Regie: Frank Henenlotter (BRAIN DAMAGE [Seite 74], BASKET CASE [Seite 41], BASKET CASE 3 [Seite 46], FRANKENHOOKER, BAD BIOLOGY)
Nennenswerter Cast: Annie Ross (SUPERMAN III, BASKET CASE 3)
90 Min.

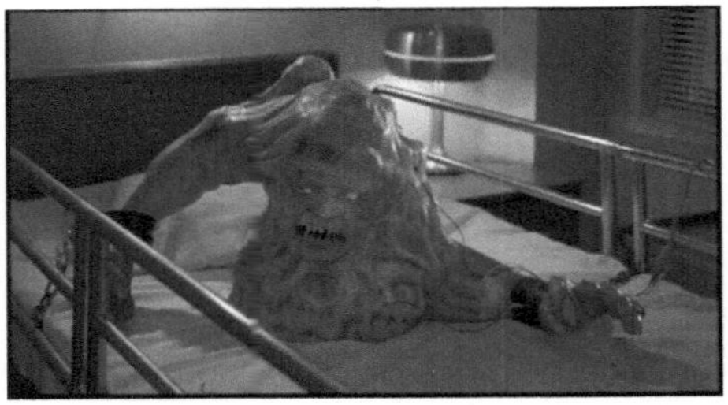

Abb. 34: Belial, der unfreiwillige Patient.

Teil 2 schließt direkt an den Vorgänger an. Nach dem Sturz der beiden Protagonisten im Finale von Teil 1 stürzen sich die Medien auf die zwei ungewöhnlichen Brüder. »Granny Routh« (Annie Ross), eine alte Freundin von Duanes Tante (die sich damals um ihn und Belial gekümmert hatte) sieht einen Bericht im Fernsehen und macht sich daraufhin mit ihrem Protegé Susan auf den Weg zu den beiden.

Duane wacht im Krankenhaus auf, schnappt sich Belial und haut ab. Granny Routh und Susan treffen gerade rechtzeitig ein und nehmen die zwei mit. Die Zwillinge dürfen in Grannys Freakhaus einziehen. Dort wohnen im Geheimen etliche, undefinierbare humanoide Wesen mit allerlei extremen körperlichen Verformungen. Die meisten von ihnen sind groß wie Menschen, aber auch ein paar kleine Exemplare wie Belial sind dabei. Das Setting erinnert ein klein wenig an Tod Brownings Klassiker FREAKS von 1932. Granny Routh redet Belial gut zu und zeigt Verständnis, dass er Duane gleichzeitig liebt und braucht, aber auch hasst, und hat diese Weisheit für ihn parat: »I understand your pain, but ripping the faces off people might not be in your best interest.«

Duane will endlich ein selbstbestimmtes Leben führen und verliebt sich gleich in das einzige Nicht-Freak-Mädchen des Hauses, Susan. Auch Belial findet jemand Besonderen. Währenddessen verteilt eine energische Reporterin überall 100 Dollar-Scheine, um näher an die Mega-Story von den zwei Zwillingen heranzukommen. Als die Medienmenschen immer näher an Granny und ihre Freakfamilie heranrücken, wird auch vor Mord nicht zurückgeschreckt, damit die besonderen Bewohner weiter ihr Leben in Frieden weiterführen können.

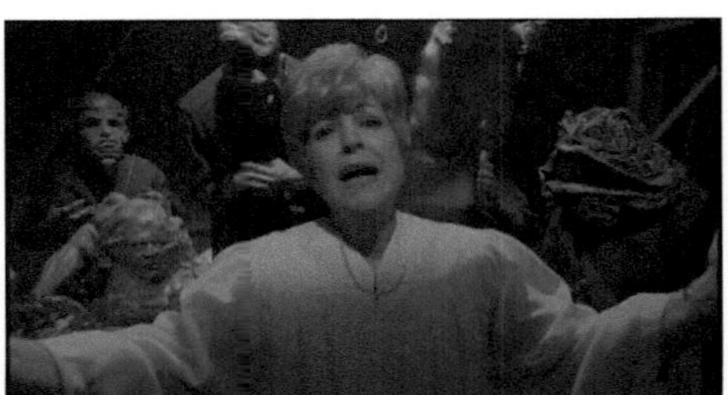

Abb. 35: Granny Routh inmitten ihrer Protegés.

Henenlotter wollte damals seinen heute drittbekanntesten Film FRANKENHOOKER drehen. Das Studio sagte ihm unter der Bedingung zu, dass er eine Fortsetzung zu BASKET CASE macht, der zu Recht zu einem Underground-Kultklassiker mutiert war. Aber: Statt düster, dramatisch, schräg und lustig, wie Teil 1 es war, ist BASKET CASE 2 nur noch schräg und lustig, hat aber dann überraschenderweise wie auch der Vorgänger ein tragisches Finale. Fans des Erstlingswerkes kann man den Film ohne weiteres empfehlen, auch wenn er weitaus nicht mehr so besonders ist und das meiste vom Flair des Vorgängers vermisst. Die Story ist auch nicht mehr so fokussiert, und es fließt weniger Blut.

Teil 2 ist technisch sauberer als der Vorgänger, die 2,5 Mio. Dollar Budget dürften aber zum Großteil für die Maske draufgegangen sein. Die vielen verschiedenen Freaks, die extra für diesen Film kreiert wurden, sind das Highlight von BASKET CASE 2 und Henenlotter inszeniert sie ausführlich und mit Genuss. Die Nebendarsteller sind diesmal attraktiver, was sicher daran liegt, dass sie bei einem Casting ausgewählt und nicht, wie in bei BASKET CASE, anscheinend direkt von der Straße aufgegabelt wurden (was allerdings ein authentisches 42nd Street-Flair miterzeugte).

Belial ist in den Teilen 2 und 3 deutlich mehr im Hintergrund, damit Granny und ihre Freakbande glänzen können. Es gibt auch ein bisschen Kommentar darüber, wer die echten Freaks sind. Sind es jene, die nicht wie die Mehrheit der Erdenbewohner aussehen? Oder sind es Leute, die Kapital aus dem Schicksal anderer schlagen wollen, wie ein Betreiber eines Horrorkabinetts oder skrupellose Zeitungsmacher, die auch gerne mal was erfinden, wenn es sich nur gut verkauft?

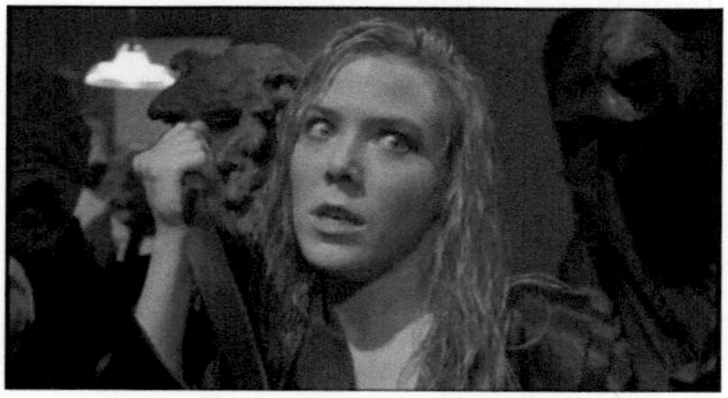

Abb. 36: Eine kaltblütige Journalistin wird von Monstern einer anderen Art bedrängt.

Auch wenn der Qualitätsabfall zum Vorgänger leider sehr deutlich ist, kann man BASKET CASE 2 aufgrund seiner nach wie vor skurillen, schwarzhumorig-lustigen Natur trotzdem durchaus empfehlen.

★★★☆☆

Besonderheiten: *Eine kurze erotische Szene mit Belial und seiner Auserwählten, die zu einer Sexszene mutiert.*
Creative Killing: *Vor lauter Sensationsgier zu Tode fotografiert.*
Nervige Skeptiker: *Keine.*
Kill Count: *5 (1 off camera)*

BASKET CASE 3

1992
a.k.a. BASKET CASE 3: THE PROGENY
Deutscher Titel: BASKET CASE 3 – DIE BRUT
Drehbuch und Regie: Frank Henenlotter (BRAIN DAMAGE [Seite 74], BASKET CASE [Seite 41], BASKET CASE 2 [Seite 44], FRANKENHOOKER, BAD BIOLOGY)
Drehbuch Co-Autor: Robert Martin (FRANKENHOOKER)
Nennenswerter Cast: Annie Ross (SUPERMAN III, BASKET CASE 2)
Coole Tagline: It's time to build a bigger basket!
90 Min.

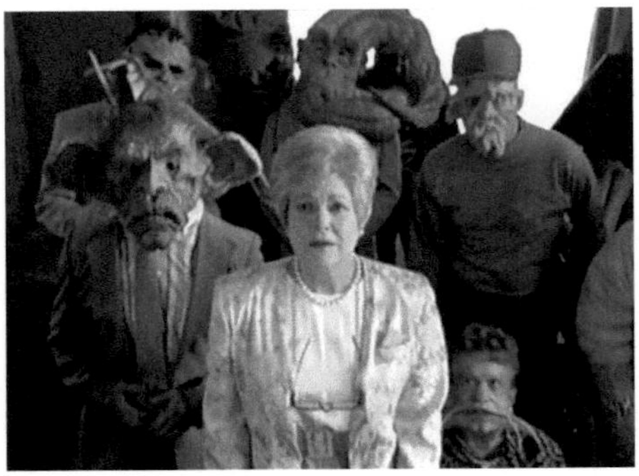

Abb. 37: Neue Herausforderungen für Granny Routh und ihre Rasselbande.

Nach den Ereignissen von Teil 2 lebt Granny Routh noch immer in ihrem Haus, wo sie ihre große Freakfamilie versteckt. Alle Freaks aus BASKET CASE 2 sind wieder dabei, und es sind sogar noch ein paar dazugekommen. Granny hat Duane von Belial getrennt, ihm eine Zwangsjacke verpasst und einige Monate weggesperrt. Duane wirkt ständig wie in oder kurz vor einem Stadium des Nervenzusammenbruchs und will wieder mit Belial zusammen sein, der aber nicht mal mehr telepathisch mit ihm kommuniziert. Belial hat gerade ganz andere Sorgen: Er und seine Freundin Eve erwarten Nachwuchs!

Aber welchem Arzt kann man die Entbindung eines Freakbabys anvertrauen? Da kommt nur »Onkel Hal« in Frage, ein alter Freund von Granny. Also fahren Granny und die Freakbande mit einem Schulbus quer durchs Land, musizieren und singen LLoyd Prices »Personality« auf dem Weg zu Onkelchens Landhaus. Kaum angekommen, platzt Eves Fruchtblase und überschwemmt den Bus. Mann Mann Mann, jetzt sind wir aber weit entfernt von der düsteren Stimmung des ersten Teils und dem schäbigen Look der New Yorker 42nd Street.

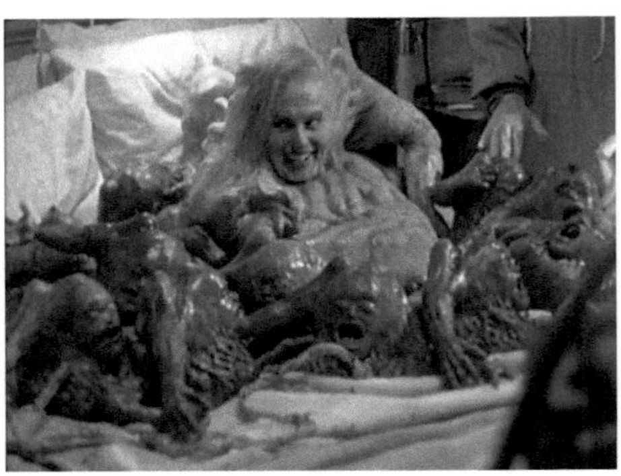

Abb. 38: Die glückliche Mutter.

Bei der abgedrehtesten Entbindungsszene aller Zeiten bringt Eve zwölf kleine Monsterbabies zur Welt (Belial ist leider nicht dabei, weil er Onkel Hal attackiert hat, dessen Arztkittel ihn an die Trennung von seinem Bruder erinnert hat, als er zwölf Jahre alt war). Da Granny eine gute Seele ist, nimmt sie Duane die Zwangsjacke ab, damit der erste Eindruck des Babys von seinem Onkel kein schlechter ist.

Duane will weg von den Freaks und nutzt die Gelegenheit zur Flucht, wird aber von einer Streife gefangen und eingesperrt. Zwei Polizisten erkennen ihn wieder und wollen sich die Million Dollar krallen, die eine Zeitung in BASKET CASE 2 für die zwei Brüder ausgesetzt hat. Die zwei Polizisten bekommen vom hysterischen Duane die Info, dass Belial in Onkel Hals Haus ist, also fahren sie dort hin. Sie können Belial nicht finden, erschießen aus Angst Eve und kidnappen ihre zwölf Babies. Irgendwie werden sie schon an das Geld kommen, glauben sie.

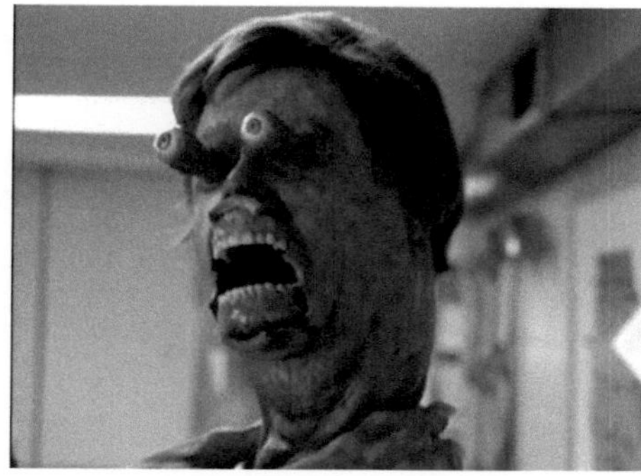

Abb. 39: Cartoon violence! Cartoon violence!

Nach diesem tragischen Ereignis beschließt Granny Routh, dass sie und ihre Familie sich lange genug versteckt haben. Sie hält eine Brandrede wie der Führer in seinen besten Tagen und greift dann mit den Freaks die Polizeistation an, um den Nachwuchs zu retten.

Der dritte und letzte Teil der Reihe ist diesmal eine reine Komödie, und nicht mal eine sehr schwarze. Ein paar wenige, kurze dramatische Szenen sind einbaut, die nicht zum Ton des restlichen Films passen, ansonsten ist es eine reine Farce, die mehr Action und noch mehr Overacting bietet als der zweite Teil.

Je nachdem, ob man den Humor mag oder nicht, ist Teil 3 sogar ein wenig besser als Teil 2, weil er noch bizarrer, verrückter und dadurch auch lustiger ist. BASKET CASE 3 zeigt sein groteskes Gesicht stolz und mit erhobenem Haupt, so wie es die Freaks darin auch tun. Passenderweise gibt es diesmal auch zum ersten Mal kein tragisches Ende. Der Film ist schön übertrieben und *campy* – wobei »übertrieben« sich auf typische Sehgewohnheiten bezieht, und was dem einen zu viel ist, ist für den anderen gerade recht.

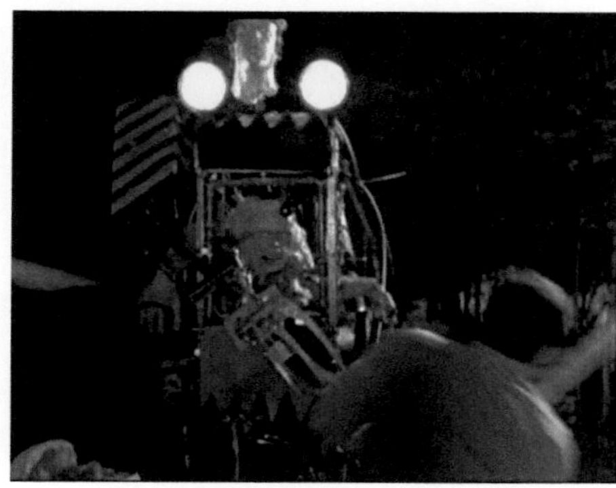

Abb. 40: Mecha-Belial ist fast so lustig wie Mecha-Streisand.

★★★☆☆

Besonderheiten: *Belial bekommt Upgrades! Im Finale tritt ein riesiger »Exoskelett-Belial« mit mechanischen Armen und Beinen auf und will Rache für seine tote Frau. / Aus dem Nichts erscheint in einer Szene eine Dominatrix.*
Creative Killing: *Belial würgt einen Polizisten, bis dem die Augen rausspringen, und einem anderen zieht er mit den Zähnen die Haut vom Gesicht und reißt ihm dann den Kopf ab – wie in einem besonders brutalen Chuck Jones-Cartoon.*
Nervige Skeptiker: *Keine.*
Kill Count: *8 (2 off camera)*

THE BEAST WITH FIVE FINGERS

1947
Deutscher Titel: DIE BESTIE MIT DEN FÜNF FINGERN
Regie: Robert Florey (THE COCOANUTS, MURDERS IN THE RUE MORGUE, TARZAN AND THE MERMAIDS)
Drehbuch: Curt Siodmak (THE WOLF MAN [1941], I WALKED WITH A ZOMBIE, THE INVISIBLE MAN RETURNS, FRANKENSTEIN MEETS THE WOLF MAN)
Nennenswerter Cast: Peter Lorre (M, ARSENIC AND OLD LACE, CASABLANCA, THE MALTESE FALCON, THE MAN WHO KNEW TOO MUCH, THE RAVEN [1963], 20,000 LEAGUES UNDER THE SEA, MAD LOVE, SECRET AGENT, TALES OF TERROR, THE COMEDY OF TERRORS)
Coole Tagline: Your flesh will creep… At the Hand That Crawls!!! / IT LIVES… but it's a corpse! IT CRAWLS… like a spider! IT KILLS… like a cobra!
88 Min.

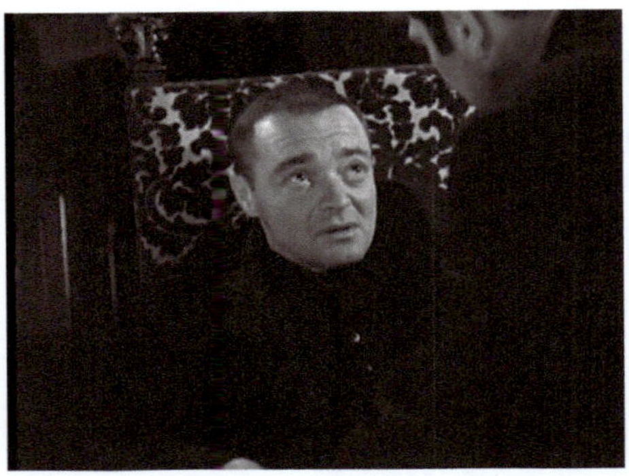

Abb. 41: Peter Lorre, der ewige Knilch.

Wir befinden uns im stattlichen Anwesen des reichen, alten Musikers Francis Ingram in der Nähe einer italienischen Kleinstadt zu Beginn des 20. Jahrhundert. Klingt ziemlich *classy*, oder? Jep, hier haben wir es diesmal mit einem etwas stilvolleren, alten Schwarzweißfilm zu tun.

Conrad ist ein smarter Kerl, der sein Talent in dieser Kleinstadt vergeudet und Touristen billige Talismane als wertvollen Schmuck andreht. Er ist aber auch ein talentierter Musiker, der Noten für Ingram schreibt und sich in dessen Vollzeitpflegerin, die schöne Julie, verliebt hat. Ebenfalls eine größere Rolle hat Hilary (Peter Lorre) inne, Ingrams Sekretär. Der neurotische, verhaltensauffällige Mann ist ständig in seine Forschungen vertieft.

Mit dem alten Ingram geht es dem Ende zu, also versammelt er seinen Anwalt, Julie, Conrad und Hilary und weist sie eindringlich darauf hin, dass er im Vollbesitz seiner geistigen Kräfte ist. Die Anwesenden stimmen dem zu und unterschreiben das sogar alle auf einem Dokument. Dann stirbt Ingram wirklich, allerdings durch einen scheinbaren Unfall mit seinem Rollstuhl statt an Altersschwäche.

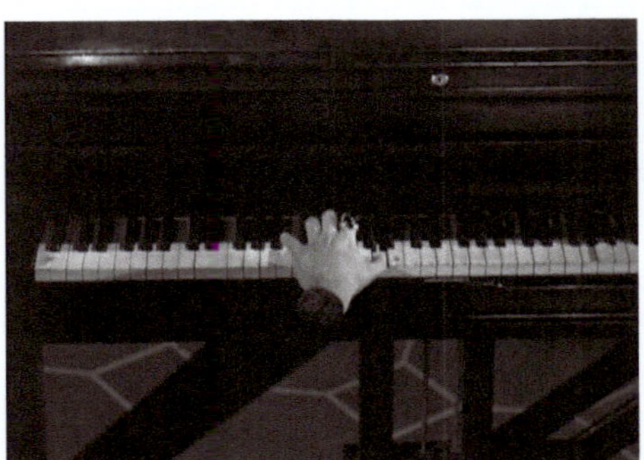

Abb. 42: Concerto della morte.

Das aktuelle, zweite Testament sieht Julie als die alleinige Erbin von Ingrams Vermögen vor. Mit dem ersten, älteren Testament wären die letzten lebenden Verwandten von Ingram, ein unsympathischer Schwager und ein junger Neffe, beerbt worden. Diese beiden Herren wollen nun zusammen mit Ingrams verschlagenen Anwalt, der sich ein Drittel des Vermögens für seine Dienste ausbedingt, das neue Testament anfechten.

Das wäre freilich nicht im Interesse Ingrams gewesen. Dann gibt es einen weiteren, unerwarteten Todesfall: Der Anwalt wird von einem unbekannten Angreifer im Anwesen erwürgt. Das ruft den charmanten Commissario auf den Plan, mit dem Conrad den Fall lösen will. Eine Spur führt zu Ingrams Grab, wo die Herren entsetzt feststellen, dass eine Hand von Ingrams Leiche fehlt.

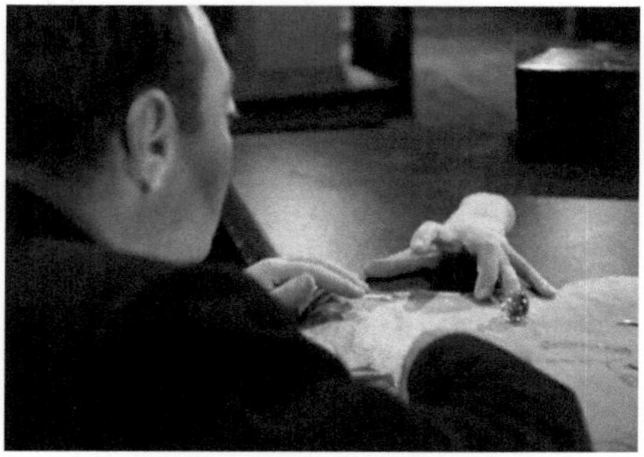

Abb. 43: Ein ansehnlicher Spezialeffekt.

Ein aufgebrachter Hilary bezeugt später ebenfalls: Die abgetrennte Hand ist der Mörder und läuft frei herum! Er hat sie gesehen und versucht, sie zu fangen. Immer wieder spielt die Hand mitten in der Nacht gespenstisch auf Ingrams Klavier ein Stück von Bach. Bald wird noch jemand aus der Runde von der Hand attackiert. Ist es wirklich Ingram, der aus dem Grab seinen letzten Willen gewaltsam durchsetzen will? Oder gibt es eine natürlichere Erklärung für den Mord, die nächtlichen Konzerte und die anderen Vorkommnisse?

THE BEAST WITH FIVE FINGERS ist ein stilsicherer, alter Streifen. Kein Klassiker und nichts allzu Aufregendes, aber ein mehr als solider Mysterygrusel. Typisch für einen Film aus dieser Zeit sind die Dialoge streckenweise auch gut, damals herrschte noch eine »feinere Klinge«: Die Sprache ist etwas gehoben und literarisch, klingt aber sehr angenehm.

Schauspielerische Leistungen erwähne ich selten in diesem Buch. Das liegt daran, dass diese fast immer durchschnittlich bis deutlich unterdurchschnittlich sind. Bei No-Budget- und Low-Budget-Werken weiß man eigentlich schon, dass man diesbezüglich nichts erwarten kann. Bei einem durchschnittlichen B-Film ist man froh, wenn man den Figuren die Sätze abkauft, die sie von sich geben. Und im A-, Mainstream- oder »prestigeträchtigeren« Bereich darf man auch bessere Schauspieler erwarten – eigentlich logisch. Hier allerdings kann man die Leistungen der Darsteller besonders hervorheben. Sie machen ihre Sache alle gut, Conrad (Robert Alda) hat einen einen weltmännischen Charme wie Clark Gable und der Commissario (J. Carrol Naish) ist ähnlich sympathisch. Aber der großartige Peter Lorre als zittriger Hilary stiehlt ihnen alle die Show.

Der größte Teil des Films behandelt die Auflösung des Falles der angeblichen abgetrennten Mörderhand. Deren Spezialeffekte, also wie sie sich von alleine bewegt, sind für 1947 echt beeindruckend gemacht. Komisch ist nur, dass stark auf Hilarys Besessenheit mit seinem Forschungsbereich Astrologie eingegangen, diese dann aber nicht mehr aufgegriffen wird – sie ist für die Handlung irrelevant und macht höchstens die Figur etwas interessanter.

★★★★☆

Besonderheiten: *Der Surrealist Luis Buñuel höchstpersönlich (LE CHARME DISCRET DE LA BOURGEOISIE, LE FANTÔME DE LA LIBERTÉ) soll Warner Bros. die Geschichte für diesen Film geliefert haben. / In der Schlussszene durchbricht der Commissario die vierte Wand und verabschiedet sich vergnügt und mit einem Scherz vom Publikum.*
Creative Killing: *Nein.*
Nervige Skeptiker: *Keine.*
Kill Count: *2 (1 off camera)*

BEASTIES

1991
Drehbuch und Regie: Steve Contreras
103 Min. (Director's Cut)

Dieser miese, kleine Schundfilm wurde 1989 von irgendwelchen Nobodies auf Super-8-Film gedreht und 1991 von David De Coteaus (PUPPET MASTER III [Seite 310] u.v.a.) kleinem Independentlabel gekauft und wenig erfolgreich auf Videokassette vertrieben. 2014 erscheint ein 20 Minuten längerer »Director's cut« auf DVD – ein VHS-Rip, der sich mit dem Label »Worst movie ever made?« rühmt.

Immerhin dauert es nach dem Vorspann keine halbe Minute, bis ein junges Liebespaar von den kleinen Beasties angeknabbert wird. Dann aber kommt der langweilige Rest: Der eigentliche Film.

Nelson ist ein netter Nerd, der außer seiner Mama noch nie länger einer Frau in die Augen geschaut hat. Von seinem Zimmerkollegen wird er aus dem Studentenheim geschleift, damit er von seiner geliebten Mikrobiologie wegkommt und endlich mal auf ein Date geht.

Es zahlt sich allerdings für Nelson aus, dass er seine Komfortzone verlassen hat, denn nicht nur mag er die minderjährige Frau, mit der er verkuppelt wurde, sondern er findet mit ihr auch eine Art UFO. Nelson ist ein echter Forschergeist und spaziert geradewegs in das UFO hinein, wo er mit dem »Bionauten« in Berührung kommt. »It's like it's a plant or an animal or something living« analysiert der Experte und nimmt sich noch eines der Eier mit, die im UFO herumliegen, aus denen auch die Beasties stammen dürften.

Aber eine Gruppe von Punks, die einen dämonischen Priester in einer Höhle anbeten, ist hinter Nelson her und will ihn verprügeln. Man weiß nicht genau warum, es ist auch egal, weil hier fast nichts Sinn ergibt.

BEASTIES ist ein »Film« von Leuten, die davor nie einen Film gemacht hatten, und auch nachher nie wieder einen machen sollten – zum Glück. Alle Gründe aufzuzählen, warum der Film mies ist, wäre sinnlos – er ist auf allen erdenklichen Ebenen schlecht. Vor allem aber ist es der wahrscheinlich am schlechtesten beleuchtete Film aller Zeiten. Es gibt viel zu viele Szenen, in denen Leute in der Dunkelheit entweder herumstehen und quatschen oder mit dem Auto fahren. Als Figuren haben wir Nerds, Jocks (Sportlertypen) und Punks – also alle Teenagerfilmklischees aus dem 1980ern, nur eben auf ultraschlecht und nicht lustig.

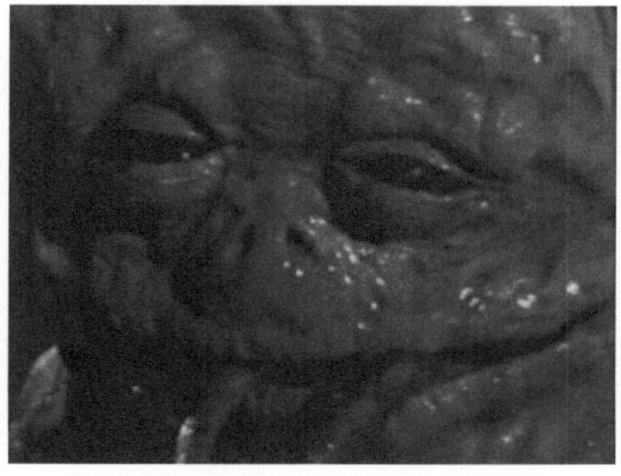

Abb. 44: Der »money shot« des Films. Mehr Bilder gibt's hier nicht, denn der Film ist so verdammt dunkel und die Bildqualität so schlecht, dass man eh nix erkennt. Vielleicht kann man sich so im Kopf einen besseren Film ausmalen.

Ich habe mir den Dreck auf drei Mal angesehen, mit ständigen Unterbrechungen (Musik, Facebook), sonst hätte ich das nicht ausgehalten. Es war wie eine Wurzelbehandlung in drei Akten. Sich in einer modernen Welt, in der man Zugriff auf Tonnen an guten Filmen, Musik, Büchern, Videospielen etc. hat, BEASTIES anzusehen, ist völlig bizarr – außer man schreibt ein Buch über den Film. Und selbst dann ist es noch bizarr genug. Pfui Deibel

★☆☆☆☆

Besonderheiten: *Der Film hat einen Verleiher gefunden. / Ein Faust- und Messerkampf zwischen zwei Punk-Tussies war die einzige Stelle im Film, die mich etwas amüsiert und aus meiner Wachkoma-ähnlichen Selbstschutz-Trance herausgeholt hat.*
Creative Killing: *Nein.*
Nervige Skeptiker: *Pie Polizei glaubt den Kids nicht, dass ein UFO mit Aliens gelandet ist.*
Kill Count: *7*

THE BERMUDA TRIANGLE

Italien, Mexiko 1978
a.k.a. IL TRIANGOLO DELLE BERMUDE
Deutsche Titel: SOS BERMUDA-DREIECK / SOS.SOS.SOS... BERMUDA-DREIECK
Regie: René Cardona Jr. (¡TINTORERA!)
Drehbuch: René Cardona Jr., Linda O'Hanlon, Roberto Schlosser (¡TINTORERA!)
Nennenswerter Cast: John Huston (CHINATOWN, WISE BLOOD, WINTER KILLS, BATTLE FOR THE PLANET OF THE APES), Hugo Stiglitz (INCUBO SULLA CITTÀ CONTAMINATA [GROSSANGRIFF DER ZOMBIES], ¡TINTORERA!, NO SE ACEPTAN DEVOLUCIONES), Gloria Guida (AVERE VENT'ANNI [OBEN OHNE, UNTEN JEANS], LA CASA STREGATA [DAS VERHEXTE HAUS], LA LICEALE [FLOTTE TEENS UND HEISSE JEANS], LA LICEALE NELLA CLASSE DEI RIPETENTI [FLOTTE TEENS JETZT OHNE JEANS], L'INFERMIERA DI NOTTE [NACHTSCHWESTER MÜSSTE MAN SEIN], LA LICEALE SEDUCE I PROFESSORI [JETZT TREIBT SIE'S AUCH NOCH MIT DEM PAUKER], PECCATI DI GIOVENTÙ [SONNE, SAND UND HEISSE SCHENKEL], LA NOVIZIA [VERFÜHRUNG EINER NONNE]), Claudine Auger (Bondgirl in THUNDERBALL, REAZIONE A CATENA [IM BLUTRAUSCH DES SATANS], LA TARANTOLA DAL VENTRE NERO [DER SCHWARZE LEIB DER TARANTEL], TRIPLE CROSS, FLIC STORY), Maria Vlady (2 OU 3 CHOSES QUE JE SAIS D'ELLE [ZWEI ODER DREI DINGE, DIE ICH VON IHR WEISS]), Miguel Ángel Fuentes (FITZCARRALDO, L'UOMO PUMA [PUMA-MAN], THE EVIL THAT MEN DO)
112 Min.

Welches dunkle Geheimnis verbirgt sich wohl hinter dem mysteriösen und sagenumwobenen Bermudadreieck? Des Rätsels Lösung, meine Damen und Herren, ist... *Trommelwirbel* ...eine Puppe!

Eine größere Familie plus Angehörige macht in der Karibik Urlaub auf einem Schiff. Man will Unterwasseraufnahmen machen, zum Spaß ein paar Haie töten und vielleicht nebenbei das legendäre Atlantis finden. Mit an Bord sind in zwei Nebenrollen Oscarpreisträger und Regietitan John Huston und Gloria Guida, die sich für diese »ernsthaftere« Rolle eine Auszeit von ihren Sexklamotten genommen hat. Die Crew stößt ins Bermudadreieck vor, wo sie eine Puppe findet, die im Wasser treibt. Diese wird herausgefischt, und die kleine Diana darf sie behalten. Über Funk hören sie von Fliegern, die notlanden müssen, weil ihre Instrumente versagen. Dann sehen sie in der Nacht SOS-Lichtzeichen von einem anderen Schiff. Als sie sich nähern, ist nichts zu sehen – war es ein Geisterschiff? Plötzlich wird Diana von Vögeln attackiert und hält zum Schutz die Puppe vor ihren Körper. Einige Vögel verlieren dabei die Köpfe, die anscheinend abgebissen wurden. Warum hat die Puppe einen blutigen Mund? Und warum schaut Diana nur noch finster durch die Gegend?

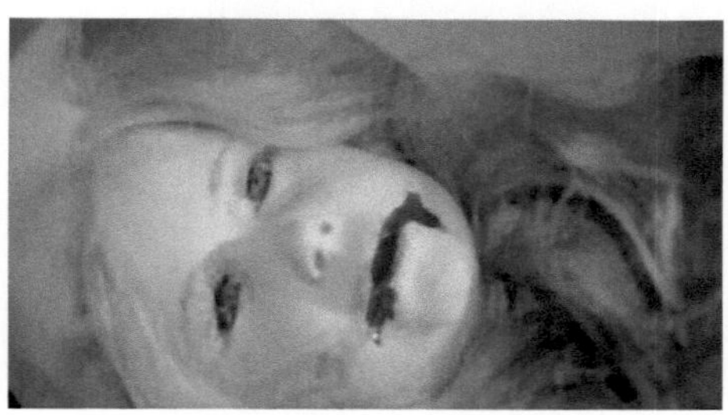

Abb. 45: Potzblitz!

Andere mysteriöse Dinge passieren und dann, welch Schreck: Der Koch aus der Kombüse liegt blutleer im Gemüse. Die anderen Passagiere werden auch dezimiert. Und immer wenn einer über den Jordan geht, sind Diana und die Puppe nur ein paar Meter entfernt. Die zwei scheinen miteinander zu kommunizieren. Das kleine Mädchen sagt ständig, dass alle an Bord sterben werden und auch, wer als nächstes dran ist, was

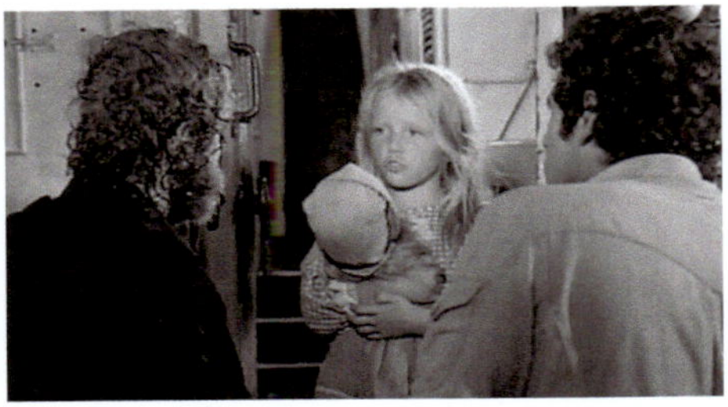

Abb. 46: Botin des Todes.

die Leute ein wenig nervt. »Die da unten«, zu denen anscheinend auch die Puppe gehört, werden euch alle zu sich holen! Eine Passagierin verletzt sich bei einer Tauchaktion schwer und muss ins nächstgelegene Inselkrankenhaus gebracht werden, sonst verliert sie ihr Leben. Dann fällt auch noch der Motor aus und ein Sturm braust über sie her.

Diese italienisch-mexikanische Koproduktion ist ein unspektakuläres Unterfangen, wie Bootsurlaube eben so sind. Ein Mystery-Abenteuer mit Horrorelementen sollte nicht so öde sein. Der Horror ist sehr milde, es gibt keine wirklichen Schock- und kaum Gruseleffekte. Der Reiz des Unbekannten ist zwar in kleinem Ausmaß vorhanden, mehr aber nicht. Der Film hat einen der flachsten Spannungsbögen, die ich je erlebt habe. Wie das Schiff plätschert er nur so vor sich hin. Es passieren zwar immer wieder Dinge und Leute sterben, aber von Eskalation und Spannung keine Spur. Wir als Publikum erleben die Krisensituation genau wie die Protagonisten: Genervt und ermüdend.

Mit ein Faktor dafür sind auch die monotonen Stimmen der schlechten englischen Originalsynchronisation, typisch für italienische Genrefilme dieser Periode. Man glaubt, man habe es mit Nachrichtensprechern zu tun, nicht mit Figuren in einem Horrorfilm. Die Synchronfassung der kürzeren, deutschen Version des Films habe ich mir nicht angehört, sie kann aber nur besser sein.

Einige Rezensenten zeigten sich schockiert, dass Regielegende John Huston bei dem Käse mitspielt. Wenn der sich seinen Lebensabend mit einem bezahlten Bootsurlaut verschönern wollte, bei dem er ab und zu mit halboffenen Augen ein paar Sätze sprechen musste, lasst ihn doch. Auch erwähnenswert ist vielleicht Hugo Stiglitz, nach dem Tarantino Til Schweigers Figur in INGLOURIOUS BASTERDS benannt hat und der hier in einer Nebenrolle den Kapitän markiert. Quentins Begeisterung für den mexikanischen Schauspieler verstehe ich nicht ganz – für mich ist der eher ein Raimund Harmstorf für Arme.

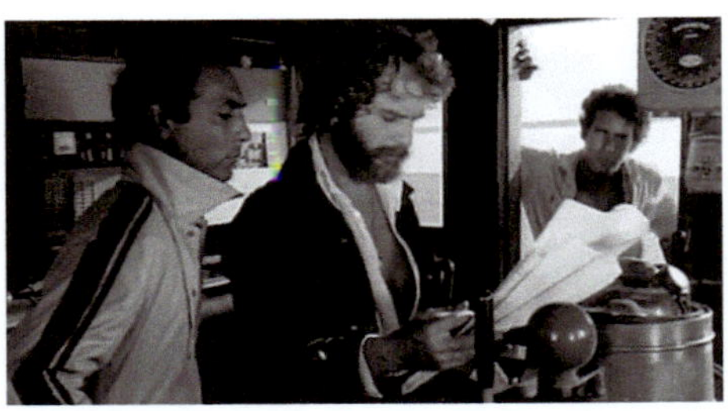

Abb. 47: Die Lage ist ernst und Chico-Harmstorf (Mitte) wägt die Optionen ab.

Was ich auch lustig-traurig fand: Überall an Deck des Schiffes, und auch außen, hängen Gemälde, die riesige Seemonster zeigen, die Schiffe attackieren. Durch den Film hindurch werden diese Gemälde immer wieder gezeigt (mit Nahaufnahmen und Zooms, wie es sich für einen italienischen Genrefilm gehört). So als wollte man sagen: »Wartet nur, was noch Cooles passieren wird!« Aber: Es kommen keine Monster. Niemals. Es gibt kein Finale, der Film hört nach dem Plottwist einfach auf. In einer Szene wird es einem der Passagere zu viel: Er hängt alle Gemälde ab und wirft sie ins Wasser.

THE BERMUDA TRIANGLE ist ein nicht komplett unsympathischer Ausflug. Vielleicht eignet er sich für einen gemütlichen Sonntagnachmittag, ähnlich wie ein Hercule Poirot-Film. Nur minus einer ausgereiften Geschichte, interessanten Dialogen und Figuren, gutem Stil, Finesse und Hercule Poirot. Dafür mit Teenie-Wichsvorlage Gloria Guida und einem Chico-Harmstorf.

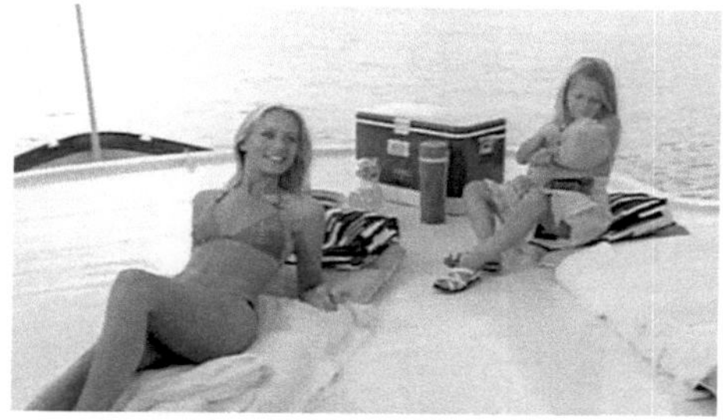

Abb. 48: Sex (links) und Horror (rechts) auf engstem Raum. Fehlt nur noch der Klabautermann. Warum gibt es eigentlich keinen deutschen Klabautermann-Film im LEPRECHAUN-Stil?

Positiv erwähnen kann man eine junge Gloria Guida im Bikini, ein paar gute Unterwasseraufnahmen und einen netten Plottwist am Ende. Außerdem gibt es unheimliche Nahaufnahmen vom Gesicht der Puppe, die mit einem echten kleinen Mädchen realisiert wurden.

»Bermuda Triangle« ist also nicht nur ein unterdurchschnittlicher Song von Barry Manilow[5] und ein lauwarmes Album des Gitarristen Buckethead, sondern auch ein mittelprächtiger Film. Irgendetwas am Bermudadreieck inspiriert Kreative auf mysteriöse Weise zu sehr mittelmäßigen Arbeiten. Das ist das echte Rätsel des »Todesdreiecks«, das es zu lösen gilt, nicht irgendwelche verschwundenen Schiffe.

★★☆☆☆

> ***Besonderheiten:*** *Von all den Möglichkeiten und verschiedenen Herangehensweisen, einen Film über das Bermudadreieck zu machen, hat man sich für eine mysteriöse Horrorpuppe entschieden. Keine Monster, elektromagnetischen Felder, Aliens, kein Zeitloch, nein: Eine Puppe. / Am Ende des Films gibt es statt Abspann eine sehr lange Liste mit angeblich im Bermudadreieck verschollenen Schiffen. Danach fragt eine Einblendung »WHO WILL BE THE NEXT ?«*
> ***Creative Killing:*** *Nein.*
> ***Nervige Skeptiker:*** *Chico-Harmstorf glaubt, dass menschliches oder maschinelles Versagen für die mysteriösen Unfälle und das Verschwinden der vielen Schiffe im Bermudadreieck verantwortlich sind. Als sein treuer Maschinenmann den Hombre warnt, dass die kleine Diana der Teufel sei und sie mit ihrer Puppe spricht, schlägt er diese Warnung in den Wind.*
> ***Kill Count:*** *7*

[5] An allen Liedern gemessen ist das Lied sehr gut. »Unterdurchschnittlich« meint gemessen an allen Barry Manilow-Liedern. Weil Barry Manilow ist verdammt noch mal großartig.

Black Devil Doll

2008
Regie: Jonathan Louis Lewis
Drehbuch: Mitch Mayes, Shawn Lewis
Coole Tagline: He's a Lover! He's a Killer! He's a muthafuckin' puppet! And if you think you're ready for him, think again bitch! / Who will survive? What will be left of them? Will their virginity be intact?[6] / Rated X by an All-White Jury!
73 Min.

It's Ghetto Chucky, muddafucka! »Lowest Common Denominator Entertainment« heißt die Produktionsfirma hinter dieser mega-trashigen Farce. Der Name ist Programm: Der kleinste gemeinsame Nenner wird bedient, kein Gag fliegt zu tief. Damit ist der Anspruch, den der Film an sich selbst stellt, klar definiert, und man kann auch etwaiger Kritik (von den paar Leuten, die dieser Film wirklich erreicht) von vorneweg den Wind aus den Segeln nehmen.

Mubia Abul-Jama war Ende der 1960er ein extremer, militanter schwarzer Bürgerrechtler. Nachdem er 15 weiße Bitches vergewaltigt und umgebracht hat, wird er in der Jetztzeit endlich vom Staat exekutiert.

Die doofe, großbusige Teenagerin Heather sitzt zu Hause und ist gelangweilt, und weil ihre beste Freundin gerade mitten in einem Gangbang »steckt«, probiert sie alleine ein Ouijabrett aus. Sie findet aber keine Nachrichten aus dem Jenseits, stattdessen fährt der gerade getötete Mubia aus dem Brett und in eine Holzpuppe hinein.

Von nun an bestimmt die fluchende, derbe, frauenverachtende, ultrabrutale »Nigga Puppet« den Film. Immerhin war Mubia zu Lebzeiten nach Eigenbeschreibung »the smoothest, most cold blooded nigga on the face of the earth. All niggas wanted to beat me, all bitches wanted to be with me.« Von seinem neuen Puppenkörper lässt er sich nicht aufhalten, und der große Penis ist ihm zum Glück geblieben. Da kann selbst Chucky schwer mithalten. Und weil Mubia einfach der Boss Nigga ist, verliebt sich Heather natürlich sofort in ihn, und sie fängt mit der verrückten Negerpuppe eine romantische Beziehung an. Mubia ist aber nun mal ein echter Hengst, somit reicht ihm eine weiße Bitch nicht aus – er braucht Frischfleisch. Heather soll ihre sogar noch dümmeren, weißen Schlampenfreundinnen zu einer Party einladen und sich dann zu McDonalds verpissen, damit er sie bearbeiten kann. Die »Damen« kommen und packen zur Begrüßung gleich mal ihre Brüste aus. Von da an gibt es haufenweise Szenen, in denen die kleine Puppe die billigen Bitches auf sämtliche Arten penetriert und danach umbringt, manchmal auch umgekehrt.

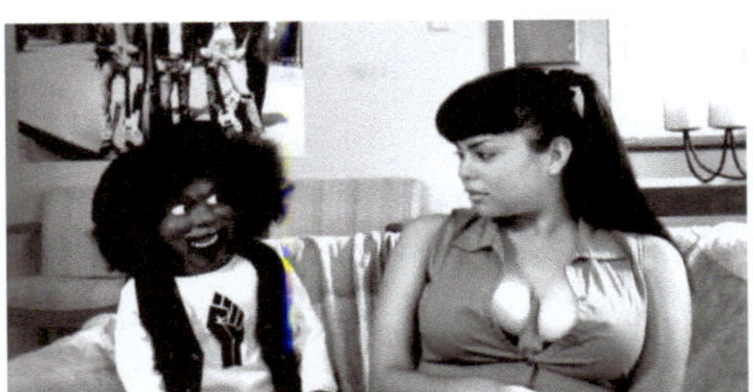

Abb. 49: Time to get back on this here dick, bitch!

[6] Eine Anspielung auf die Tagline des ewigen Horrorklassikers The Texas Chain Saw Massacre: »Who will survive and what will be left of them?«

Im Bereich jener Filme, die für ein paar Monatsgehälter produziert wurden, sticht BLACK DEVIL DOLL, ein eigenwilliger Cocktail aus Softsexfilm, Komödie und Puppenhorror, mit seinem ultra-derben Humor heraus. Der Film sieht zwar zumeist aus wie ein Homevideo, ist handwerklich aber nicht die unterste Schublade, vor allem nicht im Vergleich zu BLACK DEVIL DOLL FROM HELL (Seite 58). Er macht auch ein wenig auf 1970er-Trash, was in den 2010ern ja ziemlich beliebt war. Wenn man also das Tarantino/Rodriguez-Experiment GRINDHOUSE und BLACK DYNAMITE beide schon fünf Mal gesehen hat (und ja, so oft sollte man diese Filme mindestens sehen), könnte man sich, wenn man Lust auf mehr hat und einem keine Tiefen zu tief sind, diesen (netto) 63-minütigen Film ansehen. Die restlichen zehn Minuten gehen für den Abspann drauf, in dem noch ein paar Gags eingebaut sind.

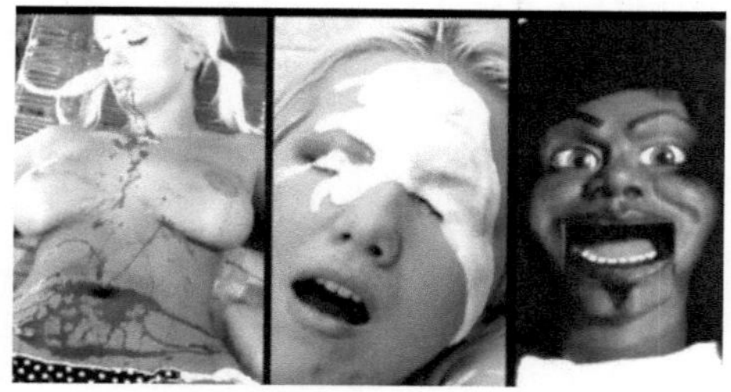

Abb. 50: Joie de vivre de la poupée noire.

Der Regisseur will sein Werk übrigens nicht als Remake von BLACK DEVIL DOLL FROM HELL verstanden wissen. Ist es ja auch keines, aber in beiden Filmen geht es um eine schwarze Vergewaltiger-Puppe, sowas sticht eben heraus. Während ich diese Zeilen schreibe, denke ich darüber nach, wie groß wohl die Schnittmenge ist aus 1.) Menschen, die Bücher kaufen und 2.) Menschen, die sich so einen Film wirklich ansehen würden. Jedenfalls hat es nie und wird es sicher auch nie wieder ein Buch geben, in dem dieser Film auch nur erwähnt geschweige denn besprochen wird. Gern geschehen.

★★★☆☆

Besonderheiten: *Sämtliche Puppensexszenen. / Auch Fetischsex wird nicht ausgelassen. / In einer Szene frisst sich ätzender Durchfall durch eine Holztüre, durch das entstandene Loch kann die Puppe dann spazieren und zu ihrem nächsten Opfer gelangen. Innovativ!*
Creative Killing: *Nein.*
Nervige Skeptiker: *Nein.*
Kill Count: *7 (Ich habe kurz überlegt, ob ich speziell für diesen Film einen »fuck count« angeben soll, das war mir dann aber doch zu blöd.)*

BLACK DEVIL DOLL FROM HELL

1984
Drehbuch und Regie: Chester Novell Turner
70 Min.

1984 war nicht nur das Jahr, in dem Indiana Jones, der Terminator, die GREMLINS (Seite 200) und das bunte Breakdance-Epos BREAKIN' die Massen begeisterte. Es wurde auch ein sehr spezieller Ultra-Low-Budget-Film über das sexuelle Erwachen einer 40-Jährigen durch Sex mit einer lebenden, fluchenden Puppe auf Videokassette veröffentlicht.

Helen Black ist eine strenggläubige, schwarze Frau mittleren Alters und noch Jungfrau, da sie sich für die Ehe aufheben will. In einer Szene predigt sie ihrer besten Freundin, sie solle nicht herumhuren und ihr Leben, so wie sie, lieber der Kirche und Jesus widmen. Eines schicksalsschweren Tages aber kauft sich Helen in einem Krempelladen eine Puppe, die magische Kräfte haben soll und ihrem Käufer den sehnlichsten Wunsch erfüllt. Die schauspielerischen Fähigkeiten von Helens Darstellerin (Shirley L. Jones, natürlich NICHT die Shirley Jones aus guten, alten Musicals und *The Partridge Family*) sind leider nicht in einem Ausmaß vorhanden, das uns klar macht, wie sie diese Information auffasst. Wir wissen nicht, ob sie die Geschichte belustigt, ob sie interessiert, verängstigt oder skeptisch ist. Egal, sie geht jedenfalls in dem Krempelladen noch ein wenig sinnlos auf und ab und beschließt schließlich, die Puppe zu kaufen.

Die Puppe, die ein wenig wie der Sänger Rick James aussieht und auch gerne mal flucht, stellt Helens Leben auf den Kopf. Denn, ganz wie prophezeit, wird ihr innerster Seelenwunsch erfüllt, der da lautet: Von einer Ein-Meter-Puppe mit magischem Gas betäubt, ans Bett gefesselt und daraufhin vergewaltigt und entjungfert zu werden. Die Vergewaltigung beginnt Helen zu gefallen (kann ja auch vorkommen) und sie ist im siebten Himmel.

Nach diesem einschneidenden Lebensereignis wirft Helen ihre Bibel in den Mülleimer. Gerade noch war der Messias ihr Lebensinhalt, jetzt ist es der Sex. Ab sofort ist sie im Jagdmodus und holt den erstbesten Mann, den sie auf der Straße findet, zu sich ins Haus. Letztens hat sie eben diesen schwarzen jungen Mann noch gerügt, weil er Diebesgut auf der Straße vercheckt, jetzt aber muss sie ihm unbedingt von ihrer Entjungferung erzählen. Seine Reaktion: »Wait a minnit mama, you mean to tell me you were raped by a puppet?« Sie versichert ihm: »I ain't shittin' you!« Helen ist auf den Geschmack gekommen und sie will mehr. Aber weder der junge Entrepreneur noch ein toller Hecht, den sie aus einer Bar mit nach

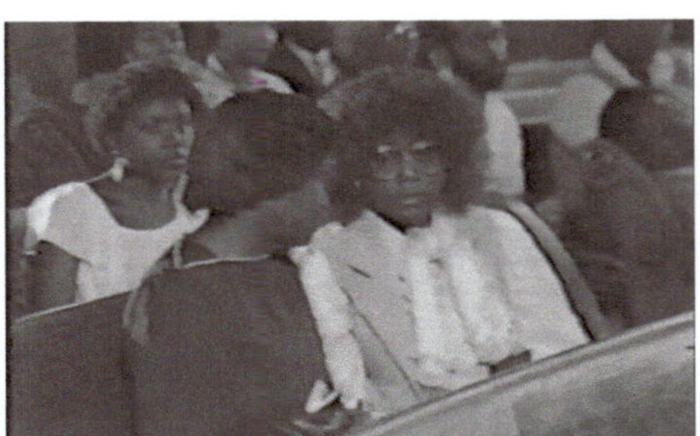

Abb. 51: Helen beim Kirchenbesuch. Bitte nicht in die Kamera schauen, da hinten!

Hause nimmt, kann sie richtig befriedigen. Helen ist enttäuscht und wird fuchsteufelswild. Wer kennt nicht das alte Sprichwort: Once you go puppet...

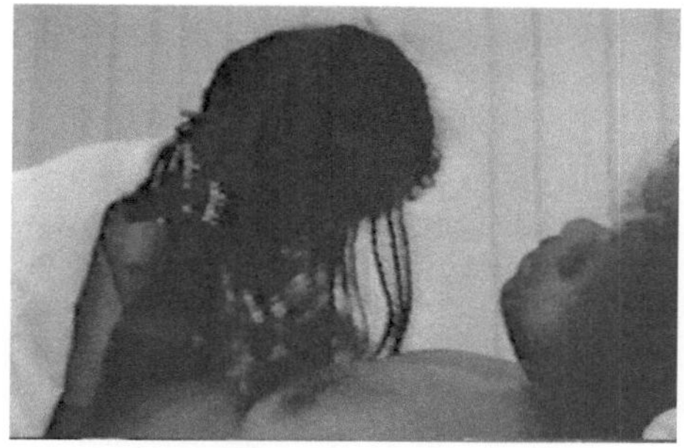

Abb. 52: ...you never go back!

Niemand kann es Helen so gut besorgen wie die Puppe. Diese ist aber plötzlich weg und wieder in den Krempelladen zurückgekehrt. Helen ist stinkesauer und geht schnurstracks in den Laden. Dort meint die Verkäuferin, sie habe Helen ja im Vorhinein gewarnt, dass die Puppe nach Erfüllung des innersten Seelenwunsches wieder in das Geschäft zurückkehren würde. Also muss Helen die Puppe ein zweites Mal kaufen. The first taste – of puppet sex – is free? Auch eine Geschäftsidee, riecht für mich aber nach mieser Abzocke. Die Puppe fickt nicht nur formidabel, sondern ist auch sehr böse. Doch auch wenn der ganze Film ein spezieller Horror für sich ist, muss man auf die einzige richtige »Horrorszene« bis zum Schluss warten. In einer bizarr-schönen Szene gibt es dann nämlich erneut Blut, aber diesmal nicht durch eine Entjungferung...

Falls das alles jetzt doch irgendwie lustig klingt, dann könnte es daran liegen, dass ich den gesamten 70-minütigen Film kurz zusammengefasst habe. Wer sich den Film wirklich ansieht, muss etliche lange, überflüssige Szenen über sich ergehen lassen – wie sinnlose Innenaufnahmen oder Szenen, in denen Helen entweder spazieren geht oder in ihrem Haus auf und ab stromert und nachdenkt, ohne das dabei etwas passiert. Das alles wird wenigstens von einem extrem schlichten, aber eingängigen Soundtrack aufgelockert. Die Musik ist das Beste, was dieser Film zu bieten hat, und klingt wie eine Mischung aus Casio-Keyboard, Billig-Synthesizer, DOS-Rechner und einem Nintendo Spiel aus den 1980ern. Bei einer Szene mit Musikeinspielung wollte ich als geneigter Retro-Videospieler instinktiv nach einem Controller greifen, nach einer halben Sekunde war mir aber wieder klar: Halt Moment, das ist kein 8-bit-Spiel, sondern ein komischer Puppensexhorrorfilm.

Black Devil Doll from Hell ist der sowohl handwerklich als auch inhaltlich schlechteste Film, den ich je in meinem Leben gesehen habe, und ich habe tausende Filme gesehen. Jedes Handyvideo vom Pausenhof hat bessere Regiearbeit. Die Dialoge sind unter aller Sau und wiederholen sich oft. Es ist schwer zu glauben, dass dieser Film überhaupt ein Drehbuch hatte, das angeblich vom Regisseur in ein paar Tagen geschrieben wurde. Von den vielen Low-Budget-Werken in diesem Buch könnte dies der billigste sein. Gäbe es für diese Enzyklopädie irgendeine Qualitätsgrenze, unter der ein Film

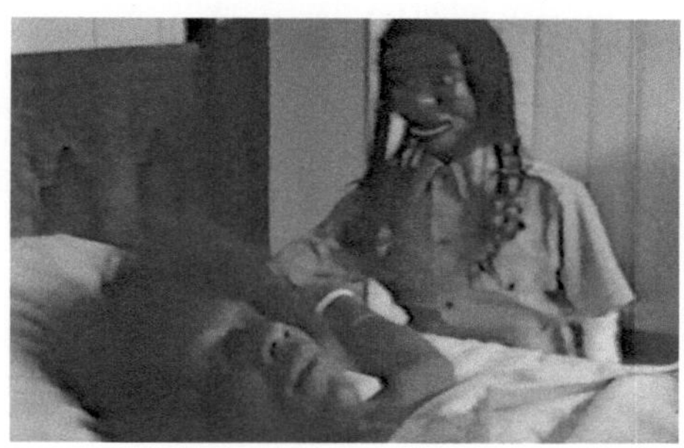

Abb. 53: Wake up, bitch! Time for you to get raped.

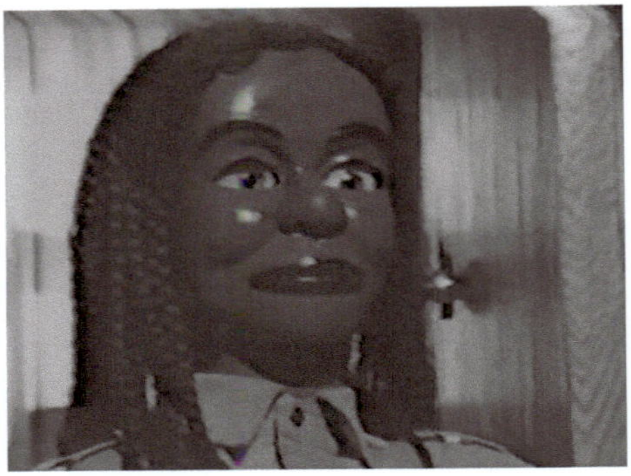

Abb. 54: Der Titelheld. He will not be tamed.

nicht aufgenommen wird, würde dieser als erstes rausfliegen.

Das krude, grottenschlecht gemachte Homevideo in Filmlänge fand aber erstaunlicherweise damals irgendwie einen amerikanischen VHS-Verleiher, der sich bereiterklärte, den Film zu vertreiben – unter der Bedingung, dass der Titel vom schlichten »The Puppet« auf das markttauglichere »Black Devil Doll from Hell« umbenannt wird. Und weil man (zum Glück!) Menschen heute immer noch gediegenen und weniger gediegenen Trash verkaufen kann, gab es 2013 eine DVD-Veröffentlichung in den USA, bei der man die VHS-Privatkopie des Regisseurs auf die Disc gespielt hat. Endlich muss eine sehr, sehr kleine Gruppe von Trash-Aficionados keine horrenden Ebay-Preise mehr zahlen, um an diesen kackigen Gaumenschmaus zu kommen.

Trotz alledem will ich festhalten, dass der Film eine gewisse Autounfall-bei-dem-man-nicht-wegsehen-kann-Qualität hat. Es sagt ja auch was aus, dass dies einer der längeren Texte im Buch ist. Der Film ist so schlecht, dass er auf mich eine gewisse erstaunte Faszination ausgeübt hat. Beinahe könnte man von Experimentalfilmqualitäten sprechen. Es ist eine komplett neue Erfahrung, und das kann nie ganz schlecht sein. Alleine dafür verdient der Film nicht das schlechteste Rating. Falls es wen interessiert: Die Puppensexszenen sind annehmbar, in BLACK DEVIL DOLL (Seite 56) sind sie etwas besser.

Gegen Ende wird sogar noch eine Message transportiert: Helen erkennt, dass sie ihre sexuellen Bedürfnisse törichterweise jahrelang unterdrückt hat. Also, ihr jungen Hüpfer da draußen, ihr Jesus-Fanatiker fortgeschrittenen Alters, ihr moralisch Verwirrten: Verleugnet eure Sexualität nicht, sonst könnte es euch wie Helen gehen! Der Mensch lebt nicht vom Brot allein. Er braucht auch Sex (und Wasser).

Unter welchen Umständen kann man BLACK DEVIL DOLL FROM HELL empfehlen? Freilich jemandem, der ein Hardcore-Trashliebhaber ist. Oder aber seine Haustiere oder die Großeltern verstören will. Man kann es auch auf einer ausgeflippt-hippen Studentenparty im Hintergrund laufen lassen – wo dann die Kommentare und Reaktionen auf das Gezeigte mit Sicherheit lustiger und spannender sind als der Film selber. Vielleicht kann man auch Bonuspunkte bei einer jungen Theaterwissenschaftsstudentin sammeln, die alle Michael Bay-Filme hasst und eine Vorliebe für alternativ-trashig-Ausgeflipptes hat.

★★☆☆☆

Besonderheiten: *Fand 1984 einen Verleiher. / Ist heute als Director's Cut auf DVD erhältlich. / Wurde auf Video gedreht und hat deshalb eine »einzigartige« VHS-Optik. / Die eingängige Piepsmusik. / Eine Puppenattacke wird in Standbildern gezeigt. / Drei (!) Kameramänner und etliche andere Crewmitglieder werden im Abspann angegeben. Regisseur Chester Turner, der danach nur noch einen weiteren Film inszenieren sollte, gab in einem Interview zu, dass er sich diese zusätzlichen Leute einfach ausgedacht hat. Er meinte, ihm hätte niemand geglaubt, dass sie fast den kompletten Film zu dritt gemacht haben. Doch, Chester, wir glauben es dir sofort. / Von* TALES FROM THE QUADEAD ZONE*, dem einzigen anderen Film des Regisseurs, existieren so wenige VHS-Kopien, dass er unter Hardcore-VHS-Sammlern als heiliger Gral zählt. Dieser Art von Sammler-Freaks geht es nicht um Qualität, sondern um Seltenheit, und dieser Film ist einer der wertvollsten VHS-Videos überhaupt.*
Creative Killing: *Der einzige Kill in dem Film ist gar nicht mal so mies – weil bizarr-lustig.*
Nervige Skeptiker: *Der junge Straßenverkäufer.*
Kill Count: *1*

Blood Dolls

1999
Deutscher Titel: Blood Dolls – Die Killerpuppen
Drehbuch und Regie: Charles Band [Leider bis heute Charles Bands einziges realisiertes Drehbuch, zumindest offiziell. Ansonsten lieferte er immer »nur« Geschichten und Ideen. Die nachfolgenden Filme sind also Regiearbeiten] (Parasite [Seite 289], Trancers, Meridian, Head of the Family, Hideous! [Seite 213], Doll Graveyard [Seite 140], The Gingerdead Man [Seite 188], Evil Bong, Dangerous Worry Dolls [Seite 108], Killer Eye: Halloween Haunt [Seite 243], Puppet Master X: Axis Rising [Seite 330], Ooga Booga [Seite 282], Puppet Master: Axis Termination [Seite 333])
Coole Tagline: Power… Lust… Freaks… / Freaks, Lust & Mayhem / Little Creatures With Deadly Features
85 Min.

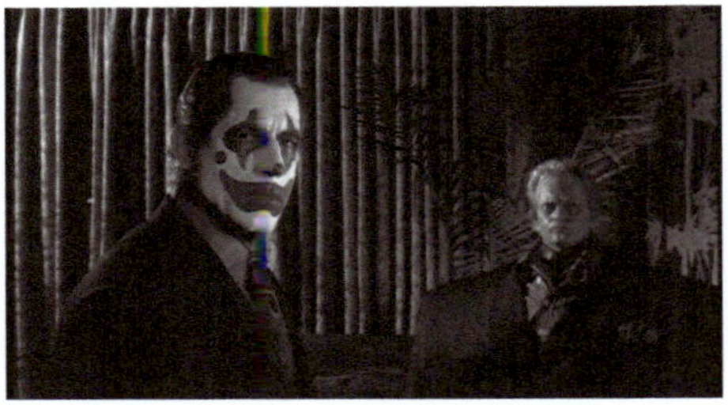

Abb. 55: Virgil und sein treuer Butler Mr. Mascaro.

Virgil ist ein künstlich geschaffener Mann mit Schrumpfkopf. Das eloquente Genie mit exzentrischen Vorlieben ist ein milliardenschwerer, einsamer Geschäftsmann. Kürzlich ist er allerdings um eine Milliarde leichter geworden. Dafür macht er seine Anwältin und vor allem drei seiner Konkurrenten verantwortlich.

Zunächst rächt sich Virgil an drei Personen, die er in lebende Puppen verwandelt: Den Richter und Staatsanwalt, die beide von den Konkurrenten bestochen wurden, sowie die Anwältin. Die Killerpuppen gehorchen ihm genauso aufs Wort wie sein psychopathisch-spiritueller Clown-Butler Mr. Mascaro. Mit deren Hilfe will Virgil nun seine drei Ex-Partner erledigen, die ihn betrogen haben.

Außerdem hält sich Virgil eine sexy Girlband in einem Käfig, die mit Stromschlägen vom Zwerg Hylas (Phil Fondacaro) zum Spielen motiviert werden. Das trägt nichts zur Handlung bei, ist aber ein netter Running Gag und sorgt für passable Rockmusik. Also, nochmal zum Mitschreiben: Ein genialer Schrumpfkopf, ein psychotischer Clownbutler, eine weibliche Rockband hinter Gittern und ein Zwergendiener. Die drei Killerpuppen, von denen zwei von rassistischen Klischees (schwarzer Pimp, Ninja-Kabuki-Braut) inspirierte Designs haben, gehören hier noch zum den gewöhnlicheren Dingen.

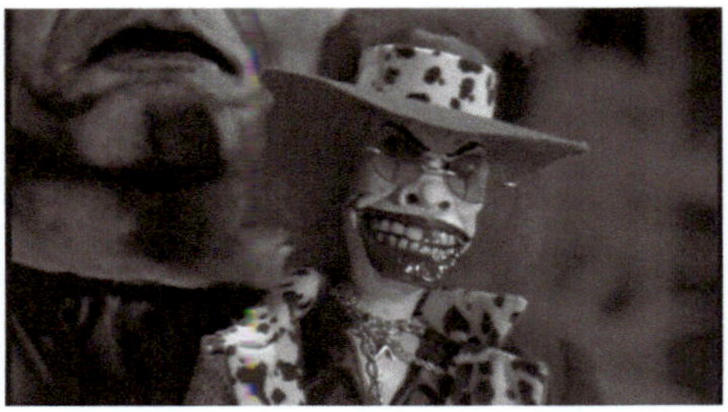

Abb. 56: It's a pimp-doll life for this guy.

Ach ja: Virgils größte Widersacherin ist übrigens eine männerhassende Domina, die die Welt erobern will. Nachdem bereits zwei Konkurrenten von ihrem weltlichen Dasein erlöst wurden, geht die scheinbar unschuldige Frau des letzten geplanten Opfers in die Offensive.

Schon in der ersten Minute des Films fragt man sich: »Wo bin ich hier gelandet?« Blood Dolls ist lustig, sexy, verrückt, originell und eine der kreativeren und ausgefalleneren Produktionen von Charles Band. Dafür mag den Film aber nicht jeder, und selbst bei vielen Full Moon-Fans fällt er unten durch. Der Unterhaltungswert für den Zuseher steigt direkt proportional mit seiner Toleranz oder Vorliebe für das Absurde.

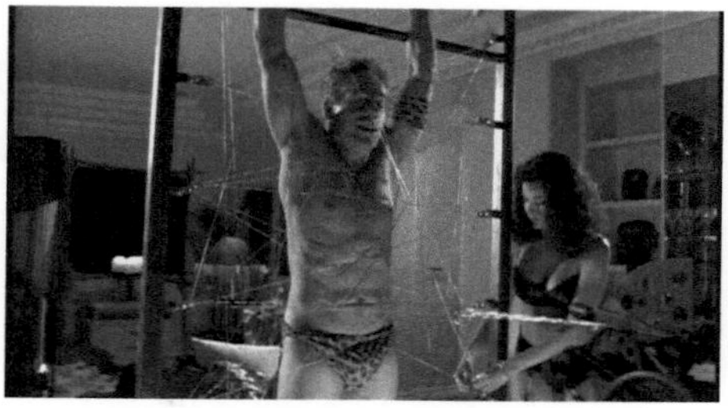

Abb. 57: Man lebt nur einmal!

Aber der Film bietet auch eine überraschend bewegende Geschichte um Macht, Verrat, Rache, einen Mann, der seine innere Leere niemals füllen konnte und die eine Frau, die ihn vielleicht von seinem Schicksal erlösen wird. Die Dialoge haben teilweise sogar Shakespeare-Gravitas: »The wounds of nations are healed in the bedchambers of kings« – wow, der Satz *muss* geklaut sein. Viele brutale Szenen sollte man sich allerdings nicht erwarten, und die Puppen selber haben nicht viel zu tun.

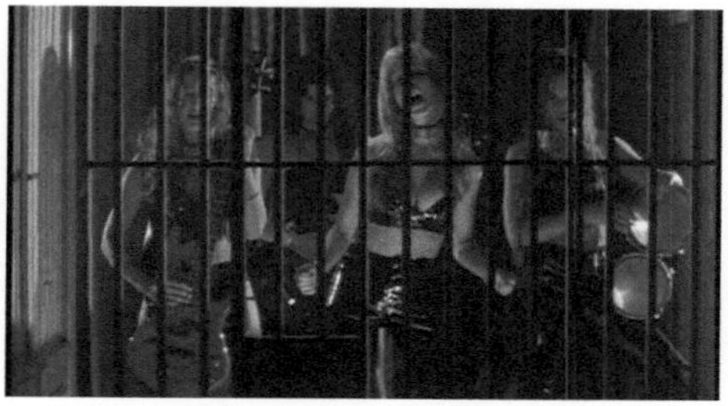

Abb. 58: Eine eigene sexy Girl-Band zu haben – dagegen wirkt die Fantasie eines Hugh Hefner-Lifestyles geradezu schlicht und altbacken.

Am Schluß tritt der Clown-Butler aus dem Dunkeln, spricht mit dem Publikum und präsentiert ein alternatives Ende des Films. So bekommen wir ein dramatisches, zynischeres Finale und ein (bizarres) Happy End. Bei einem prätentiösen Kunstfilmfestival hätte so etwas wahrscheinlich einen Innovationspreis bekommen, noch dazu im Jahr 1999.

Produzent und Regisseur Charles Band, der Mann hinter den unabhängigen Produktionsfirmen Empire Pictures (RE-ANIMATOR, TRANCERS, FROM BEYOND, CRAWLSPACE) und Full Moon Entertainment (CASTLE FREAK, SUBSPECIES-Reihe, PREHYSTERIA!-Reihe, DOLLMAN, HEAD OF THE FAMILY) hat offenbar einen Fetisch für kleine Monster und Puppen. Wie kein anderer im Business lieferte Band *tiny terrors* am Laufband und man fragt man sich, was in seiner Kindheit wohl Komisches passiert ist. Es kann aber auch sein, dass der Geschäftsmann Band nach dem großen Erfolg von GHOULIES (Seite 180) einfach zwei große Dollarzeichen in seinen Augen hatte.

★★★★☆

Besonderheiten: *Der ganze Film ist eine Aneinanderreihung von Besonderheiten.*
Creative Killing: *Tod durch Sadomaso-Gerät mit Drähten, die unter die Haut gehen.*
Nervige Skeptiker: *Keine, mit so etwas hält sich BLOOD DOLLS nicht auf.*
Kill Count: *8 (3 off camera)*

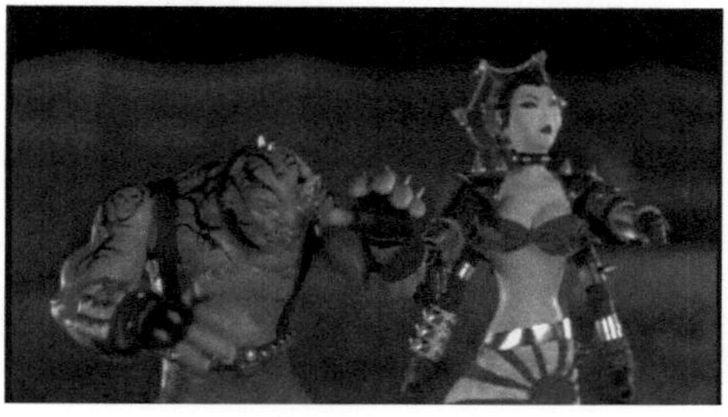

Abb. 59: Schlägertyp und Ninja-Baby.

Hier eine komplette Liste der 32 (!) Charles Band-Produktionen in diesem Buch:

Parasite (1982, ★★, Seite 289)
[ab hier via Empire:]
Ghoulies (1985, ★★★, Seite 180)
Troll (1986, ★★★★, Seite 406)
Dolls (1987, ★★★★★, Seite 144)
Ghoulies II (1988, ★★★★, Seite 182)
[ab hier via Full Moon:]
Puppetmaster (1989, ★★★★★, Seite 302)
Puppet Master II (1990, ★★★★★, Seite 306)
Puppet Master III: Toulon's Revenge (1991, ★★★★★, Seite 310)
Demonic Toys (1992, ★★★★★, Seite 124)
Seedpeople (1992, ★★, Seite 367)
Dollman vs. The Demonic Toys (1993, ★★★, Seite 128)
Puppet Master 4 (1993, ★★★★★, Seite 313)
Puppet Master 5 (1994, ★★★★, Seite 316)
Shrunken Heads (1994, ★★★★, Seite 376)
Hideous! (1997, ★★★, Seite 213)
Curse of the Puppet Master (1998, ★★, Seite 319)
Blood Dolls (1999, ★★★★, Seite 62)
Retro Puppetmaster (1999, ★★★, Seite 322)
Ragdoll (1999, ★★, Seite 345)
Totem (1999, ★★★, Seite 398)
Puppet Master: The Legacy (2003, ★, Seite 325)
Doll Graveyard (2005, ★★, Seite 140)
The Gingerdead Man (2005, ★, Seite 188)
Dangerous Worry Dolls (2008, ★★, Seite 108)
Gingerdead Man 2: Passion of the Crust (2008, ★★, Seite 190)
Demonic Toys 2 (2010, ★, Seite 126)
Puppet Master: Axis of Evil (2010, ★★, Seite 327)
Gingerdead Man 3: Saturday Night Cleaver (2011, ★★, Seite 192)
Killer Eye: Halloween Haunt (2011, ★, Seite 243)
Puppet Master X: Axis Rising (2012, ★★★, Seite 330)
Oooga Booga (2013, ★★, Seite 282)
Puppet Master: Axis Termination (2017, ★★★, Seite 333)

Blood Gnome

2004
Drehbuch und Regie: John Lechago (Killjoy 3, Killjoy Goes to Hell)
87 Min.

Daniel ist ein etwas nerdiger, aber talentierter Tatortfotograf, der eingeliefert werden musste, nachdem er bei einem seiner Einsätze seine Ex-Freundin erschossen auffand. In einer Rückblende sehen wir Daniel mit seiner Flamme in glücklicheren Zeiten: Als er ihr einen Heiratsantrag macht, reißt sie sich vor Glück sofort ihr Oberteil vom Leib, noch bevor sie ihm in die Arme und mit ihm ins Bett fällt und »Ja« sagt.

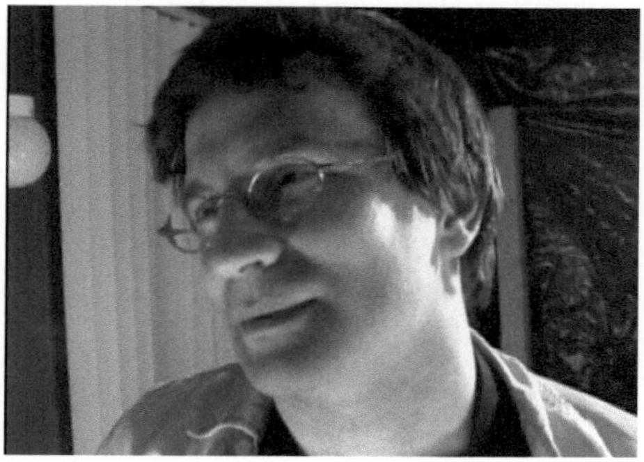

Abb. 60: Ladies und Gentlemen: Unsere Hauptfigur Daniel.

Heute knabbert er noch an der traurigen Geschichte, aber Daniel ist nicht der einzige, der knabbert. Bösartige kniehohe Gnome sind unterwegs und töten Leute aus der Fetischszene bei ihren Liebesakten. Man muss sich das so vorstellen: Zwei Menschen erfreuen sich an ihrer BDSM-Session, bis plötzlich ein oder mehrere unsichtbare Gnome auftauchen und den armen Perverslingen mehr Schmerzen zufügen, als ihnen lieb ist. Die Opfer werden wie aus dem Nichts überall an ihren Körpern von den kleinen Krallen aufgeschlitzt und kommen so zu Tode.

An einem Tatort findet Daniel einen sehr kleinen, blutigen Handabdruck neben einer der Leichen. Mit seiner Kamera, die gerade zufällig irgendeinen ultrasensiblen Nachtsicht-Spezialfilm drinnen hat, kann er die sonst unsichtbaren Wesen sichtbar machen und erschrickt. Die kleinen Gnome kiefeln noch immer an den Leichen, während um sie herum Polizisten und Forensiker ihrer Arbeit nachgehen – dreiste Lümmel! Die Gnome merken, dass der Fotograf sie sehen kann, und hauen lieber ab.

Der brave Daniel will die Mordfälle aufklären, kennt sich aber in der Fetischszene nicht aus und sucht Informationen bei Divinity, einem schwarzhaarigen Mitglied der BDSM-Community. Die junge Frau meint: »Warum erzählen, wenn ich es dir auch zeigen kann?« Daniel bucht bei ihr einige Sessions – aus rein professionellem Interesse, versteht sich. Er fängt aber trotzdem eine Beziehung mit Divinity an. Immer nur Leichen knipsen ist halt auch kein Leben – da kommt ein kinky BDSM-Chick zum Ausgleich sehr gelegen.

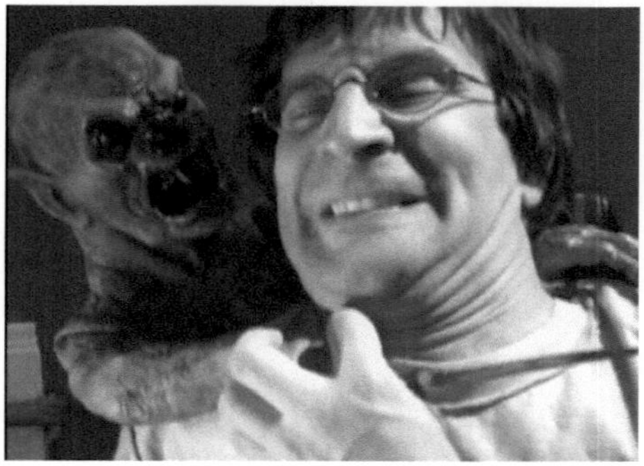

Abb. 61: Erhöhte Gnom-Bedrängnis.

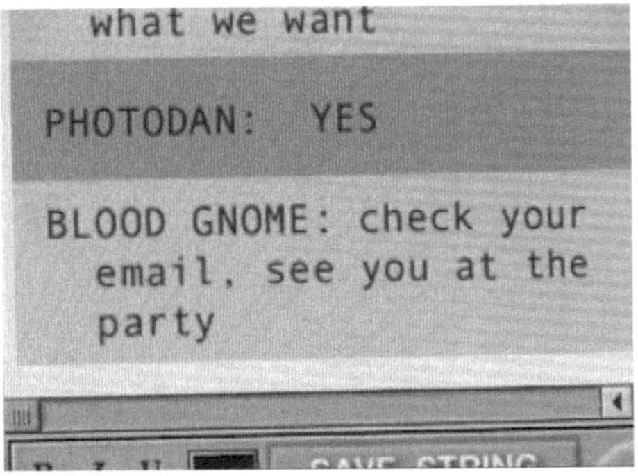

Abb. 62: Seems legit.

Daniel will die Gnome bei ihrer Arbeit auf Video festhalten, um ihre Existenz zu beweisen. Die sind aber ziemlich smart und tauschen während einer Autofahrt den Film in Daniels Kamera aus. Sie nisten sich auch bei ihm zu Hause ein, und Daniel schafft es trotz Widerstand, sie zu filmen. Die Wesen kennen sich aber mit Daniels Equipment aus und löschen die Aufnahme wieder. Ihre Technikkompetenz geht sogar noch weiter: Daniel erhält via Internet eine Chat-Nachricht vom User »BLOOD GNOME«, der ihn foppt, ihm droht und schreibt »WE ARE THE FUTURE!« Die Gnome sind also auch Internet-Trolle!

Als Daniel ihr Blut kostet, kann er die Gnome plötzlich auch mit freiem Auge sehen und sagt ihnen den Kampf an. Die kleinen Wesen sprengen eine Sadomaso-Party, bei der es nicht nur viel Sex, sondern auch viele Leichen gibt.

Wer sich auch nur ansatzweise bei BDSM auskennt, weiß, dass es immer ein »Safe Word« geben muss. Irgendein Wort, das den Peiniger wissen lässt: Meinem Partner wird es zu viel, ich muss aufhören. Warum gibt es also keine Szene, in der sich ein Sadomaso-Paar auf das Safe Word »Apfelkuchen« einigt, und danach einer der unsichtbaren Killergnome attackiert? Das Opfer schreit »Apfelkuchen!! APFELKUCHEN!!! APFELKUCHEEEEN!!!!« Und der/die andere schreit entsetzt und verwirrt: »Das bin nicht ich! Hilfe, was ist hier los?!« Ich weiß, warum: Weil sich der Film ernst nehmen wollte.

Die ultrabillige, amateurhafte Produktion funktioniert aber nur bedingt als ernsthafter Horrorfilm. Der lahme Plot, die schlechten Schauspieler und die miesen Dialoge sind da hinderlich. Die Kameraführung ist besonders furchtbar, manchmal hätte der Kameramann bei den vielen Nahaufnahmen den Darstellern wohl am liebsten bis in die Nasenlöcher hineingefilmt.

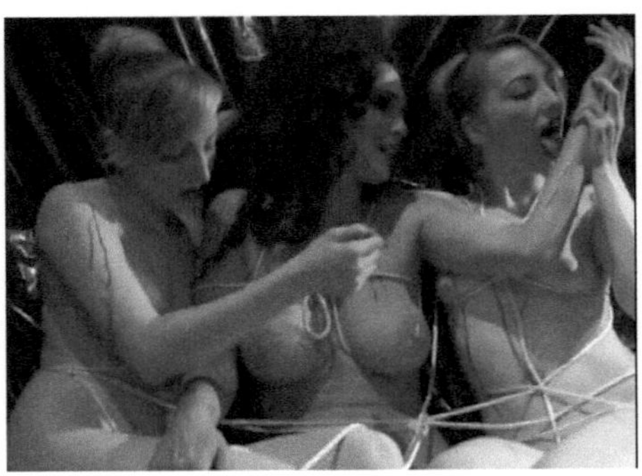

Abb. 63: Bondage und Sadomaso könnten so entspannend sein, wenn da nicht diese blöden Killergnome wären.

Die vielen Erotikszenen sind nicht wirklich erotisch, und das liegt nicht an BDSM. Schön, dass die Gnome echte Puppen sind und kein CGI – die Effekte sind allerdings ebenfalls sehr schwach. Was aber wichtiger ist: BLOOD GNOME ist nicht so langweilig, wie man vielleicht meinen könnte, und viel schlechter als die FIFTY SHADES OF GREY-Verfilmung ist er auch nicht.

★★☆☆☆

Besonderheiten: *Killergnome morden sich durch die BDSM-Community von L.A.*
Creative Killing: *Nein.*
Nervige Skeptiker: *Überraschenderweise nicht. Daniel versucht erst gar nicht, seine Vorgesetzten von den Gnomen zu überzeugen. Die halten ihn ohnehin für noch zu traumatisiert (wegen seiner Ex) und arbeitsunfähig, von daher: Gute Idee.*
Kill Count: *13 (ca. 3 off camera, plus einige Gnome)*

Body Bags

1993
Regie (Hair): John Carpenter (The Thing, Halloween, Big Trouble in Little China, They Live, Escape from New York, Christine, The Fog, In the Mouth of Madness, Escape from L.A., Vampires, Assault on Precinct 13 [1976], Starman, Ghosts of Mars, Prince of Darkness, Village of the Damned [1995])
Nennenswerter Cast (Hair): Stacy Keach (Fat City, *Mike Hammer*, Long Riders, Up in Smoke, The New Centurions, The Bourne Legacy, Ooga Booga [Seite 282]), Sheena Easton (Sängerin von »For Your Eyes Only« im gleichnamigen James Bond-Film, in dem sie im Intro auch selbst auftrtitt), und noch eine Sängerin: Debbie »Blondie« Harry (Videodrome, Hairspray [1988], Tales from the Darkside: The Movie, Heavy)
94 Min.

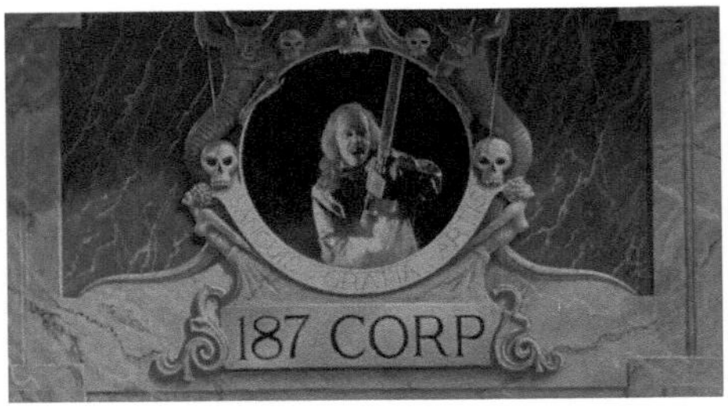

Abb. 64: »Sanguis Gratia Artis« – also nicht Kunst um der Kunst willen, sondernBlut um der Kunst willen.

Die ersten beiden Geschichten dieses Horror-Episodenfilms wurden von John Carpenter inszeniert und die letzte von Tobe Hooper. In Carpenters »The Gas Station« arbeitet eine Studentin nächtens bei einer Tankstelle und wird von einem Serienmörder heimgesucht. Die realistische, kurze Suspense-Story hat auch einige Schock- und Gore-Effekte zu bieten.

Auf außerordentlich winzige *tiny terrors* treffen wir in »Hair«, dem lustigsten Segment des Films. Der kahl werdende Richard (Stacy Keach) will um jeden Preis eine schöne, lange Haarpracht. Er bekommt sie dank einer neuartigen Methode auch, zahlt dafür aber unwissend einen sehr hohen Preis. Winzige Schlangen-artige Wesen haben nämlich beschlossen, sich als Haare zu tarnen und an Menschen zu heften. Aber woher kommen sie und was wollen sie?

In der unerwartet düsteren letzten Geschichte »Eye« verliert Baseballspieler Brent Matthews (Mark Hamill) bei einem Autounfall sein rechtes Auge. Um seine Karriere und seine Zukunft zu retten, willigt er ein, sich für eine experimentelle Augentransplantation zur Verfügung zu stellen. Nur wird ihm nicht gesagt, dass ihm das Auge eines wahnsinnigen Mörders eingesetzt wurde, was sehr unerwünschte Folgen für ihn und seine Frau hat.

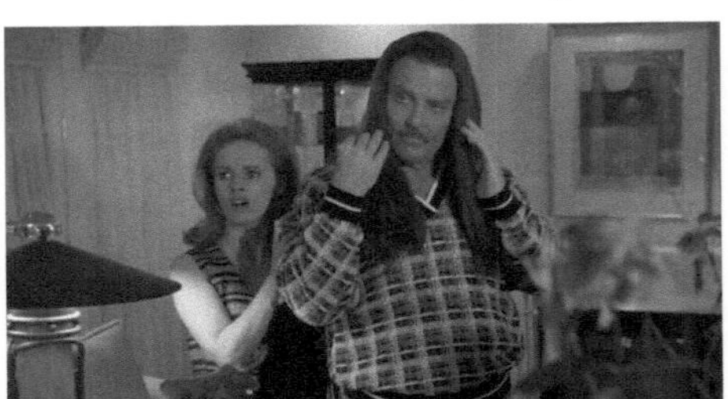

Abb. 65: Stacy Keach is bringing sexy back.

Body Bags ist gruselig, blutig und gut gemacht. Die winzigen Wesen in »Hair« haben nicht viel zu tun, aber insgesamt lohnt sich der Film absolut.

★★★★☆ (Hair)

★★★★☆ (BODY BAGS als Ganzes)

Besonderheiten: *Die drei Geschichten werden von einem verrückt-launigen Mann in einem Leichenschauhaus vorgestellt, der von John Carpenter gespielt wird. / Eine Kavalkade an Gastauftritten: Sam Raimi als Leiche, Roger Corman, Debbie »Blondie« Harry, Sheena Easton, Wes Craven und Tom Arnold tauchen alle auf.*
Creative Killing: *Nein.*
Nervige Skeptiker: *Keine.*
Kill Count: *2 (1 off camera)*

THE BOOGENS

1981
Regie: James L. Conway
Drehbuch: David O'Malley (FATAL INSTINCT), Jim Kouf (RUSH HOUR, STAKEOUT, NATIONAL TREASURE, MONEY MONSTER, THE HIDDEN, SECRET ADMIRER, GANG RELATED)
96 Min.

In Silver City, Colorado, wurde einst nach Silber geschürft. 1912 (also vor etwa 70 Jahren) gab es einen Einsturz und die Mine wurde stillgelegt. Heute will man sie wieder in Betrieb nehmen. Das ruft die zwei Elektrotechnik-Absolventen Roger und Mark auf den Plan, die in die verschneite Berglandschaft ziehen. Sie wollen sich dort als Minenarbeiter verdingen, bevor sie später einem »ernsthaften« Bürojob nachgegen werden.

Roger nennt sich selbst »Hormone Man«, und bei ihm ist der Notstand ausgebrochen. Er erwähnt immer wieder, dass er seit zwölf Tagen keinen Sex mehr hatte, und was er alles mit seiner Freundin machen wird, wenn sie ihn endlich in ihrer gemieteten Holzhütte besuchen kommt. Die Herzensdame nimmt eine Freundin mit, die so wie sie Journalismus studiert hat und Interesse an Mark zeigt. Bald liegt Romantik in der Luft.

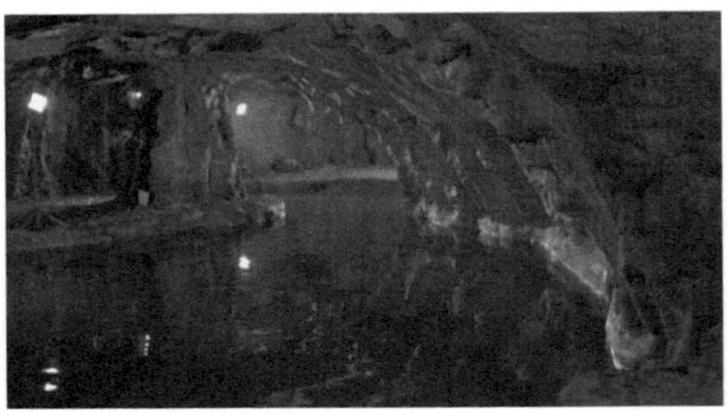

Abb. 66: Ist hier ein Monster drin? Ich schau lieber mal nach.

Bei den Arbeiten in der Mine wird eine vermutlich natürlich entstandene Höhle mit einem großen Wasserbecken entdeckt, neben dem die Gebeine von mindestens 20 Menschen liegen. Komischerweise liegen die Knochen alle auf einem Haufen.

Es gibt ein paar Szenen, in denen ein Hund herumrennt, dann beobachten wir die Damen in der Hütte, dann sehen wir Roger und Mark beim Arbeiten in der Mine zu... THE BOOGENS ist beinahe wie einer dieser *slice of life*-Animes, bei denen man Figuren bei ihrem Alltag und ihren banalen Interaktion beobachtet, und nichts Bedeutendes passiert. OK, ein bisschen was passiert bei den Boogens: Sowohl die Vermieterin der Hütte als auch der Hund verschwinden, später auch eine der Hauptfiguren. Wir wissen, dass irgendwelche kleinen Monster daran Schuld sind, denn wir sehen das Geschehen immer wieder mal aus ihrer Froschperspektive. Wurden die Minenarbeiter 1912 auch von diesen Dingern attackiert?

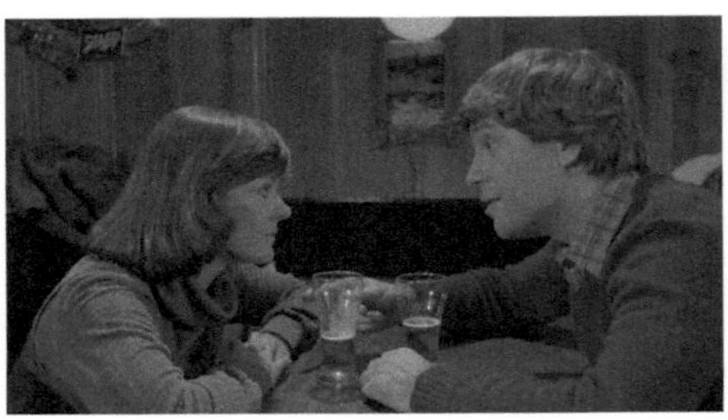

Abb. 67: Laaaangweilig.

Ich habe nichts gegen einen *slow burner*, aber THE BOOGENS zieht sich schon gewaltig. Es wird zwar nicht extrem langweilig, weil wir hier ziemlich liebenswerte Figuren haben. Aber irgendwann will man halt doch ein wenig Action. Es dauert geschlagene 50 Minuten, bis eines der

Monster eine Attacke gegen eine unserer Hauptfiguren fährt, und dann dauert es nochmal 20 Minuten bis zur nächsten Attacke. Was aber weitaus schlimmer ist: Wir sehen die Monster zum allerersten Mal erst sieben Minuten vor Ende des Films! Das ist ein Negativrekord in diesem Buch, und es gibt wohl nichts Nervigeres in Horrorfilmen, als wenn sie uns das Monster nicht zeigen wollen. Es stellt sich heraus, dass die Dinger gar nicht so klein sind, sondern wie überdimensionale, mutierte Schildkröten mit spitzen Tentakeln aussehen. Tentacle Mutant Horror Turtles, quasi.

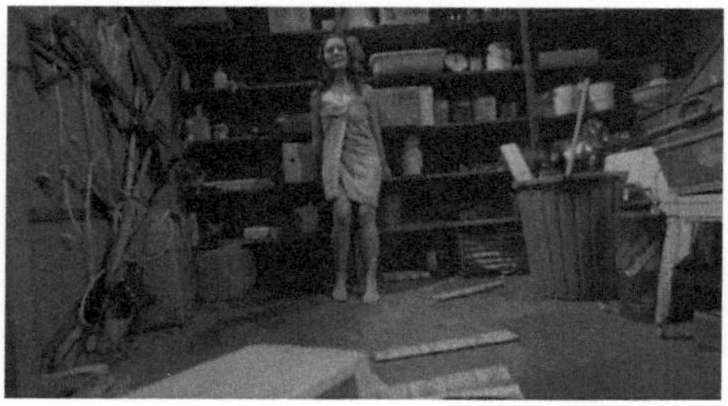

Abb. 68: Jetzt aber!

Es attackieren nur zwei der »Boogens« in dem Film, außer man geht davon aus, dass immer ein anderes angreift – angeblich gibt es mehrere von ihnen. Zwei ist auch das absolute Minimum, ab dem man überhaupt Plural verwenden darf. »The Boogens« klingt halt etwas besser als »Booger«. Für den Film wurde jedenfalls nur ein Viech gebastelt.

Dieser Schnee- und Minenhorror wurde fürs Kino gemacht und wollte wohl ein breiteres Publikum erreichen als typische B-Horrorfilme dieser Zeit. Dass er technisch sauber und schauspielerisch gut gemacht ist, spricht für ein solides Dreier-Rating. Aber die ewige Ereignislosigkeit und die nicht sichtbaren Monster drücken den Film gewaltig nach unten. Und warum warnt sie der alte Mann, der die Viecher kennt, eigentlich nicht viel eher?

★★☆☆☆

Besonderheiten: *Stephen King ist ein großer Fan dieses Films.*
Creative Killing: *Nein.*
Nervige Skeptiker: *Keine.*
Kill Count: *7 (3 off camera)*

The Boy

USA, China 2016
Regie: William Brent Bell (Stay Alive, The Devil Inside)
Drehbuch: Stacey Menear
98 Min.

Die attraktive Amerikanerin Greta bewirbt sich als Nanny in einem großen, englischen Anwesen bei den Heelshires, einem alten Ehepaar. Greta ist nicht so nervig wie Fran Drescher in *The Nanny*, sondern ein richtig nettes Mädel. Die Heelshires stellen ihr ihren Sohn Brahms vor, um den sie sich fortan kümmern soll. Greta muss lachen, denn vor ihr sitzt eine leblose Keramikpuppe in der Größe eines kleinen Kindes. Die zwei »Eltern« meinen es aber ernst, also spielt Greta mit und begrüßt Brahms. Die strenge, Kälte verbreitende Mrs. Heelshire lässt Greta wissen, dass der pflegeaufwändige, anscheinend auch verwöhnte Brahms alle früheren Nannys abgelehnt habe, aber keine von ihnen sei so jung und hübsch wie Greta gewesen. Die Heelshires behandeln Brahms wie einen echten Jungen und erwarten von Greta dasselbe. Brahms hat so seine Eigenheiten, zum Beispiel hört er gerne deutsche Opern in voller Lautstärke. Es könnte schlimmer sein, er könnte auch deutsche Schlager mögen. Obwohl: Wenn plötzlich Heino »Karamba, Karacho, ein Whiskey« gesungen hätte, wäre das eine Auflockerung gewesen, die dem Film vielleicht gut getan hätte.

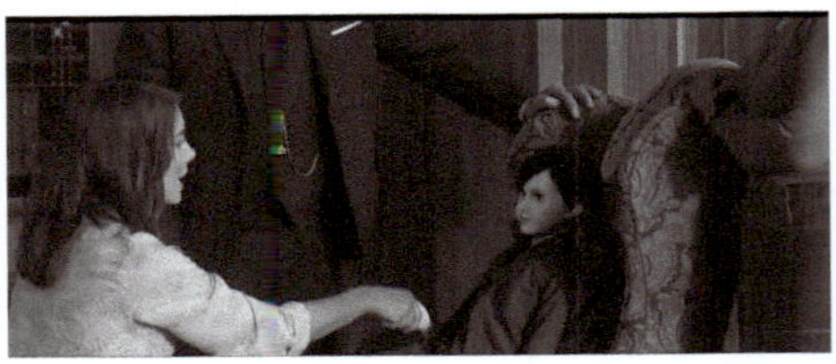

Abb. 69: So viel Zeit muss sein.

Nach einer kurzen Einführungsphase wird Greta mitgeteilt, dass Brahms sie als Nanny akzeptiert habe. Die alten Heelshires fahren in Urlaub, und Greta ist alleine in der großen Villa mit der Puppe.

Erst nach einer halben Stunde erfahren wir, was genau passiert ist: Brahms ist an seinem achten Geburtstag bei einem Feuer umgekommen. Auf seinem Grabstein steht »...he shall not perish, but have everlasting life.« (Es wird ab hier nochmal fast zwanzig Minuten dauern, bis erstmals wirklich etwas passiert.) Greta meint, die Puppe sei der Weg der Heelshires, den Tod ihres Sohnes zu bewältigen. Sie fühlt sich, als würde sie das Ehepaar ausnutzen, braucht aber das Geld für einen Neustart im Leben. Es gibt eine Liste mit Regeln im Umgang mit Brahms, die von Greta prompt alle ignoriert werden. Die Puppe wird beiseite gelegt, aber sie will keine Ruhe geben...

Greta ist in »the middle of nowhere«, hat kein Handynetz, kein WLAN und keine Nachbarn. Dafür hat sie eine riesige Villa für sich alleine, wird außerordentlich gut bezahlt und erhält fixe Essenslieferungen von dem Einheimischen Malcolm, der auf sie steht und auf ein Date schleppen will. Eigentlich ein super Deal, wenn da Brahms nicht wäre. Immer mehr merkwürdige Dinge passieren, und schließlich beginnt Greta an den toten Jungen in der Puppe zu glauben. Brahms ist allerdings schüchtern und regt sich nur, wenn wir ihn nicht sehen. Greta will Malcolm überzeugen, dass die Puppe sich von alleine bewegt. Der denkt sich wahrscheinlich »Warum haben die hübschen Frauen immer einen Knall?«

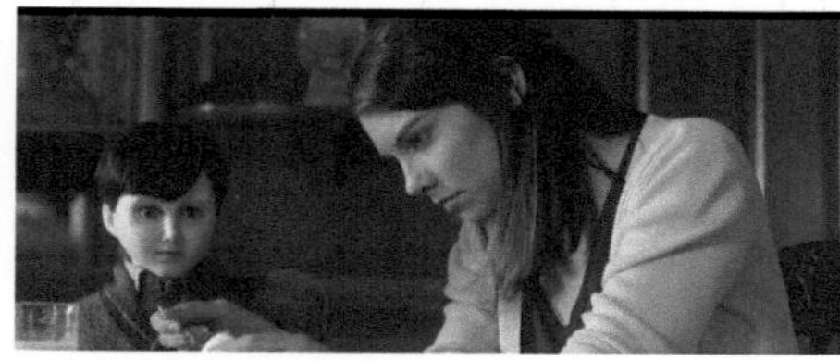

Abb. 70: Wenn ich ihn wie einen echten Jungen behandle, vielleicht lässt er mich dann in Ruhe?

THE BOY bietet weitaus mehr Mystery als Horror und ist eine bierernste Angelegenheit. Das ist aber grundsätzlich nicht schlecht, ein Film soll sich auch ernst nehmen dürfen. Ein stimmiger Film, der langsam, aber nie wirklich langweilig ist. Er bemüht sich oft um eine gewisse Eleganz, das drückt sich auch im Setting und der Farbgebung aus. Es ist auch kein Zufall, dass der Junge nach einem der größten Klassikkomponisten benannt ist. Es gibt einen Twist und ein Finale, dass überhaupt nichts mehr mit Puppen zu tun hat. So hat der Film zwar nicht viel mit der spaßigen Schrägheit eines richtigen Puppenhorrorfilms gemein, ist aber stellenweise gruselig.

ANNABELLE (Seite 23) und THE BOY sind zwei der neueren Filme, die als Puppenhorror vermarktet wurden, aber sich offenbar nicht getraut haben, die Puppe auch wirklich tanzen zu lassen. Also kein richtiger Puppenhorror. Und kein Heino.

★★★★☆

Besonderheiten: *Die Puppe bewegt sich nicht – außer in Gretas Träumen, wenn sie wieder mal einen Alptraum hat (doofes Klischee, aber es funktioniert).*
Creative Killing: *Nein.*
Nervige Skeptiker: *Zuerst Greta, dann Malcolm. Die Skepsis der Figuren ist hier aber sehr organisch Teil des Ganzen – also nicht so nervig.*
Kill Count: *Sehr wenige. Die genaue Anzahl sollte hier aus Spoiler-Gründen nicht verraten werden.*

Brain Damage

1988
Deutscher Titel: Elmer
Drehbuch und Regie: Frank Henenlotter (Basket Case-Trilogie [ab Seite 41], Frankenhooker, Bad Biology)
86 Min. (Unrated-Fassung)

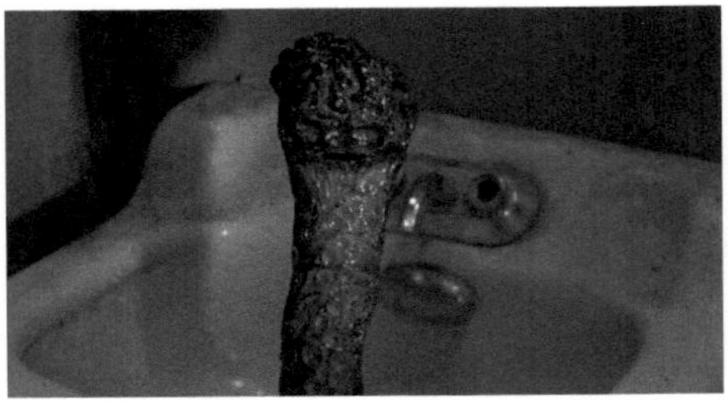

Abb. 71: Der Terror hat einen Namen: Elmer.

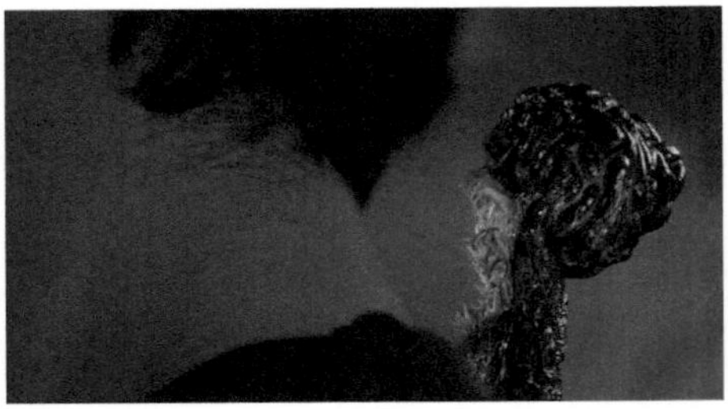

Abb. 72: Remember, kids: »Winners don't do drugs!«

Das Leben des Brian wird nie wieder dasselbe sein, als er Elmer kennenlernt. Der kleine Elmer (eigentlich »Aylmer«) ist ein »Relikt aus einer längst vergangenen Zeit« und sieht aus wie eine Mischung aus einem Tumor und dem, was rauskommt, wenn man sehr viele Ballaststoffe gefuttert hat. Elmer hat eine Stimme wie ein *late night talk show host* der alten Schule und singt auch gerne mal eine Jazz-Nummer. Ohne dass es Brian merkt, verursacht Elmer bei ihm einen merkwürdigen Trip. Dann gibt er sich zu erkennen und verspricht, dass er ihn in eine tolle neue Welt eintauchen lassen wird. Brian ist angefixt und immer, wenn ihm Elmer durch ein Loch im Nacken blaue Flüssigkeit in Brians Hirn fließen lässt, sieht dieser bunte Lichter, kann Farben, Stimmen und Musik hören. Brian ist voll im Rausch und in einem Zustand der Euphorie. Seine Freundin glaubt natürlich, er würde Drogen nehmen oder mit einer anderen Frau schlafen. Viel entsetzter ist Brian aber, als er feststellt, dass Elmer im Gegenzug für die geilen Trips menschliche Gehirne essen will. So wird Elmer vom besten Freund zum schlimmsten Feind, und Brian setzt auf die *cold turkey*-Methode. Also keine leckeren Sandwiches mit Senf, sondern totaler Entzug von Elmer, was schlimme Entzugserscheinungen zur Folge hat.

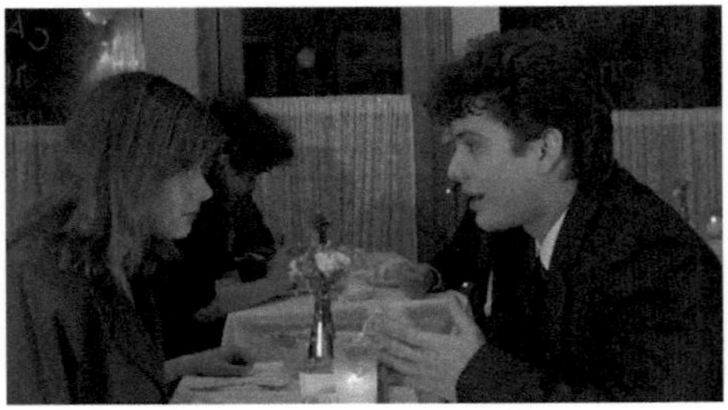

Abb. 73: Wird Brians Freundin ihn wieder auf die richtige Bahn bringen?

Brain Damage ist eine gute Wahl, wenn man in der Stimmung ist für einen bizarr-lustigen *body horror* mit ein bisschen Splatter. Ein spannender Film mit einem ganz eigenen, besonderen Flair, das sich schwer beschreiben lässt und das man lieber selbst erfahren sollte. Die Geschichte kann sehr leicht als eine Art Allegorie auf Drogensucht gesehen werden. Angeblich hatte Regisseur Frank Henenlotter damals tatsächlich mit

Kokainabhängigkeit zu kämpfen (it's the 80's, man), die ihm die Idee zu diesem Film lieferte. Die Ausgangslage in Brain Damage ist dieselbe wie in Henenlotters ebenfalls sehr besonderen Basket Case (Seite 41): Ein Mann wird von einem bösartigen parasitären Wesen kontrolliert und schleppt es mit sich herum. Es gibt sogar eine Szene in diesem Film, in der Brian und die Hauptfigur von Basket Case – inklusive dem Flechtkorb mit dem bösen Zwilling – sich zufällig in der U-Bahn gegenübersitzen. Quasi ein Cameo-Witz für Henenlotter-Fans.

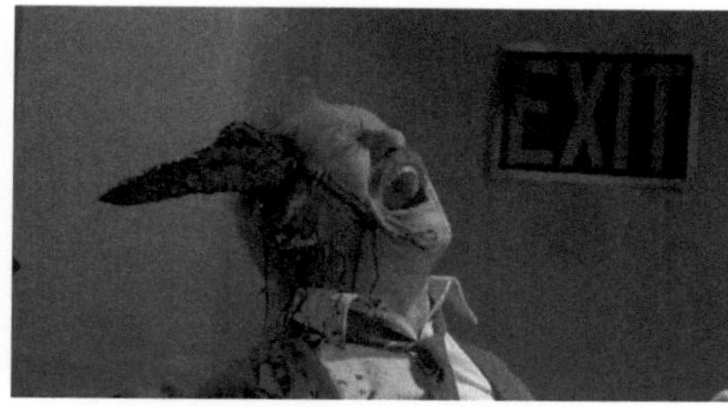

Abb. 74: Exit: Old man.

★★★★☆

Besonderheiten: *Der lustigste Elmer seit Elmer Fudd. / Unbedingt die Unrated-Fassung des Films ansehen.*
Creative Killing: *Tod durch Oralsex mit Elmer.*
Nervige Skeptiker: *Keine.*
Kill Count: *6*

Cat's Eye

1985
Deutscher Titel: KATZENAUGE
Regie: Lewis Teague (THE JEWEL OF THE NILE, ALLIGATOR, CUJO, NAVY SEALS, WEDLOCK, FIGHTING BACK)
Drehbuch: Stephen King (PET SEMATARY, CREEPSHOW, MAXIMUM OVERDRIVE, SLEEPWALKERS, SILVER BULLET
Nennenswerter Cast (Episode 3): Drew Barrymore (E.T. THE EXTRA-TERRESTRIAL, FIRESTARTER, 50 FIRST DATES, CHARLIE'S ANGELS, SCREAM, GOING THE DISTANCE, FEVER PITCH, EVER AFTER, NEVER BEEN KISSED, RIDING IN CARS WITH BOYS)
Coole Tagline: Through the eye of the cat, a twisted tail of macabre suspense from the author of CARRIE, THE SHINING and THE DEAD ZONE.
94 Min.

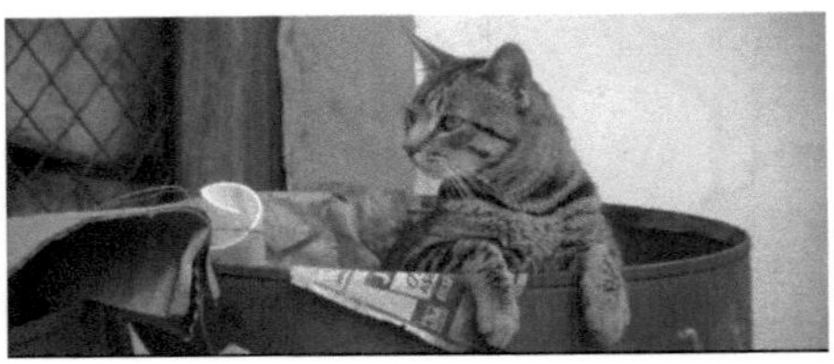

Abb. 75: Cat content ist immer gut.

Wie auch bei TRILOGY OF TERROR (Seite 400) handelt es sich hier um einem Episodenfilm, bestehend aus drei Geschichten. Und wieder beginnt er mit zwei realitätsnahen Thrillerhandlungen und hebt sich den »wahren« Horror für Teil 3 auf. Der sehr unterhaltsame Film, dessen Drehbuch von Stephen King stammt, wechselt vom schwarzhumorig-grotesken (Teil 1 und 2) ins übernatürlich-fantastische (Teil 3). Das ist nicht unbedingt schlecht, Abwechslung ist bekanntlich die Würze des Lebens. Regisseur Lewis Teague scheinen es die Tiere angetan zu haben – er ist sowohl für den Mörderhund CUJO (1983, der ebenfalls auf einem Buch von Stephen King basiert) als auch für den nicht weniger tödlichen ALLIGATOR (1980) verantwortlich.

Der Kater ist hier allerdings der strahlende Held dieses Films. Schlau, geschickt und mutig begleitet er die beiden ersten Geschichten, bevor er in der dritten Episode dann zum Hauptdarsteller wird, der die kleine Amanda, gespielt von der neun Jahre alten Drew Barrymore, gegen eine Art kleinen Troll/Kobold/Gnom verteidigt. Die dritte Episode ist für all jene gedacht, die als Kind ein Monster im Schrank oder unter dem Bett hatten. In Amandas Kinderzimmer haust der Troll in der Wand, eine nicht weniger beängstigende Angelegenheit – vor allem, weil es der Wahrheit entspricht. Der Troll will Amanda im Schlaf buchstäblich den Atem rauben, und es kommt zum epischen Kampf Katze vs. Gnom.[7]

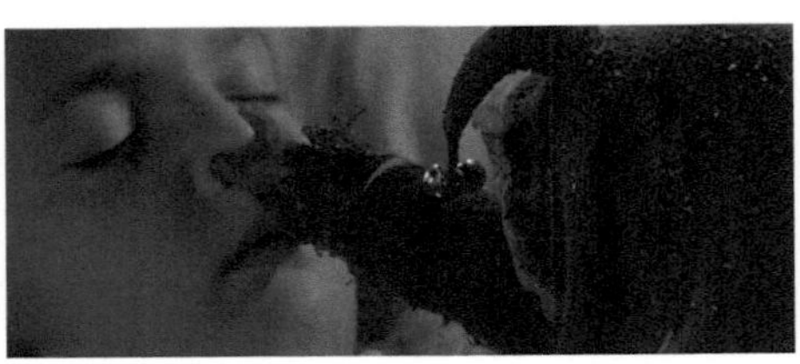

Abb. 76: Ein atemraubender tiny terror.

[7] Kein Sarkasmus – der Kampf ist wirklich episch.

★★★★★ (die dritte Episode)

★★★★★ (CAT'S EYE als Ganzes)

Besonderheiten: *Episode 1: Der ultimative Thriller für alle Zigarettenraucher, mit James Woods in der Hauptrolle; Episode 2: Ein toller Thriller für alle Leute mit Höhenangst; Episode 3: Eines der glaubwürdigsten kleinen Monster der Filmgeschichte. Das wird dadurch erreicht, dass ein kleinwüchsiger Mensch sich in einem überdimensionalen Kinderzimmer bewegt. / Der Kater in Episode 3 ist einer der coolsten Filmhelden, die von echten Tieren dargestellt werden.*
Creative Killing: *Ein Plattenspieler und ein Ventilator in Kombination.*
Nervige Skeptiker: *Die Eltern, vor allem die Mutter, glauben Amanda nicht, dass in der Kinderzimmerwand ein Gnom haust. Gott sei Dank weiß es der Kater besser.*
Kill Count: *Soll nicht verraten werden.*

CHARLOTTE

2017
Drehbuch und Regie (My BFF): April Wright
83 Min.

In einer prophetischen Szene nickt eine Babysitterin vor dem Fernseher ein. Als sie wieder aufwacht, ist sie gefesselt, und eine Puppe zwingt sie – und damit auch uns –, sich eine Reihe von kurzen, banalen Horrorgeschichten anzusehen. Diese reichen von »völliger Mist« bis hin zu »gerade noch akzeptabel« und sind an zwei oder drei Stellen lustig. Eine »Geschichte«[8] zeigt zum Beispiel einfach nur, wie ein Mann ein Portal zur Hölle öffnet und den daraus hervortretenden Kreaturen dann Kekse und Stücke von seinen abgetrennten Fingern anbietet. Die Episoden sind allesamt auf etwas besserem Studentenfilmniveau.

»My BFF«[9] ist die einzige Puppenhorrorepisode und dauert nur wenige Minuten. Die – ähem – Geschichte will ich Euch ganz erzählen: Mama geht auf ein Date. Töchterlein ist alleine zu Hause, und plötzlich liegt die Puppe Samantha vor der Türe. Am nächsten Morgen will Samantha wissen, ob die Kekse eh glutenfrei sind. Das ist mal realitätsnaher Horror, denn jeder von uns kennt mindestens einen Gluten-Hysteriker. Die Mama verdächtigt die Puppe, sie bei dem schlechten Sex vorige Nacht beobachtet zu haben, und beschließt, sie in den Müll zu werfen. Als Mama rückwärts ausparken will, erscheint die gerade noch entsorgte Samantha am Display ihres Autos und Mama erschrickt. Ende.

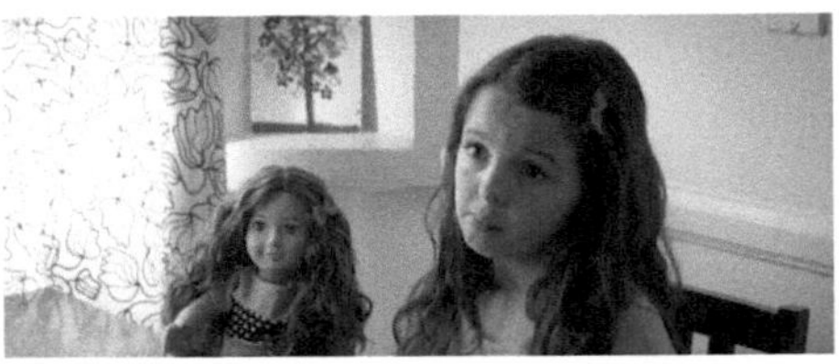

Abb. 77: So circa war auch mein Gesichtsausdruck über die gesamte Filmlänge.

Auch eine Leistung: Hier haben wir die uninteressanteste, unspannendste und lahmste Puppengeschichte der Menschheitsgeschichte.

★☆☆☆☆ (MY BFF)

★☆☆☆☆ (CHARLOTTE als Ganzes)

Besonderheiten: *Die uninteressanteste, unspannendste und lahmste Puppengeschichte der Menschheitsgeschichte.*
Creative Killing: *Nein.*
Nervige Skeptiker: *Keine.*
Kill Count *(My BFF): 1 off camera.*

---

[8] Eine der primitivsten Definitionen von »Geschichte« besagt, dass sie zumindest Anfang, Mitte und Ende haben muss. »Mann mit sechs Fingern isst einen Keks« ist aber kaum ein echter dritter Akt. Somit ist fraglich, ob es sich wirklich um eine Geschichte handelt.
[9] »Best Friends Forever«

Child's Play

1988
Deutsche Titel: CHUCKY – DIE MÖRDERPUPPE, DIE MÖRDERPUPPE
Regie: Tom Holland (FRIGHT NIGHT [1985], *The Langoliers*)
DREHBUCH: DON MANCINI (GESAMTE CHILD'S PLAY-Reihe), John Lafia, Tom Holland
Nennenswerter Cast: Catherine Hicks (*7th Heaven*, STAR TREK IV: THE VOYAGE HOME), Brad Dourif (Stimme von Chucky/Charles Lee Ray in der gesamten CHILD'S PLAY-Reihe, ONE FLEW OVER THE CUCKOO'S NEST, WISE BLOOD, SPONTANEOUS COMBUSTION, RAGTIME, CRITTERS 4 [Seite 102], DEATH MACHINE, THE WILD BLUE YONDER), Chris Sarandon (THE PRINCESS BRIDE, THE NIGHTMARE BEFORE CHRISTMAS)
87 Min.

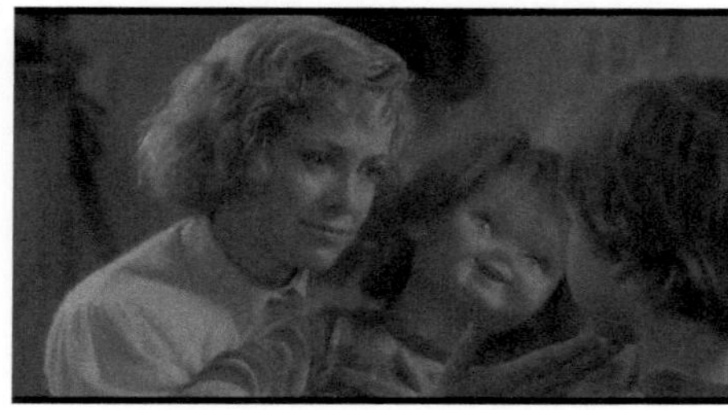

Abb. 78: Mutterliebe, Mörderpuppe, Weichzeichner.

Es ist ein wahrlich grandioses Konzept für einen Film: Ein extrem psychotischer Serienkiller ist im Körper einer unscheinbaren Spielzeugpuppe gefangen (und versucht mit einem Voodoozauber seine Seele in den Köper eines Jungen zu übertragen). Im ersten der mittlerweile sieben Filme werden wir Zeuge der Entstehungsgeschichte der vulgären Killerpuppe Chucky. Der Serienmörder Charles Lee Ray wird vom Polizisten Mike Norris verfolgt, flüchtet angeschossen in einen Spielwarenladen und sieht dem Tod ins Angesicht. Zum Glück kennt er einen mächtigen Voodoo-Zauber, der ihm erlaubt, in eine »Good Guy«-Spielzeugpuppe einzudringen.

Genau so eine Puppe wünscht sich Andy zu seinem sechsten Geburtstag. Catherine Hicks, die ein paar Jahre später in *7th Heaven* (*Eine himmlische Familie*) als weibliches Oberhaupt züchtige Familienunterhaltung für das christlich-konservative Amerika abliefern wird, spielt Andys Mutter Karen. Sie ist sogar so nett, dass sie wegfahrenden Busfahrern nachwinkt. Ihr noch herzigerer Sohn Andy bringt ihr an seinem (!) Geburtstag morgens Frühstück ans Bett. Danach geht es ans Auspacken der Geschenke. Andy stürzt sich auf die größere der zwei Packungen und erwartet einen Good Guy. Stattdessen findet er Jeans und ist völlig enttäuscht – die erste brutale Szene im Film. Andys Wunschgeschenk kostet 100 Dollar und ist für Karen nicht leistbar. Sie findet jedoch einen Obdachlosen, dem sie einen originalverpackten Good Guy für 30 Dollar abkauft.

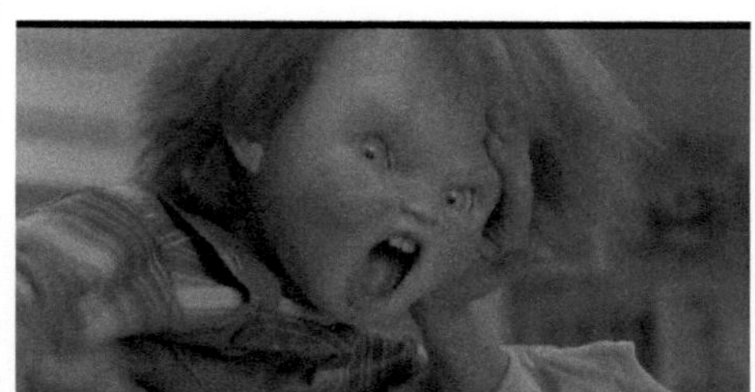

Abb. 79: Don't fuck with Chuck.

Das Sprichwort »Wer billig kauft, kauft teuer« bewahrheitet sich bald darauf ziemlich heftig. Denn natürlich ist dies die von Charles »Chucky« Lee Ray okkupierte Puppe, und das fröhliche Morden beginnt. Polizist Mike Norris tritt wieder in Aktion, und Mangels anderer Erklärungen wird

Andy verdächtigt. Andy schwört, dass Chucky mit ihm spricht und sonderbare Sachen sagt. Karen ist nicht zu beneiden: Verwitwet, alleinerziehend, ein kleiner Angestelltenjob, ein herzloser Boss, der sie Überstunden schieben lässt...und jetzt wird auch noch ihr Sohn verdächtigt, an einer gespaltenen Persönlichkeit zu leiden und für zwei Morde verantwortlich zu sein.

Eine der besten Szenen ist die, in der Karen zu zweifeln beginnt, ob Andys neues Spielzeug wirklich nur aus Plastik und Stoff besteht. Sie zwingt Chucky, sich erkennen zu geben, worauf er sie attackiert. Jetzt muss nur noch Norris überzeugt werden, und auch er wird von Chucky in seinem Auto attackiert. Karen will mehr erfahren und sucht in einer zwielichtigen Gegend der Stadt nach dem Obdachlosen, von dem sie die Puppe gekauft hat. Als sie ihn endlich findet und ihm kein Geld für die Information anbieten kann, entgeht sie knapp einer möglichen Vergewaltigung. In einem Geschäft hätte Karen wenigstens eine Gutschrift für Chucky bekommen. Bald versuchen Karen und Mike gemeinsam, Chucky zu stoppen, der Andys Körper für seinen nächsten Voodoozauber dringend benötigt.

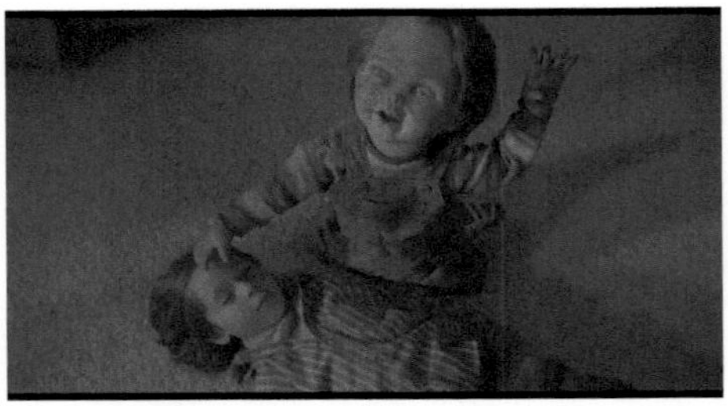

Abb. 80: It's a kind of voodoo magic.

Die CHILD'S PLAY-Reihe ist die mit Abstand bekannteste und beliebteste des gesamten *puppet horror*-Subgenres. Und das nicht zu Unrecht – Chucky macht einfach Spaß. Teil Eins ist einfach gestrickt, aber spannend. Wohl um ihn einem Mainstreampublikum schmackhafter zu machen, kommt der Film mit aufwendigeren Actionszenen daher als für das Horrorgenre, überhaupt für dieses Subgenre, üblich. Mit einem Budget von neun Millionen Dollar konnte man sich gute Effekte und ein paar Explosionen leisten. Die Killerpuppe ist glaubwürdig in Szene gesetzt und wirkt, wie der gesamte Film, niemals billig.

Chucky ist zurecht ein – in zweierlei Hinsicht – kleines Popkulturphänomen. Der Film wurde von einigen Kritikern und Kommentatoren auch als Satire auf den Horror- und insbesondere den Slasherfilm gesehen. CHILD'S PLAY kann aber ebenso als vollwertiger Horrorfilm genossen werden. Wir haben hier keine Komödie mit Horrorelementen, wie z. B. GHOST BUSTERS, sondern umgekehrt einen Horrorfilm mit lustigen Elementen.

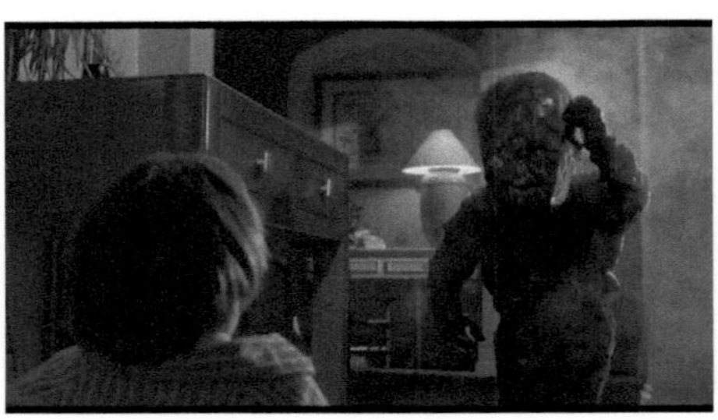

Abb. 81: Ist Chucky unzerstörbar?

Der Comedy-Anteil wurde mit Fortlaufen der Serie immer größer, was nicht alle Chucky-Fans guthießen. Ob man das den Machern der Reihe wirklich vorwerfen will, obwohl es sich bei einer obszönen Mörderpuppe eigentlich von selber anbietet, darf jeder für sich entscheiden. Bei Horrorfilmreihen ist es nicht unüblich, dass die späteren Fortsetzungen lustiger und weniger düster sind. Don Mancini ist der Reihe jedenfalls treu geblieben, er ist für das Drehbuch von Teil 1-7 verantwortlich und hat bei Teil 5, 6 und 7 Regie geführt. Eine *Child's Play*-TV-Serie unter seiner Aufsicht ist ebenfalls in Arbeit. Im Juli 2018 wurde außerdem noch ein Remake des ersten Teils angekündigt, bei dem aber weder Mancini noch Brad Dourif beteiligt sein werden. Darin soll es diesmal eine Gruppe von Kindern mit einer technisch fortgeschrittenen Puppe zu tun bekommen.

★★★★★

Besonderheiten: *Die Hauptinspirationen für Don Manicini, ein Drehbuch für einen Langfilm über eine Killerpuppe zu schreiben, waren* TRILOGY OF TERROR *[Seite 400] und die berühmte »Talky Tina«-Episode* Living Doll *[Seite 440] aus der TV-Serie* The Twilight Zone. */ Man wünscht sich, dass Catherine Hicks überlebt. / Ein 6-Jähriger liefert einen* one-liner *ab.*
Creative Killing: *Ein Spielzeughammer. / Eine Voodoopuppe. / Mit einem Elektroschockgerät den Kopf verbrutzelt. / Gashahn + Pistolenschuss = BOOM!*
Nervige Skeptiker: *Zunächst Karen, die emotional harten Tobak benutzt, als sie zu ihrem Sohn sagt: »Nobody believes you about Chucky. Unless you start telling the truth right now, they're going to take you away from me.« / Dann Polizist Mike Norris, und sein Kollege nervt auch ein wenig herum. Sehr angenehm ist, wie schnell alle drei Skeptiker eines Besseren belehrt werden.*
Kill Count: *6*

Child's Play 2

1990
Deutscher Titel: Chucky 2 – Die Mörderpuppe ist zurück
Regie: John Lafia (Man's Best Friend)
Drehbuch: Don Mancini (gesamte Child's Play-Reihe)
Nennenswerter Cast: Jenny Agutter (Logan's Run, An American Werewolf in London, Walkabout), Gerrit Graham (Phantom of the Paradise, Demon Seed), Brad Dourif (Stimme von Chucky/Charles Lee Ray in der gesamten Child's Play-Reihe, One Flew Over the Cuckoo's Nest, Wise Blood, Spontaneous Combustion, Ragtime, Critters 4 [Seite 102], Death Machine, The Wild Blue Yonder)
Coole Tagline: Sorry Jack... Chucky's back!
84 Min.

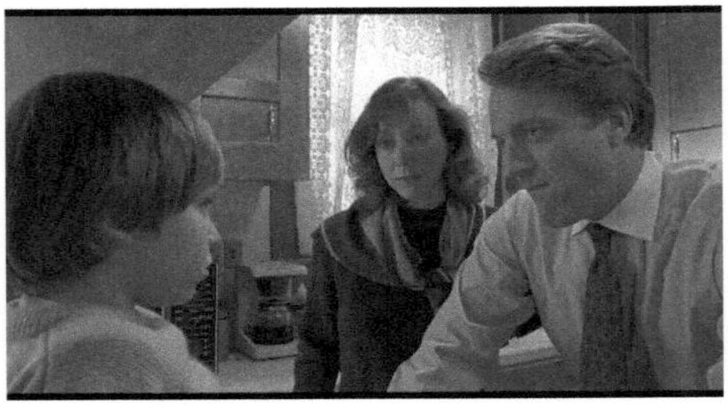

Abb. 82: Chucky did i... oh, nevermind.

Die Firma, welche die »Good Guy«-Puppen herstellt, hat seit den Vorfällen im ersten Teil nachvollziehbarerweise ein ziemlich gewaltiges PR-Problem an den Backen. Um die aufgeregten Aktionäre zu beruhigen, wird die sichergestellte Chucky-Puppe im firmeninternen Labor zu Untersuchungszwecken wieder zusammengebaut. Die orchestrale Musik von Horror-Komponist Graeme Revell lässt uns dabei wissen, dass wir einem mythologisch wichtigen Ereignis beiwohnen, so als ob eine andere filmische Pop-Ikone wie Robocop oder der T-800 zusammengebaut würde. In klassischer Horrormanier wird Chucky durch einen längeren Stromstoß wiederbelebt – It's Alive!! –, und der Serienkiller und Voodoo-Fan Charles Lee Ray darf weiter im Puppenkörper morden. Seine Motivation ist dieselbe wie in der zweiten Hälfte des Vorgängerfilms: Der Psycho-Killer muss sich Andy schnappen und seine Seele in dessen Körper transferieren, um nicht auf ewig in dem Puppenkörper gefangen zu sein.

Wir erfahren, dass die arme Karen nicht smart genug war, die Wahrheit zu verschweigen, weshalb sie sich in psychiatrischer Betreuung befindet. Deshalb wird ihr Sohn Andy an Pflegeeltern vermittelt, damit auch deren Leben von Chucky zerstört werden kann. Der kleine Andy hat dazugelernt und findet sich mittlerweile schneller damit ab, dass ihm niemand glaubt. Den ganzen Film lang wird er von der Mörderpuppe überallhin verfolgt. Andys »Pflegeschwester« Kyle findet die Wahrheit heraus und wird in der letzten halben Stunde des Films eine wichtige Kämpferin an seiner Seite.

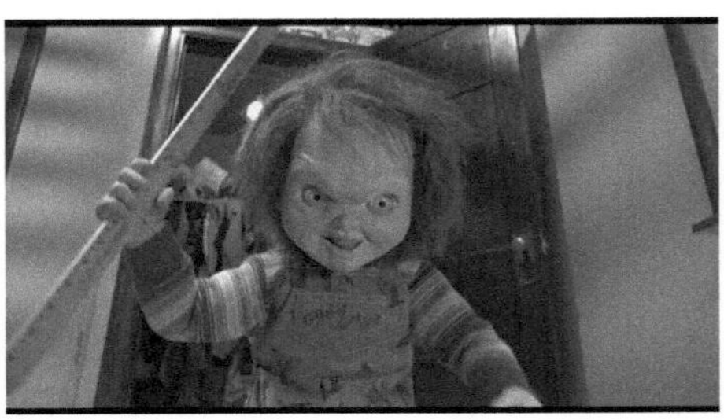

Abb. 83: Hey, teacher! Leave those kids alone!

Mehr Locations, mehr Action, etwas mehr Humor und noch etwas einfallsreicher: Child's Play 2 ist mindestens so gut wie der erste Teil, und ebenso kompetent gemacht. Eine Theorie für

Chuckys Beliebtheit ist die, dass er gerne Autoritätspersonen umbringt. Waren es in Teil Eins die Babysitterin und Andys Psychoarzt, sind es hier eine strenge Lehrerin, die Pflegeeltern sowie die Leiterin des Pflegeheims.

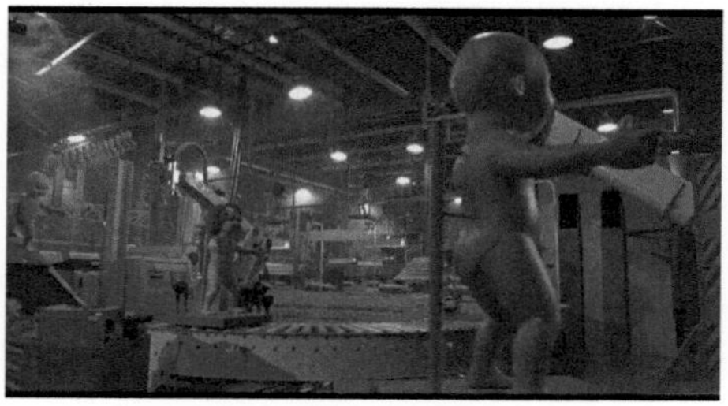

Abb. 84: Horrorfabrik.

Chuckys Starpower wurde offensichtlich nach dem Erfolg des ersten Filmes erkannt: Teil 2 bietet viel mehr Szenen mit der Killerpuppe, als es Teil 1 tat, was vielleicht weniger an dem etwas höheren Produktionsbudget liegt als daran, dass das Filmstudio und die Filmemacher noch mehr Vertrauen in das Konzept hatten. CHILD'S PLAY 2 hat auch das beste Finale der gesamten Reihe zu bieten, das in der Good Guy-Fabrik stattfindet.

★★★★★

Besonderheiten: *Fortsetzung eines Horrorfilms, die dem Original absolut das Wasser reichen kann.*
Creative Killing: *Tod durch maschinelles Einführen von Plastikaugenbällen in die Augenhöhlen. / Der Tod einer strengen Lehrerin wird durch ihr großes Holzlineal herbeigeführt. / Eine Figur des Films wird geschmolzen, verbrüht und mit Luft gefüllt, bis sie platzt. Beste Unterhaltung eben! Die Explosion der Figur war von Mancini als Hommage an das Ende von Brian De Palmas unterbewerteten THE FURY gedacht.*
Nervige Skeptiker: *Die Pflegeltern glauben Andy natürlich nicht, was Chucky in diesem und im vorigen Film gemacht hat. / Andys neue Lehrerin sowie die Vermittlerin der Pflegekinder wollen nichts von einem mordenden Chucky hören, müssen aber ihren Unglauben sofort mit dem Tod bezahlen.*
Kill Count: *7 (1 off camera)*

Child's Play 3

1991
Deutscher Titel: Chucky 3
Regie: Jack Bender (*Lost, Alias, Under the Dome*)
Drehbuch: Don Mancini (gesamte Child's Play-Reihe)
Nennenswerter Cast: Brad Dourif (Stimme von Chucky/Charles Lee Ray in der gesamten Child's Play-Reihe, One Flew Over the Cuckoo's Nest, Wise Blood, Spontaneous Combustion, Ragtime, Critters 4 [Seite 102], Death Machine, The Wild Blue Yonder)
90 Min.

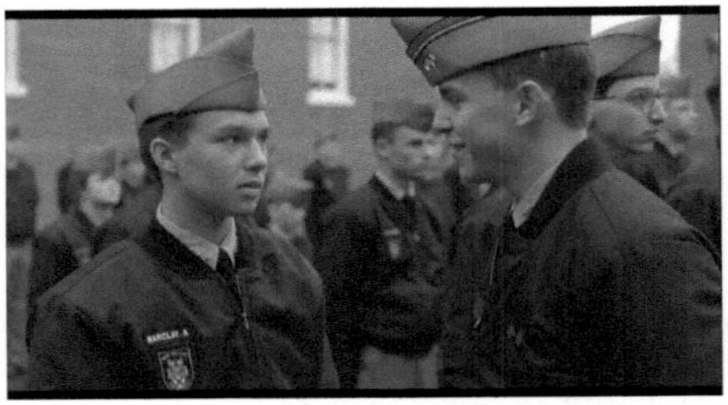

Abb. 85: Full Metal Chucky.

Nur neun Monate nach Teil 2 startete Child's Play 3 in den Kinos, im Film sind allerdings mehrere Jahre vergangen, und Andy ist jetzt sechzehn Jahre alt. Er pilgerte in den letzten Jahren von einer Pflegefamilie zur nächsten und hat nirgends sein Zuhause gefunden. Deshalb wird er jetzt auf eine Militärschule geschickt. Dort wird er vom Leiter als »troublemaker« eingestuft, und ein sadistischer junger Colonel wird auf ihn aufmerksam. Das trifft sich gut: Beim Militär wird Chucky sicher ein paar Autoritätsfiguren finden, die er töten kann.

Die Good Guy-Firma beschließt, die Produktion der Puppen wieder aufzunehmen. Nachfrage sei vorhanden und die Öffentlichkeit habe Andy Barclay und seine »Wahnvorstellungen« ohnehin mittlerweile vergessen. Und schließlich seien Kinder auch nur »Konsumenten in Ausbildung«. Daraufhin: Böse-Kapitalisten-Lache, und noch eine Zigarre danach. Aus Plastikschmelze und Blut entsteht der neue Chucky und der Boss der Firma beißt als erster ins Gras.

Der böse Charlie will erneut aus seinem neuen Puppenkörper entfliehen und seine Seele in einen Menschen transferieren. Diesmal hat er es auf Tyler abgesehen, einen kleinen unschuldigen Jungen der Militärschule. Aber auch an Andy will er sich rächen. Chucky ist wie immer herrlich diabolisch-böse, und seine Angriffe sind wieder effektiv und gruselig, aber etwas weniger beängstigend als in den häuslich-heimeligen Settings der ersten beiden Teile. Das Actionfinale ist erneut packend, visuell interessant und findet diesmal in einer überdimensionalen Geisterbahn statt.

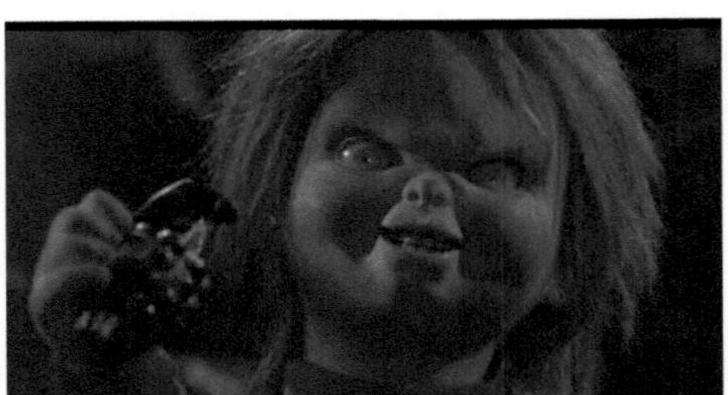

Abb. 86: Leider war Chucky 3 eine Box Office-Bombe.

Child's Play 3 gilt als einer der schwächeren der Reihe. Auch wenn er weniger einfallsreich ist als die Vorgänger und sich auch um einiges langsamer bewegt, ist der Qualitätsabfall nicht allzu hoch. Andy bei seinem neuen Alltag in der

Kaserne und beim Militärdrill zusehen, ist allerdings wirklich nicht besonders interessant.

Don Mancini hat zugegeben, dass er Teil 3 am wenigsten mag. Schon in der Postproduktion von Teil 2 drängte ihn das Studio, den Nachfolger zu schreiben, obwohl er zu der Zeit erschöpft war und keine guten Ideen hatte. Nachdem der Film an den Kinokassen enttäuschte, war erstmal sieben Jahre Pause, bis 1998 dann BRIDE OF CHUCKY erschien.

★★★★☆

Besonderheiten: *Chucky ist so dumm/überheblich, dass er Andy sofort nach Ankunft von seinem Plan erzählt, in den Körper des kleinen Tyler einzutauchen. / Tyler trägt einen Sega Game Gear mit sich herum, dem unglaubwürdigerweise nie die Batterien ausgehen. / An der Militärschule arbeitet ein* creepy *Friseur, der das Haareschneiden viel zu sehr genießt. Er hat Haarlocken an den Wänden hängen, zusammen mit kleinen Bildern von den Kadetten, und wird von Andrew Robinson gespielt (Der Vater in HELLRAISER, der Killer »Scorpio« in DIRTY HARRY).*
Creative Killing: *Im Müllwagen von der Presse erdrückt. / Farbpatronen gegen echte ausgetauscht.*
Nervige Skeptiker: *»It's time to forget these fantasies of killer dolls" meint der Leiter der Militärschule. Der Colonel und ein Kadett glauben auch nicht an Killerpuppen, Andy versucht aber ohnehin seit Teil 2 nicht mehr, jemanden von Chuckys Existenz zu überzeugen.*
Kill Count: *7*

BRIDE OF CHUCKY

1998
Deutscher Titel: CHUCKY UND SEINE BRAUT
Regie: Ronny Yu (FREDDY VS. JASON, HUO YUANJIA [FEARLESS], THE 51ST STATE)
Drehbuch: Don Mancini (gesamte CHILD'S PLAY-Reihe)
Nennenswerter Cast: Jennifer Tilly (SEED OF CHUCKY [Seite 89], Bonnie Swanson in *Family Guy*, BULLETS OVER BROADWAY, BOUND), Katherine Heigl (KNOCKED UP, *Grey's Anatomy*, THE UGLY TRUTH, 27 DRESSES, LIFE AS WE KNOW IT, UNDER SIEGE 2: DARK TERRITORY), John Ritter (*Three's Company*, *It*, SLING BLADE, PROBLEM CHILD, PROBLEM CHILD 2, NOISES OFF..., SKIN DEEP, REAL MEN), Brad Dourif (Stimme von Chucky/Charles Lee Ray in der gesamten CHILD'S PLAY-Reihe, ONE FLEW OVER THE CUCKOO'S NEST, WISE BLOOD, SPONTANEOUS COMBUSTION, RAGTIME, CRITTERS 4 [Seite 102], DEATH MACHINE, THE WILD BLUE YONDER)
Coole Tagline: Here comes the bride... there goes everyone else.
89 Min.

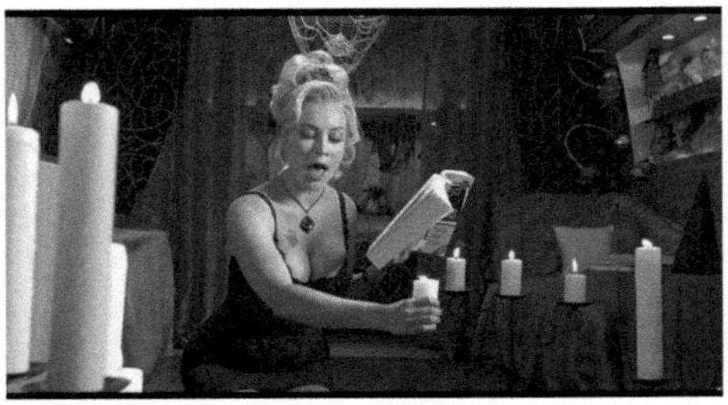

Abb. 87: Weniger full on *gothic, eher... »soft gothic«.*

Die *trailer-trash-goth-bitch* Tiffany (Jennifer Tilly) besticht einen Polizisten, der ihr die Chucky-Puppe aus einer Halle für Beweismaterial stiehlt. Die Unglückliche war jahrelang Charles Lee Rays Freundin, ist noch heute in ihn verliebt und will heiraten. Manche Menschen verknallen sich eben immer in die Falschen. Tiffany näht den zerschredderten Chucky (siehe CHILD'S PLAY 3) wieder zusammen, wodurch sein Gesicht einen neuen Look erhält, der einen Touch von Leatherface (TEXAS CHAINSAW-Reihe) hat.

Man sieht Tiffany gerne zu – nicht nur, weil sie eine erotische Fetsch-Blondine ist, sondern auch eine interessante Figur. Sie steht ihrem Ex-Freund in Sachen Mordlust um nichts nach und ist gleichzeitig unheilbar romantisch veranlagt. Im Buch »Voodoo for Dummies« findet sie den Zauberspruch, der in allen drei vorigen Filmen vorkam, mit dem sie ihren Psycho-Lover wiederbelebt. Hier fragt man sich als aufmerksamer Zuseher, warum dann nicht Tausende Chuckies und andere »beseelte« Gegenstände herumrennen, die von experimentierenden Teenagern bei Parties erschaffen wurden. Hier wurde Logik für einen ziemlich billigen Gag geopfert. Außerdem braucht Chucky plötzlich ein Amulett, um in menschliche Körper zurückzukehren, anders als in den drei vorigen Filmen. Diese zwei Dinge sowie die schlechte Coverversion von Willie Nelsons »Crazy« verzeiht man dem Film aber schnell, weil er so verdammt unterhaltsam ist, wenn man sich auf ihn einlässt.

Als Charlie sie für den Vorschlag, er möge mit ihr sesshaft werden, auslacht, sperrt die gekränkte Freundin den gemeinen Chucky in einer Babykrippe ein und macht sich über ihn lustig. Es ist das erste Mal in der Franchise, das jemand komplette Macht über die Mörderpuppe hat. Man stelle sich nur vor, jemand würde Leatherface oder Freddy Krueger in einem Käfig halten und verarschen – unvorstellbar.

Nach einer halben Stunde landet Tiffany in einem Puppenkörper. Das Amulett liegt auf dem Skelett in Charles Lee Rays Sarg, und da sie wieder Menschen sein wollen, steht ein Road Trip nach New Jersey auf dem Plan. Dazu heftet sich das Killerpuppenpaar als blinde Passagiere an zwei Teenager, die durchbrennen und ebenfalls heiraten wollen. So wird der Film zu einem mörderischen Road Movie. Als immer mehr Tote aufgefunden werden, heftet sich die Polizei den Teenagern auf die Fersen. Die zwei wissen ja die halbe Zeit lang nicht, dass zwei Serienkiller in Puppenform mit ihnen mitfahren. Die Tradition der starken und visuell vorzüglichen Finali wird in Teil 4 auf einem Friedhof fortgesetzt – wenn auch etwas simpler und mit weniger Opulenz.

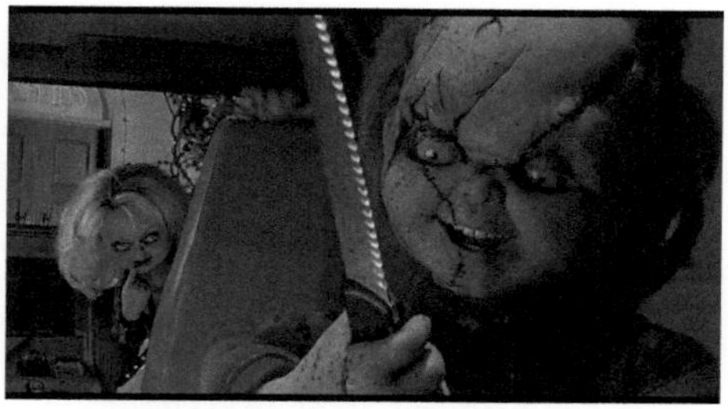

Abb. 88: »A true classic never goes out of style.«

BRIDE OF CHUCKY fühlt sich im Vergleich zu CHILD'S PLAY 3 wieder mehr wie ein Eventfilm an. Er ist um einiges rasanter und actionreicher und diesmal eher eine Slasher-Komödie. Das unheimliche Flair und die Suspense-Szenen der Vorgänger werden aufgegeben, dafür gibt es jetzt mehr lustige Dialoge und mehr Leichen.

Diesmal ist unser Chucky nicht so sehr der Antagonist des Films, sondern er und Tiffany sind die eigentlichen Hauptdarsteller, was sehr gut funktioniert. Statt – wie früher – der pure, lachende kleine Terror zu sein, ist er diesmal eine etwas dreidimensionalere Figur. Chuckys neue Beziehung macht ihm zu schaffen, und in einer Szene sagt er sogar die Worte »I'm sorry. For everything.« Der Film steht damit in der Tradition, in der sich Horrorfilme ihren Killer annähern und sie vermenschlichen.[10]

Nach dem enormen Erfolg von Wes Cravens SCREAM zwei Jahre zuvor war es eigentlich fast klar, dass der neue Chucky auch einen humoristischeren, selbstreflektierenden Zugang wählen muss. So gibt es gleich zwei Szenen, in denen Chucky ins Gesicht gesagt wird, dass er ein altmodisches Überbleibsel der 80er wäre.[11] Obendrein gibt es für Leute, die so etwas mögen, direkte und indirekte Anspielungen auf andere Horrorikonen und den Universal-Klassiker BRIDE OF FRANKENSTEIN. Die postmoderne

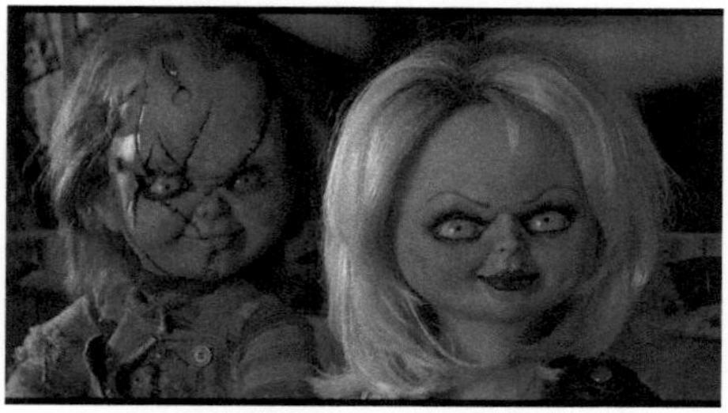

Abb. 89: Gemeinsame Interessen sind der Kitt jeder Beziehung.

---

[10] Was unsinnigerweise sogar beim im Text bereits erwähnten Leatherface aus der TEXAS CHAIN SAW MASSACRE-Reihe passiert ist, nämlich in TEXAS CHAINSAW 3D.

[11] Wisst Ihr noch, als James Bond Mitte der 1990er in GOLDENEYE von seinem neuen weiblichen Vorgesetzten an den Kopf geworfen wurde, dass er ein »sexistischer, misogyner Dinosaurier« sei und »ein Relikt des kalten Krieges«? Damit wurde dem Publikum klar gemacht: »Wir wissen, dass wir hier eine angestaubte Pop-Ikone haben, aber hey: Wir sind voll und ganz in den 90ern angelangt und bemühen uns, dass sie wieder cool und dem Zeitgeist angepasst ist!«

Zitiererei hält sich aber zum Glück in Grenzen, und ironische Meta-Blödeleien wie in SHAUN OF THE DEAD oder FUNNY GAMES werden zum Glück praktisch komplett ausgelassen. BRIDE OF CHUCKY ist im Vergleich zu diesen und ähnlichen Werken immer noch ein vollwertiger Horrorfilm, und ein echt guter noch dazu.

★★★★☆

> ***Besonderheiten:*** *Der erste Chucky-Teil, in dem keine kleinen Kinder in Gefahr sind. Das wird auch fast ausnahmslos so bleiben. / Gemeinsam statt einsam: Eine Killerpuppe in einer Beziehung, inklusive sämtlicher Vor- und Nachteile, wie Liebe (zwischen zwei Psychopaten), Sex, Streit, frisch gebackene Kekse und Psycho-Drama. / Der Film hat überraschenderweise eine sehr gute tragische Figur zu bieten.*
> ***Creative Killing:*** *Airbag + Nägel. / Tod auf einem Bett durch die Scherben einer herunterfallenden Glasdecke.*
> ***Nervige Skeptiker:*** *Diesmal keine!*
> ***Kill Count:*** *11*

SEED OF CHUCKY

USA, Rumänien 2004
Deutscher Titel: CHUCKY'S BABY
Drehbuch und Regie: Don Mancini (Drehbuchautor der gesamten CHILD'S PLAY-Reihe, Regisseur der Teile 5,6 und 7)
Nennenswerter Cast: Jennifer Tilly (BRIDE OF CHUCKY [Seite 86], Bonnie Swanson in *Family Guy*, BULLETS OVER BROADWAY, BOUND), Billy Boyd (Pippin aus der THE LORD OF THE RINGS-Trilogie ist die Stimme von Chuckys Nachwuchs), Brad Dourif (Stimme von Chucky/Charles Lee Ray in der gesamten CHILD'S PLAY-Reihe, ONE FLEW OVER THE CUCKOO'S NEST, WISE BLOOD, SPONTANEOUS COMBUSTION, RAGTIME, CRITTERS 4 [Seite 102], DEATH MACHINE, THE WILD BLUE YONDER)
86 Min.

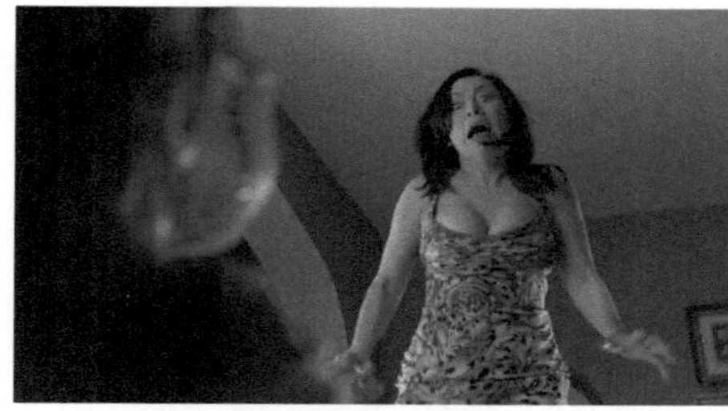

Abb. 92: Rat mal, wer zum Dinner kommt?

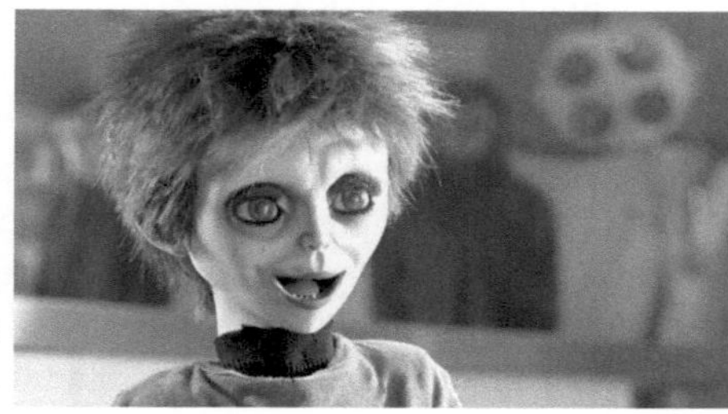

Abb. 90: Glen oder Glenda?

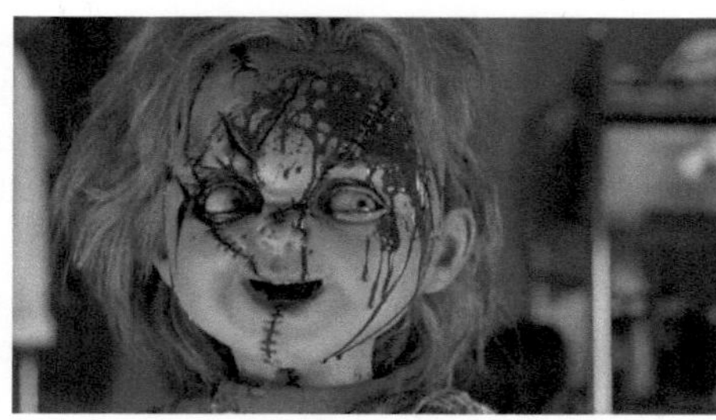

Abb. 93: Oops, I did it again. I played with a knife, you lost in the game.

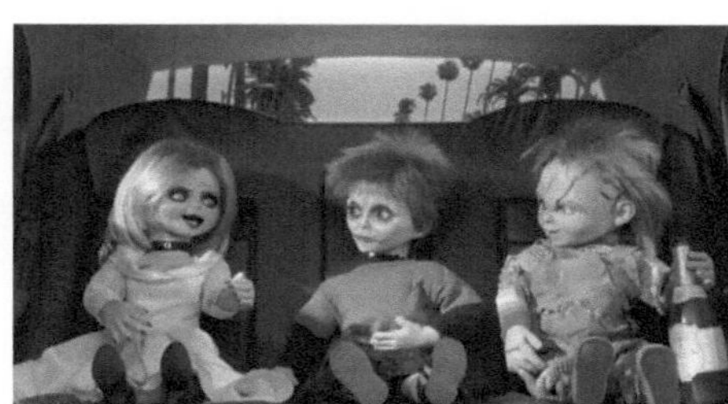

Abb. 91: Familienausflug.

Chuckys Nachwuchs, der seinen Erstauftritt im Finale von BRIDE OF CHUCKY hatte, ist zu einem sensiblen, schreckhaften Jungen geworden, der sich über seine Geschlechtsidentität nicht im Klaren ist. Da er eher wie ein Junge aussieht und auch von einem Mann gesprochen wird, werde ich ihn als »er« ansprechen – ich hoffe, die Gender-Polizei kann damit leben. Nachdem er seine Eltern Chucky und Tiffany in Hollywood findet, wo sie bei Filmproduktionen als gesteuerte Puppen herhalten müssen, erweckt er sie mit dem Amulett aus dem Vorgängerfilm und dem Zauberspruch wieder zum Leben.

Die drei müssen sich als neu gegründete Killerpuppenfamilie arrangieren und hecken einen Plan aus, um wieder in menschliche Körper zu gelangen. Beziehungsstreitigkeiten und etwas Drama sind auch wieder dabei. Glen(da) hasst Gewalt, und Tiffany drängt Chucky dazu, aus Verantwortung gegenüber ihrem Nachwuchs und ihrer neuen Elternrolle mit dem Töten aufzuhören, was natürlich nicht immer einfach ist – aber Rom wurde bekanntlich auch nicht an einem Tag gebaut.

Jennifer Tilly leiht diesmal nicht nur Tiffany ihre Stimme, sondern spielt sich auch noch selbst: Ein – trotz einer Oscarnominierung – Hollywoodstar der zweiten Riege, der von Julia Roberts die Rollen weggenommen werden. Die Zuseher werden gebeten, die Tatsache, dass Tilly und Tiffany aus BRIDE OF CHUCKY gleich aussehen, als Zufall zu akzeptieren. Tilly (in ihrer menschlichen Form) sollte man mögen, denn nach den zwei Puppeneltern hat sie die dritte Hauptrolle. Sie will unbedingt im neuen Bibeldrama von Rapper Redman (der sich auch selber spielt) die Jungfrau Maria spielen. Die Rolle soll ihre Karriere retten und sie würde so einiges dafür geben... Man darf einige selbstreferenzielle Scherze auf Hollywood, Tilly und Chucky erwarten, die nicht immer landen, aber auch nie allzu penetrant werden.

»Menschliche« Charaktere standen in den ersten drei Filmen noch im Zentrum und wurden in BRIDE OF CHUCKY bereits in den Hintergrund gedrängt, was in SEED OF CHUCKY noch verstärkt wird. Die drei Puppen sehen großartig aus, ebenso die Animationen – vor allem Gesichtsanimationen – (fast) ganz ohne CGI.

Wenig überraschend ist SEED OF CHUCKY wieder eine Slasher-Komödie und hat mit einem Horrorfilm diesmal eigentlich nur noch die Gore-Szenen gemein. Ein herrlich irrer und makabrer Trash-Spaß, der noch verrückter ist als der Vorgänger. Dass sich ein Teil 5 einer Filmreihe doch so frisch und unverbraucht anfühlt, ist eine beachtliche Leistung. Das sehen viele Fans der Reihe allerdings gar nicht so. Ihnen missfiel nicht nur, dass ihr Held und seine Geschichten immer mehr ins komödiantisch-absurde drifteten, sondern auch der zunehmend farcenhafte, vielleicht auch lächerliche Charakter des Ganzen. Die Geschichte über den verwirrten, innerlich zerrissenen Jungen wird auch nicht jedermanns Sache gewesen sein. Klarerweise kommt bei der ganzen Gaudi auch keine Spur von Grusel, Schrecken oder gar Terror auf.

Nach einer enttäuschenden Kinoauswertung war dies Chuckys letzter Kinoauftritt. Übrigens: SEED OF CHUCKY hat mit dem späten Steven Seagal-Œuvre zwei Gemeinsamkeiten: Er wurde aus Kostengründen in Rumänien gedreht und hat mit Redman einen schwarzen Rapper in einer Nebenrolle. Don Mancini, der hier zum ersten Mal das Regieruder übernahm, wollte ursprünglich Quentin Tarantino in dieser Rolle, welcher aber absagte. Doch Redmans Casting macht Sinn: Horrorfilme sind in Amerikas *black community* noch beliebter als Steven Seagal-Filme. Die US-Schwarzen wissen anscheinend einfach, was gut ist – außer vielleicht, wenn es um Tyler Perry geht.

★★★★☆

Besonderheiten: *Ein Killerpuppenfamiliendrama. / Trashikone John Waters spielt einen Paparazzo. / Die Frage, ob Chuckys Sohn sich für Glen oder Glenda entscheidet, ist eine Anspielung auf den berüchtigten Transvestie-Kultfilm GLEN OR GLENDA, von einer weiteren Trashikone: Ed Wood.*
Creative Killing: *Einige gute Kill-Szenen, aus denen zwei zu Beginn des Films hervorstechen, die aus der Egoperspektive des Killers gezeigt werden. Aber dabei ganz klassisch mit einem Küchenmesser.*
Nervige Skeptiker: *Keine.*
Kill Count: *11 (2 off camera)*

Curse of Chucky

2013
Drehbuch und Regie: Don Mancini (Drehbuchautor der gesamten CHILD'S PLAY-Reihe, Regisseur der Teile 5, 6 und 7)
Nennenswerter Cast: Brad Dourif (Stimme von Chucky/Charles Lee Ray in der gesamten CHILD'S PLAY-Reihe, ONE FLEW OVER THE CUCKOO'S NEST, WISE BLOOD, SPONTANEOUS COMBUSTION, RAGTIME, CRITTERS 4 [Seite 102], DEATH MACHINE, THE WILD BLUE YONDER)
97 Min.

Genug geblödelt! Nachdem die Chucky-Reihe immer lustiger und extravaganter wurde, schlägt der sechste Teil im krassen Gegensatz dazu einen ernsten, düsteren und tragischen Ton an.

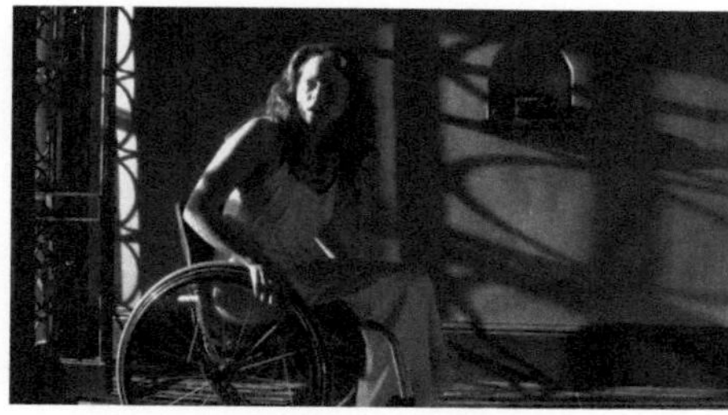

Abb. 94: Nica kann nicht so einfach wegrennen wie andere Chucky-Verfolgte.

Nica ist eine nette junge Frau, die querschnittsgelähmt im Rollstuhl sitzt. Sie bekommt – scheinbar auf Grund eines Irrtums – die Chucky-Puppe zu sich nach Hause geliefert. Nach dem plötzlichen Tod ihrer Mutter wird sie von ihrer unsympathischen Schwester Barb und deren Anhang besucht.

Ein altes Haus in der Einöde, eine Gruppe von Charakteren und ein Killer – ein simples, gewohntes Setting für einen Slasherfilm, und auch die Geschichte könnte kaum einfacher sein. In CURSE kehrte man wieder zu den Horror-Wurzeln zurück. Chucky ist diesmal wieder richtig bedrohlich – ein Killer zum Fürchten und keine kleine Witzfigur mit Beziehungsproblemen. Er spricht aber erst bei etwa der Hälfte des Films seinen ersten Satz, vorher werden alle Figuren eingeführt und eine unheimliche Stimmung aufgebaut, was ganz gut gelingt.

Die vielen Suspense-Szenen kehren, wie auch in Teil 7, wieder zurück. Als abgebrühter Horrorfan, der ähnliche Szenarien wie in diesem Film schon zur genüge kennt, muss man sich halt darauf einlassen können. Ebenfalls »klassisch« ist Chuckys Design: Die Narben und Nähte sind scheinbar weg. Hat das Plastikmännchen Plastik-Chirurgie über sich ergehen lassen? Erst im dritten Akt des Films erfahren wir, warum das Paket ausgerechnet an Nicas Tür gelandet ist, und der Chucky-Mythos wird um eine Hintergrundgeschichte reicher.

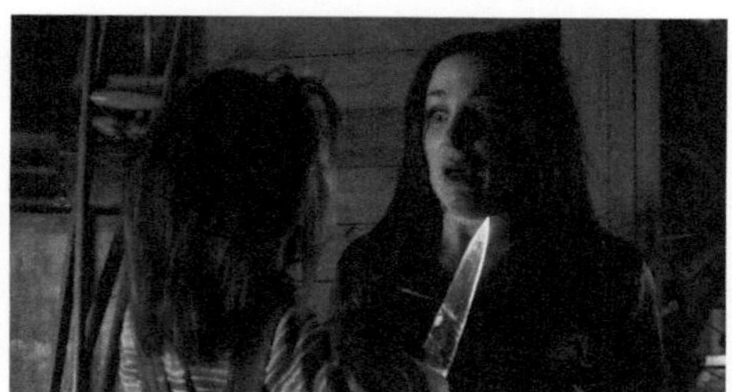

Abb. 95: Serious Chucky is serious...

Als erster Film der Reihe wurde CURSE nicht auf 35mm fürs Kino gedreht, sondern war eine Direct-to-Video-Veröffentlichung. Der digitale Look des Films passt leider nicht ganz zu dem klassisch-gruseligen Horrorfeeling, dafür sticht die Musik positiv hervor. CURSE wurde kosten-

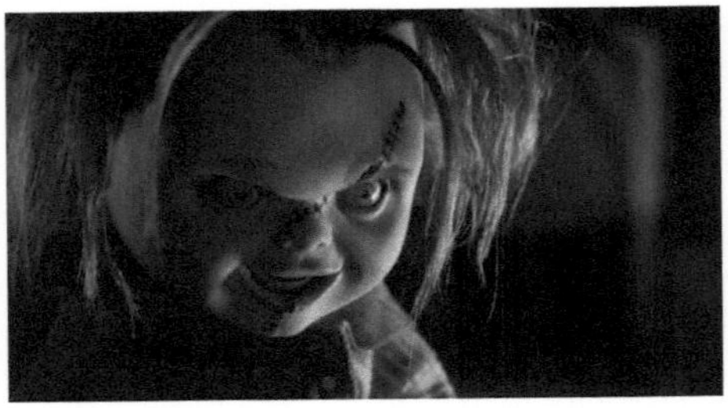

Abb. 96: ...and scary.

günstig produziert – vor allem dadurch, dass er nur einen Schauplatz hat. Man kann das aber auch als positiv empfinden, dass es ein sehr »bodenständiges« Unterfangen ist – mehr noch sogar als die ersten drei Teile, die auch allesamt ein deutlich höheres Budget hatten.

Schnörkellos, gruselig und geradlinig: CURSE OF CHUCKY ist eine würdige Zugabe der Reihe, und die Good Guy-Puppe ist endlich wieder ein richtig fieser, bedrohlicher und grausamer *bad guy*. Man muss halt selber wissen, ob man die ernsthafteren, klassischen Teile lieber mag (1, 2 und 3), die spaßigeren, ausgefalleneren (4 und 5), oder die düsteren, dramatischeren (6 und 7).

★★★★☆

Besonderheiten: *Ein netter Bonus für Fans: Die Szene nach dem Abspann. / Die Hauptfigur des Films heißt Nica – ein seltener Frauenname, der nur einen Buchstaben von NECA entfernt ist, dem bekannten amerikanischen Hersteller von hochwertigeren Plastikfiguren für den Sammlermarkt, der auch einige Chucky-Figuren und Chucky-Puppen im Sortiment hat. Das kann auch ein Zufall sein, aber ich fand es witzig. Nicas Schwester heißt übrigens Barbie... / Sowohl der sechste Chucky-Teil als auch jener der PUPPET MASTER-Reihe heißt CURSE OF... Don Mancini hat sich aber sicher nicht gedacht: »Wow, CURSE OF THE PUPPET MASTER war toll, da möchte ich mit meinem sechsten Teil auch hin – also diesmal sicher ein Zufall.*
Creative Killing: *Auch die Kill-Szenen sind klassisch und einfach gehalten.*
Nervige Skeptiker: *Barbie sowie ihr Ehemann glauben Nica nicht, dass die Chucky-Puppe böse ist und sie aufpassen sollen. / Viel nerviger ist aber ein Richter, der eine Figur des Films nach deren Aussage in eine Anstalt für geistig abnorme Rechtsbrecher einsperren lässt.*
Kill Count: *7 (2 off camera)*

Cult of Chucky

2017
Drehbuch und Regie: Don Mancini (Drehbuchautor der gesamten CHILD'S PLAY-Reihe, Regisseur der Teile 5,6 und 7)
Nennenswerter Cast: Brad Dourif (Stimme von Chucky/Charles Lee Ray in der gesamten CHILD'S PLAY-Reihe, ONE FLEW OVER THE CUCKOO'S NEST, WISE BLOOD, SPONTANEOUS COMBUSTION, RAGTIME, CRITTERS 4 [Seite 102], DEATH MACHINE, THE WILD BLUE YONDER)
91 Min. (Unrated-Fassung) / 90 Min.

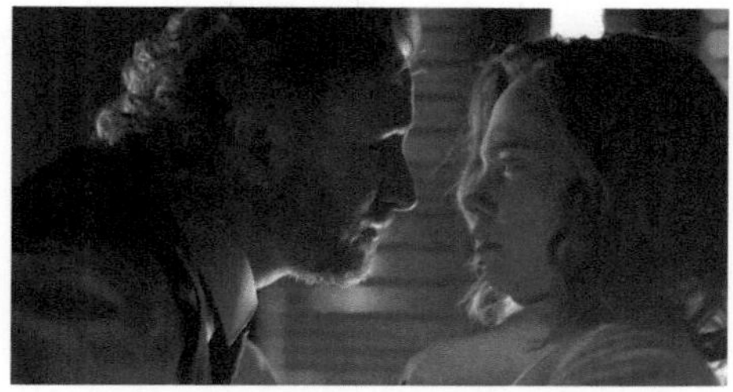
Abb. 97: Hey Doc, du bist in meinem safe space.

Andy, der mittlerweile erwachsene Junge aus Teil 1-3, ist auf einem Date. Sein Gegenüber ist allerdings nicht begeistert darüber, dass er mehrere Waffen zu Hause hat. Ach komm, bitte – jeder Mensch, der auch nur annähernd so etwas mitgemacht hat wie Andy Barclay drei Filme lang mit Chucky, wäre verrückt, wenn er *keine* Waffen zu Hause hätte. Da die Dame vor dem Date ohnehin schon Andys Namen gegooglet hat, macht es keinen Sinn, sie anzuschwindeln. Was sie aber nicht wusste: Nicht nur seine Babysitterin, auch Andys Lehrerin, Betreuerin und 37 andere Menschen haben über die Jahre ihr Leben verloren. Das war dem Date dann doch zu viel auf einmal, und sie verlässt das Restaurant. Tja, die Singlewelt ist hart!

Schließlich konnte Andy Chuckys Kopf abschießen und bewahrt diesen nun in seinem Safe auf, wird aber immer noch von ihm gehänselt. Andy wird erst im Finale des Films wieder wichtig, als er versucht, Chucky endlich endgültig zu besiegen.

Unsere Hauptdarstellerin ist auch diesmal wieder Nica, deren Leben von Chucky ruiniert wurde (siehe Teil 6). Dank ihm wurde sie als gefährlich schizophren eingestuft und ist in einer Nervenheilanstalt gelandet. Nachdem es der Psychodoktor Nica immer wieder eingebläut hat, hat sie es scheinbar fast schon akzeptiert, dass ihre Horrorerlebnisse wirklich nur Wahnvorstellungen waren. Der Arzt sieht das natürlich als Erfolg. Blöder Skeptiker – hoffentlich stirbt er, hab ich Recht?

Nica wird dank ihren »Fortschritten« in eine Anstalt mit niedrigerer Sicherheitsstufe transferiert, wo sie auf diverse Patienten trifft. Da wären z. B. ein Mann mit multiplen Persönlichkeiten, oder eine Frau, die ihr Kind umgebracht hat, und andere *Crazies*. Chuckys alte Freundin Tiffany besucht Nica und bringt ihr eine Good Guy-Puppe. Auch Nicas Arzt, der die Patientengruppe betreut, bringt dieselbe Puppe zu einer Therapiesession mit. Ein dritter Good Guy kommt dann noch mit der Post – was ist hier los?

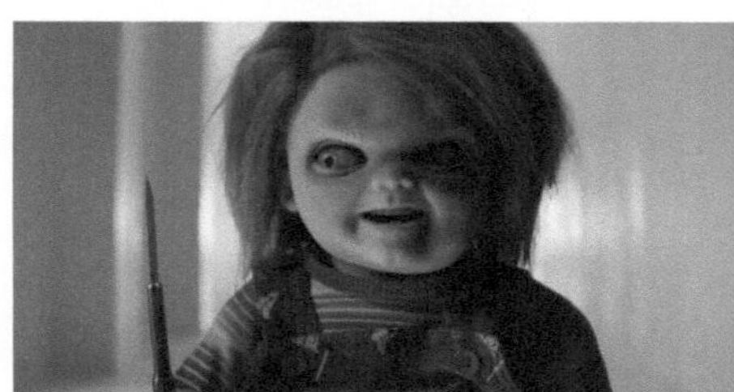
Abb. 98: Ja, was nur?

Was soll schon los sein – Chucky ist wieder da! Er tötet zum Aufwärmen gleich mal eine der hoffnungsloseren Patientinnen der Anstalt. Nica ist sich mit einem Schlag wieder sicher, dass sie doch nicht schizophren ist, und verstellt sich auch nicht vor ihrem Arzt. Sie warnt ihn und die Patienten, dass Chucky sie der Reihe nach alle töten werde, und am Schluss auch sie. Die Mordserie und der Unglauben an die Mörderpuppe sorgen für Konflikte zwischen Nica, den Patienten und dem Arzt.

Wie die arme Nica alle zu überzeugen versucht, dass diese scheinbar tote Puppe wirklich lebt und sie alle in höchster Gefahr sind, ist spannend, düster und bemerkenswert deprimierend zugleich. Sie selbst ist ohnehin des Lebens müde, aber Nica will zumindest das Leben der anderen in der Anstalt retten.

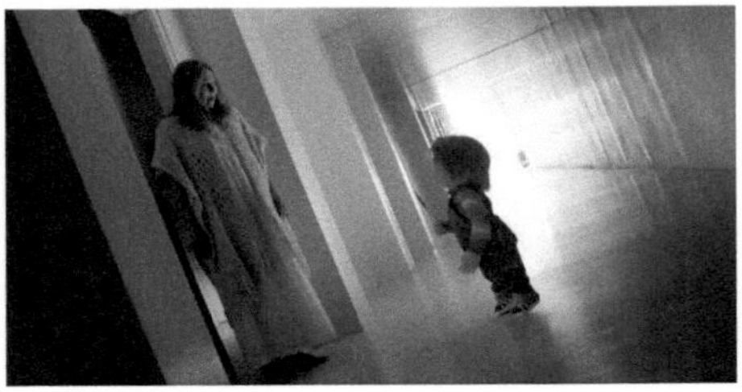

Abb. 99: Für manche kommt jede Hilfe zu spät.

Für manche verbreitet CULT OF CHUCKY eine vielleicht etwas zu traurige Krankenhaus-Stimmung. Viele Szenen sind wie auch im Vorgänger dramatisch inszeniert, und die Kills sind – wie mittlerweile gewohnt – sehr heftig (und noch etwas heftiger in der Unrated-Fassung). Im Vergleich zu Teil 1-5, die mehr fürs Kino angelegte Eventfilme waren, sind sowohl CURSE als auch CULT kleiner, intimer und viel düsterer. Chucky ist auch diesmal wieder hundsgemein statt saulustig, obwohl er natürlich schon Spaß bei der Arbeit hat.

Kaum eine Filmreihe konnte das Niveau über die Jahre derart halten. Numero 7 könnte der letzte Film in der originalen Chucky-Reihe sein, auch wenn Mancini weitermachen will. Sollte „nur" noch eine TV-Serie kommen und das Remake des ersten Teils, was ich nicht hoffe, wäre es zumindest ein würdiger Abschluss.

★★★★☆

Besonderheiten: *Diesmal sind mehrere Chuckys am Werke. / Wie auch in CURSE gibt es eine kurze Szene nach dem Abspann, diesmal für Fans vom zweiten Teil.*
Creative Killing: *Von einer herunterfallenden, großen Scherbe einer Glasdecke enthauptet. Die Szene erinnert an BRIDE OF CHUCKY, mit dem Unterschied, dass sie viel elegischer inszeniert ist und statt mehreren Scherben nur eine den Tod bringt.*
Nervige Skeptiker: *Der Oberarzt der Anstalt, so wie die meisten Patienten, glauben nichts von dem, was Nica bezüglich der Killerpuppe von sich gibt.*
Kill Count: *7*

The Crawling Hand

1963
Regie: Herbert L. Strock (Gog)
Drehbuch: Bill Idelson, Herbert L. Strock
Coole Tagline: Five Fingers of Death!
88 Min.

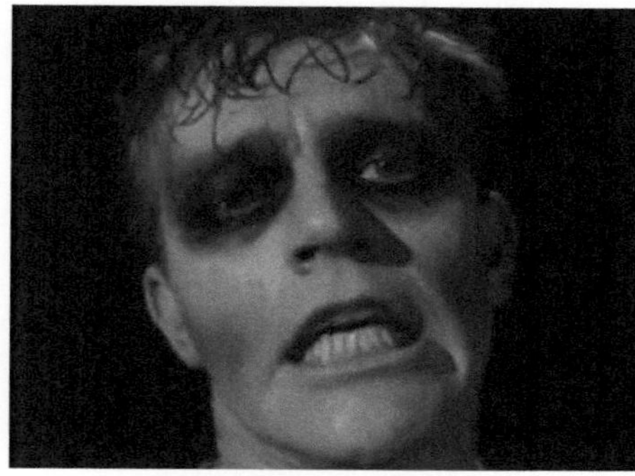

Abb. 100: Rettet euch selbst! Schaut euch einen anderen Film an!

Im Jahr 1963 steht die erste Mondlandung eines Menschen noch bevor. Bei den »Space Operations« in Florida ist die Stimmung im Keller. Mit Lockhart hat nun schon der zweite Astronaut den Kontakt abgebrochen und wird vermisst. Sind sie beide an der Einsamkeit des Alls seelisch zerbrochen? Ganze 20 Minuten, nachdem der Sauerstoffvorrat verbraucht ist und sein Tod als sicher gilt, meldet sich ein entstellter Lockhart am Bildschirm. Er ist mit seiner Raumkapsel auf dem Nachhauseweg, wird es aber nicht mehr lebend schaffen und warnt: Es ist etwas mit ihm in der Kapsel, deshalb müssen sie handeln: »Kill! Kill!!« Mit Vehemenz fordert Lockhart, dass die Kapsel von der Basis aus gesprengt wird. Nach einigem Zögern wird der rote Knopf gedrückt und Lockharts letzter Wunsch erfüllt.

Es wird die Theorie aufgestellt, dass sich durch eine Mischung aus Lockharts Körpermolekülen, der Radioaktivität und der kosmischen Strahlung des Weltraums irgendwie eine neue Lebensform gebildet haben könnte, die Lockhart ohne Sauerstoff am Leben hielt.

An der kalifornischen Küste findet der Medizinstudent Paul mit seiner schwedischen Freundin beim fröhlichen Plantschen den abgetrennten Arm von Lockhart am Strand herumliegen. Nachdem er seine hysterische Schwedin bei den Eltern abgeliefert hat, schnappt sich Paul einen Duschvorhang, fährt zurück zum Strand, wickelt seinen Fund ein und nimmt ihn mit nach Hause. Der Arm hat – wer hätte es gedacht – ein Eigenleben und erwürgt in der Nacht Pauls Vermieterin. Dann attackiert der Alienarm auch Paul, der zwar überlebt, aber besessen wird.

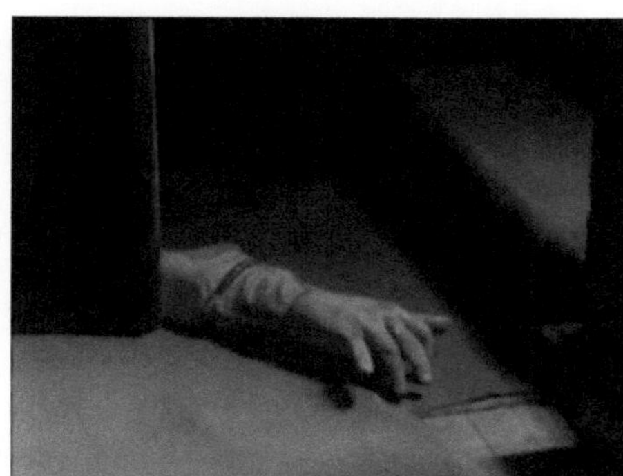

Abb. 101: Der ungebetene Gast.

Warum sind die Fingerabdrücke des explodierten Astronauten Lockhart am Tatort des Mordes? Zwei Herren von Space Operations machen sich mit ihrem Messgerät für kosmische Strahlung auf, um den Fall zu lösen. Währenddessen kämpft Paul mit seiner Besessenheit. Er will den Arm wieder loswerden, und seine Freundin fragt sich, was mit ihm los ist.

Dieser belanglose Film müsste eigentlich »The Crawling Arm« heißen. Typisch für einen B-Film aus dieser Zeit gibt es viele lange Dialoge, wenig Tempo und schlichte Sets. Nach ein paar passablen ersten Minuten wälzt sich (statt jagt) eine langatmige Szene zur nächsten. Die, in der zwei streunende Katzen sich streiten, wer von ihnen an dem herrenlosen Arm rumknabbern darf, ist da noch das Highlight.

★☆☆☆☆

Besonderheiten: *Passenderweise gibt es eine* Mystery Science Theater 3000-*Version des Films. / »The Bird's the Word« von The Rivingtons wird ab und zu gespielt, auch in der Szene einer Attacke. Auf dem Lied basiert das weitaus bekanntere »Surfin' Bird« von The Trashmen, das Ihr wahrscheinlich in* FULL METAL JACKET *oder in der Folge von* Family Guy *gehört habt, in der dem Song ein ganzer Handlungsstrang gewidmet ist. »A-well-a bird, bird, b-bird's the word. A-well-a don't you know about the bird? Well, everybody knows that the bird is the word!«*
Creative Killing: *Nein.*
Nervige Skeptiker: *Keine.*
Kill Count: *1*

CRITTERS

1986
Deutscher Titel: CRITTERS – SIE SIND DA! / CRITTERS – SIE BEISSEN!
Regie: Stephen Herek (BILL & TED'S EXCELLENT ADVENTURE, THE MIGHTY DUCKS, THE THREE MUSKETEERS [1993], DON'T TELL MOM THE BABYSITTER'S DEAD, MR. HOLLAND'S OPUS, 101 DALMATIANS [1996], ROCK STAR, HOLY MAN)
Drehbuch: Domonic Muir (PUPPET MASTER: AXIS OF EVIL [Seite 327], EVIL BONG, THE GINGERDEAD MAN [Seite 188], DOLL GRAVEYARD [Seite 140], DANGEROUS WORRY DOLLS [Seite 108], KILLER EYE: HALLOWEEN HAUNT [Seite 243]), Stephen Herek
Nennenswerter Cast: Dee Wallace (THE HILLS HAVE EYES [1977], THE HOWLING, E.T. THE EXTRA-TERRESTRIAL, CUJO), Scott Grimes (*The Orville*)
Coole Tagline: They Eat so Fast, You Won't Have Time to Scream.
86 Min.

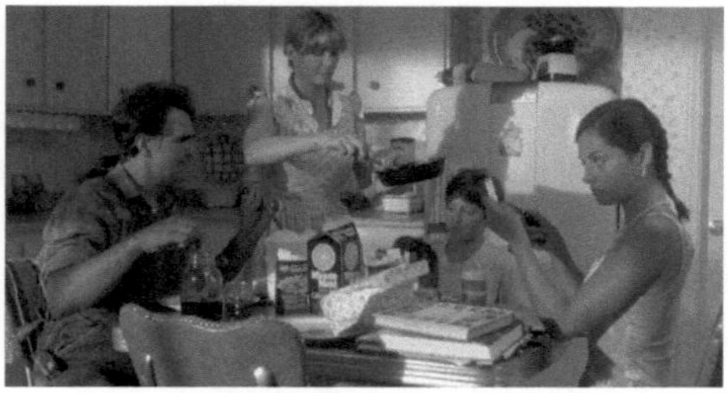

Abb. 102: Familien- und Fressidylle.

Ich finde es süß, wie der deutsche Verleih den Originaltitel wieder mal mit kleinen Phrasen bereichert hat, und hätte »Critters – Kleine Beißer aus dem All« am schönsten gefunden. Denn diesmal sind die kleinen Killer Außerirdische, die mit einem Raumschiff in Kansas landen. Der Film hat eine Dosis Sci-Fi und ganz viel US-Kleinstadt-Charme.

Die gemeingefährlichen, sehr gefräßigen kleinen Critters[12] schaffen es, nach einem Gefangenentransport mit einem Raumschiff auszubüxen, und machen sich Richtung Erde auf. Zwei intergalaktische Kopfgeldjäger werden engagiert, um die kleinen Biester mit der breiten Spitzzahnpartie zu vernichten. Diese beiden Alien-Herren kopieren menschliches Aussehen und fangen an, auf der Suche nach den entflohenen Sträflingen die Bewohner einer Kleinstadt zu terrorisieren.

In der Nähe dieser Kleinstadt wohnt eine nette Familie auf einer Farm. Immer wieder sollen wir in Horrorfilmen die menschlichen Charaktere liebgewinnen, damit wir etwas später dann um ihr Überleben mitfiebern – eigentlich logisch, doch das funktioniert leider viel zu selten. Nicht so hier: Ich wollte glatt auf diese Farm ziehen, zu dieser sympathischen Familie. Mit dem Vater aus Einmachgläsern hausgemachten Saft trinken, während er seine Frau fragt, ob ihre Tochter, die ihren neuen New Yorker Boyfriend[13] vorstellt, überhaupt schon aufgeklärt wurde über »the way things are«. Mit dem kleinen Jungen im Feld mit Dynamit spielen

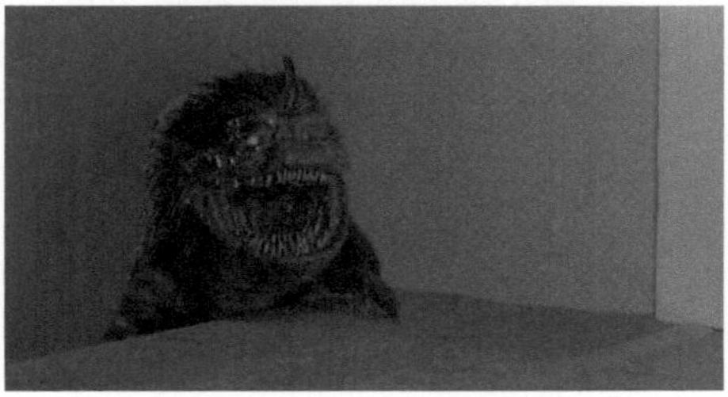

Abb. 103: Aber auch diese Wesen wollen fressen, und nicht wenig.

[12] Critter ist ein umgangssprachlicher Begriff – das deutsche Äquivalent wäre wohl »Viech«, wobei vor allem kleinere Tiere gemeint sind.
[13] Ein junger Billy Zane mit Flinserl im Ohr.

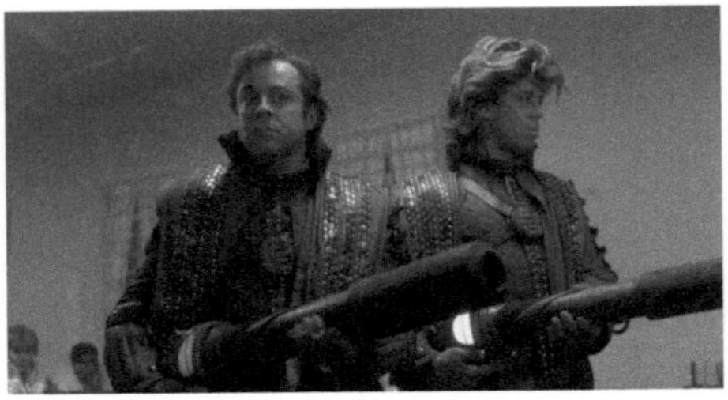

Abb. 104: Kopfgeldjäger auf Critter-Jagd.

und danach ein von der Mutter zubereitetes üppiges, herzhaftes Mahl genießen, dass aus Fleisch, Kartoffelpüree und Maiskolben besteht. Doch dann fiel mir wieder ein, dass die Internetverbindung mitten in Kansas wahrscheinlich mittelmäßig ist, und dann noch die ganze Farmarbeit…

Ein Großteil des Films besteht aus Szenen, in denen diese netten Menschen von den Critters bedroht oder angegriffen werden. Flucht scheint unmöglich, denn auch außerhalb der Farm treiben sich die Critters herum. Zudem beißen sie das Telefonkabel durch, und sogar der Pick-up Truck wird bis zur Fahrunfähigkeit zerbissen. Wenn sich die kleinen Biester am Boden rollend fortbewegen, ist das zum zerkugeln lustig, aber wenn sie dann angreifen, ist es auch in einem guten Ausmaß furchteinflößend. Der Film findet eine gute Balance zwischen Horror und Komödie. »Gruselkomödie« hat man so etwas früher genannt. Die beiden Kopfgeldjäger, die sich wie Terminators verhalten und aussehen, als wären sie direkt aus einer Episode von *Star Trek: The Next Generation* entsprungen, liefern zusätzliche *fish out of water*-Comedy.[14]

CRITTERS holt aus seinem (für einen Kinofilm) geringen Budget das Maximum heraus, ist bis in die Nebenrollen gut besetzt[15], hat gute Kamera-, Sound- und Lichttechnik (die man oft nur unterbewusst wahrnimmt und die jemand, der nur große Mainstreamfilme schaut, wahrscheinlich für selbstverständlich hält), viel gut gemachte Action und ein ziemlich gutes Drehbuch. Der Film ist ein mehr als würdiger Verteter des *small creatures*-Horror. Oft wird behauptet, CRITTERS sei ein Nachahmer der erfolgreichen GREMLINS. Angeblich wurde das Drehbuch aber schon geschrieben und verkauft, bevor GREMLINS überhaupt angekündigt wurde.

Das Lexikon des internationalen Films, dessen Kritiken sich manchmal so lesen, als hätte sie ein erzbürgerlich-konservativer Grundschullehrer mit Wollpulli geschrieben, der sich eigentlich viel lieber zum fünften Mal SCHINDLERS LISTE oder DER CLUB DER TOTEN DICHTER ansehen oder noch lieber Goethe und Schiller interpretieren würde, scheibt über CRITTERS: »Ereignisreiche Science-Fiction-/Gruselfilm-Variante nach

[14] »Lexikon der Filmbegriffe« hat eine ziemlich gute Beschreibung für *fish out of water*: »Die Metapher bezeichnet Filme, deren Helden es in eine fremde, ihnen ungewohnte, möglicherweise ganz und gar fremde soziale Umwelt verschlagen hat – sei es, dass Bewohner der Wildnis in die Großstadt kommen (wie in CROCODILE DUNDEE, Australien 1986, Peter Faiman), Westerner nach New York (wie in COOGAN'S BLUFF, USA 1968, Don Siegel), Clochards in großbürgerliche Lebensverhältnisse (wie in BOUDU SAUVÉ DES EAUX, Frankreich 1932, Jean Renoir; Remake: Boudu, Frankreich 2005, Gérard Jugnot), Polizisten aus Detroit in die Lebenswelt hedonistischer Reicher in Kalifornien (wie in BEVERLY HILLS COP, USA 1984, Martin Brest) oder der Chinesen in Chinatown (wie in YEAR OF THE DRAGON, USA 1985, Michael Cimino) und ähnliches mehr.«(http://filmlexikon.uni-kiel.de, aufgerufen am 15.5.2016)

[15] Z. B. mit M. Emmet Walsh als Kleinstadtsheriff. Lin Shaye, die 2010 in INSIDIOUS als Medium fürs Übersinnliche überzeugte, hätte ich als Sekretärin in der Polizeistation unter dem ganzen Make-up fast nicht wiedererkannt.

zahlreichen Vorbildern des Genre-Kinos. Da amüsante Einfälle und dramatische, mitunter drastische Spannungseffekte zu keiner überzeugenden Geschlossenheit verbunden werden, allenfalls für Fans dieses Genres annehmbare Unterhaltung.« Dem ersten Satz stimme ich zu. Aber gerade die Mischung aus Action, der Spannung in wirklich bedrohlichen Situationen und dem herrlich unschuldigen Humor macht den Film so reizvoll. CRITTERS nimmt sich in den Szenen ernst, in denen es Sinn macht.[16] Aber vor allem will er unterhalten – und das schafft er mit Bravour. Nach GHOST BUSTERS (eine andere »Gruselkomödie«) die wohl beste filmische Mischung aus Horror und Komödie, die es gibt.[17] Wenig Tote, viel Action und Spannung, und viel Humor. Ein Familienunterhaltungsfilm der ersten Güte!

★★★★★

> ***Besonderheiten:*** *Bis auf das Design der Kreaturen keine wirklich herausstechenden Besonderheiten. Aber die gelungene Mischung macht's, und die ist besonders: Sci-Fi + Horror + Action + Comedy = Beste Unterhaltung. Da kriegt man was fürs Geld. »Bang for the buck« nennen das die Amerikaner.*
> ***Creative Killing:*** *Nein.*
> ***Nervige Skeptiker:*** *Dem* town drunk *Charlie, also der stadtbekannten Saufnase, glaubt man auf der Polizeistation nicht, dass er das UFO, in dem die Critters kurz darauf landen, über sich hinwegfliegen gesehen hat.*
> ***Kill Count:*** *2 Menschen und viele Critters.*

---

[16] Eine Taktik, die z. B. auch BEVERLY HILLS COP verwendet. Es gibt Comedy-Szenen und lustige Dialoge, und auf der anderen Seite ernsthafte, realitätsnahe Szenen, die der übergeordneten Actionthriller-Handlung dienen.

[17] Das Bowlingshirt des Vaters ziert der Schriftzug »Pinkbusters«, mit einem Logo, das dem der GHOST BUSTERS ähnlich sieht: ein durchgestrichener Bowlingpin. Spätestes hier wird klar, dass die Filmemacher das Herz am richtigen Fleck haben. Außerdem bezieht sich der Film auf E.T. und die Familienkatze heißt »Chewie«, ein Spitzname aus einer Filmreihe, die Du kennen solltest.

CRITTERS 2

1988
a.k.a. CRITTERS 2: THE MAIN COURSE
Deutscher Titel: CRITTERS 2 – SIE KEHREN ZURÜCK
Regie: Mick Garris (QUICKSILVER HIGHWAY [Seite 343], SLEEPWALKERS, RIDING THE BULLET, PSYCHO IV: THE BEGINNING)
Drehbuch: David Twohy (THE FUGITIVE, THE CHRONICLES OF RIDDICK, RIDDICK, TERMINAL VELOCITY, WARLOCK, WATERWORLD, G.I. JANE, THE ARRIVAL, A PERFECT GETAWAY), Mick Garris (QUICKSILVER HIGHWAY [Seite 343], RIDING THE BULLET, HOCUS POCUS)
86 Min.

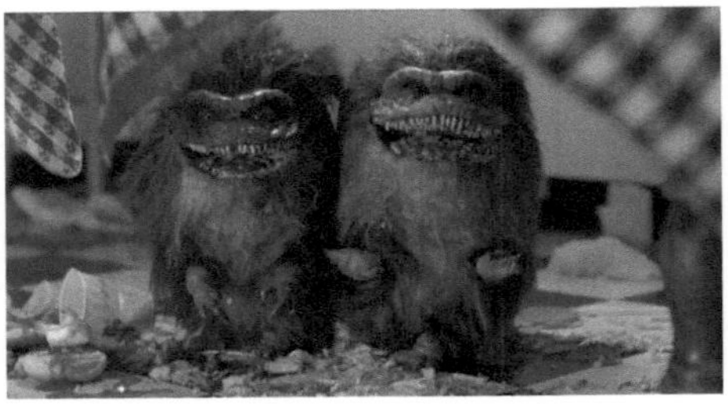

Abb. 105: Die Titelhelden haben noch mehr Gaudi und Fresssucht als im Vorgänger.

Dem für Alien-Outlaws aller Art zuständigen intergalaktischen Gremium ist aufgefallen, dass die Critters nach ihrem letzten Fressgelage auf der Erde nicht ausgerottet wurden (in Teil 1, *Seite 97*) und sich einige Eier von ihnen noch immer in derselben Kleinstadt befinden. Charlie – der *town drunk* aus dem ersten Teil ist – ist jetzt auch einer der Kopfgeldjäger, und zusammen mit seinem Partner Ug soll er die kleinen Nager endgültig ausrotten. Erst wenn dieses Problem aus dem Universum geschafft ist, lässt das Gremium wieder Space-Kohle rüberwachsen. In dem Kaff in Kansas ist Ostern, und unter die Schokoeier mischen sich auch ein paar Critter-Eier. Bald (aber nicht bald genug) schlüpfen die fresssüchtigen Wesen und bedrohen die gesamte Stadt.

Teil 2 schließt an die Ereignisse des Vorgängers an und kommt wie ein kreativ ziemlich bankrotter und etwas unnötiger Epilog zu diesem daher. CRITTERS 2 ist quasi die Nachgeburt, die man ja – im Regelfall – wegwirft. Zwar gibt diesmal mehr von den Viechern und auch mehr Action, aber bis auf den Riesencritterball, zu dem sich die kleinen Critters formieren, ist es eine merkwürdig einfallslose Angelegenheit. Die sympathische Familie aus Teil 1 ist verschwunden, nur der Sohn Brad bleibt noch übrig. Ihn begleiten neue fade Figuren, und zusammen versuchen sie, die Mini-Aliens auszutricksen und zu besiegen. Langweilige, farblose menschliche Charaktere sind in Horrorfilmen nichts Neues, aber auch die Szenen mit den Critters sind diesmal weit weniger interessant. Die kleinen Beißer sind diesmal mehr zum Spaß da und nicht mehr so bedrohlich wie im Vorgänger – von echter Spannung keine Spur.

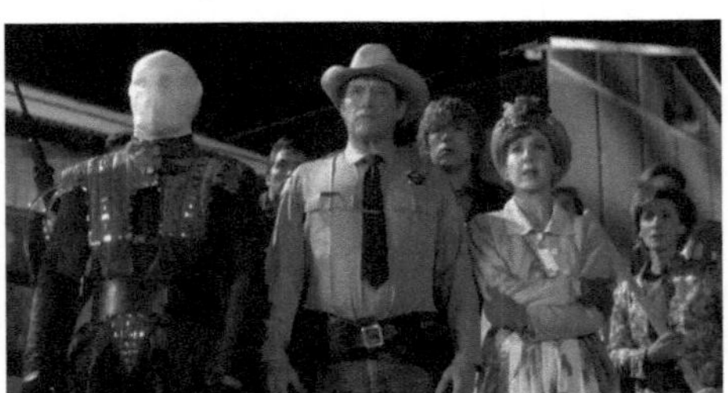

Abb. 106: Diese Stadt ist nicht groß genug für die Einwohner UND eine Horde an Critters.

»Who are we gonna call? Critter Busters?« – Viel witziger als diese zum Augenrollen motivierende Dialogzeile wird's leider nicht. Dabei hätte der Film Potential gehabt. Warum gibt es zum Beispiel keine Szenen, in denen kleine Kinder beim Osterfest Critter-Babys statt Schokolade in ihrem Eiern finden? In Teil 1 wurde nur eine Farm mit einer Familie belagert, diesmal wird eine ganze Stadt belagert – da hätte man weit mehr rausholen können. Aufbau, Dialoge, Stil und Humor funktionieren nicht mehr so gut wie im Original. Dafür hat CRITTERS 2 ein nettes Tempo und kopiert genug von seinem besseren Vorgänger, um nicht allzu viel Langeweile aufkommen zu lassen. Nichtsdestotrotz: Eine Enttäuschung. Ich muss hier Gene Siskel zustimmen, der in einer Fernsehsendung zusammen mit Kritikerkollege Roger Ebert festhielt, dass die Vorspeise um einiges appetitlicher war als »The Main Course«.

★★★☆☆

Besonderheiten: *Eine kurze Verfolgungsjagd zwischen einem Pick-up Truck und einem riesigen, rollenden Critterball, bestehen aus lauter kleineren Critters, auf die der Absturz eines UFOs folgt.*
Creative Killing: *Ein Mann wird von dem Riesencritterball überrollt und in derselben Sekunde aufgefressen.*
Nervige Skeptiker: *Brad selbst wird zum nervigen Skeptiker, er will nach den Ereignissen des ersten Teils und dem darauf gefolgten Medienrummel nichts mehr von Critters wissen. / Es wird nach einer »logischen Erklärung« gesucht, wie und warum dem Sheriff im Hasenkostüm die Innereien weggefuttert wurden. Solche Leute wollen wahrscheinlich auch den Riesen-Marshmallow-Mann in GHOST BUSTERS »logisch erklären« – hoffnungslos.*
Kill Count: *4 (1 off camera) und noch mehr Critters als im ersten Teil.*

CRITTERS 3

1991
Deutscher Titel: CRITTERS 3 – DIE KUSCHELKILLER KOMMEN
Regie: Kristine Peterson
Drehbuch: David J. Schow (CRITTERS 4, THE CROW, LEATHERFACE: TEXAS CHAINSAW MASSACRE III)
Nennenswerter Cast: Leonardo DiCaprio (DJANGO UNCHAINED, TITANIC, INCEPTION, THE DEPARTED, THE WOLF OF WALL STREET, SHUTTER ISLAND, THE REVENANT, CATCH ME IF YOU CAN, THE AVIATOR)
Coole Tagline: You Are What *They* Eat.
85 Min.

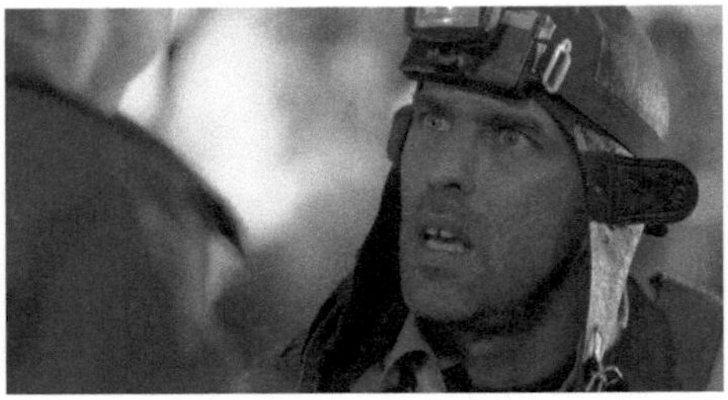

Abb. 107: Charlie ist auch wieder mit von der Partie.

Die junge Annie lebt mit ihrem Vater und dem kleinen Bruder in einer Großstadtwohnung in einem Apartmenthaus. Blöderweise haben die drei bei ihrem Landurlaub mit dem Pick-up Truck Critters als blinde Passagiere mitgenommen. Die Knabbermäuler starten im Keller und arbeiten sich nach oben vor. Es gilt, auf den Dachboden und dann aus dem Gebäude zu fliehen.

Statt *countryside*-Charme gibt es diesmal ein wenig urbanes Feeling, allerdings nur in Bezug auf die Personen. Da wären zum Beispiel eine toughe Lesbe und ein unsympathischer, geleckter Hausbetreuer. Dieser soll im Auftrag eines noch schmierigeren Typen alle Mieter vergraulen, damit sein Auftraggeber das Gebäude abreißen und einen Mini-Mart bauen kann. Die Figuren sind nicht großartig, aber jedenfalls interessanter als in Teil 2.

Da CRITTERS 3 diesmal in einem Apartmenthaus spielt, engt der Film im Vergleich zum Vorgänger den Schauplatz also wieder ein, was besser funktioniert. Im Gegensatz zum Vorgänger, der eine reine (leider unlustige) Komödie war, gibt es diesmal wieder richtige Suspense-Szenen.[18] Die Critters können überall lauern und jederzeit angreifen.

Teil 3 ist kein wirklich guter Film, hat aber wieder mehr von dem Charme des Originals, zudem ein paar witzige Ideen und Szenen mehr als der direkte Vorgänger. Die Kopfgeldjäger Ug (Gastauftritt) und Charlie sind zu dem Zeitpunkt der Filmreihe bereits so etwas wie alte Bekannte, bei denen man sich über ein Wiedersehen freut.

CRITTERS 3 hat mich persönlich wieder mit der Franchise versöhnt. Auch sehr fein, wie am Schluss der vierte Film »angeteasert« wird: Wir erfahren, dass das Gremium (Siehe CRITTERS 2, *Seite 100*) die Ausrottung der Critter-Spezies verhindern will, und die letzten überbleibenden Eier sollen gerettet werden. Aus der Kategorie »Kluge Entscheidungen von führenden Politikern«...

---

[18] Suspense ist, wie wir wissen, durch eine Erwartungshaltung erzeugte Spannung. Hitchcock erklärte den Begriff mit einer Bombe unter dem Tisch, von der die Filmfigur nichts weiß. »Bombe unter dem Tisch« wird hier also zu »ein Critter in der Nähe«.

★★★☆☆

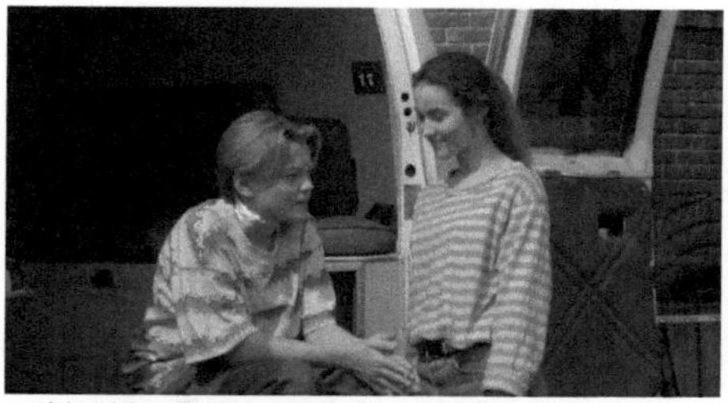

Abb. 108: »Und, was wirst so machen nach diesem Film?« – »Karriere, und du?«

Besonderheiten: *Leonardo DiCaprio in seiner ersten Filmrolle: Josh, ein aufgeweckter Teenager, der auch mal gerne Tetris auf seinem Game Boy spielt und seinen Stiefvater hasst. Als Josh diesem den Tod wünscht, wird er schnurstracks von den Critters totgebissen – was wiederum andere Bisse, nämlich Gewissensbisse bei Josh auslöst. Be careful what you wish for!*
Creative Killing: *Nö.*
Nervige Skeptiker: *»Aliens in the basement?«: Annies Vater glaubt eher, dass die arme Nachbarin im Keller von riesigen Ratten angegriffen wurde. / Josh glaubt dem Ex-Saufbold und Ex-Kopfgeldjäger Charlie nicht, dass die Critters existieren. Er kann ja nicht wissen, dass der gute Charlie jahrelang in einem Raumschiff Jagd auf kriminelle Aliens gemacht hat und bei den zwei Critter-Angriffen (Teil 1 und 2) mit dabei war.*
Kill Count: *2 Menschen und einige Critters.*

CRITTERS 4

1992
Deutscher Titel: CRITTERS 4 – ...DAS GROSSE FRESSEN GEHT WEITER
Regie: Rupert Harvey
Drehbuch: Joseph Lyle, David J. Schow (CRITTERS 3 [Seite 100], THE CROW, LEATHERFACE: TEXAS CHAINSAW MASSACRE III)
Nennenswerter Cast: Brad Dourif (Stimme von Chucky/Charles Lee Ray in der gesamten CHILD'S PLAY-Reihe (ab Seite 79), ONE FLEW OVER THE CUCKOO'S NEST, WISE BLOOD, SPONTANEOUS COMBUSTION, RAGTIME, DEATH MACHINE, THE WILD BLUE YONDER), Angela Bassett (WHAT'S LOVE GOT TO DO WITH IT, STRANGE DAYS, MALCOLM X, *American Horror Story*, *The Jacksons: An American Dream*)
84 Min.

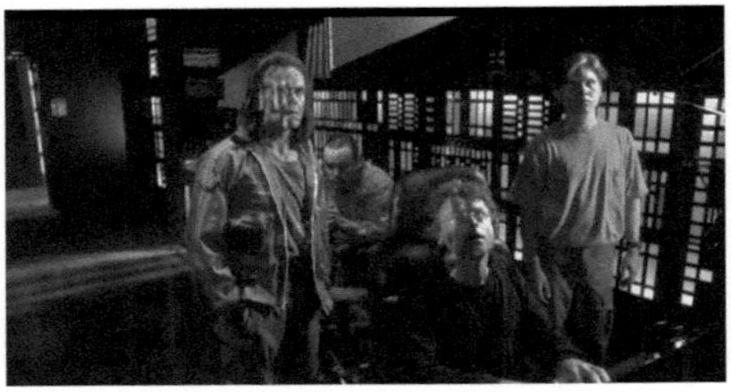

Abb. 109: Faustregel: Wenn es viele unnötige Lichter gibt, dann ist es gute Sci-Fi.

Das intergalaktische Gremium (siehe CRITTERS 3, *Seite 100*) beschließt Anfang der 1990er (unserer Zeitrechnung), die Critters-Spezies nicht auszurotten. Deshalb soll Charlie die letzten Eier in eine Transport-Raumkapsel geben und abliefern. Irgendwas läuft allerdings schief, die Kapsel nimmt ihn mit, und Charlie findet sich plötzlich 53 Jahre in der Zukunft, genauer im Jahr 2045, auf einer Raumstation wieder. »I don't think we're in Kansas anymore..." (Sorry, der musste jetzt sein.)

Eine kleine Bergungsmannschaft hat die Kapsel mit Charlie und den Critter-Eiern gefunden. Die Crew besteht unter anderem aus einem Captain mit fragwürdiger Moral und krimineller Energie, dem sarkastischen Computerexperten Al Bert und dem genervten jungen Assistenten Ethan. Wenn Ethan in seinem Quartier ist, macht er das, was wahrscheinlich die meisten coolen Kids 2045 in ihrer Freizeit machen werden: Alte Schwarz/Weiß-Western mit Ohrenstöpseln anschauen. Pferdeschwänze, Ohrenstecker und diese dünnen Goldhalskettchen sind übrigens 2045 offensichtlich ebenfalls wieder in Mode – für den Zeitraum um 2045 darf man sich also auf eine neue 1990er-Retro-Welle gefasst machen.

Die Crewmitglieder gehören jedenfalls zu den lebensechtesten Figuren seit dem ersten Teil. Man kauft ihnen ab, dass sie schon seit Ewigkeiten zusammen auf engem Raum durch das All fliegen und für wenig Geld Weltraumschrott sammeln. Das kleine Raumschiff hätte auch ein spannendes, klaustrophobisches Setting geliefert, aber der Großteil des Films spielt auf der großen Raumstation, wo unser Held Charlie und die Crew landen.

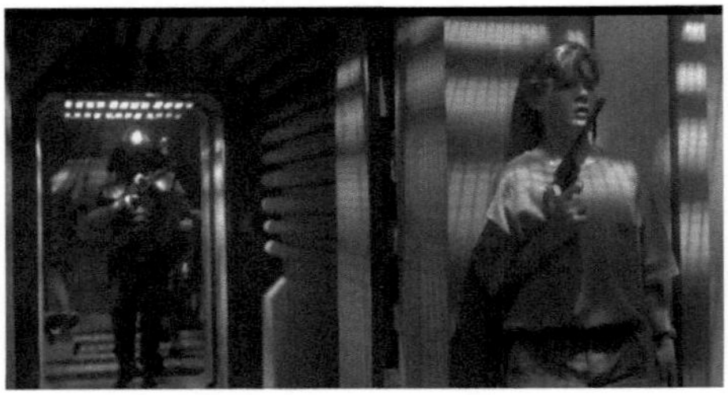

Abb. 110: Anspannung im Weltraum.

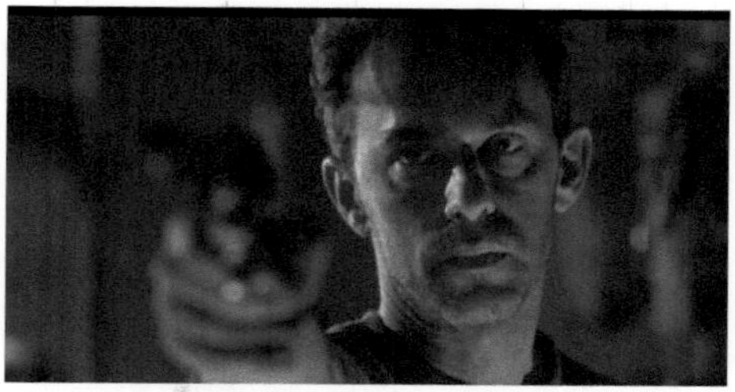

Abb. 111: Ein schönes Beispiel für persönliche Weiterentwicklung: Unser Charlie.

CRITTERS 4 ist ein eher langsamer, ALIEN-esquer Sci-fi-Horrorthriller. Der Comedy-Faktor ist so stark nach unten geschraubt, dass er so gut wie gar nicht mehr vorhanden ist. Es gibt diesmal nur zwei Critters und sehr wenige Szenen mit den beiden. Man kann dem nicht wirklich überzeugenden, aber sehr passablen Film zu Gute halten, dass er etwas Neues probiert. Nicht nur mit dem Weltall- Raumstation-Setting, er hat auch eine ganz andere, ernstere Stimmung. Das Sci-Fi-Element, das bei den drei Vorgängerfilmen eher im Hintergrund stand, ist diesmal viel stärker vorhanden.

Man kann die CRITTERS-Reihe auch als die Geschichte von Kopfgeldjäger Charlie sehen. Der gescheiterte Baseballspieler, der glaubt, mit seinen Zahnfüllungen außerirdische Kommunikation auffangen zu können. Ein stadtbekannter Alkoholiker und Verlierertyp, der sich außerirdischen Kopfgeldjägern anschließt und zum Critter-Spezialisten mutiert. Charlie und sein Freund und Kollege Ug sind die einzigen zwei Figuren, die in allen vier Filmen vorkommen, und ihre Geschichte endet in CRITTERS 4 mit einer netten, unerwarteten, dramatischen Conclusio.

★★★☆☆

Besonderheiten: *Diesmal nur mit zwei Critters. Da hat wohl das Budget nicht für mehr gereicht. / Der einzige Film der Reihe, in dem die Critters keine Stacheln aus ihrem Rücken schießen, was neben dem ständigen Rollen eigentlich eine Standardattacke ist. / Der einzige Critters-Film, in dem kein Pick-Up Truck in der Handlung vorkommt. In space, nobody picks you up. / Brad Dourif, die Stimme von Chucky (siehe CHILD'S PLAY-Reihe, ab Seite 79), spielt passenderweise den sarkastischen Al Bert.*
Creative Killing: *Wieder nichts Gutes dabei.*
Nervige Skeptiker: *Die Crewmitglieder glauben Charlie nicht, dass die Critters existieren. Eine Weltraumcrew aus dem Jahr 2045 hätte ich mir aufgeschlossener vorgestellt.*
Kill Count: *7 (3 off camera)*

Cute Little Buggers

UK 2017
Regie: Tony Jopia
Drehbuch: Garry Charles, Andy Davie
108 Min.

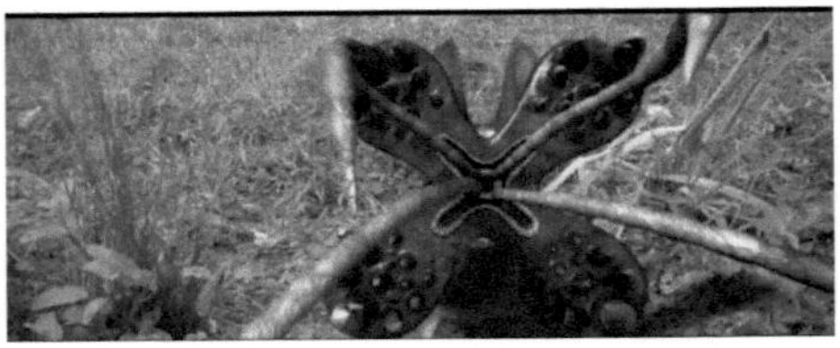

Abb. 112: Kein Osterhase.

In einer mehrere tausend Lichtjahre entfernten Galaxis sprechen in einem Raumschiff zwei Aliens, die Brian und Earnest heißen, miteinander Englisch mit britischem Akzent. Sie haben unseren Planeten Erde entdeckt und ihn als passende Brutstätte für ihren Nachwuchs auserkoren.

Die Alienbabys (die wir nicht sehen) landen auf einem britischen Landstrich und schlüpfen in gewöhnliche Hasen (was wir auch nicht sehen). Die Alien-besessenen Karnickel sind jetzt böse, und lange Tentakel und Reißzähne kommen aus ihren kleinen Mäulern. Sie töten die ortsansässigen Männer und entführen für ihre Brutzwecke die Frauen, die sie in einer abgelegenen Hütte verstecken.

Ein Heimkehrer aus der Großstadt heizt die Flamme seiner alten Liebe wieder an, während gleichzeitig ein ungelöster Vater-Sohn-Konflikt existiert. Diese Beziehungskrisen werden auf eine flache, uninteressante Art behandelt. In gefühlt jeder zweiten Szene wird irgendwer neu eingeführt. Dieser Film hat viel zu viele Figuren, und eine jede von ihnen ist vergessenswert und unlustig. Wir dürfen zusehen, wie viele britische Deppen in einer Bauernhoflandschaft herumgehen und ab und zu von hässlichen CGI-Hasen umgebracht werden.

Die längste Zeit hat es nach einem Ein-Stern-Film ausgesehen. Wenn man aber die erste Stunde überstanden hat, gibt es eine wundersame Wendung, und die restlichen 45 Minuten sind vollgepackt mit Action und einer Alien-Hasen-Massenangriffszene. Dadurch wird das Ganze dann recht unterhaltsam – so sehr, dass sich ein Dreier-Rating ausgeht und man sogar eine vorsichtige Empfehlung aussprechen darf. Der Humor landet nie, außer die Macher fahren die derbe Schiene, wie in einer Szene, in der ein Mann einer Frau ins Gesicht kotzt.

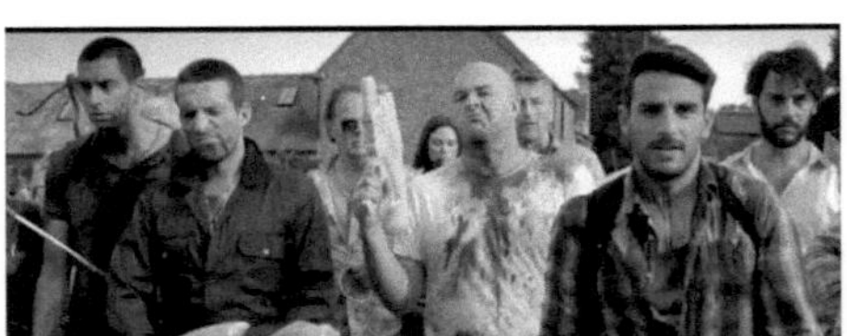

Abb. 113: Menschlicher Überlebensdrang und Urinspritzpistolen retten den Tag.

Durch Zufall entdecken die Leute, dass man die Langohren mit menschlichem Urin zum explodieren bringen kann. Zum Glück hatte eines der Opfer einen Urinfetisch und einige Plastikkanister mit seiner Pisse auf Lager, mit denen sie, zusammen mit einem Haufen Gewehren, gegen die Karnickel vorgehen.

Zwei Anmerkungen noch: 1. Das auf Grund ihres hohen Alters nicht wiedererkennbare Bond-

Girl Caroline Munro (THE SPY WHO LOVED ME) hat in einer überflüssigen Szene einen Gastauftritt als Wahrsagerin. 2. Der Film hat so ziemlich das schlechteste CGI, das ich jemals in einem Film gesehen habe. Aber die viele Action tröstet darüber hinweg.

★★★☆☆

Besonderheiten: *Eine Frau gebärt gefesselt und im Stehen ein Alien. / Hier gibt es gleich zwei dieser »Lasst mich zurück, für mich ist es zu spät. Ich sprenge mich selbst in die Luft und werde so viele von diesen Bastarden wie möglich mitnehmen!«-Szenen.*
Creative Killing: *Urin als Tötungsmittel – oder wie eines der zwei Raumschiffaliens dazu sagt: »a weapon of mass pisstruction.«*
Nervige Skeptiker: *Keine.*
Kill Count: *14 (3 off camera) und sehr viele Alien-Hasen.*

Dangerous Worry Dolls

2008
a.k.a. Parasite Dolls
Deutscher Titel: Deadly Chucky Dolls
Regie: Charles Band (Parasite [Seite 289], Trancers, Meridian, Head of the Family, Hideous! [Seite 213], Blood Dolls [Seite 62], Doll Graveyard [Seite 140], The Gingerdead Man [Seite 188], Evil Bong, Killer Eye: Halloween Haunt [Seite 243], Puppet Master X: Axis Rising [Seite 330], Ooga Booga [Seite 282], Puppet Master: Axis Termination [Seite 333])
Drehbuch: Domonic Muir (Critters [Seite 97], Puppet Master: Axis of Evil [Seite 327], Evil Bong, The Gingerdead Man [Seite 188], Doll Graveyard [Seite 140], Killer Eye: Halloween Haunt [Seite 243]
75 Min.

Hier haben wir es mit einer der vielen ultrabilligen 7X-minütigen Full Moon-Produktionen zu tun, wie sie die Firma im neuen Millennium zu Hauf produziert(e).

Unsere Hauptfigur Eva hatte eine sehr schwierige Vergangenheit und landete auf der schiefen Bahn. Jetzt sitzt sie in einem Frauengefängnis und will in einem halben Jahr wieder zu ihrer Tochter zurück. Blöderweise wollen drei Insassinnen Eva zum Drogenschmuggel zwingen. Zu Beginn glaubt man, man hätte es mit einem – etwas inkompetenteren – Gefängnisdrama mit einer deprimierenden Stimmung zu tun. Der eine oder andere könnte sich auch ins *Women-in-prison*-Genre der Exploitationfilme der 1970er zurückversetzt fühlen. Mit den Unterschied, dass Dangerous Worry Dolls zahmer ist als diese Filme, es aber trotzdem schafft, noch lächerlicher zu sein. Die Leiterin der Anstalt bezeichnet Eva abwechselnd als »trailer trash« und »white trash« und foltert sie in einer Szene mit Stromschlägen. Um nichts besser ist einer der zwei Wärter des Gefängnisses, der Eva mit einem Strap-on-Dildo vergewaltigt und das Ganze filmt, damit die Gefängnisleiterin das Video im Internet verkaufen kann. Klingt sehr düster und brutal, geht aber in diesem Film beinahe als schwarzer Humor durch.

Zum Glück schenkt Evas kleine Tochter ihr guatemalische »Worry Dolls«, kleine handgemachte Miniaturpuppen, denen man der Legende nach all seine Sorgen ins Ohr flüstern kann, die von den Puppen dann weggenommen werden. Völlig am Boden wendet sich Eva an die Puppen, worauf sie ihr in der Nacht ins Ohr kriechen. Am nächsten Tag ist Eva wie ausgetauscht und beginnt, sich an ihren Peinigern der Reihe nach zu rächen.

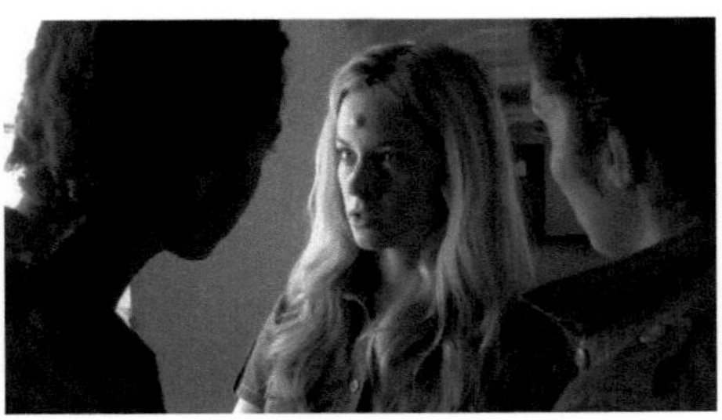

Abb. 114: Pass lieber auf Bitch, die Beule hab' ich mir von Jean-Claude Van Damme ausgeliehen.

Der Film hat kaum Effekte zu bieten, und die Mini-Puppen greifen niemals selber an, eine von ihnen nistet sich jedoch in Evas Schädel ein und schaut mit rot leuchtenden Augen daraus hervor. Das grenzt schon fast an *false advertising*. Dangerous Worry Dolls wurde außerdem in Großbritannien als »Dangerous Chucky Dolls« und im deutschsprachigen Raum unter »Deadly Chucky Dolls« veröffentlicht, was noch eine Spur dreister ist. Doch da können Charles Band und

Full Moon nichts dafür. Der Film ist kein Totalreinfall, aber es gibt spannendere Arten, eine Stunde seines Lebens zu verbringen. Ein anderer Full Moon-Film, der am Cover und in der Beschreibung kleine Killer suggeriert, dann aber keine hat, ist übrigens der im Jahr darauf erschienene Schundfilm SKULL HEADS.

★★☆☆☆

> ***Besonderheiten:*** *Der einzige mir bekannte Film, in dem sich ein Vergewaltigungsopfer an ihrem Peiniger mit einer Vergewaltigung rächt. In einem anderen, besseren Film wäre das ein interessanter »Twist«, hier geht es allerdings in der Lächerlichkeit des Films unter.*
> ***Creative Killing:*** *Nein.*
> ***Nervige Skeptiker:*** *Keine.*
> ***Kill Count:*** *1*

DEAD OF NIGHT

UK 1945
Deutscher Titel: TRAUM OHNE ENDE
Regie (fünfte Episode): Alberto Cavalcanti (WENT THE DAY WELL?, THEY MADE ME A FUGITIVE)
Drehbuch: John Baines, Angus MacPhail (THE WRONG MAN, WHISKY GALORE!)
Nennenswerter Cast: Sally Ann Howes (CHITTY CHITTY BANG BANG), Googie Withers (NIGHT AND THE CITY)
103 Min.

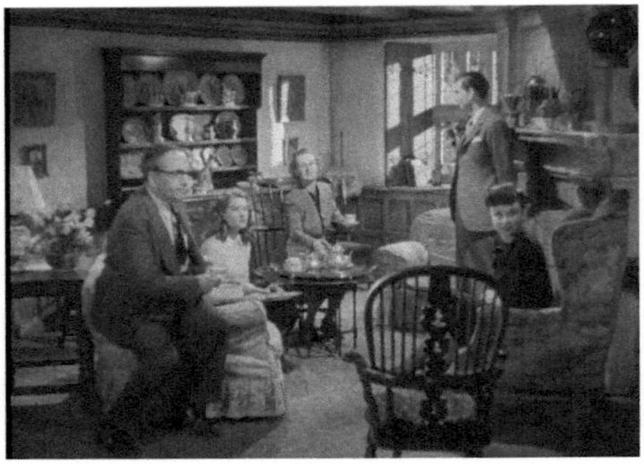

Abb. 115: Gebildete und kultivierte Menschen unterhalten sich.

Der kümmerlich wirkende Architekt Walter Craig wird für ein Renovierungsprojekt in ein schönes Landhaus eingeladen. Doch es wird nicht über seine Arbeit gesprochen, denn verblüfft offenbart er der anwesenden Runde, dass er sie alle aus einem wiederkehrenden Traum kennt. Er erinnert sich nur schwach an diesen Alptraum und zuerst nur daran, dass er darin in demselben Landhaus ankommt und von denselben Gästen begrüßt wird. Die Gruppe aus Freunden und Bekannten ist sichtlich fasziniert von Craigs Ausführungen.

Alle, bis auf Dr. Van Straaten, der große und gebildete Skeptiker der Runde. Der Psychoanalytiker glaubt nicht an Vorhersehung oder Paranormales und ein wiederkehrender Traum sei nichts Besonderes. Je länger der Abend dauert, umso besser erinnert sich Craig an seinen Alptraum. Selbst als er immer wieder Dinge vorhersagt, die vor Ort wirklich eintreffen, lässt sich Van Straaten nicht von seinem Unglauben abbringen und tut dies als Zufälle ab.

Die anderen Gäste glauben Craig, und das aus gutem Grund: Sie alle haben unerklärliche, anscheinend paranormale Erfahrungen gemacht. Van Straaten hält die gesamte Runde für leichtgläubig. Dann beginnen sie, ihre Erfahrungen zu erzählen, was zu vier kurzen, harmlosen Mysterygeschichten führt.

In einer geht es um einen gruseligen Spiegel, der einen fremden Raum zeigt. Eine amüsante Episode handelt vom Geist eines toten Golfers, der seinen ehemaligen Betrüger-Freund beim Spielen auf dem Fairway ärgert.

Der Star des Films ist – nicht nur für uns – die finale Puppengeschichte. Van Straaten gibt zu, dass es auch in seinem Leben einen Fall gab, der sogar ihn ins Zweifeln darüber geraten lies, ob alles immer mit Logik zu erklären ist:

Maxwell Frere und seine Puppe Hugo Fitch haben einen Bauchredner-Act in Paris. Frere lernt Sylvester Kee kennen, einen amerikanischen Berufskollegen, der verwirrt ist, weil Frere zu glauben scheint, dass Hugo wirklich lebt. Und es sieht auch alles danach aus. Hugo spricht gerne mit Kee und sagt, er wolle mit ihm zusammenarbeiten. Das löst sichtbares Unbehagen bei Frere aus. Er hat Angst, dass Kee ihm Hugo wegnehmen könnte, und so kommt es zu einem bizarren Konflikt.

Wird Frere von der Puppe dominiert oder besessen, ist es ein simpler Fall von gespaltener Persönlichkeit, oder hat Hugo Fitch wirklich ein Eigenleben?

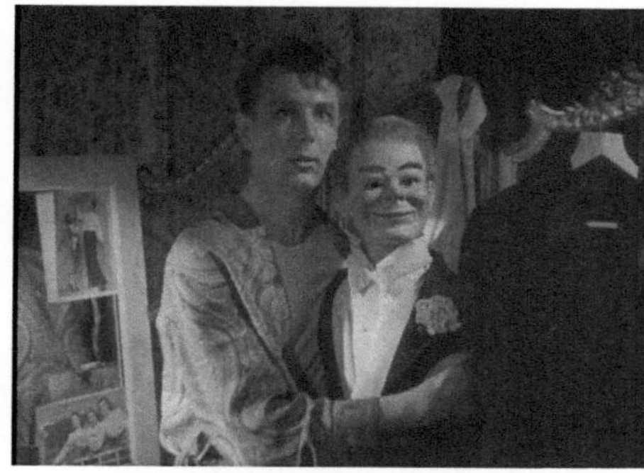

Abb. 116: Ein schwer geknickter Mann mit seiner dominanten Puppe.

DEAD OF NIGHT zählt als Klassiker und einer der besten britischen Filme überhaupt. Er hat vor allem einen sehr angenehmen, vornehmen Stil und gute Schauspieler. Die etwas besser geschriebenen und gehobenen Dialoge sind typisch für einen Film aus dieser Zeit. Es ist kein wirklich essentieller »kleiner Horror«, aber für jeden Bauchrednerpuppenfilmfan, der irgendwas auf sich hält, ist DEAD OF NIGHT absolutes Pflichtprogramm. Die Rahmenhandlung kommt auf eine originelle Art zum gruseligsten Ende des gesamten Films.

★★★★☆ (Fünfte Episode)

★★★★☆ (DEAD OF NIGHT als Ganzes)

Besonderheiten: *Keine.*
Creative Killing: *Nein.*
Nervige Skeptiker: *Dr. Van Straaten*
Kill Count *(letzte Episode): Soll nicht verraten werden.*

DEAD SILENCE

2007
Regie: James Wan (THE CONJURING, THE CONJURING 2, FURIOUS SEVEN, SAW, INSIDIOUS, INSIDIOUS: CHAPTER 2, DEATH SENTENCE, AQUAMAN)
Drehbuch: Leigh Whannell (SAW, SAW II, SAW III, INSIDIOUS, INSIDIOUS: CHAPTER 2, INSIDIOUS: CHAPTER 3, INSIDIOUS: THE LAST KEY, COOTIES)
Nennenswerter Cast: Donnie Wahlberg (SAW II, *Blue Bloods*, ANNAPOLIS)
92 Min.

»Beware the stare of Mary Shaw. She had no children, only dolls. And if you see her in your dreams, be sure you never ever scream.«

Jamie und Lisa sind ein glückliches, junges Paar. Eines Tages legt eine Kiste ohne Absender vor ihrer Wohnungstür, in der sich eine Bauchrednerpuppe befindet. Lisa erinnert sich an den Reim über Mary Shaw, den man Kindern in der Kleinstadt, in der sie beide aufwuchsen, gerne vorlas. Am selben Abend, als sie alleine zu Hause ist, wird Lisa durch die Macht der Puppe durch die Luft geschleudert und stirbt. Jamie kommt mit Essen nach Hause und findet die Liebe seines Lebens mit aufgerissenem Mund und herausgerissener Zunge.

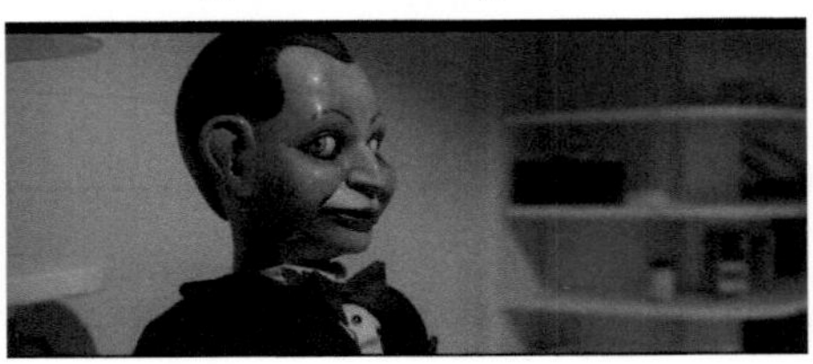

Abb. 117: Billy the doll.

Der strenge *no-nonsense*-Polizist, der Jamie verhört, misst der Tatsache, dass kurz vor Lisas Tod eine Bauchrednerpuppe aufgetaucht ist, keine Relevanz bei, was Jamie ordentlich nervt. Als er zu Hause den dekorativen Stoff in der Kiste herunterreißt, findet er die Aufschrift »The Amazing Mary Shaw & Billy in Ravens Fair«. Jamie will herausfinden, ob jene Personen, die die Puppe gesendet haben, die Mörder sind, oder die Mörder zumindest kennen. Also fährt Jamie in seine Heimatstadt Ravens Fair zurück, ein von Wäldern umgebenes, mittlerweile fast ausgestorbenes, kleines Städtchen.

Er besucht kurz seinen Vater, mit dem er ein sehr angespanntes Verhältnis hat. Nach der Beerdigung seiner Frau findet Jamie am selben Ort den Grabstein von Mary Shaw, laut dem sie bereits 1941 gestorben sei. Die geistig kranke Frau des Bestatters läuft in der Gegend herum und tritt mit der Information, dass Mary Shaw zurückgekehrt sei, an Jamie heran. Er müsse die Billy-Puppe begraben, und da Jamie kein nerviger Skeptiker ist, macht er das dann auch. Aber wenn wir eines von all den Puppenhorrorfilmen gelernt haben, ist es, dass sie immer wieder zurückkommen.

Später erfahren wir die wichtige Hintergrundgeschichte: In den Glanzzeiten von Ravens Fair baute die Stadt das Theater »Guignol«, in dem Mary Shaw mit einem ziemlich coolen Bauchredneract auftrat. Nach einem ungeklärten Kindsmord und einem wütenden Lynchmob wurde Mary Shaw, gemäß ihres letzten Willens, zusammen mit ihren 101 Puppen begraben. Seither ist von einem Fluch die Rede. Ein Leichentuch liegt über der Stadt, und über die Jahre sind ganze Familien weggestorben. Ihnen allen wurde die Zunge herausgerissen – genau wie Jamies Frau. Laut der Legende und dem Reim darfst du nicht schreien, wenn du Mary Shaw siehst, sonst reißt sie dir die Zunge raus und tötet dich. Oder, wie Achmed the Dead Terrorist sagt: »Silence! I kill you!«

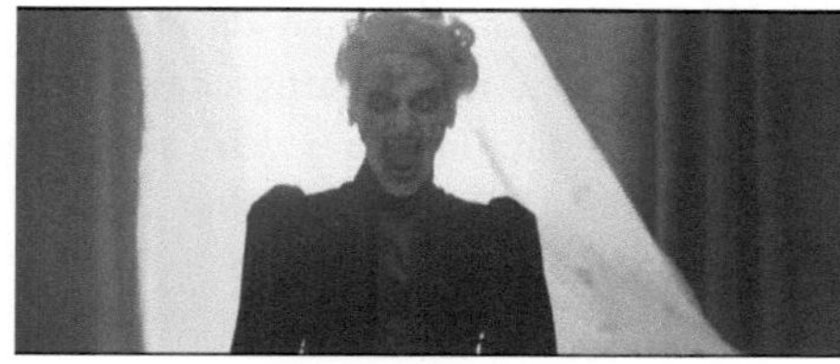

Abb. 118: Mary Shaw.

Der Police Detective taucht auch immer wieder auf und nervt Jamie, der immer noch der einzige Tatverdächtige ist. Was verheimlichen Jamies Vater und seine neue Frau? Schließlich erfährt er endlich, warum Mary Shaw so viele Leute auf dem Gewissen hat, und immer noch aktiv ist.

Der Antagonist von DEAD SILENCE ist nicht Puppe Billy, sondern die alte Mary Shaw, die aber durch Puppen spricht und sie animiert. Sie wechseln, wie gewohnt, gerne den Aufenthaltsort und bewegen ihre Augen. Billy kann verdammt gruselig sein, ohne dabei irgendetwas zu tun. Und wenn alle Hintergrundgeräusche und Naturgeräusche verschwinden, weiß man, dass Mary Shaw ganz in der Nähe ist und gleich etwas verdammt Gruseliges oder Erschreckendes (*Jump-scare*) passieren wird.

Was auch verdammt gruselig sein kann, sind alte Frauen – sie kommen in den meisten von James Wans Horrorfilmen vor, wie in THE CONJURING, INSIDIOUS oder THE NUN. Vielleicht hat Wan eine böse Oma, die er nicht mag, weil sie immer feuchte Schmatzer und trockene Kekse verteilt.

DEAD SILENCE ist unverdienterweise der unbeliebteste von Wans Filmen. Ja gut, er ist nicht so brutal und verstörend wie SAW, elegant wie THE CONJURING 2, oder ganz so packend und vereinnahmend wie der großartige INSIDIOUS. Außerdem ist er narrativ sehr konventionell gehalten. Dafür ist er toll inszeniert, äußerst stimmungsvoll und visuell sehr ergötzlich. Vor allem ist es der wahrscheinlich gruseligste Film überhaupt in diesem Buch und eine der qualitativ hochwertigsten Produktionen. James Wan, dessen Vigilantenfilm DEATH SENTENCE ich bereits kurz in meinem ersten Buch *Hollywood Justice* besprochen habe, ist einer der interessantesten Regisseure, die derzeit im Hollywoodsystem arbeiten. Dass er auch Puppenhorror abgeliefert hat, ist mehr als erfreulich.

Das Finale von DEAD SILENCE findet im verlassenen, schaurigen Guignol-Theater statt. Der Name kommt nicht von irgendwo, sondern ist ordentlich bedeutungsschwanger und historisch aufgeladen. Zunächst ist »Guignol« quasi der französische Kasper in Puppenform. »Grand Guignol« ist hingegen eine Bezeichnung für Theaterstücke, Filme oder Bücher mit groteskem Grusel und Horror, die makabre und »übertriebene« Gewaltdarstellungen beinhalten. Und das Théâtre du Grand Guignol war von 1897 bis 1962 ein berüchtigtes Pariser Theater, das vor allem derben, trivialen und schockierenden Horror aufführte. Das erin-

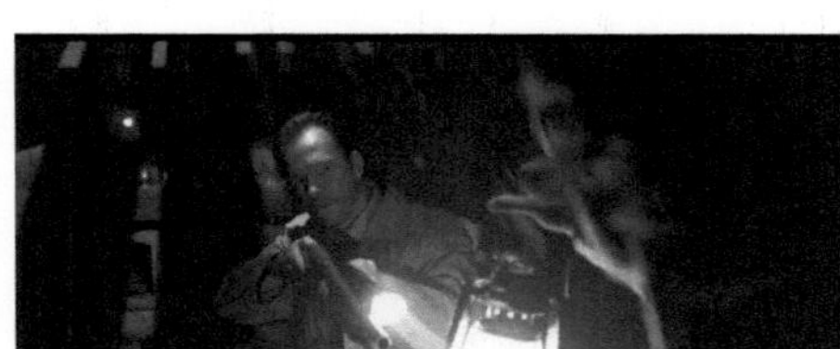

Abb. 119: Der Detective.

nert uns vielleicht auch daran, dass man den kulturgeschichtlichen Stellenwert des Horrorgenres nicht geringschätzen darf. Und daran, dass der fiktive Horror eine ewige Tradition hat, die klarerweise schon lange vor den berühmten Universal-Horrorfilmklassikern der 1920er und 1930er begann.

★★★★★

Besonderheiten: *Keine.*
Creative Killing: *Wer schreit, der hat gleich keine Zunge mehr und wird getötet.*
Nervige Skeptiker: *Ein Cop darf schon skeptisch sein, aber dieser taucht immer wieder mal auf und nervt. Einmal auch zu einem Zeitpunkt, an dem bereits klar ist, was los ist, und kein Platz und keine Zeit mehr ist für hinderliche Skepsis.*
Kill Count: *3 (1 off camera)*

The Deadly Spawn

1983
Deutscher Titel: Kosmokiller – Sie fressen alles
Drehbuch und Regie: Douglas McKeown
81 Min.

Dieses *creature feature* mit einem wunderbaren deutschen Verleihtitel verschwendet keine Zeit. Erste Einstellung, erste Szene: Ein Meteorit landet auf der Erde. Zwei Freunde campen im Wald und hören den Aufprall. Sind sie unsere Hauptdarsteller? Nein, denn sie gehen zur Einschlagstelle und *zack* sind beide hinüber.

Die tödliche Alienbrut ist los und nistet sich im Keller eines Hauses ein. Dessen Bewohner sind ein Ehepaar, das sich für einen Ausflug bereitmacht. Sind die zwei jetzt unsere Hauptdarsteller? Wieder nein! Sie wollen sich im Keller etwas holen und *zack* sind wieder beide tot und werden von der »Mutterpflanze« und deren kleinen Kindern verspeist.

Jetzt aber treffen wir unsere Hauptdarsteller, die im selben Haus wohnen: Der kleine Charlie bekommt sofort Sympathiepunkte, weil er um 7 Uhr morgens gleich nach dem Aufstehen einen Horrorfilm schaut, umgeben von Comics, Filmpostern, Masken und Godzilla-Figuren. Sein älterer Bruder Pete ist Student der Naturwissenschaft und Hobbyastrologe. Charlie und Pete sind die hinterbliebenen Söhne, die noch nicht wissen, dass sie gerade zu Waisenkindern geworden sind. Aber zumindest haben sie einen Onkel und eine Tante, die sie besuchen. Die hätten während des Ausflugs der Eltern auf die zwei Jungs aufpassen sollen und man nimmt einfach an, dass Papa und Mama wie geplant schon frühmorgens aufgebrochen sind.

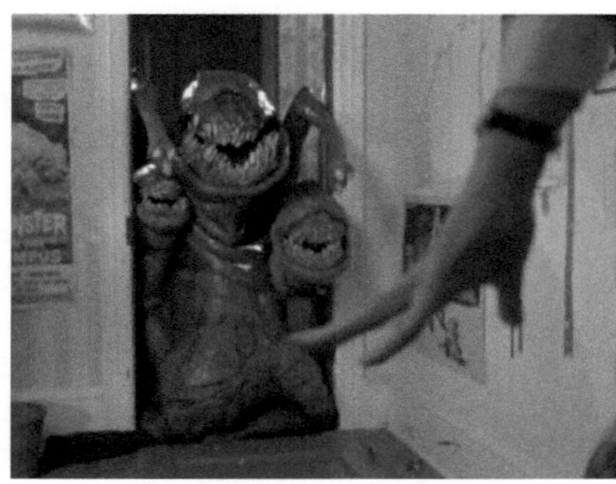

Abb. 120: SIND DIE HAUSAUFGABEN ENDLICH FERTIG!?

Charlie entdeckt die riesige Mutterpflanze mit den hunderten Zähnen im Keller, die aussieht wie die Horrorversion der Piranha-Pflanze aus den Super Mario-Spielen. Er steht wie angewurzelt da, als es ihm den abgetrennten Kopf seiner toten Mama vor die Beine spuckt. Die Killerbabies sehen aus wie kurze Piranha-Aale oder megahungrige Todesdildos. Der Nachwuchs ist überall im Keller verteilt und labt sich neben der Mama auch an dem armen Elektriker, der da unten den Elektrokasten hätte reparieren sollen. Währenddessen sezieren Pete und zwei seiner Freunde ein totes Exemplar der Brut, das sie gefunden haben. Die Biologienerds sind ob des Alienkörpers verblüfft.

Im Nachbarhaus greifen die kleinen Monster in Massen eine Gruppe alter Omas an, die sich für ein vegetarisches Jausenkränzchen getroffen haben. Plötzlich sind die Aliendinger überall, sogar an der Wand und hinter Bilderrahmen versteckt, so wie

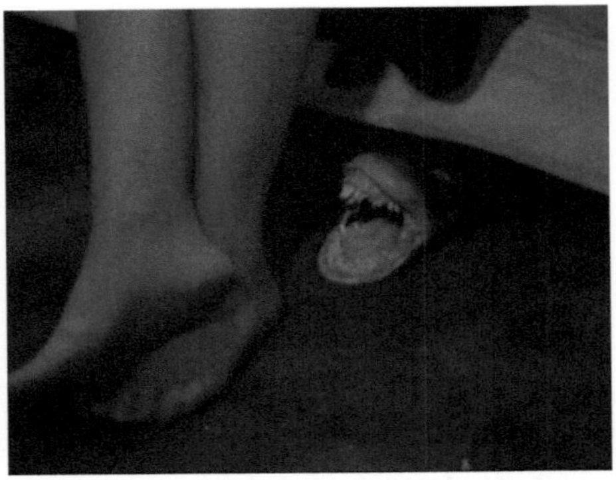

Abb. 121: Fersen einziehen, die Kosmokiller sind da!

überdimensionale Killerversionen von Silberfischchen. Die Omas wollten kein Fleisch essen, und jetzt isst das Fleisch sie. Wenn die Grannys nicht so laut geschnattert hätten, wären sie vielleicht nicht attackiert worden, denn die Wesen sind blind und orientieren sich über ihr Gehör. Können Charlie, Pete und seine Freunde die Aliens in ihrem Haus besiegen?

Die 80 Minuten Laufzeit vergehen wie im Flug, denn THE DEADLY SPAWN ist fast konstant spannend und unterhaltsam. Er hat keine wirklich interessante Geschichte oder Figuren oder gute Schauspieler oder viele Schauplätze, aber an der Horror- und Gore-Front erfüllt und übertrifft er die Erwartungen. Die Kosmokiller sind ein absoluter Geheimtipp – nicht unbedingt für Fans von *tiny horrors*, aber für Horroraficionados generell. Hauptbedrohung des Films ist die große Mutterpflanze, aber die kleinen Sprösslinge haben auch viel zu tun.

THE DEADLY SPAWN wurde erstaunlicherweise mit einem Micro-Budget von angeblich 25.000 USD realisiert. Selbst andere Low-Budget-Independentfilme aus dieser Zeit kosteten das x-fache. Man sollte sich vielleicht kurz überlegen, was für langweilige Multi-Millionen-Dollar-Filme mit teuren CGI-Effekten produziert werden, und sie mit einem charmanten, ultrabilligen Film wie diesem vergleichen, der mit etwas Gummi, Plastik und Puppen auskommt und ungleich unterhaltsamer ist.

Auch wenn man das Budget außer Acht lässt, ist der Film überraschend gut gemacht, mit netten Licht- und Schatteneffekten und einer effektiven Geräuschkulisse. Es gibt viel Blut und viele Goreszenen, die für einen Film aus den frühen 80ern erstaunlich heftig inszeniert sind.

Wenn Du Deinem langweiligen Nachbarn THE DEADLY SPAWN zeigst, sieht er Dich sicher mit einer Mischung aus Abscheu und Verärgerung an sagt und lässt Dich wissen, dass es der schlechteste Film sei, den er jemals gesehen hat. Aber was weiß der schon, der Mann geht vielleicht zwei Mal im Jahr ins Kino und sieht im Fernsehen immer nur Sachen, die ihm irgendwelche Schreibtischhengste aus seiner Generation vorsetzen, die für eine große Sendergruppe arbeiten. In unserer B-Film-Welt sind die Kosmokiller je nach Vorliebe 4 von 5 Sternen, mindestens aber 3 von 5 Sternen wert. THE DEADLY SPAWN ist auch eine Hommage an Trashfilme der 1950er, verliert sich aber niemals in Verweisen, sondern ist sein eigenes Ding.

★★★★☆

Besonderheiten: *Die letzte Einstellung ist ein besonderer Augenschmaus und eine lustige Variation des alten »aber das/die Monster ist/sind doch nicht (alle) tot!«-Klischees. / Die originale amerikanische VHS-Veröffentlichung lief unter dem Titel »Return of the Alien's Deadly Spawn«, mit dem der Verleiher wohl eine Fake-Verbindung zum vier Jahre zuvor veröffentlichten* ALIEN *von Ridley Scott herstellen wollte. / (Spoiler!) Wie viele Filme gibt es, in dem einem netten jungen Mädchen, das gerade als* love interest *für einen der Hauptdarsteller eingeführt wurde, der Kopf abgebissen wird? Zu wenige. Sie wird entgegen den Konventionen des Genres völlig überraschend gekillt und durch irgendeine Blondine ersetzt, die nach genau einer Stunde Spielzeit aus dem Nichts auftaucht. Deren erste Szene verläuft etwa so: »Hey Leute, was geht ab?« »Pass auf Blondie, hinter dir, das Monster!« »AAAAH!!! Was zur Hölle ist bitte bei euch los?!!« Nicht, dass ich ein Fan von Drehbuchkonventionen wäre, aber es gibt eine alte Regel, die besagt, dass nach zwanzig Minuten Laufzeit keine neuen Hauptfiguren mehr eingeführt werden sollten. Aber das sind nicht die zwei einzigen Konventionen, mit denen der Film genüsslich bricht, was ihn umso großartiger macht. / Es ist richtig schade, dass der Regisseur und Drehbuchautor an sonst keinem einzigen Film mitgewirkt und sich für andere Karriereprojekte entschieden hat.*
Creative Killing: *Tod durch Requisitenkopf + Lampe + Verlängerungskabel + Blitzpulver – Charlie mutiert im Finale kurz zu MacGyver.*
Nervige Skeptiker: *Peter geht seinen Freunden auf den Keks: Er ist ein eingebildeter Besserwisser und nerviger Skeptiker obendrein. Peter hält es für wissenschaftlich ausgeschlossen, dass fremde Lebensformen auf unsere Erde kommen können. Was für ein Arsch.*
Kill Count: *7 (4 off camera) und viele Alienviecher.*

DEATH DOLL

1989
Deutscher Titel: KILLER-PUPPE
Regie: William Mims
Drehbuch: Sidney Mims
80 Min.

Eines vorweg: Nicht nur ist DEATH DOLL kein guter Film, den zu Recht niemand kennt, sondern es greift auch niemals eine Puppe irgendjemanden an. Aber es gibt einen Killer...und der hat eine Puppe...

Trish und Bobby finden in einem Antiquitätengeschäft eine dieser altmodischen Wahrsagerpuppen, die in einem Glaskasten sitzt und nach Münzeinwurf vom Tonband spricht. »Madame Zerba« weiß von Trishs Schwangerschaft und sagt Bobby, der nicht an Zerbas Fähigkeiten glaubt, eine düstere Zukunft voraus. In der nächsten Einstellung liegt Bobby unter der Erde und Trish steht über seinem Grabstein. Zack, so schnell geht das – Madame Zerba hat gesprochen und der Skeptiker ist tot.

Trish wird von keiner besonders guten Schauspielerin verkörpert – sie ist nach dem Tod ihres geliebten Lebensgefährten und Kindsvaters offenbar nicht am Boden zerstört, sondern wirkt eher so, als ob sie genervt darüber wäre, in die Arbeit gehen zu müssen (ohne dass sie wirklich in die Arbeit gehen muss).

Kurz darauf erhält Trish in ihrem Apartment Anrufe von einem mysteriösen Stalker, und plötzlich sitzt eine kleine Puppe mit bleichem Gesicht auf dem Schaukelstuhl. Trish hat anscheinend genügend Puppenhorrorfilme gesehen um zu wissen, dass sich Unheilvolles ankündigt. Sie macht das einzig Richtige und zieht sofort aus der Wohnung aus. Den Rest des Films wird sie von einem Mörder bedroht, der gerne seine Puppe mit zur Arbeit nimmt. Trish versucht, bei Madame Zerba Antworten zu bekommen.

DEATH DOLL ist ein in allen Belangen amateurhafter und sehr einfallsloser Whodunit-Streifen. Ein viel zu sanft köchelnder Horrorthriller, dem man, wohl aus Marketing-Zwecken, einen Puppenhorror-Stempel aufgedrückt hat.

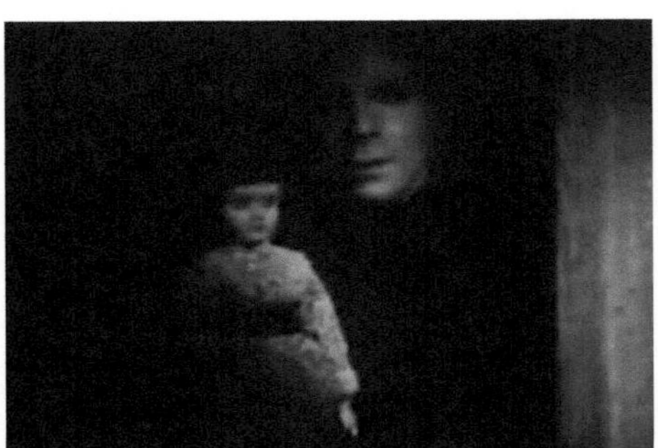

Abb. 122: Hello darkness my old friend...

Es gibt, in alter Slasher-Manier, sehr viele in die Länge gezogenen Suspense-Szenen, die man in zwei Kategorien einteilen kann: Solche, in denen Trish im Dunkeln herumspaziert und irgendwo (aber wahrscheinlich doch nicht) eine potentielle Bedrohung lauert, und solche, in denen Trish gemeinsam mit dem Killer, der es freilich nicht zu eilig hat, gemeinsam im dunklen Haus umhergeht. Wer solche Szenen mag und spannend findet, könnte an diesem Film vielleicht doch irgendwie Gefallen finden (auch wenn man das alles schon mal besser erlebt hat).

Hier haben wir erstens keinen echten Puppenhorror und zweitens keinen guten Film. Die mysteriöse Madame Zerba ist die interessantere der beiden Puppen, und sie bewegt sich genau so wenig wie die kleine Puppe, die der Killer bei sich hat und gelegentlich irgendwo platziert. In einer der wenigen brauchbaren Szenen – eine Alptraumsequenz – taucht plötzlich eine »blutende« Puppe mit Messer im Bauch auf. Ein Killer, der eine Schwangere verfolgt und eine Puppe als psychologisches Spiel einsetzt, wäre eine passable Idee gewesen, die aber leider schlecht umgesetzt wurde. Im »dramatischen« Finale entpuppt sich der Darsteller des Killers ebenfalls als schlechter Schauspieler, der zu Recht vorher und nachher nie wieder eine Filmrolle bekam.

★★☆☆☆

Besonderheiten: *Keine.*
Creative Killing: *Nein.*
Nervige Skeptiker: *Bobby stirbt sofort, kann also nicht lange nerven. Die verbitterte Anna, eine nicht erwähnenswerte Nebenfigur, ist auch eine Skeptikerin.*
Kill Count: *3*

Demon Dolls

1993
Drehbuch und Regie: Todd Jason Cook (The Dummy – Bloody Anniverary [Seite 156])
60 Min.

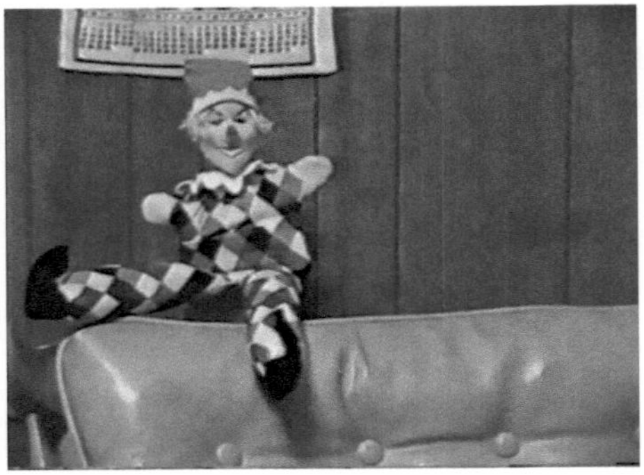

Abb. 123: Die Kasperlpuppe verlangt Gehorsamkeit, ansonsten droht der Tod.

»Shit on video presents... Demon Dolls« heißt es zu Beginn – wenigstens sind sie ehrlich. Scott will Zaubertricks probieren. Mit einem magischen Spruch aus irgendeinem Buch haucht er einer Kasperlpuppe Leben ein. Die Puppe stellt sich bei Scott als das ultimative Böse vor und befiehlt ihm, er solle ihr menschliche Seelen zum Essen bringen. Damit will der Dämon (?) zur »ultimativen Quelle von Tod und Zerstörung« werden. Scott findet das nicht so dufte, ihm wird aber bei Nichtbefolgung der Tod angedroht. Dann löst sich die Puppe in Luft auf.

Zwei Mal lässt Scott den Dämon wissen »You're crazy.« Der brave junge Mann will nicht für die Puppe töten: »Go to hell!« Worauf sie antwortet: »Hahahahaha, I just came from there.« Der Dämon will die Seelen von Scotts beiden besten Freunden. Er nimmt die Form von einem von ihnen an. Moment: Wenn er jede Form annehmen kann, warum sucht sich der Dämon dann eine kleine, ultrabillige Kasperlpuppe aus?

Die Puppe selber mordet nicht. Der Dämon kontrolliert die Puppe, welche wiederum Menschen kontrolliert (irgendwie so, glaube ich, funktioniert es) und zwingt sie, andere Menschen oder sich selbst zu töten.

Man weiß fast nie, was als nächstes passiert, weil die Fähigkeiten und die Taktik des Dämons unberechenbar sind. Ein paar mal teleportiert er Scott in den Fernsehapparat. Man weiß außerdem nie, was Realität und was Fantasie ist, und welche Form der Dämon gerade angenommen hat. Es gelingt, dass eine unheilvolle, halbwegs spannende Stimmung aufgebaut wird, was für einem Amateurfilm richtig überraschend ist.

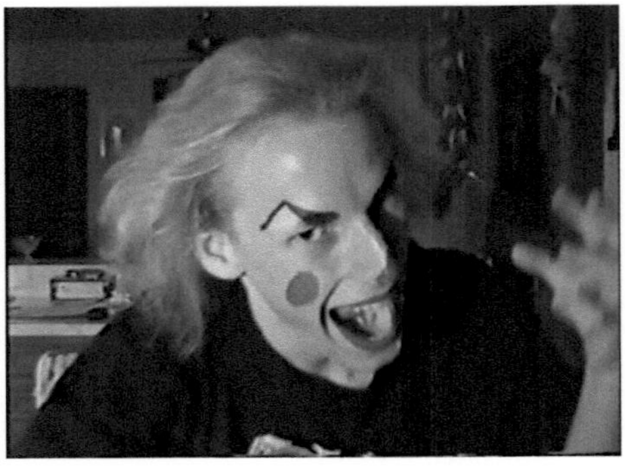

Abb. 124: Regisseur und Hauptdarsteller Todd Jason Cook. Are you not entertained!?

Ein paar dieser *shot-on-video*-Filme haben eine gewisse voyeuristische Qualität. Man fühlt sich, als hätte man ein *home video* von ein paar Freunden gefunden, bei dem sie sich zusammen einen Spaß gemacht haben.

Eine richtige Geschichte darf man sich hier nicht erwarten, sondern eine Ansammlung von komischen Szenen, die ständig zwischen bizarr und semi-gruslig wandeln. Unter dem ganzen SOV-Schrott gehört DEMON DOLLS zu den sympathischeren Exemplaren. Er dauert nur eine Stunde und ist jedem zu empfehlen, der bei dem Gedanken, sich einen ultrabilligen Amateurfilm anzusehen, nicht sofort Reißaus nimmt.

Achtung, Spoiler: Im Finale ist Scott besessen von der Puppe und besiegt sie, indem er sie sich selbst aus dem Mund zieht, auf den Bildschirm des Fernsehers klatscht, die Puppe dadurch in das Gerät verbannt und abschließend den Fernseher abdreht. Als der Dämon immer noch nicht besiegt ist, zieht er einfach den Stromstecker – Problem gelöst!

★★☆☆☆

Besonderheiten: *Als Scott wieder mal im Fernseher ist, kommt seine Freundin näher an den Bildschirm. Er glaubt nicht, dass sie es wirklich ist und haut ihr durch den Fernseher mit der Faust eine in die Fresse.*
Creative Killing: *Weihnachtsdekorative Riesenplastikkerze in den Bauch gerammt.*
Nervige Skeptiker: *Keine.*
Kill Count: *4 (1 off camera)*

DEMON DOLLS

2015
Drehbuch und Regie: Dustin Ferguson (THE DUMMY 2 [Seite 158])
56 Min.

Zu Beginn sehen wir Doku-Material zum Thema Satanisten. Es wird behauptet, Darsteller von DEMON DOLLS '93 seien verschwunden, dessen Kills real, und Aufnahmen der besessenen Puppe authentisch. Hahaha, haben die die Fäden nicht gesehen? Außerdem sollen Copycat-Sekten zum ersten DEMON DOLLS existieren, so als ob er das BLUES BROTHERS der Underground-Horrorfilme wäre.

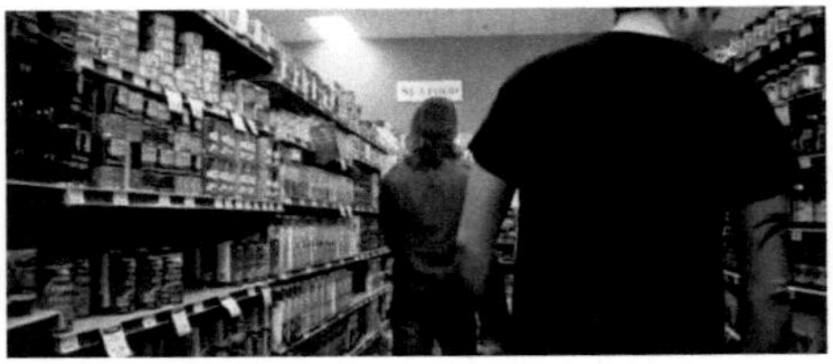

Abb. 125: Einkaufsszenen: Völlig unterschätzt!

Dann beginnt der eigentliche »Film«. Regie-Wunderkind (weil man sich wundert, wie scheiße jemand sein kann) Dustin »What am I Doing?« Ferguson gibt einen Einblick in das Leben unseres Protagonisten: Megaspannende, unvergleichliche Aufnahmen, wie er morgens aufwacht, sich die Zähne putzt und um die Wäsche kümmert, das Laub in seinem Garten recht und andere Hausarbeiten erledigt.

Dann kauft er eine Clownpuppe, die er seiner Schwester zum Geburtstag schenken will. Wieder zu Hause angelangt, kommt seine Freundin und wir sehen den beiden zu, wie sie sich einen schlechten Film ansehen.

Am nächsten Tag dürfen wir wieder seiner Morgenroutine beiwohnen und ihm beim Müslifressen zusehen. Zwei seiner Freunde kommen vorbei und sind voller Energie und Tatendrang. »Let´s do this!«, ruft einer, sie highfiven sich und zum ersten Mal setzt Musik ein. Jetzt muss ja was Tolles passieren, was haben die Freunde denn Cooles vor?! Sie gehen einkaufen. Nahaufnahmen der Gemüse- und Käseabteilung! Cranberrysaft! Cracker! Was für eine überwältigende Szene...

Die Puppe ist verschwunden, was unseren Hauptdarsteller beunruhigt. Was mich viel mehr beunruhigt: Wie will Ferguson die Einkaufscenterszene toppen? Was hat sich dieses geniale Enfant terrible als nächstes einfallen lassen? Die Antwort: Wir sehen Leuten zu, wie sie Halloweendekoration aufhängen und einen Kürbis aushöhlen. Bravo! Brava! Die Puppe kommt so gut wie nicht vor, und irgendwann kurz vor Ende werden einige Leute umgebracht.

Zu Beginn dieses Buchprojekts habe ich überlegt, ob ich solche Filme überhaupt ins Buch aufnehmen und ob es irgendeine Form von Qualitätsgrenze geben soll. Aber ich habe mich für diese kleinere Hürde der Filmauswertung entschieden: Irgendwie, irgendwo und irgendwann wurde der Film kommerziell auf einem Trägermedium (also nicht bloß im Internet) veröffentlicht.

Der Wetterkanal hat mehr künstlerischen Anspruch als DEMON DOLLS 2015. Gibt es den Wetterkanal eigentlich noch? Fuck, eine YouTube-Fehlermeldung hat mehr künstlerischen Anspruch. Ohne Vor- und Abspann und den Aufnahmen über Satanistenkulte, die von archive.org genommen wurden, läuft der Film ca. 45 Minuten.

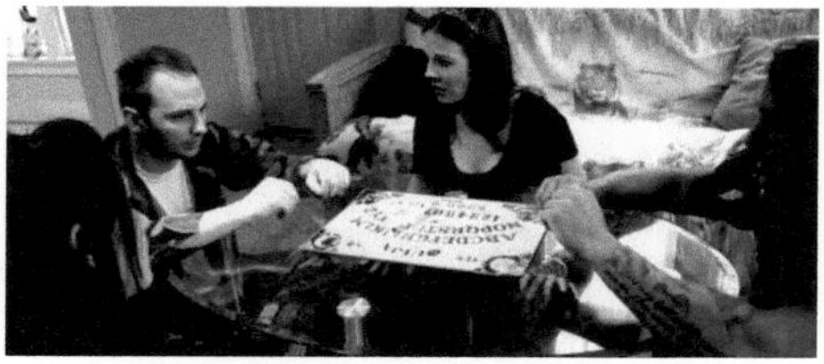

Abb. 126: Gegen Ende ist ihnen eingefallen, dass sie eigentlich einen Film machen wollten. Also schnell das Hexenbrett raus und was improvisieren, Kamera läuft!

Seit THE DUMMY 2, den ich vorher gesehen hatte, glaube ich ja, dass Dustin Ferguson mal zu lange mit dem Kopf unter Wasser war oder in einer prägenden Kindheitsphase von Tieren großgezogen wurde. Seine Filme sind so unterirdisch schlecht, dass sie auf der anderen Seite des Erdballs wieder herauskommen. Oder ist Ferguson ein Troll?

★☆☆☆☆

Besonderheiten: *Keine.*
Creative Killing: *Nein.*
Nervige Skeptiker: *Keine.*
Kill Count: *5 (3 off camera)*

DEMONIC TOYS

1992
Regie: Peter Manoogian (ELIMINATORS, SEEDPEOPLE [Seite 367], ARENA)
Drehbuch: David S. Goyer (BLADE-Trilogie, BATMAN BEGINS, MAN OF STEEL, BATMAN V SUPERMAN: DAWN OF JUSTICE, ARCADE, DEATH WARRANT, KICKBOXER 2: THE ROAD BACK, THE CROW: CITY OF ANGELS)
Nennenswerter Cast: Tracy Scoggins (*The Colbys,* fünfte Staffel von *Babylon 5*, *Lois & Clark: The New Adventures of Superman*, TIMEBOMB)
83 Min.

DEMONIC TOYS stammt aus der Glanzzeit von Full Moon, als die Produktionsfirma nicht nur lustige Konzepte für ihre B-Filme hatte, sondern auch ein wenig Budget und damit verbundene höhere Produktionsniveaus. Die Polizistin Judith gerät zusammen mit anderen unfreiwilligen Mitstreitern in einen Alptraum, als ein Dämon droht, ihr Leben zu ruinieren. Der Alptraum enthält allerdings auch einen Riesenteddybär.

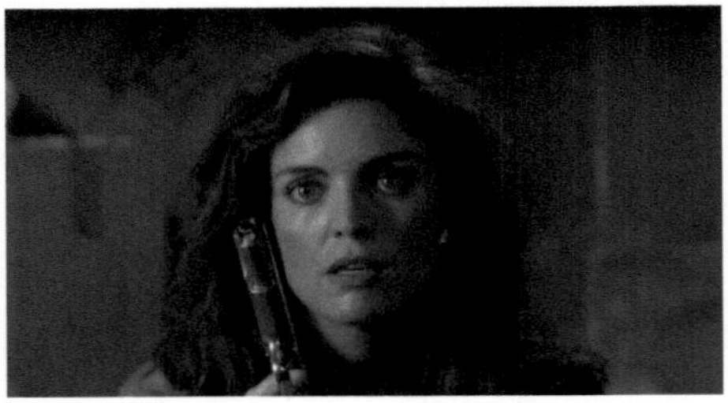

Abb. 127: Bestandteil meiner sämtlichen MILF-Fantasien: Tracy Scoggins.

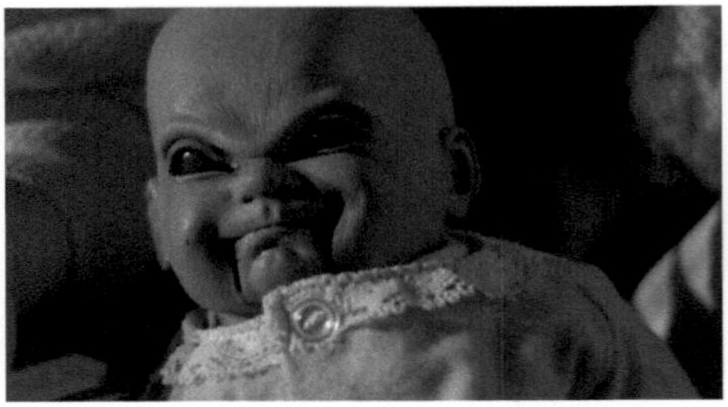

Abb. 128: Baby Oopsy Daisy – Agent des Unheils.

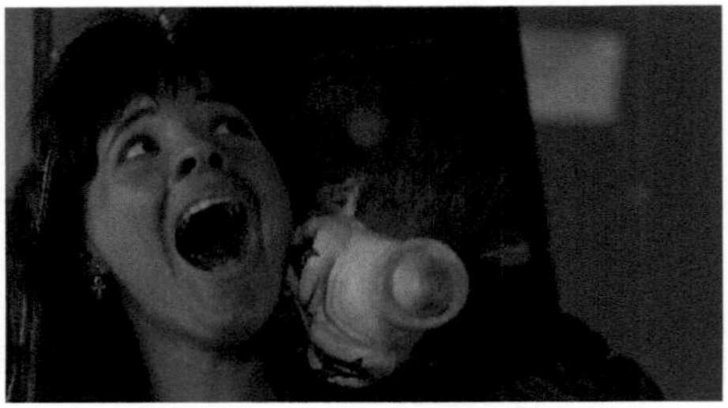

Abb. 129: Der Springteufel ist los.

Die toughe, smarte Judith, gespielt von sexy Serienstar Tracy Scoggins, ist zusammen mit ihrem Partner und Lebensgefährten undercover und soll zwei Schusswaffen-Dealer überführen. Wohl um die Stimmung zu lockern, erzählt sie ihm – kurz bevor die Gangster auftauchen –, dass sie von ihm schwanger ist. Gleich darauf wird der Papa-to-be leider von einem der beiden Dealer erschossen, und Judith verfolgt den anderen in ein riesiges Spielzeuglager, das vom unmotivierten, adipösen Nachtwächter und Koreaveteranen Charnetski bewacht wird. Als Charnetski in seinem Büro einen Schrei hört, glaubt er, dass dieser aus seinem Fernseher kam, schließlich hat der Nachtwächter PUPPET MASTER II (*Seite 306*) im Hintergrund laufen. Von seinem Brathuhnhändler des Vertrauens lässt er sich sein Nachtmahl liefern und bietet dem jungen Lieferanten, der zu cool ist, um seinen Fast Food-Job anständig zu machen, etwas Alltagsphilosophie an: »The world is a toilet and all the people in it are assholes«. Später stößt dann noch eine Teenagerin, die von zu Hause weggelaufen ist, hinzu. Sie hat sich in den Lüftungsschächten der Lagerhalle versteckt und ist die erste, die vor dem lebenden, tödlichen Spielzeug warnt.

Denn was diese Leute alle nicht wissen können, ist, dass der Geist eines bösen, alten Dämons zugegen ist, der sie in der Lagerhalle mit Hilfe des Spielzeugs gefangen hält. Er will die Seele von Judiths ungeborenem Kind stehlen und kann jede Form annehmen, die er will, auch die von Miss Juli aus dem Playboy (ja, das passiert wirklich). Und hier das vom Dämon auserkorene Team: Die Babypuppe »Baby Oopsy Daisy« erinnert etwas an Chucky, nur dass sie jünger ist und ihre lustigen, vulgären Sprüche nicht ganz Chucky-Qualität erreichen. Zu ihr gesellt sich ein böser Teddy, der sich später in einen grässlichen Riesenteddy verwandelt, ein *Jack in the box* (Springteufel) und ein ballernder Roboter. Mit Kreide malt Baby Oopsy Daisy ein Pentagramm auf den Boden, worauf durch das Blut menschlicher Opfer der Dämon zu neuen Kräften kommen soll. Vielleicht kann der Geist von Judiths ungeborenem Sohn irgendwie helfen, indem er in einen Zinnsoldaten hineinschlüpft?

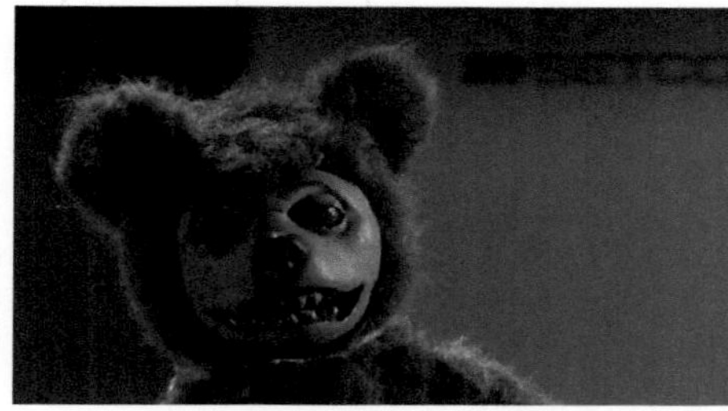

Abb. 130: Kein süßes Bärli.

DEMONIC TOYS hat quasi nur eine Location zu bieten, dafür ein paar gute Ideen und einige lustige, aber auch viele gruselige Szenen, die teilweise sogar eine alptraumartige Stimmung erzeugen. Es ist ein cooler, stimmiger Film mit viel Action und vielen Puppenszenen. Natürlich haben wir es hier mit einem käsigen B-Film zu tun – aber mit einem der interessantesten. DEMONIC TOYS ist einer *der* Vorzeigefilme im Puppenhorrorsegment. Wer dem Film nichts abgewinnen kann, ist eindeutig im falschen Genre unterwegs.

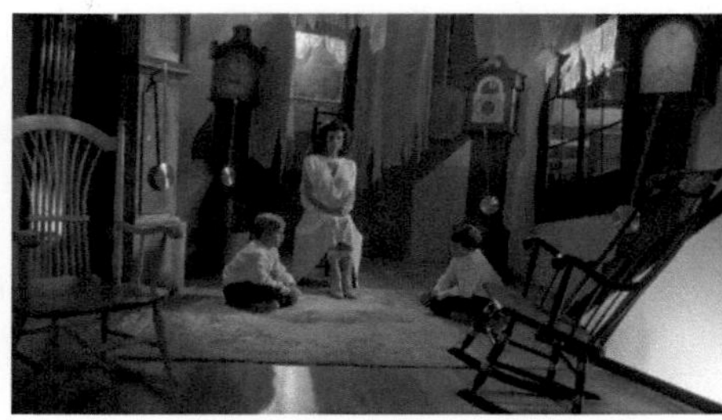

Abb. 131: Welche Bedeutung wohl die beiden Kinder in Judiths Alptraum haben?

★★★★★

Besonderheiten: *Sicher der einzige Film auf diesem Planeten, in dem ein böser Riesenteddy jemanden gewaltsam davon abhält, eine Vergewaltigung durch einen Dämon zu verhindern. / Das Drehbuch stammt von David S. Goyer, der damals erst 23 war, später die BLADE-Trilogie geschrieben hat und einer von Hollywoods Top-Ansprechpartnern wurde, wenn es um Comicverfilmungen geht (BATMAN BEGINS, MAN OF STEEL etc.) / »Just when things were gettin' interesting« sind ziemlich tolle letzte Worte eines Sterbenden, finde ich.*
Creative Killing: *Viele gute Szenen – wie gesagt –, aber die Todesszenen selber sind eher unspektakulär in der Ausführung.*
Nervige Skeptiker: *Judith meint bezüglich des zum Leben erweckten Spielzeugs: »There has to be another explanation« – ein Standardsatz nerviger Skeptiker – und legt noch nach: »I don't believe in evil spirits.« Du wirst schon sehen.*
Kill Count: *6*

Demonic Toys 2

2010
a.k.a. Demonic Toys: Personal Demons
Drehbuch und Regie: William Butler (Gingerdead Man 2: Passion of the Crust [Seite 190], Gingerdead Man 3: Saturday Night Cleaver [Seite 192], Madhouse)
80 Min.

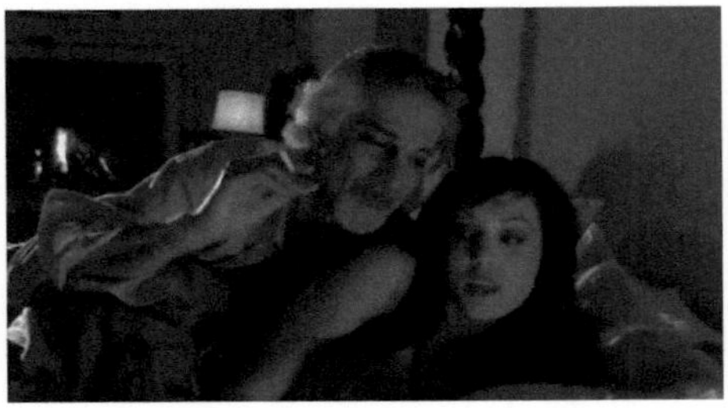

Abb. 132: Wenigstens irgendwer hat Spaß hier.

Als Fan des ersten Teils, der nichts Gutes über das Sequel gehört hat, habe ich bis jetzt vermieden, mir den Film anzusehen. Da muss ich für das Buch jetzt durch. Aber wir beginnen in den 1980ern: Nachdem Charles Band mit den Filmen seiner ersten Produktionsfirma Empire Pictures (u. a.: Re-Animator, Dolls [*Seite 144*], The Dungeonmaster, From Beyond, Trancers, Ghoulies [*Seite 180*], Ghoulies II [*Seite 182*], Troll [*Seite 406*], Crawlspace, Robot Jox) ordentlich Kohle scheffeln konnte, kaufte er sich ein Schloss in Italien. Empire ging bankrott, Band gründete Full Moon, aber das Schloss gehört ihm heute noch. Und wer schon ein paar Full Moon-Filme gesehen hat und sich dachte »Das Schloss kommt mir irgendwie bekannt vor«, der irrt nicht. Um Kosten zu sparen, musste das Castello di Giove immer wieder als Location für Bands Filme herhalten. Das erste Mal kam das Schloss wahrscheinlich in Meridian (1990) vor, danach in The Pit and the Pendulum (1991), Castle Freak (1995) und Skull Heads (2009). Ich würde ja viel lieber zu den drei erstgenannten Filmen etwas schreiben, denn im Gegensatz zu Demonic Toys 2 sind sie – wenn auch keine Horrorklassiker – zumindest kompetente und interessante Horrorfilme, bei denen etwas Aufwand betrieben wurde, und die zumindest ein paar gute Ideen haben. Demonic Toys 2 ist das, was die Amerikaner »bottom of the barrel« nennen – unterste Schublade, Schund, Mist.

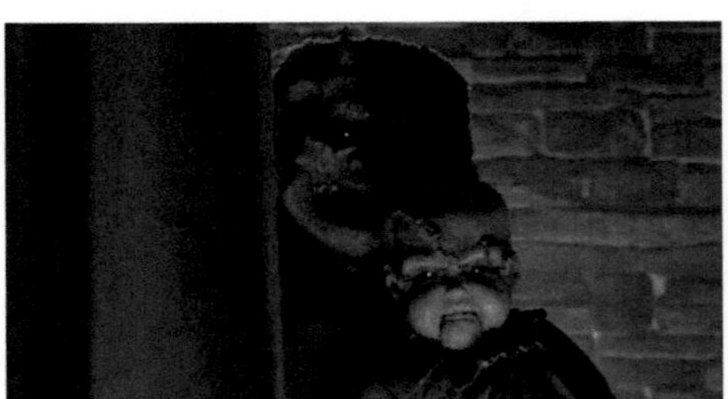

Abb. 133: Baby Oopsy Daisy ist auch nicht mehr das alte.

Ein paar Leute, die wohl noch nie eine Schauspielschule von innen gesehen haben, kommen in Bands Privatschloss an, wo Dr. Lorca, ein Sammler obskurer Gegenstände, eine sehr alte Puppe kaufen will.[19] Zu seinem Gefolge gehören auch ein Medium für Übersinnliches und ein schwuler Antiquitätenexperte. Irgendwo im Keller ist blöderweise ein Tor zur Hölle, was ich als Österreicher leider nur zu gut nachvollziehen kann, und bald erweckt ein Dämon die Demonic

[19] Dr. Lorca ist eine Figur, die zuerst in Hideous! (*Seite 213*) vorkam. Sie wird hier vom selben Schauspieler verkörpert, allerdings nicht mehr mit demselben Elan.

Toys, die dann zu morden beginnen. Aber nicht alle drei bekannten Demonic Toys kehren zurück, weil das den Verantwortlichen wahrscheinlich schon zu anstrengend gewesen wäre, sondern nur Baby Oopsy Daisy und der Springteufel. Und nicht die Originale, sondern nachgebaute, hässlichere Versionen von ihnen. Die Musik ist von älteren, besseren Full Moon-Titeln recycelt und rundet so das Bild einer Schundproduktion ab.

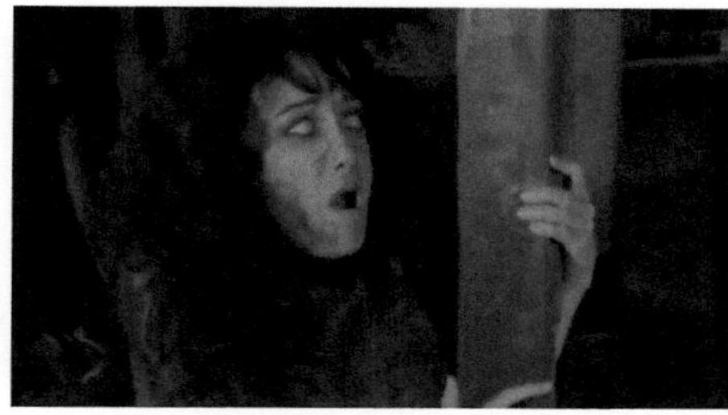

Abb. 134: What has been seen cannot be unseen.

Als ich einem Arbeitskollegen etwas niedergeschlagen erzählte, dass ich mir gestern für dieses Buch einen extrem billigen Horrorfilm ansehen musste, meinte er »So einen kenne ich auch! Kennst du IT FOLLOWS?« Auf diese Frage musste ich etwas lachen, aber es war ein bedrücktes Lachen. IT FOLLOWS ist ohnehin schon ein guter Horrorfilm, verglichen mit DEMONIC TOYS 2 aber ist es ein Meisterwerk für die Ewigkeit. Ich beneidete in dem Moment meinen Arbeitskollegen, der offenbar keine Ahnung hatte von den billigen Abgründen, die sich im Direct-to-Video- und B-Film-Bereich manchmal auftun. Man kann mit wenig Budget oder sogar mit gar keinem Budget gute, interessante Filme machen. DEMONIC TOYS 2 gehört aber nicht zu denen. Um mal die katholische Filmkommission zu zitieren: Wir raten ab!

★☆☆☆☆

Besonderheiten: *Der Film, der beim Ansehen und danach am meisten meine Stimmung gedrückt hat. Was beachtlich ist, weil das Buch reich an schlechten Filmen ist.*
Creative Killing: *Wer hier etwas Kreatives erwartet, ist selber schuld.*
Nervige Skeptiker: *Die uninteressanten Figuren sind viel schlimmer als jeder Skeptiker.*
Kill Count: *4 (Nicht miteingerechnet: Die inneren Tode von Fans des ersten Teils)*

DOLLMAN VS. THE DEMONIC TOYS

1993
a.k.a. DOLLMAN VS. DEMONIC TOYS
Deutscher Titel: TOD IM SPIELZEUGLAND
Regie: Charles Band (PARASITE [Seite 289], TRANCERS, MERIDIAN, HEAD OF THE FAMILY, HIDEOUS! [Seite 213], BLOOD DOLLS [Seite 62], DOLL GRAVEYARD [Seite 140], THE GINGERDEAD MAN [Seite 188], EVIL BONG, DANGEROUS WORRY DOLLS [Seite 108], KILLER EYE: HALLOWEEN HAUNT [Seite 243], PUPPET MASTER X: AXIS RISING [Seite 330], OOGA BOOGA [Seite 282], PUPPET MASTER: AXIS TERMINATION [Seite 333])
Drehbuch: Craig Hamann
Nennenswerter Cast: Tim Thomerson (TRANCERS-Reihe), Tracy Scoggins (DEMONIC TOYS]Seite 124], *The Colbys*, fünfte Staffel von *Babylon 5*, *Lois & Clark: The New Adventures of Superman*, TIMEBOMB)
60 Min.

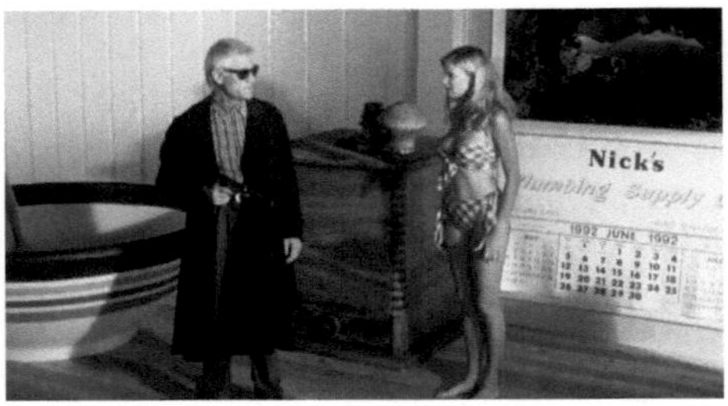

Abb. 135: Der Dollman mit seiner neuen Flamme Ginger.

DOLLMAN (Albert Pyun, 1991) gehört zu den Full Moon-Filmen, den jeder B-Film-Aficionado gesehen haben sollte. In dem spaßigen *fish out of water*-Sci-Fi-Actionfilm verfolgt der taffe Dirty Harry-eske Cop Brick Bardo (was für ein Name!) aus einer anderen Galaxie einen Superverbrecher mit seinem Raumschiff und strandet dabei auf der Erde, genauer gesagt in der South Bronx in New York City. Die Menschen sind sechs Mal so groß wie Bardo, aber er kann seine Fähigkeiten trotzdem einsetzen, um bei der urbanen Verbrechensbekämpfung hilfreich zu sein.

Crossover-Filme, wie BATMAN V SUPERMAN: DAWN OF JUSTICE, FREDDY VS. JASON und AVP: ALIEN VS. PREDATOR, gibt es viel zu wenige, und sie sind leider oft von geringer Qualität. Ich finde, es sollte jeder gegen jeden kämpfen dürfen: Chucky gegen Leprechaun, Rambo gegen den Terminator, Dirty Harry gegen Paul Kersey, die Avengers gegen die Expendables, Kramer gegen Kramer, der Coco Pops-Affe gegen Toni den Tiger von der Frosties-Packung…

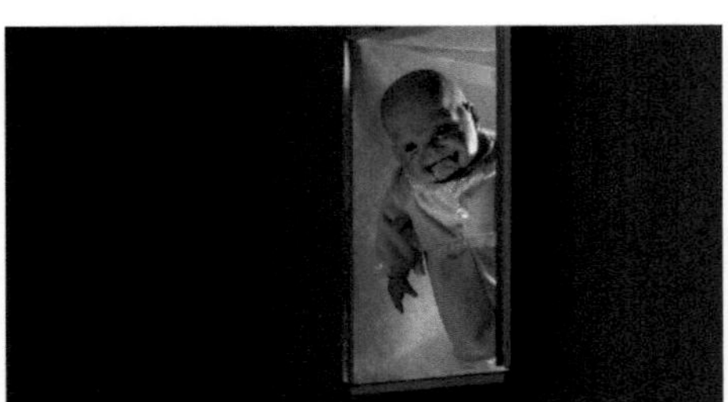

Abb. 136: War in den 1990ern noch gut drauf: Baby Oopsy Daisy.

Anyway: Ein betrunkener Obdachloser wandelt durch eine Spielzeuglagerhalle, stürzt, kommt durch einen Kopfstoß zu Tode und erweckt mit seinem Blut die Demonic Toys wieder. Tracy »Judith« Scoggins schafft es irgendwie, noch sexier auszusehen als im ersten Teil. Leider hat sie ihre schaurigen Erlebnisse in DEMONIC TOYS offensichtlich nicht hinter sich lassen können und stattdessen eine Obsession für die Killerpuppen entwickelt, die sie nun zur Strecke bringen will. Das hat ihr auch eine

Suspendierung bei der Polizei eingebracht. Judith wendet sich an einen anderen Ex-Cop, den DOLLMAN Brick Bardo, der wiederum beschlossen hat, die hocherotische Bikini-Krankenschwester Ginger aus BAD CHANNELS zu besuchen, die geschrumpft wurde und praktischerweise seine Körpergröße hat. Bardo und Ginger beginnen eine Beziehung und leben in der Bestecklade einer Küche. Alles klar soweit? Bardo sympathisiert mit der Cop-Kollegin Judith und lässt sich überreden, den Kampf gegen das gefährliche Killerspielzeug, zu dem sich diesmal neben den bereits bekannten Figuren eine neue Actionfigur – ein Soldat mit Militärhaarschnitt – gesellt, aufzunehmen. Es ist aufgrund der ähnlichen Größe des Dollman und der Demonic Toys ein Kampf auf Augenhöhe.

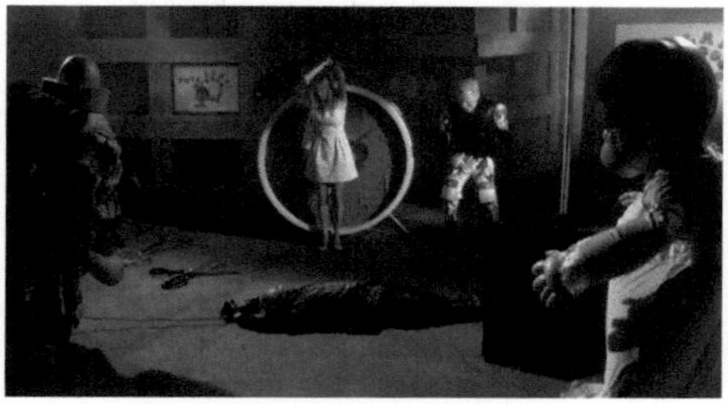

Abb. 137: The plot thickens...

Wenn der Dollman Brick Bardo auf die DEMONIC TOYS (*Seite 124*) trifft, sollte gute Unterhaltung eigentlich vorprogrammiert sein. Leider wurde DOLLMAN VS. DEMONIC TOYS ultrabillig produziert und schnell abgedreht. Der Film ist ausschließlich für Fans von DOLLMAN und/oder DEMONIC TOYS zu empfehlen, die eine weitere kurze Episode mit ihren Helden sehen wollen. Alle anderen kratzen sich wahrscheinlich völlig verblüfft den Kopf oder drehen den Käse gleich wieder ab – auch wenn die Hintergrundgeschichten der Figuren mit Ausschnitten aus den zwei Vorgängerfilmen (sowie aus BAD CHANNELS, in dem Ginger zuerst vorkam) fein säuberlich erklärt werden.

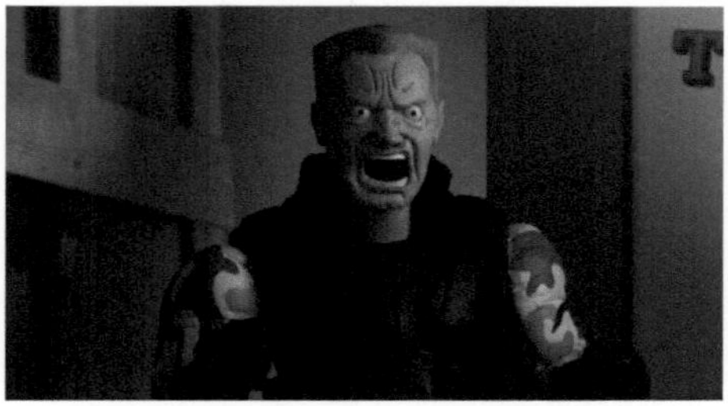

Abb. 138: Wenn Actionfiguren böse werden.

Der Film ist gerade mal eine Stunde lang. Wenn man den Vor- und Nachspann wegrechnet, sowie die vielen Szenen aus den drei genannten älteren Filmen, bleiben vielleicht noch etwa 40 Minuten neues Material. Somit hält sich die Freude in Grenzen, trotz einiger lustiger Actionszenen. Übrigens: Baby Oopsy Daisy hat einen neuen *voice actor*, was ein paar Fans verärgert hat. Ich fand die neue Stimme passender. Übrigens 2: Phil Fondacaro hat einen Kurzauftritt (get it?) als Security-Zwerg.

★★★☆☆

Besonderheiten: *Ein Full Moon-Crossoverfilm, von denen es nur einen weiteren gibt (GINGERDEAD MAN VS. EVIL BONG), aber auch den »inoffiziellen« (PUPPET MASTER VS DEMONIC TOYS, Seite 338). / Eine Folterszene, in der Bardo mit Seilen und elektronischen Spielzeugautos gestreckt wird.*
Creative Killing: *Nichts Außergewöhnliches. Ein 30cm-Ex-Cop aus einer anderen Galaxie kämpft gegen mordendes Spielzeug, das muss ja wohl reichen.*
Nervige Skeptiker: *Judith war im Vorgänger noch die Skeptikerin, diesmal ist es genau umgekehrt. Als sie auf Baby Oopsy Daisy schießt, das ihr entwischt, erklärt die Ex-Beamtin der Polizei, sie habe auf einen fliehenden Verdächtigen geschossen und ruft »You're letting the toys win!«, als sie abgeführt wird. Auch die auf Judith eifersüchtige Ginger ist skeptisch: »Come on, lady. This whole thing sounds crazy. Toys that come to life and kill people to help a demon from hell? Tell me another one«, worauf Judith antwortet: »Ok. Hey, how about a girl who gets shrunk by a monster from outer space and lives with her alien boyfriend in a kitchen drawer, huh? Hey, you believe that one?« Guter Konter.*
Kill Count: *3 (1 off camera) plus das Spielzeug.*

DEMONOID

Mexiko, USA 1980
a.k.a. MACABRA: LA MANO DEL DIABLO / DEMONOID – MESSENGER OF DEATH! / MACABRA
Deutscher Titel: MACABRA – DIE HAND DES TEUFELS
Regie: Alfredo Zacarías (THE BEES)
Drehbuch: Alfredo Zacarías (THE BEES), David Lee Fein (CHEERLEADER CAMP), F. Amos Powell
Nennenswerter Cast: Samantha Eggar (THE BROOD, THE COLLECTOR, THE EXTERMINATOR, WALK DON'T RUN, DR. DOLITTLE [1967], THE MOLLY MAGUIRES, CURTAINS, THE LIGHT AT THE EDGE OF THE WORLD), Stuart Whitman (THE COMANCHEROS, THOSE MAGNIFICENT MEN IN THEIR FLYING MACHINES, NIGHT OF THE LEPUS, RIO CONCHOS)
80 Min. / 90 Min. (Internationale Fassung)

Mark Baines ist Archäologe und mit einer sehr tiefen Mine in Guanajuato, Mexiko beschäftigt. Die einheimischen *mejicanos*, die bislang für Baines gearbeitet haben, fürchten den Fluch von *la mano del diablo* (die Hand des Teufels) und wollen nicht mehr weiterbuddeln. Mit seiner Frau Jenny (Samantha Eggar) klettert er in die Mine, versinkt an einer Stelle in Treibsand und findet einen großen Raum mit einer Teufelsstatue, der die linke Hand fehlt. Was eigenartig ist, denn auch vielen ausgegrabenen Mumien aus der Gegend fehlt die linke Patsche. Die ehemalige Halle wurde wohl für Rituale benutzt, und Mark nimmt eine eiserne Schatulle mit, die wie eine Hand geformt ist.

Im Hotel formt sich aus dem Staub in der Schatulle eine Hand, die sich von alleine bewegen kann. Der Schlingel hüpft zu Mark und Jenny ins Bett und fasst ihr ans Bein. Jenny wacht auf, schreit, worauf Mark die Hand packt und mit ihr kämpft, bis sie mit sich wieder in Staub auflöst. Doch damit ist der Teufel freilich nicht besiegt. Denn wer auch immer die abgetrennte Hand berührt, wird von ihr in Besitz genommen und will sie sich wieder abhacken. Sie springt dem Opfer ins Gesicht und packt zu, oder spielt armdrücken mit ihm. Dann zerfällt sie zu Staub, und der Angegriffene ist von ihr besessen. Das arme Opfer wird zu einem unfreiwilligen Linke-Hand-Mörder. Also ist das quasi ein Anti-Linkshänder-Film. Kennt Ihr die Folge von *South Park*, in der Cartman unabsichtlich die Asche seines toten Freundes Kenny trinkt und danach Visionen hat? Es ist lustig sich auszumalen, was wohl passieren würde, wenn man die Asche der Todeshand futtern würde.

Eine gute Sache hat das allerdings für Mark: Er haut ab und wird in Las Vegas zu einem Glückspielstar. Zwei halbseidene, kleinkriminelle Figuren entführen Mark und wollen an das Geheimnis seines ungewöhnlichen Glücks gelangen, worauf Mark sie beide tötet. Danach will er sich die Hand abhacken, was diese nicht zulässt, also zündet er sich selbst an – heftig! Doch die Teufelshand ist geschickt und gräbt sich, während sie noch an Marks brennender Leiche hängt, selbst im Wüstensand ein, um nicht auch zu verenden.

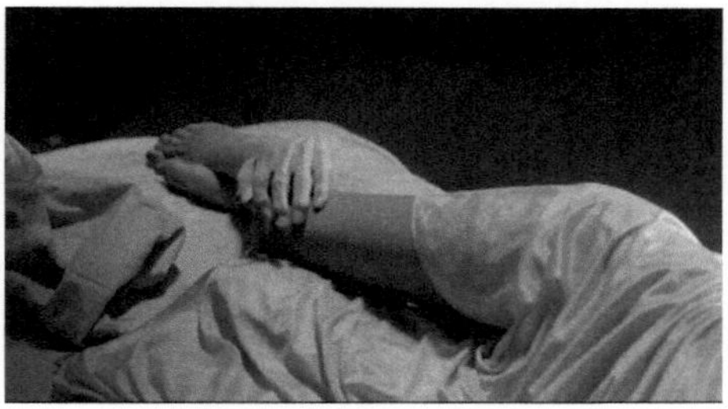

Abb. 139: Grabschhand.

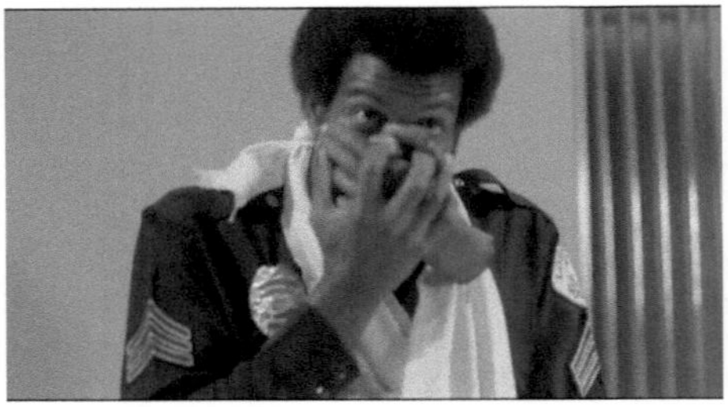

Abb. 140: Als Polizist setzt er sich berufsmäßig der Gefahr aus, aber damit hat er wohl nicht gerechnet.

Mark stirbt und wird beerdigt, steigt aber wieder aus dem Grab – so mächtig ist *el mano del diablo*. Zombie-Mark schafft es nun endlich, sich die Hand abzuhacken. Doch dann geht es erst los, und sie nimmt der Reihe nach ein Opfer nach dem anderen ein. Jenny ist unsere Hauptfigur und überzeugt, dass die Teufelshand besessen macht. Sie jagt sie den Killer mit fünf Fingern, zusammen mit dem Priester (Stuart Whitman), der das letzte Gebet an Marks Grab gesprochen hatte. Den aber muss sie zuerst davon überzeugen, mit was sie es hier zu tun haben, denn leider ist er ein nerviger Skeptiker.

DEMONOID wurde in englischer Sprache gedreht und fühlt sich wie 1970er-Hollywood-Mysteryhorror an, wie THE OMEN oder der grob unterschätzte EXORCIST II: THE HERETIC. Gleichzeitig ist er aber schwungvoller angelegt als diese und vergleichbare Werke, wenn er auch bei weitem nicht deren Qualität erreicht. Zudem ist DEMONOID spaßiger, auch wenn die Filmemacher wohl einen ernsthaften Film machen wollten. Es ist vielleicht nicht der beste, aber wohl der unterhaltsamste Film über eine Killerhand, noch vor dem ernsthaften Thriller THE HAND (*Seite 208*) und der derben Teenie-Blödelkomödie IDLE HANDS (*Seite 223*). Entgegen den Hoffnungen, die man sich vielleicht bei dem Poster/Blu-Ray-Cover macht, das wie ein Heavy Metal-Albumcover aussieht, materialisiert sich übrigens kein Dämon und kein Teufel in DEMONOID.

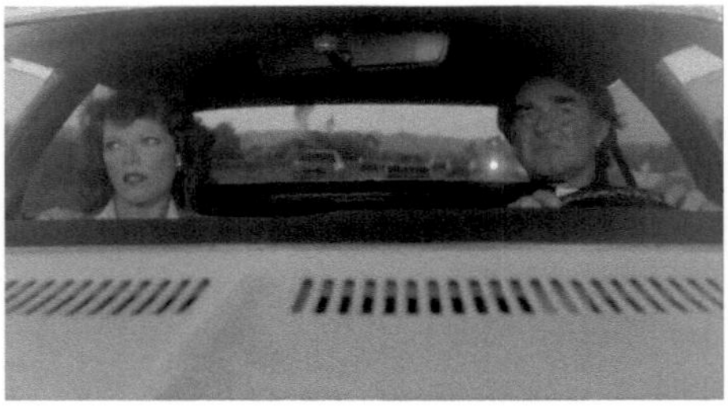

Abb. 141: Jenny und der Priester.

★★★★☆

Besonderheiten: *DEMONOID ist 80 Minuten lang, die internationale Fassung »Macabra« läuft zehn Minuten länger. In der gibt es etwas weniger Gore, dafür erweiterte Handlungsszenen. Beide Fassungen finden sich auf der amerikanischen Blu-Ray von Vinegar Syndrome. / Mitten in einem Horrorfilm startet aus dem Nichts eine Autoverfolgungsjagd mit fetziger Musik, bei der sich zwei Wagen überschlagen und der Verfolgte auf einen fahrenden Zug springt. Haha, WAS?*
Creative Killing: *Nein.*
Nervige Skeptiker: *Der Priester glaubt zwar an Gott und die Bibelgeschichten, aber an sonst keine übernatürlichen Dinge. Ein selektiver Skeptiker also, und somit ein besonders doofer Kandidat. / Mark sieht die Hand, packt sie, wird von ihr niedergerungen und macht Wrestling mit ihr, bevor sie zu Staub verfällt. Trotzdem hat er den Nerv, gleich darauf zu äußern: »Must have been a nightmare or something.« Ja, eh klar. Trottel.*
Kill Count: *6*

DEVIL DOLL

UK 1964
Regie: Lindsay Shonteff (THE MILLION EYES OF SUMURU)
Drehbuch: Ronald Kinnoch, Charles F. Vetter (FIRST MAN INTO SPACE)
Coole Tagline: What is the Strange, Terrifying Evil Secret of the Dummy... And Why is it Locked in a Cage Every Night? / Can a beautiful woman be enslaved against her will? / Can You Keep the Secret of the Most Diabolical Ending Ever Filmed? No One Admitted During the Last 10 Minutes!
81 Min.

»The Great Vorelli« ist ein berühmter Hypnotiseur und Bauchredner. Bei einer ausverkauften Veranstaltung präsentiert er einem begeisterten Publikum zuerst seine Hypnosekünste. Auf der Bühne redet Vorelli einem armen Freiwilligen aus dem Saal ein, dass er von einem Soldaten erschossen wird (was für ein Entertainer!), und danach verwandelt er die schüchterne Zuschauerin Marianne Horn in eine professionelle Tänzerin, die er zu Swingmusik ihre Hüften schwingen lässt.

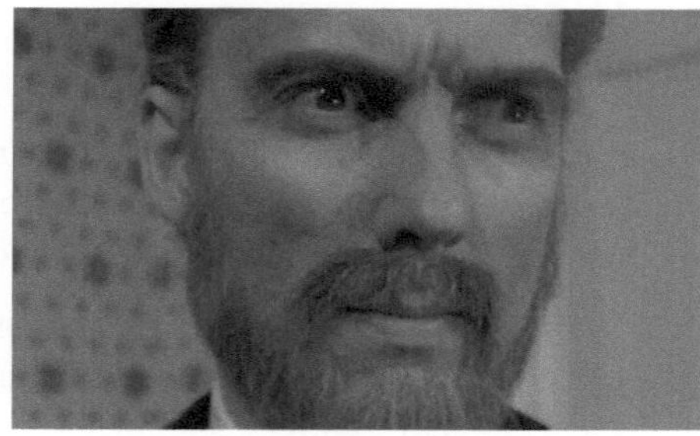

Abb. 142: Der grimmige Künstler.

Dann kommt die Bauchrednerpuppe Hugo auf die Bühne, und ein spezieller Trick wird angekündigt. Während die Puppe ganz frei von der Leber spricht, trinkt Vorelli ein Glas Wasser. Ich weiß noch immer nicht, wie der Trick funktioniert, aber den hat man 1929 schon Erich von Stroheim in THE GREAT GABBO vorführen sehen. Dann aber geht die Puppe von alleine ein paar Schritte, stellt sich vor das Publikum und bedankt sich. OK, wow, das hat selbst der alte Gabbo nicht geschafft. Nach jedem Auftritt wird Hugo im Umkleideraum in einen Käfig gesetzt. Hat Vorelli etwa Angst, dass er abhauen könnte?

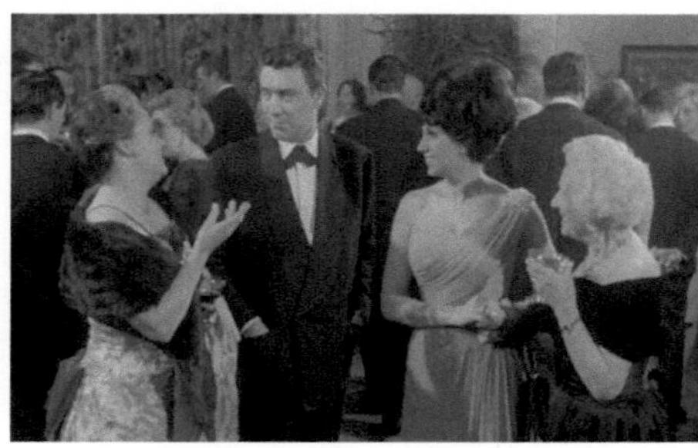

Abb. 143: Die High Society liebt Hugo.

Marianne ist eine der reichsten Frauen in ganz England. Sie fragt Vorelli, ob er beim Benefizball ihrer Tante auftreten würde, und der mysteriöse Mann sagt zu. Nach ihrer Hypnose scheint er später immer noch in ihrem Kopf herumzuschwirren, bis es schließlich unerträglich für die arme Marianne wird. Will er sie mit seinen mentalen Tricks etwa verführen? Vorelli ist der Christoph Waltz unter den Bauchrednern:

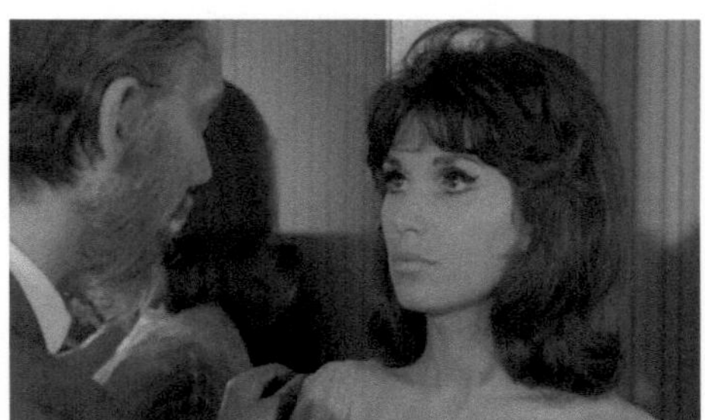

Abb. 144: Im Banne des Vorelli.

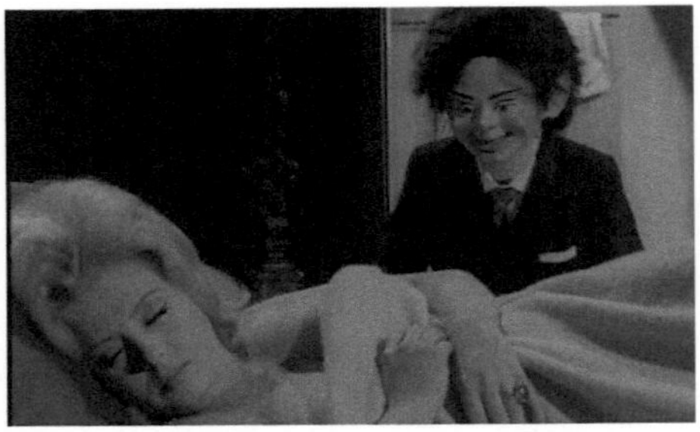

Abb. 145: Hugo kurz vor einer Greueltat.

Selbstbewusst, weltmännisch, und wir hören ihn neben Englisch noch Italienisch und Deutsch sprechen.

Hugo verhält sich bei seinem Benefizauftritt gegenüber seinem Herrn noch aufmüpfiger als auf der Bühne. Ist das wirklich alles nur ein Act? Der Zeitungsfritze Mark, der leider viel zu sehr im Zentrum des Films steht, will hinter das Geheimnis von Vorelli und der Puppe kommen. In der Nacht geht Marianne in Trancezustand zu Vorelli, während die Puppe Mark einen Besuch abstattet. Hugo weckt ihn auf und fleht »Help me. Find me. In Berlin. 1948. Find me. In Berlin.« Daraufhin macht sich Mark in der deutschen Hauptstadt auf die Suche nach Vorellis alten Kollegen und bald entdeckt er, woher Hugo wirklich seine Seele hat.

Die stilvolle, kultivierte Art von DEVIL DOLL könnte fast darüber hinwegtäuschen, dass er nicht besonders aufregend ist und sich trotz der kurzen Laufzeit ordentlich zieht. Aber er hat einige spannende Szenen und ein gutes Finale. Unter den Bauchrednerpuppenhorrorfilmen ist es ein *must-see*.

★★★☆☆

Besonderheiten: *Auf der US-DVD von Image Entertainment findet man die amerikanische Kinofassung und auch die »Continental Version«. In dieser zweiten, auch als »Hot European Version« titulierten bezeichneten Fassung sehen wir zusätzlich ein paar nackte Brüste, ansonsten ist nur eine Szene ausgetauscht.*
Creative Killing: *Nein.*
Nervige Skeptiker: *Nach der Aufführung hält Mark Vorelli für einen Schwindler, wenn auch einen verdammt guten. Später aber sieht er, dass größere Kräfte im Spiel sind, und ein Doktor, der sich um Marianne kümmert, nimmt die Rolle des nervigen Skeptikers ein.*
Kill Count: *2 (1 off camera)*

THE DEVIL-DOLL

1936
Deutscher Titel: DIE TEUFELSPUPPE
Regie: Tod Browning (DRACULA [1931], FREAKS, THE UNKNOWN, MARK OF THE VAMPIRE, THE UNHOLY THREE, WEST OF ZANZIBAR, LONDON AFTER MIDNIGHT)
Drehbuch: Garrett Fort (FRANKENSTEIN [1931], DRACULA [1931], DRACULA'S DAUGHTER, APPLAUSE), Guy Endore (MARK OF THE VAMPIRE), Erich von Stroheim (GREED, QUEEN KELLY, FOOLISH WIVES, THE MERRY WIDOW, THE WEDDING MARCH, BLIND HUSBANDS)
Nennenswerter Cast: Lionel Barrymore (IT'S A WONDERFUL LIFE, YOU CAN'T TAKE IT WITH YOU, MARK OF THE VAMPIRE, KEY LARGO, GRAND HOTEL, CAMILLE, CAPTAINS COURAGEOUS, DINNER AT EIGHT, MATA HARI [1931], SADIE THOMPSON, TREASURE ISLAND [1934], WEST OF ZANZIBAR, SARATOGA, ON BORROWED TIME, A FREE SOUL, TEST PILOT), Maureen O'Sullivan (THE THIN MAN, A DAY AT THE RACES, THE BIG CLOCK, TARZAN-Filme der 1930er und frühen 1940er, THE TALL T)
78 Min.

Paul Lavond ist mit seinem Freund Marcel aus dem Gefängnis ausgebrochen und auf der Flucht. Die beiden schaffen es bis zu Marcels Haus, wo dessen Frau Malita ihn überglücklich empfängt. Der fanatische alte Herr stellt sich als verrückter Wissenschaftler heraus, der gleich nach der Begrüßung mit seiner Arbeit fortsetzen will:

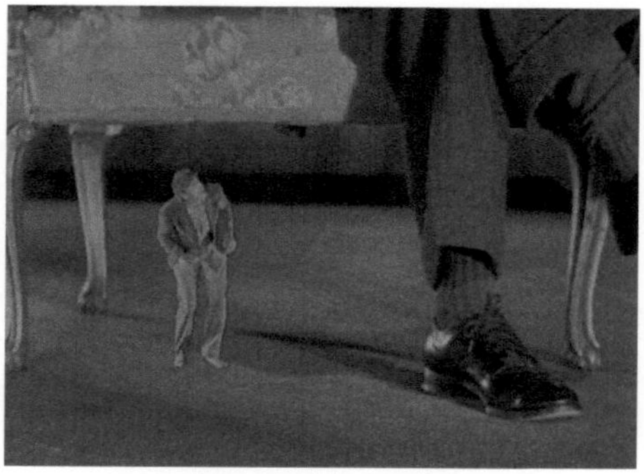

Abb. 146: Paul findet einen Nutzen für die Mini-Menschen.

Marcel arbeitet an einem Verfahren, bei dem Lebewesen auf ein Sechstel ihrer Größe geschrumpft werden.[20] Dadurch soll das Welthungerproblem gelöst und die Menschheit gerettet werden. Falls Ihr also geglaubt habt, Alexander Payne hätte bei DOWNSIZING eine komplett originelle Idee gehabt, muss ich Euch enttäuschen. Ob sie Marcel eingesperrt haben, weil er einmal den Falschen geschrumpft hat? Malita hilft ihm brav und sieht aus wie Frankensteins Braut. Ein paar Bernhardiner haben die zwei schon verkleinert. Als nächstes ist ein menschliches Versuchskaninchen dran.

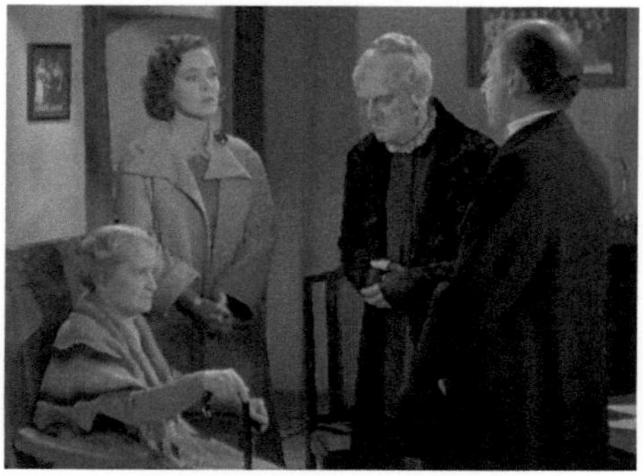

Abb. 147: Familientreffen in Polizeianwesenheit.

Paul findet das Ganze unethisch, sein Hauptaugenmerk gilt aber seiner wohlverdienten Rache. Vor 17 Jahren nämlich war er ein angesehener Banker in Paris gewesen, bis ihm drei

[20] 1/6 – »sixth scale« – ist übrigens eine sehr beliebte Größe bei Sammlern von teuren High-End-Actionfiguren, zu denen ich auch gehöre. Tod Browning war also, ohne es zu wissen, diesbezüglich fast ein Visionär, kann man sagen.

seiner Kollegen einen Mord angehängt und sich sein Vermögen unter den Nagel gerissen haben. Nun sollen sie dafür zahlen.

Als sich der alte Marcel überarbeitet, fällt er tot um. Paul und Malita beschließen daraufhin, gemeinsam nach Paris zu gehen und Marcels Erfindung für die Rachepläne zu verwenden. Danach soll das Hungerproblem wieder angepackt werden.

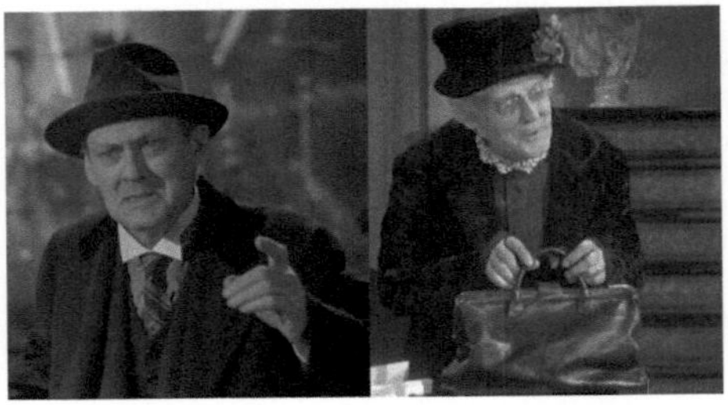

Abb. 148: Vorher – Nachher. Eine perfekte Tarnung.

Paul wirft sich in Frauenkleidung und eine weiße Perücke und lebt fortan als alte Dame und Spielwarenverkäuferin in Paris. Crossdressing in den strengen Hays Code[21]-Zeiten – das gibt es auch nicht oft![22] Die Polizei ist auf der Suche nach Paul, vor allem nachdem einer der drei Banker verschwindet. Paul besucht oft seine Tochter (Maureen O'Sullivan) in einer Wäscherei und beobachtet sie mit ihrem neuen Freund. Er will sich ihr aber nicht zu erkennen geben. Wird er seinen Namen wieder reinwaschen können? Findet er wieder zu seiner ihn hassenden Tochter? Müssen die Banker sterben?

Das mag jetzt alles etwas albern klingen, aber der Film ist alles andere als albern, sondern äußerst stimmig und spannend. Der Titel »Devil-Doll« ist zu reißerisch und irreführend. Es gibt zwar zwei sehr einprägsame Horrorszenen, in denen geschrumpfte Menschen angreifen, aber was den Film wirklich ausmacht, ist, dass es ein gut gemachtes und gespieltes Drama ist und zu keiner Sekunde langweilig. Zudem gibt es noch ein paar nette Effekte.

★★★★☆

Besonderheiten: *Der Film findet sich im Buch* Essential Cinema *von Jonathan Rosenbaum, in dem der Kritiker einen persönlichen Kanon von 1000 wichtigen Werken der Filmgeschichte erstellt hat.*
Creative Killing: *Nein.*
Nervige Skeptiker: *Keine.*
Kill Count: *0 (Danke, Hays Code.)*

[21] Der Production Code, bzw. Hays Code, waren Richtlinien einer Selbstzensur der Filmwirtschaft, die zwischen den 1930ern und 1960ern existierten.
[22] Das berühmteste Beispiel für Crossdressing im Hays Code ist ohne Zweifel Billy Wilders SOME LIKE IT HOT – einer jener Filme, dessen Erfolg das Ende des strengen Codes früh ankündigten.

The Devil's Gift

1984
Deutscher Titel: Devil's Gift – Der Höllendämon
Regie: Kenneth J. Berton
Drehbuch: Hayden O'Hara, José Vergelin, Kenneth J. Berton
Coole Tagline: This »gift« could scare a »Gremlin« away!
91 Min.

In einem stimmungsvollen Intro will in einem stattlichen Anwesen eine alte Frau durch ein Oujiabrett mit ihrem verstorbenen Mann sprechen. Es meldet sich statt des Geliebten aber plötzlich jemand anderes, etwas Böses. Spielzeug beginnt sich daraufhin von selbst zu bewegen, eine riesige Feuersbrunst entsteht, und das stattliche Anwesen ist nicht mehr anwesend und schon gar nicht mehr stattlich. Zurück bleibt nur ein kleiner Spielzeugaffe mit zwei Schellen in den Händen, der unheilvoll auf uns starrt.

Ab hier geht es mit einem Schlag knallhart bergab, und der Hauptteil des Films beginnt. So als ob man nach einer leckeren Vorspeise – flambierte Früchte – einen ekeligen Haupttisch – frittiertes Affenhirn – serviert bekommt.

Wir treffen auf fade, super-weiße Vorstadt-Amis: Eine happy-peppy-Familie (der Vater David, Mutter, kleiner Junge) und ihren happy-peppy Nachbarn. Diese Menschen begleiten wir bei ihrem mondänen Alltagsleben, wie sie z. B. Frühstück machen oder sich über ihr Auto und ihren Garten unterhalten. Sogar im vormittäglichen »Hausfrauenfernsehen« geht es interessanter zu – da wird wenigstens mal ein leckerer Kuchen gebacken oder oberflächlich über Politik diskutiert. Es ist beinahe, als hätte ein Komitee aus katholischen Jungschargruppenleitern diesen »Horror«-Film gemacht.

Aber zum Glück gibt es wenigstens den Dämon, der in den Spielzeugaffen eingedrungen ist. Der hat es von dem abgebrannten Herrenhaus irgendwie in einen Gebrauchtwarenladen geschafft und wird dort von Frau Mama für den Sohnemann gekauft. Nun ist so ein Dämon ohnehin schon kein angenehmer Zeitgenosse, aber er ist zusätzlich mega-angepisst, weil die alte Frau ihn im Intro des Films gegen seinen Willen beschworen hat. Diese Info bekommen wir von einem Medium, das vom anfangs skeptischen David widerwillig konsultiert wird. Die spirituell begabte Dame erklärt ihm dann auch, was wir als geneigte Hobby-Dämonologen ohnehin schon lange wissen: Dass Dämonen oder böse Geister in Objekte eindringen und von dort aus großen Schaden anrichten können. David bekommt von dem Medium außerdem ein Amulett, das aussieht wie ein Sheriff-Stern und ihn vor dem kleinen Plüschaffen beschützen soll (der Sheriffstern lag wahrscheinlich in der Requisitenabteilung noch von einem lange vergangenen Western-Dreh herum).

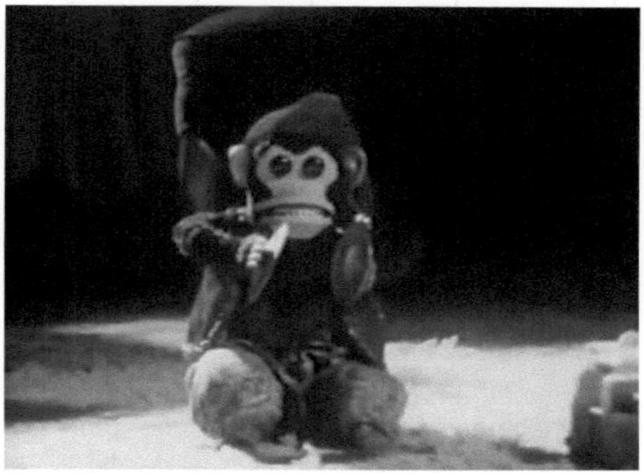

Abb. 149: Er wird auch dich kriegen.

Der Spielzeugaffe, der immer wieder mal seine Arme und Schellen von alleine bewegt, ist also im Rage-Modus. Bald müssen Pflanzen sterben, dann ein Goldfisch, und dann muss sogar der Haushund dran glauben. Weilt denn gar das abgrundtief Böse unter dieser eh netten Familie? Weitere Unfälle passieren, und der Affe blicket stumm in dem Wohnzimmer herum.

Als dann aber seine Frau im Krankenhaus landet und sein Sohn durch die magische Macht des Äffchens beinahe stirbt, hat David genug. Er weiß, was zu tun ist, und ist fest entschlossen, das Spielzeug loszuwerden. Aber vorher geht er noch schnell mal duschen – klar, wenn man schon gegen die Mächte der Finsternis antritt, sollte man sich wenigstens erfrischt und sauber dabei fühlen. Es folgt eine herrlich lahme »Horror-Duschszene«, bei dem das böse Äffchen David in der Dusche einsperrt und abwechselnd zu heißes Wasser und braunes Deckswasser aus dem Hahn laufen lässt. David kann machen, was er will, er entkommt nicht. Die Szene endet damit, dass der Affe einfach damit aufhört und wieder sauberes Wasser in bevorzugter Temperatur aus dem Duschkopf fließt – vielleicht weil ihm die Szene, wie auch uns, zu blöd geworden ist wird. Von dem Film hätte selbst Hitchcock noch was lernen können!

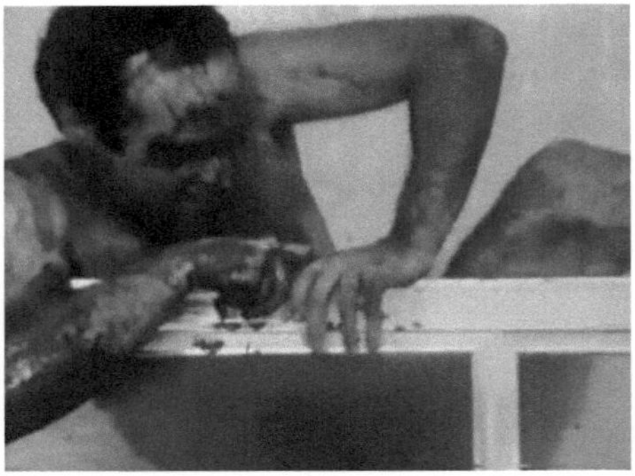

Abb. 150: Unfreiwilliges Schlammbad. Soll aber gesund sein.

David lässt sich aber von der Dusch-Attacke nicht unterkriegen und schmeißt den Affen einfach in den Müll. Dieser ist nun in einer Papiertüte gefangen, die in einer Plastikmülltone liegt, die fünf Meter vom Haus entfernt steht. Nimm das, Ausgeburt Satans! Hinfort mit dir, für immer! Die Szene hätte weitaus mehr Sinn ergeben, wenn David zu dem Zeitpunkt noch nicht von der bösen Macht des Affen überzeugt gewesen wäre – aber gut, vielleicht ist er einfach ein Depp.

Weil dieser tolle Plan – welch Überraschung – nicht funktioniert, hat David eine bessere Idee: Er schnappt sich eine Schaufel, fährt ein paar Kilometer mit dem Auto und vergräbt das Ding 30cm tief unter der Erde. Ob das nun reicht?

THE DEVIL'S GIFT ist ein fast durch und durch schlechter Film, der vor allem mies geschrieben und gespielt ist. Selbst die Bedrohungsszenarien sind uninspiriert, und es passiert ohnehin keiner Menschenseele etwas. Man hätte den Film auch »Mein erster Horrorfilm« nennen und als Kinder- oder Familienfilm verkaufen können.[23] Obendrein

[23] 1996 wurde dieses Teufelsgeschenk vom Regisseur dann tatsächlich für einen Kinderfilm wiederverwertet. In MERLIN'S SHOP OF MYSTICAL WONDERS sieht sich ein kleiner Junge nach einem Stromausfall gezwungen, wieder mal mit seinem Großvater (Filmveteran Ernest Borgnine) zu sprechen. Die zweite von zwei Geschichten, die der Opa von sich gibt, ist die (immer noch zu lange) Kurzfassung von THE DEVIL'S GIFT. Hätte der Kleine mal lieber ein Comicheft gelesen oder mit Drogen experimentiert.

gibt es viele überflüssige, langweilige Szenen, wie z. B. eine, in der am Telefon eine Einkaufsliste besprochen wird. Trotzdem ist der Film durch ein paar wenige Szenen zumindest in so einem Ausmaß unterhaltsam, dass er nicht das schlechteste Rating verdient.

★★☆☆☆

Besonderheiten: *Der Dämon kontrolliert ein Mitglied der Familie. / Jedes Mal, wenn der kleine Sohn fernsieht, sehen wir Ausschnitte aus Cartoons der 1930er. Dabei habe ich mir immer gewünscht, ich würde diese Cartoons in voller Länge sehen anstatt dieses Films.*
Creative Killing: *Nein.*
Nervige Skeptiker: *David hält nichts von Dämonen und Geistern, beginnt aber bald zu glauben. Und dann zu duschen.*
Kill Count: *1, außerdem ein Goldfisch, ein Hund und viele Pflanzen. Schreck lass nach.*

Doll Graveyard

2005
Regie: Charles Band (Parasite [Seite 289], Trancers, Meridian, Head of the Family, Hideous! [Seite 213], Blood Dolls [Seite 62], Evil Bong, The Gingerdead Man [Seite 188], Ooga Booga [Seite 282], Dangerous Worry Dolls [Seite 108], Killer Eye: Halloween Haunt [Seite 243], Puppet Master X: Axis Rising [Seite 330], Puppet Master: Axis Termination [Seite 333])
Drehbuch: Domonic Muir (Critters [Seite 97], Puppet Master: Axis of Evil [Seite 327], Evil Bong, The Gingerdead Man [Seite 188], Dangerous Worry Dolls [Seite 108], Killer Eye: Halloween Haunt [Seite 243])
71 Min.

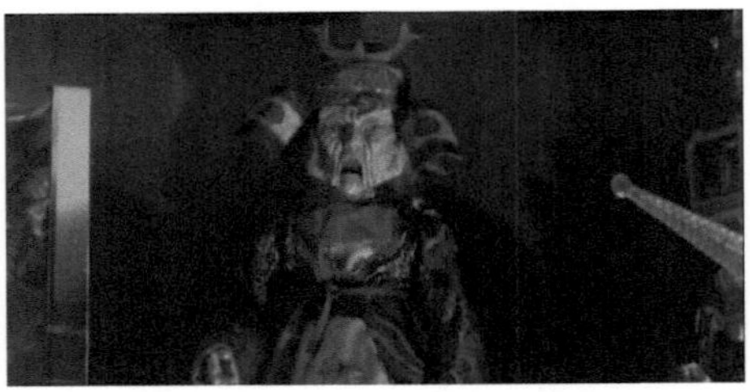

Abb. 151: Mr. Puppe, bitte sei mein Samurai.

Los Angeles, 1911: Die kleine Sophia spielt begeistert mit ihren multikulturellen Puppen – ein Samurai, ein deutscher Soldat mit Schnauzer und Pickelhaube und der afrikanische Speerkämpfer Ooga Booga. Dabei geht versehentlich eine Vase zu Bruch, was Sophias extrem autoritären und bösartigen Vater auf den Plan ruft. Er droht ihr Schläge mit seinem Gürtel an und zwingt sie, im Garten ein großes Loch zu schaufeln und ihre Puppen darin zu vergraben. Alle Tränen und Anflehungen werden ignoriert, und als Sophie nach getaner Arbeit aus dem Puppengrab steigen soll, fällt sie plötzlich zurück, stößt sich beim Fallen den Kopf und bleibt regungslos im dem Erdloch liegen. Der Vater nimmt die Schaufel und vergräbt Sophia zusammen mit ihren Puppen.

Im Jahr 2005 lernen wir am selben Ort die Familie Fillbrook kennen: Ein liebevoller Vater, eine nervige Teenager-Tochter und ihr jüngerer *geek*-Bruder Guy, der seine Schwester »princess biatch« nennt, Actionfiguren und Science Fiction mag und Ausdrücke wie »ultra cool« verwendet. »Princess Biatch« und ihre noch doofere Schlampen-Freundin interessieren sich für coole Jungs, Maniküre, Alkohol und Gras (nicht die Art, die man mähen muss). Und dann wären da noch zwei schwanzgesteuerte Sportlertypen. Es sollte klar sein, wo die Sympathien liegen. Wenn nicht, dann war dieses Buch vielleicht ein Fehlkauf für Dich. Gnädigerweise hat die Schwester auch eine nerdige, nicht hohle und verzogene Freundin eingeladen, die sich auch für wirklich coole Sachen interessiert und sich naturgemäß mit Guy gut versteht. Dieser wird von einem der Sportlertypen gefesselt, damit die zwei Jungs mit den Mädels Party machen können. Wer schon einmal in einer solchen oder ähnlichen Situation war – mit betrunkenen, hormongesteuerten Teenagern, die laute, unerträgliche Musik hören, dummes Zeug reden und dann auch noch absichtlich eine teuer auf Ebay erstandene Actionfigur kaputtmachen –,

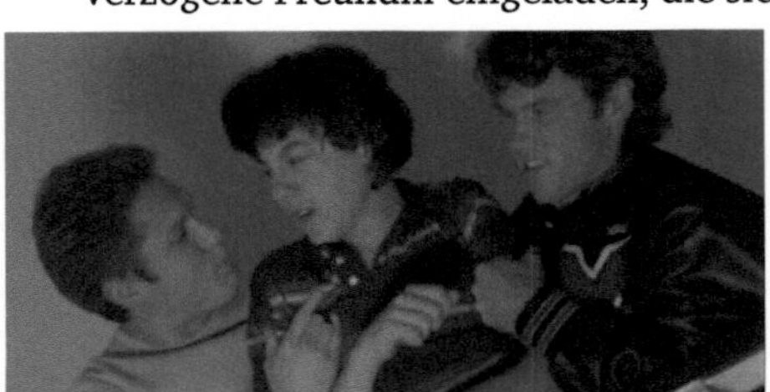

Abb. 152: Mitte: Guy. Links und rechts: Idioten.

hat sich vielleicht gewünscht, dass vor 100 Jahren vergrabene Puppen sich aus ihrem Grab erheben und die Partygäste attackieren. Mir würde es jedenfalls so gehen, und genau das geschieht dann auch in dem Film. Blöderweise werden nicht annähernd genug der Teenager ihrer gerechten Horrorfilm-Strafe, also dem Tod, zugeführt – eine eindeutige Schwäche des ansonsten ganz brauchbaren Films. Wie und warum die Puppen zurückkehren, weiß man nicht genau, aber sie werden von der toten Sophia kontrolliert, und sie will Guy helfen. Sophia spricht zu ihm und später auch aus ihm.

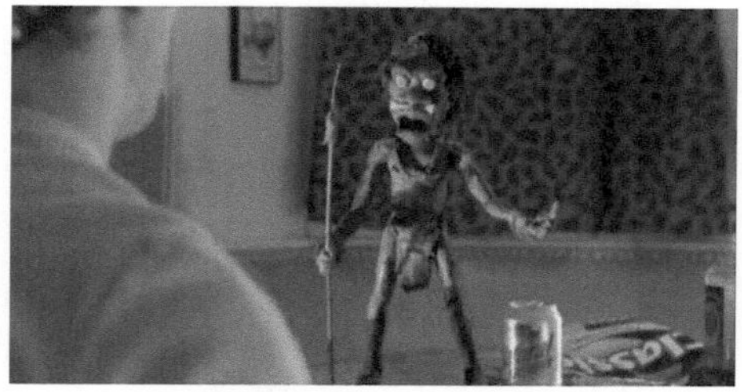

Abb. 153: Ich will meinen eigenen Film! Ooga Booga [Seite 282]!

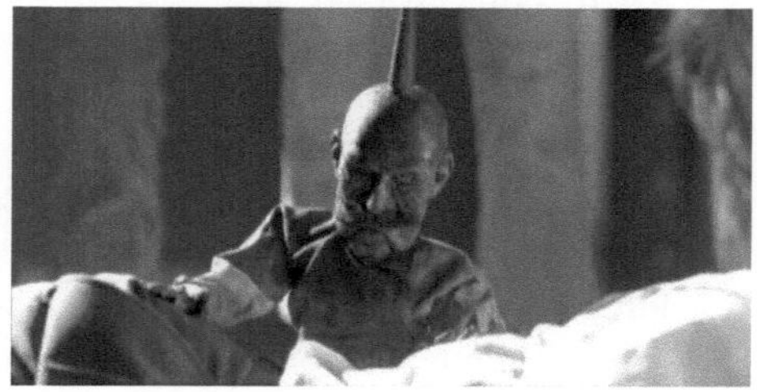

Abb. 154: Dem schwanzgesteuerten Idioten stech' ich in die Hoden, bei meiner Soldatenehre.

DOLL GRAVEYARD kommt an die Qualität der besseren Full Moon-Puppenfilme, zu denen auch die ersten fünf PUPPET MASTER-Einträge (ab Seite 302) gehören, nicht annähernd heran. Die Glanzzeiten von Charles Band und Full Moon sind 2005 schon lange vorbei. Trotzdem ist es ein ganz netter Film, allerdings mit zu wenigen Toten und einem eher unbefriedigendem Finale.

★★☆☆☆

Besonderheiten: *Guy sieht aus wie ein junger Charles Band (Regisseur des Films und Mastermind von Full Moon). Die zwei verbindet die Vorliebe für Popkultur, das Übersinnliche und Actionfiguren. Band hat einmal gesagt, dass er in den 1960ern der einzige in seinem Bekanntenkreis war, der keine Drogen konsumierte. Band dürfte in seiner Kindheit auch keines von den »cool kids« gewesen sein, sondern wie Guy jemand, der sich für andere, fiktive Welten interessiert. / Handysucht kann tödlich sein: Ein Charakter entschließt sich zur Flucht aus dem Terrorpuppen-Haus, will aber vorher noch das Mobiltelefon holen und wird von einer Puppe attackiert.*
Creative Killing: *Pickelhaube ins Gemächt – aua!*
Nervige Skeptiker: *Sophia will die Puppen nicht vergraben und sagt ihrem Vater, dass sie ihre Beschützer sind. Er will davon nichts hören.*
Kill Count: *2*

Doll Master

UK 2017
Drehbuch und Regie: Steven M. Smith
77 Min.

Norman ist ein psychisch kranker Vorstadt-Einsiedler, der von Alpträumen über Killer-Puppen geplagt wird. Ärzte meinen, er sei schizophren und leide an paranoiden Wahnvorstellungen. Wenn er seine Medikamente nicht nimmt, wird er angeblich aggressiv. Wer glaubt, dass es zu dieser Info einen *payoff* gibt, der geht wahrscheinlich davon aus, dass hier ein halbwegs kompetenter Film vorliegt. Tut's aber nicht. Norman macht Frühstück für sich und seinen besten Freund, die Puppe Hugo, und die zwei sprechen miteinander.

Johnny lockt Norman aus seinem Haus, indem er Hugo stiehlt. Johnny gehört zu einem Filmteam, dass auf der Suche nach Gespenstergeschichten ist. Ein verlassenes Tunnelsystem, das in viktorianischen Zeiten genutzt wurde, soll seit Jahrzehnten ein Ort voller paranormaler Ereignisse sein. Es gibt Berichte von schaurigen Puppen, und die Filmcrew will eine Dokumentation machen.

Das Filmteam ist fast so unsympathisch wie jenes in CANNIBAL HOLOCAUST. Sie bedrängen den armen, geistig kranken Norman und fordern ihn ständig auf, ihnen von seinen Träumen über Horrorpuppen zu erzählen. Und was noch wichtiger ist: Er soll ihnen den geheimen Eingang zum Tunnelsystem zeigen, wo sich die Puppen befinden sollen.

Später teilt Johnny uns mit, dass er schon als Kind Visionen und Alpträume über diesen Ort hatte und eine Kraft spürte, die von Hugo ausgeht. Er will das Geheimnis des Tunnelsystems endlich lüften.

Johnny will das vielleicht, aber wir nicht. Wow, ist DOLL MASTER mies. Im ersten Drittel torkelt ein psychisch kranker Typ in seinem Haus herum und isst verbrannten Toast. Dann wird plötzlich zu einem Found Footage-Stil gewechselt, und die anderen zwei Drittel verbringen wir in einem Keller mit Norman und der unsympathischen Filmcrew auf der Suche nach einem Eingang. Dieser Teil des Films ist wie das schlechteste und fadeste *Resident Evil*-Videospiel aller Zeiten, nur dass man die Figuren nicht steuern kann und es keine Zombies und Action gibt.

Macht es Sinn, auf sämtliche Aspekte dieses Werks überhaupt einzugehen? Ich glaube nicht. Die Dialoge sind katastrophal. Das Bild ist so desaturiert, dass es streckenweise wie ein Schwarzweißfilm aussieht. Hugo kommt fast nie vor, quatscht nur selten und schwingt zwei Mal ein Messer. DOLL MASTER ist einer der amateurhaftesten Filme in diesem Buch und sollte unter keinen Umständen von niemanden zu keinem Zeitpunkt jemals gesehen werden.

★☆☆☆☆

Besonderheiten: *Als im Finale endlich die Backstory von Hugo erzählt wird, erfahren wir, dass er aus purer Langeweile von einem Teenager erschaffen wurde. Das ist dann wohl der Fluch des Hugo: Aus Langeweile erschaffen, um auf ewig Menschen mit Langeweile zu quälen, im Ultra-Low-Budget-Fegefeuer. / Der Film ist (zurecht) so unbekannt, dass er nicht mal einen Eintrag auf ofdb.de hat.*
Creative Killing: *Nein.*
Nervige Skeptiker: *Ein arroganter, besonders unsympathischer und lauter Skeptiker sticht als Securitymann des Filmteams unangenehm heraus.*
Kill Count: *3*

DOLLS

1987
Regie: Stuart Gordon (RE-ANIMATOR, FROM BEYOND, FORTRESS, THE PIT AND THE PENDULUM [1991], CASTLE FREAK, DAGON, ROBOT JOX)
Drehbuch: Ed Naha (TROLL [Seite 406], HONEY, I SHRUNK THE KIDS)
Nennenswerter Cast: Guy Rolfe (der Puppetmaster höchstpersönlich aus PUPPET MASTER III: TOULON'S Revenge)
77 Min.

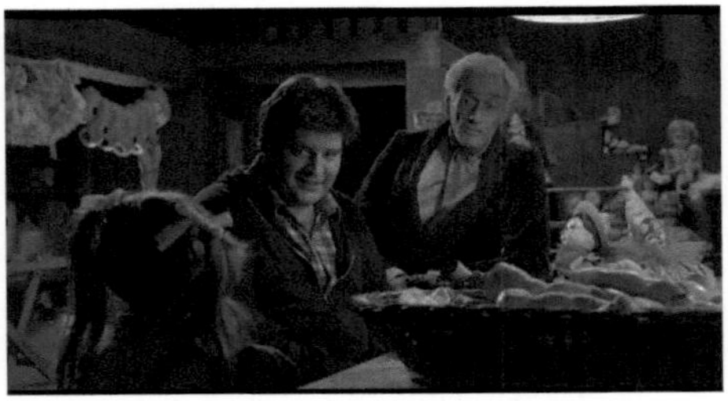

Abb. 155: Kindliche Unschuld.

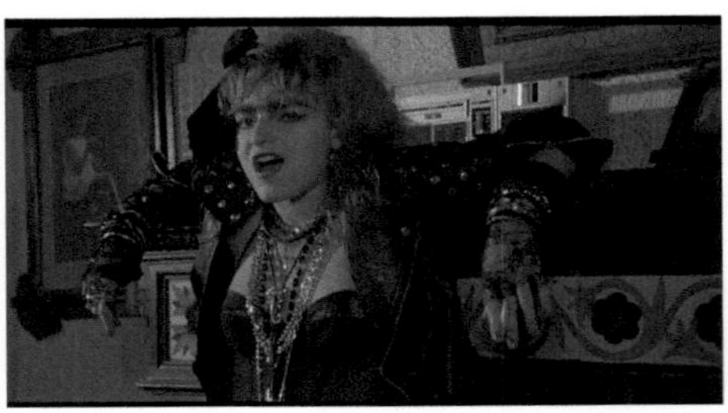

Abb. 156: Also diese Jugend von heute...

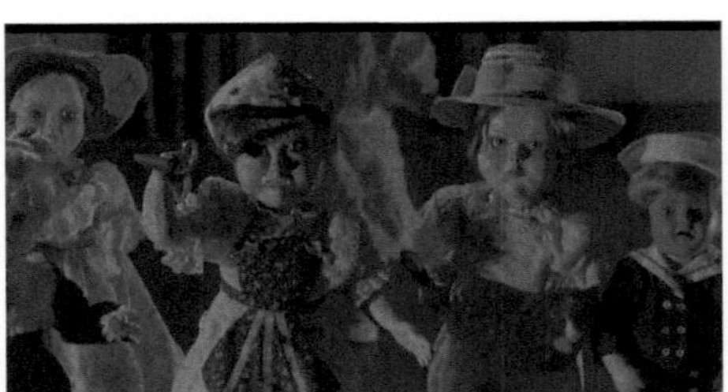

Abb. 157: Attackeee!

Charles Band, Stuart Gordon, Brian Yuzna, John Carl Buechler – der Vorspann des Films liest sich wie ein Auszug aus dem *Who's Who* kompetenter Horrorfilmschaffender. Dementsprechend hoch ist auch die Qualität des Films.

Die 7-jährige Judy ist mit ihrem geschiedenen Vater David und dessen neuer Flamme Rosemary auf dem Weg in den Urlaub, als ihr Auto mitten in einem Sturm schlapp macht. Sie suchen Zuflucht in einem großen, alten Haus, wo sie von einem netten, etwas merkwürdigen alten Ehepaar empfangen werden. Zu den fünf stoßen noch der ängstliche, dicke Ralph und zwei Punk-Rock-Bräute hinzu, die ebenfalls vor dem Sturm geflohen sind.

Die Sympathien sind klar verteilt. Auf der einen Seite die zwei positiven Figuren Judy – ein unschuldiges, großäugiges Kind mit viel Fantasie – und Ralph, das Fleisch gewordene Kind im Mann. Auf der anderen Seite die unsympathischen Figuren der Erwachsenen: David, der die kleine Judy ständig niederbrüllt, auch bereit ist, sie zu schlagen und sie am liebsten wieder zu ihrer Mutter schicken würde. Rosemary, eine kaltherzige Frau, die noch böser als David und ebenfalls von Judy enorm genervt ist. Um Steve Zissou zu zitieren: »She's a rich bitch.«[24] Die zwei Punkrock-Tussis sehen aus, als wären sie einem Musikvideo der 1980er entsprungen, tragen viel Make-up und viel billigen Schmuck. Die beiden haben ein unmögliches Benehmen und obendrein einen grässlichen Cockney-Akzent. Sie wollen

[24] Bill Murray als Steve Zissou in THE LIFE AQUATIC WITH STEVE ZISSOU (Wes Anderson, 2004)

sowohl Ralph als auch das alte Ehepaar ausrauben. Grundsätzlich würde ich mich schon als Menschenfreund bezeichnen, aber den beiden habe ich sofort ein paar Killerpuppen an den Hals gewünscht – was wahrscheinlich beabsichtigt war.

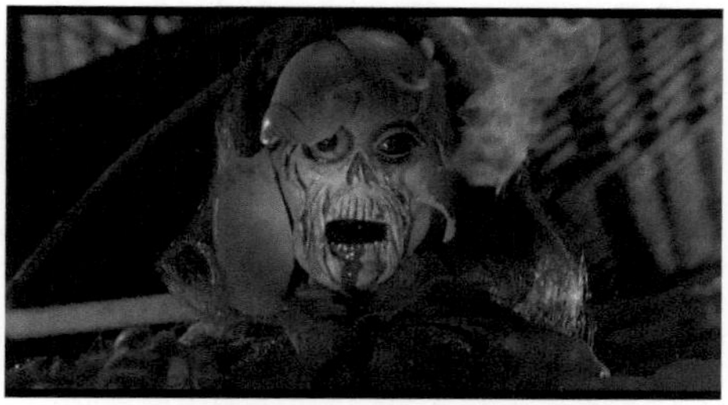

Abb. 158: Puppengesichter des Todes.

Wenn dann schließlich, wenig überraschend, einige dieser unsympathischen Figuren von einer Horde Puppen angegriffen wird, bekommen wir tolle *Stop Motion*-Effekte und ein paar der besten Puppenszenen in der Geschichte des Horrorfilms geboten. Eine von ihnen endet damit, dass das verzweifelte Opfer keinen Ausweg mehr findet und durch ein geschlossenes Fenster aus dem Haus springt.

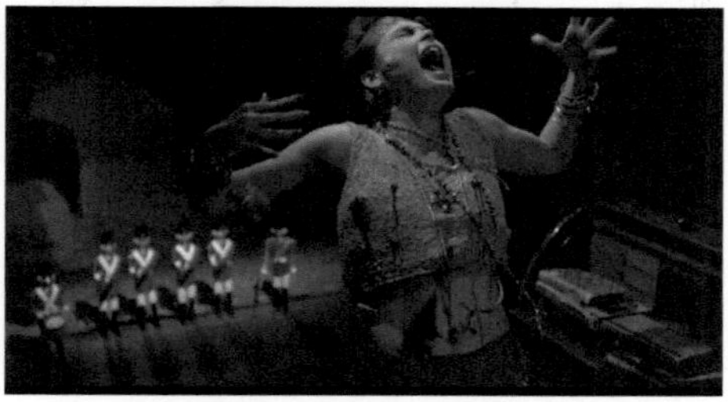

Abb. 159: Von Minisoldaten hingerichtet – ohne Augenbinde und Zigarette.

Die einzigen ambivalenten, undurchsichtigen Figuren sind die Hausbesitzer, das alte Ehepaar. Selbst als dieses im Finale des Films ihre Philosophie mit uns teilt und der Ursprung der Puppen klar wird, wäre es interessant, auf welcher Seite der Zuschauer steht, wo seine Sympathien liegen.

Man kann fast nicht mehr zu dem Film schreiben, ohne dass man ihm etwas von seiner Magie nimmt. Nicht, dass es einen tollen Twist oder eine große Überraschung gäbe – es ist eine sehr simple, geradlinige Geschichte. DOLLS hat etwas von einem Märchen oder einem Gedicht und gehört zu den allerbesten des Genres. Ein schöner Film für alle Jungen und Junggebliebenen. Für das Kind in uns, das noch begeisterungsfähig ist, sich gerne schreckt und sich freut, wenn die eindeutig Guten triumphieren und moralische Verwerflichkeit bestraft wird. Wenn es etwas zu bekritteln gibt, dann nur die kurze Laufzeit von nur 77 Minuten.

★★★★★

Besonderheiten: *Statt nur einer Puppe oder einer kleinen Gruppe ist es diesmal ein ganzes Haus voller Killerpuppen.*
Creative Killing: *Ein Holzfigurenerschießungskommando.*
Nervige Skeptiker: *Weder die schrecklichen Eltern noch der nette Ralph glauben Judy, dass eines der beiden Mädchen von »Elfen« blutig geschlagen und weggezerrt wurde. Als Ralph dann aber Blut findet und das den anderen berichtet, wird behauptet, er sei wahrscheinlich ein Mörder oder ein Pädophiler. Nette Menschen...*
Kill Count: *4*

Dolly Dearest

1991
Deutscher Titel: Dolly Dearest – Die Brut des Satans
Drehbuch und Regie: Maria Lease
Nennenswerter Cast: Denise Crosby (erste Staffel von *Star Trek: The Next Generation*, Pet Sematary, Eliminators), Rip Torn (Men in Black-Reihe, Freddy Got Fingered, RoboCop 3, The Beastmaster)
94 Min.

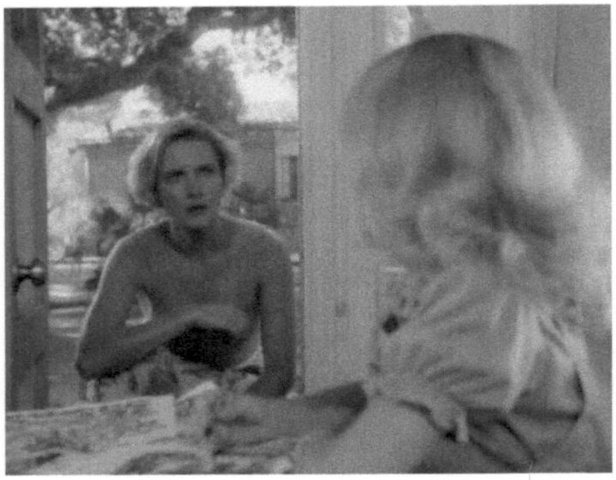

Abb. 160: Tasha Yar ist von der Enterprise gestiegen und erkennt ihre Tochter nicht wieder.

Eine Durchschnittsfamilie, bestehend aus vier eindimensionalen Menschen, fliegt nach Mexiko, weil der Vater dort in einer Fabrik Puppen herstellen will. Der smarte Sohn (smart, weil er eine Brille trägt und Bücher mag) liest im Flieger »Why Bad Things Happen To Good Kids« – ganz nettes *foreshadowing*. Die Puppenfabrik befindet sich blöderweise neben einer Jahrhunderte alten Maya-Grabstätte. Ein Archäologe befreit darin unabsichtlich einen Geist, der als eine Art roter Blitz durch die Gegend saust und sich später als die Brut Satans herausstellen wird – der deutsche Titel verrät das bereits, in gewohnt marktschreierischer Manier. Anstatt einer zerbrochenen Trinkschale oder sonstigem langweiligen Zeug findet dieser Archäologe den Tod, und einmal dürft Ihr raten, wo sich der befreite Geist des Satanssprösslings danach einnistet. Plötzlich ist die Tochter wie ausgewechselt. Sie scheint von ihrer neuen Puppe besessen zu sein und reagiert extrem allergisch auf gut gemeinte elterliche Ratschläge – was Kinder normalerweise bekanntlich *nie* tun würden, außer ein Dämon haust in ihnen. Weihwasser und Kruzifixe kann sie plötzlich auch überhaupt nicht mehr leiden. Wir erfahren immer mehr von dem Kult, der sich »Sanzia« nannte, was »Satan on Earth« bedeutet. Glaubt man den Einheimischen, ist Satans Nachkömmling nicht aufzuhalten. Die Familie versucht es trotzdem, auch mit Dynamit und einer Schrotflinte.

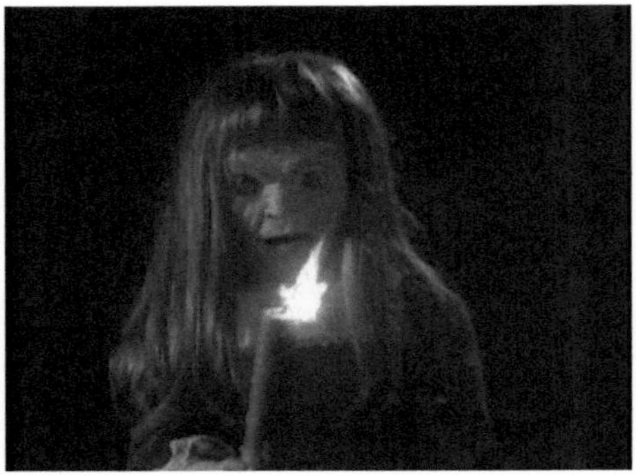

Abb. 161: Oh Dearest!

Dolly Dearest schafft es, stellenweise unheimliche Stimmung aufzubauen. Dass das Kind von der Puppe nie wirklich bedroht, sondern manipuliert wird, ist eine interessante Variation, die in Richtung Besessenheit und The Exorcist geht. Der Film wird aber von einer Fernsehfilmästhetik und einem schwachen, einfallslosen Drehbuch zurückgehalten und weiß außerdem nicht, wer seine Hauptfigur sein soll. Mal folgen wir dem Sohn, mal der Tochter, dann wieder der Mutter. Die Auflösung des Films lässt ebenfalls zu wünschen übrig. Trotzdem: Angenehmes Mittelmaß.

★★★☆☆

Besonderheiten: *Merke: Wenn das Kind des Fürsten der Finsternis in eine oder mehrere Spielzeugpuppen eingedrungen ist, sollte man eine Schrotflinte im Haus haben sowie Dynamitstangen vom letzten Angelausflug.*
Creative Killing: *Fehlanzeige.*
Nervige Skeptiker: *Die Mutter glaubt ihrer Tochter nicht, dass die Puppe zu ihr spricht. / Die Haushälterin warnt die Mutter vor dunklen Kräften – »there is evil here« –, diese will davon nichts wissen. / Als die Mutter zu ihrem Mann sagt, ihre Tochter sei wie von der Puppe kontrolliert und habe sie mit dem Tode bedroht, weist er das als irrational ab. / Als die Mutter die Existenz von übernatürlichen, satanischen Kräfte in Erwägung zieht, tut der Nachfolger des toten Architekten das als Aberglauben ab: »I am a man of reason.« Alle drei Skeptiker werden eines Besseren belehrt. Aus der angesprochenen, aber im Film nicht ausgereiften Idee, den Ungläubigen, nicht religiösen Anhängern der Moderne die Grenzen ihrer Vernunft aufzuzeigen, hätte man noch mehr machen können.*[25]
Kill Count: *3*

[25] THE ENTITY ist ein großartiger Horrorfilm, der nicht in dieses Buch passt, aber genau das sehr gut macht – also das Weltbild von (sehr) nervigen Skeptikern einzureißen.

DON'T BE AFRAID OF THE DARK

1973
Deutscher Alternativtitel: GATE OF DARKNESS
Regie: John Newland
Drehbuch: Nigel McKeand
Nennenswerter Cast: Kim Darby (TRUE GRIT [1969], BETTER OFF DEAD..., TEEN WOLF TOO), Jim Hutton (THE GREEN BERETS, MAJOR DUNDEE, HELLFIGHTERS, WALK DON'T RUN, THE HALLELUJAH TRAIL)
Coole Tagline: Can you see them, Sally ... hiding in the shadows. They're alive, Sally. They want you to be one of them when the lights go out. / Now you see them, now you don't...now you die!
74 Min.

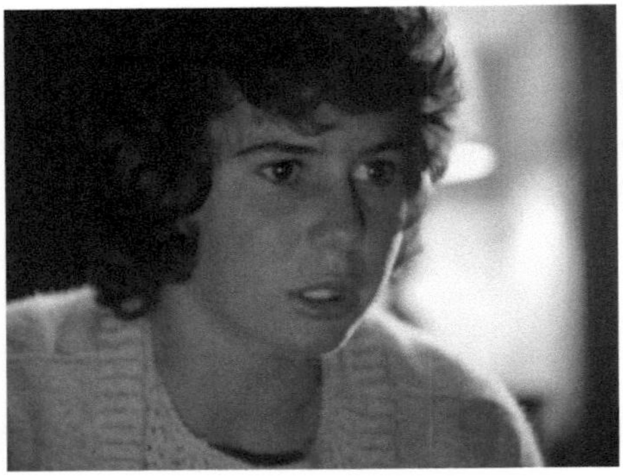

Abb. 162: Sally, es wird nach dir verlangt.

In diesem TV-Film erbt die sanftmütige, liebe junge Sally von ihrer Oma ein Landhaus. Merkwürdige Stimmen kommen aus dem Anwesen, die davon sprechen, dass sie bald befreit werden würden... Sally will in ihrem neuen Heim das nie benutzte Kellerabteil renovieren und den alten Kamin dort entfernen lassen, aber der alte Handwerker, der auch für die Granny gearbeitet hat, warnt sie eindringlich: Der Kamin dürfe nicht zerstört werden. Außerdem müsse die Aschetür unbedingt zugemauert bleiben, denn er habe sie vor vielen Jahren nicht grundlos fest zugemauert. Mehr will er dazu aber nicht sagen.

Der alte Mann ist weg und sofort wird die Aschetür geöffnet. »Sally...Sally, we want you, we want you", tönen die mysteriösen Stimmen immer wieder. Ganz im Stile eines *old school*-Gruselfilms sieht man die Wesen lange nicht, die sich über ihre Befreiung freuen. Zunächst fällt nur ein Aschenbecher zu Boden, und etwas zerrt an Sallys Kleid. Von ihrem Ehemann Alex erhält sie keinerlei Unterstützung, denn er ist ein nerviger Skeptiker par excellence.

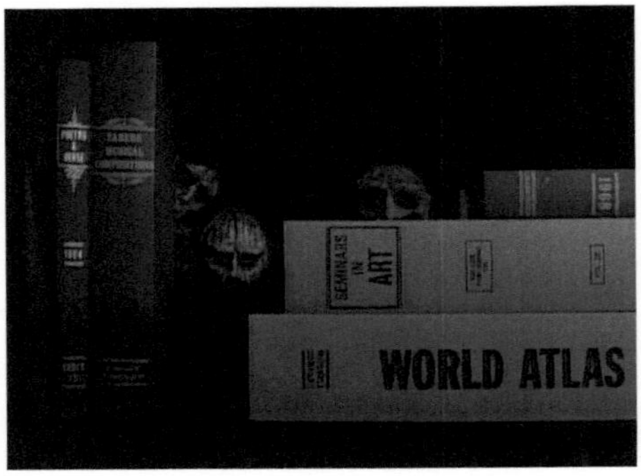

Abb. 163: Leserosinenköpfe.

Alex schmeißt mit Sally bald eine Dinnerparty in ihrem neuen Anwesen. Bei dieser will der Junganwalt einen guten Eindruck machen, damit ihn seine Bosse als Partner aufnehmen. Auf der Party sehen wir – und Sally – zum ersten Mal das Gesicht einer der Kreaturen, die unsere arme Protagonistin bedrängen: Die kleinen Wesen sehen sehr ausgetrocknet aus und man wird sie, oder irgendetwas Vergleichbares, in keinem Biologiebuch dieser Erde finden. Da will man die Karriereleiter hochklettern, und seine hysterische Frau erzählt irgendwas von kleinen Wesen mit

Dörrpflaumenköpfen! Die Party ist natürlich geplatzt und Alex schreit seine Frau an: »There was nothing there, NOTHING!«

DON'T BE AFRAID OF THE DARK ist eine nicht komplett unspannende, aber sehr biedere und langsame Angelegenheit, frei von Überraschungen und Effekten. Für all jene, die in halbmüdem Zustand Lust auf einen unspektakulären Suspense-Gruselhorror haben, kann ich hier aber schon eine kleine Empfehlung aussprechen. Wenn ich heute ein Verleiher wäre, würde ich den Film »Angriff der Rosinenköpfe« nennen und als Kinder-Grusel verkaufen.

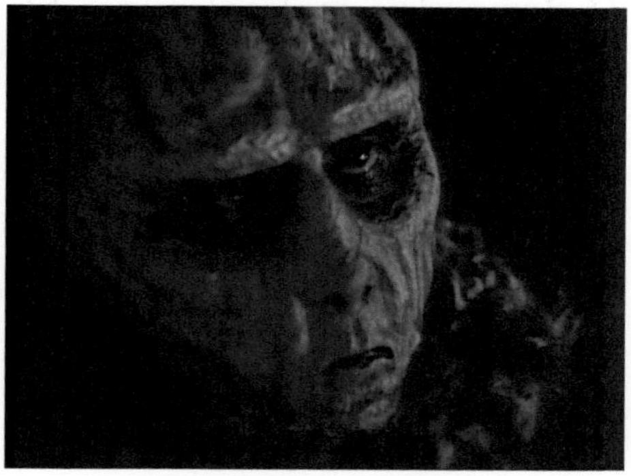

Abb. 164: Doch, da war was, du Arsch.

★★★☆☆

Besonderheiten: *Warum sehen ihre Köpfe wie getrocknete Weintrauben aus? Das Nicht-Wissen darüber ist der halbe Horror...*
Creative Killing: *Nein.*
Nervige Skeptiker: *Ehemann Alex ist, wie bereits erwähnt, ein klassischer Vertreter dieser Gattung. Laut ihm sei Sally nur nervös und sollte zu einem Arzt gehen. Oder vielleicht spielt sie das alles auch nur, weil sie doch nicht mehr in dem neuen Haus wohnen will. Alex hat auch so tolle Tipps für seine Ehefrau wie »Stop being so scared!«*
Kill Count: *2*

Don't Be Afraid of the Dark

USA, Mexiko 2011
Regie: Troy Nixey
Drehbuch: Guillermo del Toro (Crimson Peak, Mimic, Cronos, El laberinto del fauno [Pans Labyrinth], The Shape of Water, Hellboy, Hellboy II: The Golden Army, Pacific Rim, The Hobbit-Trilogie, El espinazo des diablo), Matthew Robbins (Crimson Peak, Mimic, The Sugarland Express, Dragonslayer)
Nennenswerter Cast: Katie Holmes (*Dawson's Creek*, Batman Begins, Teaching Mrs. Tingle, Go, Miss Meadows, Pieces of April, Disturbing Behavior, Mad Money, First Daughter), Guy Pearce (The Count of Monte Cristo, The Time Machine [2002], Lockout, Traitor, L.A. Confidential, Prometheus, Seeking Justice)
99 Min.

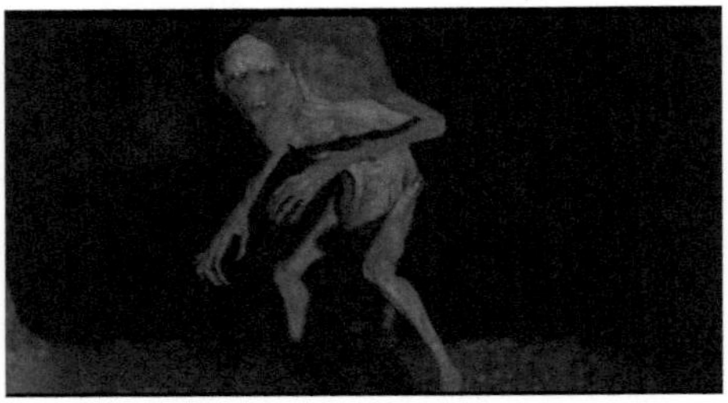

Abb. 165: Kreaturen der Dunkelheit.

Im Intro des Remakes von Don't be Afraid of the Dark (*Seite 148*) erfahren wir: Die kleinen Wesen leben unter der Erde und können wieder durch einen Kaminschacht an die Oberfläche gelangen. Sie sind quasi die Horror-Version von der Zahnfee.

Dann beginnt die eigentliche Geschichte, in der wieder ein paar Menschen in ein Haus mit einem mysteriösen Kaminschacht einziehen. Wir lernen Sally kennen, die diesmal keine erwachsene Frau ist, sondern ein verschlossenes, depressives Kind, das Amphetamine schluckt. Die kleine Schwarzhaarige lässt die Annäherungsversuche der netten Eltern (Guy Pearce und Katie Holmes) permanent abblitzen. Sally macht ständig ein trauriges Gesicht, ihre Lieblingsfarbe ist Schwarz, und als sie im Keller einen menschlichen Zahn unbekannten Ursprungs findet, schiebt sie ihn sich ein. Sie ist eine Tochter, wie Tim Burton sie sich wünschen würde.

Im Keller rufen die kleinen Wesen nach der neugierigen Sally, und die Kleine wechselt von depri zu begeistert. Die Aschetür des Kaminschachts wird geöffnet, Sally geht wieder und die Kreaturen sind frei. Sie besuchen Sally mehrmals in ihrem neuen Zimmer, und es stellt sich heraus, dass sie doch nicht freundlich sind. Diesmal haben wir es nicht mit kleinen Schrumpelköpfen zu tun, die Wesen sehen vielmehr aus wie kleine, humanoide Ratten. Also fast wie böse, kleine Mini-Splinters, nur dass sie halt keine weisen Vaterfiguren sind, die ihren mutierten Schildkröten-Söhnen Ninjitsu beibringen.

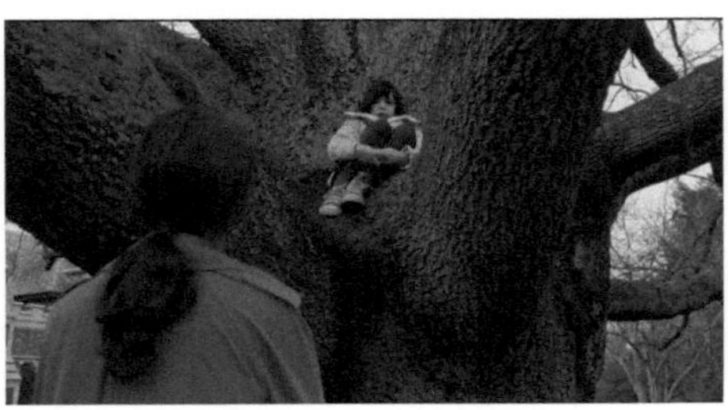

Abb. 166: Kummerkind Sally.

Man bekommt nicht zu wenig von den Ratten-Wesen zu sehen, manche würden auch sagen, zu viel. Trotzdem gelingt es dem Film um einiges besser als dem Original, eine mysteriöse, spannende und gruselige Stimmung aufzubauen.

Es wird wohl nicht überraschen, dass eine Kinoproduktion aus dem Jahr 2011 besser gemacht und visuell ansprechender ist als ein billiger TV-Film aus den 1970ern. Dass ein Remake besser ist als das Original, wie auch bei SCARFACE (1932, 1983), INVASION OF THE BODY SNATCHERS (1956, 1978) oder OCEAN'S ELEVEN (1960, 2001), kommt aber bekanntlich äußerst selten vor. Das Drehbuch wurde auch immerhin von Guillermo del Toro (HELLBOY, HELLBOY II: THE GOLDEN ARMY, EL LABERINTO DEL FAUNO, THE SHAPE OF WATER) mitverfasst. Del Toro hat den Film außerdem mitproduziert und scheint stolz auf ihn zu sein, denn er hat im Vorspann auch einen »presented by«-Credit.

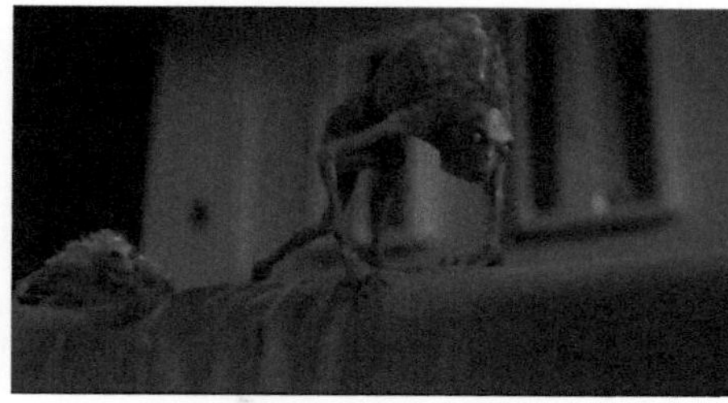

Abb. 167: Die Kreaturen wagen sich immer weiter aus ihrem Versteck.

★★★★☆

Besonderheiten: *Keine.*
Creative Killing: *Nein.*
Nervige Skeptiker: *Papa Guy Pearce glaubt seiner Tochter nicht. Als Katie Holmes schließlich zu glauben beginnt, stellt sich Guy wieder quer, der Depp. Als ihm seine Tochter sogar einen fotografischen Beweis überreichen will, schiebt er sie zur Seite und sagt, er habe keine Zeit. Oh Mann...*
Kill Count: *0, 1 oder 2.*

DR. TERROR'S HOUSE OF HORRORS

UK 1965
Deutscher Titel: DIE TODESKARTEN DES DR. SCHRECK
Regie: Freddie Francis (TALES FROM THE CRYPT, THE SKULL [Seite 381], THE DAY OF THE TRIFFIDS, DRACULA HAS RISEN FROM THE GRAVE, THE EVIL OF FRANKENSTEIN, THE CREEPING FLESH)
Drehbuch: Milton Subotsky (TALES FROM THE CRYPT, THE SKULL [Seite 381], THE VAULT OF HORROR, AT THE EARTH'S CORE, DR. WHO AND THE DALEKS)
Nennenswerter Cast (Disembodied Hand): Christopher Lee (THE LORD OF THE RINGS-Trilogie, STAR WARS: EPISODE II – ATTACK OF THE CLONES, THE WICKER MAN, THE MAN WITH THE GOLDEN GUN, DRACULA [1958], THE HOUND OF THE BASKERVILLES [1959], THE MUMMY [1959], Fu Manchu in den FU MANCHU-Filmen der 1960er), Michael Gough (BATMAN-Reihe [1989-1997], DRACULA [1958], THE MAN IN THE WHITE SUIT, WITTGENSTEIN, HORRORS OF THE BLACK MUSEUM)
Coole Tagline: Acclaimed as »THE FEAR OF THE YEAR« – Frenzied Fright! Freezing Terror! Screaming Nightmare!
99 Min.

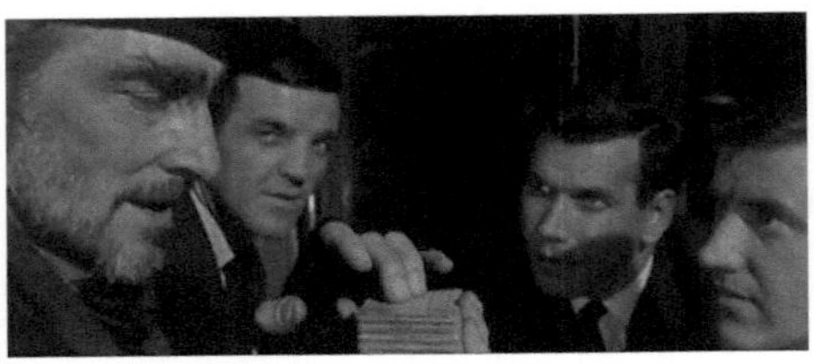

Abb. 168: Heutzutage macht man das via TV, und man muss in der Hotline seine Kreditkartennummer angeben.

In einem Zugabteil treffen sechs Herren aufeinander. Der Metaphysiker Dr. Schreck (Peter Cushing), vier Männer im besten Alter und der grimmig dreinblickende, etwas ältere Franklyn Marsh (Christopher Lee). Dr. Schreck hat Tarotkarten im Gepäck, die laut ihm die Zukunft vorhersagen können.

Und da es 1965 noch keine iPhones und keine Nintendo Switch gab, wollen die jungen Herren alle Schrecks Kartentrick sehen und erfahren, was sie erwartet. Doch die Geschichten, von denen jede um einen der Anwesenden kreist, gehen für keinen einzigen von ihnen gut aus. Franklyn Marsh ist der nervige Skeptiker der Runde, der immer wieder einwirft, dass er das Ganze für Humbug hält und für nicht mehr als billige Taschenspielertricks für leichtgläubige Deppen.

Zuerst geht es um einen Werwolf, der im Keller eines Anwesens schlummert und auf Rache sinnt – nichts Besonderes.

In der zweiten Geschichte hat Bernard Lee (»M« in den James Bond-Filmen, vor Judy Dench) Angst, dass eine neue intelligente Rankenpflanze vielleicht bald die Welt beherrschen könnte. Immerhin hat sie schon einen kleinen Hund auf dem Gewissen. Dann erinnert er sich aber daran, dass so etwas wie Feuer existiert.

Dann stiehlt ein frohgemuter Musiker eine Melodie, die er bei einer Voodoo-Zeremonie auf einer Karibischen Insel gehört hat. Das gefällt dem Voodoogott aber gar nicht, oder zumindest seinen fanatischen Anhängern.

Um zu beweisen, dass Franklyn Marsh keine Angst hat, ist er der vierte Kandidat für Schrecks Tarotdeck:

In »Disembodied Hand« erfahren wir, dass Marsh ein berühmter, arroganter, aufgeblasener Kunstkritiker ist. Wieder einmal muss er eine von Eric Landors (Batmans Ex-Butler Michael Gough) Ausstellungen über sich ergehen lassen. Dem anwesenden

Maler attestiert er vor versammeltem Publikum völlige Talentlosigkeit. Marsh meint, Landor solle es endlich aufgeben, sich als Künstler zu versuchen. Die Betreiberin der Ausstellung, offensichtlich auf Landors Seite, bittet Marsh, ein Bild von einem jungen Künstler zu bewerten, dem sie demnächst eine Ausstellung widmen will. Eine ungewöhnliche Bitte, aber da das Publikum nach den Kritiken und Einschätzungen von Marsh lechzt, kommt er ihr nach. Marsh lobt das ihm präsentierte Bild in höchsten Tönen und wird überrascht: Der junge Künstler ist anwesend und... es ist ein Affe. Das Publikum biegt sich vor Lachen und mit dieser ordentlichen Watsche wird Marsh von seinem hohen Ross heruntergestoßen.

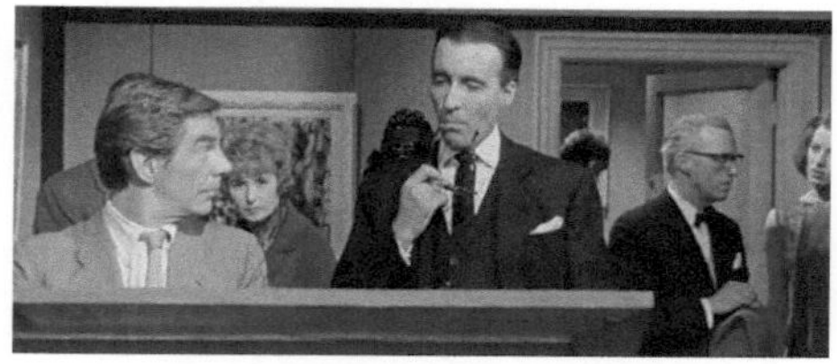

Abb. 169: Der Hochmut vor dem Fall.

Marsh verfällt nach diesem Vorfall nachvollziehbarerweise in eine längere Schamperiode und zweifelt sogar an seinem kritischen Genie. Er fährt Landor vorsätzlich mit seinem Auto über den Haufen und begeht Fahrerflucht. Der Maler verliert dabei die rechte Hand, und seine Karriere ist mit einem Schlag beendet. Doch die abgetrennte Hand des Künstlers rächt sich. Zuerst kann Marsh sie aus seinem Auto werfen und später in seinem Haus ins Kaminfeuer stecken. Doch sie kommt immer wieder zurück.

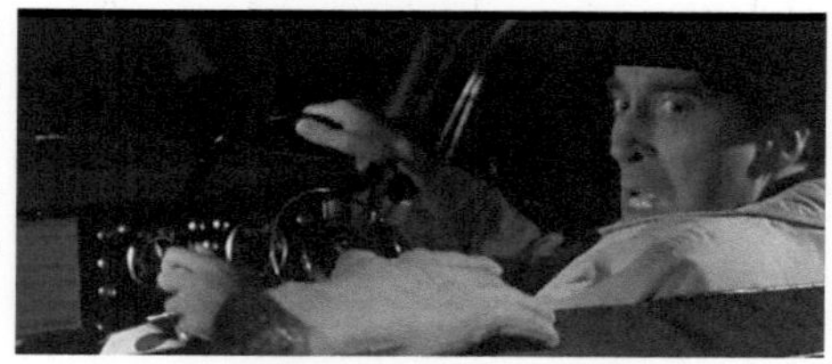

Abb. 170: Öffentliche Bloßstellung ist nicht das Schlimmste, was dir passieren kann...

In der letzten Geschichte hat ein junger Donald Sutherland blöderweise eine Vampirfrau geheiratet.

DR. TERROR'S HOUSE OF HORRORS ist ein netter, alter Gruselfilm mit einem schönen Twist am Ende. Wenn man eine der anderen Horror-Anthologien des britischen Produktionsstudios Amicus kennt (wie TALES FROM THE CRYPT oder ASYLUM [*Seite 27*]), weiß man, welcher Stil und welches Niveau einen ungefähr erwartet.

★★★☆☆ (Disembodied Hand)

★★★☆☆ (DR. TERROR'S HOUSE OF HORRORS als Ganzes)

> ***Besonderheiten:*** *Der erste »Portmanteau«-Horrorfilm (Episoden-Horror) aus dem Hause Amicus. Drehbuchautor Milton Subotsky wurde inspiriert von DEAD OF NIGHT (1945, Seite 110), einem anderen, sehr bekannten britischen Horrorepisodenfilm.*
> ***Creative Killing:*** *Nein.*
> ***Nervige Skeptiker:*** *Wenn der nervige Skeptiker von Christopher Lee gespielt wird, dann ist alles in Ordnung.*
> ***Kill Count:*** *0*

THE DUMMY

2000
Drehbuch und Regie: Keith Singleton
Coole Tagline: Slaying Audiences Everywhere / People Say We Have a Killer Act!
83 Min.

Der seltsame, distanzierte Paul ist Bauchredner und hat einen erfolgreichen Act mit seiner Puppe Tommy. Diese ist aus einem besonderen Voodooholz geschnitzt, das sein Großvater einst gesammelt hatte. Der Star kommt von einer Tournee zurück zu seiner Freundin Donna, die eifersüchtig ist. Nach seinen Shows werfen sich die Frauen nämlich reihenweise auf Paul und streiten um ihn, denn bekanntlich gibt es nichts Erotischeres als einen Mann mittleren Alters, der hauptberuflich seine Hand in den Arsch einer Holzpuppe steckt. Aber auch Tommy ist eifersüchtig, sowohl er als auch Donna wollen den Puppenspieler für sich haben.

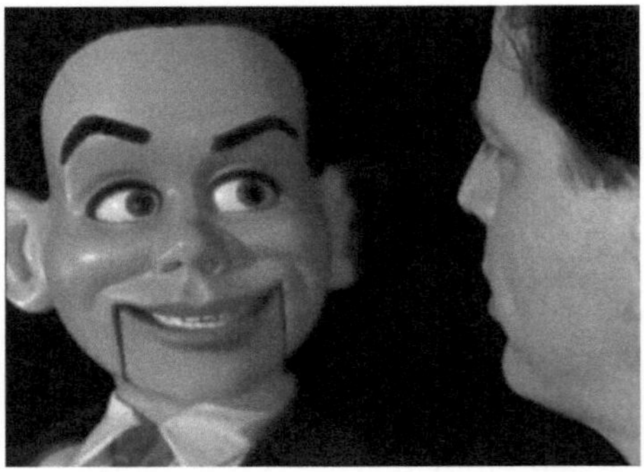

Abb. 171: Wer ist hier die Puppe?

Eine Psychiaterin interessiert sich ebenfalls (anscheinend nicht nur professionell) für Paul und will in ihrem nächsten Buch über ihn schreiben. Dieser aber weist sowohl Donna als auch die Psychaterin ab, denn er leidet anscheinend an Wahnvorstellungen, oder wie er es ausdrückt: »Things are happening.«

Paul hat ein dunkles Geheimnis: Als er noch ein Kind war, wurde sein Haus niedergebrannt und die Eltern ermordet. Heute quatscht Tommy aus seinem Koffer heraus mit Paul. Ein versnobter Kritiker muss sterben, nachdem Pauls Act eine schlechte Kritik von diesem erhalten hat. Eine Kellnerin, die nach einer Show backstage mit der Puppe alleine war, wird zuerst vermisst und taucht dann tot auf.

Wer ist für all das verantwortlich, etwa Tommy? Leidet Paul an einer gespaltenen Persönlichkeit oder ist die Puppe wirklich am Leben? Donna liebt ihn und will ihn retten, aber ist Paul überhaupt zu retten? Was ist zu tun, sollen sie Tommy gemeinsam erledigen?

Das alles ist uns egal, weil THE DUMMY belangloser Schrott ist und wie ein sehr lahmer TV-Psychokrimi daherkommt, in den sich ein wenig Blut und ein paar Brüste hineinverirrt haben. Sowohl die Figuren als auch die Geschichte sind uninteressant. Spannungsaufbau: Fehlanzeige.

★☆☆☆☆

Besonderheiten: *Eine kurze, aber ziemlich heiße Sexszene mit Donna, die etwas von einer jungen Sharon Stone hat. / Bei der amerikanischen DVD ist ein großer Teil des Bildes weggeschnitten.*
Creative Killing: *Nein.*
Nervige Skeptiker: *Keine.*
Kill Count: *5 (1 off camera)*

The Dummy – Bloody Anniversary

1995
Regie: Dante Falconi (Todd Jason Cook [Demon Dolls, Seite 120])
Drehbuch: Unbekannt, sicher auch »Dante Falconi«
85 Min.

Curtis und Laura sind ein junges Paar und seit fast einem Jahr verheiratet. Sie besuchen in einem Vergnügungspark eine Wahrsagerin und Laura fragt, ob die Ehe anhalten wird. Den darauf folgenden Dialog will ich Euch nicht vorenthalten:

> Wahrsagerin: Your marriage will not last.
> Curtis: Get real, lady. This is a joke.
> Wahrsagerin (als würde sie aus einem Telefonbuch vorlesen): This is not a joke. Do not ever speak to me that way again.
> Curtis: Listen here, lady. My wife and I just came in here as a joke. You know, just for fun.
> Laura: Curtis!
> Wahrsagerin: You know nothing. I know everything. I see it all and you do not believe me.
> Curtis: Do I look like I believe you?
> Wahrsagerin: You are a fool!
> Laura: Now wait a minute. Don't call my husband a fool!
> Wahrsagerin: That's enough. Get out, you assholes! You will get what you deserve for insulting me. Death to you both!
> Curtis: Up yours, lady. Come on Laura, let's go.

Die magische Lady ist beleidigt und schwört Rache. Aus dem Nichts zaubert sie eine Bauchrednerpuppe her. Der Geist des Todes wird beschworen und soll in die Puppe eindringen. Und siehe da, die Puppe erwacht. Die Wahrsagerin befiehlt ihr, sie solle alle töten, die auch nur ein Wort mit dem Ehepaar sprechen. Zwei Monate später (eine Schonfrist?) soll sie dann auch Curtis und Laura töten. Warum nimmt der Geist des Todes, der sich nach einer großen Nummer anhört, eigentlich Befehle von irgendeiner Zigeunerbraut in einem Rummelplatzzelt entgegen?

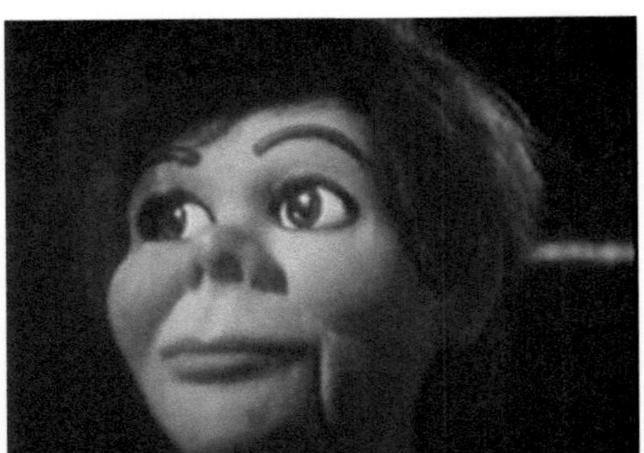

Abb. 172: Das Böse zeigt seine hässliche Puppenfratze.

Jedenfalls bekommt das Ehepaar zu ihrem Jahrestag die Puppe von einem Freund geschenkt, der stolz und voller Freude erwähnt, dass er nur 25 Dollar dafür bezahlt hat. Zuhause angekommen ist es plötzlich überall kalt, wo die Puppe ist. Diese nimmt ihren Auftrag ernst und die Leute sterben nach der Reihe wie die Fliegen: Wer auch immer mit Curtis und Laura spricht, tritt alsbald ins Jenseits hinüber. Zuerst der

Freund, gleich nach der Geschenkübergabe, dann die Schwester. Auch bei anderen Leuten, die von irgendwo her anrufen und zum Jahrestag gratulieren, steht gleich die Puppe da und sticht mit einem Messer zu, denn sie kann sich teleportieren.

Der beste Dialog im Film ist der eingangs mit der Wahrsagerin. Ansonsten sind die Gespräche allesamt auf Volksschulniveau. Die Ausleuchtung der Szenen ist besonders mies, aber wenigstens auf der akustischen Ebene passt es, und man versteht alles. Zu einem ohnehin schon schlechten Amateurfilm kommt dann durch ein unnötig in die Länge gezogenes Finale auch noch Langweile dazu.

Mehr *home video*-Feeling ist wohl kaum möglich. THE DUMMY ist einer dieser Filme, der wie ein Video wirkt, das für Freunde und Familie zum Spaß aufgenommen wurde und niemals für ein breiteres Publikum gedacht war. Das Werk ist nur für hartgesottene *shot-on-video*-Fans geeignet.

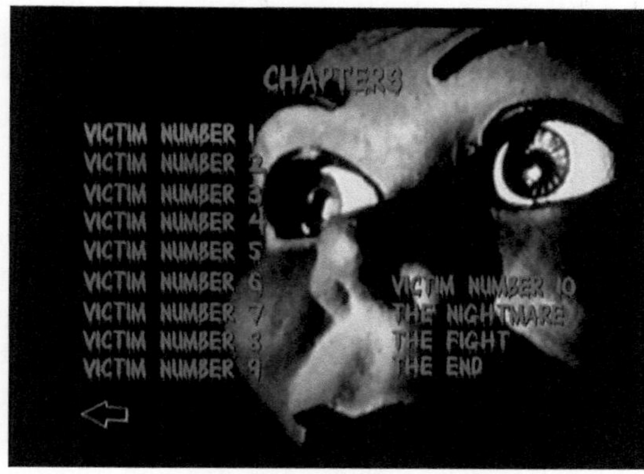

Abb. 173: Auch so kann man ein DVD-Kapitelmenü gestalten.

»Un film di Dante Falconi« soll das übrigens sein, und auch andere *credits* sind auf Italienisch geschrieben. Es wäre Dante Falconis einziger Film. Ich bin mir sicher, dass da wieder Todd Jason Cook (DEMON DOLLS, *Seite 120*) am Werk war und der Independentregisseur einfach Italoslasher cool fand und sich deshalb so genannt hat.

★☆☆☆☆

Besonderheiten: *Die Puppe kann sich teleportieren.*
Creative Killing: *Nein.*
Nervige Skeptiker: *Keine.*
Kill Count: *12 (1 off camera)*

THE DUMMY 2

2016
Regie und Drehbuch: Dustin Ferguson (DEMON DOLLS [2015, Seite 122])
70 Min.

Ein paar Leute, die keine Schauspieler sind, sehen sich THE DUMMY – BLOODY ANNIVERSARY an, der auf realen Ereignissen basieren soll. Eine von ihnen ist ein Horrorfan und hat online jemanden gefunden, der ihr die originale Bauchrednerpuppe aus dem Film verkauft, die auch für die Morde vor 25 Jahren verantwortlich sein soll. Ihr Freund besorgt ihr die Puppe von einem komischen Typen hinter einem Parkhaus. Die Puppe wird zu Hause abgeliefert, und nach einer scheinbar fehlgeschlagenen Séance bringt die Puppe alle um. *That's it*, das ist der ganze Film. Um zumindest auf 70 Minuten Laufzeit zu kommen, werden ständig Szenen aus dem ersten Dummy-Film (BLOODY ANNIVERSARY, *Seite 156*) gezeigt, den sich die Figuren ansehen. Ohne Vor- und Abspann und diesen Szenen aus dem Vorgängerfilm hat Teil 2 nicht mal 40 neue Minuten zu bieten.

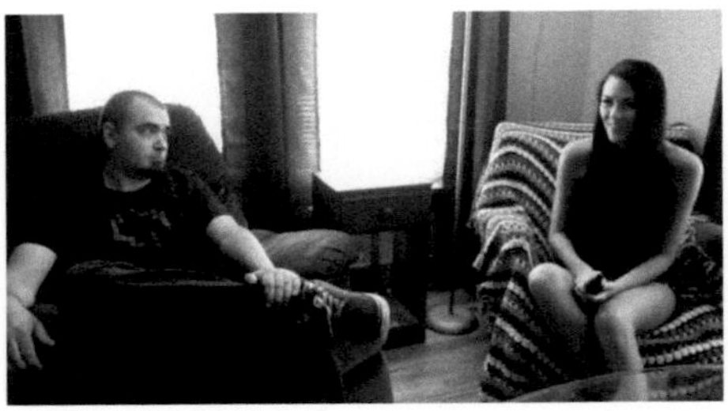

Abb. 174: Nicht-Schauspieler an einem Nicht-Set in einem Nicht-Film.

Und diese wenigen Minuten sind trotzdem gefüllt mit unnötigen und mit schlechter Musik unterlegten Montagen, wie ein Besuch in einem Vergnügungspark oder zwei (!) Szenen, in denen einfach nur das Sortiment eines Souvenirladens gefilmt wird. Diese dialogfreien Sinnlosszenen unterbrechen aber wenigstens die anderen Sinnlosszenen mit den miesen Darstellern, wie eine, in der zwei Figuren am Boden sitzen, kiffen und irgendeinen belanglosen Blödsinn reden.

Es gibt viele Filme, bei denen man versucht hat, etwas Gutes zu produzieren und maßlos gescheitert ist. Ich bin mir sicher, dass es in diesem Fall nicht einmal versucht wurde. Schlechter kann ein »Film« kaum sein, und ich frage mich, ob der Verantwortliche wohl einen Schlaganfall hatte oder vielleicht ein Gehirntrauma – es ist wirklich unglaublich. Zu sagen, THE DUMMY 2 sei amateurhaft, wäre eine Beleidigung für alle Amateure. Es ist das schlechteste YouTube-Video, das ich jemals gesehen habe, und selbst der eine Stern ist einer zu viel.

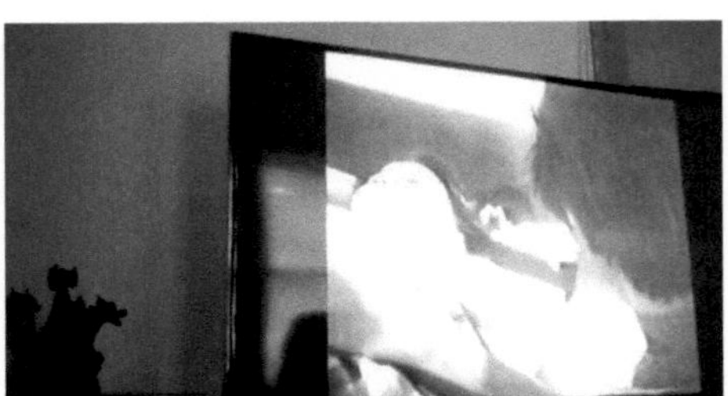

Abb. 175: Ferguson filmt Fernseher – das filmische Äquivalent eines vom TVabgefilmten YouTube-Videos.

Dass irgendwer diesen Schund vertrieben hat – wenn auch anscheinend nur kurzzeitig und in extrem geringer Auflage –, ist ebenfalls unglaublich. Normalerweise hätte man bei der Sichtung sagen müssen »OK, wir sind zwar eine Schundfirma, die ausschließlich Schundfilme vertreibt, aber dieser Schund ist selbst uns zu schundig.« Ich habe mir THE DUMMY 2 für 94 Cent auf Vimeo ausgeliehen, und mich trotzdem betrogen und bestohlen gefühlt.

★☆☆☆☆

> ***Besonderheiten:*** *Eine Internetrecherche hat ergeben, wer hier verantwortlich ist: Fergusons späte Sequels zu Todd Jason Cooks 1990er-Werken DEMON DOLLS (Seite 120) und THE DUMMY – BLOODY ANNIVERSARY (Seite 156) sind unter Cooks eigenem Label »Screamtime Films« vertrieben worden. Da haben sich zwei gefunden. / Der Film ist (zurecht) so unbekannt, dass er nicht mal einen Eintrag auf ofdb.de hat.*
> ***Creative Killing:*** *Nein.*
> ***Nervige Skeptiker:*** *Nicht wirklich.*
> ***Kill Count:*** *5 (alle off camera)*

THE ELF

2017
Drehbuch und Regie: Justin Price (DARK MOON RISING)
91 Min.

Es ist Weihnachten, und Nick hat ein altes Spielzeugantiquitätengeschäft geerbt. Im Hinterzimmer findet er eine Kiste mit einer Elfenpuppe, die ein kleines Steakmesser in der Hand hält. Ein Stück Stoff ist auch dabei, auf dem ein Text steht, der sich wie ein Vertrag liest. »I accept this gift« liest Nick laut vor. Daraufhin brennt sich ein Symbol auf der Haut seines linken Armes ein und die Puppe verschwindet. Zu Hause taucht sie dann wieder auf, was Nick verstört. Sowas kann er gar nicht brauchen, ist er doch zur Weihnachtszeit ohnehin auf Grund eines traumatischen Kindheitserlebnisses gestresst. Sein Vater war vor vielen Jahren am Weihnachtsabend umgebracht worden.

Nicks Verlobte Victoria hat aufgespritzte Lippen und steht Nick bei. Sie hat ein wenig kalte Füße: Vicky soll einen Typen heiraten, der nachts und auch am Tag Albträume seines Traumas wegen hat. Aber sie gibt sich Mühe und lädt ihre Familie zu einem Überraschungs-Weihnachtsdinner ein, was Nick gar nicht behagt. Der Bruder (glaube ich, der Film macht das nicht deutlich) von Botox-Vicky mit den Schlauchbootlippen will nicht, dass Nick sie heiratet, und verprügelt ihn im Wald. Dafür wird er vom Elf umgebracht. Dann macht sich der kleine Killer auf den Weg zu den Dinnergästen, um auch die zu attackieren. Währenddessen erfährt Victoria von ihrem Vater, dass ihr Verlobter mit neun Jahren seinen Vater umgebracht und der Mutter mehrmals ins Gesicht gestochen hat. Frohe Weihnachten!

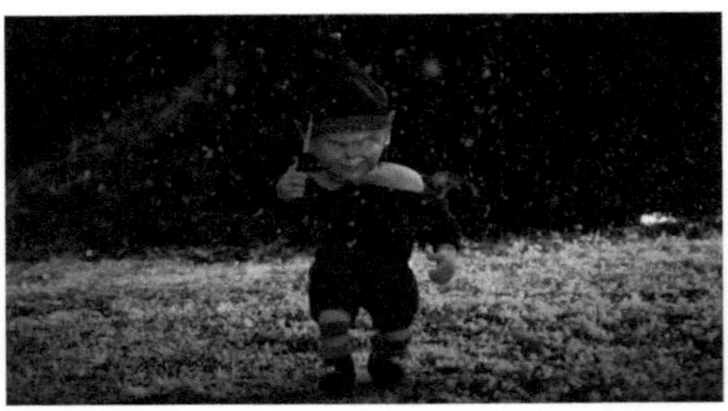

Abb. 176: Fun Fact: Der Titel ist auch ein Hinweis auf das maximale Alter, in dem man den Film überhaupt »ok« finden kann.

Ob das stimmt, verrät uns der Film nicht. Die Hintergrundgeschichte der Killer-Elfe ist ebenso lückenhaft. Vielleicht habe ich aber auch wesentliche Informationen verpasst, da die Tonabmischung so furchtbar schlecht ist, dass man Dialoge oft nicht richtig versteht. Aber selbst wenn man alles verstehen würde, ergäbe die Geschichte wohl trotzdem keinen Sinn. Ich bin mir fast sicher, dass selbst Drehbuchautor und Regisseur Price sie nicht zufriedenstellend erklären kann.

Zusätzlich zur schlechten Story und zum miesen Drehbuch kommen noch furchtbare Schauspieler und schlechter Schnitt. Der Film besteht fast ausschließlich aus zu langen, uninteressanten Szenen. Das wirklich einzig Positive ist, dass sich die Puppe bewegt, auch wenn das nur mit schlechtem CGI gemacht wurde. THE ELF ist einer dieser billigen DTV-Werke, um die man einen großen Bogen machen sollte, gemacht von Leuten, die keine Filme machen sollten.

★☆☆☆☆

Besonderheiten: *Keine.*
Creative Killing: *Von einer Weihnachtslichterkette erwürgt.*
Nervige Skeptiker: *Niemand glaubt Nick, dass alle in Gefahr sind und ein Elf sein Unwesen treibt.*
Kill Count: *8 (2 off camera)*

Elves

1989
Regie: Jeff Mandel
Drehbuch: Jeff Mandel, Mike Griffin, Bruce Taylor
Nennenswerter Cast: Dan Haggerty (*The Life and Times of Grizzley Adams* [Der Mann in den Bergen], fragt Eure Eltern oder Großeltern), Deanna Lund (*Land of the Giants* [*Planet der Giganten*])
Coole Tagline: They're Not Working For Santa…Anymore
90 Min.

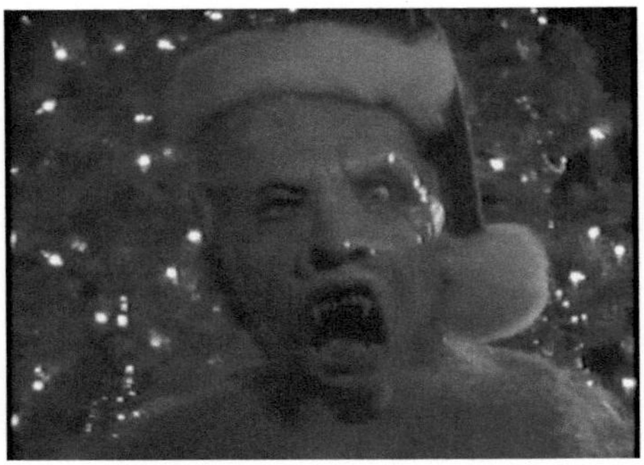

Abb. 177: Laute Nacht, unheilige Nacht.

Es ist Weihnachtszeit – falalalala – und tief im Wald treffen sich drei *valley girls*, die zur Abwechslung mal nicht über Penisse sprechen wollen. Es ist das erste offizielle Treffen des Hexenzirkels »The Sisters of Anti-Christmas«. Klingt wie der Alptraum eines amerikanischen Republikaners – diese verdammten, gottlosen, antiamerikanischen, anti-Jesus- und anti-Weihnachten-Schlampen. »Get real, Kirsten«, »Get over it Amy« – Lustig, wie zu Filmbeginn die Figuren oft immer wieder ihre Namen sagen, damit man sie sich merkt. Kirsten, eine der drei Hexenschwestern und unsere Hauptfigur, hat das »verbotene« okkulte Buch ihres Großvaters mit. Sie schneidet sich unabsichtlich an einem Kerzenglas und Blut tropft auf die Erde, also wird das gerade begonnene Treffen gleich wieder abgeblasen. Eine Hand ragt im Zombie-Stil aus der Erde empor. Was, ohne Zauberspruch, ohne Magie, ohne Übernatürliches, nur durch ein bisschen Blut? Richtig, denn Kirsten ist die Auserwählte, aber dazu später mehr.

Kirsten lebt mit ihrer Mutter und ihrem Großvater zusammen. Da sie das besondere Buch entwendet hat, bekommt sie zur Begrüßung von ihrem Opa gleich mal zwei Ohrfeigen. Und weil das laut Frau Mama keine bleibende Bestrafung sei, löst sie das Konto ihrer Tochter auf und kassiert das gesamte von ihr mühevoll erarbeitete Geld ein. Als ob das nicht schon genug wäre, wird sie von ihrem ca. 9-jährigen Perversling-Bruder beim Duschen ausspioniert, der sie wissen lässt: »I like seeing naked girls. You've got fucking big tits and I'm gonna tell everybody I saw 'em« und »Mom says she's giving me all your money, so fuck you!« Eine Hexe und drei Arschlöcher – wow, was für eine Familie!

Der »Elf« betritt die Szene – ein hässlicher, kleiner Troll, von dem wir leider nie eine Ganzkörperaufnahme sehen werden. Der Bruder wird im Schlaf von ihm attackiert und schreit. Der herbeieilenden Mutter sagt er: »It was a fucking little ninja troll!« Die Mama aber meint, es war die Katze, also steckt sie die unschuldige Mietze in einen Kissenbezug und ertränkt sie in der Toilette. Nochmal: Wow, was für eine Familie!

Kirsten arbeitet als Kellnerin in einem Einkaufscenter, wo der Weihnachtsmann gefeuert wird, weil er sie in aller Öffentlichkeit begrapscht und ihr seine Oralsexvorliebe ins Ohr geflüstert hat. Der Ex-Santa will sich daraufhin in der Umkleidekabine Kokain reinziehen und wird vom dort lauernden Elf so lange mit einem Messer in die Genitalien gestochen, bis er stirbt. Auch Kirsten sieht den Elf und berichtet ihrer Familie. Opa warnt sie, worauf die Mutter ihm entgegnet, er solle nicht schon wieder mit seinen verdammten Elfen anfangen.

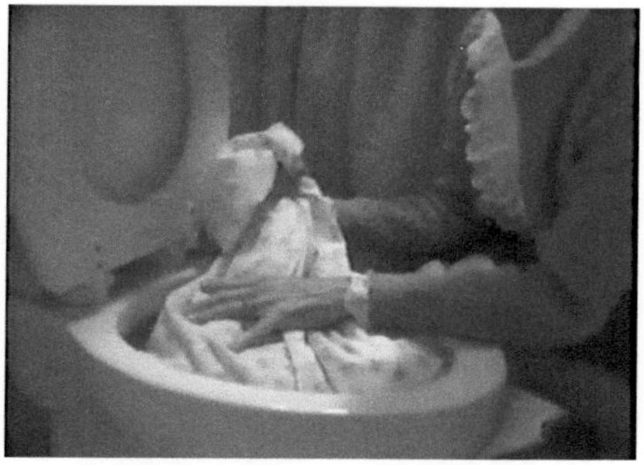

Abb. 178: Katzenfutter wird außerdem auch immer teurer.

Ein neuer *mall santa* wird gesucht, was uns zu unserem zweiten Hauptdarsteller bringt: McGavin (Dan Haggerty) ist ein bärtiger, bäriger, arbeitsloser Kettenraucher, der sich seinen Detective-Job bei der Polizei zu sehr zu Herzen genommen hat, so beim Alkohol gelandet ist und gefeuert wurde. Sogar als Einkaufscenter-Security war er nicht mehr zu gebrauchen. Also geht es für ihn noch einmal eine Stufe nach unten und er wird der neue *mall santa*. Opa bekommt derweilen Besuch von Mafia-ähnlichen Typen mit deutschem Akzent, die von einer neuen Weltordnung sprechen, denn »when there is no more room in hell, the elves will walk the earth.«[26] Die Männer stellen sich als Neo-Nazis heraus und sind mit Pistolen hinter Kirsten her.

Bald sind Kirsten und McGavin ein Team und versuchen, hinter das Geheimnis des Elfen zu kommen. Sie erfahren: Der biblische Noah (einst von Bruce Low besungen) hat auf seinem Boot auch Elfen gerettet, und es gibt eine Verbindung zwischen den Elfen und den Nazis. Letztere waren bekanntlich große Okkultismus-Fans. McGavin dringt am Weihnachtsabend in das Haus eines Experten ein, der gerade bei Tisch den Weihnachtstruthahn anschneidet. Dieser ist sichtlich genervt, verrät ihm aber trotzdem die gängigen Theorien zu dem Thema: Die Nazis sollen bei Experimenten Elfen genetisch gezüchtet und zu kleinen Assassinen-Teams ausgebildet haben. Deren magischen Kräfte und kleine Statur mache sie zu perfekten Killern. Klingt logisch und glaubwürdig. Aber die zwei Kinder des Experten tun mir leid. Sie haben sich auf ein gemütliches Essen gefreut und müssen jetzt zuhören, wie ihr Vater mit einem Fremden über Nazis und Elfensperma spricht. Und darüber, dass der Oberelf am

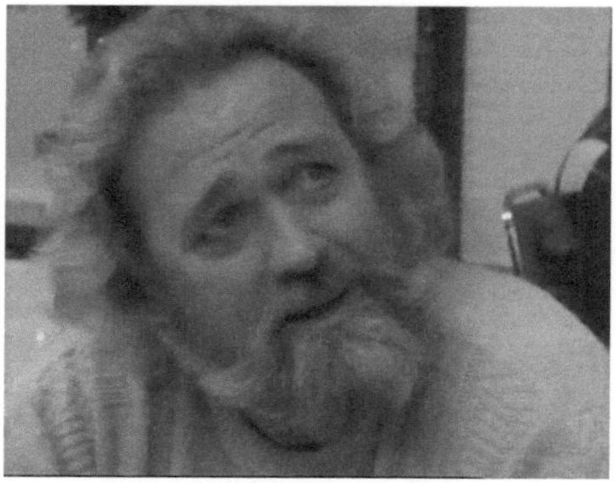

Abb. 179: Karriererutsche statt Karriereleiter.

[26] Ein DAWN OF THE DEAD-Zitat, aber das wusstest Du hoffentlich schon.

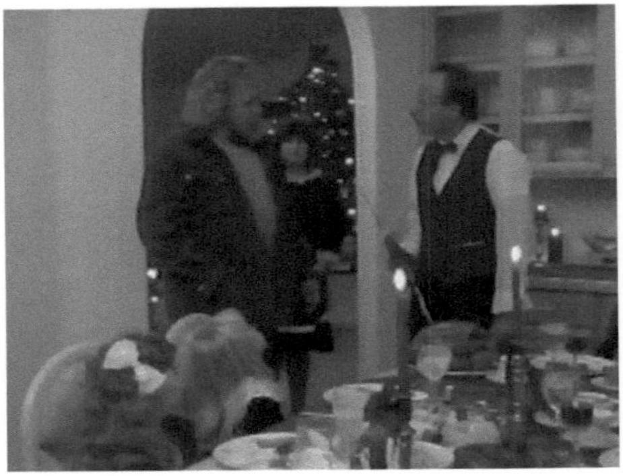

Abb. 180: Papa, was macht dieser fremde Mann bei uns beim Weihnachtsessen? Und was sind Nazis und was ist Sperma?

Weihnachtsabend die auserwählte Jungfrau begatten soll, um eine neue Herrenrasse – halb Menschen, halb Elfen – hervorzubringen, die die Welt beherrschen wird.

Die arme Kirsten ist auch nicht zu beneiden: Ihr Großvater entpuppt sich nicht nur als Nazi, sondern ist auch gleichzeitig ihr Vater. Opa meint, es musste so sein, denn Kirsten sollte die perfekten Gene für den Elf haben. Oh Mann! Sie kommt mit ihrer Familie nicht klar und erfährt dann obendrein noch, dass sie ein Inzestkind ist. Die Mama nimmt ihr gesamtes Geldvermögen weg und ersäuft ihre Katze. Neo-Nazi-Gangster schießen auf ihrem Arbeitsplatz herum und ihre zwei besten Freundinnen werden umgebracht. Ein hässlicher Elf will sie besteigen und entjungfern, um eine Elfen-Herrenrasse hervorzubringen, die das vierte Reich begründen wird. Und Du dachtest, Du hattest letztens einen schweren Tag. Die einzigen, die jetzt zwischen einer bösen Elfenarmee und dem vierten Reich der Nazis stehen, sind eine junge Möchtegern-Hexe und ein Einkaufscenter-Weihnachtsmann.

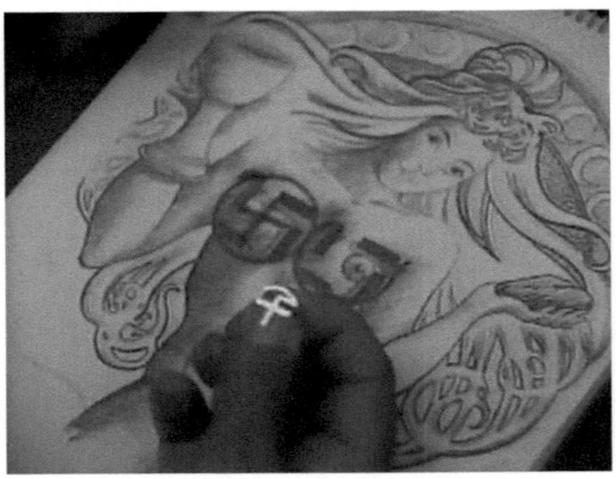

Abb. 181: Warum hat diese Frau Hakenkreuze auf ihren üppigen Brüsten? Adolf, du okkulter Schlingel!

ELVES ist zwar nicht als Komödie ausgeschrieben, bleibt aber fast konstant unterhaltsam und es gibt viel zu Lachen. Einige herrliche Zitate hat er auch zu bieten, wie diesen Dialog zwischen Kirsten und ihrem kleinen Bruder Willy: »What's wrong? Are we gonna be alright?« »No Willy, Gramps is a Nazi.« Meine Lieblingsszene ist die, in der die Kamera die kleinen Kinder des Nazi-Okkultismus-Experten zeigt, die sich Papas Elfen-Theorien anhören müssen. Der Titel »Elves« stimmt nicht wirklich, denn es kommt ja nur ein Elf vor, und der leider viel zu wenig. Mit mehr Elf-Action hätte dieser Schenkelklopfer locker eine 4 verdient. Er gehört zur besten Art von billigen Trashfilmen: Jener, die auf eine besondere, extravagante Art unverschämt unterhaltsam sind.

★★★☆☆

Besonderheiten: *Die herrlich bizarre Handlung. / Einer von zwei Filmen in diesem Buch, in dem das Thema Inzest vorkommt. / Die Rückseite der amerikanischen VHS verspricht eine Armee von bösen Elfen – eine glatte Lüge. / Wer wissen will, wie man ab besten eine Katze ersäuft, findet hier ein praktisches Video-Tutorial.*
Creative Killing: *Nein.*
Nervige Skeptiker: *Zuerst war es die Katze, dann soll es ein Waschbär gewesen sein. Nein Mama, es war der verdammte Elf! / Ein Detective glaubt McGavin nicht, dass ein Elf unterwegs ist. Immerhin war McGavin selbst ein sehr guter Detective bei der Polizei und sollte in nüchternem Zustand mehr Glaubwürdigkeit haben.*
Kill Count: *9 (2 off camera)*

EVOLVER

1995
Drehbuch und Regie: Mark Rosman (THE HOUSE ON SORORITY ROW, A CINDERELLA STORY [nur Regie], THE PERFECT MAN [nur Regie])
Nennenswerter Cast: John de Lancie (Das Wesen »Q« in *Star Trek: The Next Generation*)
92 Min.

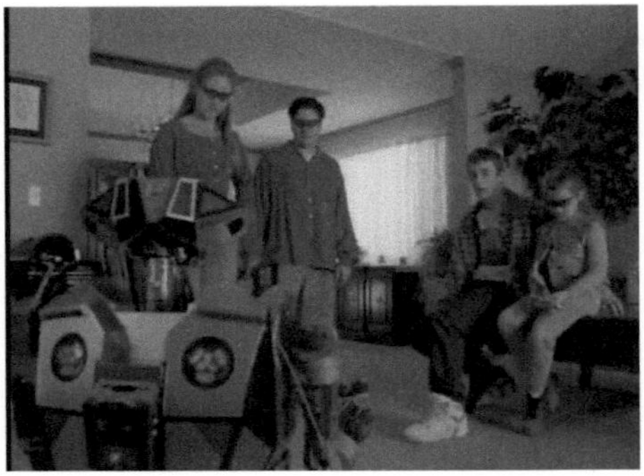

Abb. 182: Vergesst eure Nintendos, jetzt kommt Evolver!

Das Jahr ist 1995. Ein Teenager mit Headset-Helm spielt im Rahmen eines Wettbewerbes vor Publikum einen hippen, neuen Virtual-Reality-Shooter. Schafft er den High Score, gewinnt er »Evolver«, den neuesten Superroboter derselben Produktionsfirma. Der Teenager ist ein technikaffiner Computerfreak, der natürlich »Baxter« heißt, so wie alle Nerds in Filmen der 1980er und 1990er.

Baxter knackt den High Score, und der kleine Roboterfreund zieht bei seiner vaterlosen Familie (Mutter + Schwester) ein. Evolver ist revolutionäre High-End-Unterhaltungselektronik, soll der Renner am Weihnachtsmarkt werden und heißt so, weil er ständig dazulernt: Mit jedem neuen »Level« wird er ein gefährlicherer Gegner. Er ist ein Spielgefährte für Ballersessions – perfekt geeignet für den geneigten Freizeitrambo. Die menschlichen Spieler benutzen Laserpistolen (leider ohne coole Laserstrahlen), deren Treffer Evolver registriert, dieser wiederum schießt mit Gummikugeln zurück. Wer zu viele Schadenspunkte hat, fliegt raus. Das Ding ist noch nicht am Markt – und, wie sich bald herausstellt, auch keineswegs marktreif – und soll bei Baxters Familie getestet werden. Ihr wird erklärt, dass Evolver alles aufnimmt. Wenn der Datenträger voll ist, möge man ihn bitte rausnehmen, an die Firma schicken und einen neuen einlegen. »Wir sollen uns komplett überwachen lassen und die Aufnahmen regelmäßig an euch senden? Klar, gerne!« jubeln sie.

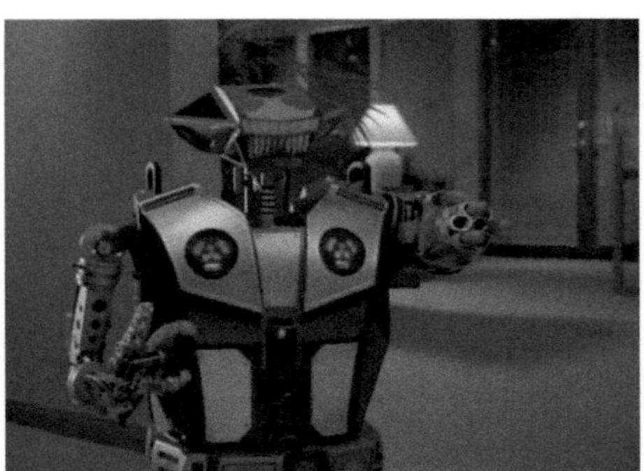

Abb. 183: Hit weak points for massive damage.

Der Mini-Roboter tritt in Runde 1 gegen Baxter sowie seine kleine Schwester, seinen Kumpel Zach und ein farbloses Mädchen an, das Gefallen an Baxter gefunden und beschlossen hat, sich an ihn anzuhängen. Bereits jetzt gibt es Anzeichen, dass sich Evolver eventuell doch nicht als Kinderspielzeug der Zukunft durchsetzen wird: Er schießt der Mutter in der Küche in den Rücken, obwohl die gar nicht mitspielt, und lässt Zach keine Verschnaufpause machen, sondern schießt ihm stattdessen ins Gesicht. Daraufhin ballert er Baxters 7-jährige Schwester gnadenlos nieder, nachdem die nicht »tot« liegenbleiben will. Als dann keiner mehr mit Evolver spielen will, nimmt dieser die arme kleine Schwester als Geisel, damit die anderen endlich in Runde 2 gegen ihm antreten. Die Mutter ist aus dem Häuschen, und Baxter beschwert sich beim Hersteller. Ihm wird aber gesagt, er solle sich mal nicht so aufregen, der Kleine lerne noch. Eine brandgefährliche künstliche Intelligenz, die den Kunden ins Gesicht schießt, anstatt auf sie zu hören, sie 24 Stunden am Tag ausspioniert, und lausiger Kundenservice obendrein? Man hört die Kassen schon klingeln!

Wenn er mal gerade nicht »spielt«, sieht Evolver gerne fern. Am liebsten Thriller und Aufnahmen aus Krisengebieten. Bald besorgt er sich Stahlkugeln aus einem Kugellager, die in Baxters Nerdhöhle irgendwo herumliegen. Die tauscht er gegen seine Gummikugeln aus und schießt dem unsympathischen Jock an Baxters Schule ein Auge raus, bevor er nach einem zweiten Schuss schließlich sagen kann »Kill confirmed.«

Später stellt sich heraus, dass Evolver ursprünglich ein Militärprojekt war. Nachdem der Mini-Terminator aber massenhaft Unschuldige weggeballert hatte, wurde er zu einem hochkompetitiven Spielzeug für Teenager umfunktioniert. Die ganze Entwicklungs- und Programmierarbeit soll nicht umsonst gewesen sein, und irgendwo muss das Geld ja auch wieder reinkommen!

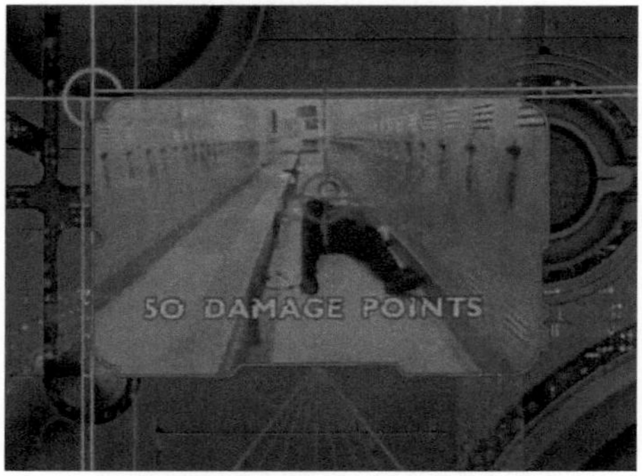

Abb. 184: Ein Killerspiel! Die Politik muss endlich handeln! Denkt denn niemand an die Kinder?!

EVOLVER strotzt nicht vor guten Einfällen, ist aber kompetent genug gemacht und ziemlich unterhaltsam, nicht wirklich »Horror«, aber auch nie langweilig. Ich bin kein großer Fan von Robotern, außer sie heißen Mechagodzilla oder Super-Mechagozilla. Es fällt mir einfach schwer, künstlichen Lebewesen wie »Wall-E« oder »Number 5« eine Persönlichkeit abzukaufen. Wobei der seelenlose, kleine Kampfroboter von allen Darstellern mit Abstand am meisten Persönlichkeit hat. Das klingt jetzt vielleicht nach einem billigen und aufgelegten Witz, ist aber die Wahrheit. Baxter ist ein langweiliges Milchgesicht, gespielt von einem langweiligen Schauspieler. Seine Charaktereigenschaft: »Technikfreak.« Die Mutter hat als Charaktereigenschaft »besorgt«, und dem Mädchen wurde die Charaktereigenschaft »Mädchen« zugewiesen. Evolver hingegen ist, dafür dass er ein gefühlsloser Roboter sein soll, ein ziemlich übler Sack. Zunächst wirkt er nicht bösartig, sondern führt nur sein Programm aus, weiß es halt einfach nicht besser und will das »Spiel« gewinnen. Das macht ihn zu einem etwas unspannenden »Bösewicht«. Später scheint er dann aber doch so etwas wie einen eigenen Willen zu entwickeln.

★★★☆☆

Besonderheiten: *EVOLVER scheint fast wie ein Kinderfilm, bis plötzlich ein paar Flüche, ein paar Brüste und ein kleines bisschen Blut diesen potentiellen Markt zerstören – der Film erhielt in den USA ein »R«-Rating. / Ein junger Technikfreak, der mit Laserpistolen gegen einen Miniroboter antritt? Wenn das nicht aus PUPPET MASTER 4 (siehe Seite 313) abgekupfert ist? / EVOLVER erscheint in einer Zeit, in der einige neue Virtual-Reality-Spielesysteme auf dem Markt sind und allesamt floppen. Im selben Jahr (1995) erscheint auch die Virtual Boy-Konsole, der bis dato einzige wirkliche kommerzielle Hardware-Flop des japanischen Traditionsunternehmens Nintendo. In den 2010er-Jahren sollte dann erneut ein VR-Hype entstehen. / Ein kleines Spiel: Welcher Schauspieler liefert die Stimme von Evolver? A: Kevin James B: Ernest Borgnine oder C: der Oscar-nominierte Indiefilm-Darling William H. Macy?*[27] *Von einem der drei Herren hören wir auch »I swear, I'll cut your fucking throat! Back off, or the bitch dies«, die Evolver zu dem 7-jährigen Mädchen sagt, nachdem er den Spruch im Fernsehen gesehen hat. Da ist auch eine tolle Message verpackt: Der Roboter lernt lauter Unfug aus dem TV, und Gewalt im Fernsehen ist echt nicht ok.*
Creative Killing: *Tod durch Elektrifizierung in einer Virtual-Reality-Spielestation.*
Nervige Skeptiker: *Keine!*
Kill Count: *2*

[27] Die Antwort ist »C«!

FEEDERS

1996
Regie: Jon McBride, John Polonia, Mark Polonia
Drehbuch: Mark Polonia
Coole Tagline: Earth Was Just an Appetizer!!
70 Min.

Die »Handlung«: Derek und Bennett sind mit einem Cabrio auf einem Roadtrip Richtung Meer. Derek macht Fotos von verlassenen und heruntergekommenen Gebäuden. Warum, das weiß nur er. Bennett will am Strand Mädels aufreißen. Ein UFO setzt zwei Mini-Aliens aus Gummi ab und fliegt danach sinnlos in der Gegend herum. Die Aliens machen hässliche Geräusche, töten Menschen und nagen an ihnen herum. Sie sind schlaksige, kleine Dinger, die ihre Opfer mit Antennen pieksen, bevor sie sie aufessen.

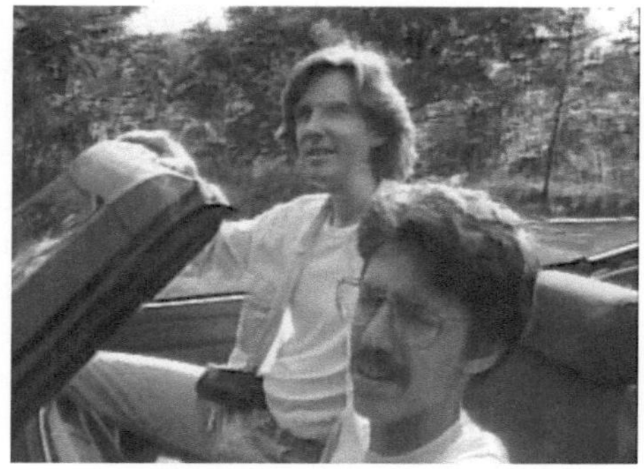

Abb. 185: So ein Ausflug, der ist (nicht) schön.

Unsere zwei Helden merken, dass irgendetwas nicht stimmt. Plötzlich will der Motor vom Cabrio nicht mehr anspringen, sicher wegen dieses blöden UFOs. Es folgen elendslange Aufnahmen, in denen Derek und Bennett im Wald herumspazieren oder herumlaufen, begleitet von schlechter Klaviermusik. Erst nach ca. 40 Minuten wissen sie, was abgeht. Zu Beginn der restlichen 25 Minuten spuckt ein Alien Derek mit Säure an, worauf die beiden in ein nahegelegenes Haus flüchten. Dort gehen sie wieder langsam auf und ab, um sicher zu gehen, dass nirgendwo Feeders sind. Aber sie können nicht entkommen...

FEEDERS ist eines der früheren Werke der Zwillingsbrüder Mark und John Polonia, auf deren Kappe etliche Amateurfilme gehen. Es ist mir nicht möglich, FEEDERS 1 und 2 (*Seite 171*) mit dem restlichen Œuvre der Polonias zu vergleichen, da ich nur diese beiden Filme von ihnen gesehen habe. Ich will auch in meinem ganzen Leben keinen dritten sehen. Überhaupt will ich nach Fertigstellung dieses Buches keine *shot-on-video*-Filme mehr sehen, lieber schleife ich meinen Hodensack durch ein brennendes Reisnagelfeld.

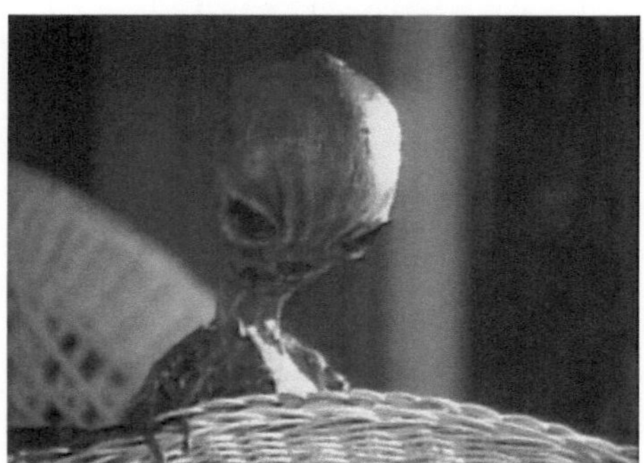

Abb. 186: Bastelkurs?

Wie bereits in der Einleitung geschildert, wurden in den 1990ern Videokameras und Filmequipment deutlich billiger, was etliche Amateurfilmer zur Folge hatte, die ab und zu sogar Verleiher für ihre Videos fanden. In diesem

Fall kaufte gar die Mega-Kette »Blockbuster Video« den Polonias ihren Film ab, und nach Angaben von einem der drei Regisseure von FEEDERS war es Blockbusters erfolgreichster Independent-Film im Verleihjahr 1996.

FEEDERS ist völlig unbeeindruckend und nicht unterhaltsam. Aber im Gegensatz zu vergleichbaren Schundwerken wie BEASTIES (*Seite 51*) oder BLACK DEVIL DOLL FROM HELL (*Seite 58*) tut er wenigstens nicht weh, sondern plätschert meistens einfach uninspiriert vor sich hin.

Es gibt keine Schauspieler in Feeders. Auch keine Ganzkörperaufnahmen der Aliens, denn dann würde man ja sehen, dass sie von einer Polonia-Pratze festgehalten werden. Wenn Deine Mama dazu motiviert wäre, brächte sie bessere Effekte zu Stande. Der Schnitt ist überraschend kohärent, ansonsten ist der Film technisch natürlich für die Katz. An einem der angeblich vier Drehtage hatten sich die Polonia-Brüder offenbar für ein paar Stunden einen Kamerawagen (Dolly) ausgeliehen, denn wenige Sekunden lang sehen die Aufnahmen wie aus einem richtigen Film aus.

Nach Sichtung solcher Werke denke ich mir manchmal, dass es neben Filmprädikaten wie »wertvoll« und »besonders wertvoll« auch eine Warnung geben soll: »Mögliche Beeinträchtigung von geistiger Gesundheit und seelischem Gleichgewicht.«

★☆☆☆☆

Besonderheiten: *Im Jahr 1996 hat sich irgendjemand von Blockbuster Video, womöglich in Zusammenhang mit dem Erfolg eines anderen Films über eine Alieninvasion namens INDEPENDENCE DAY, bereiterklärt, dieses dilettantische Machwerk kommerziell zu verwerten.*
Creative Killing: *Nein.*
Nervige Skeptiker: *Derek nervt ein wenig herum: »There has to be a natural explanation for all this."*
Kill Count: *5, und nochmal so viele Mini-Aliens.*

Feeders 2: Slay Bells

1998
Regie: John Polonia, Mark Polonia
Drehbuch: Mark Polonia
Coole Tagline: Close Encounters of the Worst Kind
72 Min.

Weihnachten steht vor der Tür. Zu Beginn fleht Derek irgendeine Behörde an, dass sie etwas gegen die bösen Aliens aus Teil 1 unternehmen müssen. »Nothing we did worked«, sagt er verzweifelt. Stimmt, weder Weglaufen noch mit einer Sichel auf sie einschlagen hat die Alieninvasion aufhalten können.

Der Rest des Films kreist um Bennett aus dem Vorgänger, der jetzt nicht mehr Bennett heißt, sondern Alan. Wir begleiten ihn und seine Familie durch langweilige Weihnachts-Vorbereitungsszenen. Die Feeders tauchen auf und wieder kapiert die Hauptfigur erst gegen Ende, was los ist. Im Finale ballert der Weihnachtsmann die Aliens mit seiner Laserpistole weg.

FEEDERS 2 schafft es irgendwie, noch inkompetenter zu sein als der Vorgänger. Vor allem deshalb, weil er sich mehr noch als Teil 1 wie ein in die Länge gezogener Schüler-Kurzfilm anfühlt. »OK, Frau Lehrerin, wir haben einen Film für die Projektwoche gedreht, dürfen wir jetzt bitte endlich Sommerferien haben?« Teil 2 ist eher als »Komödie« angelegt. Vielleicht haben die Polonia Bros. gemerkt, dass FEEDERS außer ihnen niemand ernst genommen hat. Die Aliens kichern manchmal blöd herum, und plötzlich taucht Santa Claus höchstpersönlich auf. Die Feeders haben seine fliegende Kutsche aus der Luft geschossen und Santa schlägt zurück, damit Weihnachten gerettet wird.

Natürlich gibt es nach wie vor nirgendwo irgendwelche Schauspieler. Die Akteure sagen Sätze wie »I just love the holidays« mit demselben Gesichtsausdruck und Verve wie »They're not elves. They're monsters or creatures or something« nach einer Attacke. Die Gummialiens sehen noch schlechter als im Vorgänger aus. Sie haben stäbchenartige Arme und Beine, einen runden Styroporkopf und rote Knopfaugen. Wenn ein Kind so etwas im Werkunterricht zusammenbastelt, kann es sein, dass es in die Sonderschule versetzt wird.

★☆☆☆☆

Besonderheiten: *Keine.*
Creative Killing: *Nein.*
Nervige Skeptiker: *Keine.*
Kill Count: *3, außerdem ein paar Aliens plus Fluffy die Katze und Lady die Hündin.*

FEEDING FRENZY

2010
Regie: Jay Bauman (SPACE COP), Mike Stoklasa (SPACE COP)
Drehbuch: Mike Stoklasa (SPACE COP)
86 Min.

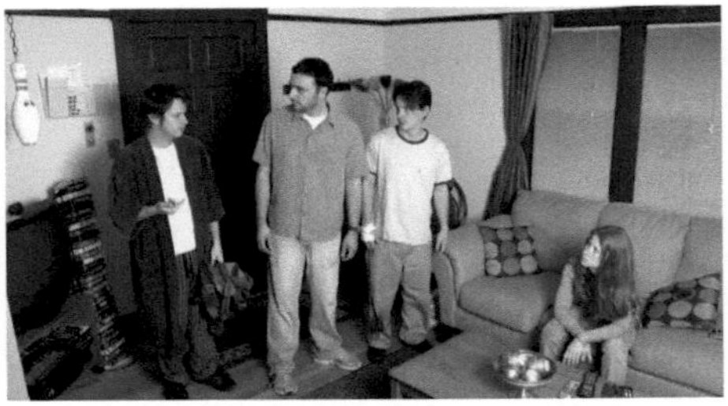

Abb. 187: Loser-Lagebesprechung.

Red Letter Media ist eine kleine Independent-Produktionsfirma in Milwaukee, Wisconsin. Auf YouTube genießt die Truppe um Mike Stoklasa, Rich Evans und Jay Bauman große Beliebtheit und ist vor allem für die Mr. Plinkett-Rezensionen der STAR WARS-Prequel-Trilogie und ihre Filmtalks »Half in the Bag« und »Best of the Worst« bekannt. RLM produzierte aber auch einige Langfilme, darunter FEEDING FRENZY, der ausgeschrieben ist als »tongue-in-cheek homage to the rubber puppet monster movies of the 1980's such as CRITTERS, GHOULIES and every other low-budget film that ripped off GREMLINS.« Mr. Plinkett ist ein fiktiver Charakter, der in mehreren RLM-Produktionen vorkam, so auch hier.

Jesse führt eine traurige Existenz als Angestellter im Werkzeugladen von Mr. Plinkett. Er ist in die durchschnittlich attraktive Christine verliebt, aber die will nichts von ihm wissen. Sein Boss hat einen geheimen Raum im Keller des Geschäfts, der abgesperrt ist. Hat Plinkett vor Jahren seine Frau und drei Kinder ermordet? Jedenfalls bringt er zur Zeit der Reihe nach Prostituierte um, weil er sonst nicht mehr an Fleisch für seine kleinen Monsterfreunde kommen kann, die in einer Holzkiste in dem Geheimzimmer leben. Jesse und seine Freunde kommen Plinkett auf die Schliche und die kleinen Viecher, die im Abspann »Globkins« genannt werden, brechen aus.

Die Globkins sind kleine Bälle mit Zähnen, die am Boden herumrollen und -hüpfen wie die Critters. Aus irgendeinem Grund greifen die Beißbälle nur Leute an, die den Werkzeugladen besucht haben. Also liegt es an Jesse und seinen Freunden, die Dinger behutsam wieder einzusammeln. Aber auch Plinkett will seine Freunde zurückhaben.

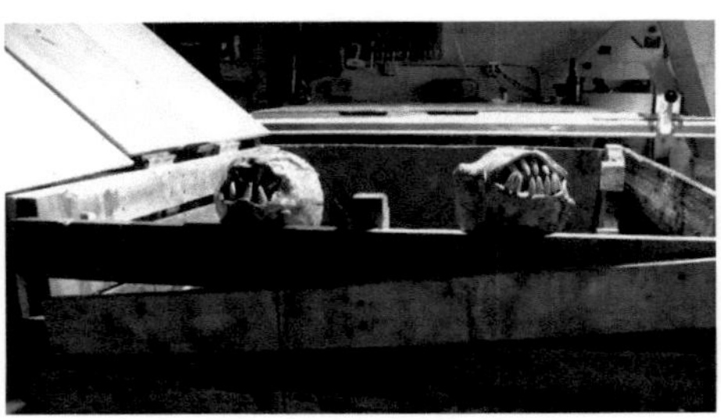

Abb. 188: Globkins.

FEEDING FRENZY ist wie ein unterdurchschnittlicher YouTube-Sketch, der auf Filmlänge ausgedehnt wurde. Die Low-Budget-Produktion auf Studentenfilmniveau hat viel trockenen Humor, der nicht lustig ist, und Spannungsaufbau ist keiner vorhanden. Der Film funktioniert zu keinem Zeitpunkt als Parodie oder Satire. Das Monsterdesign ist zudem mehr als dürftig.

Kein Geld zur Verfügung zu haben ist eine Sache, aber wofür man kein Budget braucht, sind gute Einfälle, eine interessante Handlung und Figuren oder gute und lustige Dialoge und Szenen. All das hat FEEDING FRENZY aber nicht. Die meisten Szenen, die lustig sein sollen, kann man wohl nur dann lustig finden, wenn man mit den Darstellern befreundet oder zumindest gut mit ihnen vertraut ist – ein deutliches Zeichen einer Amateurproduktion.

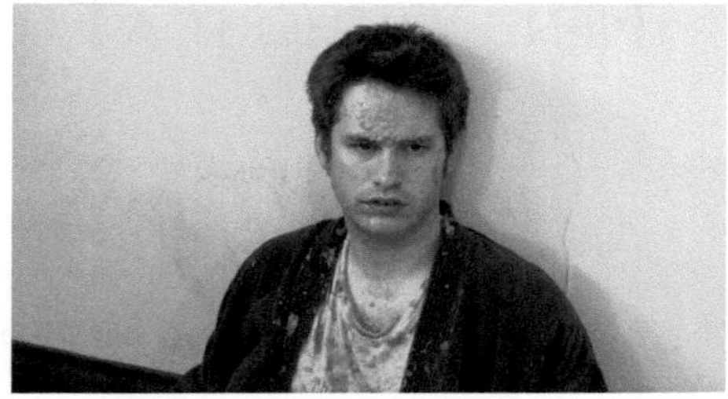

Abb. 189: Mr. Jay Bauman. Dieser Herr hat übrigens auch die Globkins gebastelt. Anhand des Bildes würde man es vielleicht nicht glauben, aber Jay ist ein bisschen ein Filmsnob.

Ich bin ein großer Fan von Red Letter Media und mag ihre unterhaltsamen und intelligenten Filmbesprechungen, aber es entbehrt nicht einer gewissen Ironie, dass die Filmemacher, die sich wöchentlich öffentlich (auf YouTube) darüber mokieren, wie schlecht sowohl Hollywood-Blockbuster als auch alte B-Filme sind, offensichtlich selber keinen auch nur halbwegs guten Film abliefern können – siehe auch die RLM-Produktion SPACE COP (oder eben lieber nicht).

★☆☆☆☆

Besonderheiten: *Wurde in geringer Auflage auf DVD veröffentlicht, und eine digitale Version kann auf redlettermedia.com ausgeliehen und gekauft werden.*
Creative Killing: *Von einem Gehstock mit versteckter Klinge im Stiel in den Kopf gestochen.*
Nervige Skeptiker: *Keine.*
Kill Count: *5 und ein Globkin.*

Fiend Without a Face

UK 1958
Deutscher Titel: Ungeheuer ohne Gesicht
Regie: Arthur Crabtree (Horrors of the Black Museum)
Drehbuch: Herbert J. Leder (It! [1967])
Nennenswerter Cast: Marshall Thompson (*Daktari*, To Hell and Back, It! The Terror from Beyond Space)
Coole Tagline: New Horrors! Mad Science Spawns Evil Fiends!
74 Min.

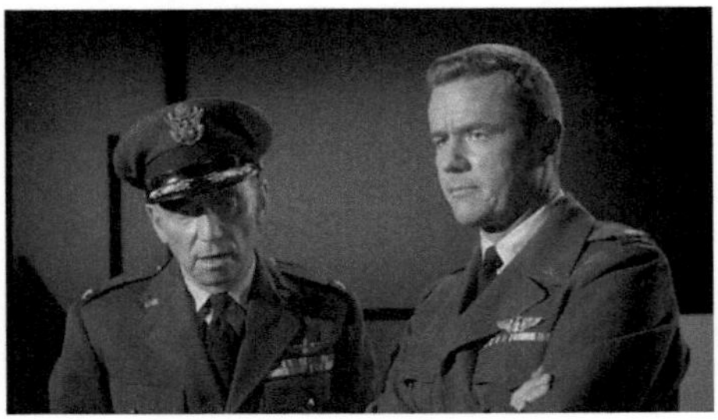

Abb. 190: Hier braucht es Männer der Tat (Rechts: Major Cummings).

Auf einer Basis der US Air Force wird mit Nuklearenergie experimentiert, mit der riesige Radarschüsseln betreiben werden, die neuerdings bis nach Sibirien reichen. Der Luftraum soll so noch besser überwacht werden können, um sicherzugehen, dass die Russkis eh nichts Böses im Schilde führen.

Der arme Colonel ist im Stress – das Pentagon sitzt ihm im Nacken und die örtlichen Farmer beschweren sich und behaupten, dass ihre Kühe wegen der radioaktiven Strahlung nicht mehr entspannt ihre Milch geben würden. Es gibt unerklärliche Energieaussetzer, so als würde jemand Energie abzapfen, und noch dazu einen mysteriösen Todesfall ganz in der Nähe der Basis.

Unser Protagonist Major Cummings kümmert sich um den Fall. Am meisten kümmert er sich aber um Barbara, die Schwester des Todesopfers, mit der er gerne mal flirtet. Ja, auch so kann man Leute kennenlernen. Dann wird ein benachbartes Farmerehepaar wie von einer unsichtbaren Hand erwürgt. Bei der Autopsie wird festgestellt: Irgendetwas hat den beiden durch ein Loch im Genick nicht nur das Hirn rausgezuzelt, sondern auch noch die ganze Wirbelsäule! Ein unsichtbares, mörderisches Wesen kriecht am Boden herum, und dann muss auch noch der Bürgermeister der kleinen Dorfgemeinde daran glauben.

Ein Professor, der in die Gegend gezogen ist, hat tatsächlich radioaktive Energie von der Basis abgezapft und für seine Experimente verwendet. Er wollte damit Gegenstände mit seinen Gedanken bewegen können. Nachdem es ihm tatsächlich gelungen war, mit seinen Gedanken und der Energie die Seite eines Buches umzublättern, wurde er übermütig und sprang gleich ein paar Stufen weiter: Als nächstes wollte er eine neue Art von Lebewesen erschaffen, wieder nur mit der Kraft seiner Gedanken und der Nuklearenergie der Air Force Basis.

Auch das gelang ihm, aber er erschuf einen Feind, einen »mentalen Vampir«, der menschliche Hirne zum Überleben braucht und Energie vom Atomreaktor der Basis schöpft. Nach über einer Stunde dürfen wir den Mentalvampir dann sehen: Es ist ein großes Hirn mit Fühlern und einer Wirbelsäule dran. Es dreht die Energie des Reaktors nach oben und durch die erhöhte Strahlung wird es sichtbar – logisch. Wir sehen nun, dass es mehrere von ihnen gibt. Sie haben sich, wie vom Professor befürchtet, fortgepflanzt und kriechen auf Bäumen herum.

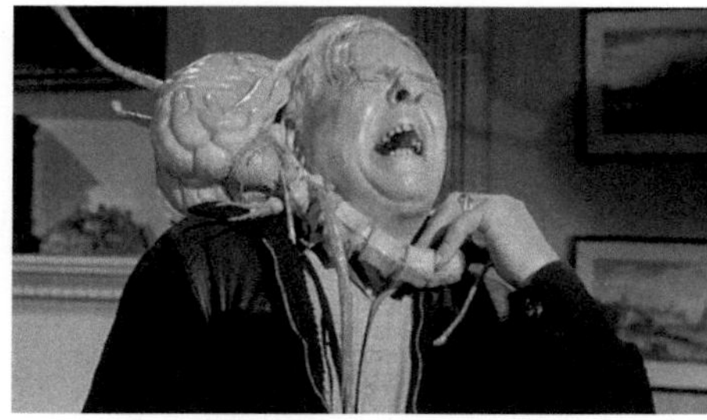

Abb. 191: Ich will doch nur spielen mmmmmm... ich tu doch nichts (Obskure Song-Referenz).

Da sie nun schon ein paar kurze Gespräche geführt haben, drückt Cummings Barbara einen Schmatzer ins Gesicht und nennt sie »honey«. Die Leute waren anscheinend damals einfach erfrischend unkompliziert. Cummings wirft sich heldenhaft in den Kampf gegen die Nuklearhirne.

Im Finale gibt es dann ausreichend Action, und ordentlich viele der Hirnwesen werden weggeballert. Der immer wiederkehrende Soundeffekt nach einem Treffer, wenn den Dingern rote Grütze aus dem Hirn quillt, ist auch nett. Noch besser als die schlürfenden Sounds, wenn die bösen Hirne einem Opfer sein Gehirn raussaugen. Für einen Film aus der Zeit ist er ungewöhnlich brutal inszeniert – ein Hirnmonster wird gar mit einem Beil erledigt.

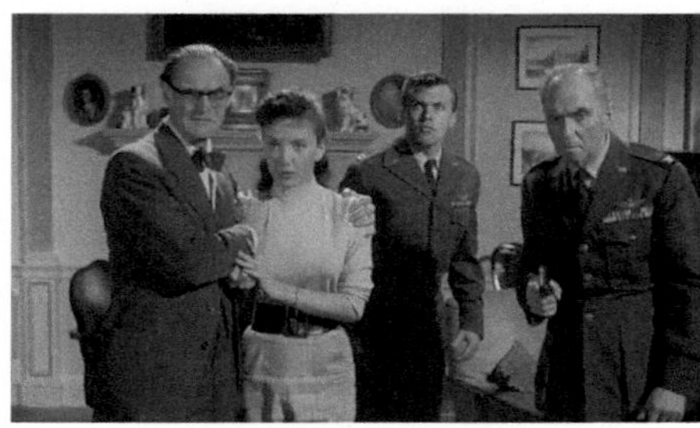

Abb. 192: Denn Cummings' Freunde alleine können die Dinger nicht aufhalten.

Der hauchdünne Plot bewegt sich zunächst sehr schleppend voran, wird dann aber interessanter und actionreicher. Auf Grund der herrlich albernen Handlung, den Effekten und der in München realisierten Stop Motion-Technik ist FIEND WITHOUT A FACE ein unterhaltsamer Sci-fi-Horror und für B-Connaisseurs eine klare Empfehlung.

★★★☆☆

Besonderheiten: *Ein mit reiner Gedankenkraft und Atomernergie erschaffener* tiny terror. / *Der Film wurde beim Cineasten-Label The Criterion Collection aufgelegt, die der Meinung sind: »this outstanding sci-fi/horror hybrid is a special effects bonanza, and a high-water mark in British genre filmmaking.«*
Creative Killing: *Hast Du nicht aufgepasst? Die Monster saugen den Opfern durch ein Loch im Genick ihr Hirn und ihre Wirbelsäule raus!*
Nervige Skeptiker: *Der Colonel hält die ausführliche Erklärung des Professors bezüglich der Wesen und der Toten für Unsinn und nennt ihn einen komplett Geistesgestörten (»raving lunatic«) ins Gesicht.*
Kill Count: *5*

Finders Keepers

2014
Regie: Alexander Yellen
Drehbuch: Peter Sullivan (Abandoned, Home Invasion)
Nennenswerter Cast: Jaime Pressly (*My Name is Earl*, Not Another Teen Movie, DOA: Dead or Alive)
84 Min.

Die geschiedene Autorin Alyson (Jaime Pressly) zieht mit ihrer kleinen Tochter Claire in ein neues Haus, in dem vor fünf Jahren Morde stattfanden. Dieses kleine Detail verschweigt der windige Makler natürlich. Claire findet im Hohlraumboden ihres neuen Zimmers eine finster dreinblickende Puppe und will sie unbedingt behalten. Bald schaut auch Claire nur noch finster durch die Gegend. Sie mag ihre neue Umgebung nicht, und als die liebe- und verständnisvolle Mutter der Tochter ein Eis kauft, bedankt diese sich damit, dass sie ihrer Mutter sagt, dass sie an der Trennung von ihrem Mann Schuld sei. Alyson arbeite ja auch ständig an ihrem Buch und es sei kein Wunder, dass ihr Ex sie hasse. Sind Kinder nicht etwas Herrliches?

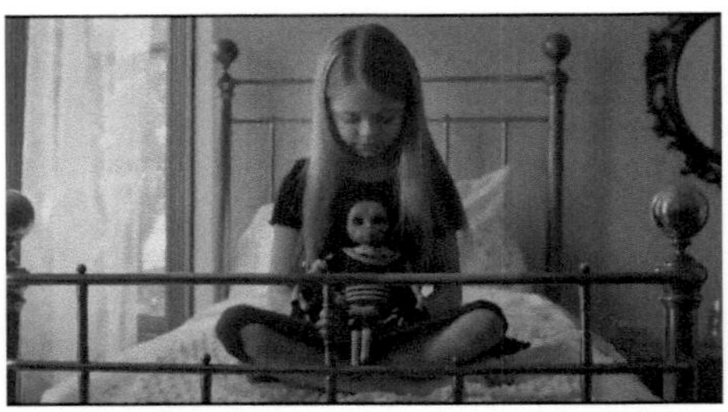

Abb. 193: Crazy Claire.

Die Kleine ist wie ausgetauscht, seit sie die Puppe gefunden hat. Zumindest hat sie ein neues Hobby: Sie reißt Fliegen die Flügel aus. Ihre neuen Klassenkameraden mögen bitte alle sterben, weil die sich über sie lustig gemacht haben, dass sie in das »böse Haus« gezogen ist. Ein Experte stuft Claire als emotions- und empathielos ein, an der Grenze zur Psychopathie. Marina Sirtis (a.k.a. Counsellor Deanna Troi) hat einen Gastauftritt als *crazy cat lady*-Nachbarin und erinnert mich daran, dass ich mir jetzt viel lieber eine Folge von *Star Trek: The Next Generation* ansehen würde als diesen lahmen Käse. Deanna Trois Lieblingskatze stirbt, woran wahrscheinlich Crazy Claire schuld ist.

Dann sterben auch nach der Reihe Menschen auf mysteriöse Weise, und Claire scheint von der Puppe besessen zu sein. Wenn man sie ihr wegnehmen will, fängt sie an zu schreien, als stünde sie in Flammen. Alyson will die Puppe in den Abfall werfen, stattdessen stirbt der Müllmann und die Puppe kehrt zurück.

Die Verbindung zwischen Claire und ihrem neuen Spielzeug ist so stark, dass, wenn die Puppe verletzt wird, dasselbe mit Claire passiert. Können unsere Helden die böse Puppe trotzdem besiegen? Wird diese Tragödie Claire wieder mit ihrem Ex-Mann zusammenbringen? Wird der SyFy-Kanal jemals wieder so einen Hit wie Sharknado landen oder bleibt es bei untermittelprächtiger Ware wie dieser hier?

Finders Keepers ist ein weitgehend ödes TV-Drama über die Troubles einer alleinerziehenden Mutter, dem man einen Mysteryplot und eine tödliche Puppe dazugemischt hat. Bis auf das Finale und eine ziemlich heftige Todesszene fühlt es sich ständig wie ein lahmer TV-Film an – weil es eben genau das ist. Man sieht übrigens auch kein einziges Mal, wie sich die Puppe bewegt. Nur, wie Türen sich schließen und öffnen, ein Küchenmesser entfernt wird und ähnliche Dinge.

★★☆☆☆

Besonderheiten: *Keine.*
Creative Killing: *Nein.*
Nervige Skeptiker: *Keine.*
Kill Count: *8 (3 off camera)*

GHASTLIES

Kanada 2017
Regie: Brett Kelly (JURASSIC SHARK)
Drehbuch: Chris Bavota
76 Min.

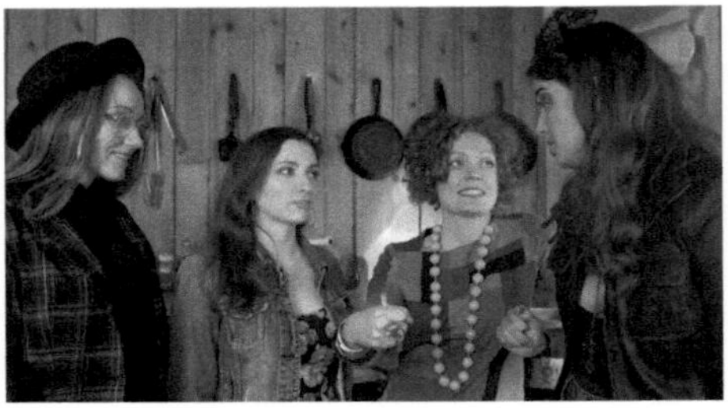

Abb. 194: »Studentinnen.«

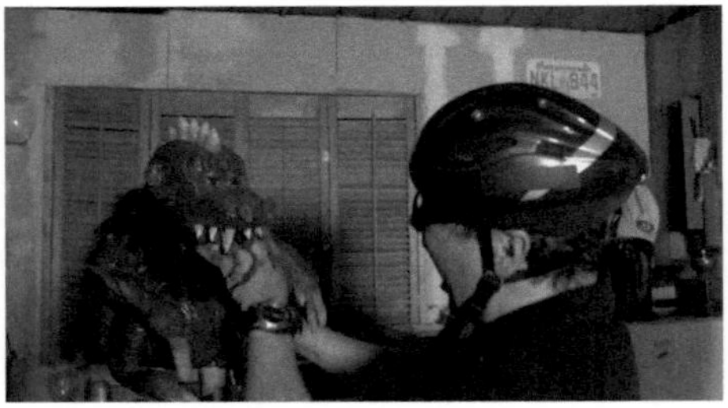

Abb. 195: Nom! Nom! Nom!

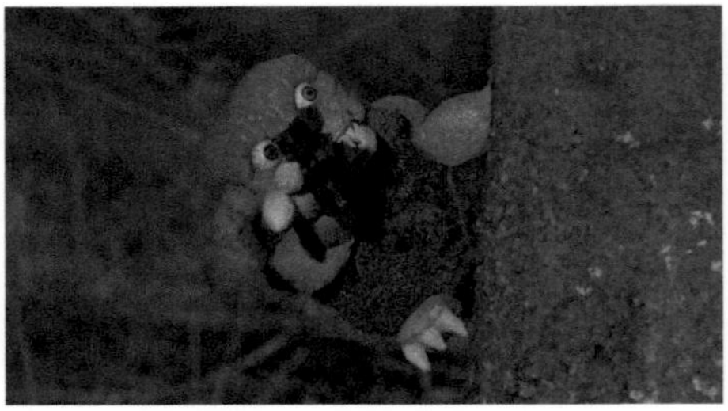

Abb. 196: Peng! Peng! Peng!

Vier College-Studentinnen, zu denen auch eine über 40-Jährige gehört, haben für ein Wochenende eine abgelegene Hütte im Wald gemietet. Sie nerven uns, indem sie ständig hirnloses und uninteressantes Zeug reden.

Eines der Mädels findet im Wald (!?) einen Fernseher mit Videorecorder und eine VHS-Kassette, auf der eine entführte Frau vor kleinen Aliens warnt, die die Menschheit auffressen und den Planeten erobern wollen. Obwohl sie die Smarte der Truppe ist, hält sie die VHS für einen billigen Horrorfilm und die Warnung wird für den Rest des Films ignoriert.

Dann treffen junge Männer ein, die mit den Mädels Party machen wollen und irgendwann kommen auch endlich die Ghastlies dazu. Noch nie haben Monster in einem Horrorfilm so sehr nach Spielzeug ausgesehen. Und sowohl die Puppen als auch ihre Attacken haben eine noch nie gesehene Kasperltheaterqualität.

GHASTLIES soll eine Hommage an die guten, alten *tiny terrors* sein. Den Dialogen und der Kleidung nach zu urteilen sind wir auch in den 80ern, es gibt allerdings moderne Autos. Ist aber auch egal, es werden jedenfalls ein paar müde Klischees der Vorbilder nachgekaut, und zu keinem Zeitpunkt kommt Spannung oder gar Freude auf. GHASTLIES wirkt, wie wenn kleine Kinder etwas nachgestellt hätten, dass sie im Fernsehen gesehen haben – aber eben viel schlechter, weil es nur kleine spielende Kinder sind. Angeblich aber wurde der Film von Erwachsenen gemacht, und zwar ohne jegliche Sorgfalt, Einfallsreichtum oder Hirn.

★☆☆☆☆

Besonderheiten: *Der Film ist so unbekannt, dass er nicht mal einen Eintrag auf ofdb.de hat.*
Creative Killing: *Plastiklöffel in den Hals gesteckt und durch den Kopf gerammt.*
Nervige Skeptiker: *Keine.*
Kill Count: *9 (3 off camera)*

Ghoulies

1985
Regie: Luca Bercovici (Luck of the Draw)
Drehbuch: Luca Bercovici, Jefery Levy
Coole Tagline: They'll get you in the end![28]
81 Min.

Malcolm Graves will bei einem satanischen Ritual seinen neugeborenen Sohn Jonathan für Luzifer opfern. Die Mutter kann das verhindern, und das Baby ist in Sicherheit. Luzifers Diener ist aber nicht wählerisch, und so muss statt Jonathan seine Mutter dran glauben. Seine Familie kann man sich eben leider nicht aussuchen.

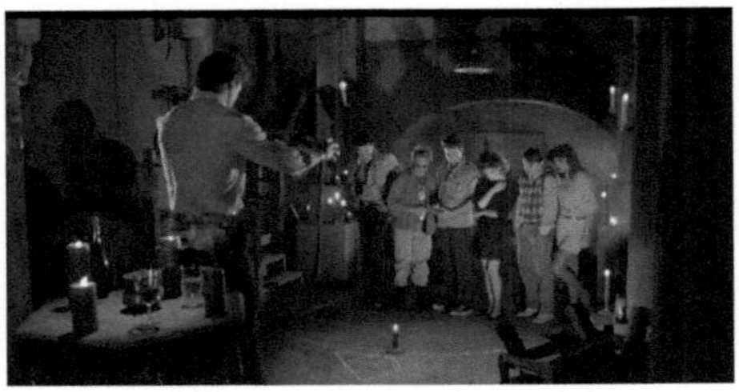

Abb. 197: Der Mann weiß, wie man 'ne Party schmeißt.

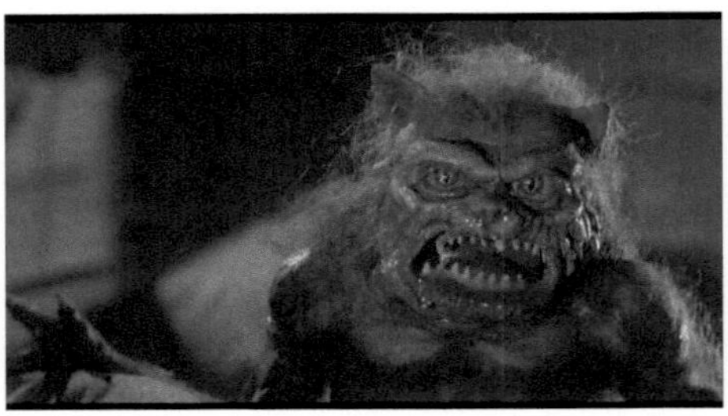

Abb. 198: Zum Knuddeln!

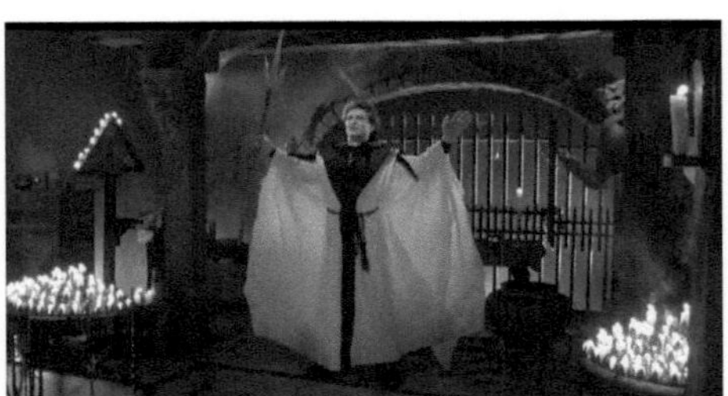

Abb. 199: Sag das Zauberwort und du hast die Macht, halt die Ghoulies fest und spür die Kraft...

Immerhin erbt Jonathan im Erwachsenenalter das Anwesen, in dem sein Vater sein Unwesen getrieben hat, inklusive einer Bibliothek mit Büchern über Rituale für den geneigten Satanisten und Dämonenbeschwörer. Jonathan vertieft sich immer mehr in diese Bücher. Seine Freundin Becky und er schmeißen im neuen Haus eine Party mit vielen über 30-Jährigen, die Mitt-Zwanziger darstellen sollen und sich wie Teenager verhalten. Dazu gibt es schlechte Musik und eine überflüssige Breakdance-Szene. Jawohl, wir sind in den 1980ern. Als nur noch der harte Kern übrig ist, wird überlegt, wie diese Party die nächste Stufe erreichen kann. Die Vorschläge sind: Versteckspiel, Trivial Pursuit® und Scharade. Jonathan hat eine bessere Idee: »Let's do a ritual.« Das muss man den Partygästen nicht zweimal sagen – da sind natürlich alle dabei. Jonathan schafft es scheinbar nicht, im Keller irgendetwas zu beschwören, und die Party verlagert sich wieder nach oben.

Getrieben von Neugierde und Machtgelüsten, und anscheinend auch gesteuert von der immer noch präsenten Macht seines toten Vaters Malcolm, experimentiert Jonathan aber weiter mit Zaubersprüchen und Ritualen und holt neben zwei Zwergendienern auch eine Handvoll kleiner Monster in diese Welt. Die kleinen Ghoulies verneigen sich vor ihrem neuen Herrn und

[28] Dabei kommt der Ghoulie aus dem Klo. Kapiert?

versprechen, ihm zu dienen und sich vor anderen Menschen versteckt zu halten. Becky ertappt Jonathan und ist sauer: Wenn der Partner ohne Absprache satanische Rituale im neuen gemeinsamen Haus abhält und beim Sex lateinische Zaubersprüche zitiert, kann der Haussegen schon mal schief hängen.

Plötzlich ist auch Malcolm in Zombieform wieder da, und der Film bekommt mit ihm einen Antagonisten, der wie auch sein Sohn durch herrliches Overacting glänzt. Malcolm will Jonathan immer noch an Luzifer opfern und ihm seine Lebensenergie aussaugen (tja, die liebe Familie…). Er lässt die Ghoulies und Zwerge von nun an für sich morden, und es kommt zum Kampf der Magier. Können Jonathan, Becky und die Bande an Freunden inmitten dieser diabolischen Auseinandersetzung überleben?

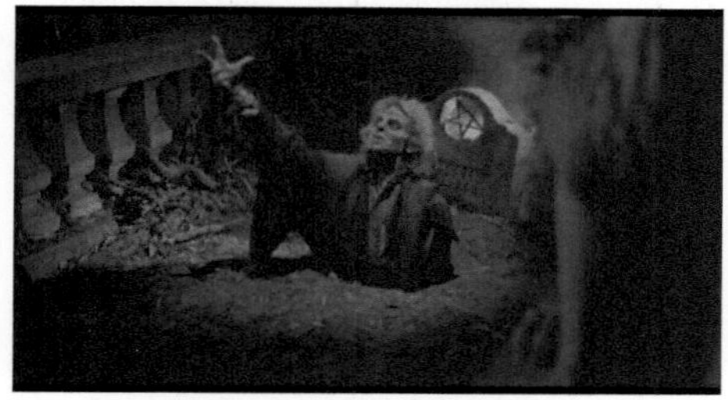

Abb. 200: Die Schauspielschule hat sich ausgezahlt.

GHOULIES und GHOULIES II (Seite 182) sind die Art von Film, für die die Amerikaner die schönen Worte »cheesy« und »campy« haben. Das mag man, oder eben nicht – *love it, or leave it.* GHOULIES hat eine – auf eine gute Art – altmodische, etwas kindische Gruselstimmung. Der Film wurde angeblich auf ein PG-13-Rating hin getrimmt – dabei hätten sich Gore-Szenen und zumindest ein paar nackte Brüste in den Party-Szenen mehr als angeboten. Die Ghoulies selber kommen erst in Teil 2 richtig in Fahrt und sind im ersten Teil leider eher ein Anhängsel. Das liegt daran, dass sie (wie das letztlich nicht verwendete 3D, mit dem experimentiert wurde) in Wahrheit ein bloßes Gimmick waren, das erst später zum Drehbuch hinzugefügt wurde.

★★★☆☆

Besonderheiten: *Berühmt, und wahrscheinlich zu einem Gutteil für den kommerziellen Erfolg des Films verantwortlich, ist das Bild eines Ghoulies, der aus einer Toilette steigt, mit dem Satz »They'll get you in the end«. Das Motiv wurde nicht nur auf Postern verwendet, sondern auch als Fernsehwerbung im Kinderprogramm. Das hatte viele verstörte Kinder und erzürnte Eltern zur Folge, die ihren Kleinsten das Klogehen beibringen wollten. Band machte aber so einen Reibach mit der Werbekampagne, dass er sich trotz des Bergs an Hatemails dagegen entschied, sie umzuändern. / Glaubt man den wenigen erhältlichen und unglaublich erscheinenden Informationen dazu, soll der Film 1985 über 30 Millionen Dollar an den Kinokassen und am Videomarkt eingespielt haben – so viel hat in etwa das Arnold Schwarzenegger-Vehikel COMMANDO (PHANTOM KOMMANDO) im selben Jahr in den Kinos eingespielt. Selbst die Hälfte davon wäre noch eine sehr beeindruckende Summe, für einen billig produzierten Film dieser Art. / Eine Clown-Puppe hat einen schaurigen Gastauftritt.*
Creative Killing: *Malcolm verwandelt sich in eine sexy Frau und erwürgt einen Penis-gesteuerten Partygast mit seiner langen Zunge.*
Nervige Skeptiker: *Keine.*
Kill Count: *6 (2 off camera)*

GHOULIES II

1988
Regie: Albert Band (ROBOT WARS, DOCTOR MORDRID, I BURY THE LIVING)
Drehbuch: Dennis Paoli (FROM BEYOND, THE PIT AND THE PENDULUM [1991], RE-ANIMATOR, MERIDIAN, CASTLE FREAK, DAGON)
Nennenswerter Cast: Phil Fondacaro (TROLL [Seite 406], BLOOD DOLLS [Seite 62], THE CREEPS, DECADENT EVIL, *Sabrina, the Teenage Witch*)
Coole Tagline: Just when you thought it was safe to go back in the bathroom…
90 Min.

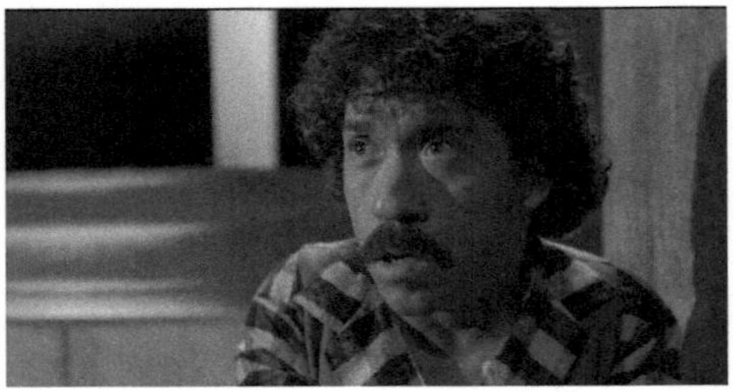

Abb. 201: Phil Fondacaro in Aktion.

Nach dem Erfolg des ersten Teiles kam logischerweise eine Fortsetzung, diesmal mit mehr Budget, mehr Ghoulie-Action und mehr Comedy. Die austauschbare Gruppe an jungen Leuten aus Teil 1 wurde durch ein sympathischere Gruppe an *carnies* (Schaustellern) ersetzt, die das altmodische Spukhaus »Satan's Den« in einem Vergnügungspark betreiben. Unter ihnen ist auch der kleinwüchsige, Shakespeare-zitierende Sir Nigel, gespielt von Phil Fondacaro in einer seiner besseren Rollen seiner langen Nebendarstellerkarriere.

Die Ghoulies sind ausgebüxt und landen via Anhalter im Vergnügungspark, wo sie sich in besagtem »Satan's Den« verstecken. Das abgehalfterte Horrorhaus macht kaum noch Umsatz. Deshalb bekommen dessen Betreiber, Larry und Uncle Ned, einen Besuch vom Buchhalter. Der sieht zwar aus wie ein junger Barry Manilow, aber anstatt schöne Lieder zu singen, droht er den beiden mit der Schließung ihres Spukhauses. Zum Glück gibt es von nun an aber die Ghoulies als neue Attraktion: Die kleinen Monster werden zum Renner und der Umsatz schießt in die Höhe. Der junge, gewinnorientierte Buchhalter erkennt das finanzielle Potential der Ghoulies (ähnlich wie die Macher dieser Filme) und ignoriert bewusst Berichte von vermissten Personen, Unfällen und Morden in Satan's Den. Als dann aber die Leichen gefunden werden, ist der Spaß vorbei und die Menschen begeben sich auf Ghoulie-Jagd. Die kleinen Dämonen fliehen aus dem Spukhaus und treiben auf dem ganzen Vergnügungspark ihr Unwesen. Ein Kind, das diesen Film gesehen hat, könnte es sich beim nächsten Jahrmarktsbesuch zweimal überlegen, ob es mit dem Riesenrad oder Autodrom fahren will.

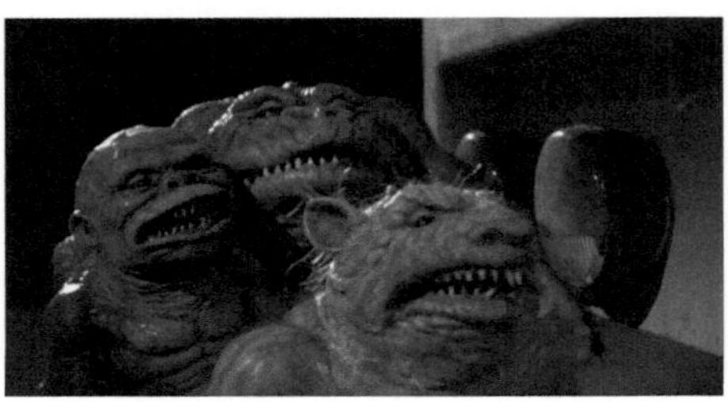

Abb. 202: Sie sorgen für Rummel am Rummelplatz.

Teil 2 ist noch etwas kindischer als der Vorgänger. Die doch auch gruselige Horrorfilmatmosphäre des Originals wird durch lustigeren 80er-Jahre-Trash-Spaß ersetzt, was wiederum einen anderen, eigenen Charme hat. In Italien wurde der Film als »Ghoulies II – Il principe degli scherzi« (dt: Der Prinz der Späße) veröffentlicht. Wer dieser Prinz sein soll, erschließt sich mir nicht, aber zum Lachen und Schmunzeln gibt es jedenfalls genug. GHOULIES II wurde, wie auch das Original, um etwaige R-Rating-Szenen erleichtert, um ein PG-13-Einstufung zu erhalten. Interessant ist auch, dass der Film eine Saturiertheit und Abgeklärtheit bei jungen Menschen ortet, die sich für den einfachen, altmodischen und »unschuldigen« Grusel eines Spukhauses nicht mehr begeistern lässt. Das wird zu einem wichtigen Handlungselement, die Ghoulie-Cheesiness und die kitschige Abgehalftertheit von Satan's Den harmonieren im Film sehr gut und bilden quasi eine Art Meta-Ebene, ohne aber jemals in billige Selbstironie zu verfallen.

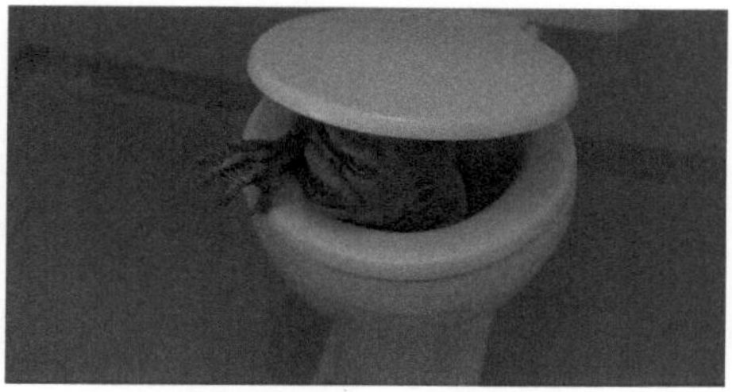

Abb. 203: Das ist Horror, der nahegeht.

Produzent Charles Band, dessen Vater Albert Band bei diesem Film Regie führte, sprach einmal in einem Interview über die Reizüberflutung in modernen Hollywood-Blockbustern – etwas, das denke ich viele von uns Filmfans nachvollziehen können. Filme wie GHOULIES II haben ein eigenes Flair und eine eigene Magie. Eben so wie viele andere der *tiny horror*-Filme in diesem Buch auch.

★★★★☆

Besonderheiten: *Ein schleimspuckender Ghoulie und ein Ghoulie-fressender Riesen-Ghoulie werden eingeführt.*
Creative Killing: *Tod aus der Toilette – das Motiv, mit dem die Ghoulies bekannt wurden. Just when you thought it was safe to go back in the bathroom… / Von einem Ghoulie im Autodrom überfahren.*
Nervige Skeptiker: *Dem alten Uncle Ned wird nicht geglaubt, dass er kleine Dämonen gesehen hat. Alle meinen, er sei mal wieder betrunken. / Als Sir Nigel um Hilfe schreit, glaubt man ihm nicht, dass Larry gerade von den Ghoulies attackiert wird.*
Kill Count: *14 (1 off camera)*

GHOULIES GO TO COLLEGE

1991
a.k.a. GHOULIES III: GHOULIES GO TO COLLEGE
Deutscher Titel: GHOULIES III
Regie: John Carl Buechler (FRIDAY THE 13TH PART VII: THE NEW BLOOD, TROLL [Seite 406], CELLAR DWELLER)
Drehbuch: Brent Olson
Nennenswerter Cast: Kevin McCarthy (INVASION OF THE BODY SNATCHERS [1956], INNERSPACE, UHF), Eva LaRue (THE BARBARIANS, *All My Children*)
Coole Tagline: Out of the bowl... and TOTALLY out of control!
94 Min.

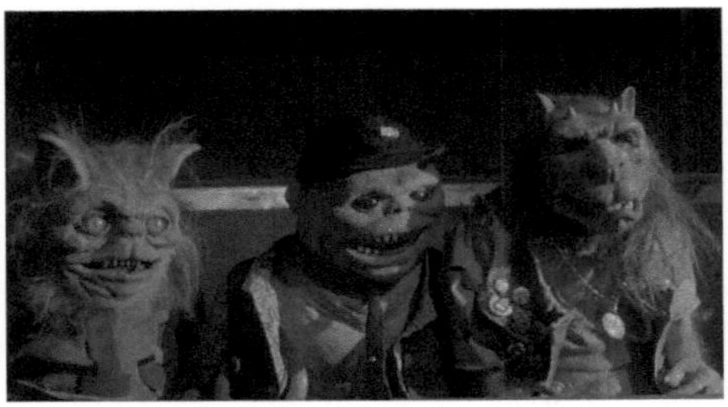

Abb. 204: Die Ghoulies – jetzt neu mit Klamotten.

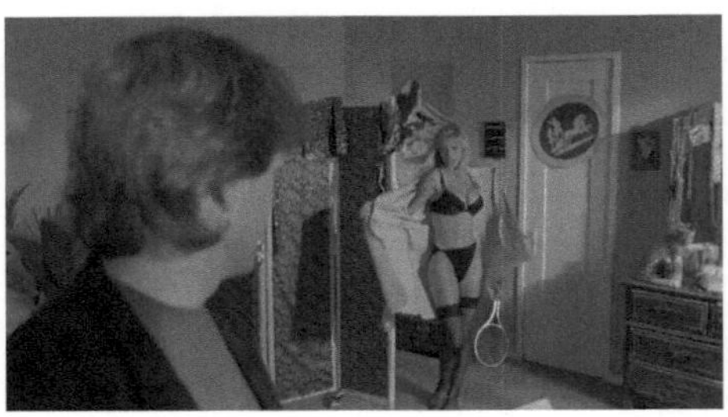

Abb. 205: Badaboom!

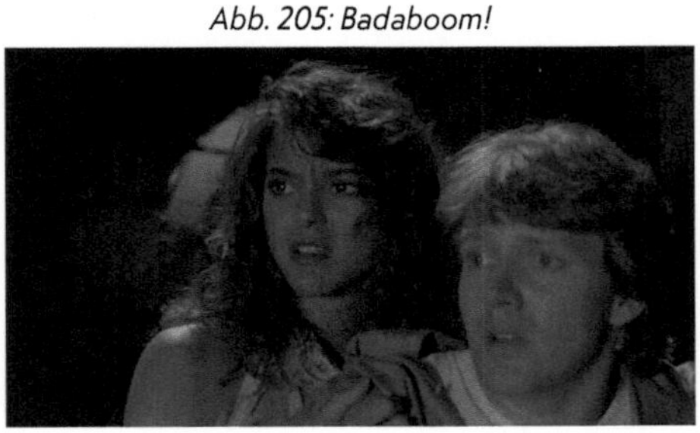

Abb. 206: Der amtierende Streichekönig und seine Angebetete.

Jawohl, die Ghoulies gehen zur Uni! In einem radikalen Stilbruch zu den vorigen zwei Teilen ist GHOULIES GO TO COLLEGE eine rasante Komödie – und was für eine!

Im Zentrum des Films stehen wieder einmal nicht die Ghoulies selber, sondern diesmal zwei verfeindete Studentenverbindungen. Diese *fraternities* haben im Gegensatz zu den Burschenschaften in Deutschland und Österreich offensichtlich keine christliche, deutschnationale oder anderweitig politische Tradition, sondern legen ihr Hauptaugenmerk auf das Saufen und Frauen aufreißen.[29] Auf der Uni findet die »prank week« statt, bei der Beta Zeta Theta (die coolen und individualistischen Kids) mit den Gammas (die uniformierten Ungustln[30] mit einem Touch Hitlerjugend, deren Anführer auf den Namen »Heilman« hört) konkurrieren. Die beiden Verbindungen bekämpfen sich mit einer immer weiter eskalierenden Aneinanderreihung von Streichen. Es geht um nichts Geringeres als um die Krönung (inklusive Krone) des Streichekönigs.

Der Humanwissenschaftsprofessor hat die Faxen dicke und würde die Rasselbande, vor allem Beta Zeta Theta, am liebsten von der Uni verweisen und dem Schabernack ein Ende bereiten. Mit einem zufällig hinter Wandfliesen gefundenen Comicbuchs beschwört der Professor die

[29] Ich werde das nicht auf Fakten überprüfen, ich glaube den Eindrücken aus sämtlichen Filmen wie eben GHOULIES III und der Folge von *South Park* mit den »P.C. Bros«.
[30] Deutsch: »Unsympathen«

Ghoulies aus einer mystischen Kloschüssel, das als Portal in eine andere Dimension dient. Fortan kontrolliert er die kleinen Biester, denn wer das Comicbuch besitzt, beherrscht die Ghoulies. Unsere kleinen Horrorantihelden können jetzt auch sprechen. Nicht nur das, sie haben nonstop dumme Sprüche und blöde Witze auf Lager. Sie streiten, schlagen sich gegenseitig wie *The Three Stooges*, saufen Bier, furzen und machen alles kaputt. Und irgendwo ist da noch die Geschichte eines jungen Mannes, der überlegt, ob er sein Leben als Streicheprinz aufgeben und ein verantwortungsvoller Erwachsener werden soll, vor allem weil seine süße Freundin genug davon hat und schon mit Heilman, dem Anführer der Gammas, flirtet.

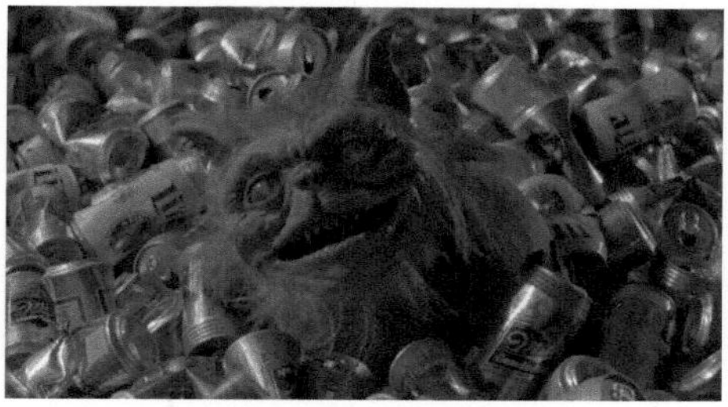

Abb. 207: YOLO!

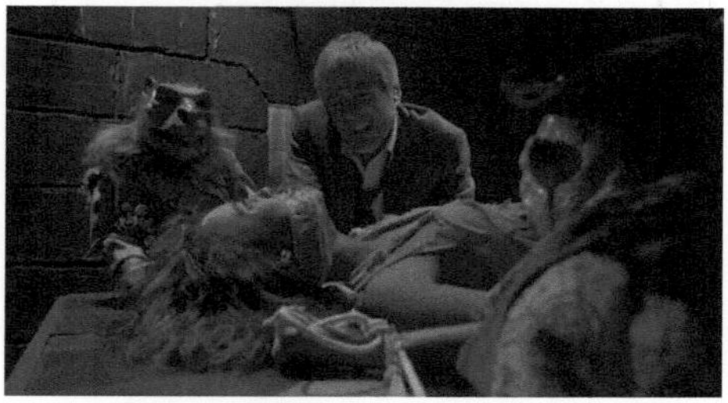

Abb. 208: Jeder von uns hatte in seinem Leben wohl mal mit einem Lehrer oder Professor zu tun, dem man es zutrauen würde, dass er sich mit den Ghoulies verbündet. Also ernsthaft jetzt.

Wer mit Humor der Sorte »Mann-kriegt-Torte-ins-Gesicht« nichts anfangen kann, wird diesem Film heftigste Ablehnung entgegenbringen. Aber auch wenn man kindischen Humor und flache Witze nicht mag: Wer bei GHOULIES GO TO COLLEGE nicht zumindest ab und zu heftig schmunzelt, der geht zum Lachen in den Keller (und macht dort wahrscheinlich noch ganz andere Sachen). GHOULIES III ist sehr rasant, vor allem im Vergleich zu den ruhigen, langsam erzählten Vorgängern. Die Witze und Sprüche der Ghoulies kommen so schnell und so zahlreich, dass man gar nicht alle mitbekommt, selbst die Untertitel können da nicht mithalten. Die Monsteranimationen sind übrigens besser als in den Vorgängern, aber es gibt eben keine Horror- und keine richtigen Kill-Szenen mehr.

★★★☆☆

Besonderheiten: *Teil 3 und 4 wurden nicht mehr von Charles Band produziert, da dieser die Rechte verkauft hatte, in der Hoffnung, seine Firma Empire Pictures mit dem Geld retten zu können. / Die Ghoulies ziehen sich Gewand an und sprechen permanent, auch durcheinander. / Blogger und Regisseur Dave Jackson nannte den Film den »CITIZEN KANE der GREMLINS-Nachahmer«.*

Creative Killing: *Nur drei Kill-Szenen, dafür sind alle drei kreativ: Der Bibliothekarin wird die Zunge auf etwa drei Meter langgezogen, und sie wird damit stranguliert. Szene 2 und 3: Siehe »**Kill Count.**«*

Nervige Skeptiker: *Keine Zeit für Skepsis an dunklen Mächten, viel Zeit für Paaaarty! Los geht's, Polsterschlacht!*

Kill Count: *3 (oder nur 1, die Bibliothekarin). Ob der Typ, den die Ghoulies das Klo hinunterspülen, gestorben ist, weiß ich nicht. Vielleicht hatte er Glück und er wurde von Super Mario oder den Ninja Turtles gerettet. Einer Studentin wird das Gesicht von den Ghoulies mit einer Klo-Saugglocke langgezogen. Ich bin medizinisch nicht qualifiziert genug um zu sagen, ob man so etwas überleben kann. Beide Figuren tauchen im Film jedenfalls nicht mehr auf.*

Ghoulies IV

1994
Regie: Jim Wynorski (Chopping Mall, The Return of Swamp Thing, Piranhaconda, Dinocroc vs. Supergator, Deathstalker II)
Drehbuch: Mark Sevi (Arachnid, Pterodactyl, Class of 1999 II: The Substitute, Scanner Cop II)
Coole Tagline: A little black magic, a little black leather... and a lot of black humor.
84 Min.

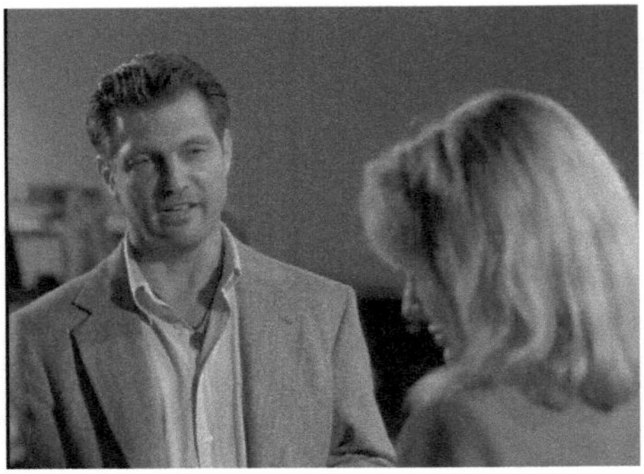

Abb. 209: Es ist ein beschissener Job, aber irgendjemand muss ihn machen. Warum also nicht Ex-Ghoulies-Beschwörer Malcolm Graves.

Wer Hardcore-Ghoulies-Fan ist und wissen will, was nach Teil Eins mit Jonathan Graves passiert ist, bekommt in Teil IV eine Antwort: Er hat weiter mit schwarzer Magie und Teufelsanbetungen experimentiert und sich auch sonst einem wilden Leben mit Sex und Drogen hingegeben. Hey, man soll ja bekanntlich immer seinem Herzen folgen. Dann irgendwann ist ihm der Hokuspokus aber zu bunt und der Sex zu wild geworden und er hat den Mächten der Finsternis den Rücken gekehrt. Er ließ seine Satan-liebende Freundin Alexandra enttäuscht zurück und wurde Polizist. Jonathan ging dann später eine Affäre mit seiner Partnerin ein. Diese Backstory sehen wir leider nie, sondern wir bekommen sie nur von Jonathan erzählt – war wohl billiger.

In der Jetztzeit lernen wir Jonathan als toughen, aber verantwortungslosen und heruntergekommenen Polizisten kennen, der nach seinen eigenen Regeln spielt. Aktuell hat er eine Affäre mit einer Prostituierten, und die ehemalige Partnerin ist mittlerweile seine Vorgesetzte. Die beiden zanken sich, wie es Ex-Liebespaare, die sich immer noch regelmäßig sehen, halt gerne tun. Jonathan hat kein Glück mit den Frauen: Alexandra will ihn zurück auf die dunkle Seite ziehen. Sie rennt in einem sexy Lederoutfit herum, tötet Männer und schenkt sie einem Dämon, der sich materialisieren will. Was hat Jonathan mit dem Dämon zu tun, und wie will Alexandra ihn so zurückgewinnen? Die Antwort kennt nur, wer sich den 80-Minüter ernsthaft komplett reinzieht.

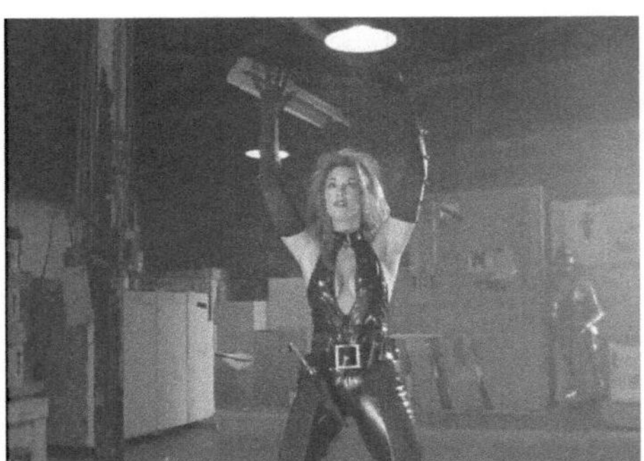

Abb. 210: Alexandra, Dienerin des Bösen.

Ghoulies IV ist weit entfernt vom schönen Grusel der ersten beiden Filme und auch vom Humor des spaßigen dritten Teils. Trotz des

Qualitätsabfalls sind aber unter den ganzen müden Gags noch ein paar Schmunzler zu holen, außerdem gibt es viel Action und schöne Frauen zu bewundern. Der erste Teil war schon kindisch, aber die Reihe hat es wirklich geschafft, mit jedem Teil noch kindischer zu werden. So ist der vierte Teil für die Franchise quasi das, was BATMAN & ROBIN für die erste Batman-Kinofilmreihe war: Sehr vernachlässigbar, aber nicht komplett ohne Unterhaltungswert.

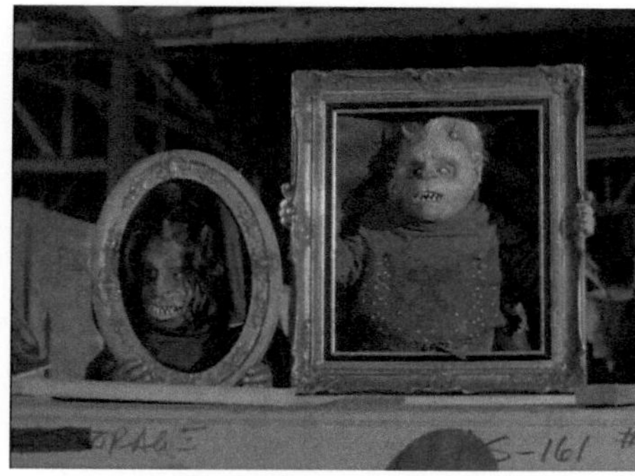

Abb. 211: Die neuen »Ghoulies« sind Meister der Tarnung, Täuschung und Verwandlung (nicht).

Die »Ghoulies«, wenn man sie wirklich noch so nennen will, sind diesmal zwei verkleidete Liliputaner mit schlechten Masken, die für den Film völlig überflüssig sind und nur ab und zu auftauchen. Sie blödeln herum und reden dummes Zeug, töten niemanden, und es merkt auch bis zum Finale niemand, dass sie überhaupt da sind. Ein kleiner Film ohne kleinen Horror.

★★☆☆☆

Besonderheiten: *Annehmbare Actionszenen.*
Creative Killing: *Nein.*
Nervige Skeptiker: *Keine.*
Kill Count: *6 (1 off camera)*

The Gingerdead Man

2005
Regie: Charles Band (Parasite [Seite 289], Trancers, Meridian, Head of the Family, Hideous! [Seite 213], Blood Dolls [Seite 62], Doll Graveyard [Seite 140], Evil Bong, Dangerous Worry Dolls [Seite 108], Killer Eye: Halloween Haunt [Seite 243], Puppet Master X: Axis Rising [Seite 330], Ooga Booga [Seite 282], Puppet Master: Axis Termination [Seite 333])
Drehbuch: Domonic Muir (Critters [Seite 97], Puppet Master: Axis of Evil [Seite 327], Evil Bong, Doll Graveyard [Seite 140], Dangerous Worry Dolls [Seite 108], Killer Eye: Halloween Haunt [Seite 243]
Nennenswerter Cast: Hollywood *crazy man* Gary Busey (The Buddy Holly Story, Lethal Weapon, Point Break, Under Siege, Big Wednesday, Predator 2)
70 Min.

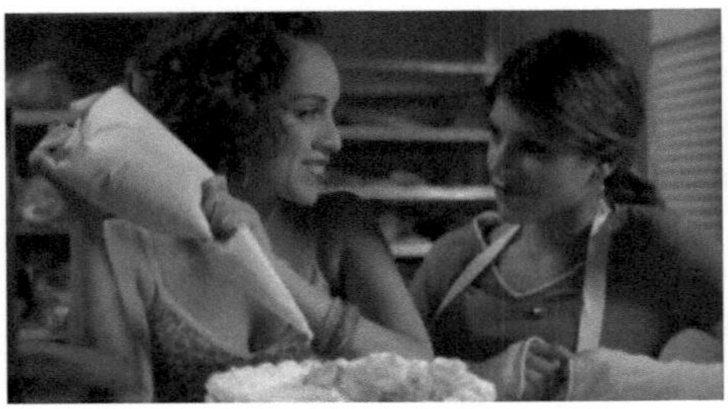

Abb. 212: Backe backe Kuchen.

Darauf hat die Welt gewartet: Ein Horrorfilm für alle Keksenthusiasten. Und der Beweis, dass es immer noch neue Ideen für Horrorfilmkiller gibt – man muss nur scharf genug nachdenken oder einen Heißhunger auf Süßspeisen haben.

Serienkiller Findlemeyer (Gary Busey) erschießt in einem Restaurant Sarahs Vater und Bruder. Sarah sagt vor Gericht gegen Findlemeyer aus, und dieser wird hingerichtet, richtet Sarah aber vor seinem Ableben noch aus, dass seine Mutter eine Hexe ist und er sich auch aus dem Grab heraus noch an Sarah rächen kann. Sarah führt die Familienbäckerei weiter und erhält eines Tages eine mysteriöse Gewürzmischung für *gingerbread men* (Lebkuchenmänner), die die Asche des toten Findlemeyer enthält. Versehentlich ist auch noch Blut und Elektrizität im Spiel, und schon ist der kleine böse Lebkuchenmann, der Gingerdead Man, fertig und eine neue Full Moon-Franchise ist geboren. Sarah und zwei ihrer Bekannten versuchen, in der Bäckerei zu überleben und die tödliche Nachspeise zu besiegen.

Die Ähnlichkeit zu Chucky liegt auf der Lebkuchenhand: Die Seele eines Serienkillers taucht in einen leblosen Gegenstand ein, worauf dieser Gegenstand zu einer fluchenden und tödlichen Bedrohung wird. Im Gegensatz zu den Chucky-Filmen wird aber mit der soliden und witzigen Grundidee nicht viel gemacht. The Gingerdead Man versucht lustig sein, das gelingt aber leider zu selten – selbst wenn man gerade in einer kindischen Stimmung und/oder alkoholisiert sein sollte. Ein Film über einen Killerkeks sollte nicht so langweilig sein. 98% des Films findet in der Bäckerei statt, wo sich auch eine kleine Liebesgeschichte ergibt. Ich kann es auch gerade etwas schwer verdauen, dass

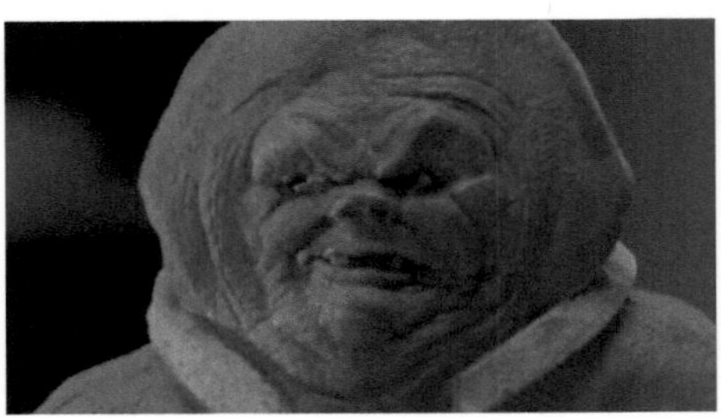

Abb. 213: Krümelmonster.

ich mir das Ding zwei Mal angesehen habe, einmal auf DVD vor ca. zehn Jahren und jetzt noch einmal für diesen Text. Selbst im Supermarkt gibt es bessere Kekse, von hausgemachten gar nicht zu sprechen.

★☆☆☆☆

Besonderheiten: *Ein Keks, gesprochen von Gary Busey, ist auf Rache aus.*
Creative Killing: *Ein Geschäftsmann wird von einem Keks mit dem Auto überfahren. Immerhin…*
Nervige Skeptiker: *Ein Typ glaubt nicht an schwarze Magie und den Gingerdead Man, sondern dass es sich um einen Gag von einem Mitarbeiter der Bäckerei handelt.*
Kill Count: *5*

GINGERDEAD MAN 2: PASSION OF THE CRUST

2008
a.k.a. GINGERDEAD MAN 2: BAKERY OF BLOOD
Deutscher Titel: GINGERDEAD MAN 2: DIE PASSION DER KRUSTE
Regie (unter dem Pseudonym Silvia St. Croix): William Butler (MADHOUSE, GINGERDEAD MAN 3: SATURDAY NIGHT CLEAVER [Seite 192], DEMONIC TOYS: PERSONAL DEMONS [Seite 126])
Drehbuch: William Butler (MADHOUSE, GINGERDEAD MAN 3: SATURDAY NIGHT CLEAVER, DEMONIC TOYS: PERSONAL DEMONS), Muffy Bolding (GINGERDEAD MAN 3: SATURDAY NIGHT CLEAVER), Aaron Strongoni
Nennenswerter Cast: Regisseur und Effektmann John Carl Buechler (FRIDAY THE 13TH PART VII: THE NEW BLOOD, TROLL [Seite 406], GHOULIES GO TO COLLEGE [Seite 184], CELLAR DWELLER), David DeCoteau, Adam Green (Regisseur und Drehbuchautor der HATCHET-Reihe), die Spezialeffektexperten Michael Deak und Greg Nicotero
72 Min.

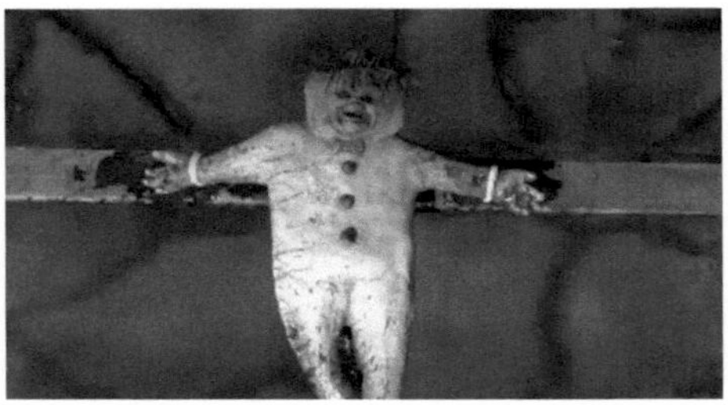

Abb. 214: Jesus ist angeblich für unsere Sünden gestorben. Für welche Sünden wurde der Gingerdead Man ans Kreuz genagelt?

Jawohl, richtig gelesen. Man könnte meinen, das Konzept des Gingerdead Man wäre bereits nach Teil 1 zerbröselt, aber es gibt noch zwei weitere Teile und einen Crossover-Film!

In PASSION OF THE CRUST treibt Satans Lebkuchen auf einem Filmstudiogelände sein Unwesen. Cheatum Studios dreht dort Horrorfilme der untersten Schublade, unter anderem »Tiny Terrors 9: Purgatory of the Petite«. Eine Art Make-a-Wish-Foundation erfüllt dem todkranken Über-Fan Tommy seinen letzten Wunsch: Er darf das geschichtsträchtige Filmstudio besuchen, wo Kelvin Cheatum die Leitung von seinem Vater übernommen hat. Aber Kelvin befindet sich mitten in einer Krise, die er mit seinem Enthusiasmus und Optimismus zu navigieren versucht: Die Produktionen werden immer schlechter und es steht so wenig Geld zur Verfügung, dass sogar der Klopapiervorrat knapp wird. Teile der genervten und überarbeiteten Crew arbeiten entgeltlos, und es kommt sogar zu einer Rauferei. Teil Neun der Tiny Terrors-Saga, in der kleine Figuren wie »Shitforbrains« und »Haunted Dildo« auftreten, soll das Studio wieder auf erfolgreiche Bahnen bringen.

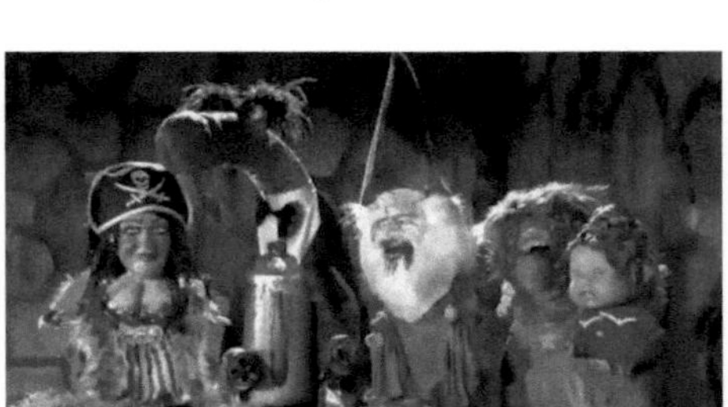

Abb. 215: Beschissene Puppen, wortwörtlich. Rechts außen: Baby »Shitforbrains«.

Eine dralle Blondine und ehemalige Scream-Queen der 80er bringt eine Schachtel mit Donuts, in der sich der Killerkeksmann versteckt hat. Bald gibt es wieder blöde Kommentare und Morde. Obendrein hat sich ein durchgedrehter Internetkritiker aufs Gelände geschmuggelt, der Kelvin Cheatum mit einer Bombe droht, weil seine Drehbuchzusendungen ignoriert wurden und er die neuen Filme so schlecht findet.

Teil 2 der Killerkekssaga hat um einiges mehr Energie zu bieten als das Original und auch lustigere Dialoge, obwohl das meiste davon platter Trashhumor ist. Es ist eine Art Satire auf Billig-Horrorfilmproduktionen, insbesondere auf Charles Bands Full Moon-Firma, die von Full Moon selber produziert wurde. Die Parallelen sind eindeutig, und als Fan von Band findet man den Film sicher lustiger. Und wenn Kelvin Cheatum mit so viel Leidenschaft von seinen Genrefilmen spricht, könnten genau dieselben Worte von Charles Band stammen, der ebenfalls in die Fußstapfen seines Vaters trat.

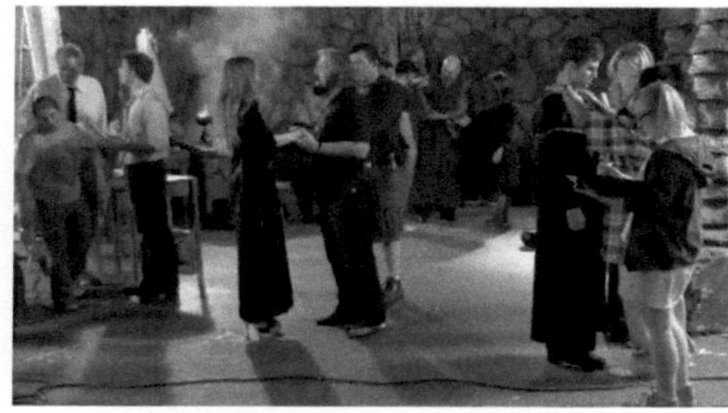

Abb. 216: Unbezahlte Leute arbeiten an einem beknackten Puppenhorrorfilm. There's no business like showbusiness!

Falls Interesse an der Reihe besteht, wäre mein Tipp, den ersten, ungleich langweiligeren Teil der Saga zu überspringen und gleich mit Teil 2 zu beginnen, der die Geschehnisse des Vorgängers ohnehin in den ersten Minuten zusammenfasst.

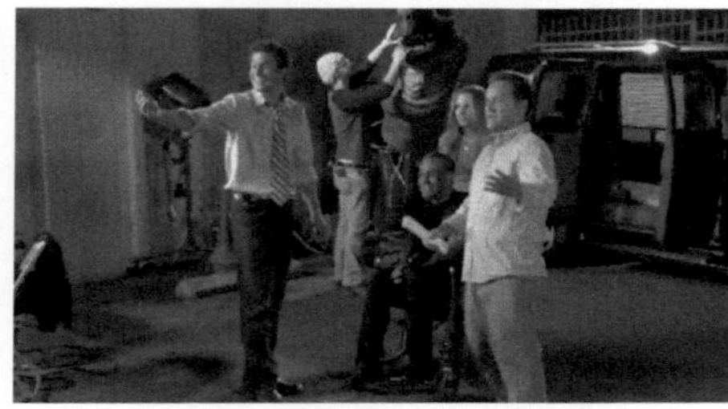

Abb. 217: Setbesuch.

★★☆☆☆

Besonderheiten: *Keine.*
Creative Killing: *Ein Schwuler wird von einem Killerkeks mit einem erhitzten Lockenstab anal zu Tode penetriert.*
Nervige Skeptiker: *Keine.*
Kill Count *(ohne den Flashback zu Beginn): 11 (1 off camera)*

Gingerdead Man 3: Saturday Night Cleaver

2011
a.k.a. Gingerdead Man 3: Roller Boogieman
Regie (unter dem Pseudonym Silvia St. Croix): William Butler (Madhouse, Gingerdead Man 2: Passion of the Crust [Seite 190], Demonic Toys: Personal Demons [Seite 126])
Drehbuch: Muffy Bolding (Gingerdead Man 2: Passion of the Crust), William Butler (Madhouse, Gingerdead Man 2: Passion of the Crust, Demonic Toys: Personal Demons)
Coole Tagline: The Ultimate Roller Boogieman!!!
78 Min.

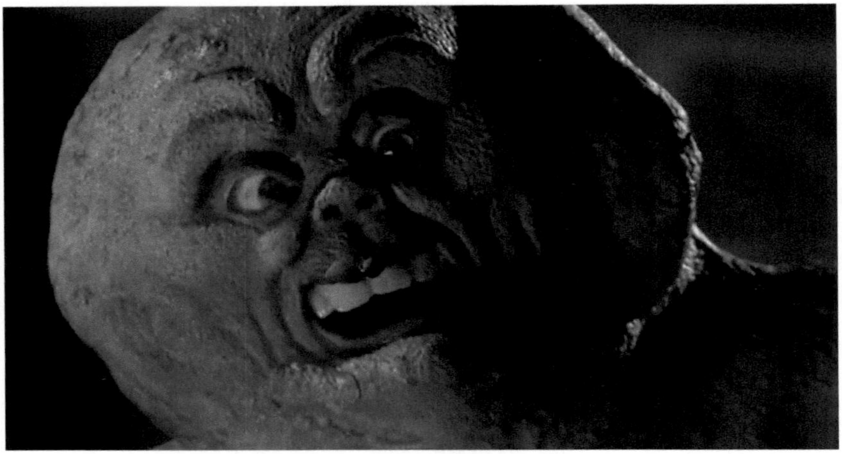

Abb. 218: Der Gingerdead Man kann einem ordentlich auf den Keks gehen und sich sogar direkt unter die Filminfos schummeln.

Der Todeskeks kann zu Beginn des Films aus dem »Scientific Research Institute for the Study of Homicidal Baked Goods« fliehen und landet mit Hilfe einer Zeitreise-Erfindung im Jahr 1976 in einer Roller Boogie Disco. Dort fahren junge Menschen fleißig mit ihren Rollschuhen herum, und die Roller Boogie Queen des Jahres soll gekürt werden. Die Betreiberin hat ihre Steuern nicht bezahlt, weshalb der Disco die Schließung bevorsteht. Die Rollschuhenthusiasten wollen noch ein letztes Mal richtig Gas geben, aber der Gingerdead Man zieht sich Kokain in seinen Lebkuchenkörper rein und verfällt

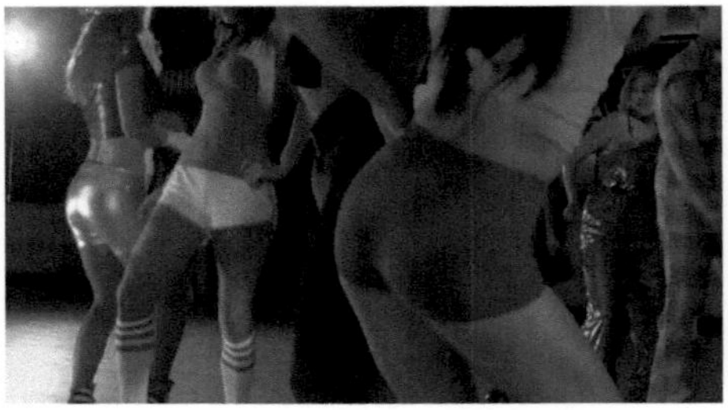

Abb. 219: Sexy Roller Boogie Disco Night Fever.

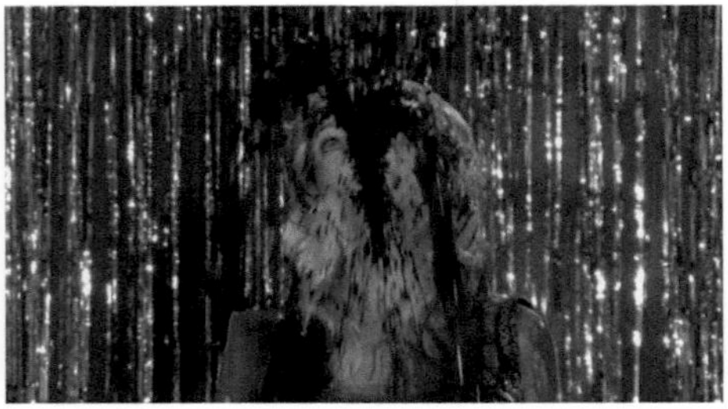

Abb. 220: Disco Inferno.

wieder in einen Todesrausch. Im Finale werden via Zeitreise-Gerät unter anderem Adolf Hitler und Charles Manson in die Roller Boogie Disco geholt, die auf den Gingerdead Man losgehen.

Teil 3 ist in etwa auf demselben Level wie der Vorgänger, auch was den Humor betrifft. Einige Filme der 1970er-Jahre werden zitiert, allen voran Carrie, Roller Boogie und Saturday Night Fever. Erneut ein trashiger Spaß – aber nicht für die ganze Familie, sondern nur für den echten Trashaficionado in der Familie.

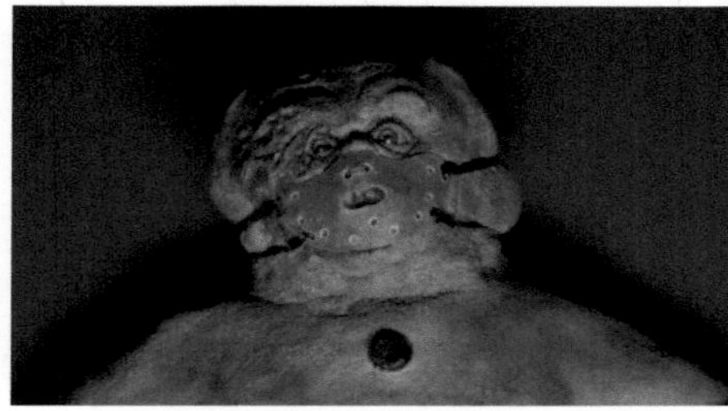

Abb. 221: Silence of the Cookie.

Nach Teil 3 war noch nicht ganz Schluss mit dem Teigwarenterror, denn neben ein paar Gastauftritten gibt es außerdem noch Gingerdead Man Vs. Evil Bong, ein Crossoverfilm mit der Evil Bong-Franchise von Full Moon, in dem sich der Gingerdead Man an Sarah aus dem ersten Teil rächen will. Der Film ist ein eher vernachlässigbarer Beitrag sowohl zu der Gingerdead Man- als auch zur Evil Bong-Reihe. In den Evil Bong-Filmen werden Menschen in bösartige große Wasserpfeifen gesogen, wenn sie diese benutzen. In der »Bong World« werden ihre größten Träume war, aber sie können auch attackiert werden und sterben.[31]

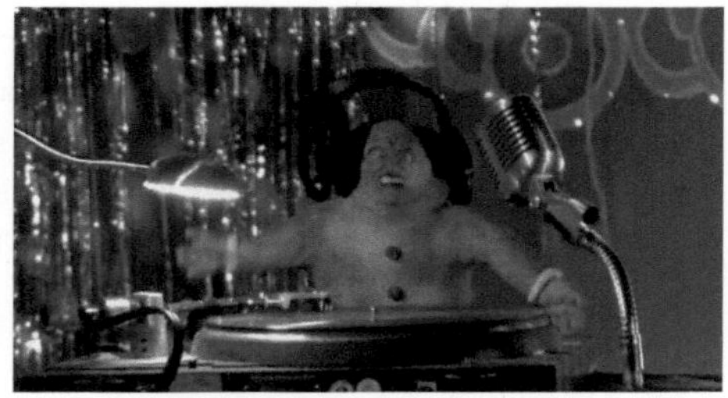

Abb. 222: DJ Cookie Dust legt mini-monstergeile Scheiben auf.

★★☆☆☆

Besonderheiten: *Dritter Teil in einer Filmreihe, in der es um einen Killerkeks geht / ein Zeitreiseplot / zu Beginn des Abspanns wird der Film als »Gingerdead Man 3: Saturday Night Clever« bezeichnet. Autokorrektur oder Rechtschreibschwäche? Man weiß es nicht. Auf fullmoonstreaming.com wurde der Film auch als Gingerdead Man 3: Roller Boogieman wiederveröffentlicht, mit dem Hinweis »Formally released as Gingerdead Man 3: Saturday Night Clever«, was für Zweiteres spricht (»formerly« bedeutet »früher/vormals«, »formally« heißt »formal/formell«).*

Creative Killing: *In einer* bikini car wash*-Szene wird das Wasser mit Salzsäure ausgetauscht. Die Mädels spritzen sich gegenseitig mit dem Schlauch ab und schmelzen dahin.*

Nervige Skeptiker: *Keine.*

Kill Count: *13 (plus 30-50 Menschen, die im Finale gemeinsam zu Tode gestromt werden. Es gibt trotzdem ein Happy End!)*

[31] Den freakigen Stonern unter Euch sowie den waghalsigen Trashliebhabern von der Sorte »Gebt mir mehr! Ist das alles, was ihr zu bieten habt?!« empfehle ich die ersten beiden Teile der Reihe. Evil Bong II: King Bong ist mein persönlicher Favorit. Danach sollte man aber – außer, man ist restlos begeistert – aufhören, auch aus Gründen der geistigen Gesundheit. Es gibt schlechte Filme, und es gibt so etwas wie… die späteren Evil Bong-Teile.

Goosebumps

USA, Australien 2015
Deutscher Titel: Gänsehaut
Regie: Rob Letterman (Monsters vs. Aliens, Shark Tale, Gulliver's Travels [2010])
Drehbuch: Darren Lemke (Shrek Forever After, Jack the Giant Slayer, Turbo)
Nennenswerter Cast: Jack Black (School of Rock, Tropic Thunder, Bernie, King Kong [2005], Shallow Hal, Be Kind Rewind, Year One, Nacho Libre, Gulliver's Travels [2010], The Holiday), Dylan Minnette (Don't Breathe, Alexander and the Terrible, Horrible, No Good, Very Bad Day)
Coole Tagline: The Stories are Alive
103 Min.

Der noch knapp minderjährige Zach zieht mit seiner Mutter weg aus New York und beginnt ein neues Leben in einem fiktiven Kaff in Delaware. Er interessiert sich für Hannah, die Nachbarstochter, die ihn zu einem Ausflug in einen verlassenen, nie fertig gestellten Vergnügungspark im nahegelegenen Wald entführt. An dem überwucherten und romantischen Ort wird später ein Teil des Actionfinales des Films stattfinden.

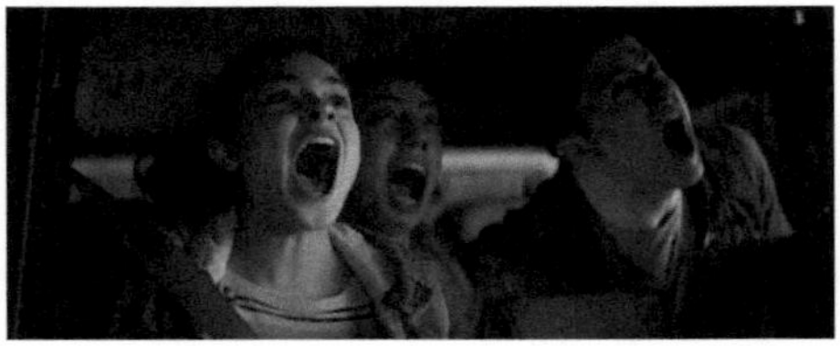

Abb. 223: Sie reißen ihre Mäuler auf, als wollten sie Klicks für ein YouTube-Video.

Zach wittert bald etwas Ungewöhnliches: Mit dem schroffen Vater Hannahs, dem Horrorautor R. L. Stine, stimmt irgendetwas nicht, und vielleicht ist seine Angebetete sogar in Gefahr. Stine wird verkörpert von Jack Black, der zur Abwechslung mal in einer ernsten Rolle in einem unernsten Film zu sehen ist. Der Autor hat nach eigenen Angaben mit seiner Kinder-Horrorbuch-Reihe »Goosebumps« mehr Bücher verkauft als Steven King. Zusammen mit seinem neuen Nerd-Buddy Champ schleicht sich Zach nächtens in das Nachbarhaus und stößt auf das Bücherregal des produktiven Autors. Eines der sorgfältig sortierten und einzeln mit einem kleinen Riegel verschlossenen Bücher wird geöffnet und ein riesiges Schneemonster materialisiert sich. Die schlimme Wahrheit, die Stine verbergen wollte, ist, dass seine Fantasien Wahrheit werden und seine fiktive Monsterriege zum Leben erwacht, wenn man sie aus den Büchern freilässt.

Auch Slappy, der bösen, aber immer gut gelaunten Bauchrednerpuppe, gelingt die Flucht aus seiner Geschichte. Der kleine hölzerne Schlingel mit einem Napoleonkomplex macht sich mit Stines gesammelten Werken vom Acker. Slappy, der sich auch teleportieren kann, lässt alle Monster frei und verbrennt die Bücher, damit sie auch nicht mehr gefangen werden können.

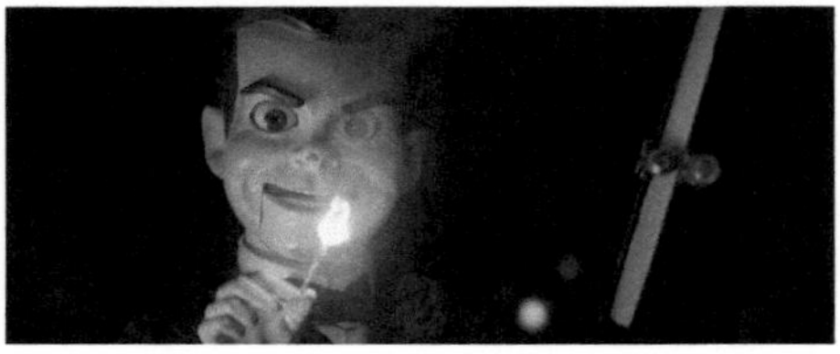

Abb. 224: Some puppets just want to watch the world burn.

Man fragt sich als Erwachsener natürlich schon kurz, warum Stine diese Macht nicht nutzt, um sich seine Traumfrau herbeizuzaubern. Z. B. einen perfekten Mix aus Russin und Südtirolerin, mit perfekten Maßen, die dreimal am Tag Essen zubereitet, alle seine Hobbys teilt und nur interessante Dinge zu sagen hat. Jedenfalls handelt der Rest des Films davon, dass Stine, Zach, Hannah und Champ quer durch ihre Kleinstadt vor etlichen Monstern fliehen und sie irgendwie wieder in ein neues Buch verbannen müssen.

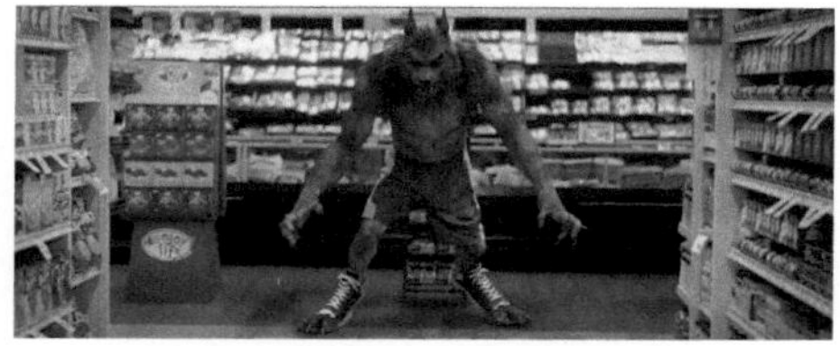

Abb. 225: Ein Werwolf im Supermarkt.

Slappy verschwindet immer wieder über längere Zeit und überlässt den anderen Monstern die Bühne. Da wären zum Beispiel eine Verfolgungsjagd mit einer riesigen Gottesanbeterin oder ein Werwolf im Supermarkt. Deshalb habe ich überlegt, ob ich diesen Film überhaupt ins Buch aufnehmen soll. Aber da Slappy so etwas wie der Hauptbösewicht ist und immerhin noch andere *tiny terrors* vorkommen, ist er hier mit Recht vertreten.

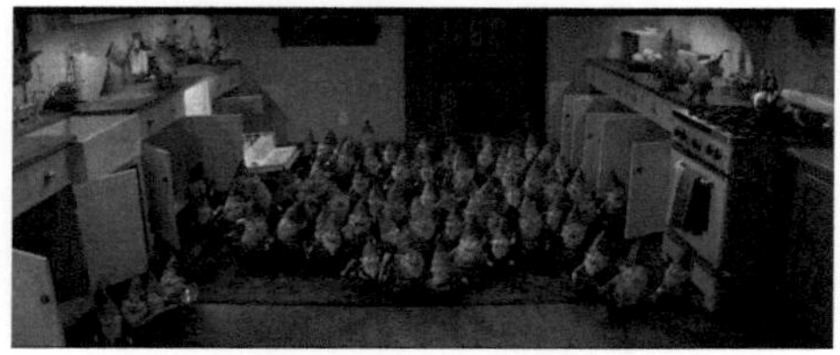

Abb. 226: Bereits 2008 soll es in deutschen Gärten etwa 25 Millionen Gartenzwerge gegeben haben. Wie viele sind es heute? Und wie groß ist die Gefahr?

GOOSEBUMPS hat eine gewisse Disney-Qualität, obwohl er aus dem Hause Sony kommt. Der mit JUMANJI (1995) vergleichbare Familienfilm ist kurzweilig und reich an Effekten. Die vielen CGI-Monster sehen sehr akzeptabel aus, auch wenn man heutzutage etwas Besseres gewohnt ist. Es gibt viel Action, wie man es sich von einem Mainstream-Kinofilm aus dem Jahr 2015 erwarten darf, aber natürlich keinen Tropfen Blut, kein Gore und keine Toten, bis auf ein paar lebende Tote. Hauptzielgruppe sind Kinder und junge Teenager, wie auch bei den Büchern und der TV-Serie, auf denen der Film basiert. Ein Kritiker meinte, man habe es hier quasi mit der Nickelodeon-Version von CABIN IN THE WOODS zu tun – das kommt ungefähr hin.

R. L. Stine gibt es übrigens wirklich, und seine Geschichten erschienen zunächst in der Kinderbuchreihe »Goosebumps« und in einer gleichnamigen TV-Serie (siehe *Seite 445*).

Sollte ich mal ein acht- oder zehnjähriges Kind haben, dem ich die Magie des Fantastischen näher bringen will, wäre neben Disney- und Studio Ghibli-Animationsfilmen vielleicht auch dieser Film dabei. Und ein oder zwei Jahre später würde es dann mit BATMAN UND DAS PHANTOM erst richtig cool für ihn oder sie werden.

★★★★☆

Besonderheiten: *In einer ganz besonderen* tiny-horror-*Actionszene kämpfen unsere Helden gegen eine Armee von Gartenzwergen aus Ton. Ein böser Pudel kommt auch kurz vor.*
Creative Killing: *Nein.*
Nervige Skeptiker: *Keine.*
Kill Count: *0*

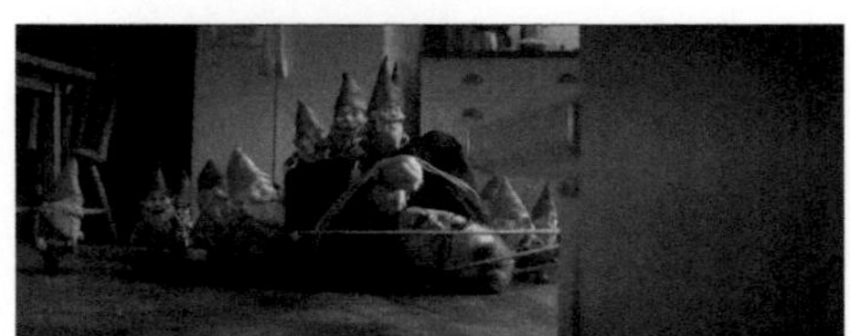

Abb. 227: Die Gartenzwerge wollen Jack Black in ein Backrohr (rechts) schieben.

Grave Danger

2009
Drehbuch und Regie: Jim Haggerty
Coole Tagline: …is there another kind?
105 Min.

Ein anonymer Anrufer belästigt Becky und sagt ihr dreimal, dass sie in ernster Gefahr (»grave danger«) sei... vor ihm! Er kann sie von irgendwo her sehen und will ein Spiel spielen – ein Spiel des Todes. Sie darf nicht weggehen oder auflegen und muss tun, was er sagt, dann lässt er sie vielleicht leben. Sein abgrundtief kranker Plan ist es, Becky über 100 Minuten lang ultralahme Horrorgeschichten zu erzählen.

Nr.1: Victor fühlt sich verfolgt und beobachtet. Er glaubt, es gäbe eine Verschwörung gegen ihn und immer wieder taucht ein Mann mit Anzug auf, den nur er sehen kann. Der Anzugheini erklärt Victor, dass er ihn, seine Familie und seine Freunde umbringen wird. Dann gibt es am Ende einen Megatwist: Es gibt tatsächlich eine Verschwörung. Victors Freundin und seine zwei besten Freunde, die vorher so getan haben, als würden sie Victor nicht verstehen, wollen ihn zusammen mit dem Anzugmann aus irgendeinem Grund töten. Also stirb und mach's gut Victor, keiner mag dich.

Bereits nach der ersten Geschichte wird es dem Anrufer anscheinend (wie auch uns) zu blöd und er befiehlt Becky, dass sie die nächste Episode liefern muss. Darin hat eine Frau ein totales Arschloch als Ehemann. Nachdem sie eine kleine Statue gekauft hat, wird sie von dieser besessen und so zu einer Mörderin. Immerhin, wieder ein Arschloch weniger in der Welt.

Der Anrufer kapiert anscheinend, dass die Geschichten alleine keinen Hund hinter dem Ofen hervorlocken und befiehlt Becky, sich komplett nackt auszuziehen. Bis auf zwei ziehen sich übrigens glaube ich alle Frauen in diesem Film nackt aus. Aber die schönsten zwei Frauen des ganzen Films behalten leider ihre Kleidung an. Und die, die sich ausziehen, würden keinen Schönheitswettbewerb gewinnen.

Die finale Geschichte soll wieder von Becky erzählt werden. Also gut, bringen wir's hinter uns. Sie handelt von Abe Carney und seiner Bauchrednerpuppe Phineas. Der alte Abe hat eine kranke Frau und nicht genug Geld für ihre Medizin und Essen. Deshalb spielt er in diesem Film mit. Ich meine, deshalb will er wieder mit Phineas auftreten. Seine Frau erinnert ihn, dass Bauchrednerpuppenshows heutzutage keine Sau mehr interessieren.

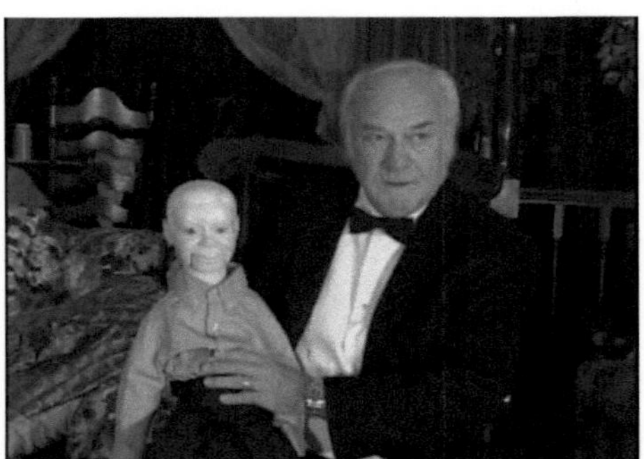

Abb. 228: Der Hauptact.

Die nette Jenny ist mit einem Idioten zusammen, der auch noch ein Arsch ist. Nennen wir ihn also Arschidiot. Dieser wollte eigentlich eine Stripperin zum Geburtstag seiner Freundin buchen, um weiter klar zu machen, dass er ein richtiger Arschidiot ist. Die Stripperin hatte aber keine Zeit, also tritt stattdessen Abe auf.

Jennys Freunde finden den Act scheiße – wobei er auch wirklich scheiße ist – und bewerfen den armen Abe mit ihren leergesoffenen Bierdosen. Sie wollen ihn nicht bezahlen und schauen sich als Ersatzprogramm einen Porno an. Als Jenny den Arschidioten darauf hinweist, dass er ein Arschidiot ist, sagt er ihr, sie soll ihre Schnauze halten und einfach nur gut aussehen, weil das kann sie. Jenny beschließt schön langsam, sich neue Freunde zu suchen.

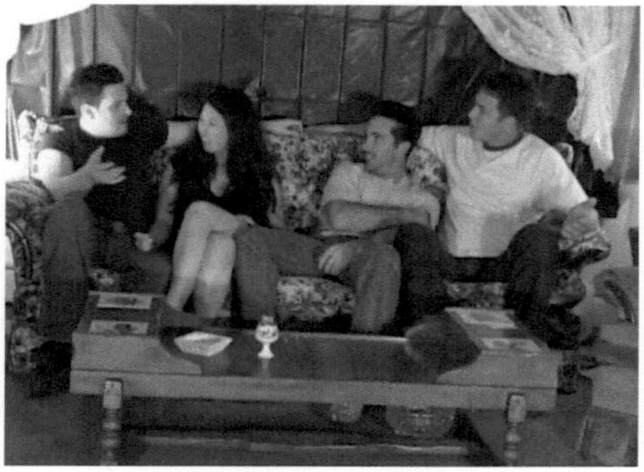

Abb. 229: Tough crowd...

Sie hat Mitleid mit Abe und gibt ihm etwas Geld. Der alte Mann meint auch, dass Jenny neue Leute kennenlernen sollte und lässt seine Puppe vor der Türe zurück. Phineas kehrt ins Haus zurück und beginnt zu killen. Die dazugehörigen »Effekte« sind natürlich unter aller Sau.

Grave Danger ist ein ziemlich gewöhnlicher *shot-on-video*-Film mit Amateurschauspielern, einfachster Technik und Kameraeinstellungen sowie schlechtem Sound. Ein durch und durch mieser Käse, aber wenigstens nicht so mies, dass man sich dabei übergibt.

★☆☆☆☆ (die dritte Episode)

★☆☆☆☆ (Grave Danger als Ganzes)

Besonderheiten: *Keine.*
Creative Killing: *Nein.*
Nervige Skeptiker: *Nur in der ersten Geschichte.*
Kill Count *(Geschichte 3): 4 (2 off camera)*

Gremlin

2017
Regie: Ryan Bellgardt
Drehbuch: Ryan Bellgardt, Josh McKamie, Andy Swanson
Coole Tagline: You Can't Kill It – You Can't Escape It – You Can Only Give It to Someone You Love
88 Min.

Seit der Entführung und Ermordung ihres Sohnes lebt eine Mutter mit ihrem Mann sowie ihrem zweiten, kleinen Sohn und der Teenie-Tochter im Haus ihrer Großmutter. Ihr Bruder kommt vorbei und schenkt der Granny eine kleine würfelförmige Metallbox. Er verhält sich komisch und sagt ihr, sie solle das Ding jemandem weiterschenken, den sie liebt. Dann haut er wieder ab und die Granny schenkt den Würfel dem Vater. In dieser Büchse der Pandora versteckt sich der kleine »Gremlin«, der gar nicht wie ein Mogwai, sondern wie eine Alienspinne aussieht. Der Papa ist mit seinen Sorgen aber ganz wo anders, hat er doch eine Affäre mit einer Kollegin aus seinem Architektenbüro. Auch die Tochter hat ein Geheimnis, sie ist schwanger. Aber das stellt sich bald als das weitaus geringere Problem heraus.

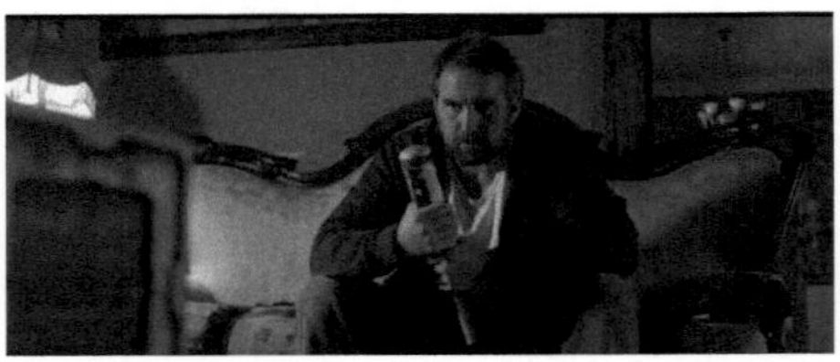

Abb. 230: Wann kommt der Gremlin endlich wieder raus aus seiner Box, damit ich ihm eins auf die Nuss hauen kann?

Sehr vorbildlich: Es wird keine Zeit vergeudet. Gleich in der ersten Szene, noch bevor der Titel eingeblendet wird, attackiert der Gremlin – nennen wir ihn einfach so – zwei Menschen. Und bereits im ersten Viertel des Films, nachdem die Familie kurz vorgestellt wurde, gibt sich das kleine Biest ihnen zu erkennen. Da bleibt zum Glück wenig Platz für nervige Skeptiker oder »was ist wirklich passiert«- und »was geht hier eigentlich ab«-Szenen. Nach der Reihe werden Familienmitglieder und auch ein Angehöriger umgebracht, und immer wieder verschwindet der Gremlin in seiner Box. Aus Angst, die Polizei würde ihnen nicht glauben – was sie auch nicht tun würde – legt der Papa die Leichen lieber in Plastiksäcken in den Keller. Die Familie schafft es nicht, das Viech zu erledigen oder es aus ihrem Haus zu entfernen, es kehrt immer wieder zurück.

Der Kniff: Man muss die Monsterbox rechtzeitig jemandem schenken, den man liebt, sonst kommt der Gremlin immer wieder heraus und tötet. Wird die Box erfolgreich verschenkt, wird deren Timer zurückgesetzt und die Eieruhr des Todes beginnt von vorne. Die Familie entschließt sich dazu, dass sie keine Mörder sein wollen, deshalb die hohe Verlustzahl unter ihnen. Sollen sie die Box der Affäre von Papa geben? Und wenn ja, liebt der seine Kollegin überhaupt wirklich? Ist die Ehe noch zu retten? Wer wird überleben?

Was für eine positive Überraschung: Ein richtiger, neuerer *tiny horror*, der nicht furchtbar ist! Natürlich hat er wie immer deutlich unterdurchschnittliche Figuren,

Schauspieler, Dialoge, etc. Aber im Reich der billigen modernen DTV-Horrorfilme gehört GREMLIN zu den Besseren. Mit der Komödie GREMLINS (*Seite 200*) hat der Film freilich rein gar nichts zu tun. GREMLIN ist zwar unterhaltend, aber ein reines Horrordrama, das sich ernst nimmt und in dem viel Verlust beklagt wird. Die Erfahrung lehrt uns, dass das eigentlich überhaupt nicht funktionieren sollte, tut es hier aber trotzdem ganz gut.

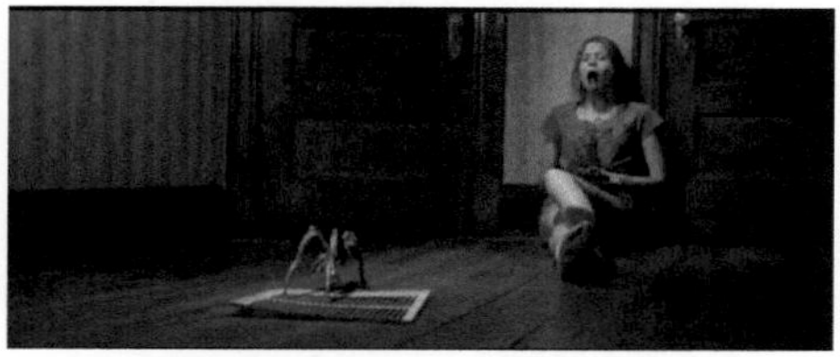

Abb. 231: Der Papa ist mit dem Baseballschläger in der Hand eingepennt und der Gremlin ist wieder frei.

Das kleine Monster ist zwar billiges CGI, dafür kommt es sehr oft vor und ist auch gut zu sehen. Was ich aber irritierend fand, ist die Inkompetenz der Figuren: Das Monster verweilt die meiste Zeit über in der Box und sie wissen genau, dass es durch die kleine Öffnung der Oberseite kommen wird. Diese Tatsache müssten sie doch zumindest für ihren Vorteil nutzen können. Aber sie schaffen es nicht mal, rechtzeitig auf das Ding zu schießen, wenn es langsam aus der Box kriecht.

Dass man diese jemandem geben muss, den man liebt, ist eine gute Idee und ein Dilemma, das die Handlung interessanter macht. Die Regeln der Box werfen aber weitere Fragen auf, die der Film nicht beantwortet: Was, wenn zwei sich liebende Menschen sich immer wieder gegenseitig die Box schenken, gilt das nicht? Was passiert, wenn jemand die böse Kette stoppt, indem er die Box nicht weiterverschenkt und dann vom Gremlin getötet wird, ist sie dann für immer zu Ende? Was ist, wenn man nur sich selbst liebt, lässt sich dann auf dem Kulanzweg was machen? Wer hat die Würfelbox überhaupt erfunden, waren es die Macher des HELLRAISER-Würfels? Naja egal, ich darf trotzdem eine vorsichtige Empfehlung aussprechen.

★★★☆☆

Besonderheiten: *Das Monster wächst im Finale kurz auf Riesengröße an. / Ein pränataler Kill.*
Creative Killing: *Nein.*
Nervige Skeptiker: *Papa glaubt seinem Sohn nicht, dass das Monster aus der Box seine Uroma (die Oma der Mutter) gekillt hat. Gleich darauf springt es aber raus.* In your face, *skeptischer Ehebrecher! / Der Polizeidetektiv, der einen Mord und eine Vermisstenmeldung im Kreise der Familie aufklären will, erfährt von einer Mystikerin die Legende der Metallbox. Seine Reaktion: »That's the biggest load of fucking bullshit I've ever heard.« Sogar die Mystikerin hält die Legende für Blödsinn und stimmt ihm zu. Vielleicht sollte sie eine Umschulung machen und den Beruf wechseln. Nervige Skeptiker sind am Arbeitsmarkt immer gefragt.*
Kill Count: *10 (Kein einziger off camera, bravo!)*

GREMLINS

1984
Deutscher Titel: GREMLINS – KLEINE MONSTER
Regie: Joe Dante (GREMLINS 2: THE NEW BATCH [Seite 203], SMALL SOLDIERS, THE 'BURBS, EXPLORERS, INNERSPACE, THE HOWLING, PIRANHA, THE HOLE, LOONEY TUNES: BACK IN ACTION, MATINEE)
Drehbuch: Chris Columbus (THE GOONIES, ONLY THE LONELY, YOUNG SHERLOCK HOLMES, NINE MONTHS, CHRISTMAS WITH THE KRANKS)
Nennenswerter Cast: Keye Luke (Master Po in *Kung Fu*, Lee Chan in den CHARLIE CHAN-Filmen), Phoebe Cates (FAST TIMES AT RIDGEMONT HIGH, DROP DEAD FRED), Dick Miller (A BUCKET OF BLOOD und Mr. Gastauftritt persönlich in *allen* Filmen von Joe Dante, sowie in TERMINATOR, NIGHT OF THE CREEPS und frühen Roger Corman-Produktionen)
106 Min.

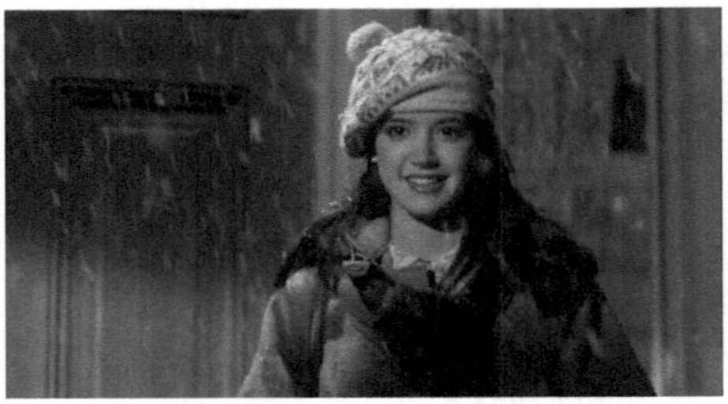

Abb. 232: Es ist Weihnachten und Billy hat ein Date mit der süßen Phoebe Cates ausgemacht. Hoffentlich kommt nix dazwischen...

Der unglaublich unterhaltsame GREMLINS hat mit Chris Columbus (Drehbuch), Steven Spielberg (Produktion) und Jerry Goldsmith (Musik) drei Herren am Ruder, die jene Art von hochqualitativer Arbeit abliefern, mit der man Hollywood zu Recht als »Traumfabrik« bezeichnen kann. Zu ihnen kommt noch Regisseur Joe Dante, der sich im Horrorgenre mit THE HOWLING (DAS TIER, 1981) bereits bewiesen hat.

In einer idyllischen US-Kleinstadt bereitet man sich auf das Weihnachtsfest vor. Billys Vater ist ein erfolgloser Erfinder (wodurch ein netter *running gag* entsteht) und schenkt seinem Sohn einen »Mogwai«, ein flauschiges süßes Tierchen, das er bei einem etwas mysteriös wirkenden alten Chinesesen in Chinatown gefunden hat. Das großäugige kleine Wesen wird Gizmo genannt, und drei Regeln müssen streng befolgt werden: Der Mogwai mag kein helles Licht, darf nicht mit Wasser in Berührung kommen und auf keinen Fall nach Mitternacht gefüttert werden. Klingt ganz nach meiner Zeit als junger Student. Billy ist so etwas wie die Hauptfigur des Films. Er ist umgeben von Comics, alten Schwarz-Weiß-Filmen und Filmpostern. Überhaupt kommt quasi der gesamte Film mit seinem Kleinstadtsetting, dem X-Mas-Fetisch sowie den B-Film- und Disney-Referenzen wie eine Zelebrierung von Americana[32] daher. Der Einfluss von Steven Spielberg, dem großen emotionalen Manipulator, ist überdeutlich.[33]

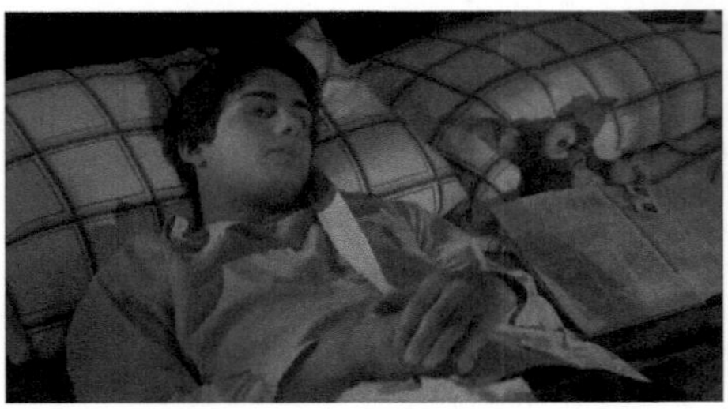

Abb. 233: Billy zieht sich mit seinem neuen Gefährten INVASION OF THE BODY SNATCHERS von 1956 rein, und der ist wirklich ziemlich gruselig für so eine junge Seele.

[32] »Americana« meint so viel wie das US-amerikanische Kulturerbe und die Folklore des Landes. Patriotismus und Nostalgie spielen meist eine zentrale Rolle.
[33] Ein anderes Beispiel hierfür ist ein weiterer sehr guter Horrorfilm, den man ebenso als

Nicht selten bekommt man bei GREMLINS ein ähnlich wohlig warmes Gefühl kindlicher Begeisterung, wie wenn man sich E.T. THE EXTRA-TERRESTRIAL oder CLOSE ENCOUNTERS OF THE THIRD KIND ansehen würde.

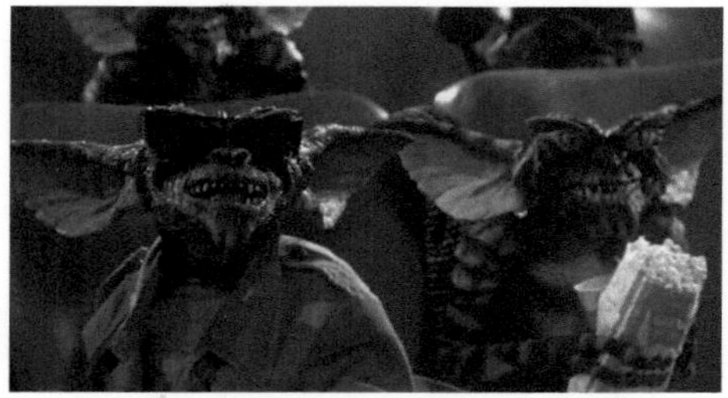

Abb. 234: Kinofans.

Joe Dantes Interessen sind dagegen von einer subversiv-satirischen Natur. Diese Sensibilitäten machen Dante interessanterweise bis heute zu einem Darling unter intellektuelleren Filmliebhabern. Man kann GREMLINS auch sehr leicht als bitterböse subversive Satire lesen (wenn man das will), in der das Kleinstadt-Amerika inklusive Weihnachten auf den Kopf gestellt wird. Aber er funktioniert genau so gut wenn man ihn unironisch betrachtet – als schönen Familienfilm, der ab der Hälfte in einen irre spaßigen Horrorfilm umschlägt. GREMLINS ist einer dieser Filme, die man gut zweiteilen kann, wie FROM DUSK TILL DAWN (1996) oder THE DELTA FORCE (1986). Trotz dieser Unterschiede, oder gerade deshalb, funktioniert GREMLINS extrem gut. Joe Dante erzählte in einem Interview, dass Warner Brothers die erste Hälfte des Films, in der Billys Familie und Gizmo im Zentrum stehen, liebte und die zweite Hälfte mit den bösen Gremlins abstoßend fand. Als das Studio meinte, dass zu viele Gremlin-Szenen im Film gibt, soll Spielberg gesagt haben »Well, we can cut out all the Gremlins and call it ›people‹, but nobody would come". Das Studio kostete der Film ohnehin nicht sehr viel, und zum Glück hat man Steven Spielberg, der natürlich damals schon einiges an Status und Einfluss hatte, vertraut.

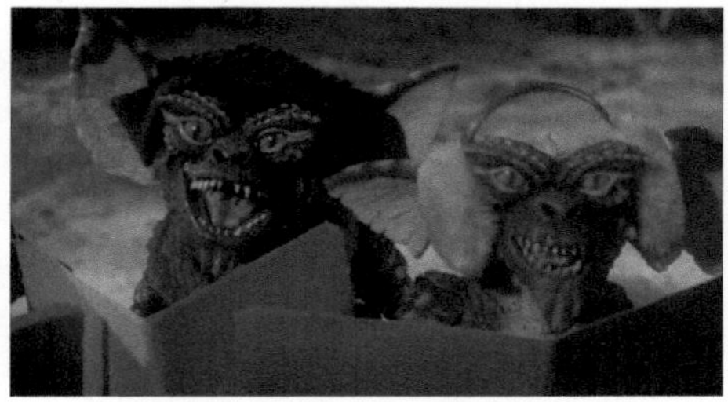

Abb. 235: Die Gremlins singen und sind in Weihnachtsstimmung, allerdings nicht sehr besinnlich.

Billige B-Filme in allen angemessenen Ehren, aber hier sieht man eindeutig die Vorteile von etwas höher budgetierten Kinofilmen. GREMLINS ist ein fantastischer Beitrag zur amerikanischen Filmkultur und zu der Art von Popkultur und Americana, die er selber – wie erwähnt – feiert. Hier haben wir einen dieser perfekten amerikanischen Familienfilme, die zwar kindgerecht sind, aber für Erwachsene genauso unterhaltsam sein können (siehe auch CRITTERS, *Seite 97*).

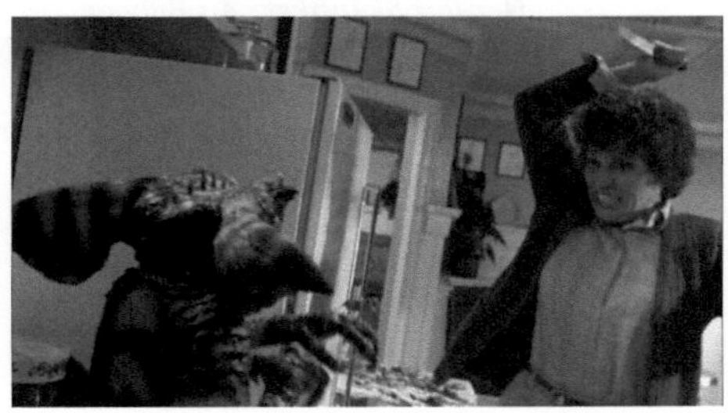

Abb. 236: Wer zum Küchenmesser greift, wird durch das Küchenmesser umkommen (Matthäus 26:52).

Wobei es ein paar brutalere Szenen und viele Horrorbilder gibt, die man heutzutage sicher in

---

»Spielberg-Film« betrachten kann: POLTERGEIST (1982, Regie: Tobe Hooper, Produzent: Steven Spielberg)

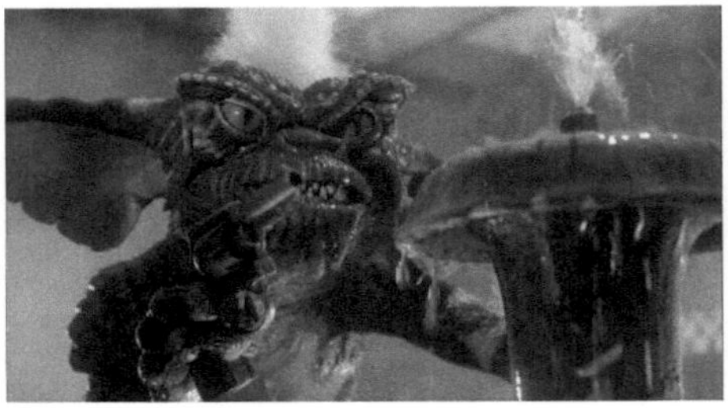

Abb. 237: Oberfiesling Stripe.

keinem amerikanischen Kinder- oder Familienfilm finden würde. Die 1980er waren immerhin das Jahrzehnt, in dem in den USA auch Robocop und Rambo als Samstagmorgen-Cartoons ausgestrahlt wurden. INDIANA JONES AND THE TEMPLE OF DOOM, in dem einem Menschen das Herz rausgerissen wird[34], hat zusammen mit GREMLINS und wahrscheinlich auch GHOST BUSTERS für die Einführung der für die Filmindustrie sehr wichtigen Einstufung »PG-13« (»Parents Strongly Cautioned«) geführt, die zwischen »PG« und »R« steht. Auf das PG-13-Rating werden vor allem heute etliche Studio- und vor allem Blockbusterfilme hingetrimmt, in Hinsicht auf eine maximale kommerzielle Erfolgschance.

Erst ab der zweiten Hälfte von GREMLINS kommt der Grusel- und Horrorpart des Films überhaupt erst ins Spiel. Das stört aber gar nicht, weil die erste Hälfte eben auch so verdammt gut gemacht ist. Spielberg hatte Recht: Neben Gizmo sind die Anarcho-Gremlins, die überall Chaos verbreiten, natürlich der *selling point* des Films. Die kleinen Viecher wurden ganz ohne CGI auf die Leinwand gezaubert und sind, wie auch der ganze Film, äußerst liebevoll gemacht und voller Details. Sie tollen herum, singen, geben lustige Töne von sich und sprechen manchmal ganze Wörter. Die Gremlins machen noch mehr Spaß als Chucky. Sorry, Charlie.

★★★★★

Besonderheiten: *»Get out of my kitchen!« – Wie die eher unscheinbar wirkende Hausfrau und Mutter ihre Domäne gegen die bösen Gremlins verteidigt und dafür Haushaltsgegenstände verwendet, ist ein Highlight des Films. / In einer Nebenrolle spielt Corey Feldman mit (THE LOST BOYS, THE GOONIES, PUPPET MASTER VS DEMONIC TOYS [Seite 338]), als er noch ein lieber kleiner Fratz war.*

Creative Killing: *Massentod im Kinosaal, 25 Jahre vor INGLOURIOUS BASTERDS. / Tod durch Treppensitzlift. / Tod durch Standmixer.*

Nervige Skeptiker: *Als Billy auf der Polizeistation vor einem Gremlin-Desaster warnt, wird er ausgelacht. Selbst als eine Meldung über zwei tote Stadtbewohner hereinkommt, wird ihm nicht geglaubt.*

Kill Count: *2, und viele tote Gremlins.*

[34] Ich kann mich noch daran erinnern, als ich als Kind bei meinem besten Freund den Film angesehen habe und so große Angst bei der Szene bekam, dass ich aus dem Wohnzimmer gegangen bin. Sein Kommentar: »Ist doch geil, oder nicht?« Heute ist er der Schreckhafte und ich schaue mir die Horrorfilme an. Zeiten ändern sich/dich.

Gremlins 2: The New Batch

1990
Deutscher Titel: Gremlins 2 – Die Rückkehr der kleinen Monster
Regie: Joe Dante (Gremlins [Seite 200], Small Soldiers, The 'Burbs, Explorers, Innerspace, The Howling, Piranha, The Hole, Looney Tunes: Back in Action, Matinee)
Drehbuch: Charles S. Haas (Matinee)
Nennenswerter Cast: Christopher Lee (The Lord of the Rings-Trilogie, Star Wars: Episode II – Attack of the Clones, The Wicker Man, The Man with the Golden Gun, Dracula [1958], The Hound of the Baskervilles [1959], The Mummy [1959], Fu Manchu in den Fu Manchu-Filmen der 1960er), Phoebe Cates (Fast Times at Ridgemont High, Drop Dead Fred)
106 Min.

Viele Jahre lang versuchte Warner Brothers erfolglos, nach dem immensen Erfolg von Gremlins eine Fortsetzung auf die Beine stellen, bis man schließlich Joe Dante einen Haufen Geld gab und ihm völlig freie Hand ließ – Hauptsache mehr Gremlins! Warner konnte ja nicht ahnen, dass Dante eine verrückte Parodie auf den ersten Teil abliefern wird. Steven Spielberg produzierte abermals, hatte aber bis auf wenige Kommentare nach der ersten Schnittfassung keinen Einfluss auf den Film.

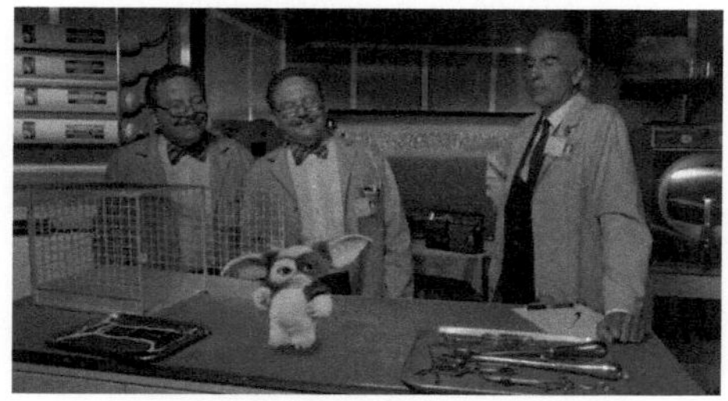

Abb. 238: Gizmo tanzt Christopher Lee was vor.

Gremlins 2 beginnt mit dem Looney Tunes-Logo, Bugs Bunny und Daffy Duck treten auf und stimmen darauf ein, was man sich von diesem Film erwarten darf – Comedy und Slapstick, die den alten Chuck Jones-Cartoons nicht unähnlich ist.

Billy ist mit seiner Freundin Kate nach New York City gezogen, und sie wollen bald heiraten. Die zwei sind die scheinbar einzigen normalen, bodenständigen Menschen inmitten einer Ansammlung von Großstadt-Freaks. Sie arbeiten im Clamp Center, einem babylonischen Konsumtempel und Wolkenkratzer, der neben etlichen Shoppingmöglichkeiten und Tourguides einfach alles hat – von Fernsehproduktionsstudios über eine Disco bis zum Forschungslabor. Die kapitalistische Lichtfigur dahinter ist das manisch-charismatische Unternehmergenie Daniel Clamp – eine Anspielung auf den erfolgreichen Unternehmer (und späteren US-Präsidenten!) Donald Trump. Clamp lässt das Gebäude, in dem Gizmo seit den Ereignissen in Teil 1 wohnt, abreißen, und der kleine Mogwai wird obdachlos. Ein Wissenschaftler von Clamps Forschungsabteilung, die von Christopher Lee geleitet wird, findet Gizmo, und es sollen Versuche an ihm durchgeführt werden.

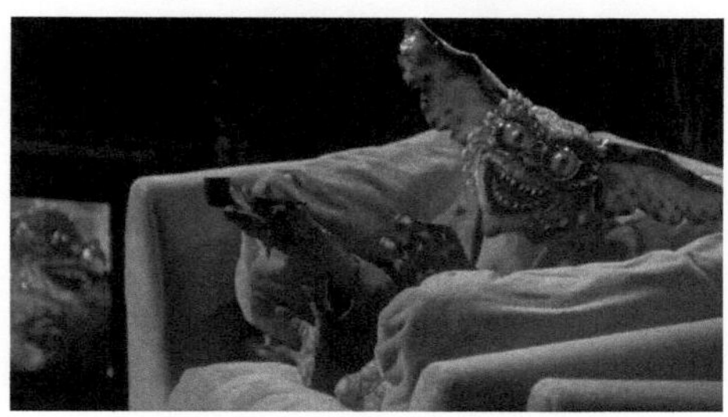

Abb. 239: Professor Gremlin erwähnt in seinem TV-Interview Susan Sontag, die den berühmten Essay Notes on Camp *geschrieben hat. Ein Zufall? Natürlich nicht.*

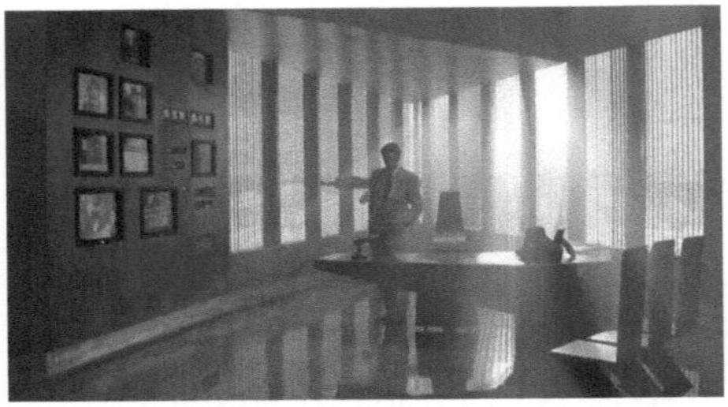

Abb. 240: Daniel Clamp in seinem Zentrum der Macht. Damals hätte sich noch niemand gedacht, dass ein vulgärer, exzentrischer Unternehmer einmal das höchste politische Amt im Land bekleiden könnte.

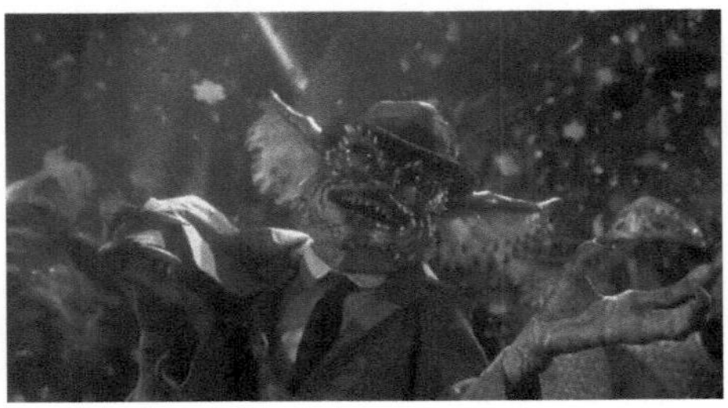

Abb. 241: Jeder Film, in dem ein tiny terror *Frank Sinatra singt, gehört automatisch zu den besten.*

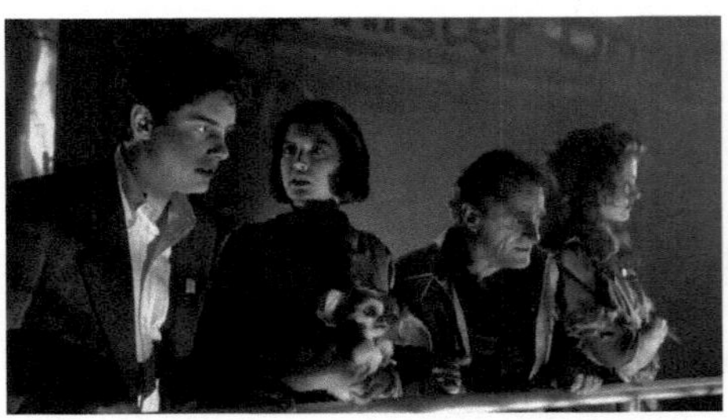

Abb. 242: Das Clamp Center versinkt im Chaos und die menschlichen Darsteller müssen zusehen, wie ihnen die besten Szenen von den Anarcho-Gremlins weggenommen werden.

Vorher kann Gizmo aber fliehen, und nachdem er mit Wasser in Berührung gekommen ist, müssen Billy und Kate einen Weg finden, um mit den Gremlins fertig zu werden.

Die Geschichte des Films ist uninteressant. Was den Film ausmacht, ist sein ungezügelter, Cartoon-ähnlicher humoristischer Stil. Der Satire-Anteil wird in Teil 2 ganz gewaltig nach oben geschraubt, dazu gibt es etliche *sight gags*[35] und viele, viele Szenen mit den anarchistisch-bösen Gremlins. Für die Kleinstadt im ersten Teil hatte ich noch Sympathie, aber selbst als konsumorientierter Mensch, der überhaupt nicht anti-kommerziell eingestellt ist, konnte ich es kaum erwarten, bis im Film die Gremlins aus ihren Kokons schlüpfen und das Clamp Center, dieses beinahe surreal groteske Kapitalismus- und Überwachungs-Dystopia, ins Chaos stürzen.

THE NEW BATCH verabschiedet sich vom Stil und der Atmosphäre des ersten Teils komplett und ist kein Horrorfilm mehr – er geht nicht mal als Gruselfilm durch. Gruselig ist eher die dystopische Vision moderner Großstadtbewohner. GREMLINS 2 ist noch irrer und hat noch mehr Action als Teil 1. Es kommen sogar einige ironische Meta-Jokes, die sich erst etwas später in den 1990ern etablierten, vor. Das geht so weit, dass an einer Stelle die Handlung des Films unterbrochen wird und wir uns in einem Kinosaal befinden, in dem sich eine Mutter über GREMLINS 2 aufregt und Hulk Hogan die Gremlins anschreit, dass sie den Film weiterlaufen lassen sollen. Dass sich Daniel Clamp am Ende für eine Entschleunigung der Modernisierung einsetzen will, ist phänomenal lächerlich und genial gleichzeitig. Typisch Gremlins eben.

GREMLINS 2 hatte ein mehr als dreimal so hohes Budget, spielte aber gleichzeitig nur etwas mehr als ein Viertel des Vorgängers ein. Da verwundert es nicht, dass Joe Dante

[35] Wie z. B. der Elchkopf aus Schokolade in einem kanadischen Restaurant, Frauen mit lächerlichen Hüten oder ein Kamel, das durch einen Büroflur läuft. Visuelle Gags, die für sich genommen nicht besonders witzig sind, schon gar nicht wenn man darüber schreibt, im Film selber aber mehr oder weniger gut funktionieren.

nie für die Pläne für den nächsten Gremlins-Film herangezogen wurde. Denn trotz des finanziellen Desasters dieses Films wollte Warner ewig einen Teil 3 oder ein Remake, mittlerweile steht ein Reboot auf dem Plan. Vorerst müssen wir uns mit zwei Gremlins-Filmen zufrieden geben, die beide auf ihre Art großartig sind.

★★★★☆

Besonderheiten: *Ein leider viel zu seltenes Beispiel für einen sehr persönlichen, individuellen Film, der im Studiosystem produziert werden konnte und bei dem der Regisseur viel Freiheit hatte.*
Creative Killing: *Ein kreativer Film, aber nicht in diesem Bereich.*
Nervige Skeptiker: *Billy warnt erfolglos einen Security-Mann vor den Gremlins. / Angestellte in der Kommandozentrale des Clamp Centers machen sich über Billy und die drei Gremlin-Regeln lustig. Daraufhin wird einer von ihnen sofort von einem Gremlin attackiert. Schnelle Gerechtigkeit für einen nervigen Skeptiker.*
Kill Count: *0*

GROWTH

2010
Deutscher Titel: GROWTH – A KILLER STEP IN EVOLUTION
Drehbuch und Regie: Gabriel Cowan (BREATHING ROOM, 3 NIGHTS IN THE DESERT [nur Regie])
90 Min.

Ende der 1980er wurde mit einem Parasiten experimentiert, der die menschliche DNA verbessern sollte. Er fraß aber blöderweise seine Wirte von innen auf, pflanzte sich fort und attackierte andere Menschen. Es kam zu einem Ausbruch, bei dem es viele Tote gab.

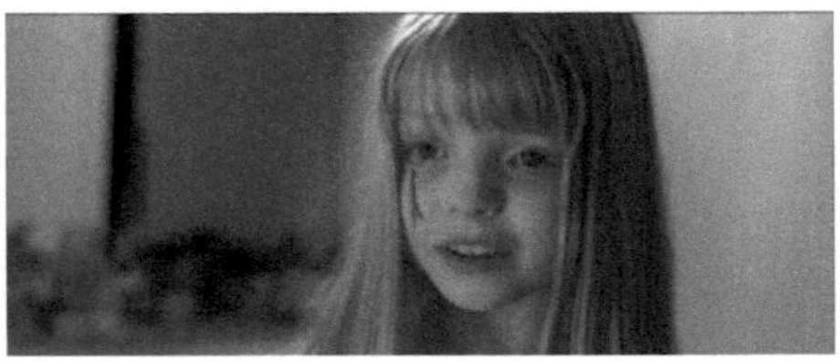

Abb. 243: Schatz, du hast da was.

20 Jahre später treffen wir Jamie, die mit einem Gefolge an Freunden und Verwandten zu einem Haus fährt, dass sie renovieren und verkaufen will. Aus irgendeinem Grund ist der Parasit wieder da und schlüpft in die Ferse von Jamies Stiefbruder Justin. Der ist nach einer sehr kurzen Krankheitsphase wieder fit, und nicht nur das, sondern er hat auch bessere Sinneswahrnehmungen und kann sogar Gedanken lesen. Dann wird Justin wuschig, seine Alte will aber pennen, also geht er in die Dorfkneipe und nimmt einem Typen seine Freundin weg. Als der sich das nicht gefallen lassen will, zeigt Justin ihm und seinen zwei Kumpels seine schnellen Reflexe und seine unmenschliche Stärke. Dann macht er sich über die Frau her und reißt ihr die Gurgel raus.

Am nächsten morgen kotzt Justin Würmer und gekochtes Fleisch. Woher kommt das Fleisch, hat er seinen Aufriss denn etwa wirklich aufgerissen, gebraten und verspeist? Mehr Leute müssen sterben, und von offizieller Seite will man das alles vertuschen. Jamie und ihre Freunde kämpfen bald um ihr Überleben.

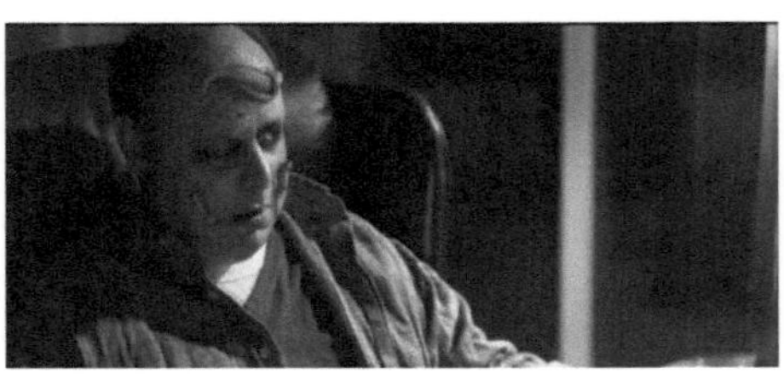

Abb. 244: Hat man das jetzt so?

GROWTH ist so etwas wie ein schwächerer SHIVERS (*Seite 374*). Stil, Handlung und Dialoge sind in etwa auf dem Niveau von typischen Videospielzwischensequenzen. Die Beziehungen und die Dynamik der Figuren zueinander sind unnötig kompliziert und entweder nicht ausgereift oder schlecht erklärt. Vielleicht wurden auch wichtige Passagen des Films entfernt. Dafür hat er einen langsamen, aber gelungenen Spannungsaufbau und schafft es ganz gut, eine düstere Stimmung zu verbreiten. Wie die Würmer in die Haut hinein- und darunter herumkriechen, wie sie aus Augen und Ohren herausgekrochen kommen, ist schön ekelhaft.

★★★☆☆

Besonderheiten: *In einer Szene reißt jemand einem den Arm ab und schlägt ihn dann damit nieder. Aus irgendeinem unerfindlichen Grund kommt so etwas fast nie vor. Leute in Action- und Horrorfilmen sollten so oft Gliedmaßen abreißen und damit Leute verprügeln, dass es ein Klischee ist.*
Creative Killing: *Nein.*
Nervige Skeptiker: *Keine.*
Kill Count: *7 (3 off camera)*

THE HAND

1981
Deutscher Titel: DIE HAND
Drehbuch und Regie: Oliver Stone (NATURAL BORN KILLERS, PLATOON, WALL STREET, BORN ON THE FOURTH OF JULY, JFK, ANY GIVEN SUNDAY, ALEXANDER, THE DOORS, SCARFACE [nur Drehbuch], MIDNIGHT EXPRESS [nur Drehbuch], CONAN THE BARBARIAN [nur Drehbuch])
Nennenswerter Cast: Michael Caine (HARRY BROWN, THE WEATHER MAN, DRESSED TO KILL, DIRTY ROTTEN SCOUNDRELS, SLEUTH [1972, 2007], THE ITALIAN JOB [1969], GET CARTER [1971], INTERSTELLAR, THE DARK KNIGHT-Trilogie)
104 Min.

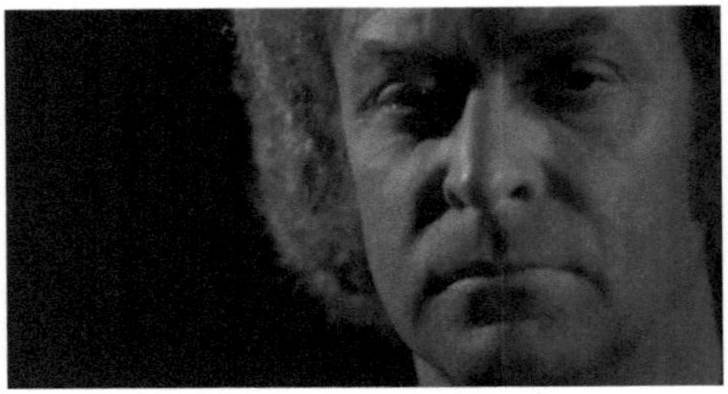

Abb. 245: Da kann man bitter-böse werden.

Bevor Oliver Stone mit Werken wie PLATOON (1986) und WALL STREET (1987) zu Weltruhm kam, drehte er erst einmal zwei kleinere Horrorfilme, wobei dies Nr. 2 ist. DIE HAND ist erstmal kein wirklich furchteinflößender Titel, schließlich kennt man so'n Ding aus dem Alltag und hat sogar zwei davon immer bei sich. Aber was, wenn eine Hand sich vertschüsst und ein Eigenleben entwickelt?...

Jon Landsdale (Michael Caine) ist ein ziemlich erfolgreicher Comiczeichner. Er hat eine kleine Tochter und Probleme in seiner Ehe. Während einer Autofahrt erhitzen sich wieder einmal die Gemüter und seine Frau setzt zu einem Überholmanöver an, das Jon seine rechte Hand kostet. Als er nach dem Krankenhausaufenthalt an der Unfallstelle sucht, findet er nichts. Die abgetrennte Hand liegt nicht herum und verfault, sondern krabbelt offenbar von alleine in der Gegend herum, wie das eiskalte Händchen der Addams Family, nur hier ohne das Schnippen und mit gruseliger statt heiterer Musik unterlegt.

Jon ist sich nicht sicher, was hier passiert. Er hat Blackouts, in denen seltsame Dinge passieren. Die linke Hand weiß wortwörtlich nicht, was die rechte tut. Verfällt er dem Wahnsinn? Was ist Fantasie, was ist Wirklichkeit? »Erledigt« die rechte Hand Dinge für Jon, zu denen er als kultivierter und gebildeter Mensch nie fähig gewesen wäre?

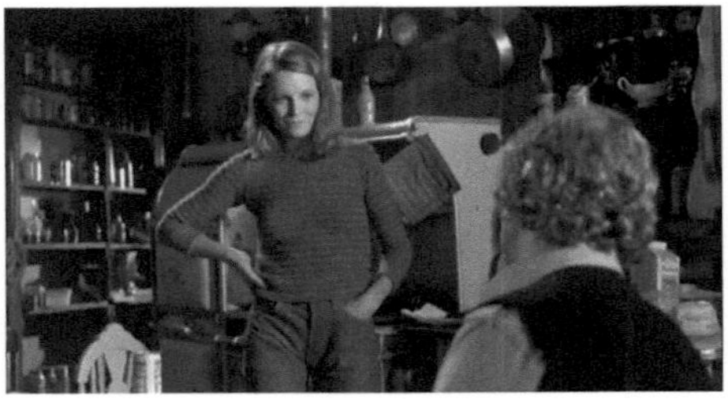

Abb. 246: Zärtliche Versuchung.

THE HAND ist bei weitem kein Horrorklassiker und auch nicht schräg oder einzigartig genug, um irgendwann Kultfilmstatus zu erlangen. Es ist ein ruhiger, atmosphärischer Psychothriller mit spannenden Szenen und guten Alptraum- und Tagtraumszenen. Sir Michael Caine in der Hauptrolle kann auch nie ganz verkehrt sein: Seine Figur wandelt zwischen lässig und psychotisch, und Caine bringt das alles glaubhaft rüber.

Was auch angenehm ist, und absolut nicht selbstverständlich: Es ist ein Film für Erwachsene. Hier haben wir es mit dreidimensionalen, realistischen Figuren zu tun, die reale Probleme haben. Jons Frau wollte sich schon vor dem Unfall von ihm distanzieren, noch dazu wird ihm jetzt sein Lebensprojekt von einem jüngeren Zeichner weggenommen. Er beginnt eine Affäre mit einer Schülerin, und dann ist da noch die Sache mit der Hand...

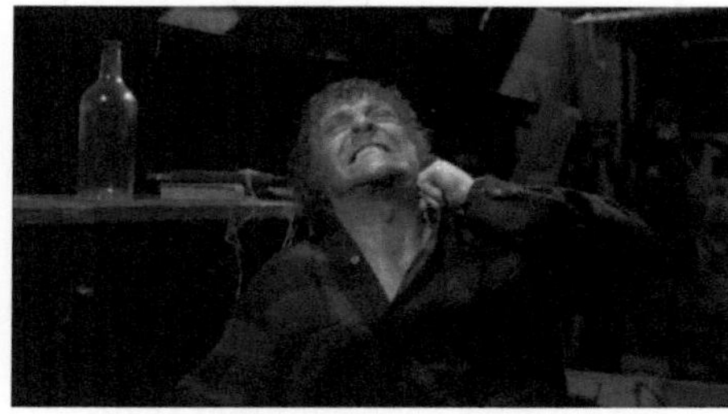

Abb. 247: The hand of fate.

★★★★★

Besonderheiten: *Die Stone + Caine-Kombo.*
Creative Killing: *Nein.*
Nervige Skeptiker: *Keine!*
Kill Count: *3*

Heidi

2017
Drehbuch und Regie: Daniel Ray
93 Min.

Zwei junge Filmenthusiasten haben sich Prank-Videos verschrieben, also auf Video festgehaltene Streiche. Einer der zwei will Geld verdienen und passt für eine alte Frau für ein paar Tage auf ihren Sittich auf – er wird zum Sittichsitter. Die Freunde blödeln im Haus herum, wobei ihre Kamera immer dabei ist, und wühlen auf dem Dachboden nach altem Zeug. Dort finden sie auch eine Puppe mit einer Halskette, auf der »Heidi« steht. Sie sitzt ganz alleine auf einem kleinen Stuhl. »Have you noticed that there's dust everywhere, except on the doll?" sagt einer.

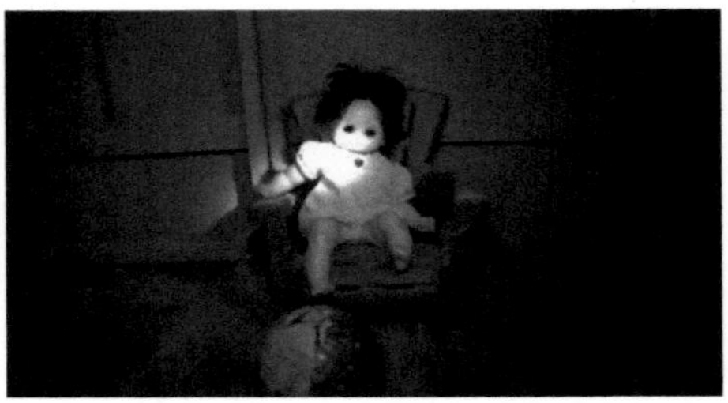

Abb. 248: Heidi, Heiiiidiii, deine Welt ist der €1-DVD-Wühltisch.

Dann folgt das alte Spiel: Heidi taucht immer wieder auf, obwohl sie mehrere Male weggeworfen wird. Man sieht so gut wie nie, dass sie sich bewegt, und es scheint nie eine akute Gefahr von ihr auszugehen, aber im Verlauf des Films häufen sich die Vorfälle. Anderes Spielzeug ist beispielsweise aus unerklärlichen Gründen überall im Haus positioniert. Die alte Frau und ihr Vogel sterben auf mysteriöse Weise. Dumm, dass die zwei Freunde die Frau zuletzt gesehen haben und für ihre Streiche bekannt sind, somit gehören sie zu den Hauptverdächtigen. Der Rest des Films bietet viele langatmige Szenen, in denen versucht wird, hinter das Geheimnis von Heidi zu kommen.

Fast der ganze Film wurde im Handkamera-Stil gedreht. Ich mag normalerweise keine Found Footage-Filme wie CLOVERFIELD und [REC], aber in diesem Fall macht es nicht nur Sinn, sondern ist auch einigermaßen effektiv. Dass Heidi so unaufhaltsam ist und auch unvernichtbar scheint, ist ganz lustig. HEIDI ist einer der unoriginellsten Filme in diesem Buch, aber bei Weitem nicht der Schlechteste. Die Schauspielerei ist überraschend glaubwürdig für einen ultrabilligen Indie-DTV-Film dieser Art. Es wird übrigens leider nicht erklärt, woher Heidi kommt und warum sie tötet.

★★☆☆☆

Besonderheiten: *Der Found Footage-Stil, ohne den der Film komplett unspannend wäre, ist heutzutage keine Besonderheit mehr, sondern mittlerweile eher ein Horror-Klischee.*
Creative Killing: *Nein.*
Nervige Skeptiker: *Keine.*
Kill Count: *2 (1 off camera)*

HERENCIA DIABOLICA

Mexiko 1993
Übersetzung des Titels: »Teuflisches Erbe«
Regie: Alfredo Salazar
Drehbuch: Alfredo Salazar, Guillermo Seguin
78 Min.

Der gute Tony ist ein New Yorker Geschäftsmann. Eines Tages stirbt seine Tante mit ihrem Lieblingsspielzeug – einer Puppe, *duh* – in den Armen, die daraufhin zum Leben erwacht.

Tony erbt das stattliche Anwesen der Tante, und seine Gattin ist zum Glück voll mit an Bord bezüglich der Umsiedelung. Es gibt viele lange Szenen, wie sich die beiden in ihrem neuen Zuhause einrichten. Die Frau findet einen Schlüssel zum Dachboden, wo sie Teufelsmasken und einen Totenkopf mit Kerzen findet. Sie findet auch die Puppe und nimmt sie mit runter. Jetzt wird lieber mal nachgefragt, und Tony entgegnet ihr, dass die Tante eben diesem Unsinn mochte, also schwarze Magie und so'n Zeug. Angeblich war Tantchen eine Teufelsanbeterin, aber wen interessiert das schon.

Die Gattin wird schwanger und die Puppe taucht immer wieder an Orten auf, an denen sie nie abgelegt wurde, und macht Unordnung. Mitten in der Nacht kommt Lärm aus dem Erdgeschoss und auf einmal ist die Puppe am Leben. Also zumindest steht jetzt ein Kleinwüchsiger da, der wie die Puppe gekleidet ist. »Esta vivo! Esta vivo!« Die Frau schreckt sich so vor dem geschminkten Zwerg, dass sie die Treppe runterfällt und stirbt. Na, habt Ihr schon Spaß? Der Sohn kann zum Glück geboren und somit gerettet werden.

Sechs Jahre später ist Tony nun mit seiner attraktiven Sekretärin zusammen, und der kleine Mann des Hauses heißt Roy. Die Puppe ist mittlerweile zu Roys Lieblingsspielzeug geworden, und er behauptet sogar, sie würde herumgehen und sprechen. Der neuen Sekretärinnen-Mama gefällt das überhaupt nicht, und sie versucht auf mehrere Arten, die Puppe loszuwerden, was nicht klappt – ¡Claro! Wer wird er schaffen, diesen Horror zu überstehen... ohne dabei einzuschlafen?

Das Actionfinale besteht darin, dass Tonys neue Frau verletzt in der Finsternis durch einen Park watschelt, auf der Flucht vor dem mexikanischen Zwergclown.

Noch schlichter geht's ja wohl nicht. Bei Filmen, die so mies sind wie dieser, wäre es sinnlos, immer alle Dinge und Bereiche aufzuzählen, in denen sie versagen. Was hier etwas heraussticht, sind die Dialoge, in denen nur Offensichtliches ausgetauscht wird, und dass eine langweilige Sequenz einfach zur nächsten übergeht. Noch obskurere Filme wie HERENCIA DIABOLICA sind selbst in diesem Buch etwas schwer zu finden, und noch uninteressantere zum Glück auch.

★☆☆☆☆

Besonderheiten: *Keine.*
Creative Killing: *Nein.*
Nervige Skeptiker: *Nicht so schlimm.*
Kill Count: *3*

HIDEOUS!

1997
a.k.a. DEFORMED FREAKS
Deutscher Titel: IN VITRO – ANGRIFF DER MUTANTEN
Regie: Charles Band (PARASITE [Seite 289], TRANCERS, MERIDIAN, HEAD OF THE FAMILY, BLOOD DOLLS [Seite 62], EVIL BONG, DOLL GRAVEYARD [Seite 140], THE GINGERDEAD MAN [Seite 188], OOGA BOOGA [Seite 282], DANGEROUS WORRY DOLLS [Seite 108], KILLER EYE: HALLOWEEN HAUNT [Seite 243], PUPPET MASTER X: AXIS RISING [Seite 330], PUPPET MASTER: AXIS TERMINATION [Seite 333])
Drehbuch: Neal Marshall Stevens (THIR13EN GHOSTS, HEAD OF THE FAMILY, HELLRAISER: DEADER, CURSE OF THE PUPPET MASTER [Seite 319], RETRO PUPPETMASTER [Seite 322], RAGDOLL [Seite 345], TOTEM [Seite 398], THE CREEPS)
Nennenswerter Cast: Die bezaubernde Jacqueline Lovell (HEAD OF THE FAMILY, FEMALIEN), Mel Johnson Jr. (Der Taxifahrer-Mutant in TOTAL RECALL)
Coole Tagline: Deformed. Devious. Depraved.
83 Min.

Dass man in den Abwässern großer Städte interessante Dinge finden kann, wusste auch der Pinguin in BATMAN RETURNS[36]. Der blasse Verbannte hatte zwar politische Aspirationen und eine coole Armee, die aus Clowns und mit Raketen bestückten Pinguinen bestand, aber ihm fehlte die Weitsicht für diese geniale Geschäftsidee: Biologischen Abfall aus dem Kanalwasser fischen und es für Millionen von Dollar an reiche Sammler verkaufen.

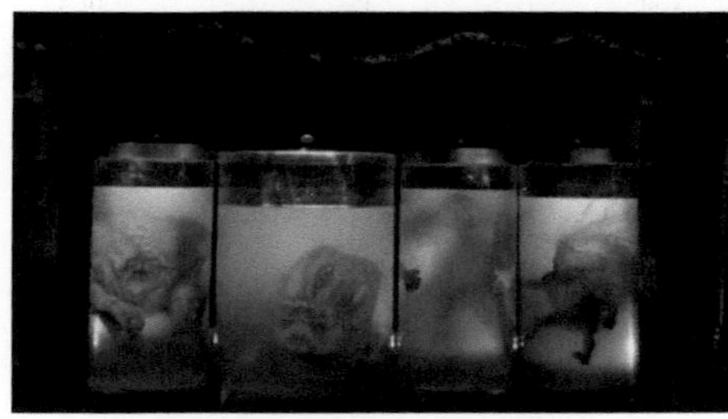

Abb. 249: Sammlerwut.

Das Geschäftsmodell sieht genauer gesagt so aus: Die knallharte Geschäftsfrau Belinda zahlt einem Arbeiter einer großen Abwasseranlage Geld, damit der ihr merkwürdige Fleischklumpen, Embryonen unbekannter Art und andere undefinierbare biologische Objekte liefert, die er und seine Kollegen bei der Arbeit immer wieder mal aus dem Wasser fischen. Denn man glaubt ja gar nicht, was die Leute alles beim Klo runterspülen. Dann gibt es da zwei völlig besessene Sammler, die bereit sind, Unmengen dafür bezahlen. Die zwei müssen um jeden Preis die beste Sammlung biologischer Kuriositäten besitzen, darauf haben sie sich spezialisiert. Wer sammelt auch heute noch Briefmarken und Schmetterlinge, das ist ja langweilig.

Die zwei reichen, exzentrischen Herren sind Dr. Lorca und Napoleon Lazar, die nicht nur in Konkurrenz zueinander stehen, sondern sich aufrichtig hassen und nichts als Verachtung füreinander übrig haben. Belinda ist die lachende Dritte, die ihre freakigen, kleinen Undefinierbar-

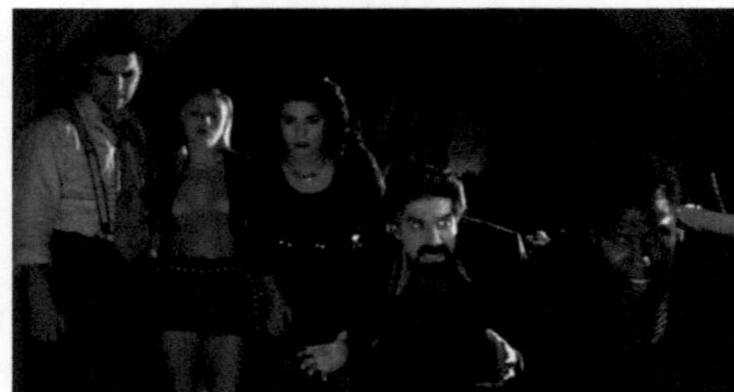

Abb. 250: Rechts: Lorca und Lazar.

[36] Neben IT'S A WONDERFUL LIFE (IST DAS LEBEN NICHT SCHÖN?) einer der besten Weihnachtsfilme aller Zeiten.

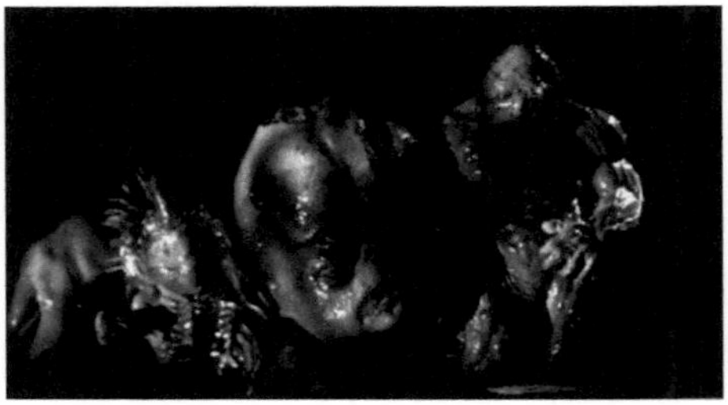

Abb. 251: Die Kreaturen bleiben lieber im Dunklen, da sie – nach klassischen Schönheitsidealen gemessen – nicht besonders fotogen sind.

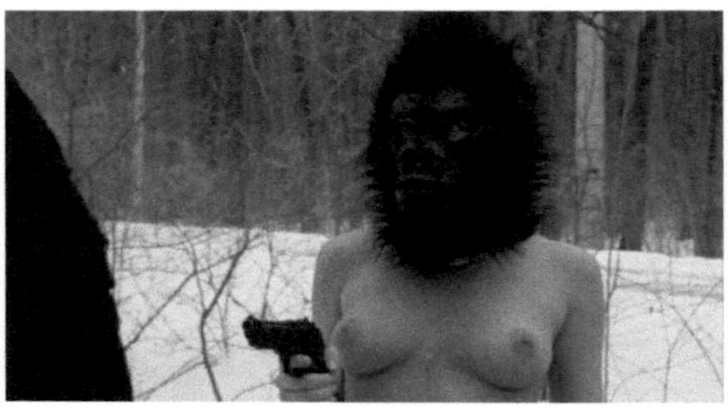

Abb. 252: Mutantenembryo oder Leben!

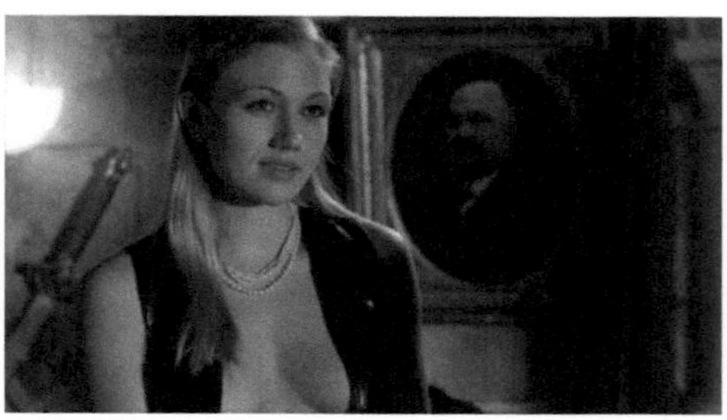

Abb. 253: Verschlagene Schönheit: Lorcas Assistentin, hier ohne Affenmaske.

keiten für horrende Preise an die beiden Herren verkaufen kann. »One man's trash is another man's treasure«, oder in dem Fall: »One man's trash is another woman's 650.000 Dollars«. So viel will Napoleon für das letzte und bislang einzigartigste Exemplar zahlen. Als sich das kleine Mutantenwesen dann später als lebendig herausstellt und sich bewegt, steigt der Preis sogar noch.

Ich selbst kenne auch einige ausgeflippte Menschen in der »Sammlerszene«, aber Individuen wie Dr. Lorca und Napoleon Lazar bin ich noch nie begegnet. Lorca bezeichnet sich selbst als »Gourmet des Ungewöhnlichen« und lebt zurückgezogen mit seiner hübschen Gehilfin (Jacqueline Lovell) in einem Schloss, das einst am Rhein stand. Lorca ließ es abreißen und Stück für Stück in den USA wieder aufbauen. Er ist auch bereit, für das aktuelle Objekt der Begierde zu kriminellen Methoden zu greifen, was eine nackte Frau mit Affen-Maske und Pistole auf den Plan ruft.

Geldgier und Sammlerwut sind Schuld, dass in der zweiten Hälfte des Films alle in Lorcas Schloss eingesperrt sind: Napoleon, Belinda, deren doofe Assistentin, Lorca selbst, dessen Gehilfin sowie ein tougher Privatdetektiv, der ständig anmerkt, wie verrückt das alles ist. Und irgendwo im Schloss versteckt sich auch das kleine Mutantenwesen, das zudem drei weitere deformierte kleine Dinger zum Leben erweckt. Die schleimigen, grässlich-schönen Biester sehen lustig aus, machen aber sonst nicht viel, außer sich gegenseitig zuzuflüstern und ab und zu Nachrichten in gebrochenem Englisch auf Zetteln zu hinterlassen. Sie attackieren auch erst, nachdem sie selbst von Menschen angegriffen wurden.

HIDEOUS! ist einer dieser Horrorfilme, bei denen die Menschen die eigentlichen Monster sind. Aber keine Sorge, viel Tiefgang gibt es hier nicht. Es ist ein ziemlich charmanter und ganz spaßiger Film mit einer ausgefallenen Idee, die passabel umgesetzt wurde. Etwas mehr Action, mehr Horror und ein paar Kills mehr hätten dem Film gut getan – er ist etwas zu lahm und zahm.

★★★☆☆

Besonderheiten: *Einer der biologischen Freaks macht sich an die Brüste einer Frau heran. / Die Animosität zwischen Lorca und Napoleon gipfelt in einem lächerlichen Schwertkampf in Lorcas Schloss.*
Creative Killing: *Nein.*
Nervige Skeptiker: *Keine.*
Kill Count: *2*

HOBGOBLINS

1988
Drehbuch und Regie: Rick Sloane (HOBGOBLINS 2 [Seite 219], VICE ACADEMY)
88 Min.

Ich habe wirklich schon viel Schund in meinem Leben gesehen, aber es gibt immer wieder Filme, die richtig weh tun. Dies ist einer von ihnen. Vier Voraussetzungen müssen erfüllt sein, um HOBGOBLINS einigermaßen erträglich zu machen: 1. Man mag billige Trashfilme 2. Man hat eine Gruppe von Freunden um sich versammelt, mit denen man sich über den Film lustig machen kann 3. Alkohol oder andere Rauschmittel 4. Die MST3K[37]-Version, in der der Film ständig kommentiert und verarscht wird, wurde besorgt. Eben diese Version, durch die der Film größere Bekanntheit erlangt hat, habe ich vor etlichen Jahren gesehen und war sogar gut unterhalten. Normalerweise hasse ich jegliche Kommentare von außen, die einen aus dem Film rausnehmen. Wenn einen aber hier keiner aus dem Film rausnimmt, grenzt das an seelischer Grausamkeit. HOBGOBLINS ist eine auf allen Ebenen amateurhafte Produktion und gilt zu Recht als einer der schlechtesten Filme aller Zeiten. Ich hätte mir statt der regulären die MST3K-Version noch einmal ansehen sollen, dann hätte ich mir den Sonntagnachmittag nicht versaut.

Zur Handlung dieses eigentümlichen Machwerks: In den 1950ern landen kleine Kobolde in einem Mini-Ufo auf der Erde, genauer auf einem Filmstudiogelände. Securitymann McCreedy entscheidet sich dafür, die Hobgoblins auf dem Studiogelände wohnen zu lassen, und muss zusehen, wie alle um ihn sterben. Denn die Hobgoblins können mit den Hirnen der Menschen spielen und ihre größten Träume wahr erscheinen lassen, woran sie dann irgendwie zu Grunde gehen. McCreedy warnt den Studioboss vor den kleinen Monstern, doch der will davon nichts hören. Dreißig Jahre später ist McCreedy ein alter Mann mit einem James Stewart-Komplex, und bis auf ihn, seinen neuen Kollegen Kevin und den Studioboss, der ständig nur in seinem Büro sitzt, ist das Studiogelände verlassen (wird aber komischerweise immer noch bewacht). McCreedy hat die Hobgoblins eingesperrt, bis der junge Kevin sie versehentlich freilässt.

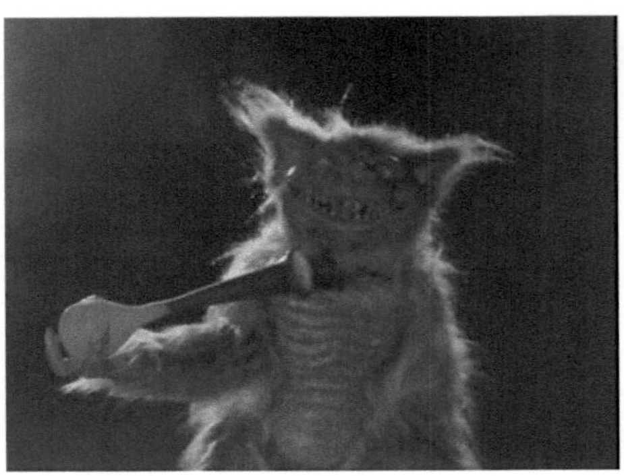

Abb. 254: Tröööt!

Die Gremlins (*Seite und 203*) hassen bekanntlich Licht, die Hobgoblins dagegen werden von hellem Licht angezogen – total originell also. Kevin will seiner frigiden Freundin beweisen,

[37] *Mystery Science Theater 3000* (MST3K) ist eine empfehlenswerte TV-Serie, die zwischen 1988 und 1999 produziert wurde. Darin sehen sich Mike und seine zwei Roboterfreunde alte B-Filme an, kommentieren diese und machen sich darüber lustig.

dass er ein echter Mann ist, und wird so zum »Held« des Films, indem er versucht, die Hobgoblins zur Strecke zu bringen. Mit von der räudigen Partie sind Kevins unsympathische Freunde. Nick ist ein dummer Militärschädel, der am liebsten mit Handgranaten um sich wirft. Daphne ist Nicks Freundin und eine nervige Schlampe. Ein »running gag« des Films ist, dass die beiden nicht die Finger voneinander lassen können. In einem anderen geht es um den Nerd Kyle, der pinke Shorts trägt und ständig eine Sexhotline anruft. Es folgen Szenen, in denen einigen dieser Figuren die Erfüllung ihrer größten Sehnsucht vorgegaukelt wird und die Hobgoblins danebensitzen und blöd grinsen. Zudem bekommt man noch den dümmsten, primitivsten und überflüssigsten Mann-gegen-Mann-Kampf der Filmgeschichte geliefert, der mit einem Rechen und einer Gartenhacke ausgetragen wird.

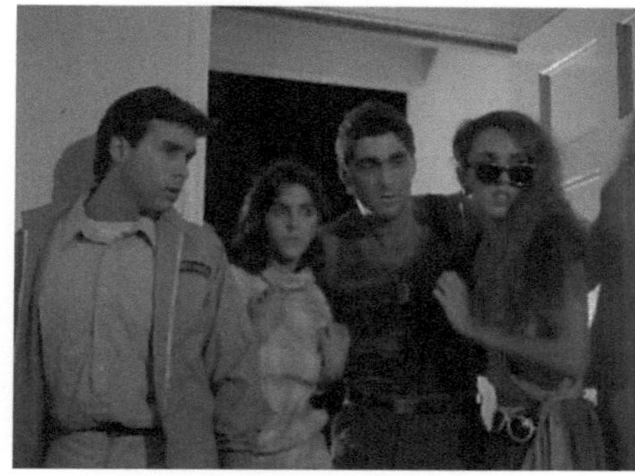

Abb. 255: Beta-Kevin (links) und seine doofen Freunde.

Ohne die GREMLINS- und CRITTERS-Filme wäre Hobgoblins nie in Produktion gegangen. Er versucht auf deren Welle mitzuschwimmen wie ein Stück Kot. Ich bin mir sicher, dass es Pornos gibt, die besser und mit mehr Liebe produziert sind als dieser Film und dabei nebenbei sogar noch lustiger sind als diese verhinderte »Komödie«. Die Puppeneffekte sind lachhaft bis nicht vorhanden. Regisseur und Drehbuchautor Rick Sloane (der übrigens gerne mal Pornodarstellerinnen in seinen Filmen castet) verriet in einem Interview, dass die Hobgoblin-Puppen von einer Frau bedient wurden, die gerade aus einer Nervenklinik entlassen wurde. Sloane meint, dass die Frau wahrscheinlich von den Medikamenten noch betäubt war, weshalb sie mit den Puppen nur etwas herumfuchteln konnte.

In dem ganzen Film gibt es zwei Schauspieler, bei denen man von so etwas wie einer wirklichen Karriere im Filmbusiness sprechen kann. Aus dem einen (Daran Norris, der M.C. im »Club Scum«) wurde ein guter *voice actor*, und der andere – Duane Whitaker – spielte ein paar Jahre später den bärtigen Keller-Vergewaltiger in PULP FICTION (»Bring out the gimp«). In Hobgoblins hat er ebenfalls eine »grindige« Rolle, als schmieriger Türsteher in einem noch schmierigeren Club. Im Jahr 1994, als die Filmindustrie von PULP FICTION durchgeschüttelt wird, taucht Whitaker übrigens auch in einer (ebenfalls moralisch nicht einwandfreien) Nebenrolle in PUPPET MASTER 5 (*Seite 316*) auf.

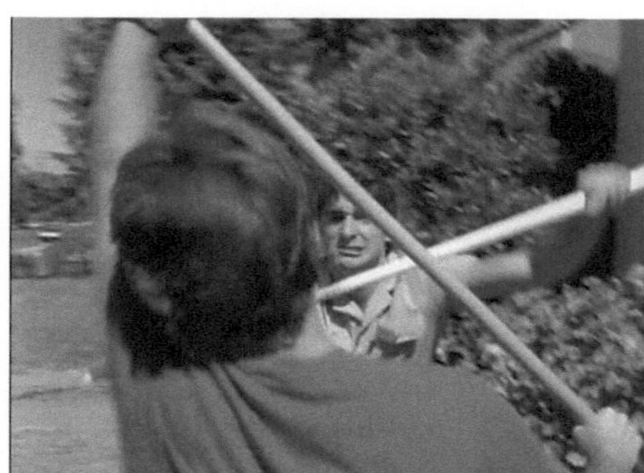

Abb. 256: FIGHT!

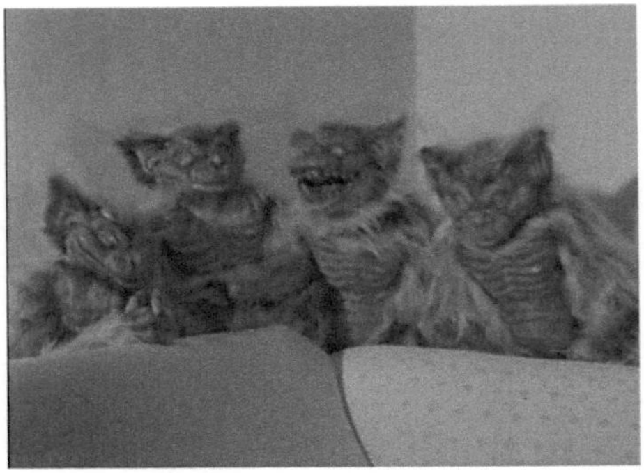

Abb. 257: Hey, habt ihr auch einen Vertrag für zwei Filme! – Was, ZWEI Filme?

Einen positiven Effekt könnte der Film haben. Nämlich für all diejenigen, die schon immer einen Film machen wollten, aber voller Skepsis über ihre eigenen Fähigkeiten und Visionen sind. Nach HOBGOBLINS denkt sich ausnahmslos jeder: »Das kann ich besser.« Letztens las ich einen Artikel, in dem stand, dass viele Veganer einen psychologischen Knacks haben und zur Selbstgeißelung neigen. Solchen und ähnlichen Menschen kann ich HOBGOBLINS uneingeschränkt empfehlen. Denn selbst den coolen Hipstern, die auf der Suche nach dem nächsten Trash-Kick sind, wird dieser Scheiß in Reinfassung zu viel werden.

★☆☆☆☆

Besonderheiten: *Der Film existiert. / Er ist heute noch bekannt und berüchtigt. / Er wurde international verkauft und in mehrere Sprachen übersetzt. / Es gibt eine Fortsetzung.*
Creative Killing: *Hahahahaha. Nein.*
Nervige Skeptiker: *Der Studioboss glaubte McCreedy schon vor 30 Jahren nicht, dass Kobolde aus dem Weltall auf seinem Gelände gelandet sind und Leute deswegen sterben. Heute glaubt er McCreedy immer noch nicht – nervig.*
Kill Count: *1. Zu Beginn rutscht ein junger Mann durch eine von einem Hobgoblin verursachte Halluzination aus und stirbt. Er hatte Glück, weil er damit vom Rest des Films befreit war.*

HOBGOBLINS 2

2009
Drehbuch und Regie: Rick Sloane (HOBGOBLINS [Seite 216], VICE ACADEMY)
92 Min.

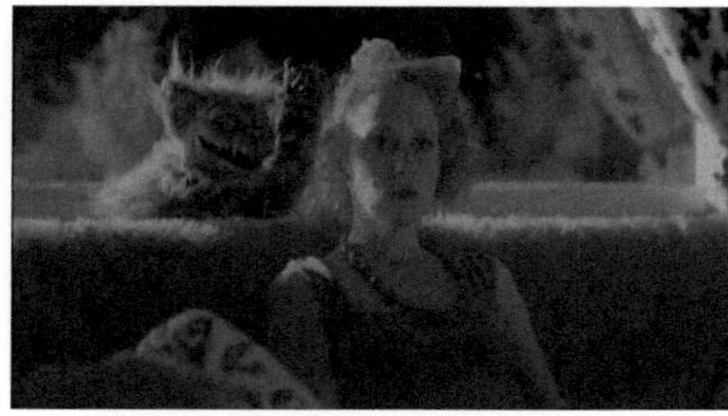

Abb. 258: Das Kasperltheater beginnt erneut.

HOBGOBLINS ist der wohl schlechteste Film, der jemals eine Fortsetzung bekam. Natürlich nicht *obwohl*, sondern gerade *weil* er als einer der schlechtesten Filme aller Zeiten gilt, existiert dieser zweite nicht minder stinkende Aufguss, der wieder von Desastermind Rick Sloan geschrieben und inszeniert ist.

Ex-Security-Mann McCreedy ist nach den Ereignissen in Teil 1 – wer kann es ihm verdenken – in einer Irrenanstalt gelandet. Dort glaubt man ihm immer noch nicht, dass die Hobgoblins existieren. Es gibt Menschen, die kämpfen offenbar ihr ganzes Leben lang gegen nervige Skeptiker. McCreedy wird diesmal übrigens nicht mehr von dem passablen alten Herrn aus dem ersten Teil gespielt, sondern von einem faden anderen alten Herrn, der in all seinen Szenen gelangweilt dreinschaut, oder missmutig – als wäre er böse auf den Regisseur, dass er ihn überreden konnte, bei diesem Blödsinn mitzumachen. Ebenfalls neu besetzt, auch mit noch schlechteren Schauspielern, sind Kevin und dessen Freunde, die diesmal noch etwas unsympathischer und idiotischer rüberkommen. Sie haben zwar die gleichen Namen, sind aber neue Figuren und diesmal Medizinstudenten. Kevin beginnt die Hobgoblins zu sehen und fragt sich, warum. Tatsächlich sind die Viecher zurück und bedienen diesmal keine Wunschfantasien, sondern die Ängste der Menschen. Kevin und seine Freunde müssen sich ihren Ängsten stellen, wenn sie die Kobolde besiegen wollen.

Die Frage, ob Teil 1 oder 2 besser ist, ist, als ob man fragt, ob man lieber einen Schlag ins Gesicht will oder einen Schlag in die Magengrube bevorzugt. Die Hobgoblins bewegen sich noch weniger als im Original, wahrscheinlich konnte man sich die von Tabletten zugedröhnte »Puppenspielerin« diesmal nicht mehr leisten. Der »Humor« ist ultraflach und brutal banal. Die Scherze sind nicht müde, sondern komatös und der Film ist reich an Anspielungen an das Original und Insider-»Witzen«. HOBGOBLINS 2 ist immer noch ultrabillig, aber technisch nicht mehr ganz so dilettantisch wie der Vorgänger, was natürlich

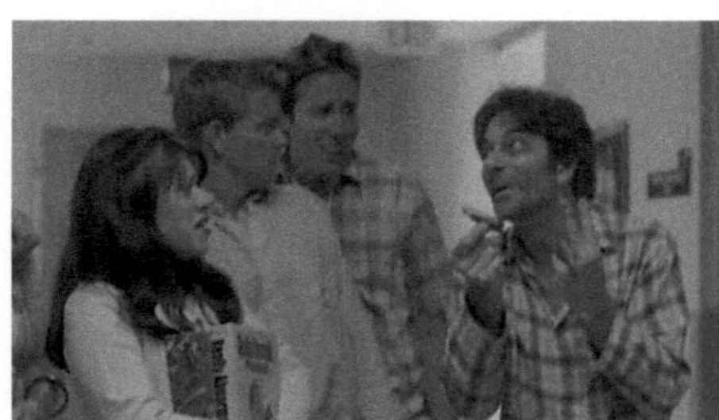

Abb. 259: Er hackt sich einen Finger ab, um zu zeigen: So viel! So viele HOBGOBLINS-Teile sollte es maximal geben.

nicht viel heißt. Ein Schwein mit etwas mehr Lippenstift ist immer noch ein Schwein.

B-Filme sind vor allem deshalb reizvoll, weil man Dinge sieht, die im Mainstream nicht oder selten vorkommen, und weil sie meist reißerischer inszeniert sind. Die HOBGOBLINS-Filme aber sind wie hundsmiserable Versionen eines B-Films. C-Filme, von mir aus. Man kann auch für sehr wenig Geld tolle Filme machen. Aber wenig Geld, keine Ideen und kein Talent sind eben eine schlechte Kombination. Da hilft auch kein »So schlecht dass es schon wieder gut ist«-Trashliebhaber-Zugang. Da hilft nur noch zu versuchen, die verlorene Lebenszeit irgendwie wieder gutzumachen.

★☆☆☆☆

Besonderheiten: *Der Film existiert.*
Creative Killing: *Klar doch! Nicht.*
Nervige Skeptiker: *Kevins idiotische Freunde glauben nicht an die Hobgoblins, von denen er ihnen erzählt. / McCreedy glaubt man die Hobgoblin-Geschichte auch nicht, das verbindet ihn mit Kevin. Da hat sich Sloan beim Drehbuchschreiben sicher auf die Schulter geklopft.*
Kill Count: *0*

Honto ni atta kowai hanashi: Ju shi ryō

Japan 1992
Übersetzung des Titels: »Wahre Gruselgeschichten: Fluch, Tod, Geist«
a.k.a. Curse, Death & Spirit
Regie: Hideo Nakata (Ringu, Ringu 2, The Ring Two, Honogurai mizu no soko kara [Dark Water], Chatroom, L: Change the World)
Drehbuch (The Cursed Doll): Hiroshi Takahashi (Ringu, Ringu 2, Ringu 0: Bâsudei)
65 Min.

Die »Honto ni...«-Filme sind eine lange Reihe von Episodenfilmen mit angeblich wahren Horrorkurzgeschichten. Honto desuyo! (Echt jetzt!) Der Titel verweist auf die Namen der drei Kurzgeschichten: *The Cursed Doll*, *The Spirit of the Dead* und *The Haunted Inn*. Eine Stunde Laufzeit teilt sich auf die drei Episoden auf, also geht es sehr zügig voran.

In der ersten sitzt eine Gruppe von Theaterschülerinnen in Dunklen bei Kerzenlicht, während eine von ihnen, die nette Satomi, eine Gruselgeschichte erzählt, die ihr wirklich passiert ist:

Satomi sieht im Traum ein jüngeres Mädchen, das nach ihr ruft, sich dann in eine Puppe verwandelt und verschwindet. Am nächsten Morgen findet Satomi an derselben Stelle wirklich eine Puppe, die genau so aussieht wie jene aus ihrem Traum. Ihre Mutter gibt ausweichende Antworten und sagt, dass sie die Puppe dort vor langer Zeit verstaut habe. Später liegen auf einmal etliche Haare auf der Stiege des Hauses, die dieselbe Farbe und Länge haben wie die der Puppe. Diese bewegt plötzlich kurz die Augen und sieht Satomi an, worauf die Arme natürlich erschrickt.

Zurück im Gruselkreis sieht Theaterkollegin Etsuko die Puppe, von der Satomi gerade erzählt. Sie will ihre Freundinnen alarmieren, doch die Puppe verschwindet und die Mädchen glauben, Etsuko mache sich einen Spaß. Die weiß zwar nicht, was hier los ist, warnt aber Satomi, dass sie die Puppe verbrennen muss.

Im Traum erscheint Satomi erneut das Mädchen, die diesmal behauptet, ihre Schwester zu sein, und dass sie nach Hause will. Ihre Mutter beichtet, dass Satomis ältere Schwester gestorben ist, als sie noch ein Baby war. Für diese werden die Situation und die Alpträume immer psychisch belastender.

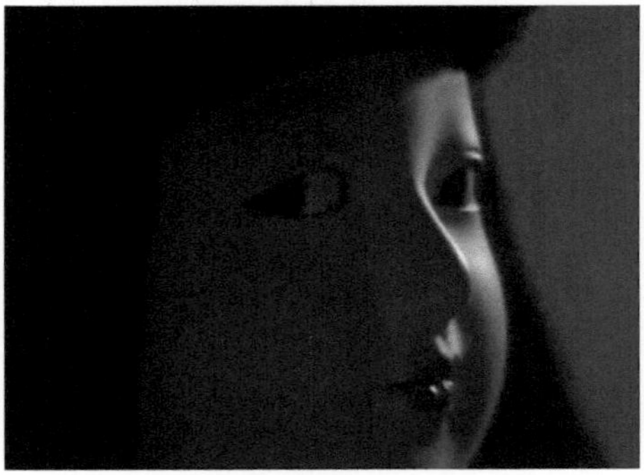

Abb. 260: Buh!

Warum sich die Puppen-Schwester ausgerechnet jetzt aus dem Jenseits meldet und dann auch noch bösartig wird, ist nicht klar. Aber es wird eine einfache Lösung gefunden, die zu einem abrupten Ende führt.

The Cursed Doll ist keine wirklich schlechte, aber eine völlig unspektakuläre und gewöhnliche

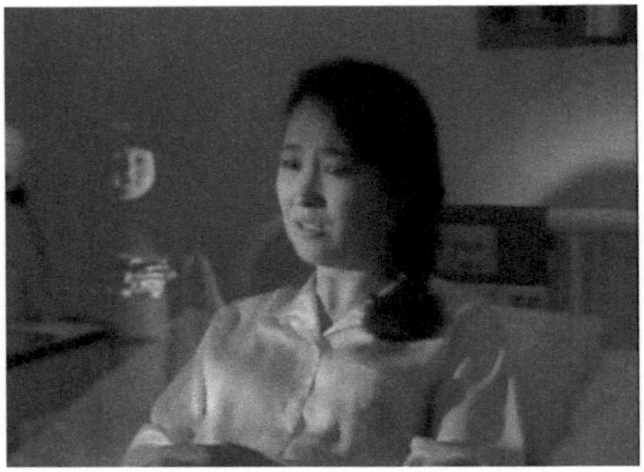

Abb. 261: Puppenerscheinung am Krankenbett.

Geschichte mit nur einer kleinen, kurzen Puppenattacke.

In *The Spirit of the Dead* wird der süße, kleine Yuta beim Camping mit seiner Mama vom Geist einer unbekannten Frau verführt, die einst ihren Sohn verlor und sich danach im nahegelegenenen Wasserfall das Leben nahm.

In *The Haunted Inn* werden drei junge Frauen bei ihrem Urlaub ebenfalls vom Geist einer toten Frau heimgesucht.

Da dieser Film Anfang der 90er fürs Fernsehen produzierte wurde, ist er zwangsläufig eine sehr zahme Angelegenheit und hat in etwa das Niveau einer guten Folge von *X-Factor: Das Unfassbare* (*Beyond Belief: Fact or Fiction*), aber die drei Geistergeschichten sind effektiv genug und haben einige gruselige Bilder.

Sechs Jahre später erfuhren die Filmemacher dann mit RINGU (Ring) immensen Mainstreamerfolg[38], der diverse Fortsetzungen und ein US-Remake mit Naomi Watts nach sich zog.

★★☆☆☆ (THE CURSED DOLL)

★★★☆☆ (HONTO NI ATTA KOWAI HANASHI: JU SHI RYŌ als Ganzes)

> ***Besonderheiten:*** *Japaner essen offenbar sogar beim Campen Reis. / Dieser Teil der Reihe wurde herausgepickt und bekam 2006, also 14 Jahre nach der Erstausstrahlung in Japan, als »Curse, Death & Spirit« eine DVD-Veröffentlichung in den USA. Der Grund dafür liegt auf der Hand: Die DVD wird vermarktet mit der Aufschrift »From HIDEO NAKATA – Director of RINGU and THE RING 2«, und darunter steht noch der nichtssagende, fade Satz »Discover the face of terror.« Das hat mit Sicherheit zu vielen enttäuschten Ring-Fans geführt.*
> ***Creative Killing:*** *Nein.*
> ***Nervige Skeptiker:*** *Keine.*
> ***Kill Count*** *(The Cursed Doll): 0*

[38] Das Original ist bis heute der erfolgreichste Horrorfilm Japans.

IDLE HANDS

1999
Deutscher Titel: DIE KILLERHAND
Regie: Rodman Flender (LEPRECHAUN 2 [Seite 255], THE UNBORN [Seite 417], CONAN O'BRIEN CAN'T STOP)
Drehbuch: Terri Hughes, Ron Milbauer
Nennenswerter Cast: Jessica Alba (SIN CITY, SIN CITY: A DAME TO KILL FOR, MACHETE, FANTASTIC FOUR [2005], 4: RISE OF THE SILVER SURFER, GOOD LUCK CHUCK, INTO THE BLUE, HONEY, THE LOVE GURU), Seth Green (AUSTIN POWERS-Trilogie, *Family Guy*, THE ITALIAN JOB), Vivica A. Fox (KILL BILL: VOL. 1, INDEPENDENCE DAY, Staffel 6 und 7 von *Curb Your Enthusiasm*)
92 Min.

Anton (Devon Sawa) ist ein etwa 17-jähriger Versagertyp, der nie zur Schule geht und mit seinen beiden anderen Faulenzerfreunden Mick (Seth Green) und Pnub den ganzen Tag vor der Glotze hängt und sich mit ihnen einraucht. Die Kleinstadt unserer Teen-Helden wird von einem Mörder heimgesucht, und es gibt mehrere Berichte von Toten.

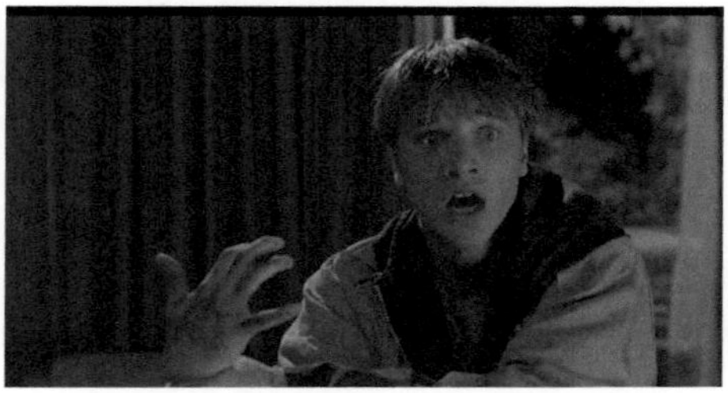

Abb. 262: Anton hat ein Problem mit seiner rechten Hand, und es geht nicht um eine no fap challenge.

Doch bald stellt sich heraus: Anton ist der Killer! Genaugenommen ist es seine rechte Hand, die seine Eltern und die zwei Freunde tötet. Anton schaufelt ihnen ein Grab, Mick und Pnub kommen aber gleich als Zombies wieder, weil sie zu faul waren, den Weg bis zur Himmelspforte zu gehen. Sie sitzen von nun an mit einem abgetrennten Kopf und mit einer in die Stirn gerammten Flasche herum.

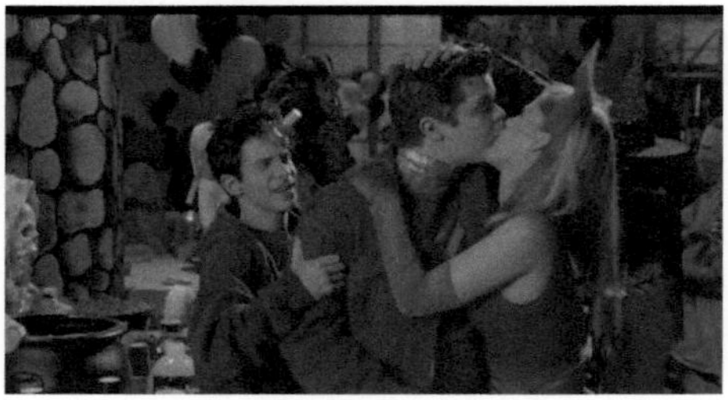

Abb. 263: Nekrophilie.

Antons Hand hat irgendwie ein Eigenleben entwickelt, und er weiß nicht, was er machen soll. Sie mit Marathon-Stricken zu beschäftigen, funktioniert jedenfalls nicht. Anton sieht keinen anderen Ausweg: Er hackt sich die rechte Hand ab und kocht sie in der Mikrowelle.

Kurz vor Beginn des letzten Drittels kommt dann die abgetrennte Killerhand ins Spiel, die sich von der Mikrowellenstrahlung nicht aufhalten lies. Sie läuft in Antons Schule, wo gerade eine große Halloweenparty stattfindet, und beginnt zu morden. Die Hand hat es auch auf Antons neue Freundin (eine junge, knusprige Jessica Alba) abgesehen, die er gerade getroffen

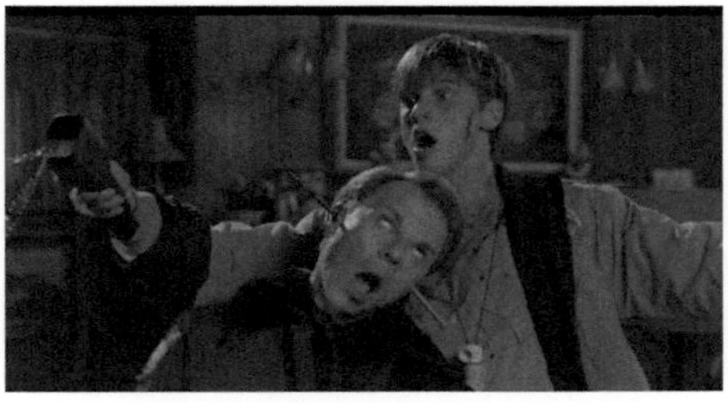

Abb. 264: Ist Anton ein Opfer der Umstände?

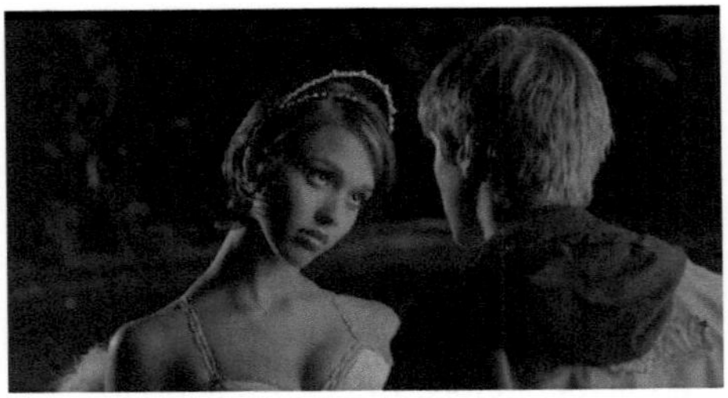

Abb. 265: Jessica Alba überzeugt mit einer Mischung aus Hunde- und Schlafzimmerblick.

hat. Kurz nach dem ersten Kennenlernen hatte er auch zum ersten Mal Sex mit ihr, wobei er seine Killerhand klarerweise am Bett festbinden musste. Irgendwie kommt dann auch noch eine Frau von einem speziellen Orden (Vivica A. Fox) ins Spiel, die sich um solche speziellen Killerhand-Fälle kümmert. Können Anton und seine unbeholfenen Freunde mit ihr die Pfote aufhalten?

IDLE HANDS verbindet eine Teeniekomödie mit Horror und hat einen leichten, spaßigen Ton, aber auch viel morbiden Ekel-Humor. Die Leute sterben auf verschiedenste horrende Arten, auch wenn die Kamera oft wegsieht und die Figuren danach Scherze machen. Der Film ist nie besonders clever oder einfallsreich und nicht mal übermäßig lustig, aber auch nie dröge. Wer Stonercharaktere unterhaltsam findet oder großer Fan von Jessica Alba ist, darf noch einen Stern hinzufügen.

★★★☆☆

Besonderheiten: *Ein Gastauftritt der Band The Offspring, die damals der heiße Shit waren und bei der Halloweenfeier ihre Coverversion von »I wanna be sedated« von den Ramones zum Besten geben. / Puppenhorror: Die Killerhand zieht sich für ein paar Szenen eine Handpuppe an, mit der sie kurze Zeit herumrennt.*
Creative Killing: *Semi-kreativ: Stricknadel ins Ohr und durch den Kopf gesteckt, wobei sie beim anderen Ohr wieder rauskommt.*
Nervige Skeptiker: *Keine.*
Kill Count: *9 (6 off camera)*

The Incredible Shrinking Man

1957
Deutscher Titel: Die unglaubliche Geschichte des Mr. C
Regie: Jack Arnold (Creature from the Black Lagoon, Tarantula)
Drehbuch: Richard Matheson (Autor des Romans *I am Legend*, auf dem The Last Man on Earth, The Omega Man und I am Legend basieren; Duel, The Legend of Hell House, Jaws 3-D, *Twilight Zone*, Twilight Zone: The Movie, Pit and the Pendulum [1961], The Raven [1963], House of Usher, Trilogy of Terror [Seite 400], Trilogy of Terror II [Seite 402]))
Coole Tagline: The Most Incredible Story the Screen Has Ever Told! / EVERY HOUR HE GETS Smaller ....Smaller...Smaller And Moment By Moment THE TERROR MOUNTS!... / Victim of weird mist ! Day by day he shrinks ! Science is baffled ! Cat becomes monster ! Terror at every turn ! Deadly spider attacks ! Lost in a flood's fury !
81 Min.

Grant und Louise machen Urlaub und chillen auf dem Deck eines Bootes. Er will ein kühles Bier, aber sie will es ihm partout nicht holen, sondern liegt lieber mit einem dieser tollen 1950er Spitz-BHs auf ihrem Rücken. Grant erinnert seine Ehefrau daran, wer heute für ihr Abendessen zahlen wird, und Louise macht sich auf den Weg. Seine Faulheit wird Grant zum Verhängnis, denn in der kurzen Abwesenheit seiner Frau zieht eine mysteriöse Wolke direkt über der Oberfläche des Wassers daher und deckt ihn komplett mit Glitter ein. *Fabulous*!

Später stellt sich heraus, dass es besonderer Glitter war: Grant verliert jeden Tag an Körpergröße. Verzweifelt meint er zu Louise, dass er es verstehen würde, wenn sie ihn verlässt, immerhin gebe es für ihre Eheverpflichtung irgendwo auch eine Grenze. Louise hat aber nicht nur tolle Spitz-BHs, sondern auch Anstand. Sie steht ihm mit Liebe bei, obwohl er immer unausstehlicher wird, je kleiner er wird.

Grant kann nicht mehr arbeiten, also verkauft er widerwillig seine Geschichte an die Medien, um so an Geld zu kommen. Medizinische Experten erkennen, dass ein Insektengift Schuld war. In Kombination mit der wahrscheinlich radioaktiven Wolke hat es den Schrumpfprozess eingeleitet – ahja, ok. Grant schrumpft auf etwa 90 cm, bevor die Mediziner den Prozess stoppen können.

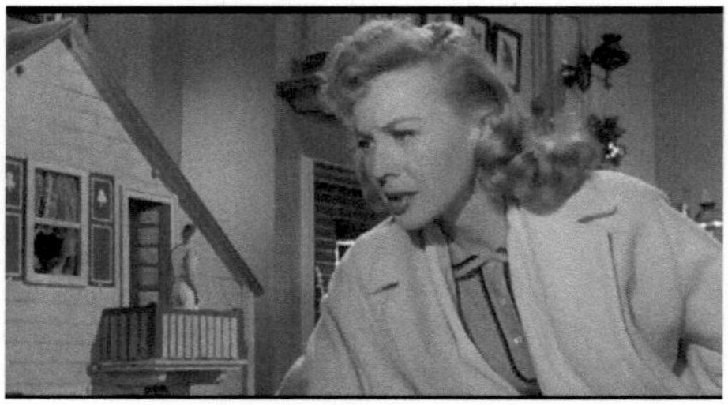

Abb. 266: Grant ist ein kleiner Grantler.

Gerade hat er begonnen zu lernen, mit seinem neuen Leben umzugehen, und lernt sogar eine nette Dame in seiner Größe kennen, die Teil einer Freakshow eines Jahrmarkts ist. Doch Grant schrumpft weiter, ist jetzt nur mehr so groß wie eine Actionfigur und zieht in ein Puppenhaus. Es folgt eine großartige Szene, in der die Hauskatze ihn zur Flucht aus seinem Puppenhaus zwingt und durch das Wohnzimmer jagt. Er flüchtet zur Kellerstiege und fällt hinunter. Manchmal spielt das Leben mit dir gern Katz und Maus, wie Udo Jürgens schon wusste. Louise kommt nach Hause und erschrickt, als sie die Unordnung sieht und die Katze, die sich das Maul leckt.

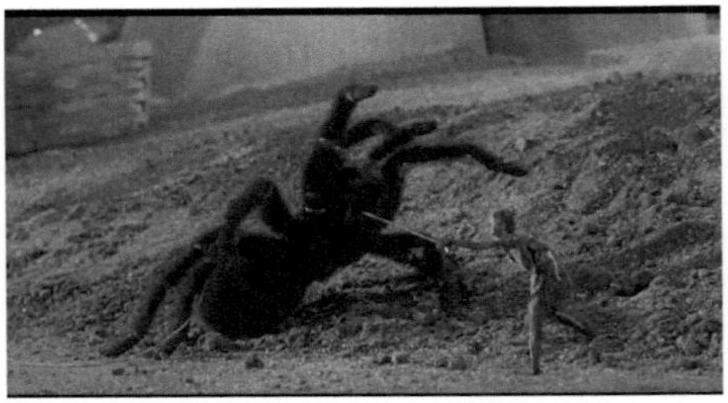

Abb. 267: Ich habe es immer gesagt: Die Natur ist unser Feind.

Ach du Schreck: Die Mietzekatze hat meinen Ehemann aufgegessen! Glaubt sie zumindest, und ihr Ehemann wird für tot erklärt.

In der zweiten Hälfte des Films sind wir mit Grant und seinen Gedanken alleine, während er versucht, im Keller zu überleben. Bis Louise wieder mal in den Keller geht und ihn hoffentlich sieht, rettet sich Grant mit Regenwasser und Käse aus einer Mausefalle. Ich hätte ja auf Ratten getippt, aber es kommt viel besser: Grant muss sich sein Revier mit einer Tarantel teilen. Die bunkert auch Käse, den er zum Überleben braucht, also sagt er ihr den Kampf an. Grants physische Kraft schwindet, dafür steigt seine spirituelle. Am Ende beginnt er plötzlich ganz existenzialistisch über Gott und das Universum zu philosophieren.

The INCREDIBLE SHRINKING MAN gilt als Klassiker und ist ein sehr sympathischer alter Schwarzweiß-Horrorthriller über einen fantastischen und spannenden Überlebenskampf. Viele überdimensionale Requisiten wurden gebaut und der Film hat etliche überraschend glaubwürdige *composite shots*, also übereinandergelegte Bilder, die den Größenunterschied darstellen. Zusammen mit ATTACK OF THE PUPPET PEOPLE (*Seite 34*) ist es einer der beiden Filme in diesem Buch, in dem die Bedrohung und der Horror nicht von etwas Kleinem ausgeht, sondern von der aus der Sicht der Protagonisten überdimensionalen Umwelt.

★★★☆☆

Besonderheiten: *Die riesigen Regentropfen im Keller sehen bemerkenswert realistisch, aus und ich habe mich gefragt, wie das bewerkstelligt wurde. Es war ein ganz einfacher Trick: Die »Tropfen« waren mit Wasser gefüllte Kondome. / Eine Nachrichtensendung des Films ist herrlich: Irgendein Politiker verspricht Steuersenkungen. Dann kommt die Meldung, dass der weltbekannte »Incredibe Shrinking Man« tragischerweise von seiner Hauskatze gegessen wurde. Und jetzt zum Sport!*
Creative Killing: *Nein.*
Nervige Skeptiker: *Keine.*
Kill Count: *0*

Infection: The Invasion Begins

2010
Regie: Howard Wexler
Drehbuch: Bryan Brewer
95 Min.

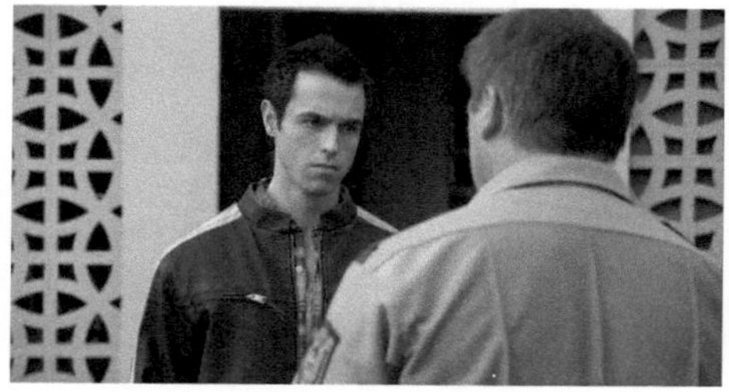

Abb. 268: Das ist unsere Hauptfigur Deke. Wenn du dir jetzt denkst »OK, mehr muss ich eigentlich nicht wissen – nein, danke.«, dann hast du absolut Recht.

Unsere Hauptfigur ist ein uncharismatischer, kleiner Typ namens »Deke«, und damit beginnt die Kacke erstmal ganz vorsichtig zu dampfen. Es wird aber noch viel penetranter werden. Deke kehrt nach einem langen Gefängnisaufenthalt wieder in seine Heimatstadt zurück, wo ihn alle hassen, weil er vor zehn Jahren jemanden umgebracht hat. Aber keine Sorge, unser »Held« hatte einen schlechten Grund, warum er einen Mann mit bloßen Händen zu Tode geprügelt hat. Diesen werden wir erst später erfahren: Der Stiefvater hatte seine Mutter mit einer anderen Frau betrogen.

Viel wichtiger ist erstmal das: Ein Meteorit ist gelandet und kleine Alienwürmer treten heraus. Die Wesen stammen scheinbar aus einer Galaxie mit sehr rudimentären Körperformen, denn die Würmer sehen aus wie unsere Computereffekte aus den frühen 1990ern. Zwei Würmer kriechen bei einem Mann hoch, der daraufhin infiziert ist und anderen Leuten Würmer in den Mund spuckt. Wen es erwischt, der wird zu einem sprechenden Zombie.

Sarah ist die Ex-Freundin von Deke, arbeitet als Kellnerin und ist genervt, dass er ein Jahrzehnt weg war und nicht mal einen Brief geschrieben hat. Pfff, Weiber. Zusammen mit Sarah, einem unangenehmen Sheriff, der Totschläger nicht mag, und ein paar anderen Leuten sucht Deke nach einem Weg, die Invasion aufzuhalten und zu überleben.

Ich will nicht sagen »Dieser Film ist schlecht«, denn das wäre, als würde man sagen »Der erste Weltkrieg war ein Ausrutscher.« Alles an diesem Independenthorrorfilm mit Mikrobudget ist unterirdisch, und es ist einer der miserabelsten Werke in diesem Buch. Besonders negativ stechen das Drehbuch hervor und die optischen Effekte, die aussehen, als hätte sie ein 7-Jähriger mit Microsoft Paint gemacht.

Die Würmer sind nicht mal eine ernsthafte Bedrohung und kommen noch seltener vor als die Zombies, die sporadisch auftauchen. Es gibt nicht eine einzige halbwegs interessante Szene in dem Ding, es ist komplett für die Tonne.

C-Film-Kameramann Howard Wexler zeigt uns, dass ein C-Film-Kameramann manchmal ein C-Film-Kameramann bleiben sollte, anstatt Regie zu führen.

Der Film ist voller Gesichter, die in halbwegs guten Produktionen höchstens als Statisten durchgehen würden. Ich habe Mitleid mit jedem Schauspieler, der bei diesem Projekt dabei war, aber vor allem tun mir die unerfahrenen Videothekenbesucher leid, die damals den Film mit nach Hause genommen haben, weil er ein ganz cooles Cover hat. Nur um dann nach nur wenigen Minuten festzustellen, dass sie einen fatalen Fehler gemacht haben und doch lieber den neuen Steven Seagal ausleihen hätten sollen.

★☆☆☆☆

> ***Besonderheiten:*** *Im Internet fand sich ein Hinweis, dass es ein Projekt gab, bei dem mit einer PR- und Social Media-Kampagne Hype für den Film erzeugt werden sollte. Vielleicht war es einfach nur ein Experiment – und dies der einzige Grund, warum der Film überhaupt existiert. Das würde den Horror seiner Existenz etwas begreifbarer machen.*
> ***Creative Killing:*** *Nein.*
> ***Nervige Skeptiker:*** *Keine.*
> ***Kill Count:*** *Niemand, glaube ich. Es wurden halt viele von den Parasiten befallen, aber nicht getötet. Allerdings wird behauptet, die Parasiten hätten die ganze Stadt ausradiert. Das sehen wir aber nicht. Whatever.*

Inhabited

2003
Regie: Kelly Sandefur
Drehbuch: Rick Drew (Meltdown: Days of Destruction, *MacGyver* [1985], *Goosebumps*)
Nennenswerter Cast: Malcolm McDowell (A Clockwork Orange, Caligula, If..., Cat People, Time After Time, Star Trek: Generations, Halloween [2007], I Spy, Gangster No. 1, O Lucky Man!), Megan Gallagher (The Ambulance, *Millennium*, siebte Staffel von *Hill Street Blues*)
95 Min.

MILF-Mama Meg (Megan Gallagher, in weiterer Folge »MMM« genannt) zieht mit ihrer sechsjährigen Tochter Gina und ihrem älteren Sohn in ein neues Haus. Wieder mal hat ein Makler nicht die ganze Geschichte der Immobilie erzählt. Gina behauptet, sie hätte Feen kennengelernt – Kobolde, die ihre neuen Freunde seien und unter der Erde hausten. Den Konjunktiv könnte ich mir auch gleich sparen, klar.

Das neue Heim leidet nicht nur unter einem Kobold-Befall, es stehen auch etliche Reparaturen an. Der Handwerker Hagen bietet MMM seine Dienste an. Der erfahrene, etwas ältere Herr kennt sich mit den bösen Feen aus. Seine Vorfahren stammen aus Norwegen, wo man angeblich über die »underground people« Bescheid weiß. Hagen warnt Gina, dass sie die Einladungen der sehr realen Fabelwesen ignorieren soll.

Eine Spielzeugpuppe wird enthauptet, Ginas Bruder verletzt sich am Kopf, und dann fressen die Kobolde sogar die Katze. Da Gina angibt, dass für all diese Dinge die Feen verantwortlich sind, wird sie zum Psychiater Dr. Werner (Malcolm McDowell) geschickt. Der bittet sie, einen ihrer neuen Freunde zu zeichnen. Ist es ein Zufall, dass Ginas Zeichnung fast genau gleich aussieht wie die einer anderen Patientin Werners?

Immer wieder redet Hagen auf MMM ein, warnt sie vor den bösen Feen und sagt ihr, sie solle aus dem Haus wieder ausziehen. Die Kobolde sollen hinter kleinen Kindern her sein, und auf kleine Mädchen hätten sie's besonders abgesehen. MMM ist davon schon so genervt, dass sie Hagen feuert. Er kommt trotzdem wieder, da er einen sehr persönlichen Grund hat, in der Nähe der Elfen zu sein, wie wir später erfahren.

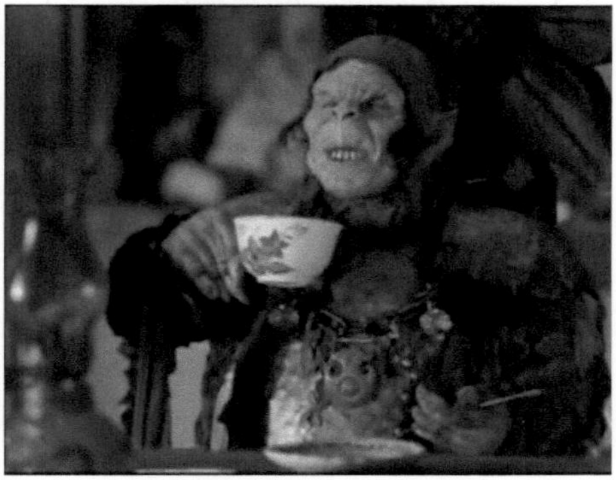

Abb. 269: Scheise, Montag. Ersmahl 1 Kaffe reimsaufen.

Was wir auch erfahren: In den 1950ern gab es in demselben Haus einen Fall, der auch von Mega-Skeptiker Dr. Werner betreut wurde und immer noch wird: Ein Mädchen hat damals ebenfalls Kobolde gesehen und wurde wahnsinnig. Der Psycho-Doc hat aber für alles eine nervige Antwort: Ständige Kobolde? »Wahnvorstellungen.« Warum in den 1950ern im selben Haus, und heute wieder? »Umwelt-Stimuli.« Warum beginnt MMM auch an die Kobolde zu glauben? Ganz klar: »Eine geteilte Wahnvorstellung. Eltern können die Psychosen ihrer Kinder übernehmen. Selten, gibt's aber.« Eine echt harte

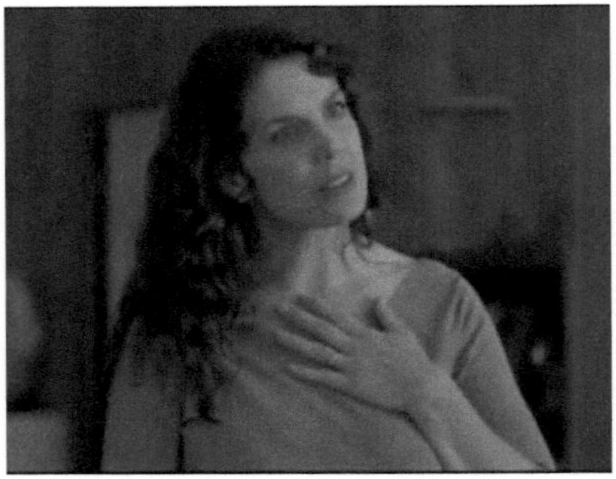

Abb. 270: Wissen Sie, dass mein Kind Trolle sieht, macht mich persönlich sehr betroffen.

Kante von einem Skeptiker, der Doc. Bei seiner dritten »Erklärung« hätte ihm MMM eine aufs Maul geben sollen, finde ich.

Einmal sehen wir den Kobolden beim Teetrinken mit Gina zu, ansonsten gibt's immer wieder nur blitzartige Aufnahmen von ihnen. Im Finale greifen sie dann aber endlich an und die Familie muss aus dem Haus flüchten. Die kleinen Schurken arbeiten gerne mit Seilen, mit denen sie den Menschen das Bein stellen oder sie fesseln. In einer Szene spielen sie sogar mit MMM und ihrem Mann kurz Tauziehen. Ach ja, MMM ist nicht alleinerziehend. Der Papa ist so blass und irrelevant, dass ich ihn ganz vergessen hatte.

INHABITED ist blutlos, komplett familientauglich und fühlt sich wie ein Fernsehfilm an, obwohl er für den Videomarkt produziert wurde. Eine äußerst banale Schlaftablette von einem Film, aber immerhin kompetent genug, um nicht in die unterste Schublade zu gehören. Trotzdem kann man INHABITED absolut niemandem empfehlen. Die Kobolde sind übrigens keine Puppen und kein CGI, sondern Menschen in schlichten Kobold-Kostümen und Masken, die man einfach reinkopiert hat. Was, vor allem bei dem Budget, sicher die beste Lösung war.

★★☆☆☆

Besonderheiten: *Keine.*
Creative Killing: *Die Kobolde lassen mit Magie im Garten einen Schraubenzieher erscheinen, der mit dem spitzen Ende nach oben in der Erde steckt. Eine Fallschnur wird gespannt, das Opfer stolpert darüber und fällt auf den Schraubenzieher.*
Nervige Skeptiker: *Ja, und nicht zu wenig. Die Ausführungen von Quacksalber Dr. Werner habe ich ja bereits erwähnt. Der hat sogar ein ganzes Buch über die Kobold-»Wahnvorstellungen« einer seiner Patientinnen geschrieben. / MMM glaubt weder Gina noch Hagen. / Als MMM dann endlich überzeugt ist, nervt ihr Ehemann noch etwas herum. / Der Teenie-Sohn mit Linkin Park-Poster in seinem Zimmer glaubt Hagen auch nicht, dass die Kobolde echt sind.*
Kill Count: *2 (1 off camera)*

It's Alive

1974
Deutscher Titel: Die Wiege des Bösen
Drehbuch und Regie: Larry Cohen (Q, The Stuff, Black Caesar, Hell Up in Harlem, God Told Me To, It Lives Again [Seite 233], It's Alive III: Island of the Alive [Seite 235], A Return to Salem's Lot, Phone Booth [nur Drehbuch], Maniac Cop [nur Drehbuch], Best Seller [nur Drehbuch])
Nennenswerter Cast: John P. Ryan (It Lives Again [Seite 233], Bound, Runaway Train, Delta Force 2: The Colombian Connection, Death Wish 4: The Crackdown, Avenging Force, Class of 1999, The Postman Always Rings Twice [1981], Breathless)
Coole Tagline: There's only ONE thing wrong with the Davis baby... IT'S ALIVE
91 Min.

Frank Davis (John P. Ryan) und seine Frau sind glücklich verheiratet und erwarten ihr zweites Kind. Bei der Entbindung kommt ein Mutantenbaby zur Welt, das alle Anwesenden bis auf die Mutter umbringt und danach abhaut. Frank wird zum unfreiwilligen Medienstar, und als mögliche Erklärung für die Mutation werden Umweltverschmutzung und Medikamente in den Raum gestellt.

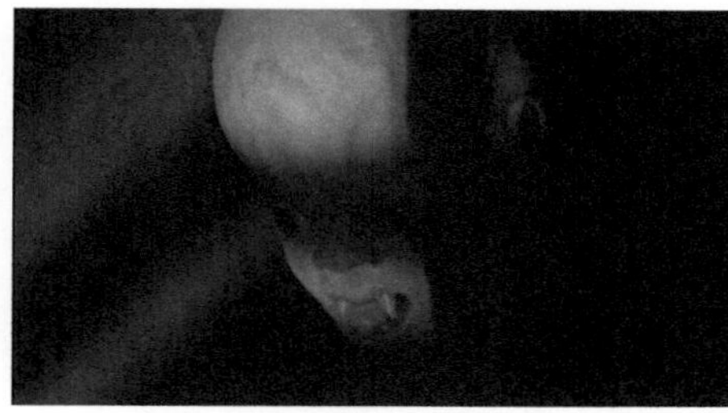

Abb. 271: It's alive!

Während sich Frank von seinem Freak-Baby schnell emotional distanziert und es sogar eigenhändig wieder töten will, setzt sich bei der Gattin der Mutterinstinkt durch. Der Großteil des Films handelt von der Polizeijagd nach dem entflohenen Mutantensprössling, der sehr intelligent und extrem tödlich ist, und den psychischen Auswirkungen der Situation auf das Ehepaar Davis.

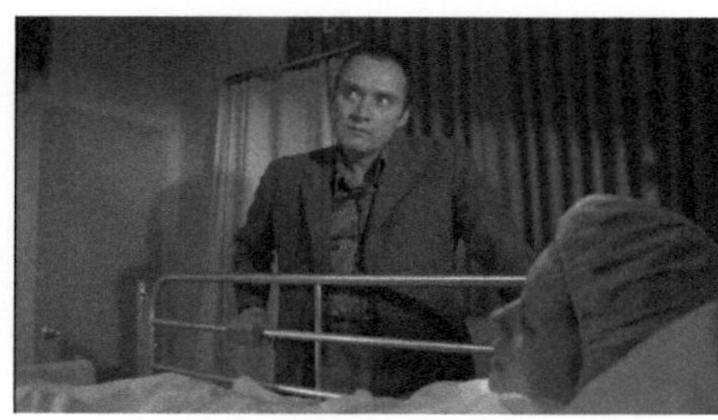

Abb. 272: Papa macht sich Sorgen.

Die Filmografie von Regisseur und Drehbuchautor Larry Cohen ist gespickt mit Horrorfilmen, in denen sich irgendetwas, in das wir Menschen Vertrauen legen, gegen uns wendet – sei es die Polizei (Maniac Cop), Sanitätsdienste (The Ambulance) oder sogar Essen (The Stuff). Wir vertrauen natürlich auch darauf, dass eine Geburt ein natürliches und schönes Ereignis ist, mit dem Ergebnis eines gesunden Kindes und glücklichen Eltern. Es ahnt ja niemand, dass da ein mutiertes Killerbaby

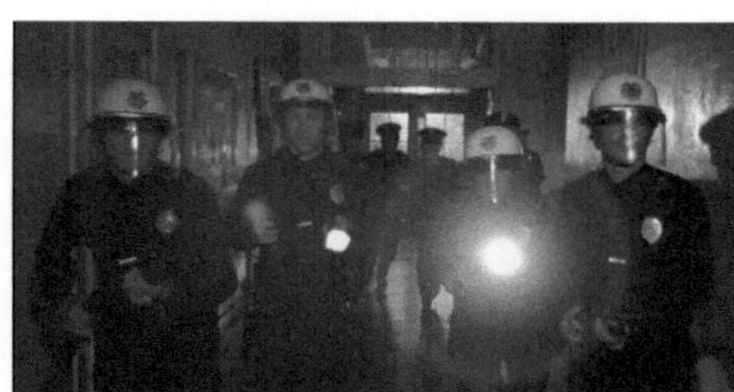

Abb. 273: Die Jagd auf das Terrorbaby ist eröffnet.

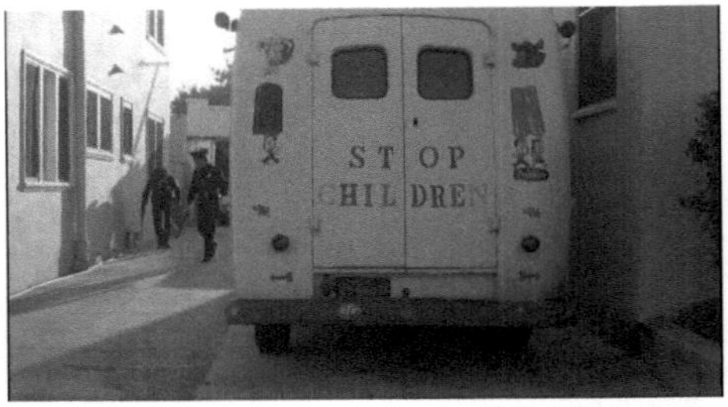

Abb. 274: Sollen wir nun Kinder stoppen oder für sie stoppen? Satzzeichen sind wichtig!

rauskommt und gleich mal ein halbes Dutzend an Krankenhauspersonal umbringt.

IT'S ALIVE ist wahrlich kein typischer *tiny horror* oder *creature feature*, sondern in etwa gleichen Anteilen Drama, Thriller und Horrorfilm. Ein geerdetes, langsames, bedrückendes Stück 70er-Horror. Einziges Manko ist, dass sich fast alle Kills *off camera* abspielen, was sich leider durch die ganze Trilogie zieht. Also ein Anhänger der leidigen »es ist erschreckender, wenn man das Monster *nicht* sieht«-Philosophie.

Man kann die IT'S ALIVE-Filme auch als Persiflage oder Pervertierung der Debatte zwischen Abtreibungsgegnern (»pro-life«) und -befürwortern (»pro-choice«) sehen. 1973 wurde Abtreibung in den USA landesweit legalisiert, und im Oktober des darauffolgenden Jahres erschien der erste Teil der Trilogie.

★★★★★

Besonderheiten: *Der glaube ich einzige Film, in dem John P. Ryan – ein ewiger Nebendarsteller und eigentlich ein guter Schauspieler – die Hauptfigur ist.*
Creative Killing: *Nein.*
Nervige Skeptiker: *Keine.*
Kill Count: *2, plus etliche Menschen off camera*

It's Alive 2

1978
a.k.a. It Lives Again
Deutscher Titel: Die Wiege des Satans
Drehbuch und Regie: Larry Cohen (It's Alive [Seite 231], It's Alive III: Island of the Alive [Seite 235], Q, The Stuff, Black Caesar, Hell Up in Harlem, God Told Me To, A Return to Salem's Lot, Phone Booth [nur Drehbuch], Maniac Cop [nur Drehbuch], Best Seller [nur Drehbuch])
Nennenswerter Cast: Frederic Forrest (Apocalypse Now, Falling Down, The Conversation, The Rose, Music Box), John P. Ryan (It's Alive [Seite 231], Bound, Runaway Train, Delta Force 2: The Colombian Connection, Death Wish 4: The Crackdown, Avenging Force, Class of 1999, The Postman Always Rings Twice [1981], Breathless)
Coole Tagline: The It's Alive Baby is back... Only now there are three of them.
91 Min.

Will man die It's Alive-Filme als Horrorfilmversionen der Abtreibungsdebatte sehen, gibt Teil 2 noch mehr her als der Vorgänger. It Lives Again schließt an dessen Ereignisse an.

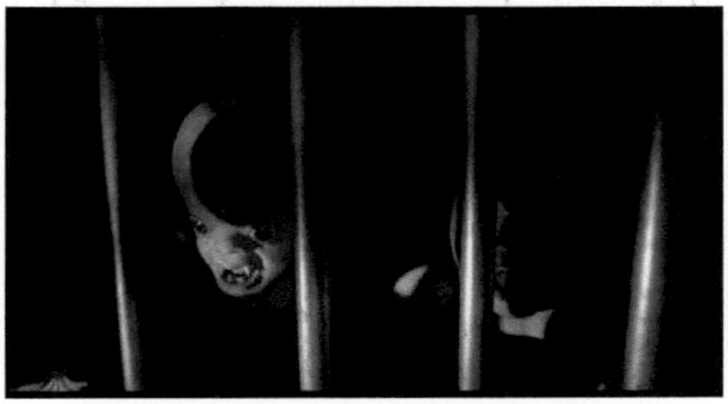

Abb. 275: Im Falle eines Monsterbabys wird Käfighaltung ausdrücklich nahegelegt.

Die Fälle von mutierten Killerbabies häufen sich und es gibt eine breite Regierungsverschwörung gegen sie, zu der auch Mediziner und die Polizei gehören. Es kam zu Fällen, bei denen die Neugeborenen sofort getötet wurden. Eine Untergrundgruppe von Mutanten-Killerbaby-Pro-Lifers hat sich gebildet, zu denen auch Frank Davis gehört. Dieser hat seit Teil 1 eine Sinneswandlung durchgemacht und stellt sich nun auf die andere Seite des Konflikts. Davis schreckt auch vor einer Geiselnahme nicht zurück, um ein Baby zu retten. Die Gruppe will den außergewöhnlichen Kleinen nicht nur das Leben retten, sondern ihnen auch die Möglichkeit zur Fortpflanzung geben. Folgerichtig werden die ersten zwei geretteten Mutanten-Babys »Adam« und »Eve« genannt. Denn vielleicht sind diese Mutanten die nächste Stufe der Evolution. Werden sie mit Menschen kompatibel sein, oder ist unsere Spezies ohnehin am Abdanken?

In ihrem Geheimversteck hält die Gruppe drei dieser Babys (Adam, Eve und Neuankömmling Scott) im Keller in Käfigen, um sie studieren zu können. Eine bewaffnete Spezialeinheit ist ihnen bereits auf den Fersen. Sie stürmen das Versteck, aber der Nachwuchs hat schon lange vorher die kommende Gefahr gespürt und sich befreit.

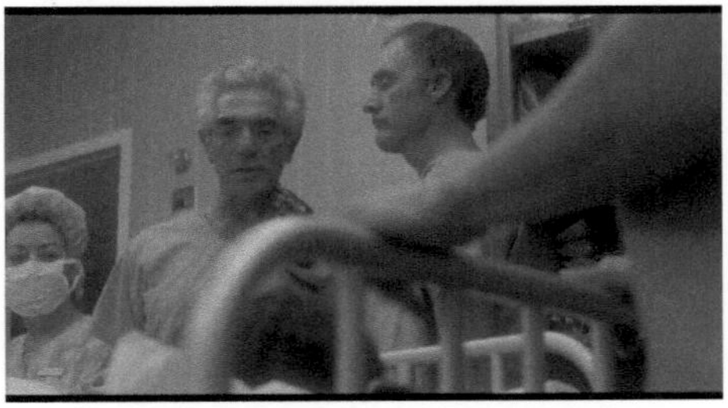

Abb. 276: Mutantenkillerbabyrettungsaktion.

Der vernachlässigbare zweite Teil bietet weniger Drama und ist mehr ein reiner Horrorthriller. Einerseits ist es eine logische und sinnvolle Weiterführung der Originalgeschichte, andererseits ist der Film auch gewöhnlicherer und weniger überzeugend als IT'S ALIVE, der atmosphärischer und unheimlicher war.

★★★☆☆

Besonderheiten: *Keine.*
Creative Killing: *Nein.*
Nervige Skeptiker: *Keine.*
Kill Count: *3 plus einige off camera.*

It's Alive III: Island of the Alive

1987
Deutscher Titel: Die Wiege des Schreckens
Drehbuch und Regie: Larry Cohen (It's Alive [Seite 231], It Lives Again [Seite 233], Q, The Stuff, Black Caesar, Hell Up in Harlem, God Told Me To, A Return to Salem's Lot, Phone Booth [nur Drehbuch], Maniac Cop [nur Drehbuch], Best Seller [nur Drehbuch])
Nennenswerter Cast: Michael Moriarty (Q, Troll [Seite 406], Bang the Drum Slowly, The Stuff, Courage Under Fire, Who'll Stop the Rain, Pale Rider, A Return to Salem's Lot), Karen Black in einer Nebenrolle (Trilogy of Terror [Seite 400], Five Easy Pieces, Burnt Offerings, The Great Gatsby [1974], Family Plot, Invaders from Mars [1986], Airport 1975, The Outfit, The Day of the Locust), Laurene Landon in einer Nebenrolle (Hundra höchstpersönlich, außerdem: Maniac Cop, I, the Jury, ...All the Marbles, America 3000)
94 Min.

Überall in den USA kommen Mutantenbabies zur Welt und werden von »Todeskommandos« sofort wieder ausradiert. Schuhverkäufer Stephen Jarvis (Michael Moriarty) fleht vor Gericht um das Leben seines Sohnes, der in einem Käfig als Beweisstück präsentiert wird. Der Richter entscheidet, dass die Gesellschaft nicht das Recht hat, die mutierten Lebewesen zu töten, diese aber auch nicht in die Gesellschaft integrierbar seien (sind sie auch nicht, sie bringen alle um). Also werden alle Mutantenbabies auf eine abgelegene Insel verfrachtet, wo sie sich frei entwickeln können sollen.

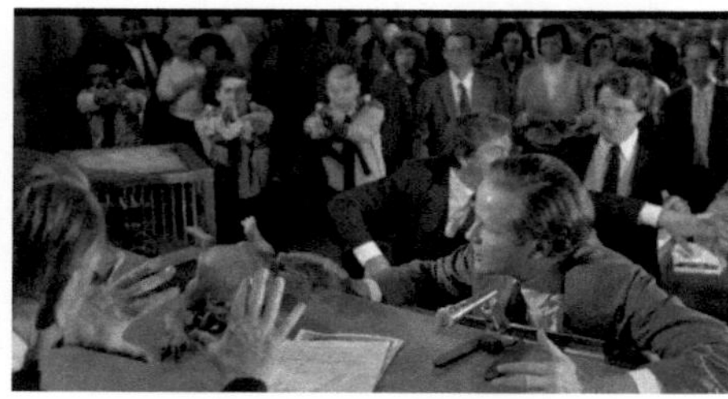

Abb. 277: Ruhe im Gerichtssaal! Und entfernen Sie Ihr Killerbaby!

Als Taucher die Insel besuchen, werden sie aufgefuttert. Wenn man menschenfressende Mutanten auf einer Insel aussetzt, sollte man halt zumindest ein paar Warnschilder anbringen. Eine Gruppe von Pharmaleuten glaubt, dass die Mutationsepidemie durch ihre Produkte verursacht wurde und fürchtet daher großen wirtschaftlichen Schaden. Sie landen mit Gewehren auf der Insel, um die Babys auszuradieren, gehen aber selber hops.

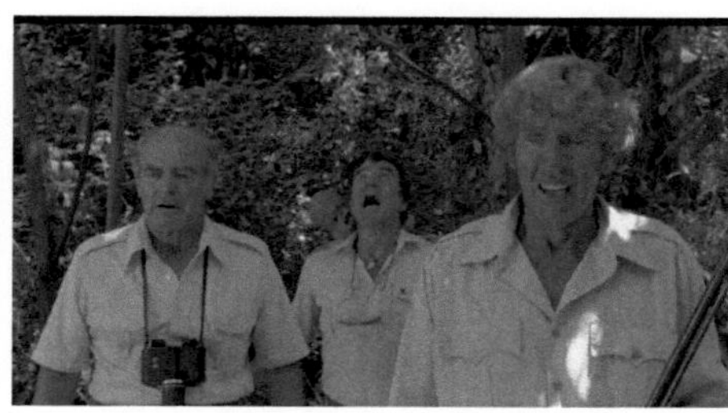

Abb. 278: Die tödlichen Folgen einer Laissez-faire-Erziehung von Mutantenbabys. Achtung, von hinten!

Die zweite Hälfte des Films spielt fünf Jahre später und Stephen Jarvis wird zu einer Expedition auf die Insel eingeladen, bei der man sich die Entwicklung der Mutanten ansehen will – was soll schon schiefgehen. Die Ausgesetzten sind groß geworden, und sie wollen nach Hause.

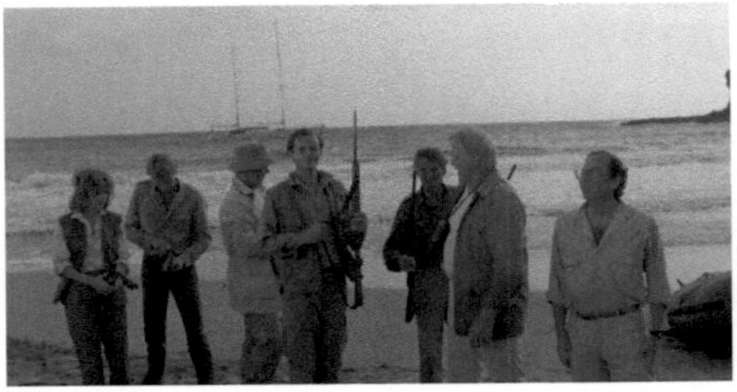

Abb. 279: Zu den Waffen!

Der einzige richtige B-Film der Reihe ist schön schräg und um einiges leichter und spaßiger angelegt als die beiden düsteren Vorgänger[39]. Für Fans von Michael Moriarty ist IT'S ALIVE III ein gefundenes Fressen, denn seine schrullige Hauptfigur ist ein Highlight des Films. Moriarty hatte offenbar Spaß bei der Sache, und einige seiner ironisch-flapsigen Scherze sind sicher improvisiert gewesen. ISLAND OF THE ALIVE hat wenige *tiny terrors* und hätte fast nur drei Punkte verdient, wenn es nicht ein so unterhaltsamer, unorthodoxer Genrefilm wäre.

★★★★☆

Besonderheiten: *Mir fällt kein anderer Horrorfilm ein, in dem sich die Hauptfigur mit den Monstern arrangiert.*
Creative Killing: *Nein.*
Nervige Skeptiker: *Keine.*
Kill Count: *5, außerdem noch mindestens 4 off camera und nochmal ca. 7 Polizisten, die eines der Monster in Notwehr von einem Dach runterschmeißt. Ich weiß nicht, wie viele von denen den Sturz überlebt haben.*

[39] Andere Beispiele von Filmreihen, die mit einem ernsten Thriller starten und zu richtigen Unterhaltungsfilmen mutieren: FIRST BLOOD (RAMBO) und DEATH WISH (EIN MANN SIEHT ROT).

It's Alive

2009
Regie: Josef Rusnak (The Thirteenth Floor, The Contractor, The Art of War II: Betrayal)
Drehbuch: Larry Cohen (nur Credit), Paul Sopocy, James Portolese (Until Death)
Nennenswerter Cast: Bijou Phillips (Hostel: Part 2, Bully, Havoc, Octane)
80 Min.

Leider gibt es auch dieses Remake. Darin nehmen die Eltern ihr Killerbaby, das diesmal keine sichtbaren Mutationen hat, mit nach Hause. Bei der Entbindung sind auf mysteriöse Weise alle außer der Mutter und dem Baby umgebracht worden, aber was soll's.

Zu Hause frisst das Baby Ratten, Tauben und sonstiges Kleinvieh und beißt der Mama beim Stillen in den Nippel. Aber Mutterliebe kennt keine Grenzen, deshalb wird das Neugeborene auch dann noch gedeckt, als es beginnt, Menschen zu töten. »I just hope there's nothing wrong with Daniel" sorgt sich der Papa. »No no, he's perfect« antwortet seine junge Lebensgefährtin, die dumme, psychotische Kuh.

Einer der belanglosesten, unspannendsten Filme in diesem Buch. Es findet sich keine einzige gute Idee oder interessante Szene, und in den Dialogen nicht mal ein guter Halbsatz. Larry Cohen, der Mann hinter den drei Originalen, nannte den Film in einem Interview völlig richtig »terrible« und »beyond awful«.

★☆☆☆☆

Besonderheiten: *Keine.*
Creative Killing: *Nein.*
Nervige Skeptiker: *Keine.*
Kill Count: *2, und ein paar off camera.*

The Jar

1984
Deutscher Titel: Das Gurkenglas des Teufels (OK, das war jetzt gelogen, es gibt wieder mal keine deutsche Fassung.)
Regie: Bruce Toscano
Drehbuch: George Bradley
Coole Tagline: It Blows the Lid Off Terror.
85 Min.

Es ist stockfinstere Nacht. Unsere Amateurfilmer von The Jar wissen offenbar nicht, wie man eine Nachtaufnahme hinkriegt. Oder sie wollen einfach, dass wir nichts sehen. Im Zweifel für den B-Film-Macher, sag ich mal. Unser Protagonist Paul entdeckt einen Autounfall. Oder er war Teil des Unfalls, man sieht ja nix. Jedenfalls kommt er dem alten, verletzten Mann aus dem anderen Wagen zur Hilfe, der gleich sichergehen will, dass sein in Papier gehülltes Konservenglas auch mitkommen darf. Paul nimmt den Mann inklusive dem Glas mit und will ihn in ein Krankenhaus oder zu einem Arzt bringen. Beides lehnt der Verletzte ab, der vor irgendetwas Angst hat. Paul bringt den alten Mann mangels Optionen mit in sein Apartment, und auf einmal ist dieser verschwunden. Das Konservenglas hat er aber zurückgelassen [hier bedrohliche Musik spielen].

Paul entfernt das Papier und entdeckt in dem Glas in einer transparenten Flüssigkeit ein kleines, hässliches Männlein. Möglicherweise ist es ein Alien, ein Mutant oder ein Dämon, aber wer weiß das schon. Kurz darauf plagen Paul Alpträume und Visionen, z. B. von einer Badewanne voller Blut, aus der ein Kind steigt. Er hat Angst, er würde den Verstand verlieren, und gibt das Glas in die Abstellkammer. Doch die Alpträume hören nicht auf. Paul versucht mehrere Male, sich des dämonischen Gurkenglases zu entledigen, aber es kommt immer wieder zurück.

Aber immerhin lernt Paul im Aufzug seines Apartmentgebäudes eine nette Nachbarin kennen. Er wirkt wie ein armer Irrer, trotzdem findet sie Interesse an ihm. Die beiden treffen sich ein paar Mal, und obwohl Paul vor ihr wunderlich, irrational und explosiv ist und sich generell verhält wie jemand, der einen heftigen Nervenzusammenbruch hat, verliebt sie sich in ihn und will ihm helfen. Erkläre mir die Frauen, und ich nenne dich Gott. Das ist kein philosophischer Spruch, sondern ist mir gerade eingefallen. Kann nun die Liebe das Gurkenglas besiegen? Spoiler: Leider nein.

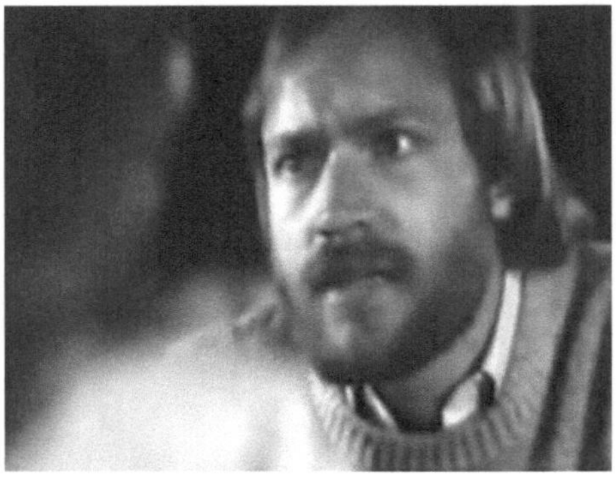

Abb. 280: Können diese verrückten Augen lügen?

The Jar bewegt sich sehr langsam und kommt wie ein unausgegorener, mieser Experimentalfilm daher. Da wären zum einen die merkwürdige Kamera mit den ständigen Nahaufnahmen und ein ungewöhnliches Spiel mit Licht, Dunkelheit und Farben. Aber auch auf inhaltlicher Ebene versagt der Film: Es gibt zu viele Szenen, deren Sinn überhaupt nicht nachvollziehbar ist.

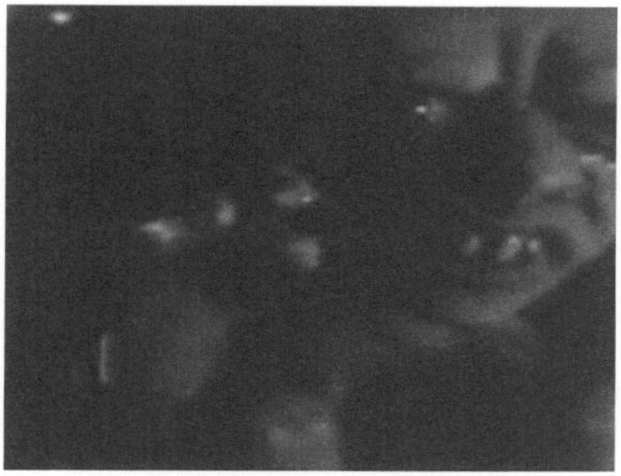

Abb. 281: Inhalt des Glases: Irgendein Mini-Männlein. Mindestens haltbar bis: Siehe meine Faust.

Oft weiß man nicht, ob es sich um einen Traum oder die Wirklichkeit handelt. Das kann spannend und effektiv sein, hier ist es einfach nur frustrierend und verwirrend. Pauls Visionen beinhalten meistens Spaziergänge bei Nacht, gegen Ende hin werden sie aber immer schlimmer und er landet im Vietnamkrieg und beim nächsten Mal bei Mönchen, die wie Jesus ein Kreuz schleppen. Diese Szenen laufen auf nichts hinaus und ergeben ebenfalls keinen Sinn. THE JAR bemüht sich um künstlerischen Anspruch und versagt auf ganzer Linie.

Ich habe überlegt, ob ich diesen Film ins Buch aufnehmen soll. Auch wenn das kleine Männlein fast nie sichtbar ist und auch nie angreift, qualifiziert er sich doch, denn durch das Wesen wird unser Protagonist besessen. Das war's dann aber auch schon. Besser, wenn niemand mit diesem Film seine Zeit verschwendet.

★☆☆☆☆

Besonderheiten: *Vor und hinter der Kamera arbeiteten fast ausschließlich Leute, die vorher und nachher nie wieder einen Film gemacht haben. / In meinem Text zu FEEDING FRENZY erwähne ich auf Seite 172 Red Letter Media. Die Jungs haben in einer Folge ihres Formats »Best of the Worst« eine ganz unterhaltsame Besprechung von THE JAR auf YouTube, die ich bei Interesse empfehlen kann.*
Creative Killing: *Nein.*
Nervige Skeptiker: *Keine.*
Kill Count: *2 (1 off camera)*

Joey

BRD, USA 1985
Drehbuch und Regie: Roland Emmerich (Independence Day, The Day After Tomorrow, 2012, Godzilla [1998], The Patriot [nur Regie], Stargate, Universal Soldier [nur Regie], 10,000 BC, Anonymous [nur Regie])
Drehbuch Co-Autoren: Hans J. Haller, Thomas Lechner
Coole Tagline: Only he can see it. Only he shares its magic. Only he knows the danger.
98 Min.

Der fantasievolle Kinderfilm Joey ist der zweite Langfilm des Deutschen Roland Emmerich, der noch vor seinem Durchbruch in den USA erschien – also einige Jahre vor Universal Soldier (1992, einer der besseren Jean-Claude Van Damme-Filme) und Stargate (1994), und zwölf Jahre bevor er 1998 mit Independence Day neue Maßstäbe für das Blockbuster-Event-Kino setzte.

Der Vater des 9-jährigen Joey ist gestorben und hinterlässt eine große Lücke in seinem Leben. Er lebt allerdings in einer schönen Vorstadtgegend mit einer liebevollen Mutter in einem Haus, das so dermaßen mit Spielzeug vollgeräumt ist, dass man trotzdem fast neidisch werden könnte. Eines Tages läutet wie von Geisterhand sein rotes Plastiktelefon und Joey hebt ab. Spricht da wirklich seit toter Vater aus einem Spielzeugtelefon zu ihm?

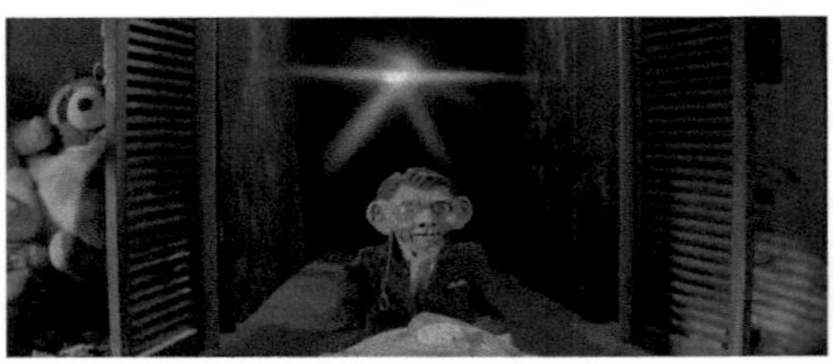

Abb. 282: Fletcher.

In dem alten, verlassenen, ominösen Nachbarshaus findet Joey die Bauchrednerpuppe Fletcher, die sich bald als böswillig herausstellt und seine Mutter bedroht. Fletcher will Joey nicht mit seinem Vater sprechen lassen und bedroht schließlich auch ihn. Die Puppe greift aber selber nie an, sondern benutzt seine magischen Fähigkeiten. Doch auch Joey kann plötzlich Telekinese anwenden und nimmt gemeinsam mit einer Horde an Nachbarskindern, die ihn bis dato gehänselt haben, den unfreiwilligen Kampf auf. Außerdem fällt eine Armee von Wissenschaftlern in Joeys Haus ein, die sich für Joeys Fähigkeiten und die mysteriösen Vorkommnisse interessieren. In einem effektgeladenen, langen Finale finden sich die Kinder in dem gruseligen Nachbarshaus wieder, in dem offenbar der böse Fletcher die Regeln macht.

Dieser herzig schöne Fantasyfilm enthält zwar wenig storytechnische, aber dafür umso mehr visuelle Ideen. Diese sind nicht immer sehr originell, aber es gibt immer was zu sehen. Es wird einem fast nichts erklärt, damit den ganzen Ereignissen und Momenten nicht die Magie genommen wird. Das kann auch frustrierend sein, weil man vom Hollywood-Kino gewöhnt ist, dass man so gut wie immer alles erklärt bekommt. Es gibt etliche »Warum ist das gerade passiert?«-Szenen. Es heißt, dass es Kindern beim Filmeschauen eher um das Erleben als um das Verstehen geht. In dieser Hinsicht könnten viele von uns etwas von unseren kleinen Mitmenschen lernen. Man sollte als Erwachsener loslassen können und versuchen, sich mit seinem inneren Kind in Einklang zu bringen. Das Kind, das noch begeisterungsfähig ist und das Staunen noch nicht verlernt hat.

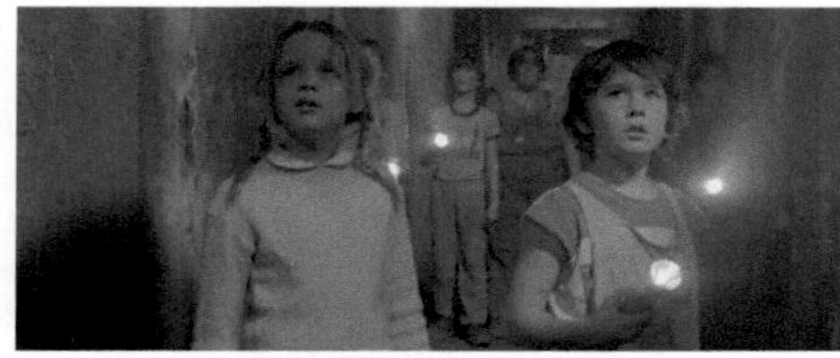

Abb. 283: Kleine Entdecker.

JOEY ist eine schrägere, unorganisiertere Emmerich-Version von Spielberg-Familienfilmen wie E.T. , CLOSE ENCOUNTERS OF THE THIRD KIND, GREMLINS (*Seite 200*), THE GOONIES und POLTERGEIST, und wie diese auch eine Ode an das Kindsein mit viel 1980er-Charme. Auf das sehr hohe Niveau seiner Vorbilder kommt der Film nicht ganz, aber er verdient auf jeden Fall mehr Aufmerksamkeit. Deutlicher könnten die filmischen Inspirationen nicht sein, denn der Film hat neben der Spielberg-typischen Vorstadt-Idylle fast genau denselben verträumten Stil, der zum kindlich-naiven Staunen einlädt. Der junge Emmerich scheint aber eine Spur ausgeflippter als sein Vorbild gewesen zu sein, denn er und sein Team haben anscheinend alles an Effektmomenten auf die Leinwand geworfen, was ihnen einfiel. Das kann einem auch zu viel werden – ist bei mir aber nicht passiert. Mehr ist zwar nicht immer besser, in diesem Fall aber schon, finde ich. Spielzeug wurde (außer bei Pixar) nie so prominent und selten so begeistert in Szene gesetzt wie in diesem Film. Vom kleinen Roboter-Kumpan über Panzer bis zu einem Mini-Millennium Falcon, der durch die Luft fliegt.

Die Puppe Fletcher hat ein interessantes Design – ein etwas in die Jahre gekommener Herr mit Anzug und Monokel, spielt aber eine etwas untergeordnete Rolle. Die mysteriösen Vorkommnisse stehen offenbar alle in Zusammenhang mir ihr.

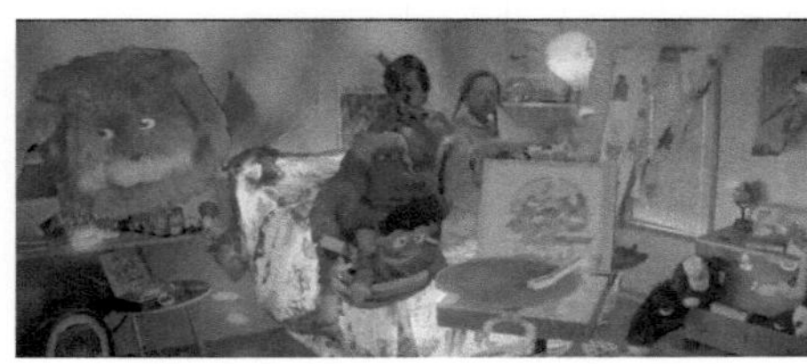

Abb. 284: Hier geht die Post ab!

Wer eine interessante Geschichte erwartet oder irgendwelche Realismus-Ansprüche hat, wird enttäuscht werden. Die Erwachsenendarsteller könnten besser gecastet sein, zum Gruseln gibt es nicht viel, und von echtem Horror kann man nicht sprechen. Trotzdem ist JOEY, aus oben genannten Gründen, einer der besseren Filme in diesem Buch.

Es gibt eine ungeschnittene, deutsche Fassung[40] (die allerdings komplett synchronisiert ist, da mit englischsprachigen Darstellern gedreht wurde) und eine für den US-Markt angefertigte und um 20 Minuten gekürzte Fassung mit dem Titel »Making Contact«. In dieser, meiner Ansicht nach minderwertigen Fassung, spricht Fletcher mehr und es wird auch mehr erklärt.[41]

[40] Auch auf Blu-Ray in schönem HD. Auf der Disc findet sich auch die US-Fassung in hundsmiserabler Bildqualität.

[41] Es gibt keine zusätzlichen Szenen mit Fletcher, sondern es wurden einfach zusätzliche Dialoge von ihm eingefügt. Für die US-Fassung zeichnet sich New World Pictures verantwortlich, dieselben Gauner – pardon, dieselbe Firma – die auch das Anime-Epos KAZE NO TANI NO NAUSHIKA (NAUSICAÄ AUS DEM TAL DER WINDE) verstümmelte und als »Warriors of the Wind« in den USA veröffentlichte. Das bewegte den Großmeister Hayao Miyazaki damals dazu, zukünftige

★★★★★

Besonderheiten: *Fast der gesamte Film ist wie eine Aneinanderreihung von mehr oder weniger fantastischen Merkwürdigkeiten, Ereignissen und Effekten. / JOEY könnte der Spielfilm mit den meisten direkten STAR WARS-Referenzen aller Zeiten sein. / In einer Szene kommt ein E.T.-ähnliches Monster aus einer Mülltonne hervor, in einer anderen hängt ein GREMLINS-Poster an der Wand. Emmerich macht keinen Hehl aus seinen Inspirationen.*
Creative Killing: *Nein.*
Nervige Skeptiker: *Keine!*
Kill Count: *0*

Kürzungen von Studio Ghibli-Filmen vertraglich zu unterbinden.

KILLER EYE: HALLOWEEN HAUNT

2011
a.k.a. THE DISEMBODIED, HALLOWEEN HORROR HOUSE
Regie: Charles Band (PARASITE [Seite 289], TRANCERS, MERIDIAN, HEAD OF THE FAMILY, HIDEOUS! [Seite 213], BLOOD DOLLS [Seite 62], DOLL GRAVEYARD [Seite 140], EVIL BONG, THE GINGERDEAD MAN [Seite 188], DANGEROUS WORRY DOLLS [Seite 108], OOGA BOOGA [Seite 282], PUPPET MASTER X: AXIS RISING [Seite 330], PUPPET MASTER: AXIS TERMINATION [Seite 333])
Drehbuch: Domonic Muir (CRITTERS [Seite 97], EVIL BONG, THE GINGERDEAD MAN [Seite 188], DOLL GRAVEYARD [Seite 140], DANGEROUS WORRY DOLLS [Seite 108], PUPPET MASTER: AXIS OF EVIL [Seite 327]), Kent Roudebush (OOGA BOOGA [Seite 282], Teil 3-7 der EVIL BONG-Reihe)
69 Min.

Jenna hat ihre drei hohlen, sexy Freundinnen zu einer Halloween-Party im Haus ihrer Mutter eingeladen. Die Mädels sagen permanent Sätze wie »that's what I'm talking about«, »let's get this party started«, »shut your whore-hole. I'm gonna punch you in the cooter, I swear to god« und viele andere leere oder idiotische Sachen. Dann sehen sie sich den Vorgängerfilm THE KILLER EYE auf DVD an. Darin entsteht bei einem Laborunfall ein großes Killerauge.

Jenna hat ein kleines Replika des Auges aus dem Film. Die Mutter ist Okkultismus-Fanatikerin, und ihre magische Zauberkugel bringt das Auge irgendwie zum Leben. Es schießt die Mädchen mit einem magischen, grünen Strahl an, mit dem es sie abwechselnd attackiert oder hypnotisiert und in Lesben verwandelt – was nicht so toll ist, wie es vielleicht klingt.

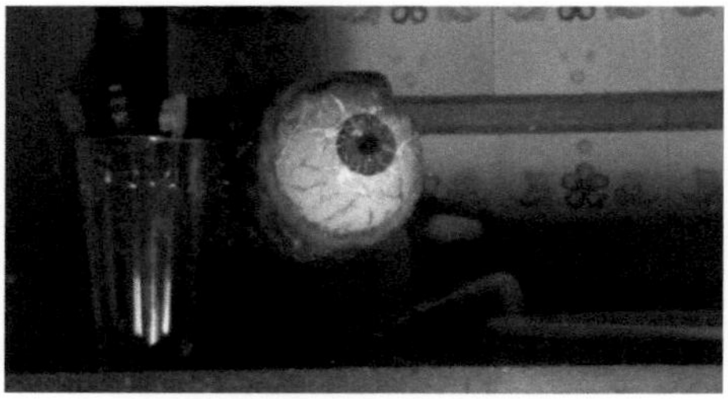

Abb. 285: I always feel like somebody's watching me.

Hier haben wir einen dieser ultrabilligen und miesen späteren Full-Moon-Produktionen, die kein einziges entschädigendes Element vorzuweisen hat – außer, man lässt viel nackte weibliche Haut als solches gelten. Die Dialoge sind auf Porno-Niveau. Es gibt laaaaange Szenen, in denen nichts passiert. Ein unnötig langer Vor- und Abspann ist ein alter Trick von Full Moon, um auf die 75 oder 80 Minuten Spielzeit zu kommen. Hier kommt noch dazu, dass sich die Mädels mehrere Minuten lang THE KILLER EYE ansehen. Dieser hat in diesem Buch übrigens keinen Eintrag, weil darin das Auge riesengroß ist. Bitte auch nicht ansehen, obwohl Augenschmaus Jacqueline Lovell (HIDEOUS! [*Seite 213*], HEAD OF THE FAMILY [deutscher Titel: THE BRAIN]) darin mitspielt.

KILLER EYE: HALLOWEEN HAUNT wurde übrigens auch als THE DISEMBODIED und online als HALLOWEEN HORROR HOUSE veröffentlicht. Wahrscheinlich, damit so viele Leute wie möglich angesprochen werden und in diesen Genuss kommen. Oder weil man unvorsichtige Leute reinlegen und ihnen denselben, beschissenen Film zwei bis drei Mal andrehen wollte.

★☆☆☆☆

Besonderheiten: *Nein.*
Creative Killing: *Nein.*
Nervige Skeptiker: *Keine.*
Kill Count: *1*

KISEICHÛ: KIRÂ PUSSHÎ

Japan 2004
Übersetzung des Titels: »Parasite: Killer Pussy«
a.k.a. SEXUAL PARASITE: KILLER PUSSY / SEXUAL PARASITE
Drehbuch und Regie: Takao Nakano (KYONYÛ DORAGON: ONSEN ZONBI VS SUTORIPPÂ 5 [BIG TITS ZOMBIE], HATSUJÔ KATEIKYÔSHI: SENSEI NO AIJIRU [THE GLAMOROUS LIFE OF SACHIKO HANAI, nur Drehbuch])
60 Min.

Auf der Suche nach einem sagenumwobenen und angeblich sehr mächtigen Fisch stapfen im Intro ein paar Forscher durch den Amazonas-Regenwald (es könnte aber auch ein etwas größeres Gestrüpp inklusive Fluss in der Nähe von Tokyo sein). Sie finden das Ding und fangen es ein. Der örtliche Hexendoktor warnt sie noch, als der Fisch heftig zu zappeln beginnt. Die Forscherin setzt sich auf die Styroporkiste, damit der Fang nicht wieder raushüpft, worauf der Parasit das Styropor durchbricht und in das Liebesnest der Frau eindringt.

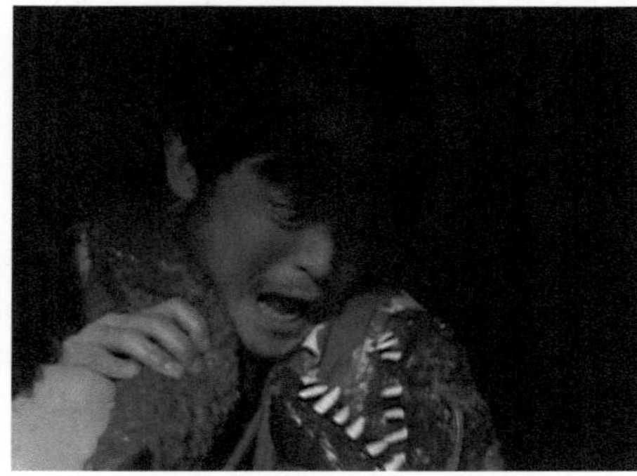

Abb. 286: Hartnäckiger Gegner.

Im Vorspann dürfen wir einer kurzen Exposition lauschen: Die Vagina Dentata ist eine besondere Form von Parasit, der in das Allerheiligste einer Frau eindringt und darin lebt. Er ist sehr hartnäckig und kann nur durch Elektroschocks entfernt werden. Alles klar soweit?

Dann beginnt der eigentliche Film: Fünf Durchschnittstypen aus Tokyo – zwei Männer und drei Frauen, etwa Anfang 20 – wollen an den Strand fahren, doch ihr Auto gibt auf dem Weg den Geist auf. Die Gruppe wandert im Wald herum und findet bald einen Eingang zu einer Art Bunker. Sie ignorieren das außen angebrachte Warnschild. Als drinnen die zwei jungen Herren Alkohol und Pornohefte finden, ist es besiegelt: Sie bleiben einstweilen hier.

Die Gruppe folgt dem alten Horrorfilmgesetz und teilt sich örtlich auf. Eine der zwei Frauen wird beim Baden von einer etwas älteren nackten Dame besucht, die nicht spricht, weil sie vom Parasiten besessen ist. Es folgen zwei Softsexszenen, nach denen der Parasit – ein großer, dicker brauner Wurm mit Fühlern und Reißzähnen – das Zuhause wechselt und in die junge Frau eindringt. Die Vagina Dentata ergreift von seinen menschlichen Wirten Besitz, also ist auch sie wie ausgewechselt. Sie verführt einen der zwei

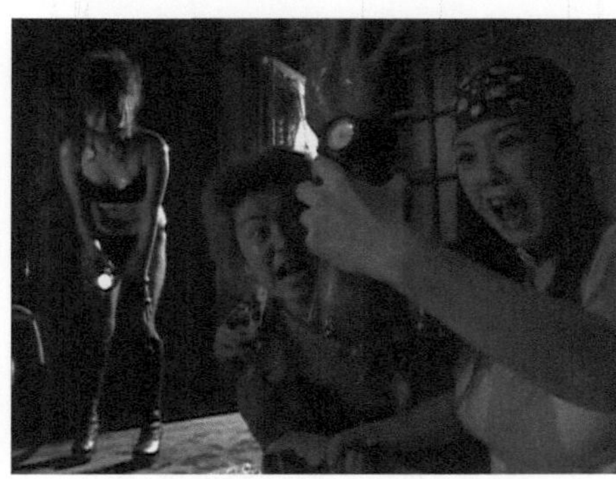

Abb. 287: Eine folgenschwere Entscheidung.

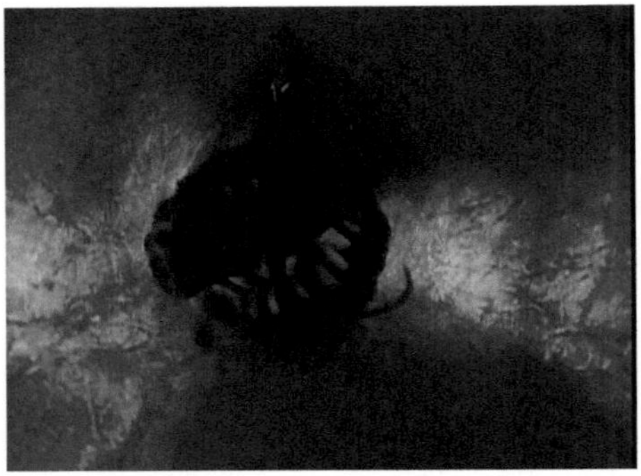

Abb. 288: Isst Nudeln ohne Kohlenhydrate: Die gefürchtete Vagina Dentata in ihrer natürlichen Umgebung.

Herren der Gruppe, den es offenbar nicht zu stören scheint, dass schöpferweise weiße Grütze aus der Venusfalle der Frau raustropft. Was die Grütze sein soll, weiß ich nicht und es wird nicht erklärt. Offensichtlich sind es irgendwelche Ausscheidungen des Parasiten. Es kommt also, wie gesagt, zu Sex. Der Phallus wird präsentiert, und es ist serviert. Er dringt ein, es beißt hinein! Und »schmatz« ist der Lustschlauch weggefuttert.

Welcher der fast komplett austauschbaren Charaktere wird die knapp 50 Minuten in dem dunklen Bunker überleben?

Man muss die Japaner einfach lieben, oder? Nicht nur wegen ihren unzähligen Bereicherungen der Populärkultur, sondern auch, weil sie einfach wirklich nichts auslassen: Ob Tentakelsex (Hentai-Pornos), Killersushi (DEAD SUSHI), Megafürze zur Zombiebekämpfung (ZONBI ASU a.k.a. ZOMBIE ASS – TOILET OF THE DEAD), oder ein Superheld, der seine Kräfte durch Damenslips erhält (HENTAI KAMEN), oder eben ein Vaginamonster... *you name it, they did it.*

Es gibt mit dem viel zu finsteren Bunker zwar nur eine Location und miserable Soundeffekte, dafür aber sehr viel Blut und Gore und insgesamt vier kurze Softsexszenen, und das ist immerhin nicht nichts! Wem das viel gibt, der darf noch einen Stern zum Zweierrating dazupacken. Die Erotikszenen sind nicht wirklich erotisch, aber ein paar spezielle Fälle wird's schon geben – also Leute, die es geil finden, wenn zwei Frauen sich in Schweiß und Blut am Steinboden auf einer Plastikplane winden, während ein Wurmmonster aus der einen heraus- und in die andere hineinschlüpft.

Sollte dieses einstündige japanische Kulturdenkmal irgendwann doch noch in Deutschland erscheinen, sollte man es »Das Monster aus der Lustgrotte« nennen. Was sich die hochentwickelten Aliens in der fernen Zukunft wohl denken werden, wenn sie die Überreste unserer Zivilisation vorfinden und nach einem (sicher standardmäßig obligatorischen) Komplettscan der Kulturprodukte der Menschheit in den umfangreichen digitalen Datenbänken diesen Muschiparasitenfilm entdecken? Ich möchte diesen Text beenden mit einigen Worten aus einem der besten Songs von Ace of Base (deren Gesamtwerk die Aliens hoffentlich auch komplett vorfinden): »A man will die, but not his ideas. (...) Tell them we've gone too far. Happy Nation. Tell them we've gone too far.«

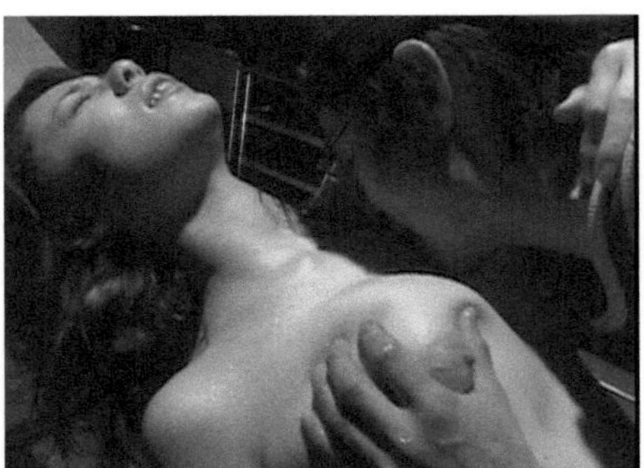

Abb. 289: Die schönste Nebensache der Welt wird gestört vom bizarrsten tiny terror *der Welt.*

★★☆☆☆

Besonderheiten: *Ein Vaginamonster. / Eine wiederkehrende Innenaufnahme vom Zuhause des Vaginamonsters.*
Creative Killing: *Tod durch Vaginamonster beim Vaginalverkehr.*
Nervige Skeptiker: *Keine.*
Kill Count: *5*

Kondom des Grauens

Deutschland 1996
Regie: Martin Walz (Die Bademeister – Weiber, saufen, Leben retten)
Drehbuch: Ralf König (Wie die Karnickel), Martin Walz
Nennenswerter Cast: Udo Samel (Der siebente Kontinent, Alles auf Zucker!), Peter Lohmeyer (Das Wunder von Bern, Zugvögel – ... einmal nach Inari), Iris Berben (Vamos a matar, compañeros, Buddenbrooks, Traumfrauen, Anleitung zum Unglücklichsein)
Coole Tagline: Die Erste Kondomödie der Filmgeschichte / The rubber that rubs you out!!!
108 Min.

In New York Citys schäbigem »Hotel Quicky« ist der Name Programm. Hier verkehrt man, um zu verkehren. Es ist ein wahrer Hotspot für die Homo- und SM-Szene. Das sind nicht Deine freundlichen, schwulen Bekannten, sondern deviante Megatunten mit Lederoutfits. Der schwule Police Detective Luigi Mackeroni (Udo Samel) wird vor den Fall seines Lebens gestellt: In dem Hotel häufen sich Fälle von abgebissenen Penissen. Bald erkennt er, dass die Gratiskondome Schuld sind, die dort aufliegen.

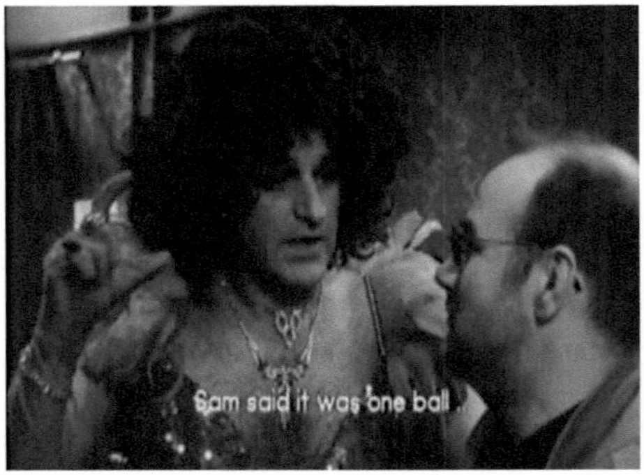

Abb. 290: Babette und Mackeroni bei einem der vielen Gespräche zwischen den ehemaligen Liebhabern.

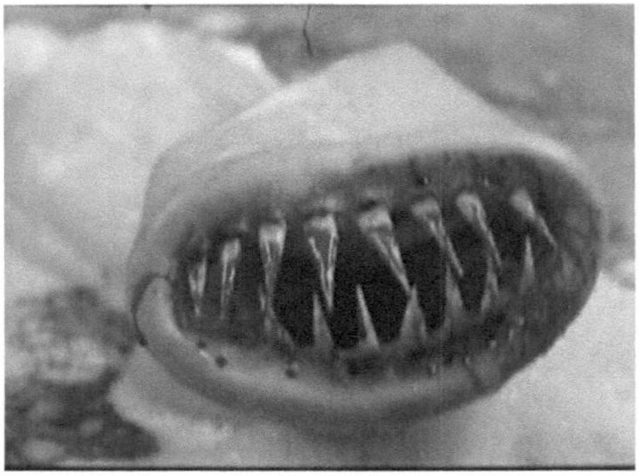

Abb. 291: Das grausliche Kondom.

Mackeroni ist ein schroffer, kettenrauchender Bulle, der nicht mehr an die wahre Liebe glaubt und bei dem der Weltschmerz tief sitzt. Ständig muss er Bob abwehren, eine Ex-Affäre und Ex-Cop, der nach einer Geschlechtsumwandlung jetzt »Babette« genannt werden will und noch immer in Mackeroni verliebt ist. Dessen Herz erweicht sich aber langsam für den jungen Stricher Billy. Im Hotel Quicky bucht er ein Zimmer für sie beide, aber statt einer tollen Nummer beißt ihm ein Killerkondom einen Hoden ab.

Während Mackeronis Krankenhausaufenthalts steigt die Anzahl der von Killerkondomen abgebissenen Pimmel auf 13. Natürlich glaubt ihm das Ganze niemand, aber es gelingt ihm schließlich, eines der Dinger zu überwältigen. Im Labor wird analysiert, dass es sich um einen künstlich hergestellten Organismus handelt, mit messerscharfen Zähnen.

Der Cop ist fest entschlossen, den Fall zu lösen, und trotz Gegenwind vom Chef gibt er sein sizilianisches Ehrenwort, dass er notfalls auf eigene Faust handelt, denn: »Niemand beißt einem Mackeroni ungestraft einen Hoden ab. Nichts und niemand!« Was haben Dr. Riffleson

(Iris Berben) von einer christlichen Nervenklinik und ein verschwundener Professor mit der Sache zu tun? Wie ein romantisch veranlagter Travis Bickle (der TAXI DRIVER) hält Mackeroni öfters Voice-Over-Reden über seine Gefühle, in der größten Metropole der Welt zu leben, und über seine Kindheit in Sizilien.

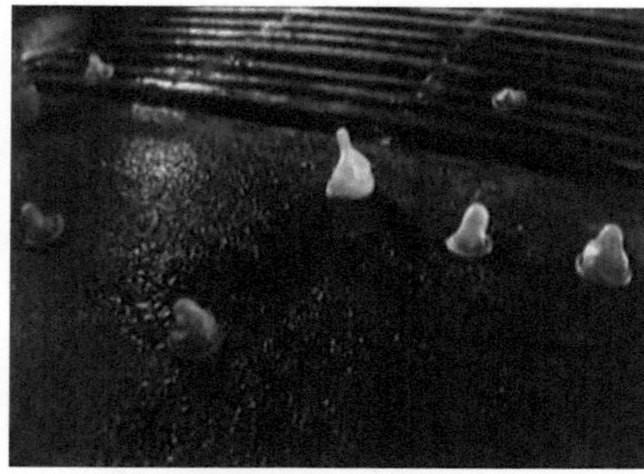

Abb. 292: Die Killerpräsis breiten sich aus.

KONDOM DES GRAUENS kommt wie ein Kriminalfilm daher, ist aber im Wesentlichen eine Komödie und kein Horrorfilm. Im Grunde ist es ein *one joke movie* – Killerkondome beißen Penisse in der Schwulenszene ab –, aber den Witz ziehen sie wenigstens mit einem ernsten Gesicht und Liebe durch. Dabei ist der Film gleichzeitig platt, abartig, derb und pervers und gefällt einem sicher besser, wenn man mit dem gewollt mega-unsittlichen Stil und Inhalt etwas anfangen kann.

★★☆☆☆

Besonderheiten: *In den USA wird KONDOM DES GRAUENS von der berüchtigten Trashschmiede Troma als KILLER CONDOM vertrieben (Deutsch mit englischen Untertiteln). Das macht Sinn und passt sehr gut zu deren restlichem, oft ebenso absurdem Trash- und Ekelprogramm. / Der Film basiert auf Comics des schwulen Comiczeichners und -autoren Ralf König (*Der bewegte Mann *und* Pretty Baby, *auf denen auch der äußerst erfolgreiche Film DER BEWEGTE MANN basiert).*
Creative Killing: *Nein.*
Nervige Skeptiker: *Luigis Polizeipartner Sam (Peter Lohmeyer) will nichts von Killerkondomen hören, auch nachdem Luigi ihm seinen halbierten Hodensack präsentiert. Beim Chef beißt er ebenfalls auf Granit. Aber das hält einen Sizilianer nicht auf.*
Kill Count: *0*

LARVA

USA, Deutschland 2005
Regie: Abram Cox [a.k.a. Tim Cox] (MAMMOTH, MISS NOBODY)
Drehbuch: David Goodin (THE BLACK HOLE), Kevin Moore (TODAY YOU DIE), J. Paul V. Robert, T.M. Van Ostrand
Nennenswerter Cast: William Forsythe (PALOOKAVILLE, OUT FOR JUSTICE, DEAR MR. GACY, THINGS TO DO IN DENVER WHEN YOU'RE DEAD, THE DEVIL'S REJECTS, DEAD BANG, RAISING ARIZONA, FIRESTORM, STONE COLD, THE ROCK)
94 Min.

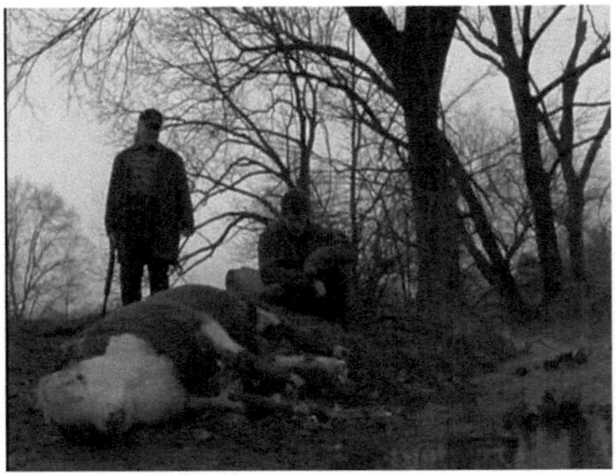

Abb. 293: Wie schon Didi Hallervorden sagte: Die Kuh Elsa ist tot.

Dr. Eli Rudkus ist ein Top-Veterinärmediziner und zieht in eine Kleinstadt in Missouri, in deren Community sich alles um Kuhzucht dreht. Der engagierte Rudkus sticht sofort heraus, auch weil er Vegetarier ist (ich verrate es gleich: Nein, der Film wird ab hier nicht recht viel besser).

Kühe werden auf mysteriöse Weise krank und sterben. Deshalb holt sich der diplomierte Tierarzt mit einem Plastikhandschuh etwas Kacke frisch aus dem Arschloch einer Kuh und findet darin kleine Würmer, die in keinem Biologiebuch der Welt stehen. Bei der Gelegenheit lernt er den Farmer und Besitzer der Kuh Jacob kennen – gespielt von William Forsythe, der sich seine Hollywood-Karriere wahrscheinlich auch anders vorgestellt hat. Jacob ist eine ziemlich coole Socke (die einzige in diesem Film): Er packt an, wenn es notwendig ist, und hat eine starke Anti-*big corporations*-Einstellung.

Und das nicht umsonst: Die ortsansässige große und mächtige Fleischfirma hat ein neues Kuhfutter entwickelt, das sie gratis an die Farmer in ihrem Umkreis liefert. Im Gegenzug müssen diese aber ihre Rinder günstig an die Firma verkaufen, die von einem klassischen »böser, reicher Geschäftsmann«-Typen repräsentiert wird. Der Rinderbaron wollte die Viecher und den Profit vergrößern, stattdessen werden nur die Wurm-Parasiten größer.

Zuerst sterben durch die Würmer, die auf das Gratis-Tierfutter zurückzuführen sind, nur Hasen, Hunde und Rinder. Dann aber breitet sich dieser neuartige Parasit immer weiter aus. Wenn die kleinen Viecher genug Blut bekommen haben, wachsen sie um ein Vielfaches ihrer Größe an und entwickeln sich in ihrem Endstadium sogar zu hässlichen Mutantenfledermäusen. Zum Glück hat Jacob ein Waffenlager in seinem Bauernhof versteckt. Und ja, natürlich gibt es eine frühe Szene, in der Rudkus sich in seinem Labor unabsichtlich ins eigene Fleisch schneidet und ein Tropfen seines Blutes einen Mini-Wurm beachtlich wachsen lässt.

Noch lange vor den Fledermausattacken will Rudkus die Farmer warnen, dass die Mutantenwürmer bald auch Menschen futtern werden, wenn man sie nicht aufhält. Er wird aber von der Anwältin des bösen, reichen Geschäftsmannes öffentlich diskreditiert. Die Anwältin kann schließlich auf die richtige Seite gezogen werden, und zusammen mit Rudkus und Jacob ballern sie sich zu dritt durch die sich immer weiter ausbreitenden Viecher und versuchen, sie zu stoppen.

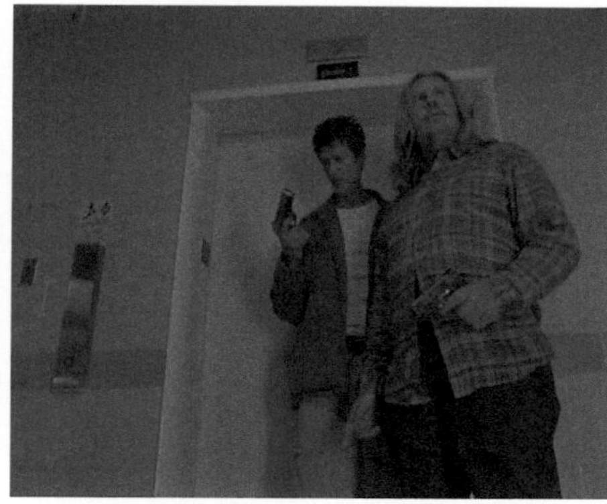

Abb. 294: Manchmal muss auch ein Tierarzt tun, was ein Tierarzt tun muss. (links: Rudkus, rechts: Jacob)

LARVA ist ein viel zu gewöhnlicher, öder Parasitenhorrorfilm und nur für Hardcore-*creature feature*-Fans mit Vorsicht zu empfehlen. Typisch für eine Fernsehproduktion hat er mit Dr. Rudkus zudem eine komplett blasse Hauptfigur.

★★☆☆☆

Besonderheiten: *Keine.*
Creative Killing: *Nein.*
Nervige Skeptiker: *Der Rinderbaron und seine Anwältin sind keine wirklichen Skeptiker, sondern widersprechen der Monster-Theorie von Doktor Rudkus aus reiner Profitgier.*
Kill Count: *8 (3 off camera) und haufenweise Parasiten-Fledermäuse.*

LEPRECHAUN

1993
Drehbuch und Regie: Mark Jones (RUMPELSTILTSKIN [Seite 360], TRILOQUIST [Seite 404])
Nennenswerter Cast: Jennifer Aniston (*Friends*, BRUCE ALMIGHTY, OFFICE SPACE, WE'RE THE MILLERS, HORRIBLE BOSSES, JUST GO WITH IT, MARLEY & ME, ALONG CAME POLLY), Warwick Davis (gesamte originale LEPRECHAUN-Reihe, WILLOW, diverse hinter Make-up und Masken versteckte Rollen für Kleinwüchsige in STAR WARS- und HARRY POTTER-Filmen[42])
91 Min.

Wer sich mit Folklore und Legenden (nicht die des Sports, sondern die wirklich coolen) halbwegs auskennt, der hat zumindest schon mal von einem Leprechaun gehört. Dieser kleine, geizige, boshafte irische Kobold ist ein Schuster und hortet das Gold am Ende des Regenbogens.

Ein älterer Mann macht nach dem Begräbnis seiner Mutter in Irland einen kleinen Abstecher, fängt einen besonders bösartigen, 600 Jahre alten Leprechaun und nimmt ihm sein Gold weg. Der grässliche kleine Ire will es wieder zurückhaben und folgt ihm bis zu seinem abgelegenen Haus in North Dakota, USA. Dort schafft der alte Mann es, den kleinen Bösewicht zu fangen und einzusperren, mit Hilfe der anscheinend einzigen Achillesferse des Leprechauns, seinem Kryptonit: einem vierblättriges Kleeblatt. Die Gier des alten Mannes, der sich (typisch neureich) gleich mal eine Limousine gekauft hat, hat aber seinen Preis: Der Leprechaun tötet seine Frau, und er bekommt einen Schlaganfall und landet als Dauergast im Krankenhaus.

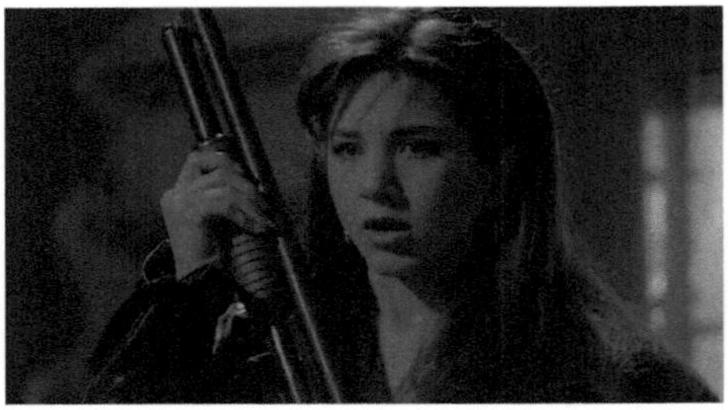

Abb. 295: Time to get un-friend-ly.

Zehn Jahre später zieht ein Vater mit seiner Tochter in das Haus des alten Mannes ein. Die Tochter wird von keiner geringeren als Jennifer Aniston gespielt, kurz bevor sie ihre Nase auf maximale Fernsehtauglichkeit hin korrigieren hat lassen und als Sitcom-*Friend* zu riesigem Mainstreamerfolg kam. Ihr Charakter Tory ist eine Großstadt-Göre aus L.A., die die meiste Zeit damit verbringt, sich zu beschweren, dass es in der ländlichen Einöde keinen Swimmingpool und kein Evian-Wasser gibt. Sie wäre schon auf dem Weg ins nächste Luxushotel gewesen, wäre sie nicht auf Nathan, einen gutaussehenden Haus-Anstreicher in ihrem Alter gestoßen. Nathan ist Mitglied eines Drei-Mann-Maler-Betriebs mit dem klingenden Namen »3 Guys That Paint«. Die zwei anderen *guys* sind der dicke, geistig zurückgebliebene Ozzy und der clevere, etwa neun Jahre alte Alex, der das Gehirn des Trios bildet. Ozzy glaubt im Gegensatz zu Alex an »magisches Zeug«, und die zwei finden tatsächlich Gold am Ende eines Regenbogens, vorher wischt Ozzy aber unabsichtlich das vierblättrige Kleeblatt von der Kiste im Keller des Hauses, und der Leprechaun ist wiedererwacht.

[42] Zuletzt war Davis kurz in SOLO: A STAR WARS STORY zu sehen – ohne Make-up, dafür mit einer Bazooka.

Der Killerkobold hat nur eine Mission: Sein Gold zurückzubekommen. Er hat mehrere Tricks und Fähigkeiten, wie z. B. fremde Stimmen perfekt zu imitieren. Er ist auch ein sehr mobiles Kerlchen: Er kann sich teleportieren, benutzt Rollerblades, einen Rollstuhl und findet sogar ein Mini-Automobil. Es macht Spaß, dem kleinen Leprechaun bei der Arbeit zuzusehen. Er hat ständig einen witzigen Spruch auf Lager und spricht gerne in Reimen. Jennifer Aniston hat irgendwann genug von den Attacken und gibt ihm das Gold zurück, auf dass er die Truppe in Ruhe lässt. Nur leider hat der Dummbatz Ozzie eine der Münzen verschluckt, weshalb der Killerkobold kurz darauf aus dem Kühlschrank springt und erneut angreift.

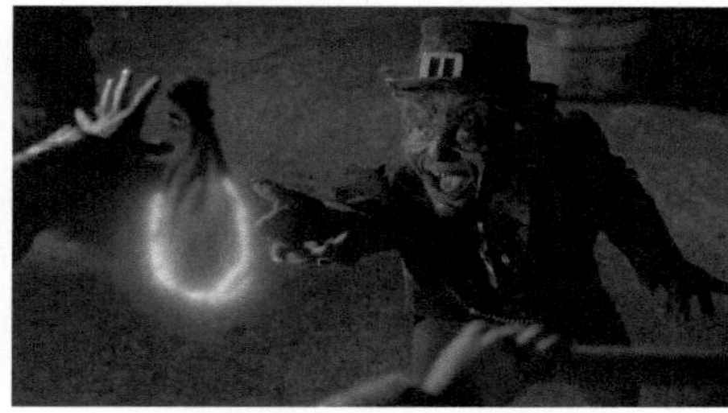

Abb. 296: I want me gold!

Der Film ist natürlich unterhaltsam, die Kill-Szenen sind aber nicht lächerlich inszeniert. Der fiese kleine Leprechaun, so lustig er auch ist, ist eine ernsthafte Bedrohung, und es gibt einige durchaus brutale Szenen. Warwick Davis, einer der erfolgreichsten und charismatischsten Kleinwüchsigen in Hollywood, hat sichtlich seine Freude in der Rolle – und wir mit ihm. Die menschlichen Figuren sind ok, aber der kleine grüne Killer ist natürlich der *selling point* des Films und bekommt zum Glück auch viel Spielraum. Die Leprechaun-Szenen sind gut verteilt, es wird nie langweilig und das Tempo ist angenehm. Aniston ist trotzdem so etwas wie die Hauptfigur, und ihr Charakter lernt die wertvolle Lektion, dass es im Leben nicht nur ums Geld und ums Shoppen geht, sondern auch um Magie und die Wirksamkeit von Schrotflinten. Sowas in die Richtung.

Manchmal ist es lustig, wenn man Filme mit sehr frühen Rollen späterer Hollywood-Megastars entdeckt. Nicole Kidman beispielsweise spielte im sehr spaßigen australischen Kinderfilm BMX BANDITS (der anscheinend damals in der DDR ein Hit war) von Brian Trenchard-Smith mit. Trenchard-Smith ist übrigens auch für Teil 3 und 4 der Leprechaun-Saga verantwortlich (ab *Seite 252*). Wenn Aniston mit einer Schrotflinte herumläuft und Sätze sagt wie »That thing is a Leprechaun, and we've got to find a way to stop it«, hat das schon was.

Und da das kleine grüne Ekelpaket nun mal ein magisches Fabelwesen ist, das immer wieder zurückkehren kann, gibt es nicht weniger als fünf Fortsetzungen und einen missglückten Reboot. Keine Magie dieser oder anderer Welten konnte allerdings Mrs. Aniston dazu bewegen, in einer der Fortsetzungen mitzuspielen.

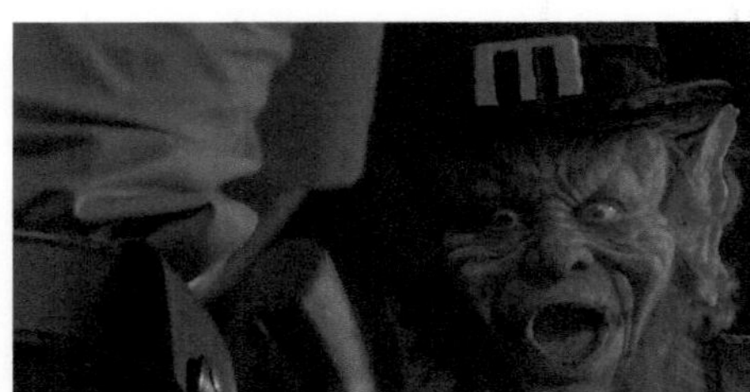

Abb. 297: Der Leprechaun hat eine starke Gewaltneigung.

★★★★☆

Besonderheiten: *So no one told you life was gonna be this wayyy KLATSCH KLATSCH KLATSCH KLATSCH…*
Creative Killing: *Tod durch Pogo Stick-Hüpfen des Leprechauns auf dem Brustkorb des Opfers.*
Nervige Skeptiker: *Jennifer Aniston glaubt zuerst nicht an Leprechauns, bevor sie es dann doch tut.*
Kill Count: *5*

LEPRECHAUN 2

1994
Regie: Rodman Flender (IDLE HANDS [Seite 223], THE UNBORN [Seite 417], CONAN O'BRIEN CAN'T STOP)
Drehbuch: Turi Meyer, Al Septien ([immer beide zusammen] WRONG TURN 2: DEAD END, *Smallville*, CANDYMAN: DAY OF THE DEAD, CHAIRMAN OF THE BOARD)
Nennenswerter Cast: Warwick Davis (gesamte originale LEPRECHAUN-Reihe, WILLOW, diverse hinter Make-up und Masken versteckte Rollen für Kleinwüchsige in STAR WARS- und HARRY POTTER-Filmen)
85 Min.

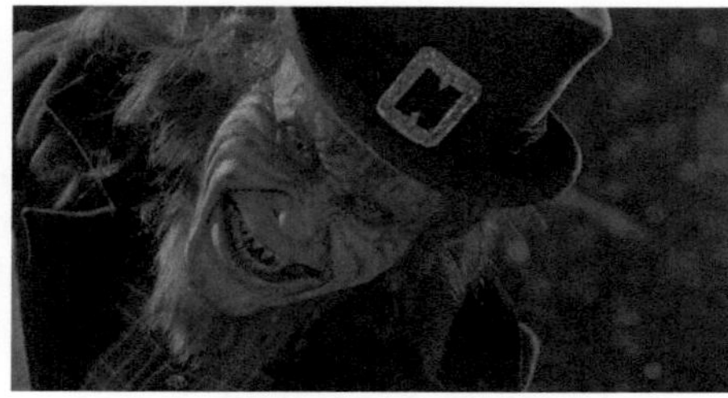

Abb. 298: Nabend!

Der Leprechaun hat vom Singleleben genug und sucht diesmal eine Frau, um mit ihr in den unheiligen Stand der Ehe zu treten. Gold und Schuhe alleine machen auf Dauer eben nicht glücklich. Außerdem feiert er seinen 1000. Geburtstag, und man wird bekanntlich nicht jünger. Der grässliche Killerkobold hat die Tochter seines Sklaven auserkoren. Wenn die Tochter (durch einen Leprechaun-Trick) dreimal nießt und niemand in der Nähe ist, der ihr »god bless you« wünscht, gehört sie dem Kobold. Bis ich LEPRECHAUN 2 gesehen habe, wusste ich nicht, dass wir uns im deutschsprachigen Raum mit dem schlichten »Gesundheit« in erhöhte Leprechaun-Gefahr begeben, da wir beim Nießen nicht Gott mit ins Spiel bringen. Der Sklave funkt dazwischen und kann die Hochzeit verhindern (eben weil er »god bless you« sagt), was er mit seinem Leben büßt. Vor seinem Tod schwört der Leprechaun dem Sklaven, dass er in 1000 Jahren die schönste seiner weiblichen Nachkommen finden und zur Frau machen wird.

1000 Jahre später, in Los Angeles: Der Teenager Cody bietet eine miese, kitschige Horror-Tour in einem Leichenwagen an, bei der Touristen zu Orten mit einer angeblich gruseligen Geschichte kutschiert werden. Das schäbige Unternehmen gehört seinem Onkel Morty, einem ständig betrunkenen Bauernfänger, der unscheinbaren Urlaubern das Geld aus der Tasche ziehen will. Zu ihnen gesellt sich als dritte menschliche Figur noch Bridget, Codys hübsche Freundin.

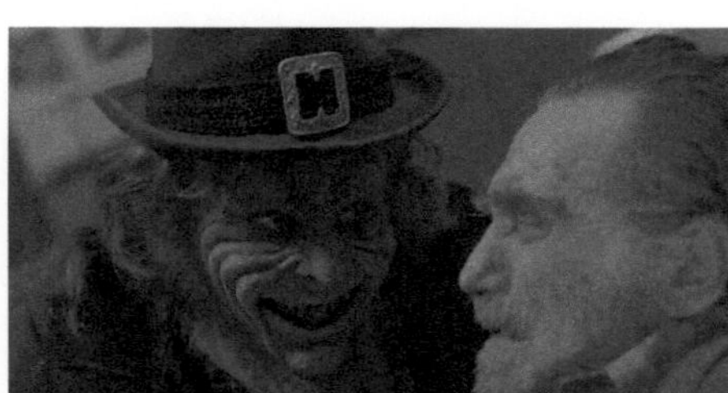

Abb. 299: Geiz ist geil?

Die drei Figuren sind etwas weniger charismatisch als die ohnehin schon durchschnittlichen Figuren des ersten Teils. Zum Glück lässt der kleine grüne Killerkobold nicht lange auf sich warten, seinetwegen sind wir ja auch hier. Womit belebt man einen alten Iren nach 1000 Jahren wieder? Natürlich mit Alkohol. Ein unbeaufsichtigter Whiskey eines Obdachlosen wird magisch angezogen und »schwups« ist der Leprechaun

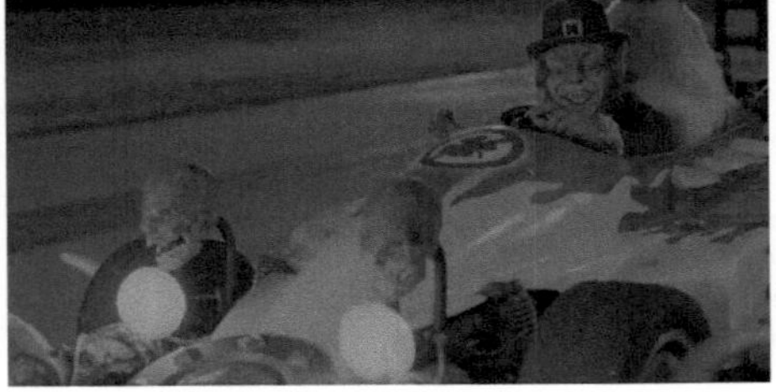

Abb. 300: Ich geb Gas, ich will Spaß.

wieder da. Er beschwert sich, dass der Whiskey nur kanadisches Gesöff sei, und reißt dem Obdachlosen einen Goldzahn raus.

Danach findet der Kobold Bridget und stiehlt sie Cody vor der Nase weg. Cody ist zufällig an eine der Goldmünzen des Leprechaun gekommen, somit ist der Konflikt »perfekt.« Cody und Bridget stellen sich bei den Befreiungsversuchen etwas tollpatschig an, aber zumindest kann Onkel Morty den Leprechaun beim Wettsaufen in einer Bar besiegen. Beide sind hinterlistige Trickser und sollten sich entweder sehr gut verstehen oder hassen. Der Film geht darauf aber nicht ein. Und warum taucht der Leprechaun nicht plötzlich bei einer von Cody und Martys Horror-Touren auf? Hier wurde in beiden Fällen von den Filmemachern viel komödiantisches Potential liegen gelassen. Aber immerhin fährt der Leprechaun diesmal in einer Szene in einem speziell designten Gokart herum.

Leider ist LEPRECHAUN 2 ein etwas müder Aufguss, der aber immer noch ein paar unterhaltsame Szenen hat. Mit nur 85 Minuten Laufzeit fühlt er sich trotzdem länger an als Teil 1, der 91 Minuten dauert.

★★★☆☆

> ***Besonderheiten:*** *Teil 2 hat an den Kinokassen nur etwa ein Viertel des Vorgängers eingespielt. Deshalb war es auch der letzte* LEPRECHAUN*-Film, der eine etwas breitere Kino-Veröffentlichung erfuhr (*LEPRECHAUN: ORIGINS *wurde 2014 in wenigen, ausgewählten Kinos gespielt). / Ein paar sehr schöne* Body Double*-Brüste (die zu Bridget gehören sollen) tauchen in einer »Erotikszene« auf.*
> ***Creative Killing:*** *Tod durch Goldtopftransplantation.*
> ***Nervige Skeptiker:*** *Keine.*
> ***Kill Count:*** *6*

LEPRECHAUN 3

1995
Regie: Brian Trenchard-Smith (LEPRECHAUN 4: IN SPACE [Seite 260], BMX BANDITS, TURKEY SHOOT, THE MAN FROM HONG KONG, DEAD END DRIVE-IN, NIGHT OF THE DEMONS 2, MEGIDDO: THE OMEGA CODE 2, THE SIEGE OF FIREBASE GLORIA)
Drehbuch: David DuBos (SPY SCHOOL)
Nennenswerter Cast: Caroline Williams (THE TEXAS CHAINSAW MASSACRE 2, STEPFATHER II), Warwick Davis (gesamte originale LEPRECHAUN-Reihe, WILLOW, diverse hinter Make-up und Masken versteckte Rollen für Kleinwüchsige in STAR WARS- und HARRY POTTER-Filmen)
93 Min.

Viva Las Vegas! In Teil 3 macht der geldgierige Zwerg Sin City unsicher und beschert uns den lustigsten Teil der gesamten Reihe. OCEAN'S ELEVEN (der von 2001), DIAMONDS ARE FOREVER, SHOWGIRLS und THE HANGOVER haben eines gemeinsam: Es sind äußerst unterhaltsame Filme, die in Las Vegas spielen. Sie haben aber auch ein Manko: In keinem der Filme kommt ein witzereißender, mörderischer Leprechaun vor.

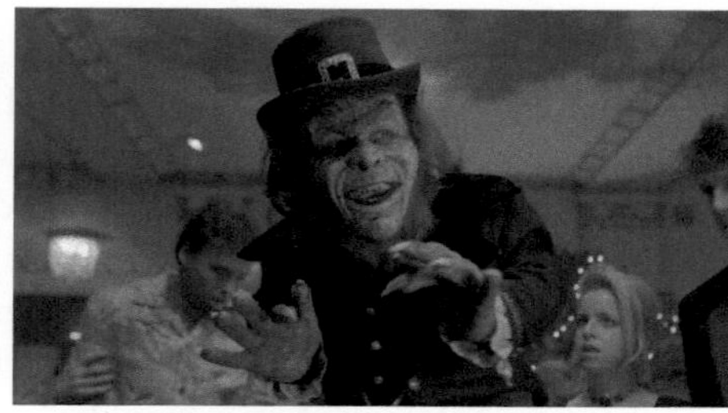

Abb. 301: »This is my kind of place, crooked and sleazy. Stealing gold from humans is awfully easy.«

Scott ist ein naives Landei und mit seinem 20.000 Dollar-Scheck eigentlich auf dem Weg nach L.A., um dort auf dem College ein neues Leben zu beginnen. Er entschließt sich folgenschwererweise dazu, in einer Stadt Halt zu machen, die berühmt dafür ist, Menschen das Geld aus der Tasche zu ziehen: Las Vegas, *entertainment capital of the world.*[43]

Der Leprechaun wird in Statuenform in einem örtlichen Pfandleihhaus abgegeben und trotz nachdrücklicher Warnungen des Vorbesitzers wieder zum Leben erweckt. Der eher nebensächliche Aufhänger der Geschichte ist (wieder) der, dass eine der Goldmünzen des Killerkobolds abhanden kommt und dieser nun dem Goldstück, das ständig den Besitzer wechselt, hinterherjagt. Wer immer die Münze in Händen hält, kann sich seinen tiefsten Seelenwunsch erfüllen lassen. So wünschen sich ein schmieriger Casino-Besitzer, eine in die Jahre gekommene Croupière und ein mieser Zauberkünstler das, was sich jeder von uns an ihrer Stelle wünschen würde: Sex, Geld und Erfolg (wenn man das alles hat, geht sich vielleicht noch der Weltfrieden aus). Nur leider ist die Leprechaun-Magie eine stets unberechenbare, und die Wünsche gehen gewaltig nach hinten los und enden oft mit dem Tod.

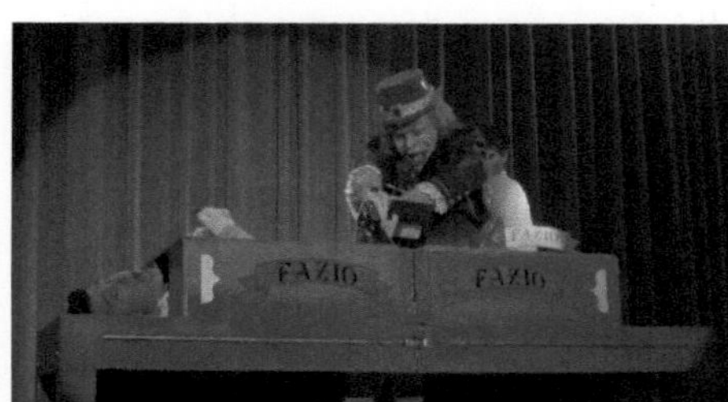

Abb. 302: Las Vegas Kettensägenmassaker.

[43] Ein Titel, der dank der Hollywood-Industrie oft auch Los Angeles angeheftet wird.

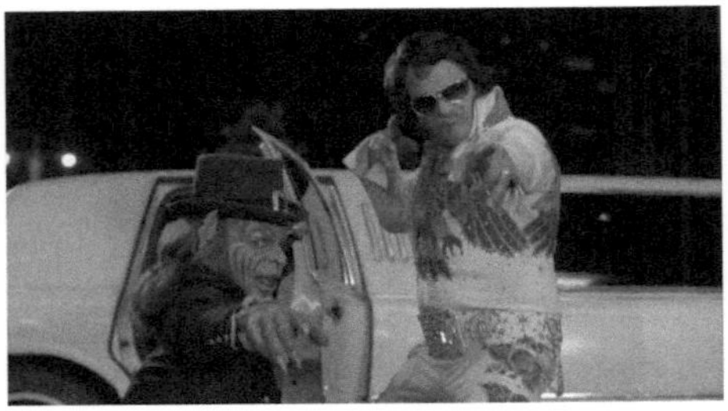

Abb. 303: A little less conversation, a little more Leprechaun.

Der Leprechaun posiert mit einem Elvis-Imitator, stellt eine kleine Zaubershow auf die Beine und imitiert in einer Szene Darth Vader (»come over to the green side«). Scott, der auf angenehme Weise eher im Hintergrund des Films bleibt, verliert währenddessen sein gesamtes Geld in einem Casino, lernt aber auch Tammy kennen, die dort arbeitet. Auch Scotts Wege kreuzen sich mit dem des bösen, kleinen Iren.

Während Teil 2 zu wenig Pulver hatte, hat Teil 3 wieder um einiges mehr an kreative Energie. Das humoristische Potential des »Lep in Vegas"-Konzepts wird ordentlich ausgenutzt, es gibt viel zu schmunzeln und zu lachen. Der Leprechaun versteckt sich diesmal nie und läuft unbeirrt durch die Casinos und Straßen. Es macht absolut Sinn, dass er in einer Stadt wie Las Vegas nicht großartig auffallen würde. LEPRECHAUN 3 hat auch das beste Casting der gesamten Reihe – jeder der Schauspieler passt perfekt in seine Rolle. Obendrauf gibt es diesmal mehr Reime, mehr Witze, mehr Action und auch lustigere, interessantere Charaktere. Zu dem Casinobesitzer, dem Zauberer, dessen schöner Assistentin und der Croupière gesellen sich noch zwei Geldeintreiber, die sich über Unterwäsche unterhalten. Die zwei Gesellen wirken ein wenig wie die Gangster aus PULP FICTION, die sich ebenfalls über Alltagsdinge – wie Fast Food und Fußmassagen – austauschen.

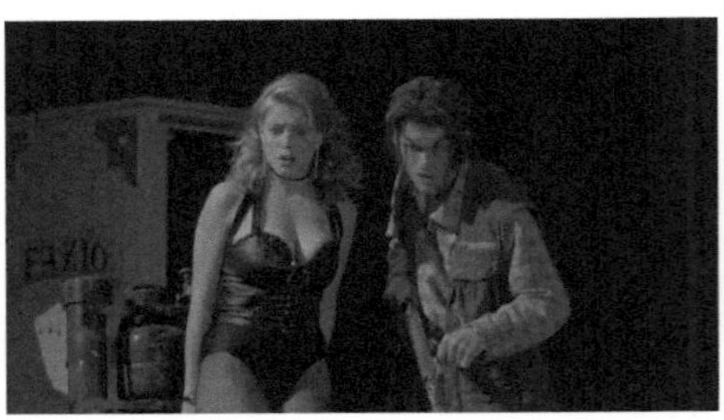

Abb. 304: Tammy und Scott, der sich langsam auch in einen Leprechaun verwandelt.

Durch seinen satirischen, manchmal derben Humor und seine etwas dreidimensionaleren Figuren ist Teil 3 auf eigenartige Weise der »erwachsenste« Film der Reihe. Es ist zudem herrlich, wie Las Vegas durch den Kakao gezogen wird – eine Stadt, in der dich (laut LEPRECHAUN 3) sogar die Ärzte im Krankenhaus noch über den Tisch ziehen wollen. Wer »richtigen« Horror, Gore und Suspense sucht, ist hier allerdings falsch.

★★★★☆

Besonderheiten: *Hammerreime. / Die Entscheidung, diesmal nicht die Kinos zu bespielen, hat sich für den Verleiher Trimark ausgezahlt: 55.000 VHS-Kopien wurden verkauft, wodurch der Film die erfolgreichste Direct-to-Video-Veröffentlichung von 1995 wurde. / Regisseur des Films und auch des Nachfolgers* IN SPACE *ist der Engländer Brian Trenchard-Smith, der seine Karriere in Australien begonnen hatte und sich vor allem im Action- und Horrorgenre hervortat. Er ist einer von Quentin Tarantinos Lieblingsregisseuren, und zu seinen unterhaltsamsten und besten Filmen gehören* THE MAN FROM HONG KONG *(1975),* BMX BANDITS *(1983) sowie der irre Exploitationfilm* TURKEY SHOOT *(1982). Kriegsfilmfans werden eine Freude mit* THE SIEGE OF FIREBASE GLORIA *(1989) und* SAHARA *(1995) haben.*
Creative Killing: *Statt einer geregelten Schönheitschirurgie bläst Dr. Leprechaun mit seiner Magie den Hintern und die Brüste einer Frau so lange auf, bis sie explodiert. Wer schön sein will, muss leiden… und sterben.*
Nervige Skeptiker: *Keine.*
Kill Count: *8 (1 off camera)*

Leprechaun 4: In Space

1997
Deutscher Titel: Space Platoon
Regie: Brian Trenchard-Smith (Leprechaun 3 [Seite 257], BMX Bandits, Turkey Shoot, The Man from Hong Kong, Dead End Drive-In, Night of the Demons 2, Megiddo: The Omega Code 2, The Siege of Firebase Gloria)
Drehbuch: Dennis A. Pratt (Kickboxer 3: The Art of War)
Nennenswerter Cast: Warwick Davis (gesamte originale Leprechaun-Reihe, Willow, diverse hinter Make-up und Masken versteckte Rollen für Kleinwüchsige in Star Wars- und Harry Potter-Filmen)
Coole Tagline: One small step for man. One giant leap of terror!
95 Min.

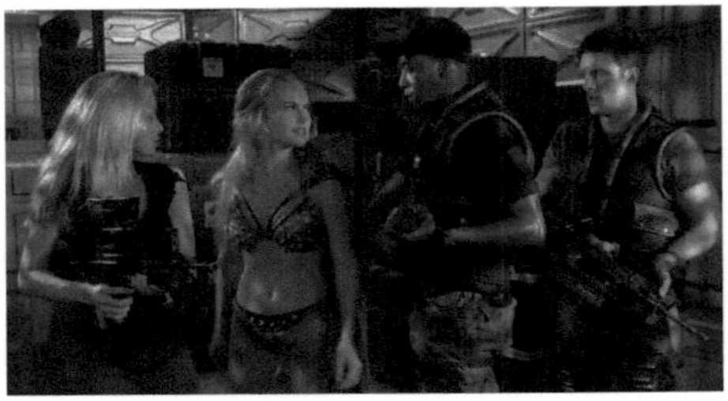

Abb. 305: Blondes Gift: Die Prinzessin.

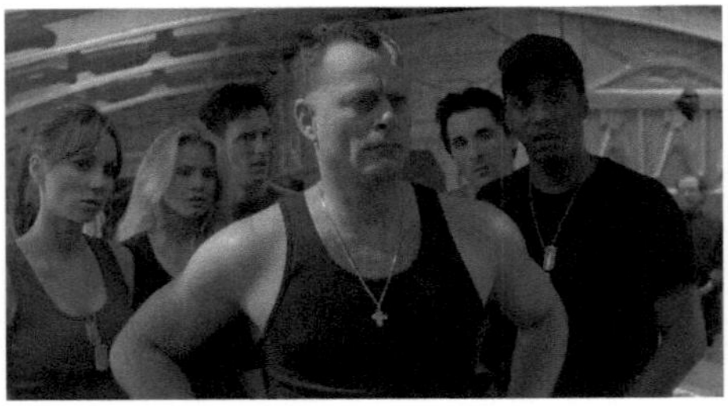

Abb. 306: Space Platoon.

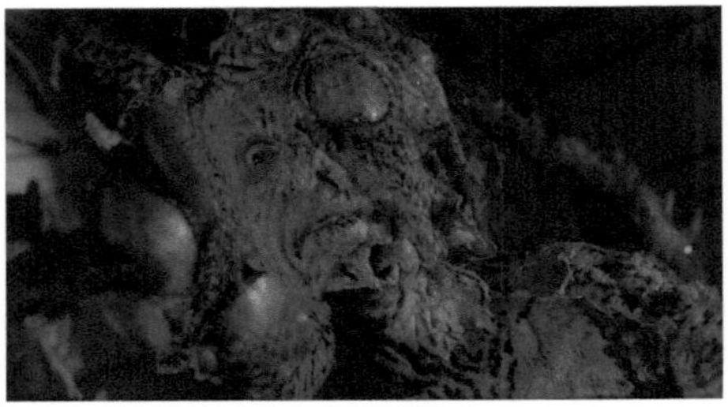

Abb. 307: Bzz bzz!

Egal, wie oft man ihn ersticht, erschießt, verbrennt und in die Luft sprengt: Der Leprechaun schafft es fast jedes Jahr, wieder zurückzukommen. Neuerdings hat er höhere Ambitionen: Die grüne Gefahr hat eine humanoide Bikini-tragende Alienprinzessin entführt und will sie heiraten, um so zu einem König zu werden. Er hofft, dass sich das Universum ihm dann unterwerfen wird und er sich endlich Respekt verschaffen kann. Der Leprechaun hält sie in seinem Versteck, einer Art Goldhöhle, auf einem abgelegenen Planeten gefangen und will sie zur Hochzeit überreden. (Der »Alienplanet« und die Höhle des Leprechaun könnten nur dann noch mehr wie ein Studioset aussehen, wenn man einen TV-Moderator hingestellt hätte.) Bald stellt sich heraus, dass die Prinzessin ein Miststück ist und sie und der Leprechaun gut zusammenpassen würden.

Eine Gruppe testosterongeschwängerter Space Marines wird vom verrückten deutschen Wissenschaftler (vgl. auch Dr. Frankenstein oder Mr. Franz in Attack of the Puppet People, *Seite 34*) Dr. Mittenhand beauftragt, den Leprechaun zu finden und zu vernichten, weil er irgendwie den Rohstoffabbau auf dem fremden Planeten behindert hat. Mittenhand ist halb Mensch, halb herumfahrender Roboter. Die Space Marines töten scheinbar den Leprechaun und kehren mit der Prinzessin auf Mittenhands riesige Raumstation zurück. Dieser entdeckt, dass er mit

Hilfe der DNA der Prinzessin seinen alten Körper zurückbekommen kann (verwandelt sich später allerdings in eine riesige Skorpion-Fliege). Der magische Kobold ist natürlich nicht tot und macht sich auf die Jagd nach seiner Braut, den Space Marines und Dr. Mittenhand. Irgendwann fällt dem geizigen Leprechaun dann ein, dass so eine Hochzeit und eine Ehefrau viel Geld kosten, und er beschließt, seine neue Königin nach der Hochzeitsnacht lieber gleich wieder umzubringen – ein pragmatischer Killer.

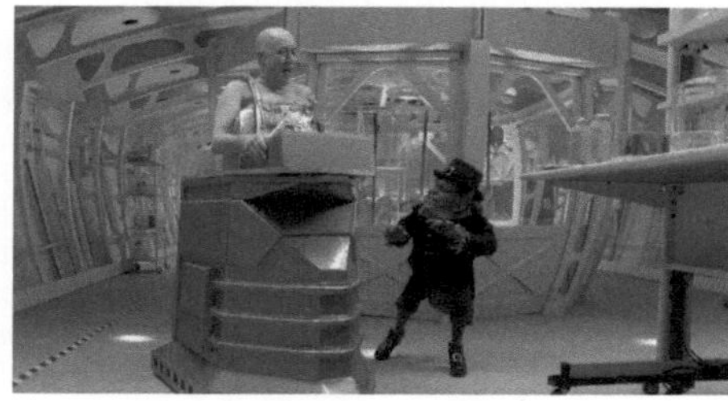

Abb. 308: Mittenhand: »Don't let my appearence fool you.« Leprechaun: »I was about to say the same thing.«

Bei manchen Filmen würde ich sehr gerne erfahren, was für Gedankengänge die Geldgeber, Produzenten und Kreativen hatten, die in der *development hell* sitzen – also jene lange Phase durchstehen, bevor das grüne Licht vom Filmstudio für ein Projekt gegeben wurde. Ich stelle mir das ungefähr so vor: Einer der Produzenten sagt im Meeting »Das Studio meint, es ist noch Geld mit Franchise zu holen. Wir brauchen schnellstmöglich einen neuen Film, Hauptsache der Leprechaun/die Critters/Pinhead/Jason/die Partridge Family[44] kommen darin vor. Irgendwelche Ideen? Was haben wir noch nicht gemacht?« Darauf folgt eine lange Pause, die von ein paar wenigen, schlechten Ideen unterbrochen wird, bis schließlich einer sagt: »Wir müssen das Ganze noch ausgefallener machen. Wir schießen unseren Helden einfach in den Weltraum. Wisst ihr noch, wieviel Kohle STAR WARS gemacht hat? Und der eine Kubrick-Film, 2001, der war doch auch gut. Bisschen zu langsam vielleicht.« Worauf der Produzent entgegnet: »Bombe, machen wir! MOONRAKER fand ich auch cool! Der Beste aller Bonds. Wieviel Budget wir haben, wollt ihr wissen? Wieviel kostet ein Ford Lexus? So viel in etwa.«

Zum Glück kann aber Brian Trenchard-Smith aus Mini-Budgets sehr viel Unterhaltung quetschen. Die Effekte sind zwar lachhaft, aber dafür gibt es auch sonst einiges zu lachen. Die Witze wurden im Vergleich zum Vorgänger zwar reduziert, der Humor ist aber noch da, auch wenn er nicht mehr ganz so clever wie in Teil 3 ist und manchmal etwas zu sehr auf die *low brow*-Schiene driftet. Dafür ist der Camp-Faktor diesmal noch höher, auch deshalb, weil die Figuren des Films den bizarren Situationen mit ernster Miene begegnen. Sci-Fi-Filme wie 2001 und THE FLY werden parodiert, insbesondere aber ALIEN. Wie in CRITTERS 4 (siehe *Seite 102*) befinden wir uns auf einer Raumstation, und statt dem Alien oder den Critters geht die Bedrohung von unserem geliebten, gehässigen

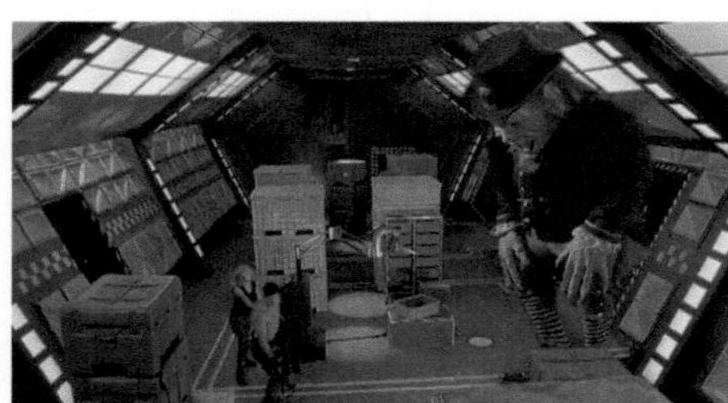

Abb. 309: Aus klein mach groß.

[44] LEPRECHAUN 4: IN SPACE / CRITTERS 4 / HELLRAISER: BLOODLINE / JASON X / ***Partridge Family 2200 AD*** (eine der erfolgloseren Hanna-Barbera-TV-Produktionen, an die sich niemand erinnert).

Leprechaun aus. Diesem kommt zum ersten Mal in der Reihe leider kein einziger Reim über die Lippen. Wenn man in der richtigen Stimmung ist, ist LEPRECHAUN 4: IN SPACE trotzdem wie ein trashig-schönes Gedicht.

★★★☆☆

Besonderheiten: *Trenchard-Smith pitchte dem Verleiher Trimark »Leprechaun in the White House«. Die Idee war, dass der Leprechaun nach seinem Ausflug ins All von einem Raumschiff auf das Weiße Haus gebeamt wird und sich dann über einen Lüftungsschacht Zugang verschafft. In einem Interview erzählte mir Trenchard-Smith von Streichen, die der Leprechaun spielt, nachdem ihn die Security-Männer entdecken, und dass der kleine Geizhals ganz aufgeregt ist, als er von dem Gold in Fort Knox hört. Der satirische Film hätte aus den (angeblichen, hust hust, zwinker zwinker) Sexgeschichten Bill Clintons Kapital schlagen sollen und die Präsidentenfamilie fokussiert. Für die Verantwortlichen ging der Regisseur aber bereits mit IN SPACE zu sehr ins Absurde, von dem außerdem nur etwa 40.000 Kopien (nicht mehr 55.000, wie von Teil 3) verkauft wurden. Trimark-CEO Mark Amin gefiel der vierte Teil auch nicht. Als sich 18 Monate später der Monica Lewinsky-Skandal ereignete, rief Trenchard-Smith den Trimark-Boss an und sprach ihm aufs Band: »Hi Mark. It's me. You remember the idea I pitched to you about a Leprechaun in the White House and a president with a zipper problem? And evil Republicans trying to bring him down? Wouldn't you like to have 1200 prints ready for release right now?" Mark Amin meldete sich nie zurück. / Der supertaffe Militärsergeant Hooker wird vom Leprechaun in eine sexuell verwirrte Transe verwandelt, die sich dann als Cyborg entpuppt. Würde der Film heute erscheinen, würden ihn die Gender-»Experten« entweder bejubeln oder in der Luft zerreißen, aber jedenfalls überanalysieren. / Der Leprechaun imitiert John Wayne. / Der Leprechaun verwandelt sich in einen Riesenleprechaun. / Die Figur »Lucky« stirbt als erstes. Das amüsiert mich mehr, als es sollte.*
Creative Killing: *Tod durch ein Leprechaun-Lichtschwert (das natürlich grün ist). / Tod durch Penis-Geburt.*
Nervige Skeptiker: *Im Weltall hört dich niemand schreien und blöd herumskeptizieren.*
Kill Count: *9*

LEPRECHAUN IN THE HOOD

2000
Deutscher Titel: LEPRECHAUN 5 – IN THE HOOD[45]
Regie: Rob Spera
Drehbuch: Doug Hall, Jon Huffman
Nennenswerter Cast: Ice-T (TANK GIRL, NEW JACK CITY, *Law & Order: Special Victims Unit*, JOHNNY MNEMONIC, MEAN GUNS, RICOCHET, TRESPASS), Anthony Montgomery (*Enterprise*), Warwick Davis (gesamte originale LEPRECHAUN-Reihe, WILLOW, diverse hinter Make-up und Masken versteckte Rollen für Kleinwüchsige in STAR WARS- und HARRY POTTER-Filmen)
Coole Tagline: Lep in the Hood, come to do no good!
91 Min.

Wie hält man diese Filmreihe nach vier Teilen *fresh* und reizvoll? Da hatte irgendein Produzent, wohl mit Blick auf den »urban market«, eine findige Idee: Indem man die Serie mit »black culture« und ordentlich *hip hop flava* anreichert. Die beiden Hood-Filme sind mit einem ausschließlich schwarzen Cast inszeniert. Da der Leprechaun ständig fette Reime spittet, macht es durchaus Sinn, wenn man ihn in die Hood verfrachtet.

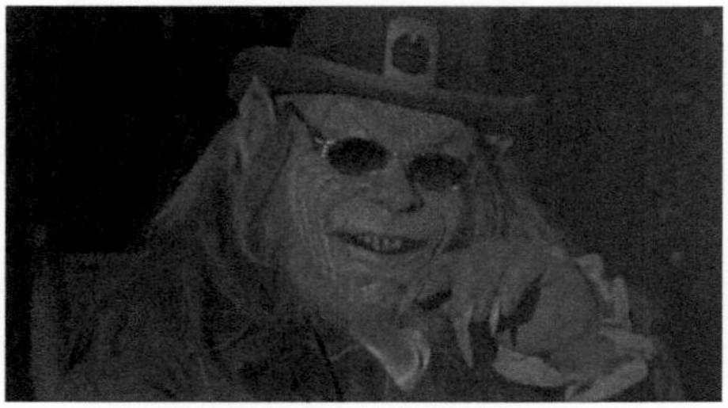

Abb. 310: Straight Outta Ireland.

Zwei *homeboys* – einer von ihnen wird von Ice-T gespielt – finden irgendwann in den 1970ern mit Hilfe einer Karte nicht genannten Ursprungs eine Leprechaunstatue sowie einen Goldtopf und eine kleine, goldene Flöte. Wie auch in Teil 3 wird die Kette vom Hals der Statue entfernt, der Bann ist gebrochen und der Leprechaun zitiert bei seiner Befreiung gleich mal Martin Luther King: »Free at last. Free at last. Thank god almighty, free at last.« Ein *homeboy* stirbt, die Kette fällt aber zufällig wieder auf den Leprechaun und versteinert ihn erneut. Ice-T kann fliehen und wird mit Hilfe der Flöte, die sich als magisch entpuppt, zu Mack Daddy O'Nassis, einem reichen und einflussreichen Boss eines Musiklabels für Gangsta-Rap. Die Leprechaunstatue bewahrt er fortan in seinem Büro hinter Sicherheitsglas auf.

Im Jahr 2000 lernen wir unsere Helden kennen, drei *wannabe*-Rapper, die sehnsüchtig auf ihren großen Durchbruch warten. Ihr Anführer ist »Postmaster P«, der sich so nennt, weil er eine positive Message übermitteln will. Er rappt über verantwortungsvolles Verhalten und dass man die richtigen Entscheidungen im Leben treffen soll. Also quasi das Will Smith-Konzept, nur ohne Talent und mit kaputtem Equipment. Verzweifelt und gegen den Willen von Postmaster P sprechen die drei mit Mack Daddy. Der lässt sie gleich wissen, dass in seinem Label kein Platz ist für derartig sauberen Rap mit positiver

[45] Ich finde ja, Studios und Filmemacher sollten ruhig dazu stehen, wenn ihre Filmreihe auf vier oder mehr Teile kommt. Man muss doch auch stolz auf die anhaltende Popularität der Franchise sein. Also statt RESIDENT EVIL: THE FINAL CHAPTER und STAR TREK: INSURRECTION lieber »Resident Evil 6: The Final Chapter« und »Star Trek IX: Insurrection«. Im Falle von Leprechaun war der deutsche Verleiher hier konsequenter und hat Nummern in die Titel eingefügt. Allerdings hieß Teil 4 im deutschsprachigen Raum einfach nur »Space Platoon«.

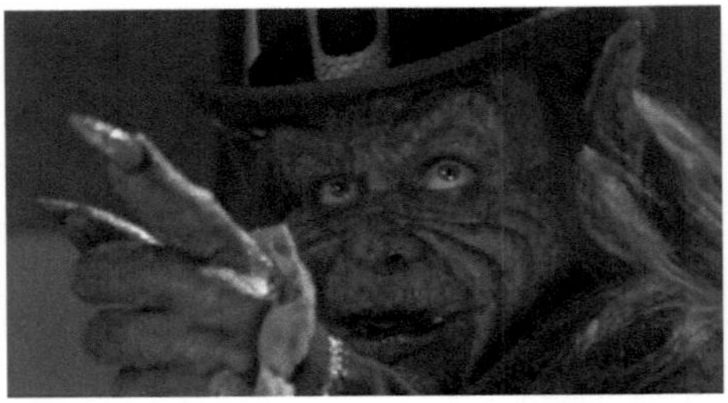

Abb. 311: Watch out, homey! Leprechaun indahouse. Y'all ready know.

Message. Vielmehr geht es bei seiner Musik um viel wesentlichere Dinge, nämlich Typen mit Uzis den Schädel wegzuschießen und Gewalt gegen Frauen – klassischer Gangsta-Rap eben, wie man ihn kennt und liebt/verachtet. Als das Trio zögert, weil sie ihre Werte nicht verraten wollen, lässt Mack Daddy sie aus seinem Büro werfen. Zornig und noch verzweifelter als zuvor beschließen die drei, den bösen Mack zu bestehlen, um mit dem Geld neues Equipment kaufen zu können und so endlich den Durchbruch zu schaffen. Der Leprechaun wird befreit und fortan hat das Trio zwar die Zauberflöte, aber auch Mack Daddy und den alten Lep am Hals.

IN THE HOOD gibt es viel mittelmäßigen Sprechgesang, aber leider keinen Rap-Battle mit dem Leprechaun. Dafür endet der Film mit einem Leprechaun Rap-Video. »Lep in the hood, come to do no good.« »Man«, »nigga« und »shit« sind Worte, die ständig fallen – Der *street talk* kann einem irgendwann auch auf die Nerven gehen.

Der Leprechaun ist außerdem viel zu sehr im Hintergrund und taucht nur manchmal auf. Man hatte entweder kein Geld für Spezialeffekte oder nicht die Leute, die sie erschaffen können. Die Kills in den Hood-Filmen sind zwar zahlreicher, aber gleichzeitig um einiges schlechter und billiger inszeniert – zu lahm und zu zahm. Etwas Spaß ist zu haben, aber an einigen Stellen ist IN THE HOOD zu bemüht lustig. Er ist auch nicht mehr so kompetent gemacht wie die Vorgänger – es gibt einige überflüssige Szenen, und das Tempo und der Spannungsbogen funktionieren überhaupt nicht. Man kann dem Film zugute halten, dass er ein neues Setting und ein unerwartetes Ende hat und dass er für einige Schmunzler und ein paar Lacher gut ist.

★★☆☆☆

Besonderheiten: *Ice-T, der das sehr erfolgreiche Gangsta-Rap-Subgenre miterfunden hat, als Gangsta-Rap-Labelboss Mack Daddy. / Ice-T teilt sich einen Joint mit dem Leprechaun, was diesen zu einem Reim inspiriert: »A friend with weed is a friend indeed. But a friend with gold is the best, I'm told."*[46]
Creative Killing: *Nein.*
Nervige Skeptiker: *Keine.*
Kill Count: *10 (1 off camera)*

[46] Die Leprechaun-Variation auf die Redewendung »A friend in need is a friend indeed.«

Leprechaun: Back 2 tha' Hood

2003
Deutscher Titel: Leprechaun 6 – Back 2 tha Hood
Drehbuch und Regie: Steven Ayromlooi
Nennenswerter Cast: Warwick Davis (gesamte originale Leprechaun-Reihe, Willow, diverse hinter Make-up und Masken versteckte Rollen für Kleinwüchsige in Star Wars- und Harry Potter-Filmen)
90 Min.

Das Leben ist ohnehin schon nicht leicht in *tha hood* – und dann will einen obendrein noch dieser verdammte Leprechaun auf's Eis legen. Wir lernen vier ökonomisch und ausbildungstechnisch benachteiligte junge Menschen kennen, die zusammen in einem Schwarzenviertel in L.A. leben. Dort lautet das Motto »Get rich or die tryin'«, und für unsere vier Figuren wird daraus »Get rich from the Leprechaun's gold, then die running from him.« Emily und Lisa versuchen sich mit Jobs in einem Friseursalon und einem Massagesalon über Wasser zu halten. Emily spart brav fürs College und hofft auf ein besseres Leben. Die zwei Jungs sind eher Drogen und dem Gangleben zugeneigt.

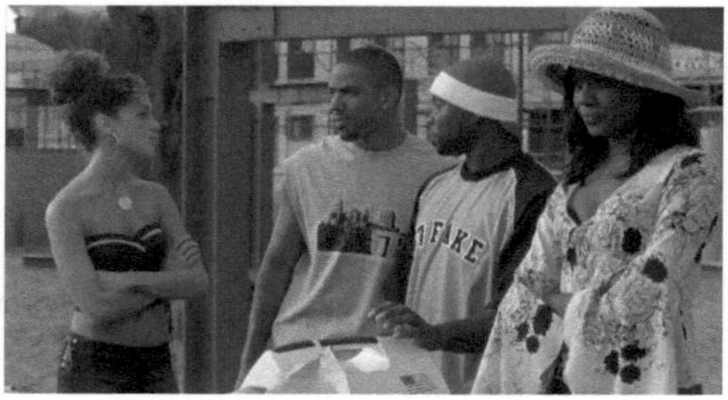

Abb. 312: It's the hard knock life for us.

Diesmal gibt es sogar zwei kleine Vorgeschichten statt wie üblich nur einer: Zuerst erfahren wir (in Teil 6, wohlgemerkt!) Neues über den Ursprung unseres Lieblings-Killerzwergs. Danach sehen wir, wie ein Priester auf einer Baustelle in der Nachbarschaft unserer vier Protagonisten es schafft, den Leprechaun mit Hilfe von Kleeblatt-Weihwasser temporär zu besiegen und in die Erde zu verbannen.

Ein Jahr danach nehmen sich unsere vier Hood-Helden eine Auszeit und treffen sich zum Grillen. Allerdings nicht auf einer Wiese oder am Strand, sondern auf besagter Baustelle. Wenn das nicht *ghetto* ist, weiß ich auch nicht. Emily bricht durch einen Holzboden, fällt in eine Höhle und findet die kleine Goldkiste von… ist ja klar, von wem. Emily ist eine gute Seele und verteilt den Reichtum an ihre Freunde. Fortan leben sie alle in Saus und Braus. Mo'fuckas be actin' all brand new: Shopping, Makeovers, ein neues Auto, etc. Die zwei Jungs leben lieber den *pimp lifestyle* mit Drogen, Frauen und teurer Kleidung, was offenbar das Nonplusultra für jeden männlichen Hood-Bewohner darstellt.

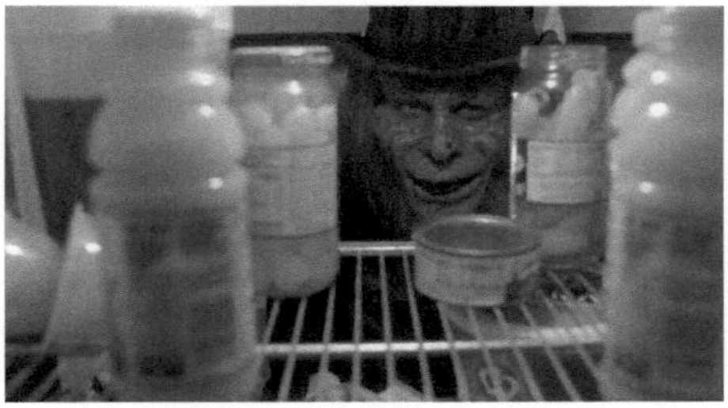

Abb. 313: Kühlschrank-Plünderung ist ein immer wiederkehrendes Motiv in tiny horror*-Filmen. Scheinbar eine Urangst der modernen Zivilisation.*

Der Leprechaun erwacht wieder zum Leben und ist sauer darüber, wie leichtfertig sein Gold mit beiden Händen zum Fenster rausgeworfen wird. Es ist eine üble Nachbarschaft, der Killerkobold wird mehrmals verprügelt, erschossen

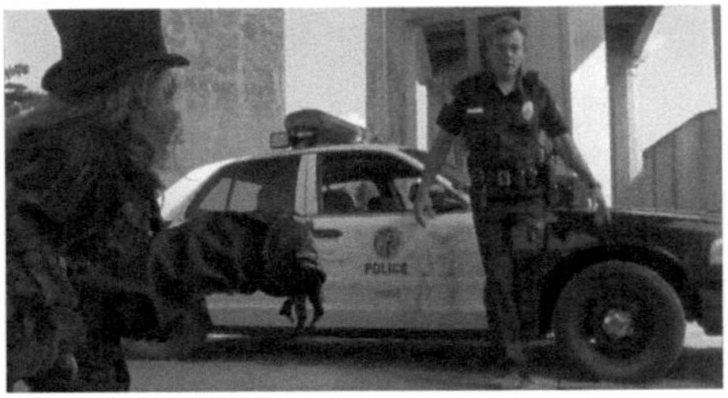

Abb. 314: Der Ghetto Superstar bei der Ausführung seines Tagwerks.

und überfahren. Aber da er das beste (und böseste) Stehaufmännchen aller Zeiten ist, rächt er sich dafür meistens mit dem Tod seiner Gegner. Gegen die dunkle Macht des Leprechaun kommt eben selbst die *hood* nicht an.

Der grüne Killer ist diesmal etwas bösartiger und reimt wieder mal nicht. Der Film nimmt sich überraschenderweise etwas ernster, als es die vorigen drei Teile taten, und verbringt weniger Zeit mit Herumblödeln. Das *ghetto-talking* wirkt nicht mehr so aufgesetzt wie in Teil 5 und die *hood* kommt etwas authentischer rüber. Sämtliche magischen Fähigkeiten des Leprechaun, die wir in den vorigen fünf Filmen gesehen haben, sind plötzlich verschwunden. Trotzdem ist BACK 2 THA' HOOD, wenn auch kein besonderer Film, ein guter Abschluss der Reihe.

★★★☆☆

Besonderheiten: *Der Leprechaun wechselt von Joints auf einen Bong und kriegt gleich darauf einen Fresskick.*
Creative Killing: *Nichts Nennenswertes.*
Nervige Skeptiker: *Keine.*
Kill Count: *10 (1 off camera)*

LEPRECHAUN: ORIGINS

2014
Regie: Zach Lipovsky (DEAD RISING)
Drehbuch: Scott Salter, Harris Wilkinson
90 Min.

Seufz Und noch einer. WWE Studios, der Filmproduktionsarm des amerikanischen Wrestling-Imperiums WWE (ehemals bekannt als WWF, bis sich ein paar Panda-Liebhaber gerichtlich beschwert haben), beschert uns über ein Jahrzehnt nach dem sechsten Teil einen Reboot, nach dem niemand gefragt hat.

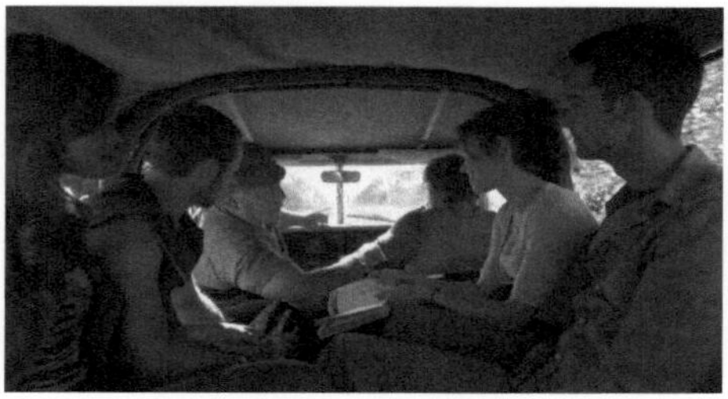

Abb. 315: Fahrt ins Unglück. Aber echt jetzt.

Teenager machen Urlaub, Einheimische sind böse – wir kennen das Grundkonzept. Diesmal machen ein paar Ami-Kids Urlaub in Irland. Iren waren mir ja schon immer etwas suspekt, mehr noch als US-Südstaatler. Ich war mal in Irland, und eine typische Kleinstadtstraße sieht dort so aus: Kirche-Pub-Laden-Pub-Grocery Store-Pub-Metzger-Pub-Pub. Im Film sind wir allerdings auf dem Land, und es gibt nur ein einziges Pub. Dort werden unsere austauschbaren Helden von Einheimischen eingeladen, in einer Hütte zu übernachten, und merken bald, dass sie dort eingeschlossen sind und ein tierähnliches Wesen sich naht.

Der Rest des Films handelt primär von der Flucht und der Verteidigung vor besagtem Tier. Die Teenager haben blöderweise alle ihr Handy zu Hause vergessen, oder der Film existiert in einem Paralleluniversum, in dem Mobiltelefone nicht existieren (ja wirklich, es gibt nicht einmal eine »Scheiße, kein Empfang«-Szene!). Man erfährt, dass die kleine Dorf-Community eines Tages das Gold des Leprechaun aus seiner Höhle gestohlen hat (Guinness-Bier wird halt auch nicht billiger mit der Zeit) und sich das Monster daraufhin mit Morden an den Bewohnern rächte. Die Leute wollten aber nicht wegziehen, weil es ihnen in ihrer Heimatstadt nun mal gefällt. So beschloss man, sich mit dem Leprechaun zu arrangieren: Als Wiedergutmachung verfüttern sie ihm fremde Besucher. Wenn die Rolex-Uhr an der Hütte hängt, ist es das Zeichen für das Tier: Die Falle ist dicht, es ist angerichtet.

Es nervt gewaltig, dass alle Darsteller den Leprechaun sehen dürfen, aber wir als Zuseher sehr lange nicht. Typisch für einen billigen Horrorfilm gibt es viele POV[47]-Shots vom Monster, das wie der Predator Körperwärme erkennen kann. Coole Sprüche wie »If it bleeds, we can kill it« braucht man sich aber nicht zu erhoffen. Es gibt keine einzige richtige Ganzkörper-Aufnahme des Leprechauns in dem Film. Als wir dann doch endlich das Gesicht des Monsters sehen dürfen, sieht es aus wie Gollums noch hässlicherer

[47] Point of view

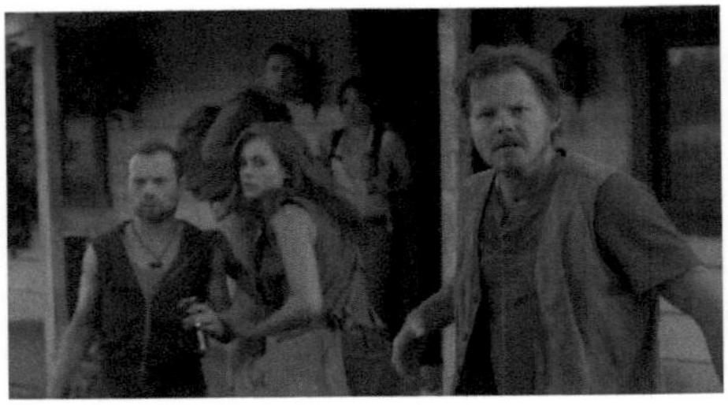

Abb. 316: Ankunft im Unglück.

Halbbruder. Es ist nicht groß, aber auch kein Zwerg. Quasi der Tom Cruise unter den Filmmonstern.[48] Der Leprechaun reimt natürlich nie, sondern knurrt und grunzt bloß wie eine Bestie. Seine Magie und sein Humor sind verschwunden. Der primäre Antrieb des Leprechaun war immer seine Gier nach Gold und sein Geiz. In dem Film ist er ein Standardmonster, das einfach nur töten und fressen will – sehr lahm.

Dazu kommen schnelle Schnitte und Wackelkamera, zwei Dinge, die man an modernen Filmen hasst. Ansonsten ist ORIGINS technisch zumindest sauber gemacht – das einzig wirklich Positive, was man über den Film sagen kann. Man wollte einen ernsten, düsteren Horrorfilm machen, stilistisch weit entfernt von allen fünf Vorgängern. Der erhoffte BATMAN BEGINS-Effekt hat sich aber nicht eingestellt und der Reboot wurde zu Recht ignoriert.

Für März 2019 ist vom SyFy-Kanal ein zweiter Reboot-Versuch angesetzt. Im Teaser von LEPRECHAUN RETURNS, der 25 Jahre nach dem Original spielen soll, sehen wir kein Gollum-Monster wie in LEPRECHAUN ORIGINS, sondern erneut einen Killergnom, der sogar wieder Reime abliefert. Auch wenn Warwick Davis nicht mehr dabei ist, weckt das vorsichtige Hoffnungen in mir.

★★☆☆☆

Besonderheiten: *Keine.*
Creative Killing: *Nein.*
Nervige Skeptiker: *Keine.*
Kill Count: *6 (1 off camera)*

[48] Würde der Film nicht »Leprechaun« im Titel haben, wäre er nicht in diesem Buch, da es sich eben diesmal um kein kleines Monster handelt.

LITTLE DEVILS: THE BIRTH

USA, UK 1993
Regie: George Pavlou (RAWHEAD REX, UNDERWORLD [1985])
Drehbuch: Elliott Stein
Nennenswerter Cast: Russ Tamblyn (WEST SIDE STORY, THE HAUNTING, SEVEN BRIDES FOR SEVEN BROTHERS, FURANKENSHUTAIN NO KAIJÛ: SANDA TAI GAIRA [FRANKENSTEIN – ZWEIKAMPF DER GIGANTEN], *Twin Peaks* [1990-1991 und ab 2017], THE LONG SHIPS, TOM THUMB), Stella Stevens (THE NUTTY PROFESSOR [1963], THE BALLAD OF CABLE HOGUE, THE SILENCERS, GIRLS! GIRLS! GIRLS!, THE COURTSHIP OF EDDIE'S FATHER, WHERE ANGELS GO TROUBLE FOLLOWS!, THE MANITOU, SLAUGHTER, CLEOPATRA JONES AND THE CASINO OF GOLD, TOO LATE BLUES), Nancy Valen (siebte Staffel von *Baywatch*, LOVERBOY)
97 Min.

Lionel wirkt sofort sonderbar auf uns, radelt er doch gleich zu Beginn nächtens mit zwei leeren Farbeimern auf einem Friedhof herum und steigt dann durch ein Loch in eine unterirdische Gruft. Im Untergrund findet sich ein weiteres Loch mit einer köchelnden, braunen Grütze, die aussieht wie Schokopudding aus der Hölle. Woher das Zeug kommt und warum es unter einer Friedhofsgruft vor sich dahindampft, werden wir nicht erfahren. Lionel füllt seine zwei Eimer damit und haut wieder ab.

Das dürfte er schon ein paar Mal gemacht haben, denn in seinem Apartment hat Lionel einen luxusbadewannengroßen Tank voll von der Grütze. Lionel ist ein Forscher, der wie besessen scheint und mit dem Schleim kleine Monster formt, die wie Gargoyles aussehen. Er isst auch ein wenig von der Grütze, weil warum auch nicht.

Die eigentliche Hauptfigur ist Lionels Wohnungsnachbar, der fröhliche Ed. Der Autor hält sich mit heißen Sexgeschichten für ein Schundheftchen über Wasser, während er natürlich an seinem großen Meisterwerk arbeitet. »Tis better to write crap than shovel it« steht auf einer Wand am Arbeitsplatz seines Apartments – das könnte das Mantra aller Drehbuchautoren solcher B-Filme sein.

Eds und Lionels strenge Vermieterin Mrs. Madison (Stella Stevens) hat eine Obsession für saubere Teppiche, viel schlimmer aber: Die sexgeile alte Dame will den Schmutz verursachenden Lionel rauswerfen und sich Ed krallen, den sie mit Worten wie »I will do anything. Mo matter how degrading or humiliating it might be« zu verführen versucht. Ed hat aber beide Augen auf die hübsche Lynn (Nancy Valen) geworfen, die er über seinen Kumpel »Doc« (Russ Tamblyn) kennengelernt hat. Doc ist ein lässiger älterer Arzt, der mit Obdachlosen arbeitet. Lynn tanzt hauptberuflich nachts in einem Striplokal (allerdings ohne sich auszuziehen), um über die Runden zu kommen. Tagsüber hilft sie zusammen mit dem Doc ebenfalls den Obdachlosen.

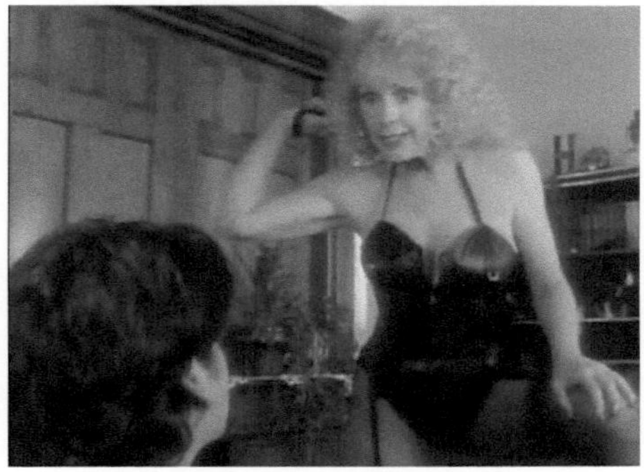

Abb. 317: Ex-Hollywood-Größe Stella Stevens als notgeile Nymphe.

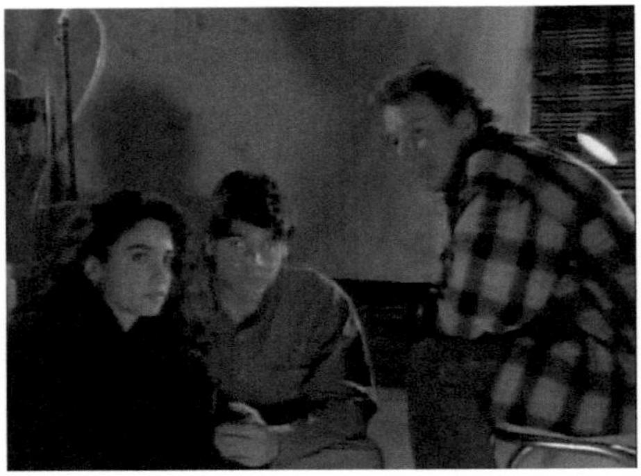

Abb. 318: Die Grützegeiseln Lynn, Ed und Doc.

Zuerst bringen die Gargoyles auf Geheiß von Lionel Mrs. Madison zur Strecke, danach radieren sie die Obdachlosen aus (was wir nicht sehen), weil einer von ihnen eines der Wesen eingefangen hat und essen wollte. Ed und Lynn, die zu flirten und dann zu daten beginnen, sagen zusammen mit Doc den Grützewesen den Kampf an. Die kleinen Teufel sind allerdings mit Waffen wie einem Flammenwerfer und einer Gaspistole ausgerüstet. Einer hat sogar ein Mini-Maschinengewehr, und so werden unsere drei Helden von den Gargoyles in Lionels Apartment als Geisel genommen. Zum Glück entdecken sie, wie sie sich gegen ihre Mini-Monster-Geiselnehmer wehren können: Die Wesen sind allergisch auf Billiglimonade aus der Dose.

Ist Lionel ein verrückter, böser Wissenschaftler? Oder wird der junge Forscher von der bösen, intelligenten Grütze kontrolliert? Falls ja, hat er genug Limo zuhause, um das Böse zu besiegen? Nicht nur müssen Ed, Lynn und Doc alle kleinen Monster erledigen (ich glaube, es sind sieben Stück), der Doc wird auch noch in ein menschengroßes Monster verwandelt. Der oscarnominierte alte Russ Tamblyn dürfte trotz Monster-Make-up Spaß gehabt haben, immerhin hat er fast ständig einen leichten, bübischen Grinser im Gesicht und verabschiedet sich am Schluss mit »I feel like I've just been making a B-movie.«

Ein mystisches oder gar Horror-Feeling kommt hier nicht auf, dafür aber viel Freude und keine Langeweile. Der Film hat einen schrägen, leichten, spaßigen Ton, der ab und zu absichtlich ins Komödiantische reingeht und jenem der ersten beiden GHOULIES-Filme (ab *Seite 180*) nicht unähnlich ist – auch wenn er nicht an deren Stil herankommt. Manchmal scheint es, als ob der Drehbuchautor (der, wenig überraschend, keinen zweiten Film mehr geschrieben hat) bei der Frage »OK, was passiert als nächstes?« immer seinen allerersten Einfall verwendet hätte.

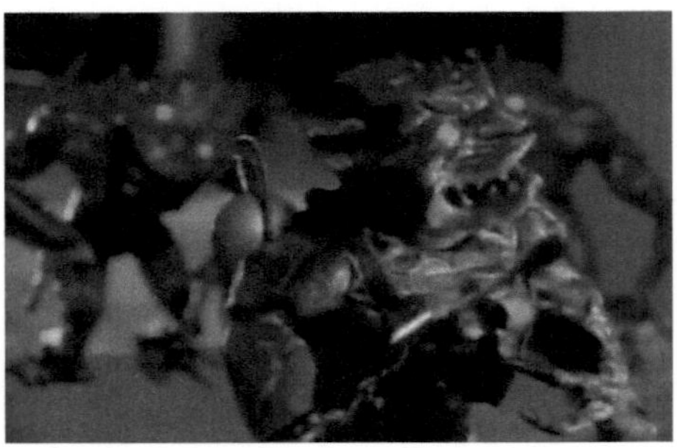

Abb. 319: Sind Flammenwerferteufelchen unser aller Untergang?

Die kleinen Gargoyles treten mehr als ausreichend auf, sind aber in ihrem Handlungsspielraum sehr beschränkt, sprich: Die Puppeneffekte sind sehr schwach, ebenso die Spezialeffekte. Wahrscheinlich hat man den unsportlichen Kleinen deshalb Waffen gegeben, damit sie bedrohlicher wirken.

LITTLE DEVILS bietet viele Actionszenen, vor allem im dritten Akt. Wobei die meisten Leute beim Wort »Actionszenen« wohl an andere Sachen denken. Wie an Vin Diesel, der in einem Luxusauto rasend von einem Hochhaus zum nächsten springt – so geschehen in James Wans FURIOUS 7, dem vielleicht besten Teil der FAST AND FURIOUS-Reihe. In LITTLE DEVILS besteht die Action oft nur darin, dass jemand einem fauchenden kleinen Viech Limonade auf den Kopf leert und dieses daraufhin schmilzt. Wobei ich bei der Hochhausaction im IMAX-Kino und bei der Limo-Action einer schwammigen VHS etwa gleich viel grinsen musste.

Hier haben wir billige und relativ inkompetente Horror-Videogülle der spaßigen Art. Das Cover der deutschen VHS (EuroVideo) verspricht »Die blutrünstigsten kleinen Monster seit GREMLINS und CRITTERS«. Diese Sphäre erreicht der Film freilich nicht, hebt sich aber deutlich von vergleichbaren Werken wie MUNCHIES (*Seite 274*) und HOBGOBLINS (*Seite 216*) ab, und ist ein mehr als würdiger Eintrag in diesem Buch. Trotz des Beititels »The Birth« gab es leider keine Fortsetzung.

★★★☆☆

Besonderheiten: *Einer der nur drei Filme von Regisseur George Pavlou.*
Creative Killing: *Durch Limonade zum Schmelzen gebracht.*
Nervige Skeptiker: *Keine.*
Kill Count: *4 und viele kleine Teufel.*

Maria Leonora Teresa

Philippinen 2014
Regie: Wenn V. Deramas
Drehbuch: Keiko Aquino
104 Min.

Zwei reiche Familien und ein armer, schwuler Lehrer leben glücklich mit ihren drei süßen Töchtern, die alle in dieselbe Schule gehen. Warum der Lehrer in so dürftigen Verhältnissen lebt, war mir nicht klar. Vielleicht verdienen Lehrer auf den Philippinen so schlecht, oder es gibt dort eine Steuer, wenn man schwul ist.

Vor ein paar Jahren gab es an der Schule ein Feuer, bei dem ein nachsitzender Junge ums Leben kam. Seither wird immer wieder sein Geist auf dem Schulgelände gesichtet. Bei einem Schulausflug taucht der Geist des Jungen in einem Schulbus wieder auf, die Kinder geraten in Panik, der Bus stürzt von einer Brücke und alle Kinder sterben. Darunter auch Maria, Leonora und Teresa, die drei süßen Fratzen unserer Protagonisten.

Die Trauer über den Verlust ist groß und erstreckt sich über etliche Szenen. Eines Tages klingelt ein Psychiater, der sich der experimentellen Psychologie verschrieben hat, nach der Reihe an der Türe der Eltern und will ihnen helfen. Tabletten würden auf Dauer nicht gegen die Depression helfen, weil sie die Ursache der Trauer nicht besiegen könnten. Der Psychiater hat einen »besseren« Vorschlag: Er holt bei allen drei Eltern eine lebensgroße Puppe hervor, die wie das verstorbene Mädchen aussieht und sogar ein paar Sätze sprechen kann. Weder die zwei Mütter noch der Lehrer sind von der Idee begeistert und schicken ihn wieder weg. Doch der Verlustschmerz ist so hoch, dass alle drei Parteien, die auch immer wieder den Geist toten Jungen sehen, doch bald die Puppen haben wollen.

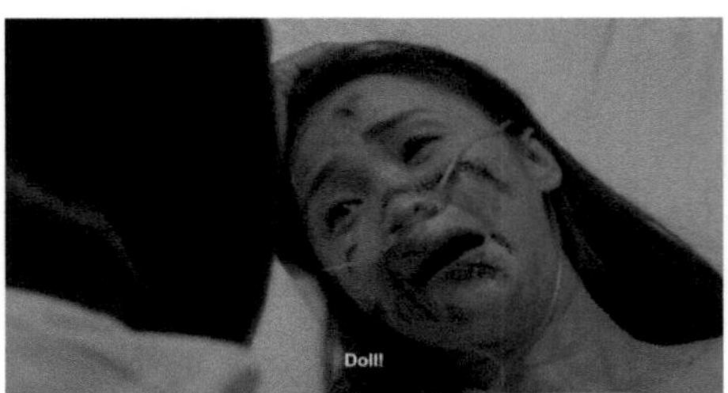

Abb. 320: »Doll!« – Kein Scherz?

Die Puppen sind natürlich am Leben, sagen Sätze wie »Hy, my name is Teresa, and I'm a good girl« und beginnen ihre Eltern zu terrorisieren, später stechen sie dann mit Messern immer wieder zu und es gibt Tote. Wer steckt dahinter und will sich an unseren Protagonisten rächen?

Maria Leonora Teresa setzt stark auf Drama und hat eine ganz interessante Grundidee, die auch passabel umgesetzt wurde. Charakterzeichnung und Dialoge sind allerdings auf dem Niveau einer unterdurchschnittlichen TV-Soap. Die »Puppen« sind Mädchen, auf die man schlechte CGI-Gesichter geklebt hat. Diesen sehr obskuren Film kann man sich schon ansehen, wenn man ihn überhaupt findet, in Soap-Drama-Laune ist und wirklich nichts Besseres auf der Filmliste stehen hat.

★★★☆☆

Besonderheiten: *Keine.*
Creative Killing: *Tod durch 27 Messerstiche ist nicht kreativ.*
Nervige Skeptiker: *Die reiche Mama Faith glaubt ihrer Hausangestellten nicht, dass die Puppe in der Nacht Fotos von ihr mit dem Smartphone gemacht hat.*
Kill Count: *8*

MUNCHIES

1987
Deutscher Titel: Die Munchies
Regie: Tina Hirsch
Drehbuch: Lance Smith
Nennenswerter Cast: Harvey Korman (BLAZING SADDLES, HIGH ANXIETY, HISTORY OF THE WORLD: PART I)
Coole Tagline: ...Just When You Thought it Was Safe to Raid the Fridge!
82 Min.

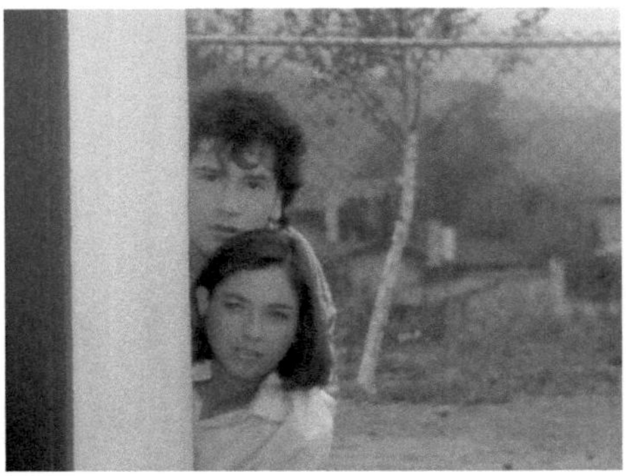

Abb. 321: Nadine Van der Velde war im Jahr zuvor noch in CRITTERS zu sehen – ein Abstieg.

Der etwa 18-jährige Paul würde gerne als Komiker in L.A. durchstarten, langweilt sich aber stattdessen bei Ausgrabungen in einer peruanischen Wüstenlandschaft. Sein Vater Simon (Harvey Korman) ist Archäologe und sucht dort nach Aliens. Simon meint, Paul solle lieber einen anständigen Beruf erlernen. Nach Aliens jagen ist natürlich ein respektableres Unterfangen als Comedy. Und tatsächlich finden Vater und Sohn in einer verlassenen Ruine ein kleines Alien-Männlein. Simon freut sich, denn er will nervigen Skeptikern mit diesem Fund ordentlich eins auswischen und beweisen, dass Aliens existieren und Machu Picchu ein Kontrollturm für UFOs war. Simon sammelt grün leuchtende Flüssigkeit ein, die danach nie wieder im Film vorkommt, und sie nehmen das Alien mit.

Der Vorspann besteht aus beschwingter Musik und bunter Schrift, die »aufgegessen« wird. Damit klar wird, dass es sich hier um eine Komödie handelt und nicht das etwa jemand glaubt, MUNCHIES wäre ein ernsthafter, realistischer Politthriller.

Wieder zu Hause wird das Alien Arnold getauft, und Paul und seine Freundin füttern ihn und geben ihm ein Nackedeiheft. Dabei werden sie von ihrem Nachbar Cecil (Harvey Korman) belauscht, dem zwielichtigen Zwillingsbruder von Simon. Letzterer verschwindet übrigens für den Rest des Films. Der Geschäftsmann Cecil wittert Geld und stiehlt Arnold. Sein nutzloser Hippie-Rockfan-Stiefsohn Dude soll auf das Alien aufpassen. Arnold macht aber Ärger, und als Dude, der sich gerade noch über sein Karma Sorgen gemacht hat, den Kleinen gewaltsam mit einem Billardstock bändigen will, wird anscheinend dessen Survival-Modus aktiviert. Das süße kleine Wesen wird plötzlich gefährlich und kann sich wehren. »Bad energy, man« wird ihm von Dude konstatiert. Da es sich aber um einen anständigen amerikanischen Haushalt handelt, ist die nächste Schrotflinte nicht weit, und Dude schnappt sie sich. Das Schießeisen kann Arnold allerdings nix anhaben, also schneidet Dude ihn in zwei Teile. Auch ein Hippie muss manchmal tun, was ein Hippie tun muss. Statt zu sterben vermehrt sich Arnold und plötzlich sind zwei, dann vier von den Dingern da. Einer von ihnen wird als »Rudy« begrüßt (aber wurde er nicht gerade erst geboren?!), sie sprechen miteinander und klingen wie Stitch in Disneys LILO & STITCH.

Paul und seine Freundin versuchen ab nun die Aliens wieder einzufangen. Die Munchies hüpfen in ein Auto auf eine Spritztour. Sie drängen eine alte Frau von der Straße ab und jagen ihren Wagen in die Luft. Danach terrorisieren sie Biker, Badeinixen, einen Eisladen und am Schluss einen Minigolfplatz.

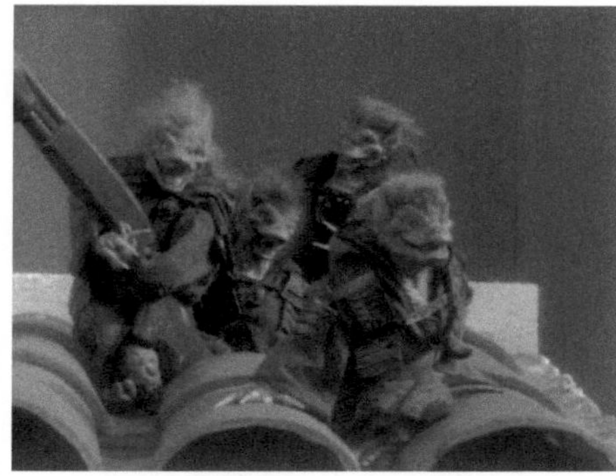

Abb. 322: Aufpassen, der linke hat eine Schrotflinte

Dass die Locations abwechslungsreich sind, ist das beste, was man über diesen Film sagen kann. MUNCHIES ist mehr ein Kinderfilm und bemüht sich sehr, lustig zu sein, aber in den ganzen Szenen und Dialogen ist so gut wie nichts Lustiges dabei. Nicht ein müdes Lächeln kommt hier auf, maximal ein müdes Schmunzeln. Der schmierige, gereizte Cecil, seine hohle Zuckerpuppe, der inkompetente Cop und andere sind auch einfach keine lustigen Figuren. Nicht mal die vielen Szenen mit den kleinen Aliens sind unterhaltsam. Es wird übrigens nicht erklärt, warum »Arnold« in der Ruine auftauchte, diese Szenen wurden leider aus der Endfassung entfernt.

Wenn man wirklich schon ALLE kleinen Monster durch hat, alle Critters, Gremlins und Ghoulies, und immer noch nach mehr schreit, dann kann man sich das mit einer weit nach unten geschraubten Erwartungshaltung vielleicht ansehen. Offensichtlich wollte der bekannte B-Film-Produzent Roger Corman damals einfach mal schnell auf einem Trend mitschwimmen. MUNCHIES ist CRITTERS für Arme, nicht mehr.

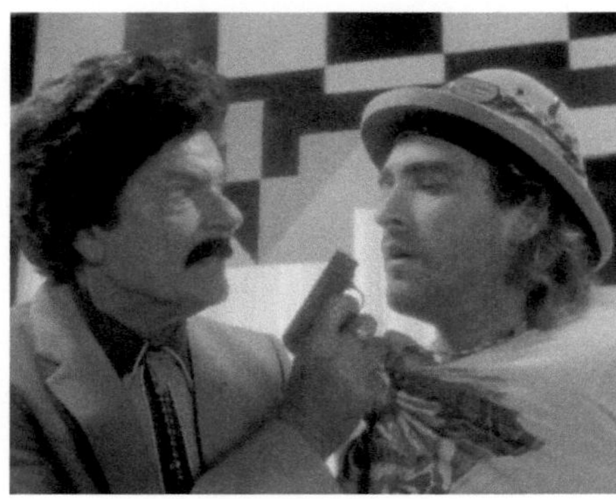

Abb. 323: Bad Vibrations: Cecil und Dude.

★★☆☆☆

Besonderheiten: *Der Wagen, mit dem die Munchies herumdüsen, ist ein Gremlin des ehemaligen US-Autoherstellers AMC. / Bei GREMLINS bedienten fünf Menschen eine Puppe. Bei MUNCHIES bediente ein Mensch zwei Puppen gleichzeitig. / Corman wollte nach MUNCHIES einen Film über Teenager machen, die in einem Haus von Kreaturen attackiert werden, die dem berühmten* facehugger *aus ALIEN ähneln sollten. »Goblins« wurde aber nie produziert.*
Creative Killing: *Nein.*
Nervige Skeptiker: *Keine.*
Kill Count: *0 Menschen und viele Munchies.*

Muñecos infernales

Mexiko 1961
Englischer Titel: The Curse of the Doll People
Regie: Benito Alazraki (Raíces)
Drehbuch: Alfredo Salazar (La momia azteca contra el robot humano [Die Azteken-Mumie gegen den Menschen-Roboter])
82 Min.

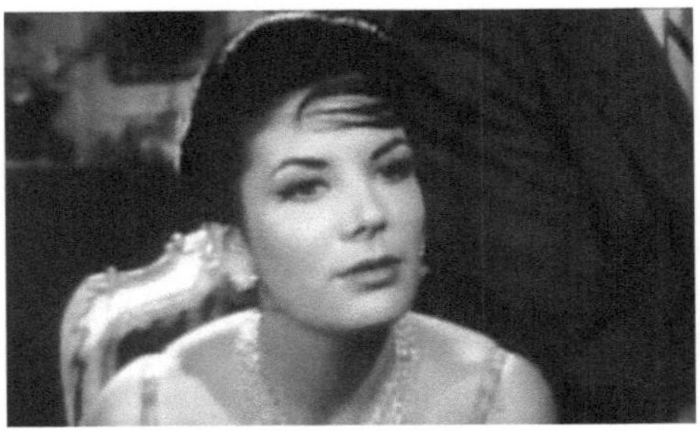

Abb. 324: Klug und schön: Karina.

Karina ist Spezialistin für primitive Völker, deren okkulte Riten und dergleichen. Deswegen werden sie und ihr Mann von einem befreundeten Forscherteam eingeladen, das gerade von Haiti zurückgekehrt ist. Dort wurden sie Zeugen mehrerer Voodoo-Zeremonien bei einem Stamm, der statt Ziegen und Hühnern auch mal Menschen opfert und sich auch Zombiesklaven hält, was ich mir recht praktisch vorstelle. Der Stamm wird von mehreren Hexendoktoren beschützt, dennoch hat es der ältere Forscher, der die Geschichte erzählt, geschafft, eine kleine Götzenstatue zu stehlen. Ein mächtiger Voodoo-Priester schwört insgeheim auf Rache, weil die Fremden ein heiliges Ritual gesehen haben und mit dem Diebstahl der Statue ihren Gott entweiht hätten.

Karina warnt die Herren, dass sie sich den Zorn dieses mächtigen Stammes, der übernatürliche Kräfte haben soll, auf sich gezogen hätten, was natürlich als Aberglaube abgetan wird. Der alte Forscher wollte die Statue einfach unbedingt für seine Kunstsammlung haben und mit Geld war nichts zu machen. Als Actionfigurensammler kann ich das nachvollziehen, auch wenn ich selber noch nie eine Figur gestohlen habe. Die sachkundige Karina erkennt die Statue wieder, ist entsetzt und warnt vor dem Fluch, vor dem sie sich nicht verstecken werden können.

Und so kommt es dann natürlich auch. Plötzlich fällt das Licht aus, die kleine Tochter des Hauses schwört, ihre Puppe sei plötzlich aus dem Bett gehüpft und weggerannt, und schon ist der erste Forscher tot. Der Voodoo-Priester ist den Forschern von Haiti bis in ihre Heimatstadt gefolgt und entpuppt sich im dritten Akt als schlechter Scooby Doo-Bösewicht. Seinen riesigen Zombiediener hat er auch mitgenommen (wahrscheinlich mit Hilfe gefälschter Reisepapiere, oder die Sicherheitsvorkehrungen im Flugverkehr waren damals noch nicht so streng).

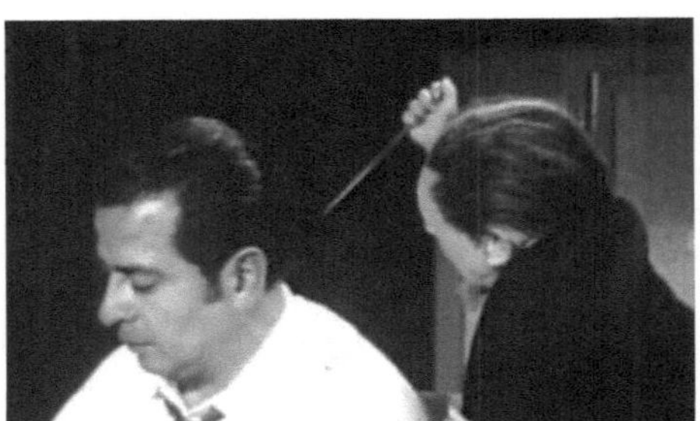

Abb. 325: Es hat sich ausgeforscht!

Es sollen nicht nur die Forscher sterben, sondern alle, die ihnen nahestehen. Dafür kommt ein mächtiger Zauber ins Spiel, bei dem die Seele der Toten aus dem Ursprungskörper entfernt und in eine größere Puppe eingeschleust wird. Die »Puppen« werden sehr offensichtlich von Kleinwüchsigen mit Masken gespielt. Karina warnt alle Skeptiker, dass die Wissenschaftler die Mächte des Voodoos, die sie nicht erklären können, in ihrer Arroganz nicht einfach als lächerlichen Humbug abtun sollen. Selbst als sich die Toten häufen, will man aus Angst vor der Klapsmühle die Polizei nicht einschalten.

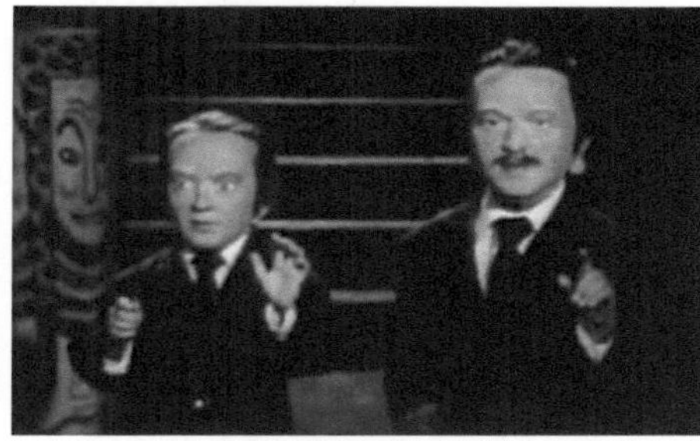

Abb. 326: »Puppen«.

Die Figuren dieses mexikanischen Horrorfilms stellen sich oft ziemlich ungeschickt an. Wenn eine mörderische Zwergenbande hinter mir her wäre, würde ich jedenfalls nicht bei offenem Fenster auf dem Wohnzimmersofa pennen. Und wenn bereits hinlänglich bekannt ist, dass mysteriöse größere Puppen für die vielen Morde verantwortlich sein sollen, würde ich trotz aller Skepsis lieber alle Familienmitglieder und Angestellte des Hauses anwiesen, keine unangefragten Puppenlieferungen von einem übergroßen Zombie entgegenzunehmen. Oder überhaupt generell alle Puppenlieferungen, nur um sicher zu gehen.

Entgegen den Erwartungen an einen Film aus dieser Zeit ist die Hauptfigur eine selbstbewusste und kluge Frau, die den Männern um sich ständig erklärt, was los ist und was am besten zu tun wäre. Sie ist es auch, die sich gegen Ende des Films in die »Höhle des Löwen« wagt, dem Versteck des mächtigen, rachsüchtigen Voodoo-Zauberers. THE CURSE OF THE DOLL PEOPLE ist ein für heutige Sehgewohnheiten stellenweise etwas langsamer Film mit vielen Expositionsdialogen, aber dafür bekommt man ein paar unheimlichere Szenen mit den Mörder-*midgets* und ziemlich viele Tote. Natürlich gibt es aber – auch abseits der Klassiker – einige bessere Schwarz/Weiß-Horrorfilme aus dieser Zeit.

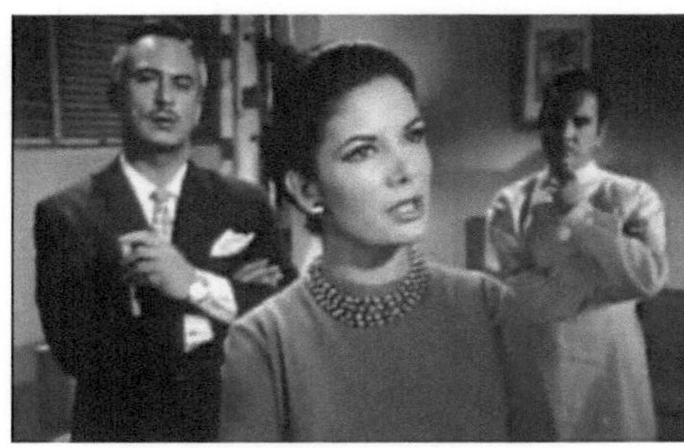

Abb. 327: Die Herren lauschen gespannt, denn Karina ist ihnen intellektuell überlegen.

★★★☆☆

Besonderheiten: *Die englische Fassung ist schlecht synchronisiert.*
Creative Killing: *Tod durch Furcht.*
Nervige Skeptiker: *Karinas Mann ist ein Logiker und glaubt nicht an Voodoo. / Einer der Forscher tut sich besonders hervor mit nervig-skeptischen Kommentaren.*
Kill Count: *9 (1 off camera und ein paar »Doll People«)*

Der Nachtmahr

Deutschland 2016
Drehbuch und Regie: Akiz (Das wilde Leben)
92 Min.

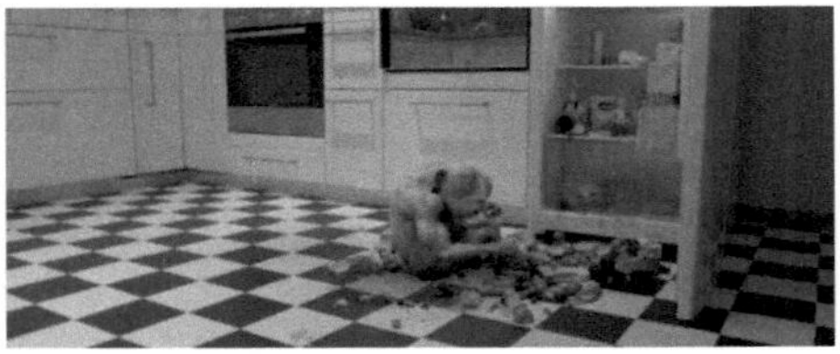

Abb. 328: Gestatten, ich bin der Nachtmahr.

Es ist Sommer in Berlin, Tina steht kurz vorm Abitur und total auf Adam, einen hässlichen Typen mit lila Haaren. Zusätzlich zum typischen Teenager-Stress hat sie aber größere Probleme: Tina geht regelmäßig zu einem Neurologen und wandelt ständig am Rande des Nervenzusammenbruchs. Immer wieder sieht sie ein kleines Gollum-ähnliches Wesen mit großen, halbgeschlossenen Augen. Wenn sie es ihren Eltern zeigen will, ist es verschwunden.

Tina ist Teil einer Clique, die ständig auf Partys und in Clubs geht und Drogen nimmt. Diese »Feierlichkeiten« werden von furchtbarer, lauter Technomucke und Stroboskopeffekten dominiert. Entspringt das Wesen also nur Tinas von Drogen angeheizter Fantasie, oder erleidet sie gar einen kompletten mentalen Absturz? Zwischen dem Teeny und dem »Viech« besteht eine Art Verbindung – wenn einem etwas passiert, fühlen beide denselben Schmerz. Irgendwann arrangiert sich Tina mit dem ungebetenen Gast. Er attackiert niemals, sie füttert ihn sogar und sieht fern mit ihm. Währenddessen distanziert sich Tinas Clique von ihr, da ihr Verhalten immer sonderbarer wird.

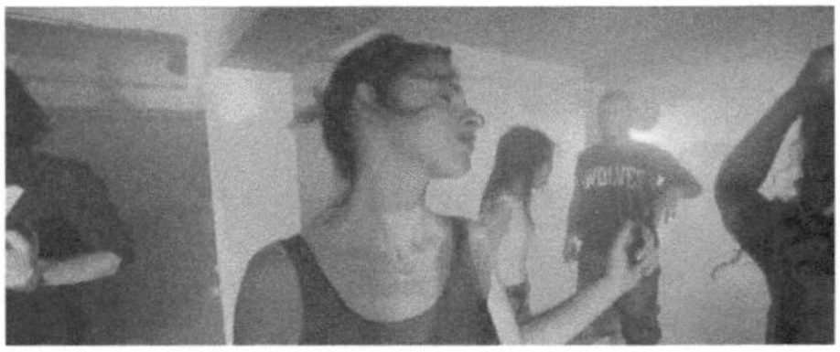

Abb. 329: Ich bin jung und schmeiß mich weg. Disco Party, dingelingeling.

Das Mysterium um das eigenartige Viech bildet das Zentrum des Films, und das Interesse wird fast ständig wachgehalten. Wir wollen wissen, was es mit dem Wesen auf sich hat und woher es kommt. Leider gibt es keine Antworten, und der Interpretationsspielraum ist viel zu groß – ist es ein echtes Monster und wenn ja, woher kommt es? Sind das nur von Drogen verursachte Halluzinationen oder handelt es sich gar eine manifestierte Psychose? Dem Hollywoodfilm wird oft vorgeworfen, dass er zu viel erklärt. Warum gehen Filmemacher dann aber oft absichtlich in die genau andere Richtung und erklären zu wenig? Es mag Geschmacksache sein, aber besser ist diese Herangehensweise für mich auf keinen Fall.

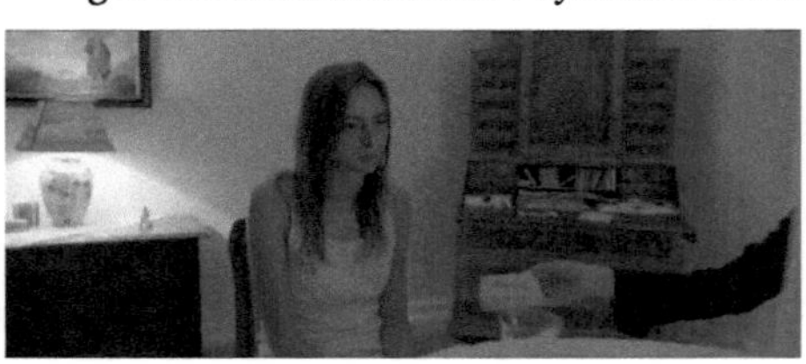

Abb. 330: Der Versuch einer Geschenkübergabe trifft auf Resignationslevel 2000.

Statt Monsterattacken gibt es visuelle und vor allem akustische Attacken auf den Zuseher: Die Techno-Mucke ist wirklich unerträglich und irre laut. Und damit der Film nicht nur auf akustischer Ebene unerträglich ist, flackern viele Epilepsie-Lichter durchs Bild. Wenn wir aus gesundheitlichen Bedenken mal nicht die Augen zukneifen oder wegsehen, gibt ein paar schöne Bilder, aber dann leider ein Antiklimax-Ende.

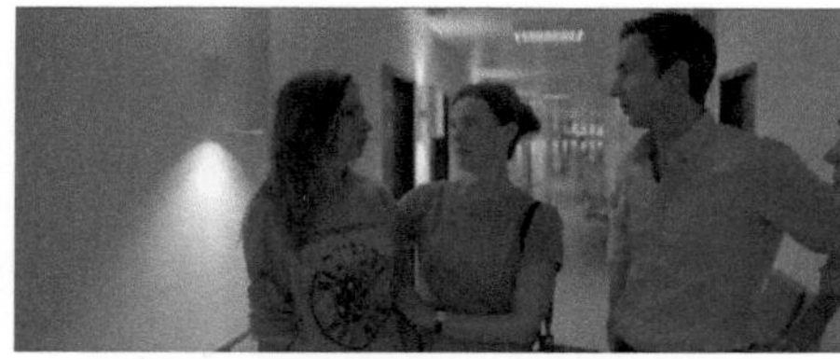

Abb. 331: Jetzt reicht's, ab in die Klapse mit dir!

Der Nachtmahr ist unerfrischend anders und kein befriedigendes Ganzes, sondern von allem nur ein bisschen: Ein bisschen *trippy*, ein bisschen surreal, ein bisschen beängstigend, ein bisschen Teenie-Drama, ein bisschen Mystery-Horror. Dem Herrn Verleger gefiel der Film deutlich besser als mir (»recht gut«), trotzdem merkte er ganz richtig an: »Wenn das Tier in der Ecke sitzt und sie mit dem Handy spielt, könnt' sie's ja auch fotografieren, nicht?«

Wer weiß: Wenn ich in meinen Jugendjahren mit einer oberflächlichen befreundeten Crew viel auf schlechten Drogenpartys oder in Clubs gegangen wäre oder irgendwelche ernsthaften psychischen Probleme gehabt hätte, würde ich vielleicht mehr Verbindung zu diesem eigenartigen Werk haben und eine Drei statt einer Zwei vergeben.

★★☆☆☆

Besonderheiten: *Der Film warnt eingangs vor den Lichteffekten und der Musik, empfiehlt dann aber trotzdem, den Ton laut aufzudrehen. So als ob das Ganze als Herz-Kreislauf-Test gedacht wäre.*
Creative Killing: *Nein.*
Nervige Skeptiker: *Die Eltern, bis zu einem gewissen Grad.*
Kill Count: *Soll nicht verraten werden.*

NIGHT OF THE CREEPS

1986
Deutscher Titel: DIE NACHT DER CREEPS
Drehbuch und Regie: Fred Dekker (THE MONSTER SQUAD, ROBOCOP 3, THE PREDATOR [2018, nur Drehbuch])
Nennenswerter Cast: Tom Atkins (MANIAC COP, HALLOWEEN III: SEASON OF THE WITCH, THE FOG, MY BLOODY VALENTINE, LETHAL WEAPON), Gastauftritt von Dick Miller (A BUCKET OF BLOOD und Mr. Gastauftritt persönlich in *allen* Filmen von Joe Dante sowie in TERMINATOR und frühen Roger Corman-Produktionen)
Coole Tagline: The good news is your dates are here. The bad news is... they're dead.
90 Min. (Director's Cut)

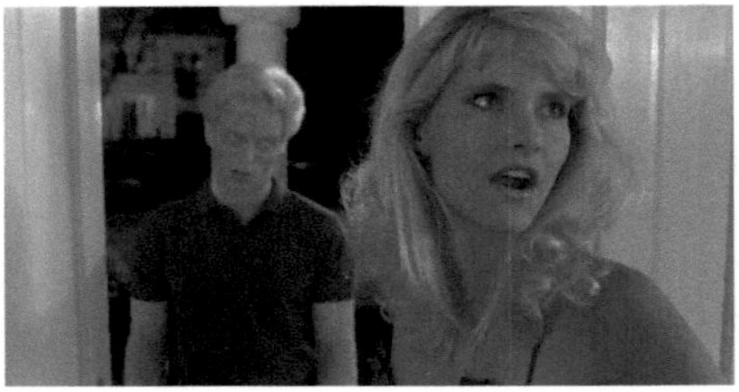

Abb. 332: Kennt wer von euch 'nen Zombie?

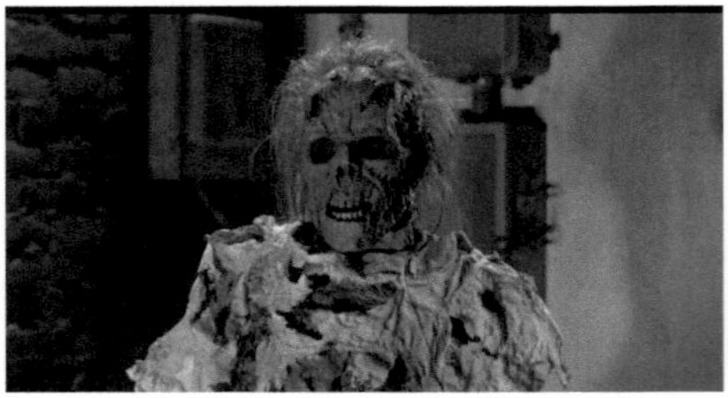

Abb. 333: This is thriller night.

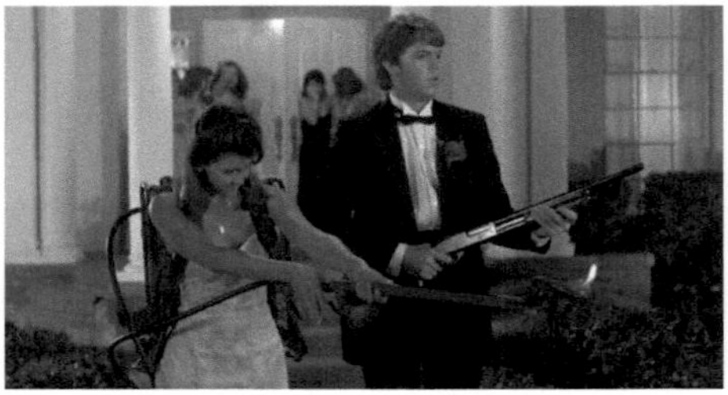

Abb. 334: Gemeinsame Erlebnisse schweißen zusammen.

Ende der 1950er landet ein von einem Raumschiff geschleuderter Alienorganismus auf der Erde und hüpft einem Collegestudenten in den Mund. Mitte der 1980er begleiten wir zwei Nerds, die gerade ihr Studium begonnen haben. Einer von ihnen möchte bei einem Mädchen landen und will deshalb in die Studentenverbindung der coolen Kids aufgenommen werden. Dafür muss er aber zuerst eine Leiche stehlen, um einer anderen Verbindung damit einen Streich zu spielen. Blöderweise sucht er sich die tiefgefrorene Leiche des Typen aus den 50ern aus und befreit unabsichtlich einen Schwarm von Alienparasiten. Die pfeilschnellen kleinen Schnecken-Würmer nutzen Menschen als Wirtskörper, indem sie ihnen in den Mund hüpfen und sie in Zombies verwandeln. Die coolen Kids verwandeln sich in uncoole Zombies und sollen mit Schrotflinte und Flammenwerfer besiegt werden.

NIGHT OF THE CREEPS hat einen gewissen Kultstatus und ist auch halbwegs unterhaltsam. Ich verstehe, dass man ihn, wie seine zwei Hauptfiguren, als liebenswert empfindet. Mir ist aber nicht ganz klar, warum er eine anscheinend so große Fanbase hat. Der eher unspektakuläre Film zieht sich ziemlich, obwohl er nur eineinhalb Stunden lang ist, und hat wenige Effekte. Dafür, dass er als Komödie angelegt ist, gibt es nicht viel zu lachen. Die sympathischste

Figur begeht Suizid, und der von Tom Atkins gespielte depressive Detective probiert dasselbe.

Gedacht war das Ganze wohl als Hommage an die billigen B-Filme der 50er. Es gibt einen Verweis auf Roger Corman, und die Hauptdarsteller und einige Nebendarsteller teilen sich außerdem die Nachnamen mit berühmten Horrorregisseuren wie Cronenberg, Romero, Raimi und DePalma. Außer diesem ganzen »Augenzwinkern« hat NIGHT OF THE CREEPS nicht viel zu bieten. Die Gefahr geht eher von den Zombies als von den Würmern aus, also ist der Film auch als *tiny horror* kaum empfehlenswert.

★★★☆☆

Besonderheiten: *Keine.*
Creative Killing: *Nein.*
Nervige Skeptiker: *Keine.*
Kill Count: *Ein paar Menschen off camera, dazu viele Zombies und Raketenschnecken.*

Ooga Booga

2013
Regie: Charles Band (Parasite [Seite 289], Trancers, Meridian, Head of the Family, Hideous! [Seite 213], Blood Dolls [Seite 62], Doll Graveyard [Seite 140], Evil Bong, The Gingerdead Man [Seite 188], Dangerous Worry Dolls [Seite 108], Killer Eye: Halloween Haunt [Seite 243], Puppet Master X: Axis Rising [Seite 330], Puppet Master: Axis Termination [Seite 333])
Drehbuch: Kent Roudebush (Killer Eye: Halloween Haunt [Seite 243])
Nennenswerter Cast: Gastauftritte von Karen Black (Trilogy of Terror [Seite 400], Five Easy Pieces, Burnt Offerings, The Great Gatsby [1974], Family Plot, Invaders from Mars [1986], Airport 1975, The Outfit, The Day of the Locust) und Stacy Keach (Fat City, *Mike Hammer*, Long Riders, Up in Smoke, The New Centurions, The Bourne Legacy, Body Bags [Seite 68])
Coole Tagline: Beyond Django...
87 Min.

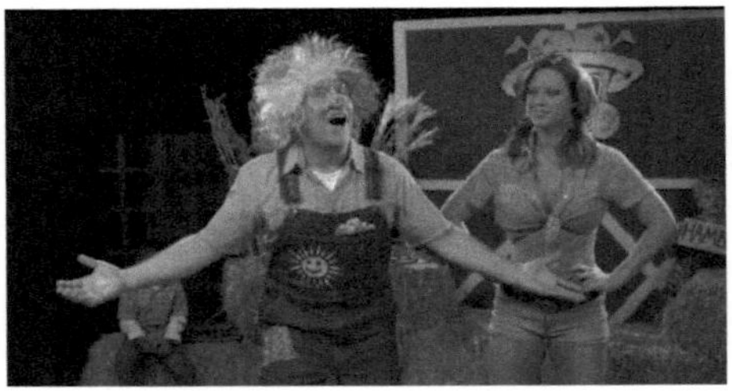

Abb. 335: Kinderfernsehen à la Full Moon.

Devin ist ein sympathischer, freundlicher Schwarzer, der gerade seine Arztprüfung bestanden hat und mit seiner Freundin in eine schöne Zukunft blickt. Er besucht einen Alkoholiker-Freund, der als Fernsehclown mit Schweinenase scheiterte und nun auf seinem zweiten Karriereweg höchst idiotische Puppen verkaufen will.[49] Von ihm erhält Devin Ooga Booga, der einen Afrikaner darstellen soll, komplett mit Speer und einem Knochen in der Nase. Eines Tages ist Devin zur falschen Zeit am falschen Ort und wird von einem rassistischen, reaktionären Cop erschossen. Er schafft es, seinen Geist in die Puppe zu transferieren und will sich jetzt zusammen mit seiner Freundin an dem Polizisten rächen.

Die Ooga Booga-Puppe hatte ihren ersten Auftritt in Doll Graveyard (*Seite 140*), weshalb Ooga Booga auch als Spinoff-Film verstanden wird. Die Geschichten der zwei Filme sind allerdings komplett unabhängig voneinander.

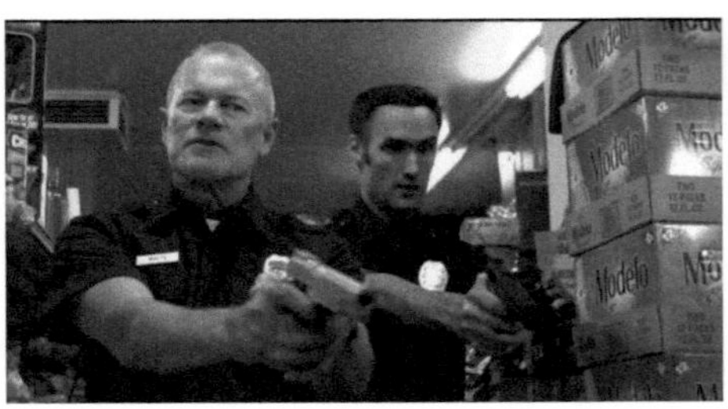

Abb. 336: Er sieht einen Schwarzen und ist im Police Brutality-Modus: Officer White. Man hätte ihn auch Officer Richard Racist nennen können. Oder Officer Whitey Powers.

Die Idee, dass ein Totgeglaubter in Puppenform wieder zu seiner Geliebten zurückkehrt, sowie die Frage, wie die Reaktion darauf aussieht und das Paar damit umgeht, wäre ein interessanter Stoff. Zu niemandes Überraschung hat aber Ooga Booga daran weniger Interesse. Der Film ist eine eigenartige Mischung aus Ernsthaft-Dramatischem und Lächerlichem, aus Horror und

[49] Die idiotischen Puppen, zu denen auch »Crack Whore« und »Butt Pirate« gehören, kann man im Online-Shop der Produktionsfirma Full Moon kaufen. Ein 6er-Set kostete 2016 in einem Sonderangebot statt 240$ nur 150$. Hey, irgendwo muss das Geld für diesen unterhaltsamen Blödsinn ja herkommen.

viel kindischem *low brow*-Humor, den man sich wahrscheinlich erwartet, wenn man den Titel des Films liest. Ordinäre Gags und eine weitreichende rassistische Verschwörung – beides im selben Film. Die Szene, in der sich der kleine Ooga Booga zu seiner duschenden Freundin einen runterholt, wäre vielleicht für die kindischen unter uns (und da gehöre ich dazu) lustiger gewesen, wenn diese Freundin nicht kurz vorher von einer Dreierbande vergewaltigt worden wäre.

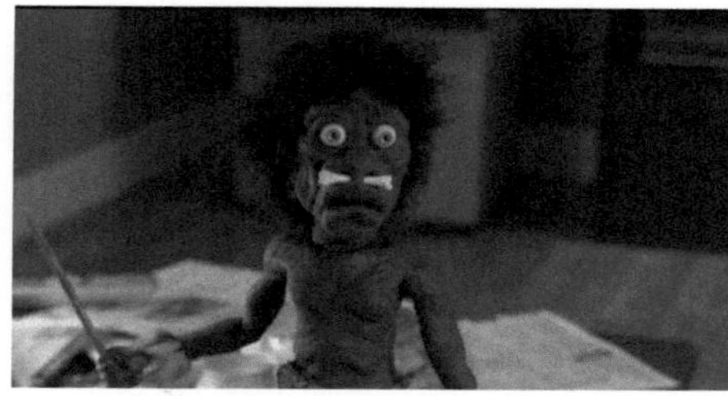

Abb. 337: Ooga Booga Booga!

In einem *Behind the Scenes*-Video[50] sagt Band: »Something different is always what appeals most to me as a filmmaker." Er habe schon etliche Killerpuppen-Filme gemacht, aber OOGA BOOGA sei mal was Neues! Ich finde auch, dass, wenn Charles Band schon Pornodarstellerinnen (wie »Siri«) in seinen Filmen castet, er in Zukunft wirklich heiße Darstellerinnen verwenden sollte. Aber die sind wahrscheinlich zu teuer. Obwohl bekanntlich viele *adult performer* in »seriöseren« Filmen mitspielen wollen. Filme wie OOGA BOOGA und EVIL BONG II: KING BONG bedeuten gegenüber BLOWJOB WINNER 15 oder FUCK MY TITS 7 karrieretechnisch schon einen Aufstieg.

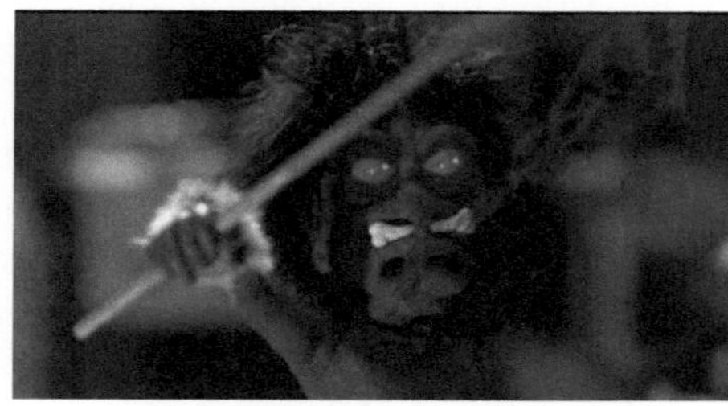

Abb. 338: Gewalt erzeugt Gewalt...

Einige Exploitationfilme der 1970er (aber auch danach) machten Rassismus oft reißerisch zum Thema, vor allem Blaxploitationfilme. Man kann daher OOGA BOOGA auch als modernen Exploitationfilm sehen, der »ethnische Spannungen« für seine schwarzhumorige Horrorhandlung verwendet. Die Figuren bestehen fast ausschließlich aus positiv dargestellten Schwarzen und vielen rassistischen, negativ dargestellten Weißen. Eine Vertreterin der zweiten Gruppe ist die für die Handlung des Films völlig überflüssige Nebenrolle der Mrs. Allardyce, gespielt von Karen Black, die wir aus dem Fernsehfilm TRILOGY OF TERROR (*Seite 400*) kennen, der ganz offensichtlich als Inspiration gedient hat. »I saw this on the TV« sagt Karen Black, als Ooga Booga sie angreift, und auch die einprägsame letzte Einstellung von TRILOGY OF TERROR wird visuell zitiert.

Mit Stacy Keach als korruptem Richter hat der Film einen weiteren prominenten Nebendarsteller zu bieten. Der Richter deckt den Polizisten, der für ihn die Straßen »von dem schwarzen

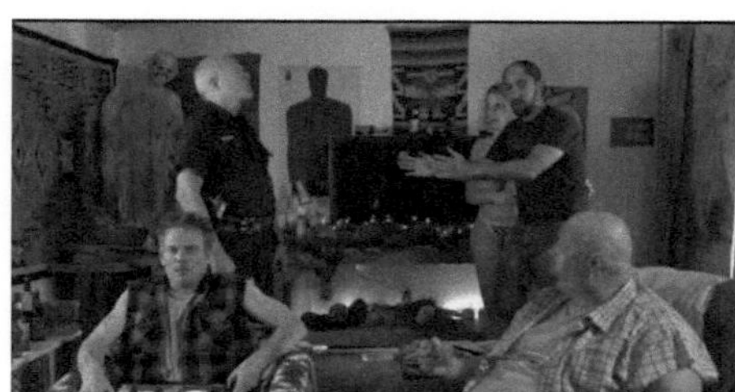

Abb. 339: Weißer Abschaum, wohin man auch sieht.

[50] Full Moon-Fans ist das Format »Videozone« bekannt.

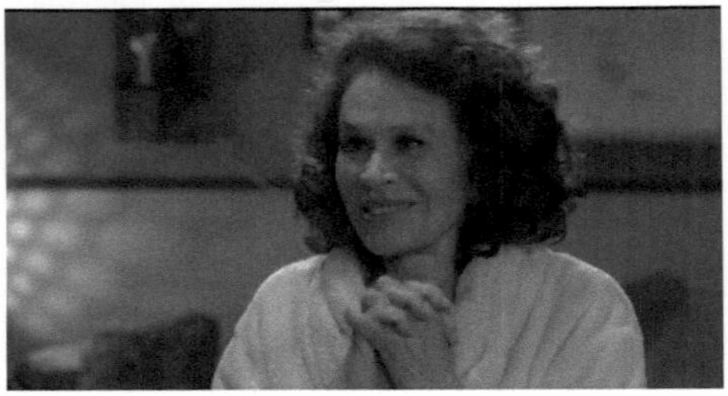

Abb. 340: Karen Black freut sich, dass sie auch mitmachen darf.

Gesocks säubern« soll. Außerdem arbeitet die erwähnte Dreierbande für ihn, die Geld mit Drogen und Prostitution macht.

In typischer Exploitation-Manier erschien Ooga Booga nur elf Wochen nach Quentin Tarantinos oscargekröntem Westernepos DJANGO UNCHAINED. Beide Filme haben das Sujet »Gewalt eines Schwarzen gegen weiße Rassisten«, und OOGA BOOGA wurde mit »Beyond Django…« und »Racists, Beware!« beworben. Schön, dass eines von Tarantinos Meisterwerken Charles Band zu einem der »besondereren« Filme seiner aktuelleren Karriere inspiriert hat. OOGA BOOGA ist natürlich kein guter Film, aber stellenweise echt unterhaltsam und für den Trashliebhaber sicher kein Griff ins Klo – von Full Moon hat man schon sehr viel Schlechteres gesehen.

Wenigstens ist die Handlung selbst in den billigsten und schlechtesten Full Moon-Produktionen stets kohärent, und man kann der Geschichte sehr einfach folgen. Es ist nämlich überraschend, wie viele Filme in der DTV-Welt ihr geringes Budget und die damit verbundenen geringen Schauwerte mit einer unnötig überladenen und komplexen Handlung wieder wettmachen wollen. Nicht so bei Full Moon und Charles Band. Wer seinen Filmen nicht folgen kann, muss völlig ooga booga sein.

Das lustigste Zitat des Films will ich Euch auch nicht vorenthalten: »It's spearchucky!« – eine Kombination aus dem rassistischen Schimpfwort »spearchucker« und Chucky.

★★☆☆☆

Besonderheiten: *Einer der letzten Filmauftritte von Karen Black. / Internetlegende Maddox (»The Best Page in the Universe«) spielt den Anführer der Dreierbande.*
Creative Killing: *Fehlanzeige.*
Nervige Skeptiker: *Keine.*
Kill Count: *9 (5 von Ooga Booga)*

Papi Gudia

Indien 1996
Übersetzung des Titels: »Sündige Puppe«
Regie: Lawrence D'Souza (Saajan)
Drehbuch: Talat Rekhi
Nennenswerter Cast: Karisma Kapoor (Andaz Apna Apna, Dil To Pagal Hai [Mein Herz spielt verrückt], Raja Hindustani)
131 Min.

Chucky, pass auf: Jetzt kommt Channi! Inspektor Yadav ist unter Druck: Vor der Polizeistation wird protestiert, weil immer wieder Nachwuchs gekidnappt wird. Komischerweise passiert das immer bei Vollmond, die entführten Kinder stammen aus eher armen Familien, und es wurde nie Schutzgeld verlangt.

Andernorts beobachtet Channi, ein Mann mit starrem Blick, Kinder beim Spielen. Die bedrohliche Musik und seine grindigen Dreadlocks machen uns klar: Das ist der Bösewicht. Zwölf Kinder hat er bereits an zwölf Vollmonden geopfert. Nur noch ein Kind muss sterben, dann kann er mit seiner schwarzen Magie die Welt beherrschen. Doch blöderweise gibt eine Bettlerin nach einem Kidnappingversuch der Polizei eine Täterbeschreibung.

Spätabends wird Channi ausgerechnet dann, als er gerade das letzte, kleine Kind in seinem Sack herumträgt, zufällig von Yadav auf der Straße angesprochen und um Feuer gefragt. Als Yadav ihn dank des Fahndungsfotos erkennt, gibt er Channi selber welches – mit seiner Pistole. Dieser wirft das Kind auf den Inspektor und flieht. Nach einem Schusswechsel schleppt sich Channi blutend in einen Spielzeugladen. Erinnert Euch das jetzt auch an irgendeinen anderen Film? Weitere Kugeln treffen den Bösewicht, und er geht zu Boden. Er schnappt sich eine gewöhnliche Mädchenpuppe, legt ihr die Hand auf und sagt einen Zauberspruch. Es blitzt und donnert und Channi überträgt seine Seele in das Plastikding, worauf eine gewaltige Explosion folgt. OK, jetzt bin ich mir sicher, dass ich das irgendwo schon mal gesehen habe. Die rosa Lichteffekte bei der Seelenübertragung sind aber neu.

Das zuletzt entführte, jetzt wieder befreite Kind ist der zehnjährige Raju, den die Angelegenheit kalt lässt – er ist in keiner Weise traumatisiert[51]. Er wird zu seiner Schwester Karishma (Karisma Kapoor) gebracht, eine semi-erfolgreiche Tänzerin, die ihn alleine großzieht. Weil der kleine Raju so tapfer war, kauft sie ihm die Channi-Puppe von einem Straßenhändler. Also macht Karishma denselben Fehler wie die Mama in Child's Play, nämlich dass sie nicht von einem lizensierten Händler mit Geld-zurück-Garantie kauft, sondern lieber Second-Hand bei einem etwas zwielichtigen

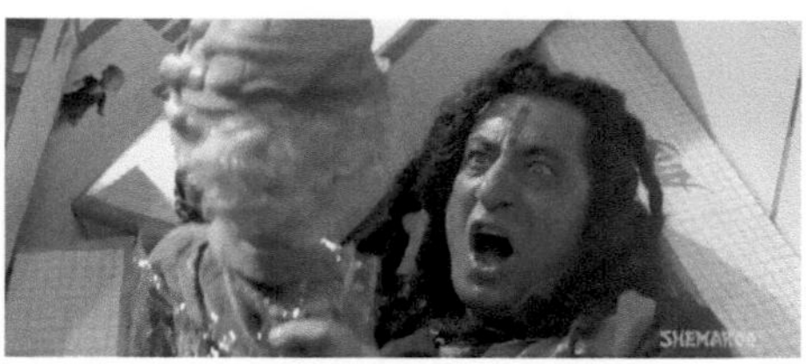

Abb. 341: Déjà-vu.

[51] Oder einfach ein sauschlechter Kinderschauspieler.

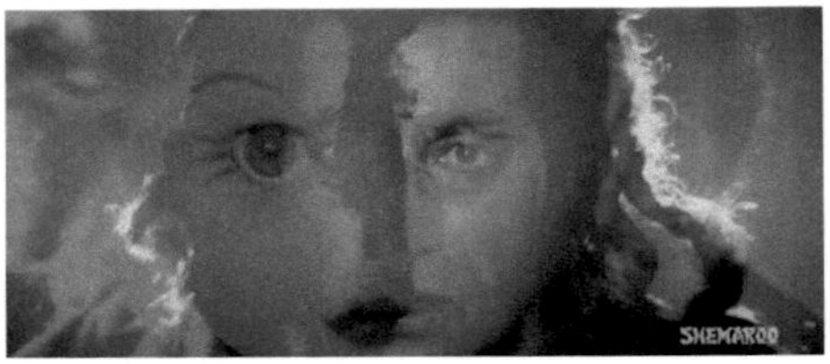

Abb. 342: Falls es jemand in der ganzen Aufregung übersehen hat oder bei der Szene Samosa holen war: Channi ist in der Puppe.

Straßenhändler. Der Schnäppchenjäger wird zum Schnäppchengejagten. Also ich wäre absolut bereit, etwas mehr Geld für Spielzeug auszugeben, um dafür dann *nicht* davon attackiert zu werden. Aber jeder ist bekanntlich seines eigenen Glückes Schmied.

Karishma hat eine wichtige Show zu absolvieren, und wir bekommen die erste Musiknummer des Films. Ihre Freundin Mona babysittet Raju und wird von dessen neuer Puppe aus dem Fenster geworfen. Das ruft den zweiten Polizeiinspektor des Films auf den Plan: Vijay, der gerne allen seine Brusthaare ins Gesicht hält. Er findet kleine Fußspuren im Mehl und Raju meint, Channi hätte Mona nicht gemocht (genau wie bei CHILD'S PLAY).

Vijay hatte einst ein Verhältnis mit Karishma, bis sein reicher Vater sie abwies. Sein Sohn solle einmal eine Frau aus gutem, wohlhabenden Haus heiraten, nicht eine alleinerziehende Tänzerin, die seiner nicht würdig sei. Gefühle von damals kommen wieder empor, und Vijay erinnert sich daran, wie er Karishma einst im Musical-Stil bezirzt hat, was zur nächsten Musiknummer führt. Auf Wunsch von Channi fährt Raju am nächsten Morgen, anstatt in die Schule zu gehen, mit dem Bus zum Haus von Inspektor Yadav, den Channi mit dem selben Trick erledigt wie Chucky seinen Komplizen in CHILD'S PLAY.

Dann gibt es auch schon die nächste Musiknummer. Die »Karishma Musical Night« wird diesmal gesponsert von »Maharaja Whiteline«. Wenn der Maharadscha glänzende Zähne will, dann greift er ausschließlich zu Maharaja Whiteline. Jawohl, Maharaja Whiteline – dann klappt es auch mit dem Nachbarn aus der höheren Kaste! Während der Show sagt Channi zu Raju, dass er wieder abhauen will. Diesmal rächt er sich an der Bettlerin, die ihn erkannt und bei der Polizei verpfiffen hat. Karishmas Lied dauert so lange, dass es immer noch nicht fertig ist, als sich Raju und Channi nach ihrem Ausflug wieder hinsetzen.

Es ist bereits der dritte Mord innerhalb von kurzer Zeit, bei dem Raju immer ganz in der Nähe war. Deshalb möchte die Polizei ein oder zwei Augen auf ihn werfen, und er zieht vorübergehend in eine ihrer Zellen, wo er der Kleine gesiebte Luft atmen darf. Im nächsten Lied geht es darum, wie sehr sich Bruder und Schwester lieb haben.

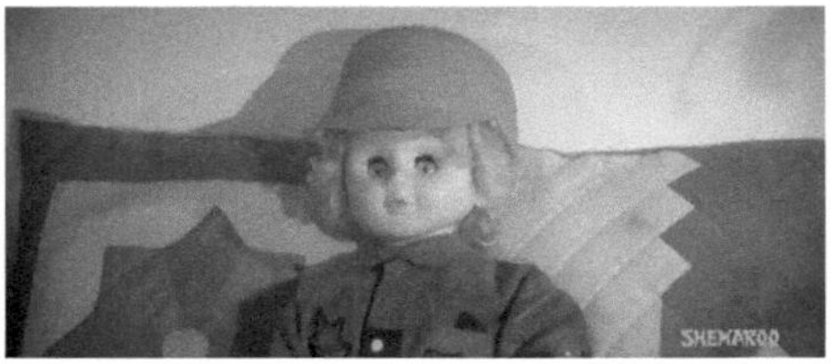

Abb. 343: Das Böse hat viele Gesichter. Auch dieses.

Zu Hause findet Karishma (wie bei CHILD'S PLAY, *gähn*) Batterien, die noch eingeschweißt in Channis Verpackung liegen. Und damit es auch wirklich jeder Grenzdebile oder halb Eingeschlafene kapiert, fragt sie sich laut, wie denn die Puppe ohne Batterien sprechen kann. Vijay glaubt Karishma nicht, die in die Slums geht um nach dem Typen zu suchen, der ihr die Puppe verkauft hat. Dort entgeht sie, noch viel knapper als die Mama in CHILD'S PLAY, einer Gruppenvergewaltigung. Vijay springt ins Bild, packt sein indisches Kung Fu aus und erledigt so die Angreifer.

Nachdem das erledigt ist, lässt Vijay den Romantiker raushängen: Er sei nur deshalb Polizist geworden, um nach ihr suchen zu können. Welche Frau würde bei so einer Info, und dem schönen Brustfell obendrein noch, nicht weiche Knie kriegen? Es wird natürlich wieder gesungen, diesmal über Verlangen und ihre Liebe zueinander.

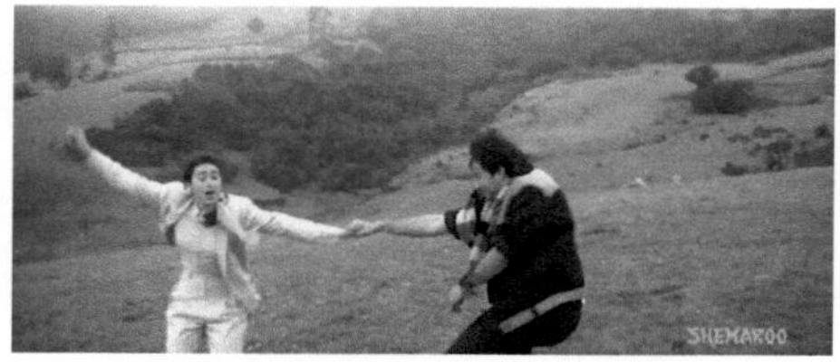

Abb. 344: The hills are alive with the sound of sitars.

Haben die beiden jetzt durch die Kraft der Liebe genug Energie geschöpft, um Puppen-Channi besiegen tu können? Dieser attackiert Vijay beim Autofahren mit Seil und Messer. Im Finale finden sich unsere Helden plötzlich in einer Kirche wieder, und christliche Heiligenstatuen schießen Laserstrahlen auf den bösen Channi, der sich wieder in einen Menschen – allerdings in einen mit dunklen Zaubertricks – verwandelt hat. Möge die Macht des Herrn ihn niederstrecken!

PAPI GUDIA ist genau so schön einfach gestrickt wie CHILD'S PLAY, lässt sich aber mit seiner Laufzeit von 131 Minuten viel mehr Zeit für alles, so auch für Channis Vorgeschichte und das Ermittlungsverfahren der Polizei. Überlänge, katastrophale Effekte, für die Narration völlig überflüssige Sing- und Tanzeinlagen und theatrales Schauspiel verstehen sich bei einem Bollywoodfilm von 1996 wahrscheinlich von selbst.

Bei dem ganzen Singen, Tanzen und der Liebesgeschichte gerät die Puppengeschichte etwas ins Hintertreffen. Channi hat außerdem nicht so ein cooles Design wie die Good Guy-Puppe, in der Chucky haust, sondern ist eine stinkgewöhnliche Mädchenpuppe. Sie sieht aus, als könnte sie aus einem dieser Krempelläden kommen, die auch »Polystation 3«-Konsolen und »Robertcop«-Figuren verkaufen.

PAPI GUDIA kommt aber mit ebenso viel Verve daher wie ZAPATLELA 2, der zweite indische Film in diesem Buch (*Seite 431*). Im Gegensatz zu dem hat er allerdings keinen furchtbaren Humor, mit dem man vorschlaghammermäßig bearbeitet wird. Dafür ist es wirklich erstaunlich, wie viel diese schamlose Nachmache von CHILD'S PLAY – bis hin zu Details – »übernommen«, also einfach geklaut hat. Wem also in der Chucky-Story schon immer singende und tanzende Inder abgegangen sind und eine kleine Liebesgeschichte, für den ist PAPI GUDIA perfekt.

★★★☆☆

Besonderheiten: *Schamlose, indische Nachahmung von* CHILD'S PLAY. */ Der Film kann sich nicht entscheiden, ob Raju sechs oder zehn Jahre alt ist. Vielleicht ist beim Copy&Paste aus dem ersten Chucky-Film fälschlicherweise das Alter des kleinen Andy übernommen worden.*
Creative Killing: *(Spoiler) Ein mit einem großen Kreuz von Gott höchstpersönlich ausgeführter Kill.*
Nervige Skeptiker: *Karishma glaubt Raju nicht, dass die Puppe mit ihm spricht, usw. Sie verhängt sogar Hausarrest. Später nervt Vijay, als er Karishma nicht glauben will, dass die Puppe böse ist.*
Kill Count: *6 (1 off camera)*

PARASITE

1982
Deutscher Titel: KILLERPARASIT
Regie: Charles Band (TRANCERS, MERIDIAN, HEAD OF THE FAMILY, BLOOD DOLLS [Seite 62], HIDEOUS! [Seite 213], DOLL GRAVEYARD [Seite 140], THE GINGERDEAD MAN [Seite 188], EVIL BONG, DANGEROUS WORRY DOLLS [Seite 108], KILLER EYE: HALLOWEEN HAUNT [Seite 243], PUPPET MASTER X: AXIS RISING [Seite 330], OOGA BOOGA [Seite 282], PUPPET MASTER: AXIS TERMINATION [Seite 333])
Drehbuch: Alan J. Adler (METALSTORM: THE DESTRUCTION OF JARED-SYN), Michael Shoob, Frank Levering
Nennenswerter Cast: Demi Moore (A FEW GOOD MEN, GHOST, MR. BROOKS, G.I. JANE, INDECENT PROPOSAL, DISCLOSURE, STRIPTEASE, FLAWLESS [2007], ST. ELMO'S FIRE)
Coole Tagline: The First Futuristic Monster Movie in 3-D!
85 Min.

In der postapokalyptischen Zukunft der 1990er ist nach einer Nuklearkatastrophe das Leben hart, düster und einsamer geworden. Die Benzinpreise sind explodiert, nur Silbermünzen und Waren werden als Zahlungsmittel akzeptiert. Paul hat als Arzt für die Regierung gearbeitet und im guten Gewissen für irgendein Projekt einen Parasiten erschaffen. Doch als er erfährt, dass die Mächtigen seine Kreation missbrauchen und Leute damit infizieren wollen, flieht er vor ihnen. Durch einen Unfall trägt Paul selber den Parasiten in sich, den einzigen anderen existierenden hat er in einem Metallkanister immer mit dabei.

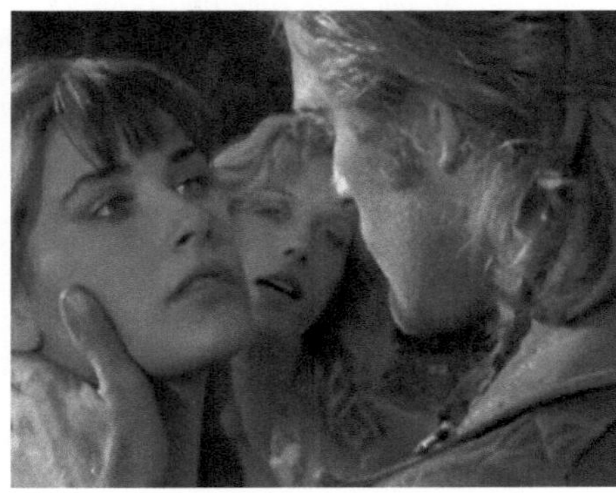

Abb. 345: Demi Moore.

Er flüchtet in eine winzige Stadt in einer Wüsteneinöde, wo er erforschen will, wie man den Parasiten zerstören kann. Ein Regierungsagent mit einer kleinen Laserpistole ist Paul dicht auf den Fersen. Dieser stößt auf eine Bande von Punks, die ihn verprügeln und bestehlen. Patricia (Demi Moore) trifft auf den verwundeten Paul und hilft ihm. Die Punks haben auch den Kanisterparasiten gestohlen, was ihnen aber zum Verhängnis wird. Der Parasit wird freigelassen, und bald gibt es Tote. In seiner größeren Form ist der Parasit einfach nur ein dicker Wurm mit vielen Reißzähnen.

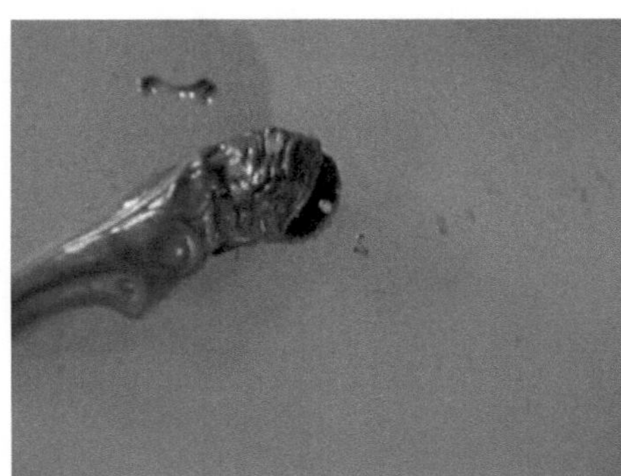

Abb. 346: Der Parasit spuckt von der Decke ...in 3D!

PARASITE ist ein ultrabilliger, dreckiger kleiner Streifen aus der frühen Schaffensphase von Charles Band und alles andere als etwas

Besonderes. Das Tempo ist viel zu langsam und Handlung ist kaum vorhanden. Immerhin gibt es ein paar gute Effekte wie z. B. eine Szene, in der der Parasit aus dem Kopf eines seiner Opfer herausplatzt. Trotz der schlichten Sets und der trostlosen Stimmung zeigt sich hier jedoch schon früh Bands Talent, mit einem Mikro-Budget halbwegs ordentliche Szenen zu realisieren.

Wenn man käsige Postapokalypse-Filme sehen will, die nach MAD MAX 2: THE ROAD WARRIOR (1981) zu Hauf produziert wurden, ist man bei den Italienern besser aufgehoben, mit unterhaltsamen Streifen wie I NUOVI BARBARI (METROPOLIS 2000) und 2019 – DOPO LA CADUTA DI NEW YORK (FIREFLASH – DER TAG NACH DEM ENDE).

★★☆☆☆

Besonderheiten: *Die erste größere Filmrolle von Demi Moore, die vorher nur in einem anderen Film in einer kleinen Nebenrolle mitgespielt hat. Band hat sich oft damit gerühmt, dass er sowohl Helen Hunt (mit TRANCERS) als auch Demi Moore »entdeckt« hat. / Ricus, der Anführer der Punkbande, wird kurz nach diesem Film Drehbuchautor und Regisseur von GHOULIES (Seite 180). / Fürs Marketing wurde PARASITE ein 3D-Gimmick draufgeknallt. Deshalb gibt es einige Szenen, in denen irgendwas vor die Kamera gebaumelt wird. Auch Bands nächster, minimal besserer Film METALSTORM: THE DESTRUCTION OF JARED-SYN erscheint 1983 in 3D. Für GHOULIES (1985) experimentiert er noch mit 3D, dann lässt Band es aber gut sein.*
Creative Killing: *Nein.*
Nervige Skeptiker: *Keine.*
Kill Count: *6 (1 off camera)*

PHANTASM

1979
Deutscher Titel: DAS BÖSE
Drehbuch und Regie: Don Coscarelli (BUBBA HO-TEP, THE BEASTMASTER, JOHN DIES AT THE END, PHANTASM II, PHANTASM III, PHANTASM IV: OBLIVION)
88 Min.

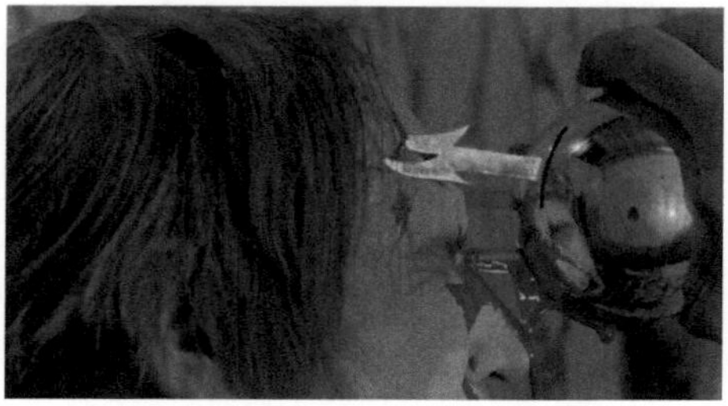

Abb. 347: Die Todeskugel des Tall Man ist mit einer Bohrvorrichtung und Klingen ausgestattet.

Seit dem Tod ihrer Eltern wohnen der 13-jährige Michael und sein großer Bruder Jody nur noch zu zweit zusammen. Ihre ländliche Kleinstadt hat ein großes, wunderschönes Leichenhaus, das sich weit abgelegen auf einer großen Wiese befindet. Das Anwesen wird von einem gruseligen, großen, schlanken Bestatter betrieben, den wir nur als »The Tall Man« (Angus Scrimm) kennen. Michael sieht auf dem dort umliegenden Friedhof kleine Gestalten hinter Grabsteinen verschwinden. Nicht nur der übernatürlich starke Tall Man und der Friedhof machen ihm Angst, sondern auch der Gedanke, dass Jody aus dem Kaff wegziehen und ihn alleine lassen könnte. Deshalb folgt Michael Jody überall hin und beobachtet seinen großen Bruder eines späten Abends, als dieser mit einem Aufriss auf dem Friedhof zur Sache geht. Jody hat ja keine Ahnung, dass die Blondine in Wahrheit der Tall Man ist, der eine frische Leiche haben will. Ein Zwergwesen mit brauner Kutte läuft auf Michael zu und erschrickt ihn. Er rennt schreiend davon und Jodys Date mit dem Tod ist dadurch zum Glück geplatzt.

Michael ist sich sicher, dass in und um das Leichenhaus etwas ganz und gar nicht stimmt, also spioniert er dort herum und wird von einer fliegenden, silbernen Metallkugel angegriffen. Das Ding trifft aber stattdessen den Hausmeister und tötet ihn. Dann sind auch der Tall Man und seine Zwerge hinter ihm her, doch Michael gelingt die Flucht. Als er Jody einen abgetrennten Finger des Tall Man präsentiert, der gelb blutet, sich noch immer bewegt und dann sogar in ein fliegendes Rieseninsekt verwandelt, beginnt der seinem kleinen Bruder zu glauben. Jody erkundet das Leichenhaus und wird im Keller von zwei Zwergen attackiert, die aber weitaus nicht so mächtig wie ihr Boss und mit einer Pistole leicht zu erledigen sind.

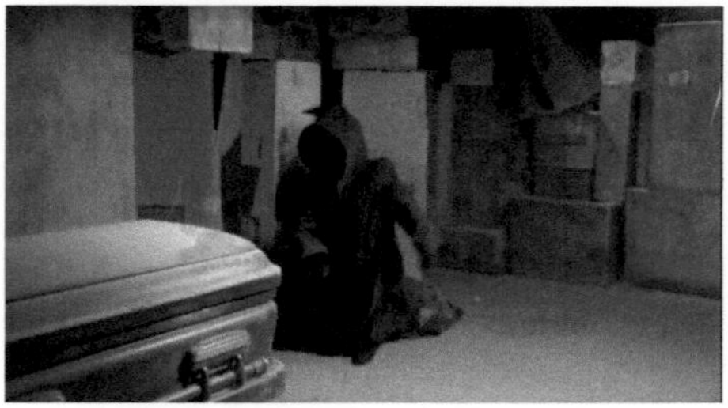

Abb. 348: Sie sehen aus wie die Jawas aus STAR WARS, wurden aber vor dessen Veröffentlichung ausgedacht: Die Zwergendiener des Tall Man.

Einer der Zwerge verfolgt die Brüder sogar in einem Auto und stellt sich als kleine Zombie-Version eines kürzlich verstorbenen Freundes heraus. Was der Masterplan des mysteriösen Tall

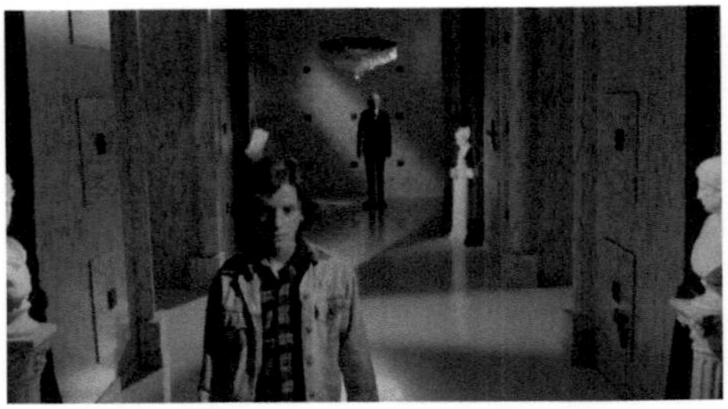

Abb. 349: Erwachsene können verdammt gruselig sein.

Man ist, wissen wir nicht, aber es stellt sich heraus, dass er menschliche Leichen in Zombie-Zwergendiener verwandelt, von denen wir leider fast nie das Gesicht sehen. Wurden etwa die Eltern der Brüder auch in solche Wesen verwandelt? Befindet sich in dem Leichenhaus eine Art Portal, und wenn ja, wohin führt es? Der freundliche Eisverkäufer Reggie (der in den vier Fortsetzungen die Hauptrolle übernehmen wird) schließt sich den Brüdern im Kampf gegen den bösen Tall Man an. Dieser sucht Michael immer wieder heim und ruft ihm in zwei Szenen mit einer tiefen, schaurigen Stimme »BOOYYY!« zu – sein Horror-Schlachtruf, mit dem die Figur ordentlich an Wiedererkennungswert gewann.

PHANTASM hat nicht die Bekanntheit und Mainstream-Durchdringung, die er haben sollte, aber unter geschulten Horrorfans gilt er als waschechter Klassiker und Kultfilm. Ein Paradebeispiel für kleinen Horror ist es nicht, aber neben den Zwergendienern gibt es mit der Metallkugel und der dämonischen Fliege immerhin noch zwei weitere Kurzauftritte von *tiny terrors*.

Der kostengünstige erste Teil der PHANTASM-Reihe ist ein atmosphärischer Grusel mit ein paar wenigen Schockmomenten. Ein schaurig-schöner Alptraum, der statt einer ausgefeilten Narration ein beinahe surreales Erlebnis bietet. Das Frühwerk des jungen Coscarelli ist *weird*, sehr ungeschliffen und manchmal inkohärent, was aber alles nur weiter zu dessen großer Anziehungskraft beiträgt. Der Film hat eine bizarre Qualität, die sich schwer beschreiben lässt, und man kann nicht so leicht erklären, warum er einem überhaupt gefällt – abseits der offensichtlichen *cool points* wie dem Tall Man und den Zombiezwergen.

Als Fan der Reihe empfehle ich bei Gefallen auch die ersten drei Fortsetzungen, in denen Coscarelli seine Ideen auf coole – oft diffuse, aber fast immer interessante – Arten weiter ausbaute. Einige Fragen, die das Original bei engagierten Zusehern aufwirft, werden darin beantwortet. Im Jahr 1988, also mit einem Abstand von neun Jahren, erschien PHANTASM II, der ein in etwa zehn Mal so hohes Budget hatte. Ähnlich wie PHANTASM III (1994) ist es mehr eine ziemlich coole Actiongaudi, die nur noch wenig mit dem Stil und der Atmosphäre des Originals gemeinsam hat. Dafür sieht man endlich die Gesichter der Zwergendiener richtig, auch wenn diese nur noch selten auftreten. Die

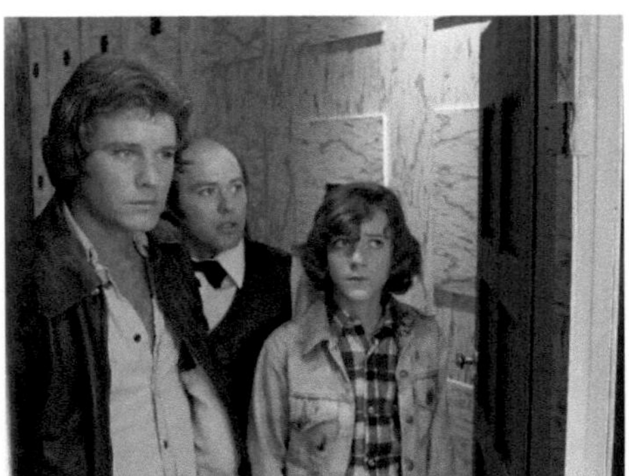

Abb. 350: Jody, Reggie und Michael.

beliebten, intelligenten und bewaffneten Silberkugeln treten in Teil 2 und 3 dafür öfter in Erscheinung und haben noch mehr Tricks auf Lager. PHANTASM IV: OBLIVION (1998) ist die komplexeste und verwirrendste der Fortsetzungen, aber ebenfalls ein echtes Erlebnis und ein gefundenes Fressen für PHANTASM-Enthusiasten. Ein fünfter Teil war so lange angekündigt, dass viele schon nicht mehr daran glaubten, dass er jemals kommen wird. 2016 erschien dann aber doch PHANTASM: RAVAGER, ein netter Bonus für echte Hardcore-Fans der Reihe, der aber mehr wie ein guter Fanfilm daherkommt.[52]

★★★★★

Besonderheiten: *Coscarelli war erst 23 Jahre alt, als die Produktion an PHANTASM begann, bei der Veröffentlichung war er knapp 25. / Apropos J.J. Abrams (siehe Fußnote): Der Regisseur ist ein großer Fan des Films. Deshalb lieferte seine Produktionsfirma Bad Robot 2016 eine 4K-Restauration ab, auf die eine Remastered-Blu-ray folgte. Doch das ist nicht alles: Das Chrom-Design der Stormtrooper-Dame in STAR WARS: EPISODE VII – THE FORCE AWAKENS erinnerte Abrams an PHANTASM, so dass er die Figur Captain Phasma danach benannte. Wenn Phasma den Deserteur Finn »BOOYYY!« gerufen oder ein paar Silberkugeln als Waffen dabei gehabt hätte, wäre die Huldigung an diesen weitaus besondereren Film perfekt gewesen. So sind die einzigen Dinge, die an Phasma wirklich cool sind, ihr Name, ihre Chrom-Rüstung und die dazugehörige Actionfigur. / Wer Interesse an Coscarelli und dessen Filmkarriere hat, kann sich das Buch* True Indie: Life and Death in Filmmaking[53] *kaufen.*
Creative Killing: *Die Todeskugel hat's drauf (siehe Bild).*
Nervige Skeptiker: *Jody glaubt seinem kleinen Bruder wiederholt nicht, dass kleine Wesen hinter ihm her sind, bis sich – wie erwähnt – ein abgetrennter Finger in eine Mörderfliege verwandelt.*
Kill Count: *3*

[52] Dass sich die in die Jahre gekommenen Darsteller in Teil 5 immer noch in dem selben Konflikt mit dem Tall Man befinden, ist fast so peinlich wie die Tatsache, dass im Disney-STAR WARS-Reboot THE FORCE AWAKENS der alte Konflikt – Rebellen gegen Imperium – aufgewärmt und ein dritter Todesstern gebaut wurde. Ich hoffe mal, dass Abrams 2019 mit EPISODE IX einen besseren Film abliefern wird oder wenigstens erklärt, wie die »First Order«-Diktatur entstanden ist. Aber das nur nebenbei.

[53] Ein Buch von und über Coscarelli, das zum Zeitpunkt der Veröffentlichung meines Buches knapp noch nicht erschienen ist.

Pinocchio's Revenge

1996
Deutscher Titel: Pinocchio – Puppe des Todes
Drehbuch und Regie: Kevin Tenney (Witchboard-Trilogie, Night of the Demons III [nur Drehbuch])
94 Min.

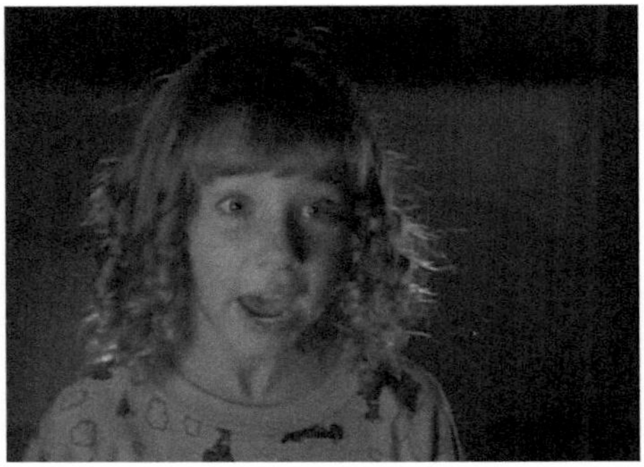

Abb. 351: Ein süßer Fratz.

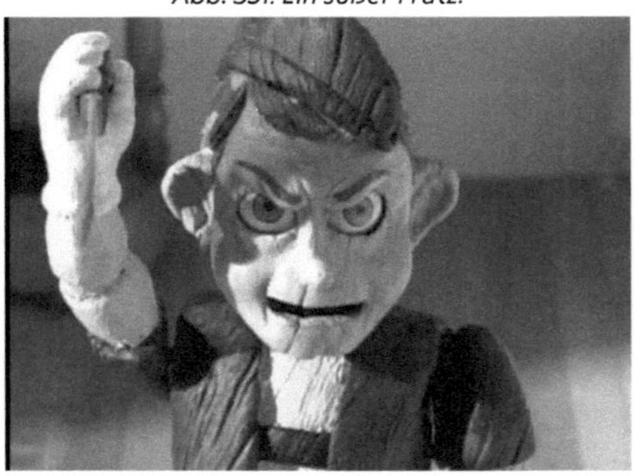

Abb. 352: Langes Messer statt langer Nase.

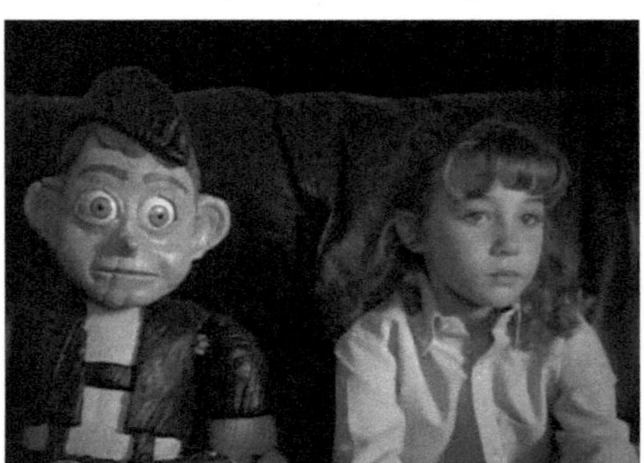

Abb. 353: Beim Psychoonkel gelandet.

Jennifer ist eine engagierte Anwältin und liebevolle Mutter, die sich alleine um ihre süße, intelligente Tochter Zoe kümmert.

Anderswo hat man weniger Glück mit den Erziehungsberechtigten: Ein Mann soll seinen Sohn umgebracht haben, die Leiche wird zusammen mit einer hölzernen Pinocchio-Puppe im Wald gefunden. Jennifer ist von der Unschuld des Mannes überzeugt und will ihn vor dem elektrischen Stuhl bewahren. Der Fall lässt sie nicht mehr los, doch der Mann will einfach nur sterben. Und was hat es mit der Puppe auf sich, die als Beweismaterial konfisziert wurde? Jennifer gelangt an die Puppe und hofft, den Fall lösen zu können.

Zoe hat Geburtstag, und weil durch den Arbeitsstress die richtige Puppe nicht rechtzeitig geliefert werden konnte, muss Pinocchio als Übergangslosung herhalten. Alle Eltern lernen durch den Film bald eine wichtige Lektion: Lass dein Kind nicht mit Beweismaterial von Mordfällen spielen.

Kleine Unfälle passieren und die Kleine sage: »Die Puppe war's!« – wir kennen das Spiel. Die Holzfigur ist böse und will den Freund der Mutter sowie die Haushälterin beseitigen. Zoe wird von einer sehr guten Kinderschauspielerin (Brittany Alyse Smith) gespielt. Pinocchio dagegen ist so etwas wie eine lahme TV-Film-Version von Chucky, der im Vergleich eine weitaus interessantere Persönlichkeit hat.

Überhaupt kommt der gesamte Film wie eine seichtere, zahmere TV-Film-Version von Child's Play (*Seite 79*) daher. Sich statt Chucky

PINOCCHIO'S REVENGE anzusehen, ist ein bisschen so, wie wenn man Lust auf Chuck Norris hat und sich statt THE DELTA FORCE oder MISSING IN ACTION eine Folge von *Walker, Texas Ranger* ansieht.

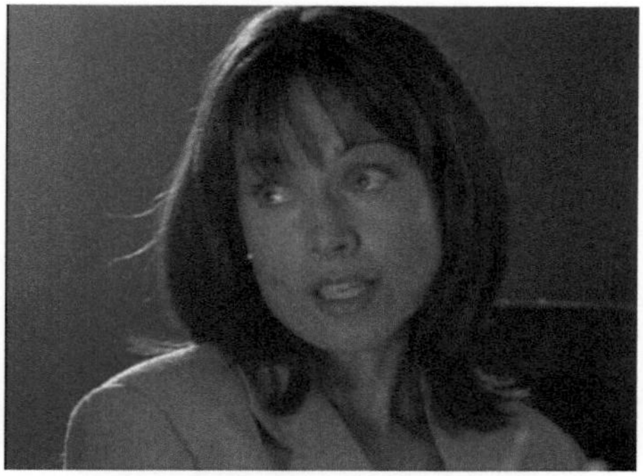

Abb. 354: Die Karrierefrau hat genug von dem Schabernack.

Doch es gibt auch Positives zu vermelden: Das psychologische Drama und die Mutter-Kind-Beziehung, zwei Aspekte, die in CHILD'S PLAY kaum eine Rolle spielen, werden hier stärker ins Zentrum der Geschichte gerückt. Das macht den Film dramatischer, was man ihm absolut zu Gute halten kann. Die wagemutige Vorstellung, dass es eigentlich keine geisteskranken Killer gibt, sondern eine externe böse Kraft, und dass die gängige Ausrede/Begründung »eine Stimme hat es mir befohlen« tatsächlich die Wahrheit sei, ist gleichzeitig die mit Abstand lächerlichste, aber auch interessanteste Idee des Films, und die einzige, die einen Hauch Originalität hat.

★★★☆☆

Besonderheiten: *Ein wenig Psychohorror mit Puppe.*
Creative Killing: *Nein.*
Nervige Skeptiker: *Die rationale Anwalts-Mutter natürlich.*
Kill Count: *3*

THE PIT

Kanada 1981
Deutscher Titel: DIE GRUBE DES GRAUENS
Regie: Lew Lehman
Drehbuch: Ian A. Stuart
Coole Tagline: Down in the pit there's something alive. Half-human. Half-monster. Half-crazed. Pray to God it only kills you.
96 Min.

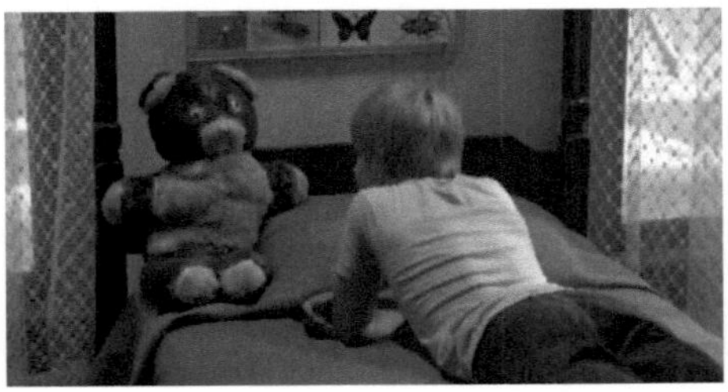

Abb. 355: Teddybären können ein schlechter Einfluss sein.

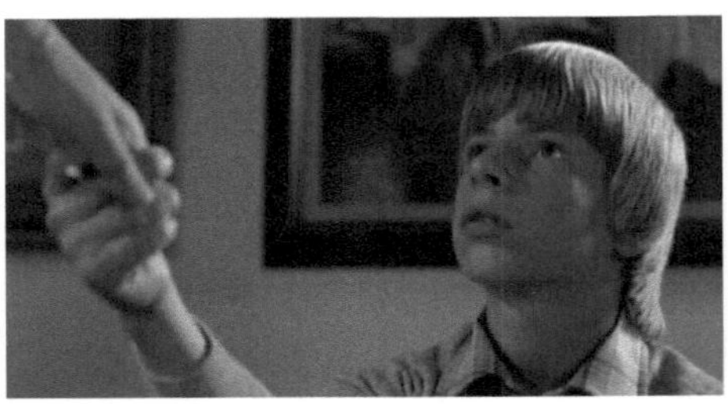

Abb. 356: I see the want to in your eyes. (© Conway Twitty)

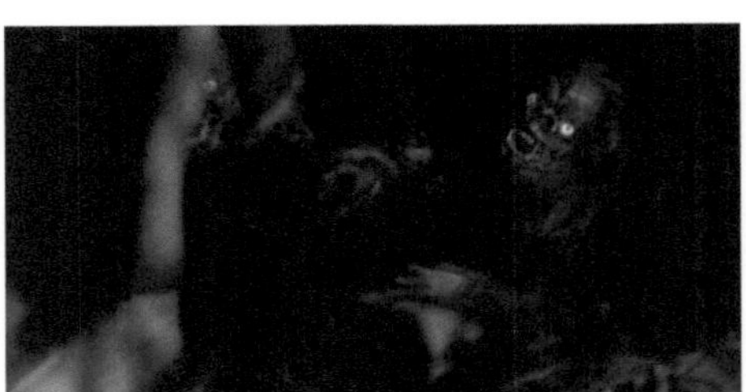

Abb. 357: Futterzeit!

Der zwölfjährige Jamie lebt in seiner eigenen Welt. Er ist ein schräger Einzelgänger, findet keine Freunde und wird oft gehänselt. Seit ihn eine prüde, alte Oma verpetzt hatte, nachdem er komplett nackt mit einem Superman-Umhang im Garten von Baum zu Baum gehüpft war, hat er zusätzlich einen ziemlichen Imageschaden erlitten. Jamie spielt auch gerne mit Schlangen und Fröschen und hat außerdem kürzlich die Vorzüge der Frauen für sich entdeckt hat. Seine Eltern sind fast nie da – es regt sich der Verdacht, dass sie weit weg von ihrem komischen Sohn sein wollen, und eine lange Reihe an Babysittern hat angesichts des schwierigen Falles das Handtuch geworfen oder sie sind einfach verschwunden.

Jamies neue Babysitterin und Haushälterin Sandy ist eine attraktive Psychologiestudentin, die doppelt so alt ist wie er und gerne auf »außergewöhnliche« Kinder aufpasst. Sie spekuliert wahrscheinlich darauf, über den kleinen Freaks als Fallbeispiel ihre Abschlussarbeit schreiben zu können. Jamie erzählt seinem einzigen Freund, einem Teddybären, wie scharf die neue Babysitterin ist. Teddy antwortet ihm sogar, ohne dabei seine Lippen zu bewegen. Er hat zwar Jamies Stimme, aber spielt sich das in dem Kopf des Jungen ab, oder hat das Stofftier doch ein Eigenleben? Teddy hat stets aufmunternde Worte für Jamie und rät ihm dazu, sich seiner Feinde zu entledigen. Jamie hat nämlich genug von all den Menschen in seiner Stadt, die ihm in irgendeiner Weise in die Quere gekommen sind.

Der blonde Bengel ist in Sandy verliebt und weiht sie in sein allergrößtes Geheimnis ein: Er hat ein großes Erdloch im nahegelegenen Wald gefunden, in dem Trolle hausen sollen, die gerne Fleisch fressen. Jamie lockt seine »Widersacher« bald einen nach dem anderem zum Erdloch und stößt sie hinein. Die Trolle freuen sich über das Frischfleisch (was man leider viel zu selten sieht). Was davon Wirklichkeit ist und was nur in Jamies Kopf stattfindet, soll an dieser Stelle nicht verraten werden (wäre es nach dem Drehbuchschreiber gegangen, hätte sich allerdings viel mehr in Jamies Kopf abgespielt).

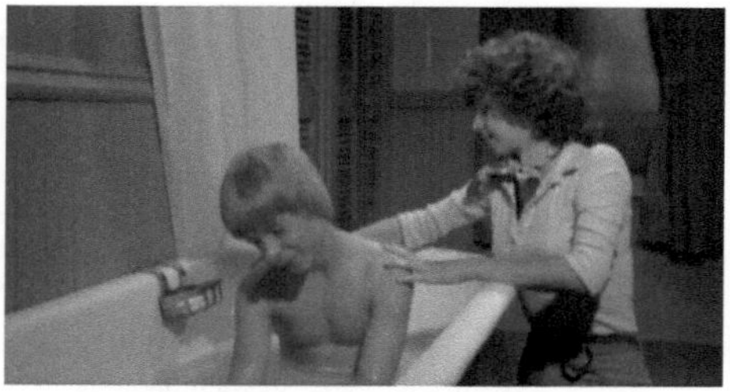

Abb. 358: Wenn meine Babysitterin das mit mir gemacht hätte, wäre meine Fantasie auch mit mir durchgegangen.

Jamie sieht Sandy gerne beim Schlafen zu, vor allem wenn dabei eine ihrer Brüste aus dem Nachthemd herausragt. Bald ist sie seiner frühpubertären, hormongesteuerten Aktionen leid. Sandy lässt sich dazu überreden, das Erdloch zu erkunden, wenn Jamie ihr im Gegenzug verspricht, seine unbeholfenen Liebesbekundungen künftig zu unterlassen.

THE PIT ist ein Film, der beinahe so merkwürdig ist wie seine Hauptfigur. Als Horror- und Rachefilm funktioniert er nur bedingt, auch weil er immer wieder in einen Comedy-Ton wechselt. Es gibt einige Tote, aber nur eine einzige richtige Kill-Szene. Dem Komponisten hat offenbar auch niemand gesagt, dass er die Musik für einen Horrorfilm schreiben soll. Die Grundidee und das Finale sind ausreichend exzentrisch, doch an vielen Stellen ist THE PIT auch oft zu brav und nicht bizarr genug. Er hebt sich aber deutlich von der Masse an durchschnittlichen und schlechten Horrorfilmen ab, auch durch viele interessant geschnittene Szenen und Kameraeinstellungen. Für die meisten Zuschauer wird THE PIT nicht funktionieren – aber es ist sicher ein super Film für alle, die in ihrer Kindheit oder Jugendzeit von Experten als »verhaltensoriginell« eingestuft wurden und schon immer Mal ihre Feinde in ein Erdloch werfen und töten wollten.

★★★★☆

Besonderheiten: *Trollolololo-lo-lololo-lololo, jahahahaha….*
Creative Killing: *Leute in ein Erdloch mit Trollen zu werfen ist simpel, aber schon irgendwie kreativ, finde ich.*
Nervige Skeptiker: *Sandy glaubt nicht an Trolle, bis…*
Kill Count: *6*

Possessed by the Night

1994
Deutsche Titel: Geissel der Lust / Evil Watcher – Das Auge des Bösen
Regie: Fred Olen Ray (Hollywood Chainsaw Hookers, Evil Toons, Dinosaur Island, Alienator, Super Shark, Armed Response, Sniper: Special Ops)
Drehbuch: Mark Thomas McGee (Sorority House Massacre II, Hard to Die, Sorceress)
Nennenswerter Cast: Shannon Tweed (Cannibal Women in the Avocado Jungle of Death, Scorned, Of Unknown Origin, Meatballs III: Summer Job, Hot Dog... The Movie, Assault on Devil's Island), Sandahl Bergman (Conan the Barbarian, She, Red Sonja, Hell Comes to Frogtown), Henry Silva (Il boss [Der Teufel führt Regie], Johnny Cool, Above the Law, Code of Silence, Ocean's Eleven [1960], Buck Rogers in the 25th Century, Bulletproof, Allan Quatermain and the Lost City of Gold, Fuga dal Bronx [The Riffs II – Flucht aus der Bronx], Ghost Dog: The Way of the Samurai), Ted Prior (Deadly Prey)
87 Min.

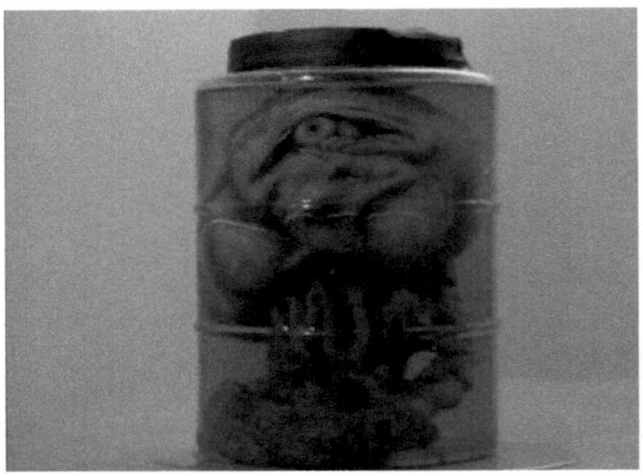

Abb. 359: Das Glas hat gesprochen, sein Wille geschehe.

Mr. Wong hat ein Kuriositätengeschäft in Los Angeles' Chinatown und schuldet dem Gangsterboss Mr. Scott (Henry Silva) Geld. Dessen Geldeintreiber Gus besucht Wong und verlangt die Kohle. Wong verspricht, das Geld bald zurückzuzahlen. Denn schließlich ist er in den Besitz eines großen Glases mit einem undefinierbaren einäugigen Wesen gekommen, das er Gus zeigt. Dieser ist durch die komisch aussehende Kreatur so perplex, dass er entgegen dem Willen von Mr. Scott Wong noch ein paar Tage Zeit gibt.

In dieser Nebenhandlung geht es um Gus, der aus dem schäbigen Gangstergeschäft aussteigen will, vor allem jetzt, wo seine Freundin schwanger ist. Mr. Scott lässt sich einstweilen von zwei nackten Damen massieren und meint: »I don't care what anybody says, I love bimbos!« Er will seinen besten Mann nicht verlieren und meint, Gus solle sich von einer seiner zwei Masseusen verwöhnen lassen, damit er wieder einen klaren Kopf kriegt. Ach ja, Gus ist übrigens Karateexperte und darf das beim Geldeintreiben ein paar Mal zeigen.

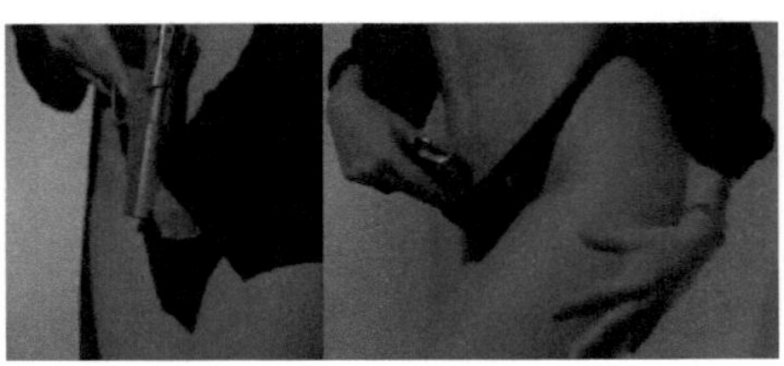

Abb. 360: Handfeuerwaffen-Masturbationsspielchen sind nur eines der sexy Symptome, das von der Macht des Wesens aus dem Einmachglas ausgeht.

Die Haupthandlung dreht sich um den Autor Howard, der statt romantischer Literatur zur Abwechslung mal einen Horrorroman schreiben soll. Zur Inspiration holt er sich Mr. Wongs Monsterglas nach Hause. Die Deadline für das Manuskript kommt immer näher, und Howards windiger Manager schuldet Mr. Scott ebenfalls Geld. Deshalb stellt der Manager Howard eine neue, attraktive Sekretärin (Shannon Tweed) zur Seite. Die Blondine Carol wohnt ab sofort bei ihm, arbeitet für ihn und räkelt sich auf seinem

Fitnessgerät. Dabei ist Howard mit Peggy (Sandahl Bergman) verheiratet, einer etwas älteren und etwas weniger attraktiven Blondine. Beim Sex mit Peggy wird Howard viel zu aggressiv, und dann schläft er auch noch mit der neuen Frau des Hauses.

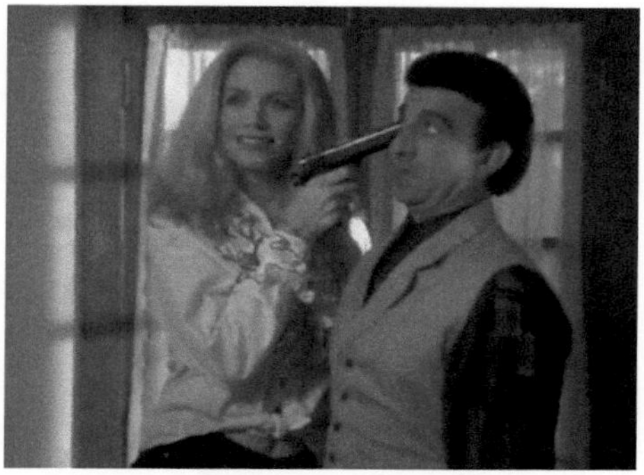

Abb. 361: The heat of the moment?

Sowohl Howard als auch Carol werden nämlich von dem Einmachglas-Wesen besessen und in Menschen verwandelt, die harten Sex wollen und später dann sogar Leute umbringen (nicht beim Sex). Und pervers macht das Ding auch noch: Carol zwingt mit einer Pistole Howard und Peggy zum Geschlechtsverkehr. Heißa! Peggy ist aus einem unbekannten Grund die einzige, die nicht von dem Ding besessen wird, und macht sich Sorgen um ihren Mann und die Gesamtsituation.

POSSESSED BY THE NIGHT ist ein weiterer Riesenkäse von Fred Olen Ray – einem Mann, der sein ganzes Leben lang nur Käse produziert hat. Es gibt fast nichts Erschreckendes hier, stattdessen haben wir einen Erotik-Pseudothriller mit einem Horror-Einmachglas und kurzen Actioneinlagen mit Karate-Gus. Der Vollständigkeit halber hat diese Video-Veröffentlichung, die immerhin für einige Schmunzler gut ist, hier trotzdem einen Eintrag.

★★☆☆☆

Besonderheiten: *Keine.*
Creative Killing: *Nein.*
Nervige Skeptiker: *Keine.*
Kill Count: *4*

The Power

1984
Deutscher Titel: Die Macht des Bösen
Drehbuch und Regie: Stephen Carpenter (The Kindred, The Dorm That Dripped Blood, Soul Survivors, Blue Streak [nur Drehbuch], The Man [nur Drehbuch]), Jeffrey Obrow (The Kindred, The Dorm That Dripped Blood)
84 Min.

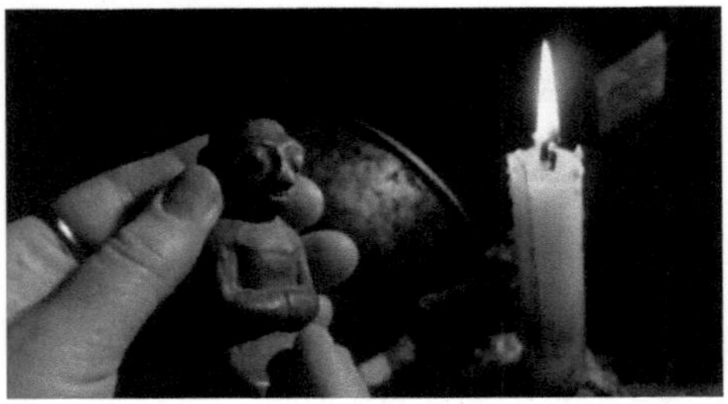

Abb. 362: Extra-tiny terror.

»Destacatyl« klingt wie »testacles«, also Hoden, ist aber ein alter Aztekengott, der die dunkle Seite der menschlichen Seele kontrollieren soll. So erklärt es uns ein Professor bei einer Vorlesung über Paranormales in fremden Kulturen. Er ist offenbar selber Destacatyl-Fanboy, denn er hat eine fingerhohe Statue von ihm mit. Als sich ein Student über Desty lustig macht, schaut der Prof zuerst ganz ernst auf die Figur und dann auf den Student, der Nasenbluten kriegt und rausrennt.

Ein ehemaliger Kollege findet den Prof und meint, er könne die »Macht« nicht mehr kontrollieren und sei zu weit gegangen. Der Kollege hat plötzlich einen Cut im Hals und rennt auch raus. Die Tür zum Saal verschließt sich, daraufhin wird der Prof in die Luft gezogen und an einem Flaggenpfosten aufgespießt, der sich durch sein Herz bohrt. Der Unialltag kann manchmal schon auch sehr hart sein. Die Figur beschließt anscheinend einen Heimaturlaub zu machen, denn sie teleportiert sich nach Mexiko. Dort spürt ein Geschäftsmann sie auf, der die »Macht« sehen will, doch auch ihm bringt sie nur Verderben und Tote.

Tommys Eltern haben den kleinen Destacatyl von einer Reise mitgenommen, und so landet die Statue bei ihm. Der Schüler will mit seinen Freunden und einem Hexenbrett Kontakt mit Toten aufnehmen. Tatsächlich macht sich eine Präsenz bemerkbar und die Kids nehmen vor Angst Reißaus. Tommy hat plötzlich einen Sturm mitten im Haus, also vergräbt er die kleine Statue lieber im Garten. Sie kommt aber klarerweise einfach wieder zurück. Also geht Tommy mit seinen Homies zu einer Zeitung, die sich in einer regulären Kolumne mit paranormalen Dingen befasst. Die skeptische Journalistin Sandy glaubt aber nicht an den Unsinn, den sie selber schreiben muss. Ihr Kollege Jerry hingegen, immer auf der Suche nach einer großen Story, nimmt die Figur gerne an sich und betreibt Nachforschungen.

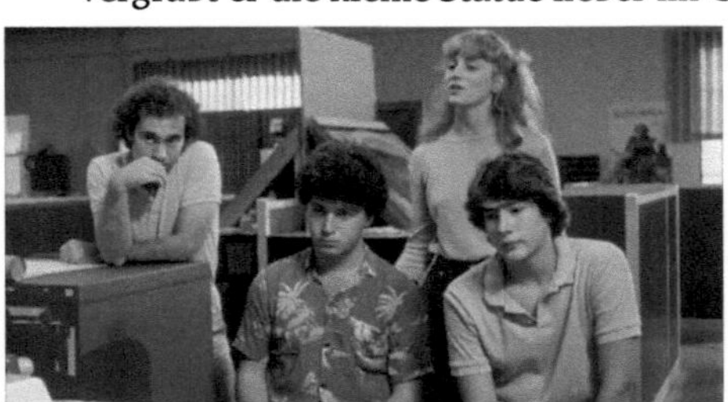

Abb. 363 Die Kids berichten den Journalisten. Links: Jerry.

Destacatyl hüpft zwischen den Charakteren herum, wie es im passt. Der Aztekendämon verwüstet auch noch die Wohnung von Sandy. Jerry krallt sich die Figur wieder, wird von ihr besessen, sagt »I have the power«, als wäre er He-Man, und macht schlimme Sachen, die selbst Skeletor zu arg wären.

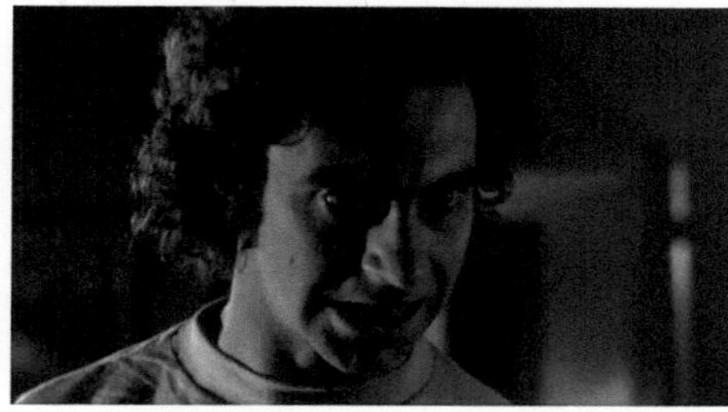

Abb. 364: Die Power hat ihn erwischt.

Die papierdünne Handlung und die schwachen Charaktere lassen sehr zu wünschen übrig, und man erfährt leider so gut wie nichts über Destacatyl. Die kleine Figur bewegt sich natürlich nicht, und es gibt wenige richtig spannende Szenen. Zudem ist es ungewöhnlich und etwas nervig, dass man ständig zwischen den Figuren hin- und herspringt. Ansonsten leistet sich der Film keine wirklichen Fehltritte und hat ein paar nette Schockeffekte. Er fühlt sich wie ein Überbleibsel aus den 1970ern an und versucht sich die meiste Zeit als atmosphärischer Mysteryhorror. Das Ergebnis ist schwach, aber für B-Horror-Interessierte trifft es »akzeptabel« vielleicht am besten.

★★☆☆☆

Besonderheiten: *Keine.*
Creative Killing: *Nein.*
Nervige Skeptiker: *Die Journalistin Sandy glaubt, die Kids wollen nur Aufmerksamkeit. Sie wird aber geläutert. Sogar so sehr, dass sie nach ihren Horrorerlebnissen ein Buch über Okkultismus schreiben wird.*
Kill Count: *6 (2 off camera)*

Puppetmaster

1989
a.k.a. Puppet Master
Drehbuch und Regie: David Schmoeller (Crawlspace [1986], Tourist Trap, The Seduction)
Nennenswerter Cast: Paul Le Mat (American Graffiti, Melvin and Howard, Strange Invaders, More American Graffiti), Irene Miracle (Inferno, Midnight Express)
Coole Tagline: Evil comes in all sizes.
89 Min.

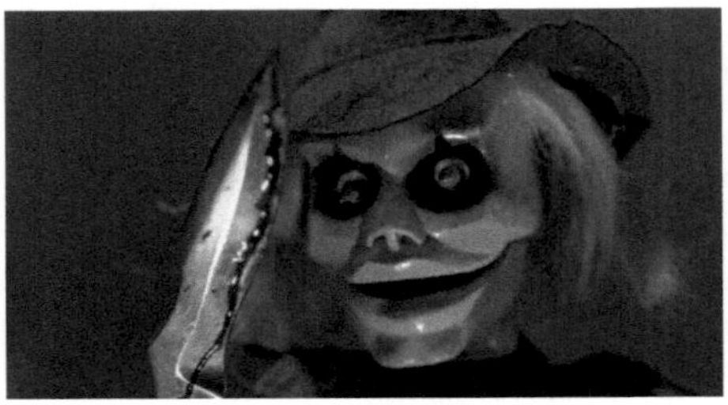

Abb. 365: Blade.

Wir schreiben das Jahr 1939. Im Bodega Bay Inn, einem Hotel an der kalifornischen Küste, gibt der Puppenmacher Andre Toulon seinem neusten Werk den letzten Feinschliff. In seinem Zimmer ist er umgeben von seinen kleinen Kreationen, zu denen er spricht. Die Puppen sind offensichtlich lebendig und geben menschenähnliche Laute von sich. Toulon weiß, dass die Nazis hinter ihm her sind und die Schlinge um seinen Hals enger wird. Er gibt seine kleinen Freunde in einen großen Koffer und versteckt diesen in einer Wand. Kurz bevor zwei Nazi-Spione seine Türe einbrechen, richtet sich Andre Toulon selbst. Und so beginnt die Legende von Puppet Master, die neben Child's Play langlebigste *tiny horror*-Franchise aller Zeiten.

In der Jetztzeit lernen wir unsere Akteure kennen: Alex Whittaker (Paul Le Mat) ist ein sanftmütiger Professor für Anthropologie an der berühmten Universität Yale. Er wird von Visionen der Zukunft geplagt. Die »white witch« Dana Hadley (Irene Miracle) verdient ihre Brötchen als Wahrsagerin in einem Vergnügungspark. Die ziemlich unverschämte Südstaaten-Lady bezeichnet sich selbst als »nasty bitch«, zuckt bei einer ihrer Glaskugel-Sessions plötzlich zusammen und hat eine Vision ihres Todes. Das New Yorker Paar Frank Forrester und Carissa Stemford führt wissenschaftliche Experimente mit Gedankenübertragung durch. Stemford kann durch bloße Berührung eines Objektes dessen »emotionale Geschichte« rekonstruieren. Wenn sie zum Beispiel in einem Bett liegt, spürt sie, dass hier mal jemand Sex hatte oder erstochen wurde.

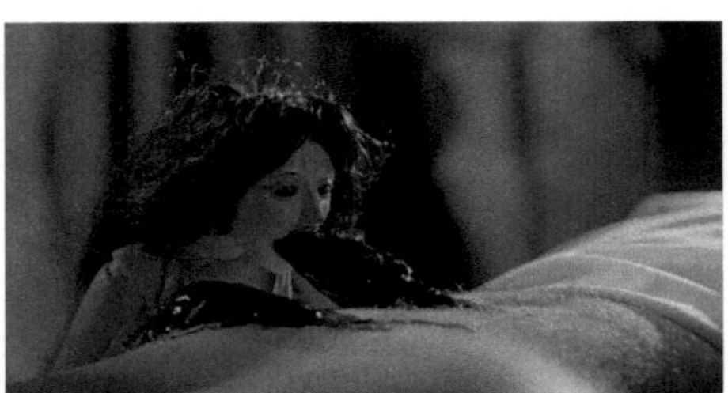

Abb. 366: Leech Woman.

Diese vier besonderen Leute waren früher Kollegen und sind Medien – sie alle haben eine übersinnliche Wahrnehmung. Sie werden von einem weiteren ehemaligen Kollegen, Neil Gallagher, kontaktiert. Freilich nicht per Brief oder E-Mail, sondern auf übernatürlichem Weg. Sie sollen in das Bodega Bay Inn kommen, denn Gallagher soll das Geheimnis von Andre Toulon entdeckt haben, hinter dem auch die Nazis her waren.

In dem ehemaligen Hotel angekommen, entdecken die vier zu ihrer Überraschung, dass Gallagher tot ist und in einem offenen Sarg aufbewahrt wird. Die Truppe wird von Neils Witwe Megyn Ghallager begrüßt, der Eigentümerin des Bodega Bay Inn. Dana lässt Megyn beim Dinner wissen, dass ihr Ehemann ein verabscheuungswürdiger, gieriger Bastard war. Der weitaus nettere Whittaker erzählt Megyn, dass ihr Ehemann und Frank Forrester ein altes ägyptisches Geheimnis fanden, mit dessen Hilfe man Leben in leblose Figuren einhauchen kann. Das Geheimnis wurde nur an Ausgewählte weitergegeben, die ihr Leben der Magie widmeten. Zu ihnen gehörte auch Andre Toulon, der letzte wahre Alchemist der Moderne, der in den 1920ern ein berühmter Puppenspieler war.

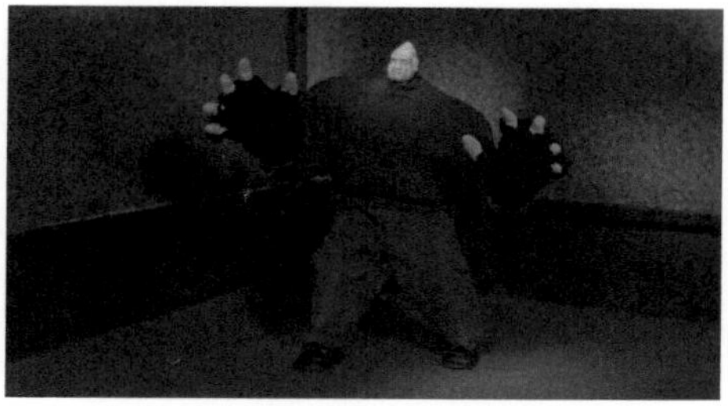

Abb. 367: Pinhead.

Alex Whittaker ist ein richtig steifer Softie. Als die attraktive Dana dem Single-Mann Sex anbietet, lässt er sie abblitzen. In seinem Zimmer legt er sein Gewand fein säuberlich in eine Lade, obwohl er nur eine Nacht dort bleibt. Wer macht solche Sachen? Ein verbissener Intellektueller wahrscheinlich.

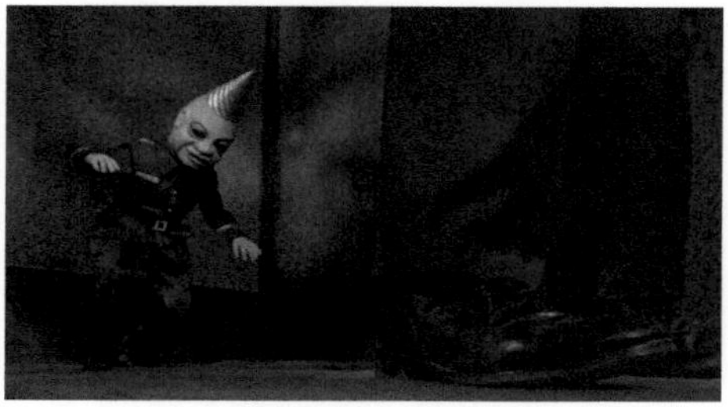

Abb. 368: Tunneler.

Dazu im völligen Kontrast steht das frivole Paar Frank und Carissa. Deren hochwissenschaftliche Experimente basieren alle auf Sex. Wir begleiten sie bei Sex-Experiment 517a. Durch intensiven Geschlechtsverkehr wollen die zwei diesmal einen Kanal zu Neil Gallagher öffnen um zu erfahren, warum er sie gerufen hat. Carissa fesselt Frank ans Bett und reitet ihn. Einen Versuch ist es mindestens wert! Ob die zwei bei Nr. 1 bis 516 ihrer Fickerei wohl jemanden aus dem Jenseits erreichen konnten? Es gibt schon tolle Berufe... Leider klappt das mit dem Kanal aber nicht so ganz (wer will beim Sex eigentlich mit einem ehemaligen Arbeitskollegen quatschen?!), denn die beiden werden bei ihrem Lustspiel von zwei Killerpuppen überrascht.

Ohne das Wissen der Gäste laufen in dem Anwesen nämlich kleine mordende Puppen herum. Nach der Reihe kommen die übersinnlich Begabten dran. Kontrolliert Gallagher etwa die Puppen aus dem Jenseits? Und warum will er seine ehemaligen Kollegen töten? Die Puppen spiegeln die Seele ihres Meisters wieder. Als Toulon sie kontrollierte, waren sie brav. Aber nun, in den Händen eines Wahnsinnigen...

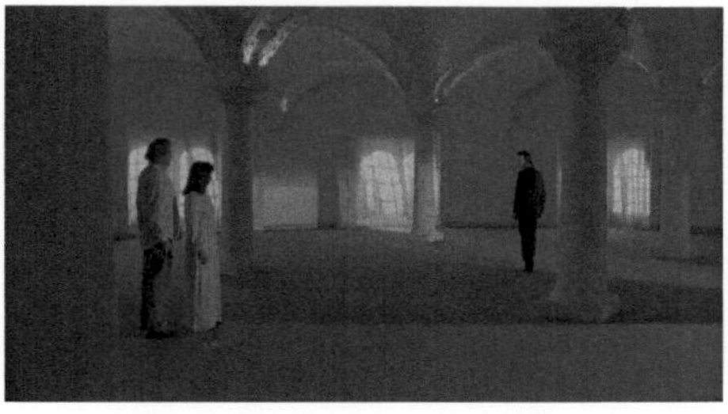

Abb. 369: Stil. Eleganz. Cheesyness. Puppetmaster.

Hatten wir als Kind nicht alle Angst vor der Vorstellung, dass die Puppen im Kinderzimmer nächtens zum Leben erwachen und Böse Absichten hegen? Bis heute wissen wir eigentlich nicht, was das Spielzeug in unserem Haus so treibt, wenn wir schlafen. Die Antwort darauf ist bei PUPPETMASTER jedenfalls um einiges interessanter und unterhaltsamer als bei den TOY STORY-Filmen.

PUPPETMASTER ist einer der bemerkenswertesten Filme dieses Genres und verbreitet ein ganz eigenes Feeling. Der 90-Minüter hat eine gewisse Eleganz und Finesse, die man in diesem Subgenre nicht unbedingt erwartet. Das gilt nicht nur für die Suspense-Momente mit den Puppen, sondern auch für Szenen wie eine stilvolle Traumsequenz, in der die Gallaghers in einem großen Saal zwischen weißen Säulen Tanzen und Alex ihnen zusieht. Die großartige, ikonische Titelmelodie stammt von Richard Band, Charles Bands Bruder, der viele von dessen Filmen mit seinen Kompositionen aufwertete.

Die Charaktere sind für einen Horrorfilm interessant, und die Darsteller machen ihre Sache sehr gut, vor allem im Vergleich zu aktuelleren Teilen der Reihe. Haben wir es in Teil 1 noch mit reifen Erwachsenen zu tun, werden die Hauptdarsteller in den Fortsetzungen fast kontinuierlich jünger.

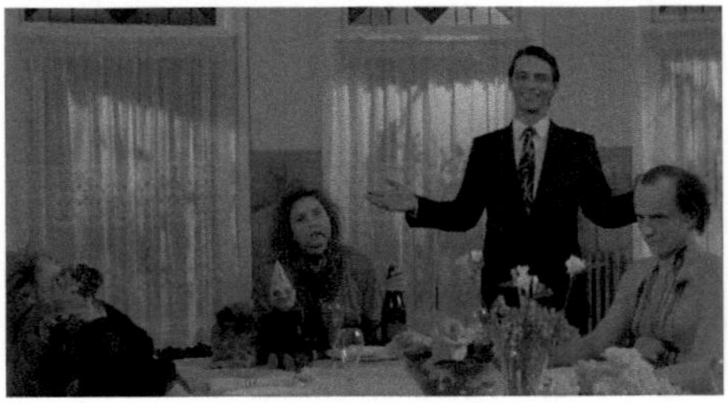

Abb. 370: Es ist serviert.

PUPPETMASTER hat sehr viel Charme und setzt mehr auf Atmosphäre und Suspense als auf Gore. Es ist außerdem eine wahre Freude, die Puppen in Aktion zu sehen. Dabei tragen einfache Dinge, wie POV-Shots, zur Glaubwürdigkeit bei. Die Stop-Motion-Effekte stammen, wie auch bei den nächsten vier PUPPET MASTER-Teilen, von David Allen, einem Protegé des legendären Stop-Motion-Göttervaters Ray Harryhausen. Im Vergleich zu späteren Teilen bietet Nr. 1 wenig Puppenaction, die aber dafür, wie auch die Kills, toll in Szene gesetzt ist. Der Film bewegt sich allerdings sehr langsam, überhaupt für moderne Sehgewohnheiten, und kommt erst in der zweiten Hälfte richtig in Fahrt.

Dieses Puppen-Standardwerk ist einer der besten Direct-to-Video-Filme aller Zeiten und wurde mit viel Liebe gemacht. Eine interessante Szene, ob mit Puppen oder ohne, reiht sich an die nächste. Als ich mit etwa 22 Jahren zum ersten Mal PUPPETMASTER in einer zensierten TV-Fassung im deutschen Pay-TV gesehen habe, begann meine Liebe für den kleinen Horror. Gäbe es die PUPPET MASTER-Reihe nicht, hätte ich dieses Buch niemals geschrieben.

★★★★★

Besonderheiten: *Der Auftakt zu einer sehr besonderen Filmreihe mit bislang elf Teilen sowie einem inoffiziellen Film (Seite 338) und einem Reboot (Seite 336) / Neben den Filmen gibt es auch Comics und Merchandise. Zwischen 1993 und 1995 wurden angeblich ca. 1 Million* PUPPET MASTER*-Actionfiguren verkauft. / Der erste Film von Full Moon, Charles Bands damals brandneuer Filmfirma. Das ist in etwa so, als ob Du eine Getränkefirma gründest und am ersten Tag Coca-Cola erfindest. Oder eine Zeitung startest und sofort den Watergate-Skandal aufdeckst. / Band erhielt tausende Briefe von Kindern mit Zeichnungen von Puppen, die die Kinder in den Filmen sehen wollten. Dabei sind die mit »R« eingestuften Werke eigentlich gar nicht für Kinder geeignet. / Die ikonischen Puppen Blade, Pinhead, Tunneler, Leech Woman und Jester stammen von Charles Band und werden, wie auch in den nächsten Filmen – mit wenigen Ausnahmen – gar nicht namentlich genannt. Deren Namen erfährt man hauptsächlich aus Trailern. Allerdings muss sich Batman ja auch nicht extra vorstellen. Man kennt ihn halt. / Die Figur Pinhead basiert auf einer Zeichnung von einem Mann in Anzug, der einen winzig kleinen Kopf hat. Die Zeichnung soll einen Filmverleiher darstellen und hing in Bands Büro. Band war damals nicht gut auf die Verleiher zu sprechen, die einen Großteil des Geldes einstrichen, das seine Filme machten. / Band entschied sich dagegen, den Film ins Kino zu bringen. Filmkopien und Werbung sind teuer, und am Videomarkt schlug der Film ordentlich ein. / Die ersten sieben* PUPPET MASTER*-Filme wurden auf 35mm-Film gedreht. Für ihre Erstveröffentlichungen auf VHS wurden die Mini-Meisterwerke auf VHS-Bildniveau runtergebrochen und noch dazu klarerweise im damals üblichen 4:3-Vollbildformat präsentiert. Dank des Filmmaterials gibt es heute zum Glück wunderschöne HD-Fassungen auf Blu-Ray und Remastered-Versionen auf DVD. / Die erste deutsche VHS von 1989, die prompt auf dem Index landete, enthielt überraschenderweise die komplett ungeschnittene Version des Films, die ein paar Gore-Aufnahmen mehr zu bieten hatte als die übliche R-Rated-Fassung. Danach kam noch eine geschnittene FSK 16-VHS nach. Die Unrated-Version erschien erst 2008 in einer der vielen DVD-Fassungen im Ursprungsland USA und 2009 auch in Deutschland auf DVD. Bis heute gibt es die Unrated-Version auf keiner Blu-ray zu sehen, da höchstwahrscheinlich kein HD-Master existiert.*
Creative Killing: *Tunneler tritt in Militäruniform auf und hat eine Drillvorrichtung am Kopf, mit der er sich in seine Gegner bohrt. Quasi ein Drill Sergeant. / Leech Woman würgt Blutegel aus ihrem Mund und auf ihre Feinde. / Beim Namen »Pinhead« denken die meisten Horrorfans an den Anführer der Cenobites aus* HELLRAISER*, der in einer Paralleldimension des Schmerzes Deine Seele in Stücke reißen will. Die* PUPPET MASTER*-Fans wie ich denken zuerst an die kleine starke Puppe mit dem Minikopf, die Leuten die Beine stellt und fleißig Watschen verteilt.*
Nervige Skeptiker: *Keine.*
Kill Count: *5*

Puppet Master II

1990
Regie: David Allen
Drehbuch: David Pabian (Subspecies)
Nennenswerter Cast: Charlie Spradling (Meridian)
88 Min.

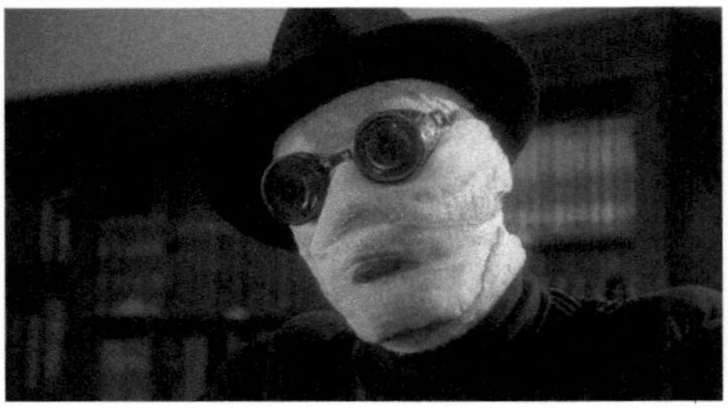

Abb. 371: Zombie-Toulon.

In einer verdammt coolen Eröffnungsszene leeren die Puppen in einem Friedhof eine giftgrüne Flüssigkeit in das geöffnete Grab von Andre Toulon. Dessen verweste Zombiehände ragen empor, und der Puppetmaster ist wieder erwacht. Daraufhin ertönt während des Vorspanns erneut die perfekte Titelmelodie der Serie. Egal, wie oft ich sie höre, ich bekomme jedes Mal Gänsehaut.

Wir erfahren: Der ansonsten ruhige und ultrabesonnene Professor Alex Whitaker aus dem Vorgängerfilm ist durchgedreht, nachdem er Leute von den Puppen und den Ereignissen rund um sie überzeugen wollte. Was in *tiny horror*-Filmen passiert, erzählt man nicht, das beendet oft Karrieren und kann das Leben ruinieren, fragt nur mal die Mutter aus Child's Play. Megyn Gallagher hat es übrigens noch schlimmer erwischt, ihr wurde wie einer ägyptischen Mumie das Hirn aus der Nase entfernt. Dahinter steckt wahrscheinlich kein geringerer als unser Andre.

Toulon ist nämlich nicht mehr der freundliche alte Puppenmeister aus Teil 1. Seit ihn seine kleinen Freunde wiederbelebt haben, ist er ein echter Fiesling und dient hier – als einziger Film der Reihe – als Antagonist. Zudem muss er seine grässliche Zombievisage mit Bandagen verbergen und sieht aus wie ein Doppelgänger von Claude Rains im Universal-Horrorklassiker The Invisible Man (Der Unsichtbare, 1933). Von den Toten aufgeweckt zu werden ist also offenbar höchst ungesund und hinterlässt starke physische und psychische Spuren.

Nach dem Tod von Megyn Gallagher, die keine Nachfahren hatte, ist das Bodega Bay Inn nun in Staatsbesitz. Man will wissen, ob sich dort Übersinnliches abspielt und an den Geschichten von Whitaker nicht vielleicht doch etwas dran ist. Deshalb wird eine Gruppe von paranormalen Forschern in offiziellem Regierungsauftrag zu dem stattlichen Anwesen geschickt. Ob Wissenschaftler dieser Zunft in den USA wirklich in Lieferwagen herumfahren, auf denen neben einem Wappen für das »United States Bureau of Investigations« in großen Lettern »PARANORMAL RESEARCH« steht?

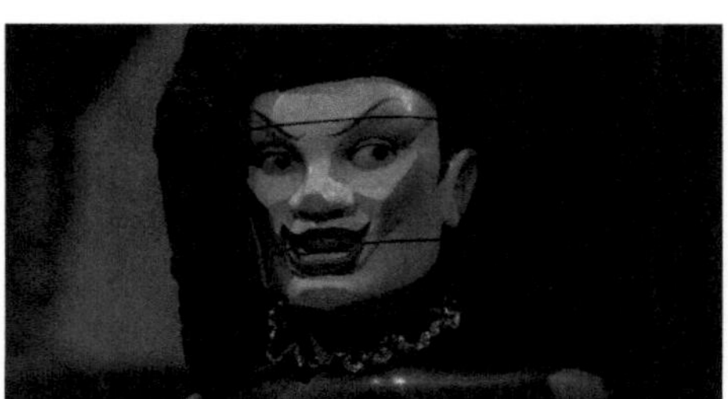

Abb. 372: Jester.

Statt mit einer Gruppe von Hellsehern und Medien haben wir es nun also mit einer etwas jüngeren Gruppe von Wissenschaftlern zu tun. Zu ihnen gesellt sich noch Camille, ein etwas exzentrisches Medium für Übersinnliches. Die spürt aber gleich die böse Energie an diesem Ort und haut wieder ab. Laut ihr hat sich Schlimmes in diesem Hotel ereignet (ja, wissen wir), und es wird sich wieder Schlimmes ereignen (wissen wir auch). Die Forscher installieren Kameras und anderes technisches Equipment und finden Folgendes heraus: Das Bodega Bay Inn wurde von einer exzentrischen alten Frau gebaut, die sich eine Mystikerin schimpfte. Ein Ägypter soll ihr von der mystischen Aura der Gegend erzählt haben, und so baute sie das Hotel als Zufluchtsort für Besucher und Wanderer aus der Astralebene, die aus unserer Welt flüchten wollten. Ob dieses Projekt wohl auch staatlich gefördert wurde? Diese kleine Geschichte ist für den Rest des Films und auch den Rest der Filmreihe handlungstechnisch irrelevant, aber es ist ein sehr netter Zusatz zum Puppet Master-Mythos. Das Bodega Bay Inn hat übrigens auch einen Friedhof gleich hinten dran, wo sich das nun leere Grab von Toulon befindet.

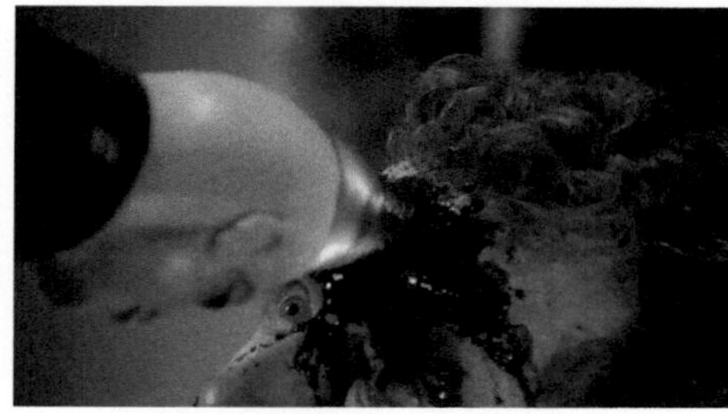

Abb. 373: Tunneler in Aktion.

Zombie-Toulon taucht auf und stellt sich bei den Forschern als Eriquee Chaneé vor. Zusätzlich zum Bandagengesicht und einer Sonnenbrille verdecken ein Mantel und Handschuhe seinen Körper komplett. Er behauptet, er sei der wahre Eigentümer dieses Hauses, und er möge bitte in seinen privaten Gemächern nicht gestört werden. Dort braut Toulon nämlich ein unheiliges Experiment zusammen. Aber was ist sein Plan, und warum lässt er die Puppen wieder[54] für sich töten?

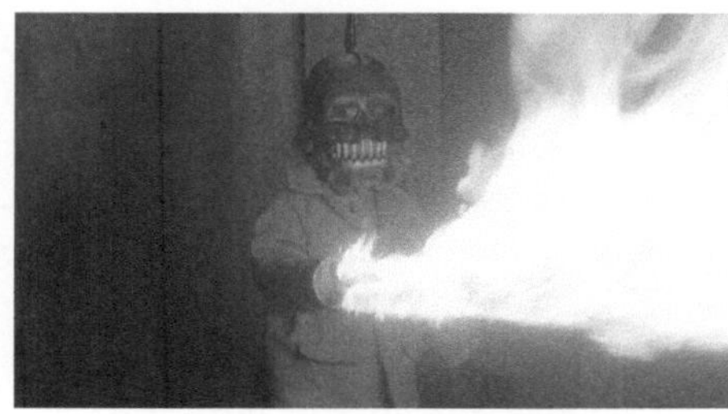

Abb. 374: I am the puppet of hell fire, and I bring you...

In einer Rückblende befinden wir uns in Kairo im Jahr 1912: Andre Toulon ist ein berühmter und anerkannter Puppenspieler, der den deutschen Klassiker »Faust« mit einer eigens angefertigten Mephistopheles-Puppe aufführt. Ein mysteriöser Turbanträger lässt Toulons Vorstellung heimlich durch einen bösen, magischen Blick in Flammen aufgehen. Danach meint er zu Toulon, dass die elektronischen Spektakel der nahen Zukunft seine Puppenspiele bald alt aus-

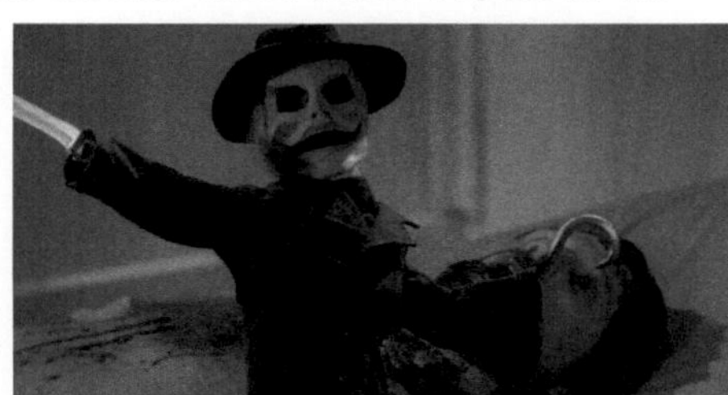

Abb. 375: Die by the Blade.

[54] Ja, »wieder«. In Teil 1 war Neil Gallagher der Puppetmaster, aber in Teil 3, der in Berlin während des zweiten Weltkriegs spielt, sind Toulon und seine Puppen Nazijäger.

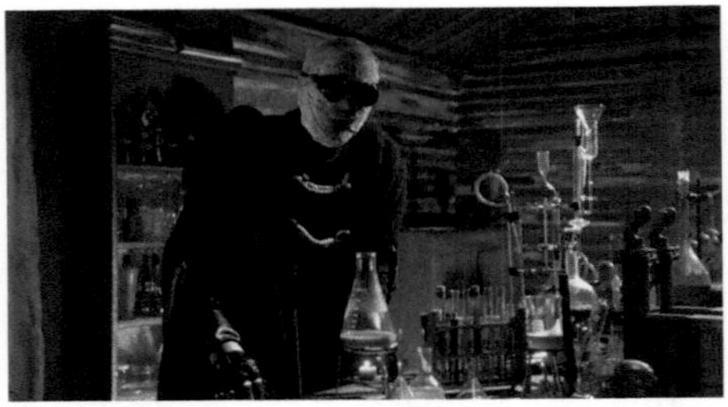

Abb. 376: Toulon in seinem kleinen Labor im Bodega Bay Inn.

sehen lassen werden und bietet ihm sein Geheimnis an, mit dem er die Puppen ohne Fäden tanzen lassen kann. Warum aber wollte Mr. Turban das Geheimnis unbedingt weitergeben? Etwa für Geld? Hier kann sich man selber etwas ausdenken.[55] Toulon wehrt sich zunächst und entgegnet, das er ein Künstler sei und kein Zauberer. Aber er will seine junge Frau Elsa und sein junges Publikum glücklich machen.

Ich habe so gut wie nichts über die Forscher geschrieben – das liegt daran, dass die menschlichen Charaktere (Zombie-Toulon nicht inkludiert) im Vergleich zum Vorgänger leider langweiliger und austauschbarer geworden sind und auch von schlechteren Schauspielern gespielt werden. Regie dufte diesmal Special-Effects-Mann David Allen führen, der offenbar weitaus mehr Freude daran hatte, die Puppen in Szene zu setzen als die menschlichen Figuren. Die Puppenszenen, von denen es diesmal viel mehr gibt, sind um einiges inspirierter inszeniert als die zwischenmenschlichen Interaktionen. Es macht auch hier wieder mindestens genau so viel Spaß wie im ersten Teil, den Puppen bei der Arbeit zuzusehen. Viele Fans bevorzugen den zweiten Teil gegenüber dem ersten. Regie und Kamera lassen aber insgesamt beide etwas die feine Klinge des Originals vermissen.

PUPPETMASTER ist ein guter Film, der durch die Puppenaction noch aufgewertet wird. Hier aber halten die Puppenszenen und jene mit Toulon den Film am Leben, denn der Spannungsaufbau will nicht wirklich gelingen. Teil 2 ist noch etwas gruseliger und manchmal auch düsterer als der Vorgänger. Vor allem aber ist er trotz der Kritikpunkte – sowohl der Vorgänger als auch der Nachfolger sind etwas besser – einer der Vorzeigefilme der Reihe und ein waschechter Full Moon-Klassiker.

[55] Mir gefällt der Gedanke, dass der Mann ein Händler ist, der zufällig in den Besitz des Geheimnisses kam. Jetzt fürchtet er Sutekhs Rache und will das Geheimnis wieder loswerden, bevor die Diener des Dämons ihn finden.

★★★★★

Besonderheiten: *Toulon hat in Teil 1-3 trotz seines französischen Namens einen deutschen Akzent. Ist er ein Franko-Germane? Ein Auswanderer? Wahrscheinlich egal, in Teil 7 hat er plötzlich einen französischen Akzent. / Das Geheimnis, leblosen Dingen Leben einzuhauchen, stammt laut Toulon von Osiris persönlich, dem ägyptischen Gott des Jenseits. Wer sich Teil 1-7 aufmerksam ansieht, wird folgende Reihenfolge von Leuten erkennen, die das Geheimnis besaßen: Der Gott Osiris – der Dämon Sutekh (Teil 4 und 7) – der Zauberer Afzel (Teil 7) und/oder der Turbanmann in Teil 2 – der Puppenspieler Andre Toulon – Neil Gallagher – der Forscher Rick Myers (Teil 4 und 5). / Diese Fortsetzung betreibt löblicherweise gutes* worldbuilding. *Die Welt, in der diese Filme spielen, wird angereichert und spannender. Kannst Du Dich an die Szene im grob unterschätzten* STAR WARS: *EPISODE III – REVENGE OF THE SITH erinnern, in der Palpatine Anakin Skywalker von Darth Plagueis erzählt? Das war exzellentes* worldbuilding. *In* PUPPET MASTER *II haben wir einerseits die Kairo-Rückblende sowie die kurze Hintergrundgeschichte des Bodega Bay Inn. Neu hinzugekommen ist außerdem das giftgrüne Serum, das die Puppen zum Laufen bringt. / Eine sehr schöne Charlie Spradling-Nacktszene.*
Creative Killing: *Torch ist die neue Todespuppe im Bunde! Mit seiner Flammenwerferhand heizt er seinen Gegnern ordentlich ein.*
Nervige Skeptiker: *Ein gewisser Patrick glaubt nicht an Übersinnliches und muss dafür auch als erstes sterben. Seine Schwester ist das erfrischende Gegenteil von ihm: Sie hat die Schnauze voll davon, »wissenschaftliche Etiketten auf Alpträume zu kleben«. Preach it, girl!*
Kill Count: *8 (3 off camera)*

PUPPET MASTER III: TOULON'S REVENGE

1991
Regie: David DeCoteau (CURSE OF THE PUPPET MASTER [Seite 319], RETRO PUPPETMASTER [Seite 322], PUPPET MASTER: AXIS OF EVIL [Seite 327], SORORITY BABES IN THE SLIMEBALL BOWL-O-RAMA, TOTEM [Seite 398], CREEPOZOIDS)
Drehbuch: C. Courtney Joyner (PUPPET MASTER VS DEMONIC TOYS [Seite 338], CLASS OF 1999, DOCTOR MORDRID, PRISON)
Nennenswerter Cast: Richard Lynch (INVASION U.S.A., THE SWORD AND THE SORCERER, BAD DREAMS, THE BARBARIANS, THE SEVEN-UPS, TRANCERS II), Guy Rolfe (DOLLS), Ian Abercrombie (*Seinfeld*, ARMY OF DARKNESS), Sarah Douglas (THE PEOPLE THAT TIME FORGOT, RETURN OF THE LIVING DEAD III, CONAN THE DESTROYER, SUPERMAN)
Coole Tagline: When Good Puppets Go Bad
82 Min.

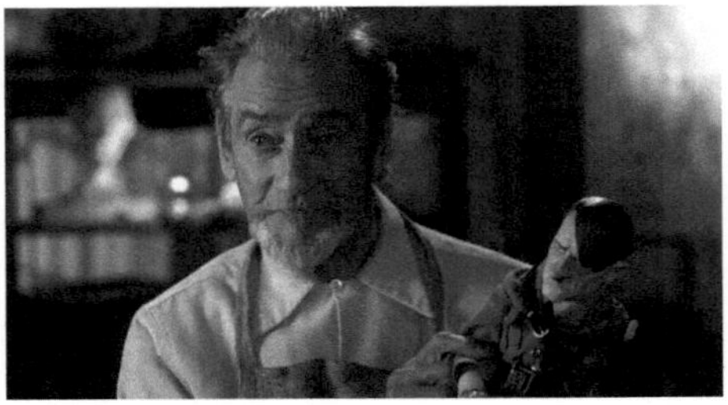

Abb. 377: Andre Toulon: Puppenspieler, Mediziner, Alchemist, Ehemann, politischer Satiriker.

Teil 3: Das Prequel – Puppen gegen Nazis! Berlin 1941: Andre Toulon (Guy Rolfe) lebt glücklich mit seiner Frau Elsa (Sarah Douglas) zusammen, führt ein beschauliches Leben als Puppenspieler und liebt es, sein junges Publikum zu unterhalten.[56] Zuvor hatte Toulon übrigens Medizin und Anatomie in Paris studiert, nach dem Ersten Weltkrieg wollte er kein Blut mehr sehen und wurde Entertainer.

Der Star in Toulons aktueller Puppenshow ist ein Cowboy mit sechs Armen und sechs Pistolen, der ganz ohne Fäden auskommt. »Six Shooter« tritt gegen eine vor Angst schlotternde Hitler-Puppe an. Aus irgendeinem Grund ist auch die Mephistopheles-Puppe aus Teil 2 im Hintergrund dieser Szene. Vielleicht hatte Hitler laut Toulon einen Pakt mit dem Teufel? Die Kinder haben jedenfalls eine Mordsgaudi und dürfen danach hinter den Kulissen Toulon besuchen, der Bonbons verteilt.

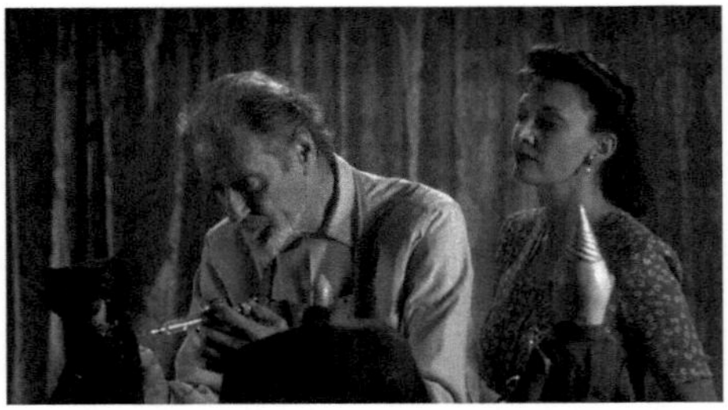

Abb. 378: Es ist Essenszeit, und der Puppetmaster füttert seine Kleinen.

Die Nazis arbeiten derweil fieberhaft daran einen Weg zu finden, tote Soldaten wiederzubeleben. Der damit beauftragte Dr. Hess kann mit dem Führer nicht viel anfangen, ist aber ein guter Wissenschaftler, der Josef Mengele einen »Schlächter« schimpft. Leider sind die Versuche von Hess nicht von Erfolg gekrönt, weshalb ihm Major Kraus (Richard Lynch) ordentlich im Nacken sitzt. Kraus wiederum ist General Müller unterstellt (der natürlich M-you-ler ausgesprochen wird), und der will endlich Ergebnisse

[56] Eigentlich hat Toulon ja 1939 Selbstmord begangen, wie wir aus Teil 1 wissen. Na gut, dann wollen wir mal nicht so pingelig sein. Wichtig ist nur: Toulon lebt noch und ist noch nicht über die Schweiz in die USA geflüchtet, sondern lebt in Nazideutschland.

sehen, denn an der russischen Front sterben deutsche Soldaten wie die Fliegen. Eine Armee von Zombiesoldaten könnte zumindest als Schutzschild für die Truppen herhalten.

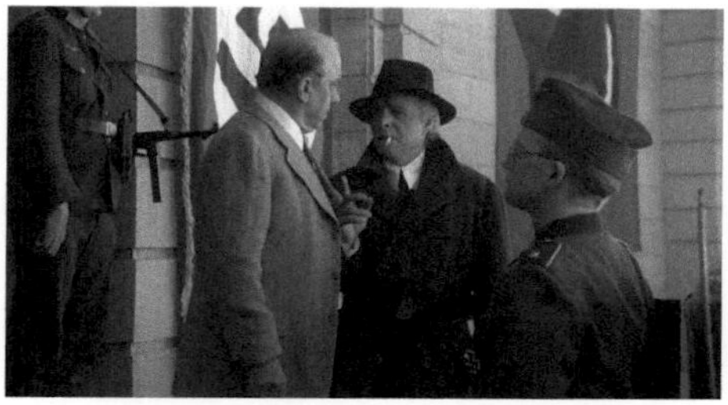

Abb. 379: Hess (links) und Kraus (mit Hut, extrem rechts) können sich nicht leiden.

Der junge Leutnant Erik Stein, ein strebsamer Stiefellecker, besucht Toulons Vorstellung. Er ist ebenfalls ein hobbymäßiger Puppenspieler und bewundert Toulons Handwerkskunst. Auf die Frage, wie sich die Cowboy-Puppe von alleine bewegt, entgegnet Toulon ihm, dass er seine eigene Methode habe. Gleichzeitig kritisiert Stein vorsichtig den Inhalt von Toulons Vorstellung, worauf dieser ihm entgegnet, dass politische Satire ein Zeichen einer gesunden Gesellschaft sei. Als Stein wieder gegangen ist, spritzt Toulon seinen kleinen Freunden das grüne Serum in ihre Körper, wie ein liebevoller Vater, der seine Kinder füttert. Toulon drückt seine Liebe für seine jüngere Frau Elsa aus und schenkt ihr eine ihr nachempfundene Puppe. Aus dieser Puppe wird später Leech Woman!

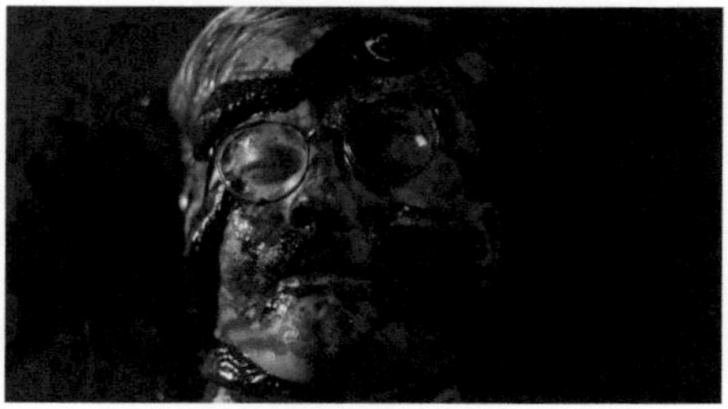

Abb. 380: Die Rache des Andre Toulon beinhaltet viele Blutegel.

Stein berichtet Hess und Kraus, dass in Toulons Vorstellungen der Führer veräppelt wird und sich die Puppen wie von Zauberhand von alleine bewegen. Könnte das die Lösung für ihr Projekt sein? Sie dringen bei Toulon ein und nehmen sein Serum mit. Als sich Elsa ihnen entgegenstellt, wird ihr in den Rücken geschossen und der böse Kraus gibt ihr den Rest. Toulon kann mit Hilfe seiner kleinen Freunde fliehen.

Kraus und seine Männer suchen den Puppenspieler überall. Denn Hess schafft es trotz des Serums nicht, tote Soldaten wiederzubeleben. Andre Toulons Existenz wiederum ist ruiniert. Elsa wurde getötet und sein Puppentheater in Schutt und Asche gelegt. Er schwört Rache, und der Nazi-Gejagte wird zum Nazi-Jäger.

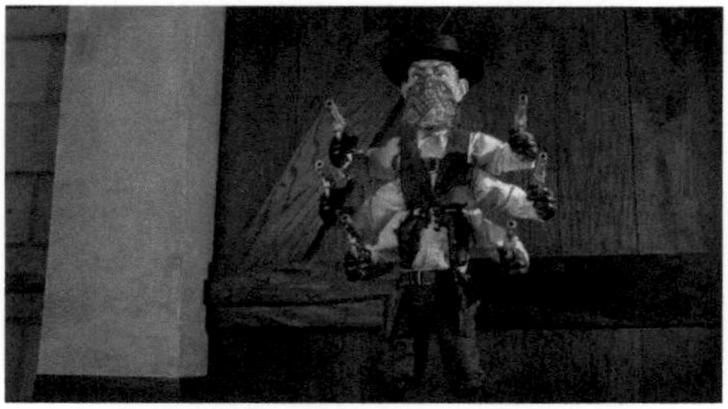

Abb. 381: Der neue Star in der Manege: Six Shooter, eine der ikonischsten Figuren der Reihe.

Der Puppetmaster Andre Toulon hatte in Teil 1 nur einen Kurzauftritt, in Teil 2 war er ein Bösewicht. In den anderen Filmen hören wir immer wieder davon, dass Toulon vor den Nazis in Deutschland geflüchtet ist und seine Frau getötet wurde. Nun werden wir Zeuge dieser Vorgeschichte, und Toulon selbst ist diesmal in der Hauptrolle.

TOULON'S REVENGE hat den besten Cast der Reihe: Guy Rolfe hat bereits in DOLLS (*Seite 144*)

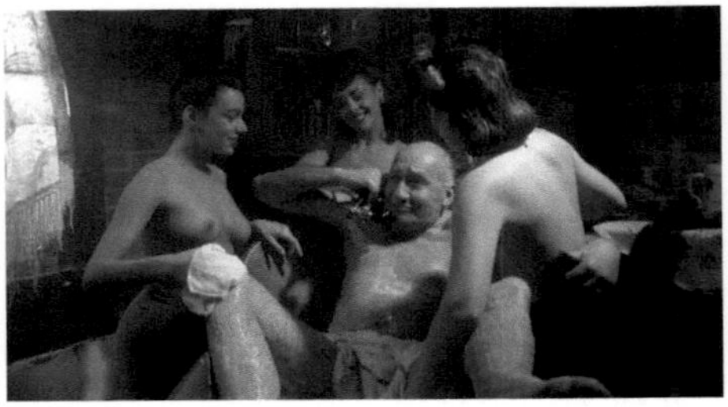

Abb. 382: Hier der Beweis: Unter Hitler war nicht ALLES schlecht.

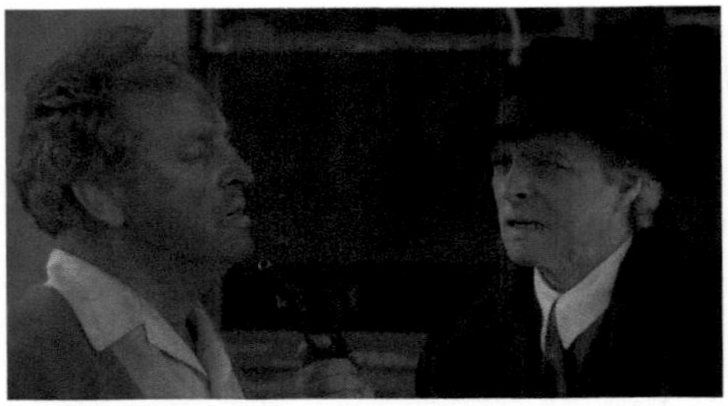

Abb. 383: Richard Lynch beim Richardlynchen.

einen überzeugenden Puppenmeister gespielt. Er bringt nicht nur Sympathie, sondern, in gewissen Maße, auch Pathos und Gravitas in die Rolle des Andre Toulon mit. Walter Gotell, der in den James Bond- Filmen den sowjetischen General Gogol mimte, ist hier ein toller General Müller, der gerne ein Soldatenbordell frequentiert und von prächtigen Brüsten umgeben ist, bevor er von Six Shooter ins Jenseits befördert wird. Sein bester Satz, den er zu einer der Prostituierten sagt: »I wish I could handle Göring as well as I can handle you.« Richard Lynchs Präsenz hat viele Genrefilme (wie THE SWORD AND THE SORCERER und INVASION U.S.A.) aufgewertet, und hier gibt er als Major Kraus einen tollen Nazi-Bösewicht ab. Die Verbrennungen im Gesicht, die sich Lynch 1967 bei einem LSD-Trip zugefügt hatte, stellten sich im Nachhinein als Segen heraus, denn er wurde immer wieder gerne als Bösewicht gecastet.

PUPPET MASTER III ist einer der ambitioniertesten Direct-to-Video-Filme, die jemals gemacht wurden, und gilt bei vielen als der beste der Reihe – siehe auch seine IMDB-Höchstbewertung. Es ist fast unmöglich, heute einen Low-Budget-Film zu finden, der ein ähnliches Niveau erreicht und mit so viel Liebe produziert wurde. Es gibt viele gute und schöne Szenen, mit Puppen und ohne. Anstand und Humanismus werden sehr gut von Andre Toulon repräsentiert und stehen im Kontrast zur Unmenschlichkeit und Böswilligkeit der Nazis.

★★★★★

Besonderheiten: *Die Ursprünge von Blade und Leech Woman werden gezeigt, und die Herkunft von Jester und Pinhead wird erzählt. / Aufmerksamen Sehern fällt vielleicht in einer Szene, in der Toulon auf der Flucht an einer Mauer halt macht, ein Plakat auf, auf dem steht »Das sind die Feinde der Demokratie! Hinweg damit! Deshalb wählt die Liste Sozialdemokraten.« Das Plakat verwendete die SPD im Wahlkampf 1930 und würde in Nazi-Berlin 1941 sicher nicht mehr herumhängen. Das ist aber nicht weiter störend und kein Vergleich zu dem Haufen an historischen Fehlern in AXIS OF EVIL (Seite 327).*
Creative Killing: *Diesmal bohrt sich Tunneler nicht nur rein, sondern durch. Und wieder ein Nazi weniger! / Six Shooter hat schon sechs Mal geschossen, bevor Du nur einmal geschossen hast. / Ein besonders übler Nazi wird auf mehreren kleinen Haken aufgehängt, heult vor Angst Rotz und Wasser und wird dann auf eine Lanze fallen gelassen.*
Nervige Skeptiker: *Keine.*
Kill Count: *12*

Puppet Master 4

1993
Regie: Jeff Burr (Puppet Master 5 [Seite 316], Stepfather II, Pumpkinhead II: Blood Wings)
Drehbuch: Steven E. Carr, Jo Duffy, Todd Henschell, Douglas Aarniokoski (Nurse 3-D), Keith Payson
Nennenswerter Cast: Chandra West (Puppet Master 5 [Seite 316], White Noise)
Coole Tagline: When bad puppets turn good
79 Min.

Der Dämon Sutekh sitzt in einer anderen Dimension auf seinem Thron neben einem Haufen Totenschädel. Er ist außer sich, dass sein Geheimnis, toten Dingen Leben einzuhauchen, in den Besitz von Andre Toulon geraten ist, denn jetzt seien die Menschen kurz davor, dieses Geheimnis zu entdecken. Die Firma Biotech experimentiert nämlich im Rahmen ihres »Omega Projekts« mit künstlicher Intelligenz und steht kurz vor einem Durchbruch. Sutekh teilt nicht gerne und will das Geheimnis wieder zurückhaben.

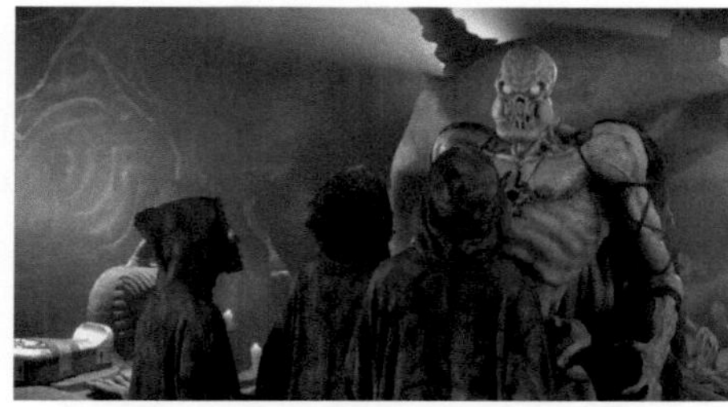

Abb. 384: Der Chef erklärt seinen Angestellten den Tagesplan.

Auf der Erde sind wir wieder einmal zurück im Bodega Bay Inn, wo das »Cyberpunk«-Wunderkind und Computergenie Ricky Myers, der große Hoffnungsträger für das Omega Projekt, an zwei kleinen Robotern herumbastelt. Danach legt er sich eine Art bionischen Arm auf – quasi seine High-Tech-Version eines Nintendo Power Glove – und spielt damit Lasertag mit seinen zwei kleinen Roboterfreunden. Falls es jemand noch nicht weiß: Die Puppet Master-Filme wurden von Nerds für Nerds gemacht. Leider zeigen die mechanischen Wesen keine Eigeninitiative oder originelle Gedanken und stinken im Laserduell ab. Ricky kommt mit seiner Suche nach künstlicher Intelligenz nicht voran, zu allem Überdruss lädt seine Freundin noch ein befreundetes Paar ein, die Nacht mit ihnen in dem ehemaligen Hotel zu verbringen. Cameron ist ebenfalls ein Wissenschaftler, aber im Gegensatz zu Ricky ein arrogantes Arschloch und neidisch auf dessen Erfolg. Camerons übersinnliche Freundin Lauren ist netter als er und spürt bald, dass Unheil naht.

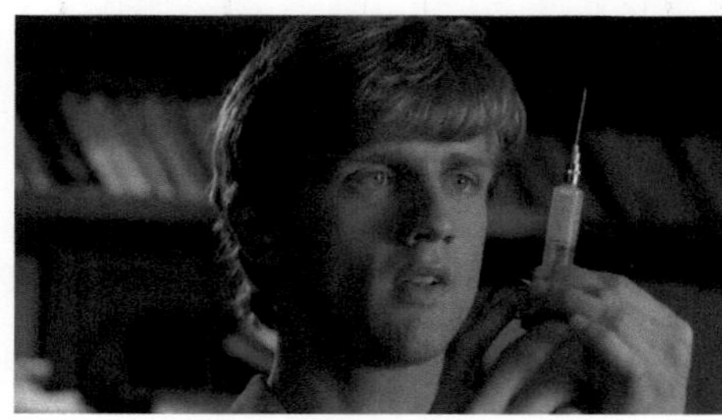

Abb. 385: Ricky Myers.

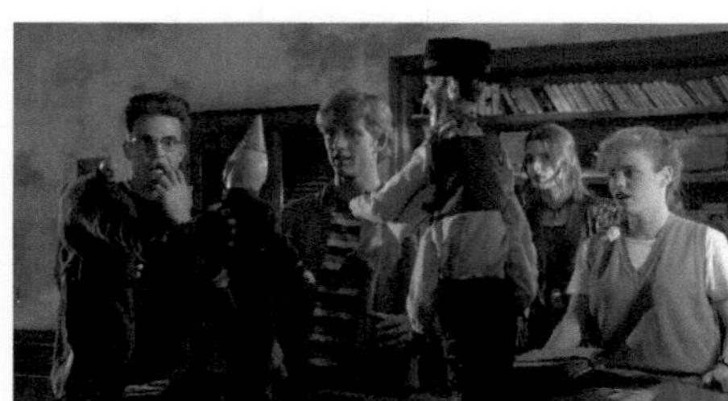

Abb. 386: Jugend forscht.

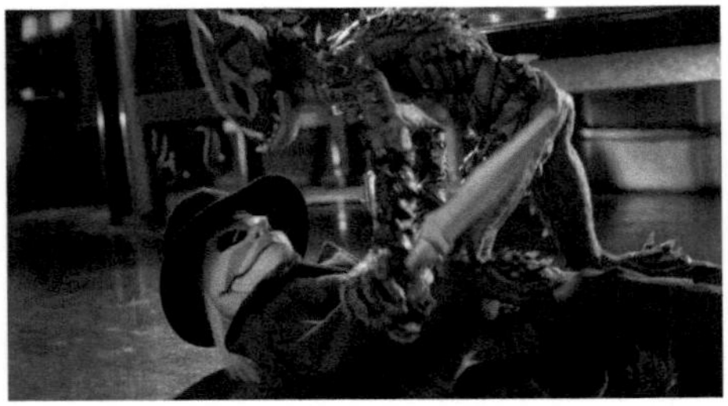

Abb. 387: Blade vs. Totem.

Sutekh hat nämlich einen seiner Diener auf die Erde geschickt. Dieser tritt in unserer Welt in Form eines »Totems« in Erscheinung – ein grässlich schönes, energisches kleines Biest, das Mitarbeiter des Omega Projekts zuerst tötet und ihnen dann die Lebensenergie aussaugt.

Als die Freunde in einem Zimmer des Bodega Bay Inn Andre Toulons Koffer entdecken, bekommt Lauren schlimme Angstzustände. Das macht Ricky und Cameron erst recht neugierig und sie öffnen das Ding. Sie finden Toulons Puppen, sein Tagebuch und das Serum. Ricky ist fasziniert und meint, er habe vielleicht endlich die Lösung für das Omega Projekt gefunden.

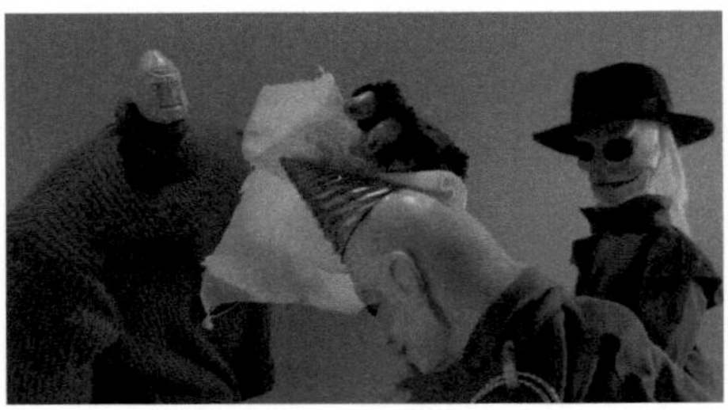

Abb. 388: Echte Freunde helfen aus.

Ricky injiziert den Puppen das Serum und stellt begeistert fest, dass sie beim Lasertag-Spielen mit ihm auf einer Augenhöhe sind. Cameron will das Serum stehlen und zu Omega bringen. Zwei zusätzliche Totems tauchen auf und der Kampf beginnt: Ricky und seine neuen, kleinen Freunde treten gegen die Totems an. Die Puppen finden im dritten Akt dieses kurzen Films in einer frankenstein-esquen Szene einen Weg, ihren alten Meister in Puppenform wiederzubeleben, der dann ein paar gewichtige Worte sprechen darf. Ricky ist der neue Puppetmaster, und mit großer Macht durch kleine Puppen kommt große Verantwortung.

Die meisten PUPPET MASTER-Fans sind sich einig, dass nach den sehr guten Teilen 1-3 mit dem Quasi-Reboot Teil 4 und 5 ein Qualitätsabfall stattfand und danach ein weiterer deutlicher Abfall mit Nr. 6. Das mag stimmen, aber PUPPET MASTER 4 ist ein sehr spaßiger, kleiner Film. Im Gegensatz zu den Vorgängern ist er weitaus weniger düster und baut auch keine besondere Atmosphäre auf, hat aber dafür viel Flair. Vielleicht nicht so viel wie Ex-Wrestler Ric Flair, aber dennoch genug. Denn nachdem der bodenständige Teil 3 eigentlich fast »zu gut« war, bringt Teil 4 die *cheesyness* wieder zurück und hat weitaus mehr Fantasy-Comic-Feeling zu bieten.

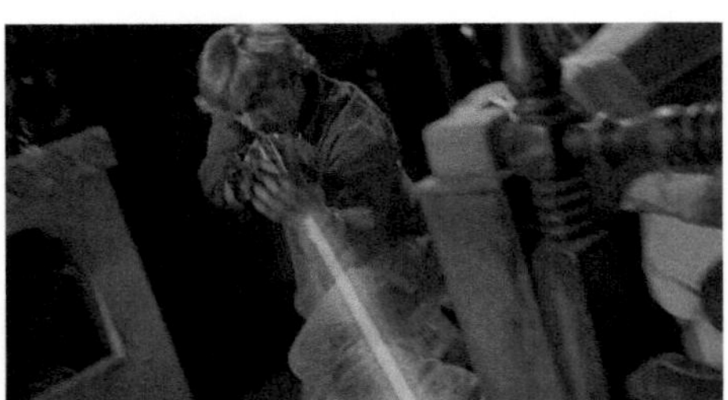

Abb. 389: Pew Pew Pew im Dienste der Wissenschaft.

Ricky ist der Held aller Kinder und Jugendlichen, die sich Blade und Co. schon immer als Weggefährten gewünscht haben. Das Alter der Hauptdarsteller in diesen Filmen geht praktisch ständig nach unten. Die Forschertruppe in Teil 2 ist jünger als die Wissenschaftler in Teil 1. In Teil 3 kommt ein kleiner Junge vor. Ricky und seine Freunde in Teil 4 und 5 sind dann noch mal jünger als die Gruppe in Teil 2.

Die menschlichen Darsteller in PUPPET MASTER 4 sind bloß OK und werden von ihren Plastikkollegen an die Wand gespielt. Die Puppen waren zwar immer die Stars dieser Filme, aber nie war das deutlicher als in Teil 4. Mit den vielen Puppenszenen kommen Fans auf ihre Kosten. Sutekh ist ein großes Gummimonster und sieht aus wie die Attraktion einer engagierten Geisterbahn. Der Look mag nicht jedem gefallen, aber ich finde, er sieht herrlich kitschig aus und passt so perfekt zum Rest des Films.

PUPPET MASTER 4 hat nicht mehr viel Horror oder Gore zu bieten. Es ist übrigens auch der erste PUPPET MASTER-Film ohne nackte Brüste. Teil 4 und 5 sind etwas leichter, kindgerechter und kindischer als die ersten drei Teile, und das funktioniert sehr gut. Es ist cool, Toulons Puppen als Helden in Aktion zu sehen, die diesmal nicht gegen Menschen, sondern Monster in ihrer Größe kämpfen.

★★★★★

Besonderheiten: *Ursprünglich war ein 4-7 Mio. USD teurer Kinofilm mit dem Titel »Puppet Master: The Movie« geplant, der aber nie realisiert wurde. Das Drehbuch wurde stattdessen in zwei Teile geteilt, aus denen dann – um einiges kostengünstiger – Teil 4 und 5 entstanden. / Dafür, dass fünf Leute an diesem Drehbuch gearbeitet haben, ist die Story echt dünn. Das ist circa so, als ob Dir bei McDonald's fünf Leute einen Ein-Euro-Burger zaubern. / Wir erfahren, dass das Geheimnis der Animation lebloser Dinge von ägyptischen Zauberern gestohlen wurde, die Sutekh dienten. In Teil 7 wird ein anderer Zauberer, Afzel, dieses Geheimnis wiederum von Sutekh stehlen und es an Toulon weitergeben. / Charles Band wurde von der Verleihfirma nahegelegt, dass Leech Woman zu abstoßend sei, weshalb sie in Teil 2 getötet wurde und in diesem Film nicht vorkommt. Toulon und Elsa hätten als Decapitron und Leech Woman in Puppenform glücklich werden und ihre Geschichte doch noch ein Happy End nehmen können. Leider eine vertane Chance! / Sutekh ist ein anderer Name für Set, einem bösen Gott in der altägyptischen Religion. In GODS OF EGYPT (2016) wird Set übrigens von Gerard Butler verkörpert.*
Creative Killing: *Decapitron kann seinen Kopf aus seinem Körper schrauben und gegen einen anderen Kopf austauschen, der intensive Stromschläge verteilt. Damit bringt er einen der Totems zur Explosion.*
Nervige Skeptiker: *Keine!*
Kill Count: *6*

Puppet Master 5

1994
Regie: Jeff Burr (Puppet Master 4 [Seite 313], Stepfather II, Pumpkinhead II: Blood Wings)
Drehbuch: Steven E. Carr, Jo Duffy, Todd Henschell, Douglas Aarniokoski (Nurse 3-D), Keith Payson
Nennenswerter Cast: Ian Ogilvy (Witchfinder General, From Beyond the Grave, Death Becomes Her), Chandra West (Puppet Master 4 [Seite 313], White Noise)
81 Min.

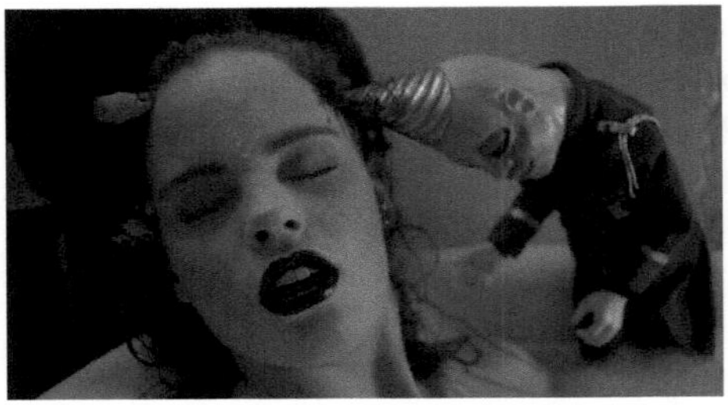

Abb. 390: Ein Alptraum kündigt Schaurig-Schönes an.

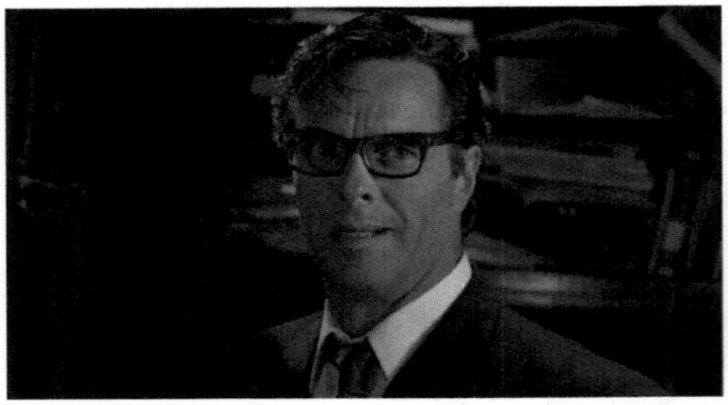

Abb. 391: Jennings.

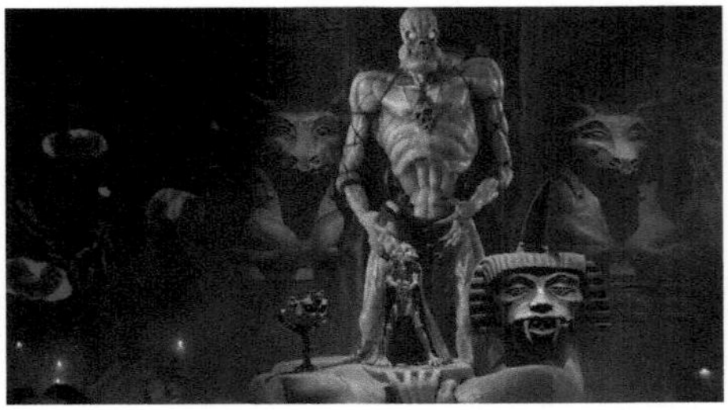

Abb. 392: Sutekh und sein Mini-Me.

Teil 5 knüpft direkt an den Vorgänger an: Ricky Myers wird von der Polizei festgehalten und soll für die Morde in Puppet Master 4 verantwortlich gemacht werden. Superfly höchstpersönlich[57] verhört den jungen Ricky und wirft dem MIT[58]-Absolventen vor, er habe mit seinen kleinen Robotern die Leute umgebracht.

Nach diesem etwas unspektakulären Intro werden die Ereignisse von Teil 4 schön zusammengefasst. Neben Ricky sind auch seine blonde Freundin Susie und der Dämon Sutekh wieder mit von der Partie. Neu hinzugekommen ist Jennings, ein eloquenter Businesstyp. Er gibt einen ziemlich tollen, schleimigen *bad guy* ab und wird von einem Briten gespielt. Damals wurden Bösewichte noch gerne mit Briten besetzt – nicht so wie heute, wo sogar Superman von einem verdammten Limey gespielt wird.

Jennings ist nach dem puppenbezogenen Ableben der beiden Wissenschaftler der neue Boss des Omega-Projekts. Er besucht Ricky auf der Polizeistation und hört ihm interessiert zu, als er ihm von den Puppen erzählt. Das Wunderkind verklickert ihm, dass ein Dämon und dessen Gehilfen hinter all jenen her sind, die mit dem Omega-Projekt zu tun haben, somit auch hinter ihm und Jennings. Sutekh ist immer noch außer sich, dass das Geheimnis, leblosen Dingen Leben einzuhauchen, von ihm gestohlen wurde.

Jennings trifft sich mit zwei zwielichtig anmutenden Herren vom Pentagon, die sich sehr

[57] Ron O'Neal in einer Gastrolle als Polizeiinspektor. O'Neal spielte im Blaxploitation-Klassiker Super Fly von 1972 die Hauptrolle, fool.
[58] Massachusetts Institute of Technology. Kein Fan von *The Big Bang Theory*?

für die Puppen und deren Geheimnis interessieren. Offiziell darf die Forschung der Firma Biotech, die das Omega-Projekt betreibt, nicht für Militärzwecke verwendet werden. Also soll Jennings für viel Geld die Puppen aus dem Bodega Bay Inn stehlen und an sie übergeben. Auch Ricky will zusammen mit Blade seine kleinen Freunde zurückholen. Immerhin hat er als neuer Puppetmaster eine Verantwortung zu tragen. Jennings heuert für seine Zwecke drei noch zwielichtigere Typen an, zu denen auch einer der zwei Keller-Vergewaltiger aus PULP FICTON gehört[59].

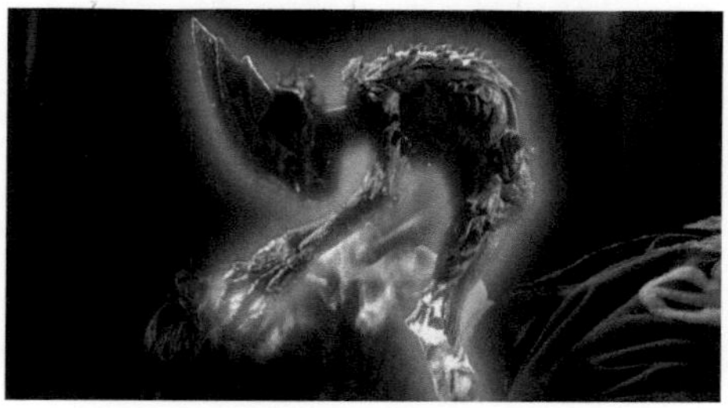

Abb. 393: Lebensenergieaussaugeaction.

Sutekh überträgt währenddessen seine Macht in ein Totem und sagt dabei schmalzig-böse Dinge wie »Drink in my evil. Become me!« und »Drink deep from the fountain of evil, my child.« Die übersinnliche Freundin von Susie liegt im Krankenhaus und spürt die böse Macht von Sutekh immer noch. Sie spricht telepathisch mit Ricky und warnt ihn mit Hilfe des Computers, den er noch immer in seinem Timmer im Bodega Bay Inn hat. Ricky bekommt von Susie kurze, kryptische Nachrichten gesendet, die massenhaft über den Bildschirm huschen, wie der Code einer Software oder ein Text in der Matrix. Eine Idee, die so doof ist, dass sie irgendwie auch wieder sympathisch wirkt.

Jennings' Hobby-Gauner werden von dem Totem überrascht, und bald treten die Puppen erneut gegen Sutekh an. Der alte Puppetmaster hat auch wieder einen Kurzauftritt und spricht zu seinem Nachfolger: Sutekh muss zerstört werden, sonst wird er unsere Helden auf ewig jagen. Decapitron wird übrigens erneut wiederbelebt, diesmal von Ricky.

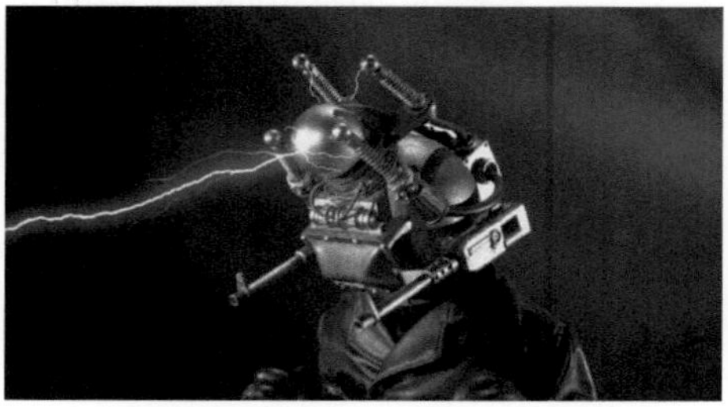

Abb. 394: Decapitron ist wieder mit dabei.

Während Teil 4 ein angenehmes Tempo hat, zieht sich Teil 5, vor allem in der ersten Hälfte, gewaltig. Das liegt daran, dass das Drehbuch von PUPPET MASTER 4 in zwei Hälften geteilt wurde, aus denen dann Teil 4 und 5 wurden. Das kennt man dem Film leider ein wenig an. Es gibt etliche Szenen, in denen Leute in den Fluren des Hotels herumlatschen und nach den Puppen suchen. Sogar der Regisseur von Teil 4 und 5 gibt zu, dass man letzteren auch »Puppet Master 5: Hallwalkers« hätte nennen können.

Dafür gibt es viele Puppenszenen und ein paar nette optische Effekte. Zudem bekommen wir ein schönes Finale, in dem unsere Puppenhelden gegen das Totem kämpfen – quasi die Miniversion eines Kaiju-Monsterkampfes aus einem Toho-Film.

---

[59] Duane Whitaker, auch zu sehen in: HOBGOBLINS (*Seite 216*) und TALES FROM THE HOOD (*Seite 388*).

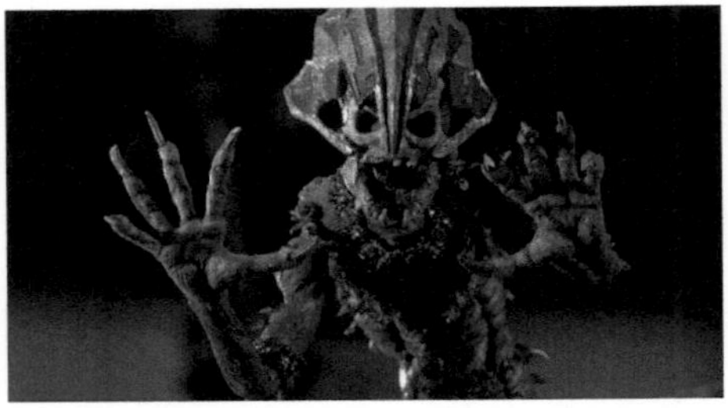

Abb. 395: Bug! Äh, buh!

Teil 5 wurde mit »The Final Chapter« beworben. Es hätte der letzte sein sollen, und wer will, kann auch gerne hier Schluss machen. Denn um die späteren Teile unterhaltsam zu finden, muss man schon ein echter Fan sein. Auch wenn es viele Leute anders sehen, ist Teil 5 dieser großartigen Reihe ein würdiger, trashig-schöner Abschluss, der dann doch keiner war. Denn »The Final Chapter« wurde schon bald zu »The Latest Chapter« umgebessert.

★★★★☆

Besonderheiten: *Nach Teil 2 der zweite und letzte Auftritt von Torch. Die Szenen mit dieser Puppe waren wegen der Sicherheitsvorkehrungen die teuersten, auch weil ein Brandschutzbeauftragter den Szenen beiwohnen musste. / Eine epische »Puppet Wars«-Trilogie war Mitte der 1990er in der Vorproduktionsphase, wurde aber aus Kostengründen leider nie realisiert. Unzufrieden mit Teil 4 und 5, wollte man sich an den Ideen und Konzepten der ersten drei Teile orientieren. Im ersten Film der Trilogie »Curse of the Puppet Master« (der mit dem fertiggestellten CURSE OF THE PUPPET MASTER [nächste Seite] nichts zu tun hat) hätte sich Hitler gegen Ende des Zweiten Weltkriegs in Ägypten die Macht der Wiederbelebung von Anubis, dem ägyptischen Gottes der Toten und Mumien, schnappen wollen. Wie in Teil 3 wäre Toulon wieder die Hauptfigur gewesen. In einer perfekten Welt würde sich Disney, wie sie es mit MARVEL und STAR WARS bereits taten, auch die PUPPET MASTER-Franchise einverleiben und die Trilogie für 150 Mio. USD pro Film fürs Kino produzieren. Voller Puppenaction, Nazis, Mumien, altägyptischem Okkultismus und Effekten. Aber das wird wohl für immer ein Traum bleiben.*

Creative Killing: *Nicht wirklich.*

Nervige Skeptiker: *Keine.*

Kill Count: *5 (ohne die Rückblende zu Teil 4)*

CURSE OF THE PUPPET MASTER

1998
Regie: David DeCoteau (PUPPET MASTER III: TOULON'S REVENGE [Seite 310], RETRO PUPPETMASTER [Seite 322], PUPPET MASTER: AXIS OF EVIL [Seite 327], SORORITY BABES IN THE SLIMEBALL BOWL-O-RAMA, TOTEM [Seite 398], CREEPOZOIDS)
Drehbuch: Neal Marshall Stevens (THIR13EN GHOSTS, HEAD OF THE FAMILY, HIDEOUS! [Seite 213], HELLRAISER: DEADER, RETRO PUPPETMASTER [Seite 322], RAGDOLL [Seite 345], TOTEM [Seite 398], THE CREEPS)
Coole Tagline: ...The Human Experiment
78 Min.

Im Vorspann sehen wir Puppenszenen aus den Vorgängerfilmen, so als ob PUPPET MASTER eine langjährige TV-Serie wäre. CURSE bietet aber eine eigenständige – abgekupferte, dazu mehr am Ende des Textes – Geschichte, die keine Verbindung zu den anderen Filmen der Reihe herstellt.

Wir befinden uns irgendwo in einer ländlichen Einöde in den USA. Robert ist ein großer, junger Mann, der auf einer Tankstelle arbeitet und aufgrund seiner mächtigen Erscheinung »Tank« genannt wird. Er ist ein lieber Kerl, aber nicht das hellste Licht im Hafen. Joey, das örtliche Arschloch, fährt in einem Sportwagen vor und trägt ein ärmelloses, weißes Unterhemd – das internationale Erkennungssymbol für aggressive Idioten. Joey verarscht Robert und schubst ihn herum. Der ultra-sanftmütige Robert lässt sich das gefallen und entschuldigt sich sogar noch ständig bei ihm. »That boy ain't right!" würde der *King of the Hill* sagen.

Die ebenfalls junge, hübsche Jane, eine Collegestudentin auf Heimaturlaub, fährt mit ihrem Vater Dr. Magrew vor und sagt Joey, er soll den Jungen in Ruhe lassen. Dann bemerkt sie eine kleine Holzfigur, die Robert gemacht hat, und ist von seiner Schnitzkunst sehr angetan. So auch Dr. Magrew, der Robert 35 Dollar die Woche anbietet, um seinen Tankstellenjob aufzugeben, von nun an auf seinem Anwesen zu wohnen und für ihn zu arbeiten. 35 Dollar die Woche? Was hat sich der Doktor dabei gedacht – der Mongo wird's nicht merken? Der Doktortitel ist übrigens ehrenhalber, wie Magrew selber anmerkt. Er betreibt ein Kuriositätenmuseum, und Robert soll für ihn etliche Einzelteile für ein Megaprojekt schnitzen. Das Endprodukt bleibt vorerst ein Geheimnis (wird aber von mir am Ende des Textes verraten, also hier gleich mal ein Spoiler-Alarm für diesen Schwachfug.)

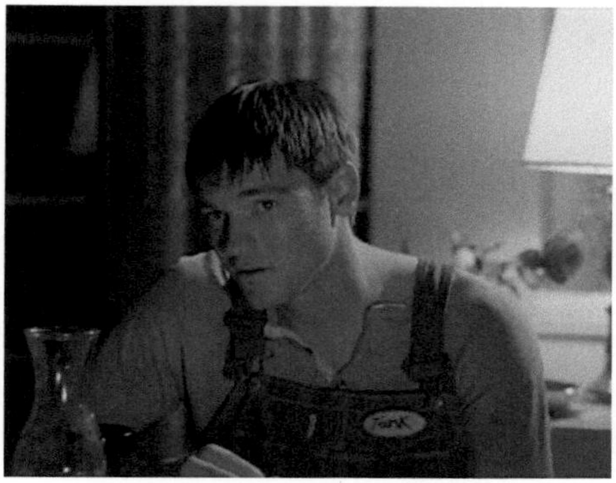
Abb. 396: Rat mal, wer zum Essen kommt. Robert, a.k.a. Tank.

Magrew hat Toulons Koffer mit den Puppen bei einer Auktion gekauft. Wie der Koffer bei einer Auktion gelandet ist und was mit dem alten Puppetmaster Ricky Myers passiert ist, erfahren wir nicht. Der Doktor zeigt Robert gleich seine kleinen Freunde, hinter dessen Geheimnis er

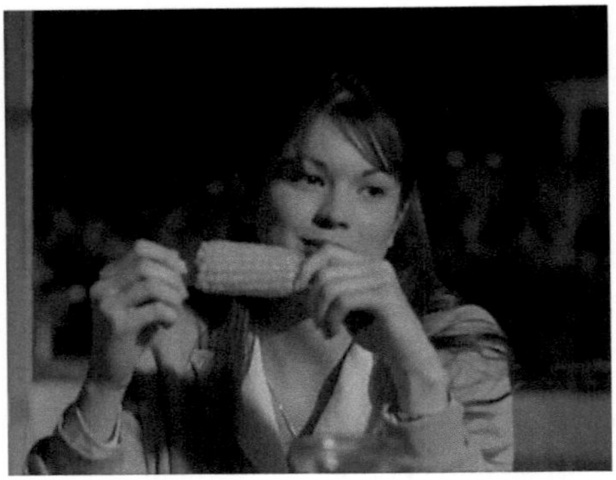

Abb. 397: Würde gerne nicht nur am Maiskolben knabbern: Die schöne Jane.

kommen will. Er hegt also einen sinisteren Plan – selbst eine lebende Puppe zu erschaffen – und zeigt trotzdem einem Jungen, den er erst vor einer Stunde kennen gelernt hat, seine magischen, lebenden Puppen. Der Doktortitel ist wahrscheinlich nicht nur ehrenhalber, sondern auch selbst verliehen. Aber nicht nur das, die Puppen dürfen auch von zahlenden Gästen bestaunt werden, denn ihre Performance ist Teil des Museumserlebnisses.

Magrews alter Assistent ist angeblich abgehauen, und zu Beginn des Films vergräbt er eine kleine Box im Wald – was ist da passiert? Magrew ist offensichtlich keiner von den Braven. Die Puppen heißen das nicht gut und werden von ihm eingesperrt.

Ganz toll (nicht) ist auch der Subplot des Films: Jane und Robert verlieben sich ineinander. Robby ist wie erwähnt etwas schlicht im Geiste. Jane meint aber zu ihm, dass sie das Gehirn für ein überbewertetes Organ hält. Sie erzählt ihm, dass sie von ihm geträumt hat, und dass sie im Traum die Schülerin und er der Lehrer war. Klingt ein wenig wie ein Dialog aus einem Porno. Sie bewundert auch seine tollen kreativen Hände und sagt: »You have big hands«, worauf Robert ihr antwortet: »It comes with the rest of me.« OK, dieser Dialog ist aber sicher schon einmal in irgendeinem Porno vorgekommen.

Auch wenn Robert doof ist, hat er offenbar unbewusst eine dunkle Vorahnung und träumt davon, als Holzpuppe aufzuwachen. Bei einem anderen Traum verlässt Jane sein Bett, zieht sich an und will sich verabschieden, um dann festzustellen, dass Roberts Oberkörper plötzlich aus Holz und Zahnrädern besteht. Wer hat denn bitte einen feuchten Traum davon, was *nach* dem Sex passiert?

Als Magrew erfährt, dass seine Tochter in Robert verliebt ist, rät er ihr, sich lieber nicht zu sehr an ihn zu gewöhnen. Der alte Schlingel hat eine ganz eigene Philosophie, nach der man nur in Puppenform, wenn man seine Menschlichkeit hinter sich lässt, sein wahres Potential entfalten kann. Robert ist das Opfer dieser Philosophie und ist plötzlich ein Mini-Panzer mit einem Bildschirm als Gesicht, dann endet der Film abrupt. Ich dachte, er sollte eine Holzpuppe werden? Wo sind die Teile, die Robert wochenlang für Magrew geschnitzt hat? Soll das ein Scherz sein, weil Roberts Spitzname »Tank« ist? Egal, der Film ist wenigstens vorbei. Ende des Spoilers.

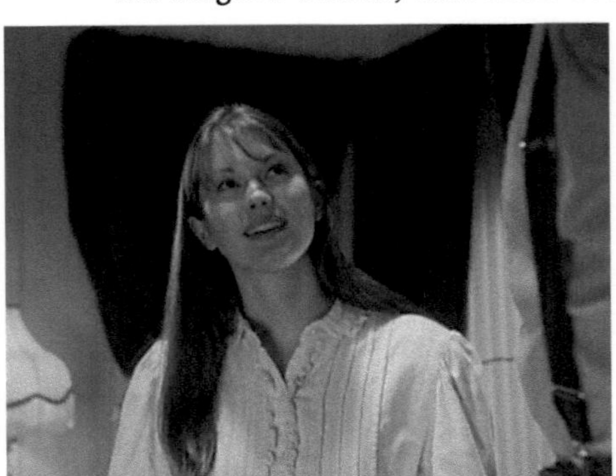

Abb. 398: Wenn der Große nur meine sexuellen Einladungen endlich kapieren würde...

CURSE gilt bei sehr vielen Fans nach THE LEGACY richtigerweise als der schwächste Film der Reihe. Er ist zu langweilig, hat lahme Dialoge und viele uninteressante Szenen. Es gibt sehr wenige Aufnahmen von den Puppen, die dann noch dazu größtenteils aus den früheren Teilen stammen und einfach reinkopiert wurden. Somit gibt es auch wenig Effekte und keine neuen Stop Motion-Animationen mehr. CURSE ist der erste PUPPET MASTER-Film, bei dem Effektguru David Allen nicht mehr mitwirkte. Der Film hätte dennoch viel besser sein können, denn das (geklaute) Setup ist nicht uninteressant, aber die Ausführung ziemlich miserabel.

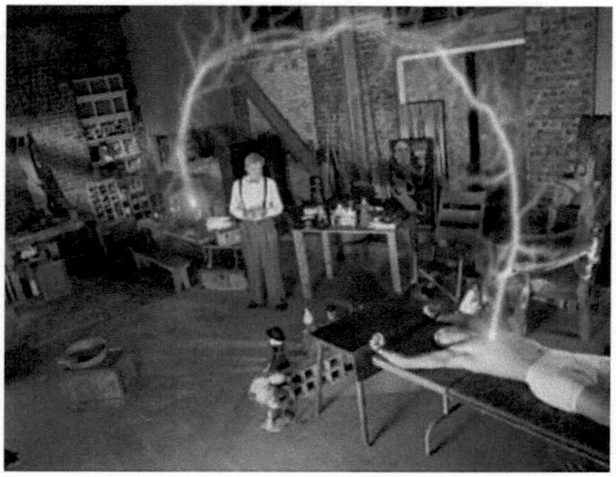

Abb. 399: Neulich in der Knoff-hoff-Show...

Gutaussehende junge Männer, die oberkörperfrei oder gar nur in Unterhosen herumrennen, gehören in David DeCoteaus Filmen fast zum Standardrepertoire. Bei seinen PUPPET MASTER-Regiearbeiten 3,7 und 9 konnte er sich beherrschen, hier bei Teil 6 hingegen findet der schwule Regisseur wieder einige Szenen, in denen er seine (vielleicht sogar handverlesenen?) männlichen Darsteller in Boxershorts inszenieren kann.

Was man erwähnen muss: CURSE ist eine komplett unverschämte Kopie von SSSSSSS, in dem sich Dirk Benedict (Face, a.k.a. Faceman vom *A-Team*) unfreiwillig in einen Schlangenmenschen verwandelt. Wer weiß, vielleicht ist dieser ebenfalls eher fade Horrorfilm von 1973 mit dem jungen Benedict in der Schwulencommunity ein Geheimtipp. Bevor er zu Snakeman wird, hat Faceman nämlich in den ersten zwei Dritteln des Films die meiste Zeit auch kein Hemd an.

Wenn man im Kopf die Puppen von CURSE gegen Schlangen austauscht, hat man SSSSSSS auch schon fast gesehen, so stark und zahlreich sind die Parallelen, bis hin zur Homoerotik. Empfehlenswert ist keiner der beiden Filme, aber besser ist der mit den Schlangen, und der hat wenigstens ein richtiges Finale.

★★☆☆☆

Besonderheiten: *Keine.*
Creative Killing: *Tunneler bohrt sich in das Gemächt eines Proleten rein.*
Nervige Skeptiker: *Keine.*
Kill Count: *4*

RETRO PUPPETMASTER

1999
a.k.a. RETRO PUPPET MASTER
Regie: David DeCoteau (PUPPET MASTER III: TOULON'S REVENGE [Seite 310], CURSE OF THE PUPPET MASTER [Seite 319], PUPPET MASTER: AXIS OF EVIL [Seite 327], SORORITY BABES IN THE SLIMEBALL BOWL-O-RAMA, TOTEM [Seite 398], CREEPOZOIDS)
Drehbuch: Neal Marshall Stevens (THIR13EN GHOSTS, HEAD OF THE FAMILY, HIDEOUS! [Seite 213], HELLRAISER: DEADER, CURSE OF THE PUPPET MASTER [Seite 319], RAGDOLL [Seite 345], TOTEM [Seite 398], THE CREEPS)
Nennenswerter Cast: Greg Sestero (THE ROOM; Koautor des Buches *The Disaster Artist*, auf dem der gleichnamige Film von James Franco beruht)
Coole Tagline: The legacy begins...
80 Min.

1944: Auf der Flucht vor den Nazis sucht Andre Toulon irgendwo in der Nähe zur Schweizer Grenze Zuflucht in einer verlassenen Gaststätte. Er spricht zu seinen Puppen, und beim Anblick des Kopfes von Cyclops, einer seiner ersten Kreationen, erinnert er sich an früher und erzählt uns wie alles begann:

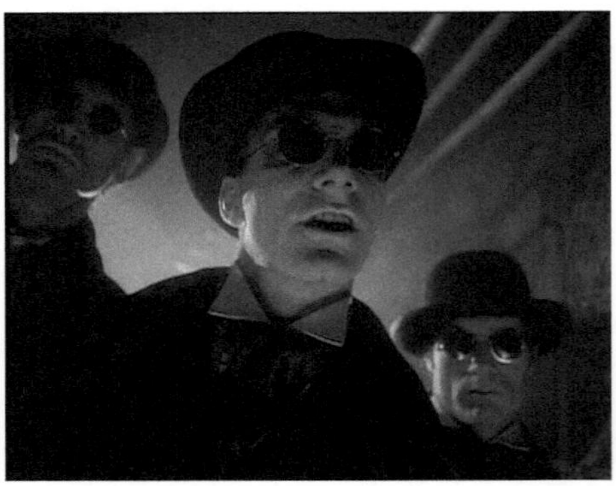

Abb. 400: Die Diener des Sutekh.

In Ägypten stiehlt der Zauberer Afzel das Geheimnis, leblosen Objekten Leben einzuhauchen, von Sutekh (den wir aus PUPPET MASTER 4 und 5 kennen). Zwei Wächter stellen sich Afzel entgegen, und es kommt zu einem kurzen Magie-Kampf auf Leben und Tod mit billigen optischen Effekten, den Afzel für sich entscheidet. Sutekh ist mächtig angepisst, beschwört drei Mumien und schickt sie in die Oberwelt hinauf. Seine Diener sollen Afzel finden und ihn für seine Frevelei töten.

Die drei Diener sprechen mit verzerrter dämonischer Stimme und sagen gerne mal denselben Satz dreimal hintereinander. Sie sind quasi die Tick, Trick und Track der Dämonenwelt. Aber im Gegensatz zu den drei Entenhausenern, die einen Satz zu dritt fertigstellen[60], plappern zwei Dämonenkollegen denselben Satz des Anführers noch mal nach. Das hat die Arbeit des Drehbuchschreibers sicher einfacher gemacht.

Paris, im Winter des Jahres 1902: Der junge Andre Toulon (Greg Sestero), ein Entertainer und Künstler mit sanfter Stimme, betreibt mit seinen Freunden das »Theatre Magique« und hat einen feschen Glitzeranzug an. In dem kleinen, aber feinen Theater unterhält er ein erwachsenes, gehobenes Publikum mit seinen Puppenspielen. »Free will

[60] Das habe ich immer ziemlich unheimlich gefunden, als ob sich die drei dasselbe Hirn mit denselben Gedanken teilen – *weird*!

is an illusion!« ruft eine der Puppen, offenbar in einem Anfall von existenzialistischem Weltschmerz.

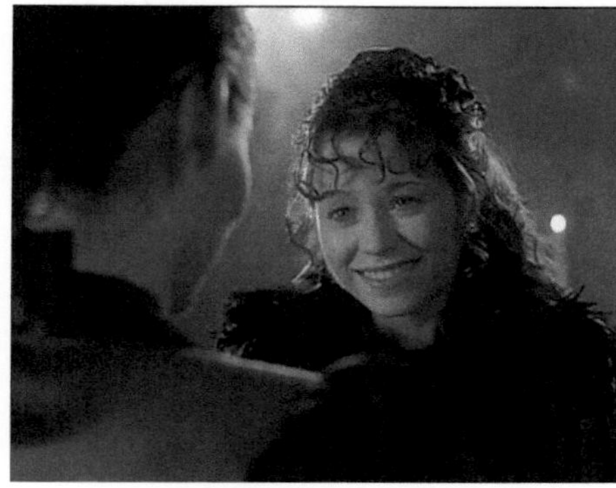

Abb. 401: *Die junge Elsa, bevor sie zu Leech Woman wurde und Blutegel auf ihre Feinde gekotzt hat.*

Elsa, die Tochter des Schweizer Botschafters, ist aus Genf zu Besuch. Die junge, adrette Frau will ihren goldenen Käfig verlassen und unbedingt das Pariser Nachtleben erkunden. Elsa findet das Theatre Magique und sieht sich die Show an. Danach bedankt sie sich bei Andre persönlich für die gute Unterhaltung und ist sichtlich schwerstens angetan von ihm. Er sieht ja auch todschick aus in seinem Glitzeranzug.

Afzel spürt die Präsenz der drei bösen Diener, was diese auch wissen. Deshalb heuern sie zwei Pariser Gauner an, um Afzel in einem Hinterhalt zu töten. Er wird vor dem Theatre Magique von den Gaunern verprügelt, und als Elsa sie sieht, rennen sie weg. Elsa ruft Andre und zusammen bringen sie den schwer angeschlagenen Afzel in das Theater. Elsa geht wieder, obwohl sie dem blonden Jüngling am liebsten an Ort und Stellt das Glitzerkostüm vom Leibe gerissen hätte.

Afzel erwacht, sieht Andre und sagt »I suppose you'll have to do.« Dann erzählt er ihm, dass er ein 3000 Jahre alter Zauberer ist, der das Geheimnis des Lebens, das vielleicht eines Tages die Menschheit retten wird, gestohlen hat. Toulon denkt sich wahrscheinlich, dass der alte Kerl lieber seinen Rausch ausschlafen soll, aber als Afzel die Puppen an seinem Arbeitstisch animiert, ist er völlig baff. Der Zauberer erklärt, dass er die Seele eines Menschen in einen leblosen Gegenstand einführen kann. Der Bettler, ein Freund von Andre, fällt vor dem Theater tot um. Was für ein Glück – somit haben sie einen Kandidaten, mit den Afzel Andre zeigen kann, wie's gemacht wird. Afzel ist kurz vor dem Tod und will, dass Andre die Schwere seiner Verantwortung begreift: »The gift I have given you is the most precious in the world. Down through the centuries armies have fought and died for it. Do not waste it.«

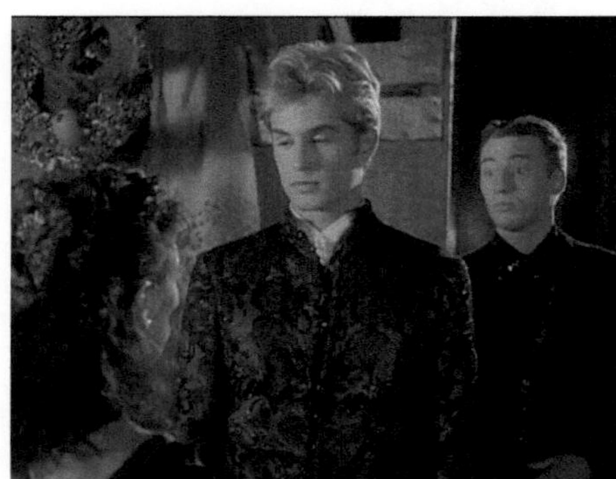

Abb. 402: *Greg Sestero, bevor seinen Namen fast jeder in Hollywood kannte, als junger Andre Toulon in einem Liberace-würdigen Anzug. Liberace hat bekanntlich gesagt: »Too much of a good thing is wonderful«, aber der kannte auch die* PUPPET MASTER*-Reihe nicht.*

Elsa kehrt unter dem Vorwand, sie wolle wissen, wie es dem alten Mann ginge, in das Theater zurück und will sich wieder an Andre ranwerfen. Aber ihr autoritärer Vater, der Botschafter, hat seine Leute geschickt, um seine Tochter wieder einzufangen. Er will sie wieder nach Genf in den goldenen Käfig schicken. Andre

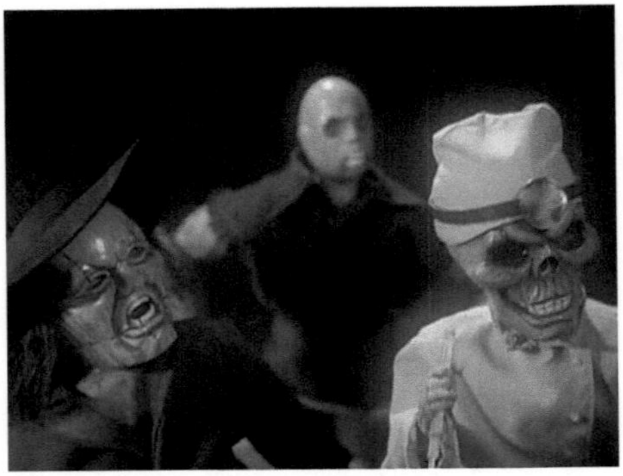

Abb. 403: Retro-Blade, Retro-Pinhead, Dr. Death.

wird auch gleich geschnappt und wacht später in einem Wald auf.

Währenddessen spazieren Sutekhs Diener in das Theater und bringen Toulons Freunde um. Als Andre sie findet, schwört er Rache und kann seine neu gelernte Magie dafür benutzen. Er schnitzt schlichtere (weil frühe) Versionen der bekannten Puppen-Stars und führt ihnen die Seelen seiner verstorbenen Freunde ein: Retro-Blade, Retro-Six Shooter, Retro-Pinhead und auch eine Retro-Version von Tunneler, den Andre »Drill Sergeant« nennt. Dazu gesellen sich noch Dr. Death, der später im Kampf gerne mit seinem Mini-Skalpell in die staubigen Mumiendiener reinsticht, und Cylclops. Die zwei letzteren kommen nur in diesem Film vor. Collect them all! Andre und seine Puppenfreunde stellen sich dem Kampf gegen Sutekhs Dienern, die noch dazu Elsa entführt haben.

RETRO PUPPETMASTER ist ein netter kleiner Abenteuerfilm, der ob der wenigen Puppenszenen fast ein 2-Sterne-Rating verdient hätte, aber er ist schön cheesy und kurzweilig genug für drei Sterne. Es gibt wieder keine Stop Motion-Effekte, aber im Gegensatz zu CURSE hat RETRO der Mythologie von PUPPET MASTER etwas hinzuzufügen. Einen jungen Toulon in Aktion zu sehen sollte jedem echten Fan eine Freunde sein. RETRO ist auch ambitionierter und visuell spannender als CURSE und hat schönere Sets. Klar, der Film hätte besser sein können, aber eben auch viel schlechter.

★★★☆☆

Besonderheiten: *Die Rückblende, die wir in PUPPET MASTER 2 gesehen haben, bei der Toulon das Geheimnis von einem Ägypter angeboten bekommt, gilt hier offensichtlich nicht mehr und wird gegen diese Geschichte mit Afzel ausgetauscht. / Es war schon komisch, Greg Sestero 2018 bei den Golden Globes zu sehen. Die Welten von Low-Budget und Big Hollywood überschneiden sich selten so offensichtlich. Sestero war dort mit seinem Kumpel, dem berüchtigten Tommy Wiseau, der sogar mit James Franco auf die Bühne gehen (aber nicht reden) durfte, als dieser den Preis für den besten Schauspieler für THE DISASTER ARTIST entgegennahm. Angeblich war der* wannabe-*Schauspieler Wiseau damals so eifersüchtig auf seinen besten Freund Sestero, als dieser die Hauptrolle in RETRO PUPPETMASTER bekam, dass er in eine Depression fiel, aus der er erst mit seinem selbstfinanzierten Projekt THE ROOM (mit ihm und Sestero als Hauptdarsteller) wieder rauskam. Die Produktion dieses legendären Trashmeisterwerks – auch so ein Film, dem das Label »schlechtester Film aller Zeiten« angeheftet wird (siehe auch TROLL 2, Seite 409) – inspirierte Sesteros Buch* The Disaster Artist: My Life Inside THE ROOM, the Greatest Bad Movie Ever Made, *auf dem wiederum James Francos Film basiert. Ohne Teil 7 der PUPPET MASTER-Reihe hätte es also THE ROOM (und THE DISASTER ARTIST) vermutlich nie gegeben – eine Tatsache, die viel zu wenig gewürdigt wird. Anyway, how is your sex life?*
Creative Killing: *Nein.*
Nervige Skeptiker: *Andre ist ein wenig skeptisch, aber nicht lange.*
Kill Count: *10 (davon nur 2 von den Puppen, und 2 off camera)*

PUPPET MASTER: THE LEGACY

2003
Regie: Charles Band (PARASITE [Seite 289], TRANCERS, MERIDIAN, HEAD OF THE FAMILY, HIDEOUS! [Seite 213], BLOOD DOLLS [Seite 62], EVIL BONG, DOLL GRAVEYARD [Seite 140], THE GINGERDEAD MAN [Seite 188], OOGA BOOGA [Seite 282], DANGEROUS WORRY DOLLS [Seite 108], KILLER EYE: HALLOWEEN HAUNT [Seite 243], PUPPET MASTER X: AXIS RISING [Seite 330], PUPPET MASTER: AXIS TERMINATION [Seite 333])
Drehbuch: C. Courtney Joyner (PUPPET MASTER III: TOULON'S REVENGE [Seite 310], CLASS OF 1999, DOCTOR MORDRID, PRISON, PUPPET MASTER VS DEMONIC TOYS [Seite 338])
74 Min.

Teil 8: Die Clipshow! Eine taffe Auftragskillerin soll Toulons Geheimnis stehlen. In dessen Tagebuch, das im Gegensatz zu den Vorgängerfilmen plötzlich riesig und nicht mehr klein und handlich ist, findet sie keine Antworten. Deshalb besucht sie Peter Hertz, der in Teil 3 der großäugige junge Assistent Toulons war. Sie will den mittlerweile in die Jahre gekommenen Mann zwingen, das Geheimnis rauszurücken. Wie die böse Dame Hertz gefunden hat? Ist egal, bei dieser schnell abgedrehten und zusammengestückelten Abzocke von einem »Film«.

Hertz holt ein Tonband hervor, auf dem Toulon seine Geschichte erzählt – von den Anfängen als Puppenspieler in Paris, über das erste Aufeinandertreffen mit Elsa, den Kampf gegen Sutekhs Schergen, den Kampf gegen die Nazis bis hin zum neuen Puppetmaster Rick Myers und danach. Das führt logischerweise zu Rückblenden.

THE LEGACY ist im Wesentlichen eine Aneinanderreihung von Puppen-Kill-Szenen aus Teil 1-7, begleitet von der oben beschriebenen Rahmenhandlung. Diese wenigen Minuten an neuem Material sind allerdings komplett uninteressant. Wir gehen die alten Filme chronologisch der Reihe nach durch, also: RETRO, Teil 3, Toulons Tod aus Teil 1, danach 2, 4, 5 und CURSE.

Wenn mal also Lust auf eine Clipshow mit vielen Kills hat... aber wer will das wirklich? Da fühlt man sich wie bei einer alten Sitcom, bei der den Schreibern für die letzte Folge der Staffel nichts mehr eingefallen ist, also wurden einfach alte Szenen zusammengeschnippelt. Die Auftragskillerin erzählt uns so nebenbei, dass sie Ricky aus Teil 4 und 5 erschossen hat. Bitte, was? Dieses Detail kann man aber, wie den gesamten Film, ignorieren.

Somit ist Teil 8 nur für Sammler und Komplettisten interessant. Es hat mich ein wenig überrascht, dass Full Moon ihn überhaupt auf Blu-Ray veröffentlichte. Teil 1-7 gibt es ja Gott (oder der freien Marktwirtschaft) sei Dank auch in HD. Was also vielleicht ganz lustig sein könnte: Sich die alte, nicht remasterte Version von THE LEGACY anzusehen. Aus einem historischen Interesse heraus und um dabei zu staunen: »Wow, so schlecht haben diese Filme also damals ausgesehen.«

★☆☆☆☆

Besonderheiten: *Was soll an einer Clipshow schon besonders sein?*
Creative Killing: *Ja, in den Szenen aus den alten Filmen.*
Nervige Skeptiker: *Hat dieser Film sicher hervorgebracht, die Full Moon und Charles Band danach nicht mehr so toll fanden.*
Kill Count: *25 (24 davon aus Clips und ein neuer)*

Puppet Master: Axis of Evil

2010
Regie: David DeCoteau (Puppet Master III: Toulon's Revenge [Seite 310], Curse of the Puppet Master [Seite 319], Retro Puppetmaster [Seite 322], Sorority Babes in the Slimeball Bowl-O-Rama, Totem [Seite 398], Creepozoids)
Drehbuch: Domonic Muir (Critters [Seite 97], Evil Bong, The Gingerdead Man [Seite 188], Doll Graveyard [Seite 140], Dangerous Worry Dolls [Seite 108], Killer Eye: Halloween Haunt [Seite 243])
Coole Tagline: The Blade is Back
81 Min.

Wir sind zurück im Jahr 1939 und begleiten diesmal Danny, einen Tischler, der im Keller des Bodega Bay Inn Stühle anfertigt. Der begabte junge Mann würde statt der Hobel viel lieber zur Waffe greifen und in den Krieg gegen die »Japs« und »Krauts« ziehen, wird aber von einer Kinderlähmung gebremst und ist kriegsuntauglich. Entweder ist bei der Produktion niemandem aufgefallen, dass die USA erst 1941 in den zweiten Weltkrieg eintraten, oder man hat es mit den Jahreszahlen nicht so genau genommen. Wir erinnern uns: Toulon hat sich im ersten Teil 1939 umgebracht und war dann 1941 in Teil 3 noch am Leben. Also tauschen wir vielleicht einfach in Gedanken 1939 für 1941 aus, dann stimmt die Timeline der Reihe wieder.

Danny hat Andre Toulon kennen gelernt ist und ist ein Fan von ihm geworden. Der Puppetmaster hat sich ihm anvertraut und ihm das Versteck seiner Puppen verraten. Außerdem weiß Danny, dass die Nazis hinter den Puppen und deren Geheimnis her sind. Dann werden wir, wie im ersten Teil, Zeuge vom Tod Andre Toulons. Nur dass diesmal Danny die Nazi-Spione sieht und sich die Puppen aus Toulons Zimmer schnappt, nachdem die Nazis diese nicht finden konnten.

Wieder zu Hause in Los Angeles angekommen, trifft Danny seine übernette Mutter und seinen übernetten *all-american* Bruder Don. Der wird in einer Woche eingezogen und freut sich mächtig darauf, für Uncle Sam Fremde abmurksen zu dürfen. Wieder beschwert sich Danny, dass er nicht auch in den Krieg ziehen und seinen Beitrag für sein Land leisten darf. Das mag auf unsere Generation befremdlich wirken, aber wenn wir damals ohne die ganze Unterhaltungselektronik gelebt hätten, würden wir uns vielleicht auch auf ein bisschen Action auf dem Schlachtfeld freuen.

Dannys Freundin Beth leistet ebenfalls ihren patriotischen Beitrag und arbeitet in einer Waffenfabrik. Als Danny Beth in der Arbeit besucht, stellt ihr unsympathischer Boss Dannys Männlichkeit in Frage, weil er eine Puppe bei sich trägt und nicht in den Krieg zieht. Der kann ja nicht wissen, dass Danny und die Puppen bald einen kriegsentscheidenden Plan der Nazis durchkreuzen werden.

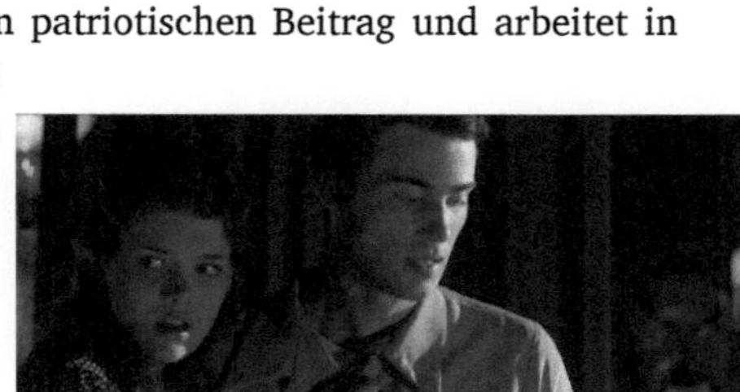

Abb. 404: Beth und Danny.

In der Fabrik wird nämlich modernes Sprengmaterial hergestellt, mit dem die Fliegerbomben

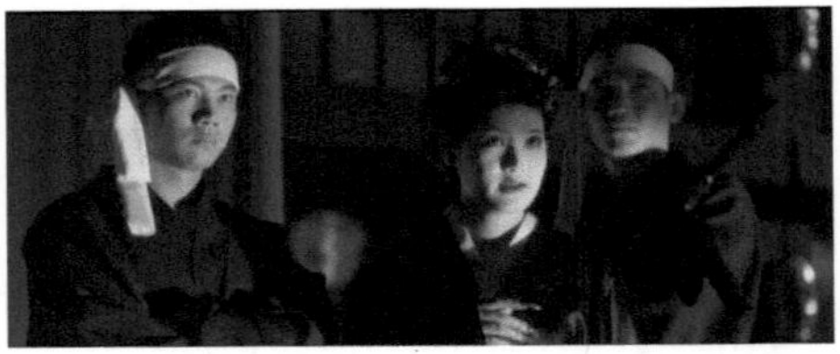

Abb. 405: Die Kabukidame und ihre Schergen.

das Zehnfache an Wirkung bekommen sollen. Einer der zwei Nazis, die Toulon tot auffanden, gibt sich als der Arbeiter »Ben« aus und hat die Fabrik infiltriert. Ein Glück für ihn, dass der Deutsche akzentfreies Englisch spricht. Er quatscht über Baseball und darüber, wie sehr er Krauts und Japsen hasst – ein perfektes Cover.

Danny kommt ihm aber auf die Schliche, humpelt ihm nach Dienstschluss mit seinem Polio-Fuß hinterher und verfolgt ihn bis in ein verlassenes Opernhaus in Chinatown, wo »Ben« eine japanische Kabukidame mit »Heil Hitler« begrüßt. Danny flüstert leise in seinem Versteck: »I knew it. Hitler-loving Nazi scum.« Die bösen Achsenmächte – hier repräsentiert von dem Nazitypen und seinen zwei Gehilfen sowie der weißgesichtigen Kabukidame und deren zwei Gehilfen – wollen die Waffenfabrik sprengen. Danny hat endlich seine Mission gefunden – einen Weg, wie er die Ache des Bösen von zu Hause aus bekämpfen kann. Die Puppen, die er mit dem grünen Serum wiederbelebt hat, sind auch dafür, und zusammen sagen sie den Schurken den Kampf an – *homeland security style*!

Aus dieser Handlung hätte man viel mehr herausholen können. AXIS OF EVIL ist arm an Ideen und noch ärmer an Effekten. Es ist der erste PUPPET MASTER-Film, in dem keine Stop-Motion-Effekte zu sehen sind. 2010 hätte es zwar schon billiges CGI gegeben, aber auch das wird nicht verwendet. In der zweiten Hälfte des Films wird ein wenig mit den Puppen herumgefuchtelt. Franchise-Guru Charles Band betont öfter, dass er gerne mehr Puppenszenen inszenieren würde, dies aber bei den aktuellen Budgets nicht leistbar wäre. Dazu kommt noch, dass sogar die Puppen selber nicht mehr so gut aussehen wie früher. Die Originale wurden bereits vor Jahren an Sammler verkauft.

Der Film hat so wenige Schauplätze und so viele Dialoge, dass er auch als Theaterstück gut funktioniert hätte. Noch dazu findet das Finale im Bühnenbereich des Opernhauses statt, was gut zum Kammerspielcharakter des restlichen Films passt. Es liegt ein wenig Charme in dieser Schlichtheit, wenn er auch weit entfernt ist von jenem der früheren Teile.

Die Figuren sind auch nicht das Gelbe vom Ei. Die Nettigkeit und die seichten Witze der Guten gehen einem irgendwann auf die Nerven, und die Bösewichte machen nicht viel Böses. Der PUPPET MASTER-Mythologie wird keine wichtige Information hinzugefügt, nur die, dass im Zweiten Weltkrieg auch die Japaner hinter Toulons Geheimnis her waren.

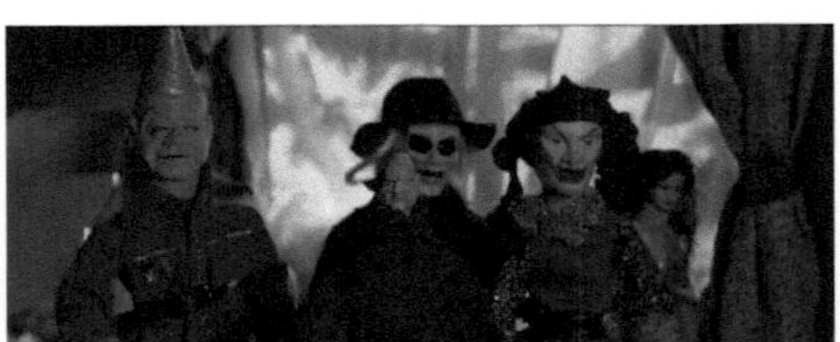

Abb. 406: Vor allem im direkten Vergleich mit den Vorgängern stinken die Redesigns ab. Blade sieht noch am besten aus.

Es ist ein wenig so, als ob man eine in die Jahre gekommene Lieblingsband aus den 80ern ansehen würde. Man freut sich, dass man sie wieder sieht, auch wenn sie älter und müder geworden sind und bei weitem nicht mehr so rocken wie früher.

★★☆☆☆

Besonderheiten: *Sieben Filme lang haben wir immer am Anfang und Ende dieselbe geniale Melodie gehört. Hier wird nun zum ersten Mal Richard Bands nette Neuinterpretation dieser Melodie verwendet. / AXIS OF EVIL ist ein Potpourri aus historischen »Ungenauigkeiten«: Ein Hakenkreuz, dessen Arme nach links statt nach rechts zeigen; 50 Sterne auf der amerikanischen Flagge anstatt 48; Auschwitz und Kamikaze-Flieger waren beide 1939 nicht im Einsatz; wie bereits erwähnt, sind die Amerikaner 1939 noch nicht in den Krieg eingetreten. / Danny findet eine neue Puppe in Toulons Koffer, die erstmals in dem Film vorkommt, und dann nie wieder: einen Ninja.*
Creative Killing: *Tod durch Blutegel im Sushi.*
Nervige Skeptiker: *Keine.*
Kill Count: *6 (2 off camera)*

Puppet Master X: Axis Rising

2012
Regie: Charles Band (Parasite [Seite 289], Trancers, Meridian, Head of the Family, Hideous! [Seite 213], Blood Dolls [Seite 62], Evil Bong, Doll Graveyard [Seite 140], The Gingerdead Man [Seite 188], Ooga Booga [Seite 282], Dangerous Worry Dolls [Seite 108], Killer Eye: Halloween Haunt [Seite 243], Puppet Master: Axis Termination [Seite 333])
Drehbuch: Shane Bitterling
86 Min.

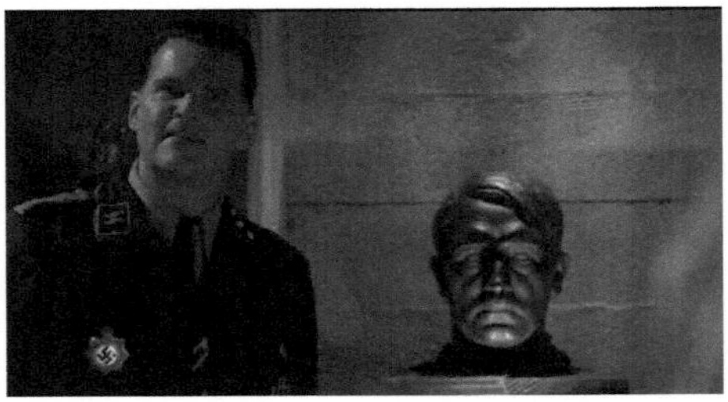

Abb. 407: Moebius und sein liebster Adolf Hitler-Fanartikel.

Teil Zehn! Üblicherweise schaffen es bei Filmreihen nur Pornos in den zweistelligen Bereich. Aber der immerwährende Charme von Toulons Puppen ist ja auch fast so groß wie der der schönsten Nebensache der Welt.

Axis Rising schließt direkt an den Vorgänger an (also Spoiler-Alarm): Ozu, die japanische »Dragon Lady«, konnte am Ende des Vorgängers mit einigen der Puppen fliehen, aber Blade ist ihr auf den Fersen. Sie wird von dem ultrabösen Kommandant Heinrich Moebius abgepasst, dem sie die gestohlenen Puppen für ihr Leben anbietet. Tunneler bohrt sich gleich darauf in ein Nazihirn, und der Film fängt vielversprechend an. »Das ist gut, Fräulein«, freut sich auch Moebius, und Ozu muss sterben.

Im Unterschlupf der Nazis, der ein wenig aussieht wie ein Bösewichte-Unterschlupf aus der alten Batman-Serie der 60er – nur viel weniger bunt und bei weitem nicht so luxuriös ausgestattet – treffen wir auf den sanftmütigen, älteren österreichischen Wissenschaftler Doktor Freuhoffer. Moebius hat sich Freuhoffer geschnappt, damit dieser sein Herzensprojekt, eine Wiederbelebungsmaschine für tote deutsche Soldaten, Wirklichkeit werden lässt.

Zusammen mit Uschi, der großbusigen Nazibraut, die Freuhoffer ständig entweder aufreizt oder runtermacht, zwingt Moebius ihn, die Maschine endlich zum Funktionieren zu bringen, sonst wird Freuhoffer seine entführte Familie nie wiedersehen. Freuhoffer redet auch gerne mal mit seinen selbstgemachten Puppen und bastelt an ihnen herum. Es ist sein Hobby zum Ausgleich, immerhin wird er täglich von zwei Nazi-Freaks malträtiert. Moebius übergibt Tunneler und Toulons Serum an Freuhoffer, er soll die Geheimnisse der Puppe erkunden und damit dem Projekt auf die Sprünge helfen. Als beim ersten Testlauf gerade keine frische Leiche da ist, sorgt man eben schnell für eine. Manchmal ist das Leben als Comic-Nazi sehr einfach... Leider schlägt der Versuch fehlt und

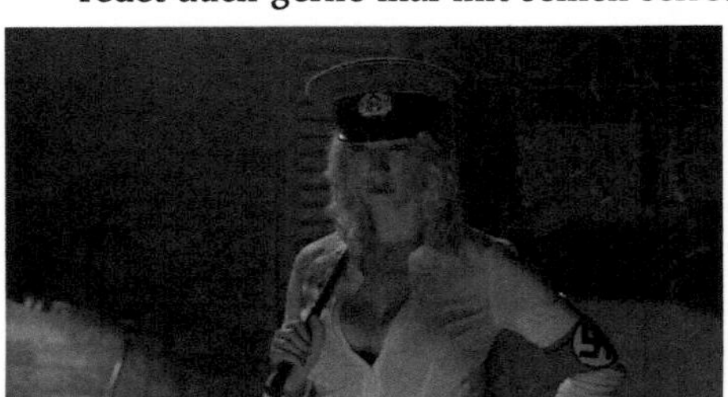

Abb. 408: Nazi-Uschi.

der Zombie dankt gleich nach Wiederbelebung wieder ab.

Danny und Beth, die diesmal von anderen Darstellern gespielt werden, überlegen zu Hause, was sie gegen die Nazis und Japaner in Los Angeles machen sollen und wie sie die restlichen Puppen zurückbekommen. Danny will außerdem seinen Bruder rächen. Das Paar wird plötzlich von der US Army entführt, und nachdem man ihnen die Augenbinden in einem Büro abgenommen hat, gratuliert ihnen ein Major für ihre Heldentat in der Waffenfabrik. Danny ist noch ganz der Alte und will immer noch in eine Uniform schlüpfen. Der kriegt eben nie genug von den Nazis. Der Major stellt ihnen den schroffen, etwas älteren Supersoldaten Sergeant Stone zur Seite, der auf sie aufpassen soll, während sie sich vor den Nazis verstecken. Die drei unfreiwilligen Freunde planen aber zusammen mit ihren Puppenkumpels bald ihr eigenes Ding und batteln sich bald mit Moebius, Uschi und Freuhoffers neuen Puppen. Der gute Doktor hat nämlich einen kreativen Schub und baut gleich vier neue Puppen, die auf die Namen Blitzkrieg, Bombshell[61], Kamikaze und Weremacht[62] hören.

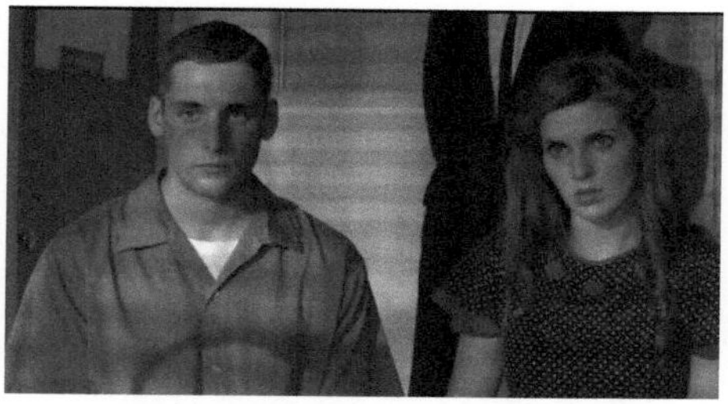

Abb. 409: So sehen Helden aus, schalalalala.

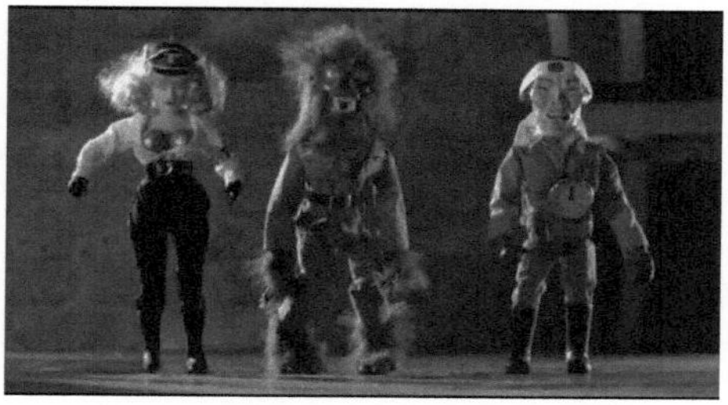

Abb. 410: Bombshell, Weremacht und Kamikaze.

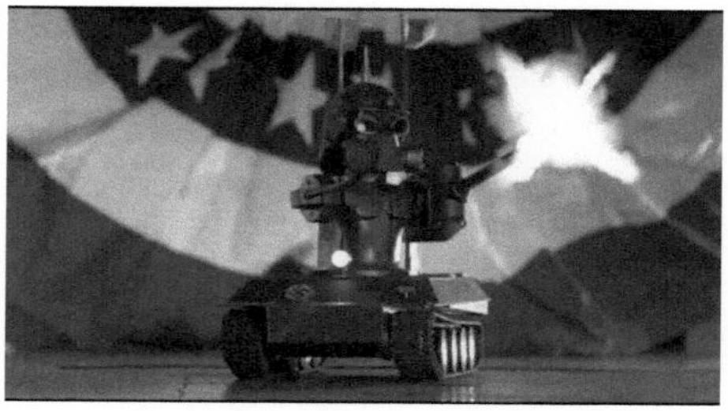

Abb. 411: Blitzkrieg. Kein Tigerpanzer, aber immerhin.

Wieder gibt es ein bisschen zu wenig Puppenaction. Das fällt aber im Gegensatz zum ersten AXIS-Film weniger ins Gewicht, da die menschlichen Charaktere diesmal unterhaltsamer sind. Vor allem der Okkultismus-Fan Moebius ist ein Hit, er redet permanent wie ein Comic-Nazi daher und sagt manchmal böse Dinge wie »Do wiss her corpse as you wisch, then dispose of it.« Mit einem Grinsen im Gesicht fühlt man sich oft wie in einem Nazisploitationfilm der 1970er – nur dass AXIS RISING nicht ganz so irre ist, dafür aber lustiger. Moebius erzählt, dass er seit Kindestagen Visionen erhält, die von einer unbekannten uralten Macht kommen sollen. Er will mit dem Geheimnis der Wiederbelebung von Toten ein neues Zeitalter einläuten, da kann der Führer von seinem Projekt halten, was er will. Wenn einer das Dritte Reich retten kann, dann Moebius mit seinen Zombie-Soldaten.

61 »Bombshell blonde« steht umgangssprachlich für eine blonde Sexbombe.
62 Eine tolle Kombination aus »Werewolf« und »Wehrmacht«.

Während es in AXIS OF EVIL um einen Anschlag auf eine Waffenfabrik ging, hat AXIS RISING eine etwas spannendere und spaßigere Geschichte. Die Sets sind wieder saubillig und sehen aus wie in einem Schwarz-Weiß-B-Film der 1950er. Die Effekte sind ebenso schlecht wie im Vorgänger, und es gibt immer noch keine Stop Motion-Effekte. Die Kämpfe zwischen den Puppen sehen aus, als könnten sie auch aus einem liebevoll gemachten Fanfilm stammen. Wenn man sich nicht zu viel erwartet, kann man hier ganz gut unterhalten werden.

★★★☆☆

Besonderheiten: *Gleich vier neue Puppen gibt es diesmal. / Amerikaner, die mit einem dicken deutschen Akzent sprechen.*
Creative Killing: *Bombshell hat kleine Maschinengewehre unter ihren Eisenbrüsten. Das ist zwar cool, aber nicht ganz so cool wie die Penispistole in FROM DUSK TILL DAWN.*
Nervige Skeptiker: *Supersoldat Stone ist im Einsatz üblicherweise von professionellen Kämpfern umgeben und denkt zunächst gar nicht daran, in L.A. mit Puppen in den Krieg gegen die Nazis zu ziehen.*
Kill Count: *10 (also X)*

Puppet Master: Axis Termination

2017
Regie: Charles Band (Parasite [Seite 289], Trancers, Meridian, Head of the Family, Hideous! [Seite 213], Blood Dolls [Seite 62], Doll Graveyard [Seite 140], The Gingerdead Man [Seite 188], Evil Bong, Dangerous Worry Dolls [Seite 108], Killer Eye: Halloween Haunt [Seite 243], Puppet Master X: Axis Rising [Seite 330], Ooga Booga [Seite 282])
Drehbuch: Roger Barron
75 Min.

Der 273. Film von Full Moon erschien in drei Episoden, die (ohne Vor- und Abspann) je knapp über 20 Minuten dauern und an drei Freitagen im September 2017 online veröffentlicht wurden. Wenig später erschien Axis Termination dann als ganzer Film.

Los Angeles, 1942: Wieder erscheint eine neue Gruppe von Nazis, die noch verrückter ist als ihre Vorgänger der ersten zwei Filme der »Axis-Trilogie«, und ohne Führerbefehl eine neue Weltordnung anstreben. Womit sie das erreichen wollen? Mit den Puppen natürlich, hast Du bislang nicht aufgepasst?

Die etwas mysteriöse Frau Doktor Gerde Ernst hat über die Jahrhunderte schon mehrere Leben gelebt und besitzt über erhebliche böse okkulte Kräfte. Ihr *partner in crime* ist Sturmbannführer[63] Krabke (nicht zu verwechseln mit Officer Krupke aus West Side Story und Mr. Krabs aus *Sponge-Bob Schwammkopf*). Krabke ist ebenfalls ein mächtiger Magier, dessen Hobbys Folter, Seelenfolter und Mehr-Personen-Folter umfassen. Natürlich mit magischer Energie, wer will sich beim Foltern auch die Hände schmutzig machen. Die zwei Bösis haben so nebenbei auch eine französische Meisterin des Übersinnlichen entführt, die sie zwingen, für sie zu arbeiten.

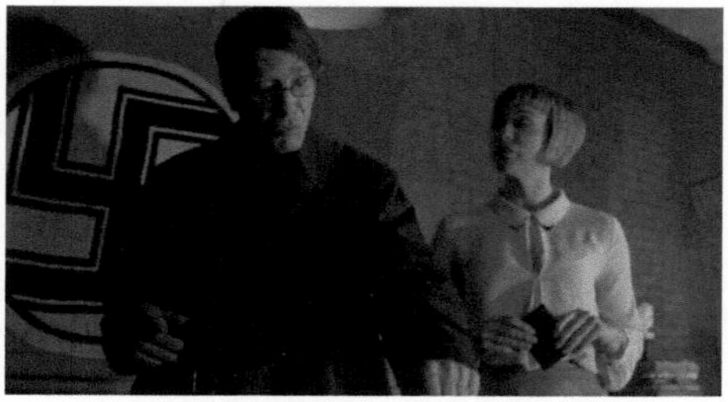

Abb. 412: Unter dem Nazibanner können sich Soziopathen gut ausleben.

Auch auf der guten Seite gibt es komplett neue Gesichter. Ich musste vor Freude grinsen, als die zwei Langweiler Danny und Beth aus den zwei Vorgängern gleich in Minute Eins von Axis Termination ins Gras bissen. Weg mit den Alten, her mit den Neuen: Der russische Zwerg Ivan Ivanov ist ein mächtiger Magiermeister, der von einer Hexe unterstützt wird, die sich auf sexuelle Magie spezialisiert hat. Coole Freunde hat man, oder eben nicht. Ivanovs Tochter kann im Schlaf in die Zukunft sehen. Gibt es eigentlich irgendeine Figur in diesem Film, die *keine* extremen übersinnlichen Fähigkeiten hat? Ach ja, eine: Captain Brooks, ein Skeptiker. Der selbstbewusste Captain ist kein Mann des Geistes, sondern der Tat. Nach traumatischen Erlebnissen bei einem Überseeeinsatz wird er in Los Angeles vom Militär Ivanov zugewiesen, um diesen im Kampf gegen die neuen Nazis zu unterstützen. Brooks war bei der Ermordung von Danny und Beth

[63] Oder »Sturmbanfuhrer«, wenn man dem Abspann glauben soll.

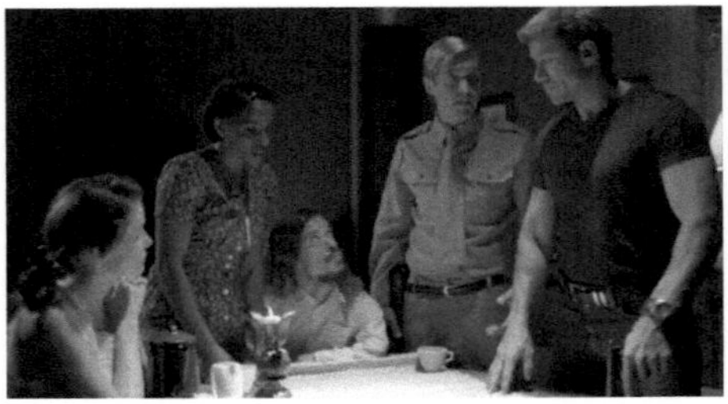

Abb. 413: Die Guten hecken einen Schlachtplan aus.

dabei, wo er Toulons Koffer fand. Dem Militär liegen Informationen vor, nach denen die Achsenmächte mit Magie experimentieren, und nicht nur das – sie haben damit auch Erfolg! »The Nazis have their own puppets«, nämlich immer noch Bombshell, Weremacht und Tank.

Damit wäre die Ausgangslage des Films geklärt. Es gibt auch fast keine Handlung, nur zwei Konfliktparteien, die gegeneinander antreten. Beide Seiten haben eine Handvoll Puppen und noch ein wenig Elixier, beide wollen die Puppen und das Elixier der anderen stehlen. Teil 11 ist im Grunde eine Ansammlung von kurzen Szenen, die aus einem doofen, aber unterhaltsamen und absichtlich kindisch-schlechten Comic entsprungen zu sein scheinen.

Wer zusehen will, wie *over-the-top*-Comic-Nazis theatralisch und auf Englisch mit schlechtem deutschen Akzent etliche »bedrohliche« Sprüche klopfen, die aus einem alten Bilderheftchen oder einem italienischen Nazisploitationfilm der 1970er stammen könnten, wird hier bestens bedient.

In einer Szene zwingt der Mengele-*fanboy* Krabke seine Gegner Ivanov, Brooks und Co., inklusive den Puppen, mit magischer Energie zu Boden, gefolgt von ein paar dieser typischen »Haha! Meine magischen Kräfte sind stärker als deine, du in etwa ebenbürtiger Hauptgegner«-Sprüchen. Später liefert sich Krabke auch ein magisches cheesy Kräftemessen mit Frau Doktor Ernst. Man könnte meinen, bei diesen Machtdemonstrationen habe man sich der schlichten, aber effektiven Logik alter Kung-Fu-Filme bedient: Chinese 1 erscheint sehr stark, wird aber von Chinese 2 völlig fertig gemacht. Chinese 3 (meist der Held) tritt gegen Chinese 2 an und wir wissen: Das wird eine harte Nuss. Man tausche die Chinesen gegen Übersinnliche aus, sowie Kung Fu gegen Magie, und voilá: Man erhält das Machtgefälle der Gegenspieler in PUPPET MASTER: AXIS TERMINATION.

Es scheint, als hätte Serienerschaffer und Regisseur Band Spaß gehabt mit den bösen Nazis und den vielen verschiedenen übersinnlichen »Freaks«. Und da die Indiegogo-Crowdfunding-Kampagne mit über 90.000 USD ein voller Erfolg war, konnte etwas mehr Geld als sonst für das AXIS-Finale locker gemacht werden. Der Cast ist etwas üppiger, und es laufen im Vergleich zu den zwei Vorgängern teilweise mehr als zwei oder drei Leute auf dem Set herum. Während AXIS OF EVIL und AXIS RISING wenige menschliche Charaktere hatten, könnte man sich diesmal vielleicht an eine dieser typischen, schlechten, modernen TV-Serien erinnert fühlen: Es gibt einfach zu viele Charaktere. Und Dynamik zwischen ihnen ist hier nicht vorhanden. Es gibt zwar massig Kills und einiges

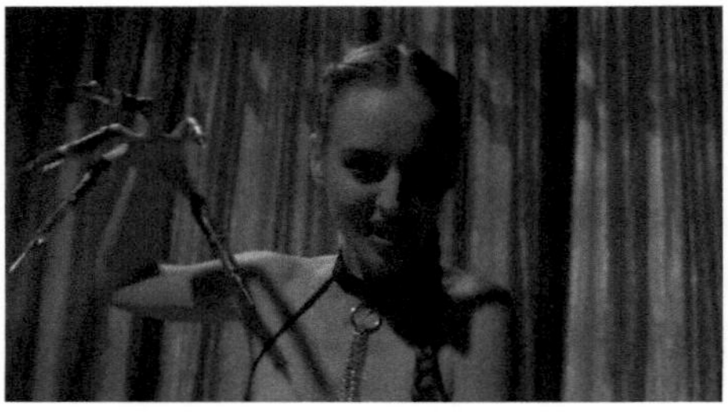

Abb. 414: Und noch eine Verrückte…

an Blut, aber Puppeneffekte sind natürlich nach wie vor keine vorhanden.

Mit Freude darf ich festhalten, dass AXIS TERMINATION noch etwas spaßiger ist als der bereits ziemlich unterhaltsame Vorgänger, aber natürlich noch immer meilenweit entfernt von der inhaltlichen und technischen Qualität der ersten drei Filme.

★★★☆☆

Besonderheiten: *Melde gehorsamst: Keine besonderen Vorkommnisse.*
Creative Killing: *Tod durch Spritzenfinger: Eine böse, junge Nazischergin hat an jedem Finger ihrer rechten Hand eine Spritze mit tödlichem Serum montiert.*[64] *Klingt cool und sieht auch cool aus, aber was tut sie, wenn sie sich mal kratzen muss und mit der linken Hand nicht an die Stelle herankommt? Wahrscheinlich sterben.*
Nervige Skeptiker: *Brooks hat keinen Sinn für Magie. Er glaubt, »übersinnliche« Leute würden bloß Tricks verwenden. Sein Skeptizismus fällt aber nicht ins Gewicht und ist auch schnell verschwunden.*
Kill Count: *20 oder 21.*

[64] Auch Freddy Kruger hatte in einer Szene in A NIGHTMARE ON ELM STREET 3: DREAM WARRIORS Handschuhe mit Spritzen anstatt den Klingen.

PUPPET MASTER: THE LITTLEST REICH

2018
Regie: Sonny Laguna und Tommy Wiklund (VITTRA [CABIN OF THE DEAD], WE ARE MONSTERS, BLOOD RUNS COLD [nur Sonny Laguna])
Drehbuch: S. Craig Zahler (BONE TOMAHAWK, BRAWL IN CELL BLOCK 99, THE INCIDENT, DRAGGED ACROSS CONCRETE)
Nennenswerter Cast: Udo Kier (HEXEN BIS AUFS BLUT GEQUÄLT, SCHAMLOS, IRON SKY, SHADOW OF THE VAMPIRE, EUROPA, BRAWL IN CELL BLOCK 99, FEARDOTCOM, HISTOIRE D'O, FLESH FOR FRANKENSTEIN, BLOOD FOR DRACULA, FAR CRY, MY SON, MY SON, WHAT HAVE YE DONE, 100 JAHRE ADOLF HITLER – DIE LETZTE STUNDE IM FÜHRERBUNKER), Barbara Crampton (RE-ANIMATOR, FROM BEYOND, CASTLE FREAK, WE ARE STILL HERE, ROAD GAMES), Thomas Lennon (*Reno 911!*, RENO 911!: MIAMI, 17 AGAIN, MONSTER TRUCKS, HELL BABY), Michael Paré (STREETS OF FIRE, THE PHILADELPHIA EXPERIMENT, EDDIE AND THE CRUISERS, BAD MOON, MOON 44, TUNNEL RATS, RAMPAGE [2009], SEED), Charlyne Yi (PAPER HEART), Nelson Franklin (*The Millers*, *Veep*, *New Girl*), Matthias Hues (DARK ANGEL, NO RETREAT, NO SURRENDER 2: RAGING THUNDER)
Coole Tagline: World War III Begins on Your Toy Shelf
90 Min.

War's das jetzt mit PUPPET MASTER, nach mittlerweile elf Teilen und dem inoffiziellen Film von 2004 (Seite 338)? Haha, mitnichten! Denn Band setzte einen Sondervertrag auf, der es ihm erlaubt, selbst weiter Filme in der Reihe zu machen, während andere diesen *mondo* derben Reboot basteln durften, dem Fortsetzungen folgen könnten.

Vorneweg, an alle Kier-Fans: Der charismatische Udo hat in THE LITTLEST REICH wieder mal nur einen Gastauftritt. Diesmal als sinister aussehender Europäer, der sich bald aber als kein geringerer als Puppenmeister Andre Toulon herausstellt. An alle PUPPET MASTER-Fans: Toulon ist diesmal kein Faschistenjäger, sondern – was für ein Twist – selber ein Nazi!

Edgar (Thomas Lennon) ist ein geschiedener Comicladenangestellter mittleren Alters in Texas, und da seine Karriere als Autor und Zeichner von Bildgeschichten nicht abhebt, muss er vorübergehend wieder zu seinen Eltern ziehen – dementsprechend semi-deprimiert ist er auch drauf. Sein bester Freund/Boss ist der asoziale und doch liebenswerte Markowitz. Edgar lernt die attraktive Ashley kennen, die seinen sarkastisch-trockenen Nerd-Humor mag. Die zwei beginnen zu daten und führen bald ein äußert gesundes Sexleben.

Zusammen mit Ashley und Markowitz fährt Edgar zu einer Convention, die in einem Hotel stattfindet. Dort wird das dreißigjährige Jubiläum der Toulon-Morde „gefeiert". Man kann eine Tour von Andres Anwesen machen, bei der von Ex-Cop Doreski (Barbara Crampton) seine Geschichte – was davon bekannt ist – erzählt wird: In Frankreich aufgewachsen, war er ein vielseitig Gelehrter, der sich auch dem Okkultismus und der Esoterik widmete. Die Kriegsjahre verbrachte er freiwillig in Deutschland und wurde glühender Nazi-Fan – Bildung schützt vor Bösesein nicht. Toulons Sammlung von Nazi-Memorabilien beinhaltet auch zwei Bücher von Adolf Eichmann, dem Architekten der Endlösung. Später übersiedelte Toulon nach Texas und sperrte jüdische Frauen ein, die er brutal folterte und umbrachte, bis ihn die örtliche Polizei niederballerte.

Hauptberuflich war Toulon allerdings Puppenbauer und betrieb sogar einen Versandhandel – quasi ein Killerpuppen-Amazon.

Etwa 40 von diesem Puppen sollen bei der Convention für viel Geld versteigert werden. Stattdessen massakrieren die Toulon-Kreationen in dem Hotel der Reihe nach Homosexuelle, Juden und andere ethnische Minderheiten. Nazi-Andre kontrolliert seine *hate crime puppets*, aber wie – etwa aus dem Jenseits? Detective Brown (Michael Paré) ist mit der Situation überfordert. Als die Hotelgäste fliehen wollen, sterben sie wie die Fliegen.

»It's not a movie that I would have made«, sagte Charles Band in einem Interview. Mit seinen unschuldigen, vergleichsweise blutleeren Originalen hat der mit krassen Schockeffekten überhäufte THE LITTLEST REICH wenig gemeinsam. Was überrascht: Der Film, auch wenn er zu Scherzen aufgelegt und in seinen Killszenen mit seiner übertriebenen Hyperbrutalität äußerst bizarr ist, will ernst genommen werden. Es gibt elegische Musik, düsteres Licht, Holocaust-Referenzen, dazu gute Gore-Effekte und passable, handgemachte Puppeneffekte. Diese besonders besondere Mischung wird wohl nicht vielen gefallen. »Lots of terrible shit happens to people who don't deserve it«, sagt später ein Fan über Edgars neuestes Werk, worauf der Comicautor entgegnet: »I try to mirror reality in my work.«

★★★★☆

Besonderheiten: Wohl das erste Mal in der Filmgeschichte, dass ein(e) Direct-to-Video-Film(reihe) mit einem Reboot beehrt wird. / Das Drehbuch stammt von keinem Geringeren als Ausnahmeerscheinung S. Craig Zahler, einem der aufregendsten neuen Talente in Hollywood. Seine Werke feiern regelmäßig Premiere bei den Filmfestspielen in Venedig. Wie auch Tarantino sieht er sich Rassismusvorwürfen ausgesetzt, und es stellt sich wieder mal die Frage: Ist wirklich der Regisseur ein Rassist oder sind es, wie bei Tarantino, doch nur die Figuren? / Komponist Fabio Frizzi, der unter anderem viele Werke von Horrormeister Lucio Fulci untermalte, hat hier einen passablen Soundtrack abgeliefert. Richard Bands alte Titelmelodie wird im Abspann angestimmt. / Barbara Crampton, die einen kurzen Gastauftritt im ersten PUPPETMASTER hat, bekommt hier eine größere Rolle.
Creative Killing: Blade, Tunneler und Pinhead sind mit Redesigns wieder mit dabei, wie auch der pyromanische Torch, der jetzt „Kaiser" heißt und gleich mal ein jüdisches Pärchen abfackelt. / Unter den vielen neuen Kreationen befindet sich eine Roboter-Drohne, die mit ihren Propellern attackiert. Sie enthauptet einen stehend urinierenden Mann, dessen Kopf in die Kloschüssel fällt, wodurch sich das Opfer selbst ins Gesicht pisst. / Noch krasser: Eine Puppe dringt untenrum in eine hochschwangere Frau ein, schlitzt ihr von innen den Bauch auf und reißt ihr das Baby raus. / Außerdem gibt es noch eine Baby-Hitler-Puppe, die vom jüdischen Markowitz in einen Backofen geschmissen und verbrannt wird. »Let's see how you like it.«
Nervige Skeptiker: *Keine.*
Kill Count: *18 (2 im Off)*

Puppet Master vs Demonic Toys

USA, Deutschland 2004
Deutscher Titel: DÄMONISCHE SPIELE – PUPPET MASTER VS. DEMONIC TOYS
Regie: Ted Nicolaou (SUBSPECIES-Tetralogie, TERRORVISION, BAD CHANNELS, RAGDOLL [Seite 345])
Drehbuch: C. Courtney Joyner (PUPPET MASTER III: TOULON'S REVENGE [Seite 310], CLASS OF 1999, DOCTOR MORDRID, PRISON)
Nennenswerter Cast: Corey Feldman (STAND BY ME, THE GOONIES, THE LOST BOYS), Vanessa Angel (KINGPIN, *Weird Science*)
88 Min.

Der amerikanische Sci-Fi (heute SyFy) Kanal besorgte sich die Rechte an den beiden Toy-Killer-Franchises und ließ einen Fernsehfilm produzieren, der in der Vorweihnachtszeit 2004 in den USA ausgestrahlt wurde. Die Toulon-Puppen gegen die Demonic Toys! Endlich treten sie gegeneinander an, in einem Treffen der kleinen Giganten, für »the undisputed plasticweight championship of the world«[65]. Aber bloß keine Begeisterung und Vorfreude aufkommen lassen, sonst ist die Enttäuschung wahrscheinlich groß.

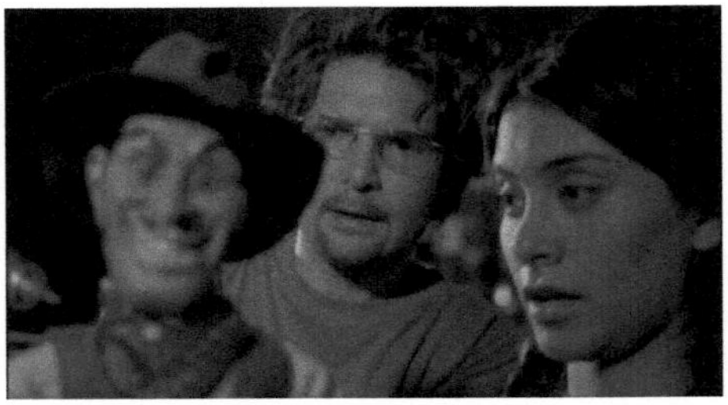

Abb. 415: Six Shooter, Toulon, dessen Tochter.

Corey Feldman spielt den schrulligen Puppenbastler Robert Toulon, den Großneffen von Andre Toulon (siehe PUPPET MASTER-Reihe, ab *Seite 302*). Mithilfe von dessen Tagebuch entdecken Robert und seine fleißige Tochter die Formel, um die Puppen des Großonkels wieder zum Leben erwecken zu können. Sie werden debei von Erica Sharpe, der herrlich bösen Chefin einer Spielzeugfirma, heimlich beobachtet. Mrs. Sharpe will die Formel stehlen, um sie gewinnbringend einsetzen zu können. Allerdings nicht für Spielzeugverkäufe, was naheliegend wäre, sondern um die Weltherrschaft an sich zu reißen.

Das funktioniert so: Sharpe paktiert mit Naburos, dem Wächter der Tore zur Hölle, den sie im Namen von Mammon, dem Dämon von Reichtum und Profit, zu sich ruft. Naburos ist dafür verantwortlich, dass sich Sharpes Puppen lebensecht bewegen und so zu einem riesigen Kassenschlager wurden. Sharpe verkauft im Vorweihnachtsgeschäft Millionen von Puppen, und auch hilfsbedürftige Kinder sollen sie geschenkt bekommen. Mit Toulons Formel und seinem Blut sollen die Puppen noch viel mehr können, nämlich unschuldige Menschen umbringen, damit Sharpe die Welt der Sterblichen beherrschen kann. Naburos darf

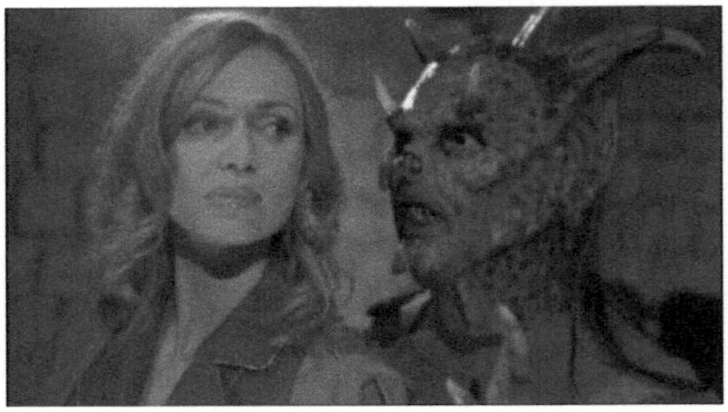

Abb. 416: Dämonischer Einflüsterer: Sharpe und Naburos.

[65] Text auf dem US-DVD-Cover.

sich dafür an Robert Toulon rächen, denn mit der Toulon-Familie hat er noch eine Rechnung offen.

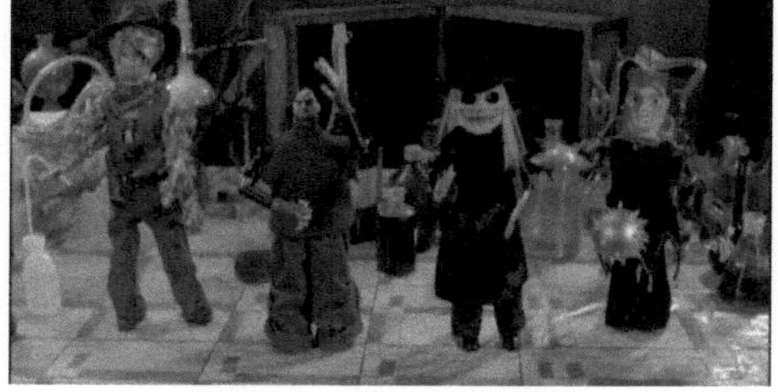

Abb. 417: Toulons Puppen sind einerseits Downgrades der Originale, gleichzeitig bekommen sie aber Robotikupgrades.

PUPPET MASTER VS DEMONIC TOYS ist wahrlich kein guter Film und kommt natürlich nicht an die Qualität von PUPPET MASTER 1 bis 5 heran, ist stellenweise aber recht lustig, hat Camp und viel Overacting zu bieten, sowie eine ganz nette, haarsträubend lächerliche Geschichte. Dass ein armer Vater seine Seele an einen Dämon verkauft, um seiner verwöhnten Tochter (Mrs. Sharpe) einen Wunsch zu erfüllen, gehört da noch zu den plausibleren Dingen. Der Film hat eine gewisse Leichtigkeit – leichte TV-Kost quasi – und nimmt sich im Gegensatz zu den anderen PUPPET MASTER-Filmen nie ernst. Als der Wächter der Tore zur Hölle am Weihnachtsabend heraufbeschworen wird, hat er ein Santa Claus-Kostüm an. In einem Running Gag des Films werden immer wieder jungfräuliche Rezeptionistinnen in der Spielzeugfirma eingestellt, damit diese dann dem Dämon im Keller geopfert werden können. Aber wer bei Gesprächen wie »You are a virgin, aren't you?«/»Yes, ma'am."/»Good girl! Come with me to meet the board of directors« nicht zumindest skeptisch wird, hat wahrscheinlich ohnehin wenig Überlebenschancen, sowohl innerhalb der Arbeitswelt als auch außerhalb.

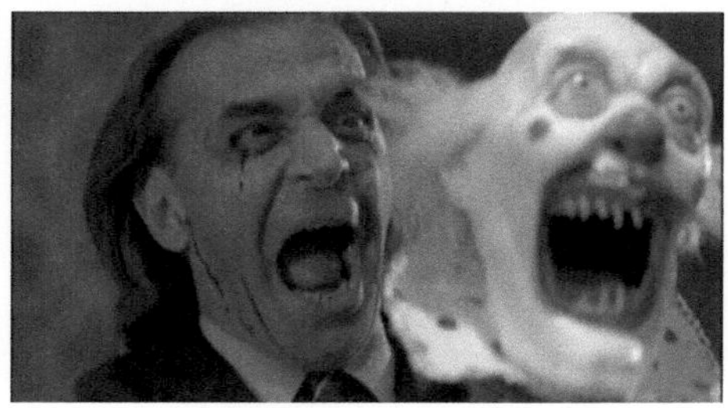

Abb. 418: Weihnachtsüberraschung.

Die Puppen sitzen leider fast ständig auf der Ersatzbank. Wenigstens im Finale kämpfen sie aber kurz gegeneinander – wie vom Filmtitel versprochen. Toulons Puppen sehen annehmbar aus, die Demonic Toys dagegen ziemlich schlecht und weit entfernt von den Originalen.

PUPPET MASTER VS DEMONIC TOYS wird von Serienvater Charles Band bis heute nicht zur offiziellen Filmreihe gezählt[66] (seine ungleich schlechtere Clipshow PUPPET MASTER: THE LEGACY [*Seite 325*] hingegen schon). Band bereute es, aus Geldgründen die Rechte an seiner Vorzeige-Franchise PUPPET MASTER kurzzeitig an den Sci-Fi Channel verkauft zu haben. Etwas unverständlich, sind doch einige »offizielle« PUPPET MASTER-Filme in etwa genau so mies, oder sogar schlechter. Vielleicht stieß sich Band daran, dass die Hintergrundgeschichte der Puppen umgeschrieben wurde. Da ist plötzlich von einem Jean-Paul Toulon die Rede, der ein berühmter Erfinder und Alchemist in der Renaissancezeit war und die Puppen mit Hilfe des Dämons Naburos erschaffen habe. Aufmerksame Fans der Reihe kennen zwei andere Entstehungsgeschichten, in der einen erhält Andre Toulon das Geheimnis in Kairo von einem Ägypter, in RETRO PUPPETMASTER von einem

[66] Zu der DEMONIC TOYS-Reihe übrigens auch nicht.

ägyptischen Zauberer, der es vom Dämon Sutekh gestohlen hat, der auch in PUPPET MASTER 4 und 5 vorkommt. Wenn man also als echter Fan die PUPPET MASTER-Mythologie schätzt, kann man diesen Film nur als nicht-kanonisch einstufen, aber dann vielleicht trotzdem ein wenig Freude damit haben.

★★★☆☆

> ***Besonderheiten:*** *Baby Oopsy Daisy setzt bei einer Attacke einen Furz ein, um sich in die Höhe zu katapultieren, und in einer anderen Szene wird eine Rezeptionistin von ihm sexuell attackiert.*
> ***Creative Killing:*** *Nein.*
> ***Nervige Skeptiker:*** *Eine taffe Polizistin ist, wie im ersten DEMONIC TOYS-Film, wieder mit dabei. Sie glaubt Robert Toulon nicht, dass Miss Sharpe böse ist und er von Baby Oopsy Daisy angegriffen wurde.*
> ***Kill Count:*** *4*

Puppet Show

2008
Drehbuch und Regie: Jay Gowey
65 Min.

Mr. Springer ist ein alter Mann, der Tabletten nehmen muss und eine Pflegerin hat. In den 1950ern war er der »Gott der Bauchredekunst«. Ein begeisterter Fan besucht ihn und will ein Interview mit ihm machen. Zusammen sehen sie sich eine Aufzeichnung von damals an.

Springer hatte einen miesen Kinderclown-Act, mit dem er im Fernsehen auftreten durfte. »Circus Town« mit Ringmaster Rick (Springer) und der Puppe »Charlie Chowderhead« war die beschissenste, unlustigste Kindersendung des Universums. Die Konservenkinder lachen trotzdem ständig über jedes einzelne Wort.

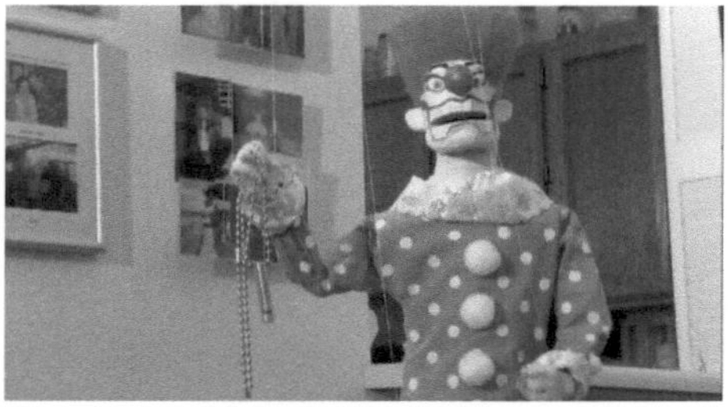

Abb. 419: Kein Kommentar.

Auf Wunsch des Fans holt Springer seine alte, rothaarige und grinsende Puppe Charlie heraus und erzählt von alten Zeiten. Als der Fan wieder verschwindet, erinnert Charlie Springer an eine alte Abmachung. Für den Ruhm ist er irgendeinen Deal mit einem Dämon oder Ähnliches eingegangen und Charlie bringt den alten Mann um. Falls der Dämon seine Macht dazu benutzt hat, dass Kinder Springers Sendung lustig finden, würde das sogar Sinn ergeben, auch wenn es dann ein immens mächtiger Dämon sein muss. Aber so viele Gedanken haben sich die Filmemacher sicher nicht gemacht.

Charlie wird an Casey, eine Enkelin von Springer, vererbt. Wir sehen ihr ganz lange beim Baden und Schminken zu. Casey fährt mit drei Freunden auf eine Party und die Puppe schwingt sich hinten auf das Auto und klammert sich fest.

Vor dem Eingang der Disco bringt Charlie völlig unmotiviert eine Bekannte von Casey um. Diese verabschiedet sich nach nur einem Song wieder von der Party. Kein Wunder, denn die Band ist genau so scheiße wie der Rest des Films. Casey wird von der Puppe verfolgt und zu Hause findet sie den blutbeschmierten Führerschein der ermordeten Bekannten in Charlies Schachtel. Kann Casey ihren Freund und die Polizei überzeugen, dass die Puppe der Mörder war? Wird es weitere Tote geben?

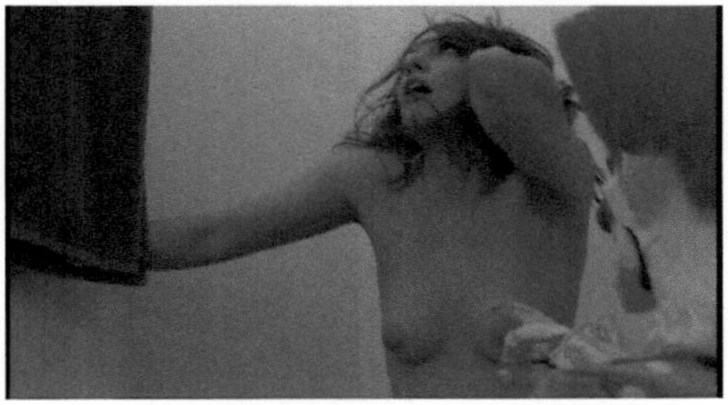

Abb. 420: Charlie rammt einer nackten Frau ein Messer ins Genick, als diese auf der Toilette sitzt.

Puppet Show hat die technische Finesse eines *behind-the-scenes*-Videos und ist komplett amateurhafter *shot-on-video*-Rotz. Man sollte dem Film fernbleiben, mehr ist hier nicht zu sagen.

★☆☆☆☆

Besonderheiten: *Keine.*
Creative Killing: *Nein.*
Nervige Skeptiker: *Caseys Freund glaubt ihr nicht, dass die Puppe etwas mit der Ermordung der Bekannten zu tun hat. Er empfiehlt ihr einen bekannten Psychiater. Als sie abschlägt, verpfeift er sie an die Polizei.*
Kill Count: *4*

QUICKSILVER HIGHWAY

1997
Drehbuch und Regie: Mick Garris (CRITTERS 2 [Seite 100], SLEEPWALKERS [nur Regie], RIDING THE BULLET, PSYCHO IV: THE BEGINNING [nur Regie], HOCUS POCUS [nur Drehbuch])
Nennenswerter Cast: Christopher Lloyd (BACK TO THE FUTURE-Trilogie, WHO FRAMED ROGER RABBIT, THE ADDAMS FAMILY), Matt Frewer (WATCHMEN, HONEY, I SHRUNK THE KIDS)
90 Min.

QUICKSILVER HIGHWAY ist ein Unikat: Ein Episodenfilm, bei dem beide Geschichten kleinen Horror beinhalten. Die zwei Episoden basieren auf Kurzgeschichten von zwei Meistern des Horrors: »Chattery Teeth« stammt von Stephen King und »The Body Politic« von Clive Barker. Auch eine Besonderheit: Unser Erzähler ist Christopher Lloyd – »Doc Brown« aus der BACK TO THE FUTURE-Reihe höchstpersönlich.

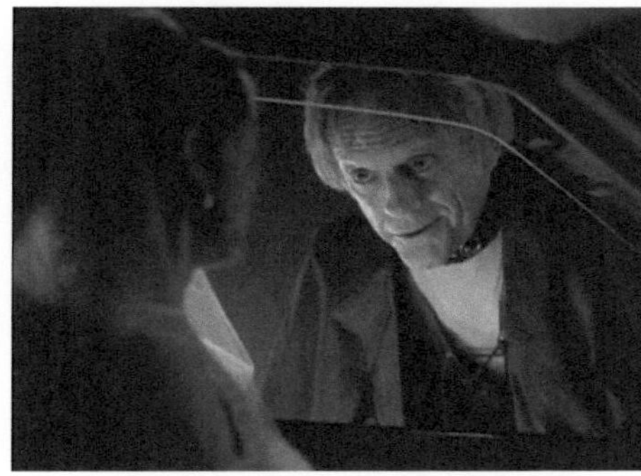

Abb. 421: Zwei Gruselgeschichten gefällig, die Dame?

In »Chattery Teeth« nimmt ein fliegender Händler einen Anhalter mit, der sich als Bedrohung herausstellt. Zum Glück hat der Geschäftsmann kurz vorher für seinen Sohn ein paar Klapperzähne gekauft. Das Kinderspielzeug – ein metallenes Gebiss, das auf zwei Beinen steht – entpuppt sich als Retter in der Not. Wir erfahren leider nicht, wie die Beißerchen zu ihrer Macht und Kraft kamen.

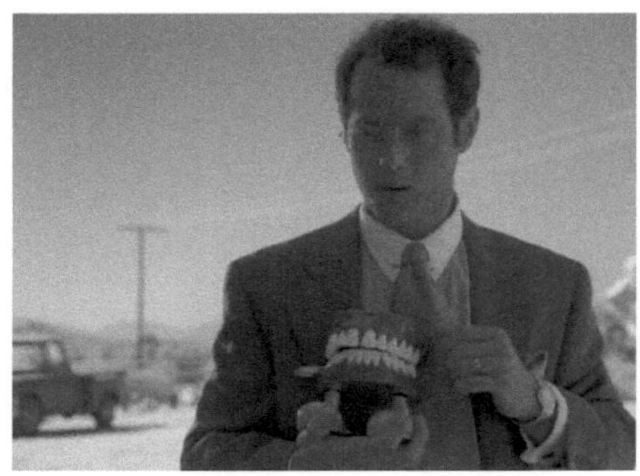

Abb. 422: Ein harmloses Spielzeug... ALS OB!

Die zweite, längere Geschichte handelt von einem plastischen Chirurgen, der eines Tages die Kontrolle über seine Hände verliert. Seine ehemals treuen Diener planen eine Revolution: Freiheit für alle Hände! Im Gegensatz zu Oliver Stones THE HAND (*Seite 208*) haben die Hände in »The Body Politic« bereits ein Eigenleben, als sie noch am Körper der Hauptfigur dran sind.

Als der Chirurg seine Hände bekämpft, ist das zwar ganz lustig, kommt aber humoristisch nicht an die Szene im Horrorklassiker EVIL DEAD II heran, in der Ash (Bruce Campbell) gegen seine eigene rechte Hand kämpft.

Wenn sich deine eigene Hand gegen dich wendet, ist das schon mal sehr unangenehm, aber wenn sie sich dann auch noch als Anführer und Messias einer Revolution aller Hände herausstellt, ist das noch problematischer. Die rechte Hand des Chirurgen kann nämlich sprechen und ist ein richtiger Aufwiegler, der seine Gefährten aus der »Tyrannei des

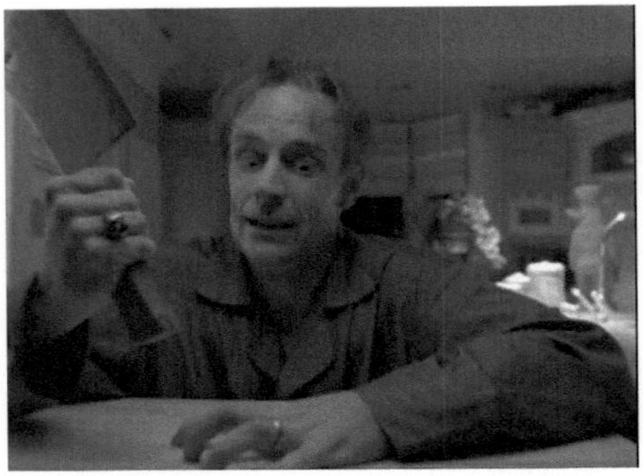

Abb. 423: Die Revolution findet nicht statt. Oder?

Körpers« befreien will. Viva la revolución… de los manos! Sämtliche Hände trennen sich von ihren Besitzern und machen beim Aufstand der Hände mit.

Beim fürs Fernsehen produzierten QUICKSILVER HIGHWAY sollte man sich auf einen eigenartigen Film gefasst macht, bei dem man weitaus mehr schmunzelt als sich gruselt. Und vielleicht auch verwirrt den Kopf schüttelt. Unser Erzähler (Lloyd) erwähnt auch mehrmals, dass ja nicht jede Geschichte einen Sinn oder eine Moral haben muss. Also: Einfach versuchen, die *weirdness* zu genießen. Das ist auch das einzige, was diesen Film ausmacht.

★★★☆☆ (The Chattery Teeth)

★★★☆☆ (The Body Politic)

★★★☆☆ (QUICKSILVER HIGHWAY als Ganzes)

Besonderheiten: *Die Szene, in der der Chirurg im Bett liegt und seine linke und rechte Hand sich unterhalten. / Eine Gruppe von CGI-Händen kommt vor. / Wie auch in EVIL DEAD II greift in »The Body Politic« der Chirurg beim Kampf gegen seine Hand zu einem Hackebeil – das kann fast nur eine Hommage sein.*
Creative Killing: *SPOILER-ALARM: Der Chirurg schafft es, die Horde an Händen zu einem Massenselbstmord zu bringen.*
Nervige Skeptiker: *Ein Taschendieb, der aber eines besseren belehrt wird.*
Kill Count: *4*

Ragdoll

1999
Regie: Ted Nicolaou (Subspecies-Tetralogie, TerrorVision, Bad Channels, Puppet Master vs Demonic Toys [Seite 338])
Drehbuch: Neal Marshall Stevens (Thir13en Ghosts, Head of the Family, Hideous! [Seite 213], Hellraiser: Deader, Curse of the Puppet Master [Seite 319], Retro Puppetmaster [Seite 322], Totem [Seite 398], The Creeps)
78 Min.

Ragdoll ist ein weiterer Full Moon-Film, der bis in die Nebenrollen fast ausschließlich mit schwarzen Darstellern besetzt ist. Wie bei Ooga Booga (*Seite 282*), Killjoy und anderen erhoffte man sich, den »urban market« anzuzapfen.

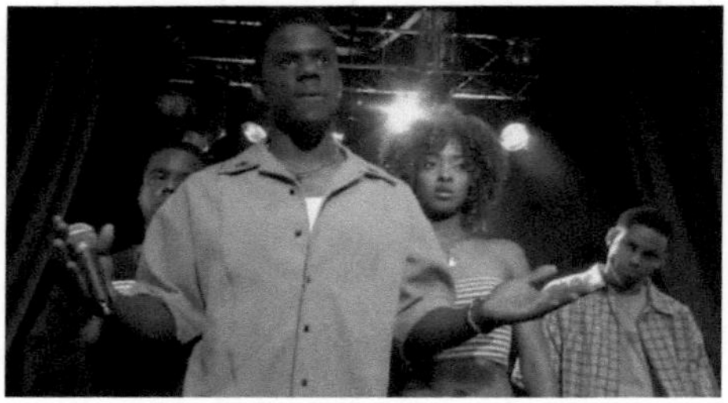

Abb. 424: Shots fired. That's wassup.

Kwame und seine Freunde bilden zusammen eine junge Rapgruppe, die in einem kleinen Club auftritt. Der örtliche Gangsterboss Big Pere wird auf die Truppe aufmerksam und will, dass sie für ihn arbeitet. »Big Pere« klingt wie »dicke Birne« und sieht auch so aus. Er hat aber mit Obst nix am Hut, sondern mit Drogen, Prostitution und Mord. Nun will man sich, nachdem man ein paar seiner Gegner weggeballert und eine Nutte auf Koks geknallt hat, vielleicht zur Entspannung ein paar smoothe Tunes reinziehen. Das war vielleicht der Hintergedanke von Big Pere, als er die Rapper fragt, ob sie mit ihm zusammenarbeiten wollen – um das Geschäftsfeld musikalisch zu erweitern. Kwame ist aber ein anständiger Junge und will mit dem *big time G* nichts zu tun haben, obwohl Pere vor ihm mal so nebenbei einem Typen auf einer Herdplatte das Gesicht wegbrennt. Kwame disst Pere sogar bei seiner nächsten Performance vor Publikum in dessen Anwesenheit.

Das lässt dieser nicht auf sich sitzen und schickt noch während des Auftritts zwei seiner Thugs zu Kwames Haus, wo sie seine Oma entführen und ihr ordentlich eine aufs Maul hauen. Die rüstige Granny landet im Krankenhaus, und als Kwame und seine Freunde aufgeregt dort eintreffen, wartet Pere schon auf sie. Er hofft, dass die Message nun endlich angekommen ist und verabschiedet sich mit »Y'all my niggers now.«

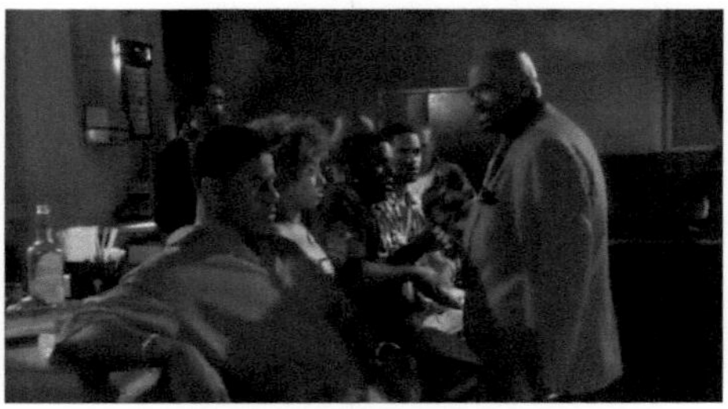

Abb. 425: Rechts: Red Pere.
Is this an offer they can refuse?

Genug ist genug – Kwame will Rache. Er geht in das Voodoo-Zimmer seiner Oma und schnappt sich eines ihrer Bücher. Denn die Großmutti kennt sich mit dunklen Künsten aus, und die Macht der Beschwörung liegt in der Familie.

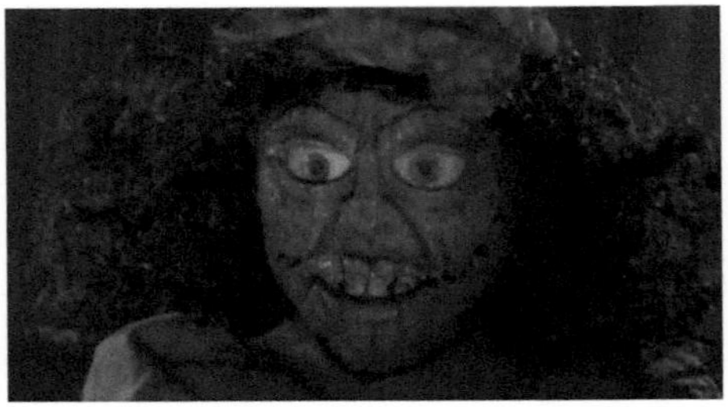

Abb. 426: Ragdoll gibt grässliche Geräusche von sich.

Gerade noch hat sich Kwame über die Zauberformeln seiner Granny lustig gemacht und die Beschwörung sowie deren Gefahren als Unsinn abgetan, doch jetzt erfordern verzweifelte Situationen eben verzweifelte Maßnahmen. Der Shadow Man wird heraufbeschworen und damit beauftragt, sich um Kwames Feinde zu kümmern, woraufhin die dunkle Gestalt nach etwas Leblosen sucht, dem es die Macht zu Töten geben kann. Sie findet eine schwarze, weibliche Puppe und erweckt sie zum Leben. Die kleine Ragdoll rauscht ab und bald gibt es Leichen. Shadow Man bedankt sich noch, dass Kwames Familie so eine gute Kundschaft ist, und verabschiedet sich fürs Erste. Doch wer einen Deal mit dem Shadow Man macht, muss immer einen hohen Preis zahlen, und Kwame ist leider ein hundsmiserabler Verhandlungstaktiker. Ob die Puppe jemals wieder Halt machen wird?

Ragdoll sticht gerne mit spitzen Gegenständen zu und zerkratzt mit Vorliebe Gesichter. Es gibt aber keine nennenswerten Effekte und keine Gore-Szenen.

RAGDOLL ist ein formelhafter, kurzer Full Moon-Käse ohne Besonderheiten und nur für Hardcore-Fans des Labels mit Vorsicht zu empfehlen.

★★☆☆☆

Besonderheiten: *Keine.*
Creative Killing: *Nein.*
Nervige Skeptiker: *Keine.*
Kill Count: *7 (3 off camera)*

Revenge of the Red Baron

1994
Deutscher Titel: Flying Toys – Die Rache des Roten Barons
Regie: Robert Gordon
Drehbuch: Michael McDonald
Nennenswerter Cast: Tobey Maguire (Spider-Man-Trilogie, Pleasantville, Brothers, The Cider House Rules, Seabiscuit, Wonder Boys, The Good German), Mickey Rooney (Babes on Broadway, Babes in Arms, The Black Stallion, Boys Town, Silent Night, Deadly Night 5: The Toy Maker [Seite 379])
82 Min.

Frankreich, 1918: Im ersten Weltkrieg schafft es der junge Mr. Spencer, das Fliegerass Manfred von Richthofen, berühmt-berüchtigt als »der Rote Baron«, abzuschießen. Von Richthofen stürzt mit seinem Flieger ab, als plötzlich ein Blitz einschlägt, was die unglaubwürdigste Explosion der Filmgeschichte zur Folge hat.

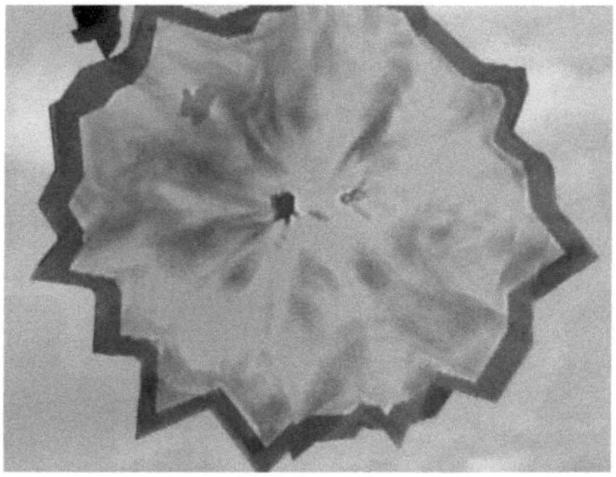

Abb. 427: Das ist keine hingerotzte Kinderzeichnung, sondern soll eine Explosion darstellen.

Kalifornien, heute: Der 16-jährige Jimmy (Tobey Maguire) spielt einen 3D-Flugsimulator auf einem alten Nintendo Entertainment System, was technisch unmöglich ist. Seine Mama kritisiert ihn, weil er in der Schule immer rauft und letztlich sogar einen Lehrer körperlich attackiert hat. Tobey Maguire, der immer dreinblickt, als ob er keiner Fliege was zu Leide tun könnte, als junger Rebell mit Klappmesser? Nach vier Minuten Spielzeit bereits zwei komplett unglaubwürdige und eine unmögliche Sache – nicht schlecht. Jimmy wird für eine Woche von der Schule suspendiert, die er bei seinem halbsenilen Opa (Mickey Rooney) auf dem Land verbringen muss. Dort soll er über sein Leben nachdenken und durch genügend Hausarbeiten wieder Disziplin lernen.

Opa Spencer war es, der 1918 den Roten Baron aus der Luft geballert hat, wovon er heute immer noch zehrt. Dafür, dass er 93 sein soll, sieht der Opa sehr rüstig aus. Rooney war ja in Wahrheit auch 20 Jahre jünger – Unglaubwürdigkeit Nr. 3. Jimmy und Opa fliegen mit großen ferngesteuerten Modellflugzeugen, die Replikas der zwei alten Flieger sind. Wieder schlägt ein Blitz in den Roten Baron ein, Jimmy verliert die Kontrolle über den Flieger und wird von dessen niedrig fliegenden Propeller attackiert.

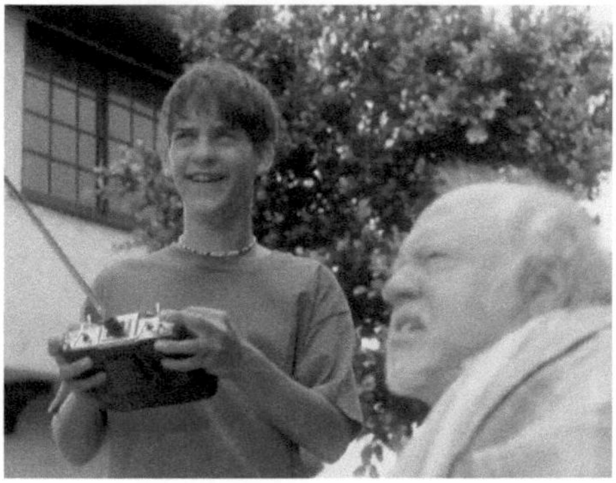

Abb. 428: Tobey Maguire und Mickey Rooney, vereint am niedrigsten Punkt ihrer Hollywood-Karriere.

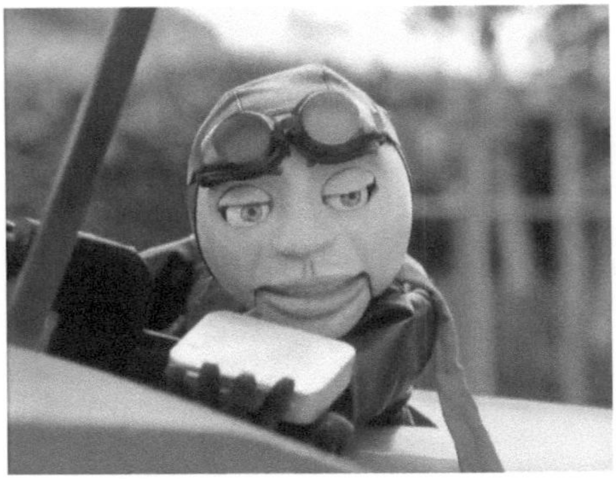

Abb. 429: Der Rote Baron hat Opas Herztabletten geklaut. Wenn sich Kids und Jugendliche heute über aktuelle Kinofilme beschweren, sollen sie sich bitte mal ansehen, was in den 80ern und 90ern teilweise als Unterhaltung durchgegangen ist. Verwöhnte Fratzen.

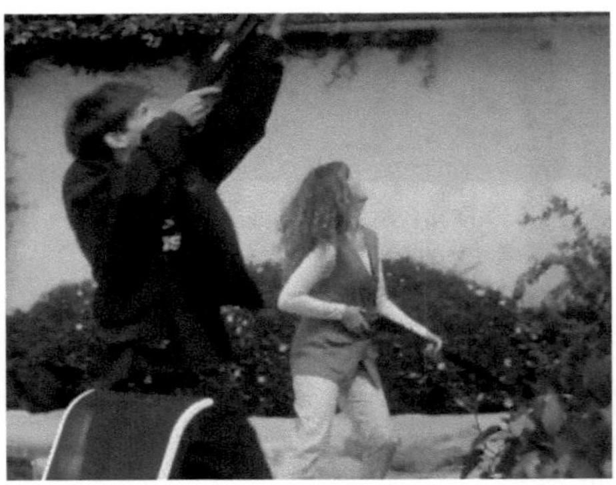

Abb. 430: Jimmy und seine Mama versuchen den Baron aus der Luft zu ballern. PLEASANTVILLE war gestern.

Jimmy wird von seinem Opa gewarnt, dass der Rote Baron zurückgekehrt ist und er und sein Vater in Gefahr sind. Jimmy ist kein nerviger Skeptiker, glaubt ihm sofort und schnappt sich eine Schrotflinte. Statt der Modellfigur sitzt tatsächlich auf einmal eine Puppe in dem roten Flieger und lässt im Chucky-Stil permanent halblustige bis lustige Sprüche ab. Der Rote Baron klaut Opas Herztabletten, worauf der einen Anfall bekommt. Dann besorgt er sich Munition und ballert viel herum, fliegt rund um und auch durch das Haus und verfolgt Jimmy und seine Mutter sogar quer durch die Stadt. Im Finale tritt Tobey Maguire gegen den Roten Baron in einem Modellbauflugzeugkampf an. Jimmys Plan ist, dass er so lange mit ihm im Kreis fliegt, bis das Fliegerass in die Stromleitung fliegt. Weil Strom ja bekanntlich übernatürliche Eigenschaften hat.

Der von Roger Corman produzierte und zu Recht weitgehend unbekannte REVENGE OF THE RED BARON ist ein Kuriosum: Er wirkt wie ein Familienfilm, ist aber keiner, da viel geflucht wird und der Baron der Reihe nach Leute wegballert. Als Horrorfilm ist er nicht gruselig und als Komödie nicht lustig genug. Was man sich hier wohl gedacht hat?

Vor Von Richthofens Tod ist ein Blitz in seinen Flieger eingeschlagen und 75 Jahre später holt ihn ein Blitz aus dem Nichts wieder zurück? Ich habe noch nie so eine lahmarschige Erklärung für ein übernatürliches Vorkommnis in einem Film gesehen. Die Puppe kann nur ihren Mund und die Augenlieder auf und ab bewegen. Der furchtbare Soundtrack rundet diesen Trashmist, der freilich nicht ganz ohne Unterhaltungswert ist, schön ab.

★★☆☆☆

Besonderheiten: *Der Oscar-gekrönte Mickey Rooney in einem von zwei* tiny horror-*Filmen in diesem Buch. Der zweite heißt* SILENT NIGHT, DEADLY NIGHT 5: THE TOY MAKER *(Seite 379). / Tobey Maguire nennt seinen neuen Nachbarn »decrepit piece of shit« (verbrauchtes Stück Scheiße). Das soll unser Spider-Man, Held der Kinder, sein?*
Creative Killing: *Tod durch ein ballerndes Spielzeugflugzeug. / Tod durch in den Pool geworfene Elektro-Insektenfalle.*
Nervige Skeptiker: *Keine.*
Kill Count: *5 (1 off camera)*

ROBERT

UK 2015
Deutscher Titel: ROBERT – DIE PUPPE DES TEUFELS
Drehbuch und Regie: Andrew Jones (gesamte ROBERT-Reihe)
94 Min.

»Any kind of confrontation makes me anxious« sagt die etwas fragile Jenny zu ihrem Mann Paul, und wir denken uns »Oje, wenn die gute Frau wüsste, dass da noch eine Killerpuppe auf sie wartet.« Jenny hat sich nämlich schweren Herzens entschlossen, die alte, senil gewordene Haushaltshilfe Agatha nach zwei Jahren Dienst zu kündigen. »I'm really sorry« meint Jenny. Agatha entgegnet ihr, bevor sie für immer verschwindet: »You will be.« Vorher schenkt sie Gene, dem Sohn des Hauses, die ziemlich hässliche Holzpuppe Robert. Sie soll Genes neuer bester Freund sein und ihn beschützen. Gene soll aber nicht gemein zu Robert sein, denn das würde das Holzding nicht mögen. Später erfahren wir, dass Agatha mit »dunklen Künsten« experimentiert hat. Diese Info hat sie bei der Bewerbung vor zwei Jahren in ihrem Lebenslauf sicher ausgelassen.

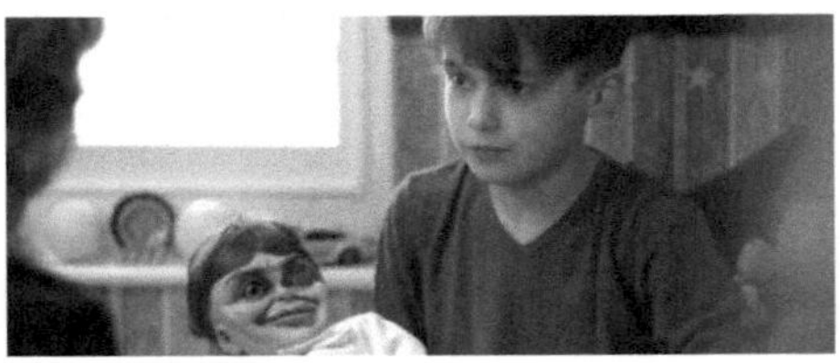

Abb. 431: Ääh... danke?

Gene sagt seinen Eltern bald darauf, dass Robert zu ihm spricht. Sein Vater Paul reagiert mit einer Mischung aus Verwunderung, Belustigung und ernsthafter Sorge. Hier kann ich mitfühlen: Mein Vater kann meine bis heute anhaltende Actionfigurenobsession auch nicht nachvollziehen. Muss er ja auch nicht. *One man's trash is another man's treasure*, wie man so schön sagt.

Was dann folgt, kennen wir: Robert bewegt sich anscheinend von alleine, und andere immer merkwürdiger werdende Dinge passieren. Es ist ja interessant, dass die Killerpuppen immer mit Kleinigkeiten anfangen. Zuerst huschen sie im Haus herum und werfen erst einmal ein paar Sachen zu Boden. Sie fangen nicht gleich mit dem Attackieren und Töten an, als wären die Puppen alle auf einen graduellen Horror-Aufbau bedacht.

Viele Ideen, wie die kleinen Fußstapfen im Zucker, und Szenen wie »Talk to me, you little bastard!« sind fast 1:1 aus dem ersten Chucky-Film kopiert. ROBERT erfindet nicht nur das Rad nicht neu, er versucht es nicht einmal. Das kann einen stören, muss es aber nicht – lieber gut geklaut als schlecht selbst gemacht. ROBERT ist wie ein aufgewärmtes, billiges Schnitzel, das aber immer noch ziemlich passabel schmeckt, wenn auch trocken und abgestanden. Die sehr negativen Kritiken, auch von Filmfans, fand ich daher etwas unverständlich. Natürlich sticht der Film in keiner Weise hervor, ist aber eben auch nicht

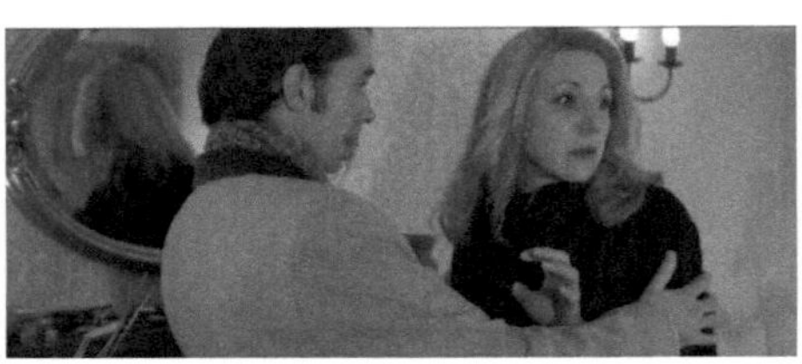

Abb. 432: Jenny, reiß dich zusammen.

wirklich schlecht. Als Gewohnheitsmensch war ich gut unterhalten. Man weiß sofort, was einen erwartet, und kann sich ausmalen, was passieren wird. Als würde man sich eine neue Folge einer Serie ansehen, deren Inhalte, Figuren, Stil bereits bekannt und vertraut sind. Die Erwartungshaltung sollte man aber vielleicht nach unten schrauben.

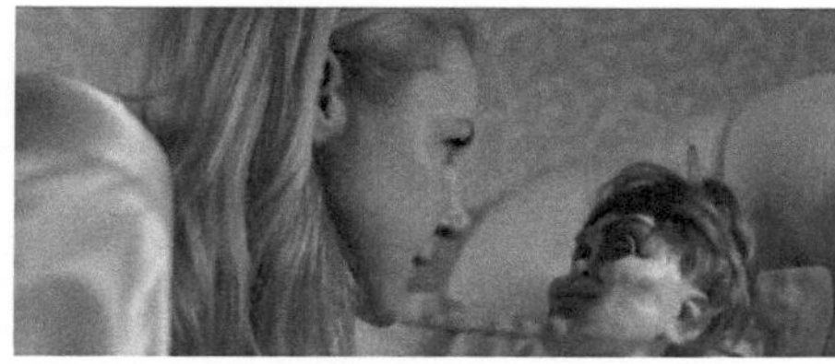

Abb. 433: Puppenverhörszene.

Der Film bewegt sich sehr langsam und ist auf Jenny und deren emotionales Drama fokussiert. Sie leidet unter nicht näher definierten mentalen Problemen, die sie aber dank Medikamenten völlig unter Kontrolle hat. Als Robert in ihr Leben tritt, beginnt erneut ein psychischer Kampf in ihrem Leben. Die Beziehungsdynamik zwischen den *30-somethings* Jenny und Paul ist auch nicht uninteressant, wie etwa, dass sie sich von ihm – einem nervigen Skeptiker – nicht unterstützt fühlt.

ROBERT ist ein ernsthafter Film und hat, im Gegensatz zu den Chucky-Teilen, keinen schwarzen Humor zu bieten. Was es auch nicht gibt sind nennenswerte Puppenszenen oder Spezialeffekte. Es kommt nicht einmal eine Ganzkörperaufnahme von Robert in Aktion vor. Man muss sich mit sich ein paar Suspense-Szenen zufrieden geben, es gibt sehr wenig Horror und keine Kill-Szenen.

Der billige britische Independentfilm sollte eigentlich »Robert the Doll« heißen, aber dann entschieden wohl die Verantwortlichen, dass ihnen das zu *cheesy* sei. Es gibt, wie vorhin erwähnt, auch sehr wenige Szenen mit Robert, und somit haben wir hier einen dieser modernen Puppenhorrorfilme, die sich davor scheuen, ein richtiger Puppenhorrorfilm zu sein (siehe auch ANNABELLE, 2014 [*Seite 23*] und THE BOY, 2016 [*Seite 72*]). Aber immerhin ein nettes, halbwegs spannendes Drama.

Die Robert-Puppe gibt es übrigens wirklich, um sie ranken sich Gerüchte und Legenden, welche angeblich sogar den ersten CHILD'S PLAY-Film inspiriert haben sollen. Die »verfluchte« Stoffpuppe soll ein Unikat deutschen Ursprungs sein und ist heute in einem Privatmuseum in Key West, Florida ausgestellt. Wenn die Besucher Robert nicht freundlich um Erlaubnis bitten, bevor sie ein Selfie mit ihm machen, kann es schon mal vorkommen, dass sie von Robert verflucht werden.[67]

[67] Ja, wirklich. Es gab da Vorfälle, die auch von der Museumsleitung bestätigt werden können. Ich wollte eigentlich noch eine sarkastische Bemerkung anfügen, aber erstens will ich kein nerviger Skeptiker sein und zweitens sollte man die Mächte der Finsternis nicht unnötig herausfordern.

★★★☆☆

Besonderheiten: *Keine.*
Creative Killing: *Nein.*
Nervige Skeptiker: *Die Mutter glaubt ihrem Sohnemann nicht, dass Robert das Vorratsglas mit dem Zucker runtergeschmissen und ihr Gemälde mit roter Farbe ruiniert hat. Selbst als es immer deutlicher wird, dass Robert verantwortlich ist und das neue Hausmädchen ihr, offenbar unter Todesschmerzen, am Boden liegend ins Ohr flüstert »It was the doll«, beschuldigt Jenny lieber ihr eigen Fleisch und Blut. / Jenny wird schließlich zum* believer, *aber ihr Mann Paul meint, sie leide nur unter Stress.*
Kill Count: *1 (off camera)*

THE CURSE OF ROBERT

UK 2016
Deutscher Titel: ROBERT 2 – DIE RÜCKKEHR DER TEUFELSPUPPE
Drehbuch und Regie: Andrew Jones (gesamte ROBERT-Reihe)
80 Min.

Die Digitalisierungs-Revolution hat viele positive Seiten. Junge Filmemacher können heute viel leichter und günstiger als früher ihre Werke produzieren und veröffentlichen. Das heißt aber gleichzeitig, dass man als Filmfan mit einem Meer an zweifelhafter, mittelmäßiger bis grottenschlechter Ware konfrontiert ist – so wie auch hier.

Weil die doofe Puppe Robert ohnehin niemanden interessiert, kann sie nach den Ereignissen des ersten Teils ganz einfach aus einem Raum für Beweismaterial der Polizei gestohlen werden. Eine laxe Arbeitsmoral ist in manchen Berufsfeldern einfach unangebracht, finde ich – wie z. B. bei Piloten, in der Lebensmittelverarbeitung und eben bei der Polizei.

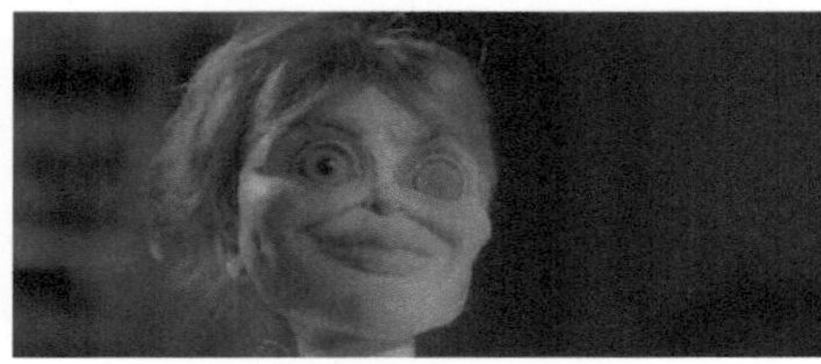

Abb. 434: Roberto Puppo.

Robert findet sich daraufhin – ganz wie in echten Leben (siehe letzter Absatz des Textes zu Robert, *Seite 350*) – als Attraktion in einem »Museum« für Kuriositäten wieder, das eher aussieht wie ein großer Abstellraum. Dort beginnt die nette, hübsche Soziologie-Studentin Emily als Putzfrau – pardon: »Reinigungskraft« – zu arbeiten. In dem Museum, das mehr wie eine Müllhalde aussieht, arbeitet auch der junge, ebenfalls nette Security-Mann Kevin. Der gescheiterte Fotograf beginnt gleich mal mit Emily zu flirten und bald ist ein Date ausgemacht. Man kommt sich näher, aber es beginnen auch merkwürdige Dinge in dem Museum zu passieren. Vielleicht ist Robert wirklich verflucht? DUN-DUN-DUUUN!!

Aber keine Sorge, ein skeptischer Polizeiinspektor ist auf der heißen Spur! Emily und Kevin sprechen einstweilen mit Jenny aus dem ersten Robert-Film. Jenny hat uns in Teil 1 vielleicht etwas genervt – jetzt aber sehnen wir uns nach ihr, und in ihrer einzigen Szene spielt die Schauspielerin (Suzie Frances Garton) ihre jungen Kollegen komplett an die Wand.

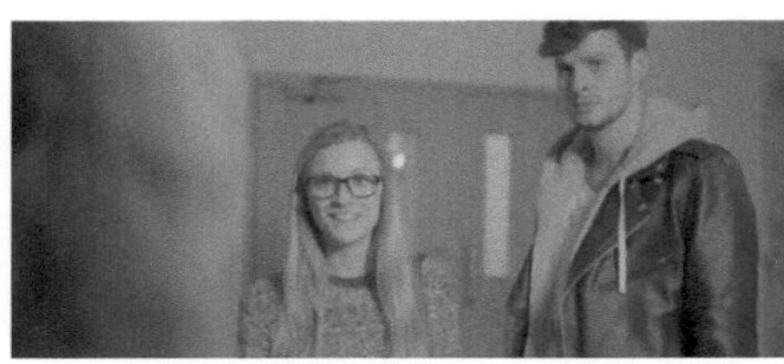

Abb. 435: Reinigungspersonal Emily und Kevin.

THE CURSE OF ROBERT ist in etwa auf dem Niveau des Vorgängers – also auf keinem besonders hohem. Die Figuren sind allerdings noch uninteressanter und es gibt noch immer keine nennenswerten Puppeneffekte oder einprägsame Szenen. Warum wird die Legende von Robert der Puppe eingeführt, von der man keine Fotos machen darf, ohne dass daraus Kapital geschlagen wird? Robert attackiert ohne ersichtlichen Grund, und niemand macht ein Foto von ihm. Vielleicht ist er ja in der Puppen-Pubertät und hat seine Emotionen nicht unter Kontrolle. Lahm!

★★☆☆☆

Besonderheiten: *Absolut keine.*
Creative Killing: *Nein.*
Nervige Skeptiker: *Der Polizeiinspektor.*
Kill Count: *4*

THE TOYMAKER

UK 2017
a.k.a. ROBERT AND THE TOYMAKER
Drehbuch und Regie: Andrew Jones (gesamte ROBERT-Reihe)
84 Min.

Der bereits dritte Teil der britischen Low-Budget-Filmreihe ist ein Prequel. Auf dem Cover der DVD steht »There's a New Puppet Master in Town«. Also schlechte Filme fabrizieren und frech werden auch noch, oder wie?! Während ich das schreibe, sehe ich mit Erschrecken, dass 2018 der vierte Robert-Film erscheinen wird. Kann irgendjemand bitte im öffentlichen Interesse Andrew Jones seine Digitalkamera wieder wegnehmen?

Seufz. Wir beginnen in »Nazi Germany, 1941«. I did nazi that coming... Genau wie PUPPET MASTER III (*Seite 310*) ist der dritte Teil also ein Prequel, dass in der Nazizeit spielt. Ein »Historiker« flieht per pedes mit einem offenbar wichtigen Buch vor der Gestapo und findet Unterschlupf im Landhaus einer Familie. Die Gestapomänner dringen bei der Familie ein, finden den angeblichen Staatsfeind aber nicht, weil der sich in der Speisekammer hinter einem Sack versteckt. Und weil diese Suspense-Szene so toll funktioniert hat (nicht), kommen die zwei Herren bald wieder zurück. Aber diesmal haben sie ihren Chef dabei, der sich als Megaspürhund und menschlicher Lügendetektor vorstellt. Mit seiner besonnenen, kultivierten und eloquenteren Art ist er ein billiger Abklatsch von Christoph Waltz' Hans Landa in INGLOURIOUS BASTERDS. Immer wieder wird die Familie gefragt, ob sie nicht doch irgendetwas verheimlichen und ob sie Adolf Hitler eh cool finden. Der Staatsfeind wird gefunden und nach der Ermordung ihrer Familie läuft die Tochter durch eine Wiese weg, genau wie bei... richtig, INGLOURIOUS BASTERDS.

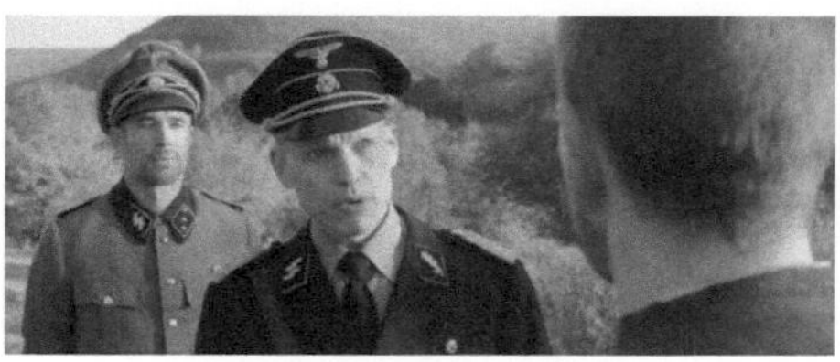

Abb. 436: Hans Lahmda.

Die Tochter kann vor ihrem Ableben das wichtige Buch an Amos übergeben. Amos ist ein alter Puppenbauer und Spielzeughändler in der Stadt und sieht genau so überzeugend »alt« aus, wie die Robert-Holzpuppe wie ein echter Junge aussieht. Robert stammt aus den Händen eines Kindes, das von seinem Vater ermordet wurde. Amos glaubt, dass die Seele des Jungen in der Puppe ist und wollte ihm ein neues Zuhause im angeblich besten Spielzeuggeschäft Bayerns geben. Amos probiert einen Zauberspruch aus dem Buch an Robert aus, der wirklich zum Leben erwacht. Seine Assistentin wird von Robert mit einem Bleistift attackiert, worauf sie kündigt und Amos bei der Gestapo verpfeift. Der will nicht alleine sein und belebt gleich noch zwei andere Puppen. Aber Billig-Landa und seine Gestaposchergen sind ihm auf den Fersen.

Es ist *business as usual* für die Robert-Franchise: Ein paar wenige trostlose Sets, banalste Dialoge und sehr wenig Puppenaction. Die Nazis sind für weitaus mehr Tote

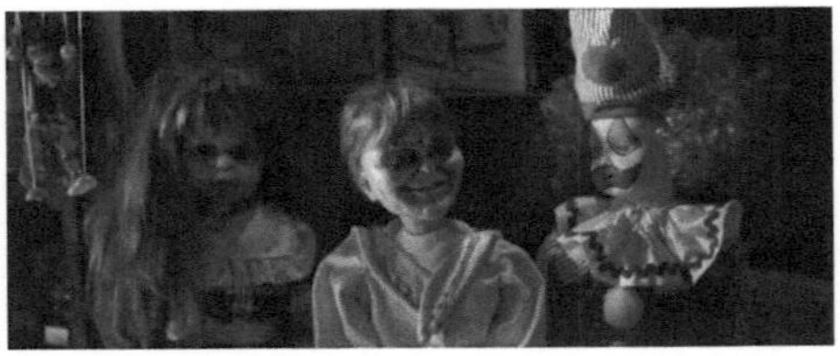

Abb. 437: Zusammen ist man weniger allein.

verantwortlich als die Puppen. Viele Szenen werden für Billig-Landa aufgewendet. Er ist böse, und ein Nazi. Und Nazis waren bekanntlich böse. Billig-Landa ist also ein böser, böser Nazi, was viel schlimmer ist als der böse, böse Wolf.

Drehbuchautor und Regisseur Andrew Jones hat einfach viel zu wenig Vorstellungskraft für einen auch nur halbwegs interessanten Puppenhorrorfilm. Bereits der erste Robert-Film war maximal durchschnittlich und mit wenigen, miesen Puppenszenen versehen, und seither geht es nur nach unten.

★☆☆☆☆

Besonderheiten: *Keine.*
Creative Killing: *Nein.*
Nervige Skeptiker: *Keine.*
Kill Count: *9 (1 off camera)*

The Revenge of Robert

UK 2018
Drehbuch und Regie: Andrew Jones (gesamte ROBERT-Reihe)
77 Min.

Seufz. Nazideutschland, 1939. Wie im Vorgänger sind wir wieder in Bayern und noch immer sind die Nationalsozialisten hinter dem Buch her, mit dessen Hilfe man Sachen beleben kann. Weil da nämlich besondere Zaubersprüche aus Tibet und Ägypten drinnen sind. Offizier Dietrich ist im Auftrag von Himmler unterwegs und bietet Herrn Von Hamersmark (der natürlich »Hammerschmark« ausgesprochen wird) eine hohe Summe für das Buch. Ohne, dass wir es sehen oder die Figuren es bemerken, steigen sie anscheinend in ein Zeitportal, denn in Von Hammersmarks Haus befindest sich plötzlich ein Teppichboden, der erst in den 1950ern erfunden wurde. *Spooky*! Dietrich will was sehen für sein Geld, also sagt der Hausherr einen lateinischen »Schpell« aus dem Buch auf (Ich dachte, die *spells*/Sprüche kommen aus Tibet und Ägypten? Ach, egal), und tatsächlich bewegt sich daraufhin eine Spielzeugpuppe.

Wir erkennen gleich, dass der Hammersmark einer von der üblen Sorte ist. Nicht nur macht er Geschäfte mit den Nazis, seine Frau Eva hat auch blaue Flecken, weil sie »die Stiege hinuntergefallen« ist. Nachdem der Deal mit Dietrich besiegelt ist, wird Eva von ihrem Ehemann gewürgt, weil sie an der Tür gelauscht hat. Gleich darauf sagt er ihr, sie soll ihm ein Sandwich machen. Das war ihr dann doch zu viel: Eva ist mit ihrem Leben unzufrieden, schnappt sich das Zauberbuch und haut mit dem Auto ab. Der Wagen ist übrigens ein Rechtslenker. Hey Andrew Jones: Wir sind im Teppichboden-Nazi-Bayern von 1939, schon vergessen? Hier sind die Fahrersitze links, und nicht so wie bei dir in England auf der falschen Seite.

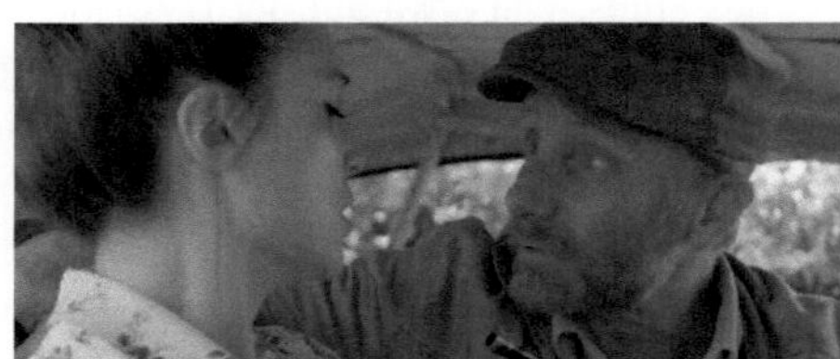
Abb. 438: Per Anhalter durch die bayrische Steppe.

Eva nimmt den Anhalter Frederick mit, damit sie ein wenig unterhalten wird und nicht einschläft. Stattdessen hält der ihr eine Pistole ins Gesicht und droht ihr zwei Mal damit, ihr das Gehirn rauszupusten. Frederick ist auf der Flucht vor dem Gesetz und zwingt sie, ihn nach »Kummbach« zu bringen. Auf einer Landstraße treffen sie auf eine zwei Mann starke Verkehrskontrolle. »State your bisnets« sagt einer der beiden, und da Frederick auf Nummer sicher gehen will, knockt er Eva aus und erschießt beide Verkehrspolizisten. Dann macht er sich einen Spaß daraus, einen der zwei im Sterben liegenden Verkehrspolizisten zu ersticken, in dem er ihm Mund und Nase zuhält. Ein Fluchtversuch von Eva ist erfolglos.

Nach einer Autopanne machen sie Halt in einem Landhaus. Dessen Besitzer ist gastfreundlich, stellt aber in Frage, ob Eva und Frederick wirklich verheiratet sind. Es kommt schließlich zu einer Konfrontation: Frederick zückt wieder seine Pistole, aber auch Eva hat sich auf dem Weg zurück vom Klo einen Revolver aus der Sammlung des

Hausbesitzers geschnappt. Er überwältigt sie, worauf der Hausbesitzer Frederick erschießt, der zwar ein komplettes Arschloch war, aber auch der einzige halbwegs brauchbare Schauspieler in dem Film. Dann verscharrt der Mann Frederick im Garten, angeblich weil er Eva helfen will und ihr ihren Glauben an die Männerwelt zurückgeben will. Gleich darauf entpuppt er sich aber als Nazi und zieht Eva, die einfach wirklich nie Glück mit Männern hat, eines mit der Schaufel über. Wir müssen annehmen, dass sie daran gestorben ist, denn sie taucht für den Rest des Films nicht mehr auf. Der angebliche Hausbesitzer ruft Dietrich an und sagt, er hat das Buch gefunden. Für die Szene hat sich der Mann eine Nazi-Uniform angezogen, damit jeder kapiert, dass das keine positive Entwicklung darstellt. Der Agent, oder was das sein soll, hat also damit gerechnet, dass Eva mit dem Buch zufällig eine Autopanne genau bei dem Landhaus hat? Das ist so ein Blödsinn, es ist wirklich unglaublich.

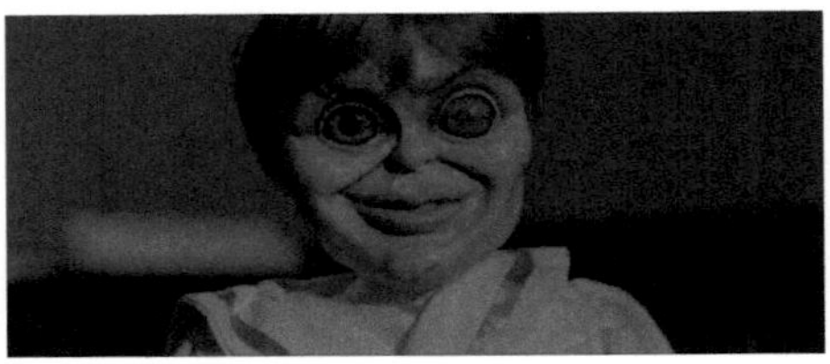

Abb. 439: Der vergessene Titelheld.

Gleich danach wird Hammersmark auch umgebracht. Damit hat sich das mit der hohen Zahlung für das Buch auch erledigt. Sofort im Anschluss werden Gefechtsaufnahmen aus dem Zweiten Weltkrieg gezeigt und mit dem elegischen »Lacrimosa« aus Mozarts Requiem unterlegt. So als ob das die Lächerlichkeit des bisher gezeigten irgendwie übertünchen könnte.

Die zweite Hälfte des Films spielt zwei Jahre später, also 1941. Die Ereignisse von Teil 3 werden kurz nacherzählt, um dann direkt daran anzuschließen. Der alte Puppenbauer Amos ist wieder im Besitz des Buches und fährt in einem Zug nach Nürnberg, um von dort aus ins Ausland zu flüchten. Somit war die erste Hälfte des Films eigentlich komplett unnötig. Sie wird auch in der Beschreibung des Films, wie etwa auf der DVD-Rückseite, nicht erwähnt. Vielleicht hat man während der Produktion gemerkt, dass die Zuggeschichte alleine nicht auf knapp 80 Minuten kommt. Doppelseufz. Wie das Buch wieder bei Amos gelandet ist, wird entweder nicht erklärt, oder es wurde in Teil 3 erklärt und ich habe es vergessen. Ich tippe auf ersteres.

Zwei Agenten – ein Nazi und einer vom britischen OSS – sind Amos auf den Fersen und wollen beide an das Buch. Und obwohl sie sich in einem Zug befinden, also einem sehr überschaubaren Terrain, brauchen die Superhirne ewig, bis sie den alten, gebrechlichen Mann finden. Dem Nazi-Agenten wird noch gesagt, dass er den alten Amos am besten umbringen soll. Aber wenn, dann schön langsam, weil wir sind immerhin böse Nazis und haben einen Ruf aufrecht zu erhalten. Der britische OSS-Mann dreht jedem Zugbegleiter, der ihn etwas fragt, den Hals um. Ist er also doch auch ein Nazi? Bahnt sich hier etwa ein Twist an?!

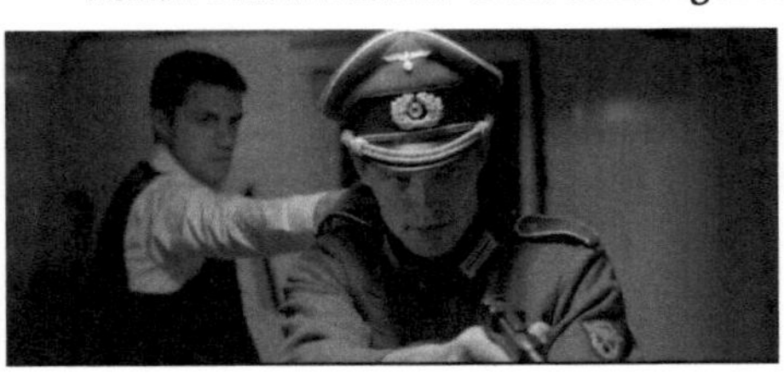

Abb. 440: »Gif me sat facking gann!«

Robert Nr. 4 ist ein Pseudo-Drama und ein wenig Pseudo-Thriller. Fast wäre ich verleitet zu sagen, es ist ein Pseudo-Film. Das einzige etwas Positive ist, dass er ein wenig abwechslungsreicher als der Vorgänger ist, und der brutale Anhalter eine minimal interessantere Figur als Billig-Landa aus dem selbigen. Im Finale gibt es ein paar wenige und äußerst schlechte Puppenszenen. Robert, dessen Name den generischen Titel dieses schlichten Machwerks ziert, macht den ganzen Film über genau gar nichts, außer dass er in einer Szene einem Nazi in den Kopf schießt. So kann man dann in der offiziellen Beschreibung – z. B. auf der DVD – behaupten, Robert würde in dem Zug gegen die Nazis kämpfen, und damit Puppenaction suggerieren. Eine Werbelüge, die ganz in bester Exploitation-Tradtion steht. Wer auf von Pistolen verursachte CGI-Blutspritzer steht, kommt hier aber ganz gut auf seine Kosten.

Am Schluss des Films sind wir in »England, 2012« und es wird an den ersten Robert-Film angeschlossen. Amos, dem 1941 schon der Tod im Gesicht stand, sieht 71 Jahre später immer noch genau gleich aus. Wie alt soll er hier sein, 150? Ist Andrew Jones alles komplett wurscht? Die Haushaltshilfe Agatha stellt sich als Schwester von Amos heraus und schnappt sich gegen den Willen ihres Bruders Robert. Was dann passiert, wissen wir aus Teil 1 dieser spätestens seit Teil 2 deprimierenden Reihe. Dreifachseufz.

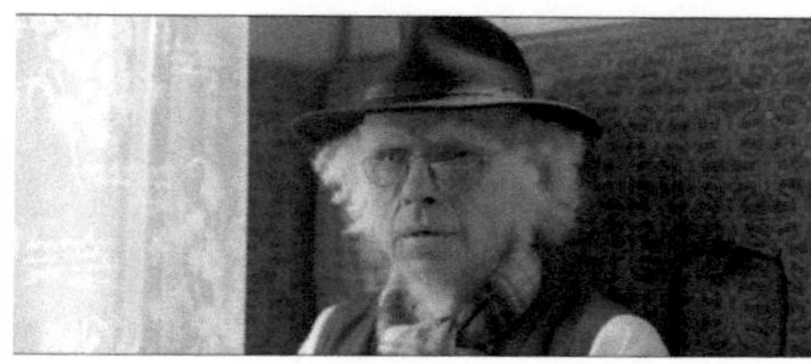

Abb. 441: Nachdem man ROBERT 4 gesehen hat, fühlt man sich so, wie er aussieht.

★★☆☆☆

Besonderheiten: *Dieser Text ist eine fast komplette Nacherzählung des Films. Ich musste diesen deprimierenden Schmarrn einfach wieder loswerden. Mea culpa.*
Creative Killing: *Nein.*
Nervige Skeptiker: *Keine.*
Kill Count *(ohne den Flashback zu Teil 3): 12 (2 off camera)*

Rumpelstiltskin

1995
Drehbuch und Regie: Mark Jones (LEPRECHAUN [Seite 252], TRILOQUIST [Seite 404])
Drehbuch Co-Autor: Joe Ruby (*Space Ghost*)
Coole Tagline: When the Fairy Tale Ends, the Nightmare Begins.
87 Min.

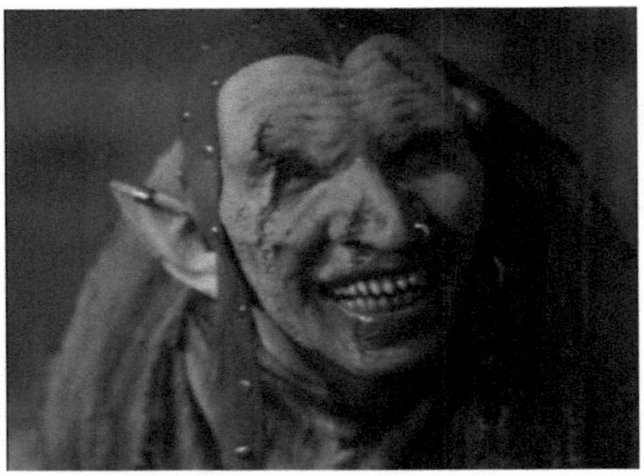

Abb. 442: Ach wie gut, dass niemand weiß...

Irgendwo in Europa im 15. Jahrhundert ist eine kleine Dorfgemeinde aufgebracht: Sie laufen schreiend mit Fackeln einem kleinen buckligen Wesen hinterher, das ein Baby gestohlen hat. Gemeinsam mit der Mutter des Babys drängen sie es an eine Meeresklippe und fordern das Kind zurück. Das grässliche Troll-ähnliche Rumpelstilzchen ruft ihnen zu, es habe für die Müllerstochter das Gold wie versprochen gesponnen und sich dafür seinen Lohn genommen (etwa hier enden übrigens die Gemeinsamkeiten mit dem Grimm-Märchen). Er wirft mit magischem Pulver um sich und kann die Angriffe der Menschen abwehren. Doch dann stellt sich eine Magierin, die auch Zauberpulver dabei hat und den Namen des Wesens kennt, gegen ihn und kann ihn, nachdem sie ihn angezündet hat, in einen Stein verwandeln. Der Stein wird in das Meer geworfen und Rumpelstiltskin soll auf 1000 Jahre verbannt sein. Nur die merkwürdige Dreierkombination aus Kind + Wunsch + Tränen, die von Herzen kommen, sollen das Wesen wieder befreien können...

Los Angeles in den 1990ern: Shelley ist hochschwanger und ihr Mann, ein Polizist, denkt auf Streife über Kindernamen nach. Doch dann verliert er bei einem Einsatz sein Leben. Der Polizist kann aber, obwohl er schon drei Kugeln in seinem Körper stecken hat, beim Umkippen vorher wenigstens seinem Mörder noch einen Kopfschuss verpassen. Somit war »Boom, headshot!« wahrscheinlich der letzte Gedanke vor seinem Tod.

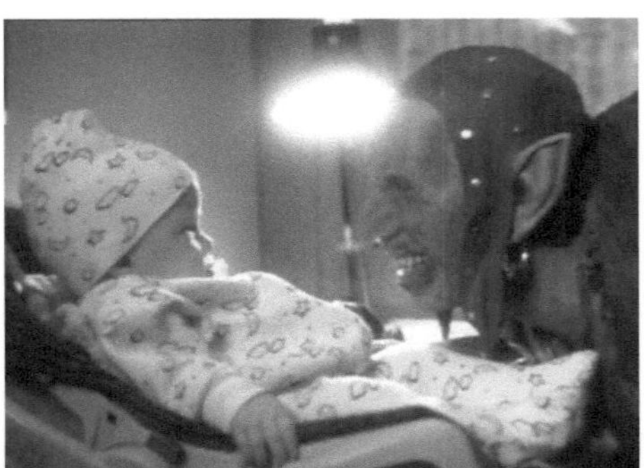

Abb. 443: Kutschi kutschi, Onkel Rumpi ist da.

Shelley muss sich alleine mit ihrem Neugeborenen herumschlagen und ist gestresst. Ihre beste Freundin hat eine super Idee zur Entspannung: Sie besuchen in der Stadt eine Hexenmeisterin, die seltsame Antiquitäten verkauft. Shelley entdeckt, man ahnt es bereits, den Rumpelstiltskin-Stein und ist wie magisch von ihm angezogen. Die Hexenmeisterin meint, der Stein könne

Wünsche erfüllen, rät aber trotzdem vom Kauf ab. Shelley ist nicht abergläubisch und schlägt zu. Zu Hause hält sie ihren Impulskauf in Händen, wünscht sich ihren verstorbenen Mann zurück und eine Träne fällt auf den Stein. Die Dreierkombination ist komplett, der Stein erwacht und... guess who's back? Rumpelstiltskin is indahouse!

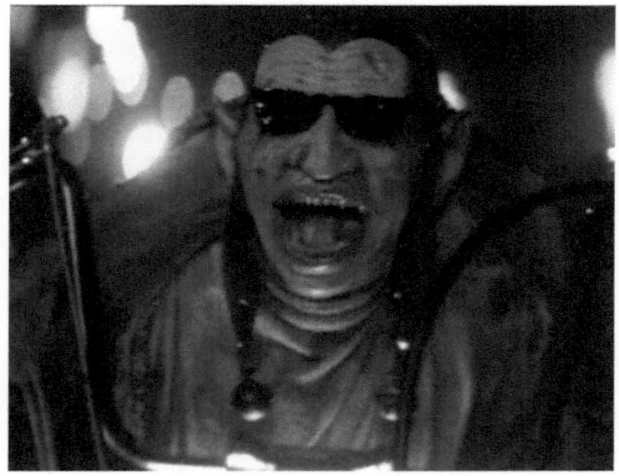

Abb. 444: Born to be wild.

Shelley hat davon allerdings nichts mitbekommen und schläft. Plötzlich ist ihr Wunsch in Erfüllung gegangen und ihr verstorbener Mann ist wieder da. Sie fallen sich in die Arme und haben Sex. Als Shelley am nächsten Morgen statt ihrem Mann das Rumpelstilzchen in ihrer Dusche vorfindet, ist der Spaß vorbei. Also für sie, für uns fängt der Spaß jetzt erst an. Rumpelstiltskin will Shelleys Baby stehlen, um ihm die Lebensenergie zu klauen. Frech wie er ist, lässt er sie noch wissen, dass sie ihn nur besiegen kann, wenn sie seinen Namen kennt. Die Mutterliebe ist aber offensichtlich sehr groß und Shelley wehrt sich: Sie tritt dem kleinen Monster in die Eier, rammt ihm ein Küchenmesser in den Kopf und einen Besenstiehl in den Hals. Und um zu zeigen, dass sie es wirklich ernst meint, überfährt sie ihn danach noch mit ihrem Auto. Mama ist die beste! Von nun an ist Shelley vor Rumpelstiltskin auf der Flucht. Wohin sie auch flieht und wo sie auch ist, der Kleine ist ihr auf den Fersen.

Ich hätte ja gerne geschrieben »Ach wie gut, dass niemand weiß, dieser Film ist großer Scheiß«, aber das trifft nicht zu. LEPRECHAUN-Regisseur Mark Jones hat auch hier wieder einen ganz unterhaltsamen 90-Minüter abgeliefert, mit einigen lustigen Szenen, ein paar Explosionen und vielen One-Linern. An den Fun-Faktor von LEPRECHAUN kommt RUMPELSTILTSKIN nicht heran, doch die zwei sind sich ähnlich: Beide haben eine lustige Grundstimmung, das Wesen ist aber eine ernsthafte Bedrohung und sehr mobil. Einmal schwingt sich Rumpi auf ein Bike, und später schnappt er sich einen LKW, was eine Verfolgungsjagd am hellichten Tag zur Folge hat.

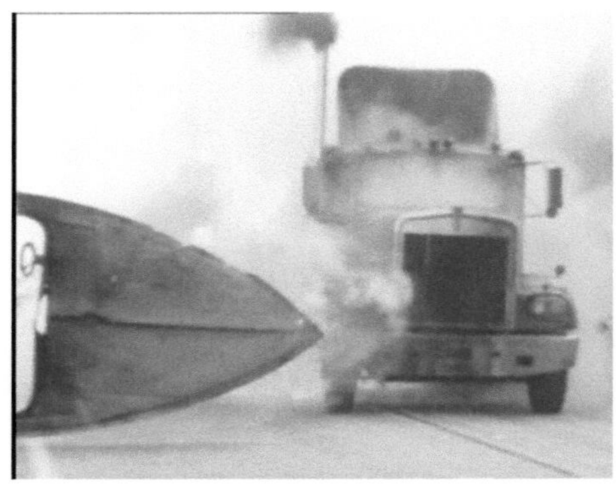

Abb. 445: Der Teil der Rumpelstilzchen-Legende, in dem er auf einem amerikanischen Highway in einem LKW durch ein Boot fetzt, wurde in meinem Kindergarten ausgelassen.

★★★☆☆

Besonderheiten: *Joe Ruby und Ken Spears waren Produzenten des Films. Die beiden Herren haben Ende der 1960er die Kult-Animationsserie* Scooby-Doo, Where Are You! *erschaffen. Das erklärt vielleicht auch die Cartoon-ähnliche Qualität des Films. Ruby hat außerdem zusammen mit Regisseur Mark Jones das Drehbuch geschrieben.*
Creative Killing: *Der kleine Rumpi reißt sich in einer Szene selbst den Kopf ab, um mit besagtem Kopf dem höher gewachsenen Polizisten in den Hals beißen zu können.*
Nervige Skeptiker: *Keine.*
Kill Count: *8 (3 off camera)*

SCREAMTIME

UK 1983
Deutscher Titel: SCREAMTIME – DIE UNHEIMLICH VERRÜCKTE VIDEOSTUNDE
Drehbuch und Regie: Michael Armstrong (HEXEN BIS AUFS BLUT GEQUÄLT, THE HAUNTED HOUSE OF HORROR, HOUSE OF THE LONG SHADOWS [nur Drehbuch])
Co-Regie: Stanley A. Long
Coole Tagline: The newest thing in nightmares!
87 Min.

Zwei unsympathische Kleinkriminelle stehlen drei VHS-Videokassetten und gehen zu einer Freundin, um sie sich anzusehen – soweit die Rahmenhandlung dieses Episodenfilms.

In der ersten Geschichte hat die Frau eines Kinderentertainers die Nase gestrichen voll. Sie knallt ihm den Koffer mit seinen Puppen vor die Füße, nennt ihn einen Versager und sagt, er soll seinen Traum endlich aufgeben. Er verdiene mit seinem kleinen Puppentheater nicht genug. Sie und sein Stiefsohn Damien wollen so nicht mehr weiterleben, meint sie. Von Freunden in Kanada gebe es ein Jobangebot für sie beide, und sie werde fix auswandern – mit oder ohne ihm. Der Puppenspieler aber antwortet seiner Frau, dass die Puppen ein Teil von ihm sind, worauf sie ihm entgegnet, er solle sie verbrennen. Dann verarscht ihn auch noch Stiefsohn Damien, der vor einem Jahr die Schule abgeschlossen hat. Der ist aber ein noch größeres Arschloch, als man zuerst glauben mag. Er besucht eine Vorstellung seines Vaters, stört die Aufführung, erklärt ihm, er habe ihn immer gehasst, und zündet danach sein kleines Puppentheater an! Die Frau knallt ihrem Gatten vor den Latz, dass er daran »selber Schuld« sein soll, und wirft dann noch so nebenbei ein, dass er ein schlechter Ehemann sei. Nachvollziehbarerweise wird es ihm zu viel, er steht auf und geht. Sie meint noch, er solle nicht weggehen, wenn sie mit ihm spricht – ein Klassiker der Frauenwelt.

Zum Glück wird Damien beim Gassigehen mit dem Hund mit einem Holzknüppel vermöbelt und es wird so oft auf ihn eingeschlagen, dass er tot liegenbleibt. Die Kamera suggeriert, dass es etwas Kleines war – doch nicht etwa eine Puppe (zwinker, zwinker)? Ein zusätzlicher Hinweis ist die Mordwaffe. In der Punch and Judy-Show verwendet die Punch-Puppe auch sehr gerne einen Holzknüppel. Aber ist sie wirklich der Mörder?

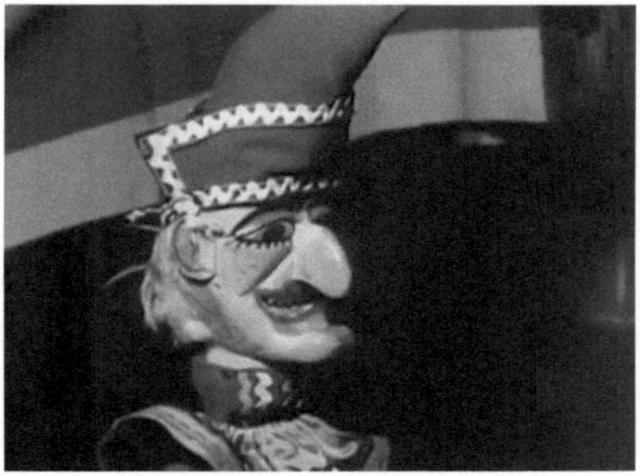

Abb. 446: Das Antlitz des Todes?

Und kann sich der Mörder jetzt bitte auch noch um die nicht viel weniger unausstehliche Gattin kümmern? Bevor die Episode vorbei ist, werden noch drei weitere Menschenleben gefordert, so viel will ich verraten (der Kill Count stimmt trotzdem). Es ist eine ganz nette, kleine Puppenhorrorgeschichte. Was positiv auffällt ist, dass die Kills nicht, wie sonst üblich, schnell erledigt sind. Punch schlägt wieder und wieder zu, bis seine Opfer nach einer langen Knüppelei schließlich ins Jenseits hinübertreten. SCREAMTIME ist somit der Kieslowski unter den Puppenhorrorfilmen. »Cahiers du cinéma empfiehlt: *Ein kurzer Film über eine Mörderpuppe*«.

In der zweiten Geschichte glaubt eine Frau, dass sie Gespenster sieht – einen Mann mit einem Messer und einen blutigen Jungen. Sie holt sich eine Expertin ins Haus, die sie zu beruhigen versucht: »Nothing to be afraid of, you know. Some of my best friends are ghosts.«

Was ich nicht erwartet habe ist, dass es in Episode Numero Drei auch um *tiny terrors* geht – irgendwie: Der junge Mr. Martin folgt einer Zeitungsanzeige, in der zwei übernette, ergraute Damen nach einem Handwerker suchen. Hinter dem Haus findet er eine Armee von Gartenzwergen, die von den Grannys »Feen« genannt werden. Die Feen würden sich um den Garten kümmern und sollen freundlich sein. Sie haben aber auch einen eigenen Sinn für Humor, können böse werden und mögen es, Menschen zu quälen. Martin entdeckt, dass die alten Ladies einen ordentlichen Batzen Geld und Schmuck in einer großen Truhe aufbewahren. Gelegenheit macht Diebe, und so schleicht er sich nachts mit zwei Freunden in das Haus, um die Truhe zu stehlen. Aber die Feen – also die Gartenzwerge – stehen auf einmal statt im Garten versammelt im Haus herum, und plötzlich hüpft ein Liliputaner hervor und greift an.

Diese Geschichte ist wahrlich kein großer Wurf und auch ein wenig lächerlich, aber auch sie vermag es, zu gefallen. SCREAMTIME ist bei Weitem kein Kunstwerk. Machart und Stil des Low-Budget-Werks sind in keiner Sekunde interessant, und es findet sich nicht ein guter Schauspieler. Aber er unterhält insgesamt recht gut. Im Finale der Rahmenhandlung taucht dann Punch lustigerweise nochmal ganz kurz auf.

★★★★☆ (Episode 1)

★★★☆☆ (Episode 3)

★★★☆☆ (SCREAMTIME als Ganzes)

Besonderheiten: *Keine.*
Creative Killing: *Nein.*
Nervige Skeptiker: *Keine.*
Kill Count *(Episode 1): 3*
Kill Count *(Episode 3): 3 (1 off camera)*

Secrets in the Attic

1992
a.k.a. The Dollhouse Murders
Regie: Dianne Haak-Edson
Drehbuch: Marion Nelson, Bernard Wilets
89 Min.

Das junge Mädchen Amy will nicht mehr ständig auf ihre geistig zurückgebliebene Schwester Louann aufpassen, sondern ihr eigenes Leben leben. Ihr wird eine Auszeit gegönnt, und sie darf vorübergehend zu ihrer Tante ziehen. Immer wenn Amy über ihre vor ihrer Geburt verstorbenen Urgroßeltern sprechen will, wechseln ihre Eltern das Thema, und die Tante macht ganz verärgert dasselbe. Also beschließt Amy, in der örtlichen Bibliothek in alten Zeitungen nachzuforschen. Sie erfährt, dass ihre Urgroßeltern nicht, wie behauptet, bei einem Unfall ums Leben kamen, sondern im Haus ihrer Tante ermordet wurden, und dass ihr Mörder bis heute nicht gefunden wurde.

Am Dachboden findet Amy ein Puppenhaus, eine exakte Nachbildung des Hauses ihrer Tante. Nach Erlaubnis der Tante beginnt Amy mit den kleinen Puppen, die den Urgroßeltern nachempfunden sind, zu spielen. Obwohl Amy sie alle am Esstisch platziert hat, liegen plötzlich die Puppen genau so im Haus verteilt wie die Menschen, als sie an jenem Schicksalstag am Tatort gefunden wurden. Mal bewegt sich eine Puppe von selbst, mal weint eine von ihnen, und immer wieder kehren sie wie von Geisterhand in dieselbe Position zurück, was die Tante stark irritiert.

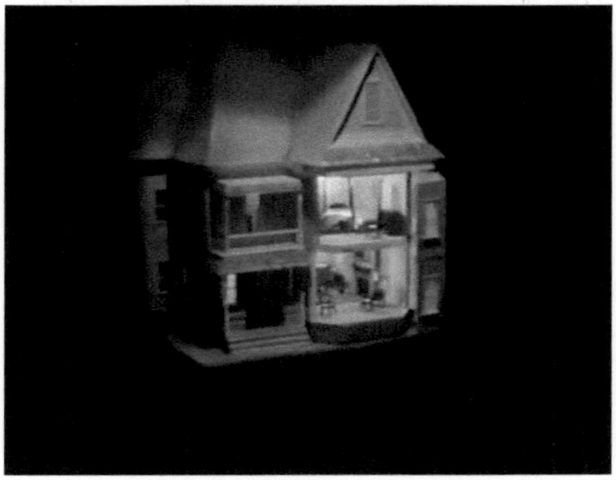

Abb. 447: Keine Massenware aus dem Katalog: Das mysteriöse Puppenhaus.

Amy glaubt, dass die Puppen ihnen etwas sagen wollen. Tatsächlich sind die Puppen keine Bedrohung, sondern es stellt sich heraus, dass sie einer der Hauptfiguren helfen wollen. Wer hat die Urgroßeltern umgebracht? Wird Amys Geburtstagsparty ein Erfolg, obwohl Louann dabei sein muss? Sollen wir Reinhard Mey glauben, dass der Mörder immer der Gärtner sei?

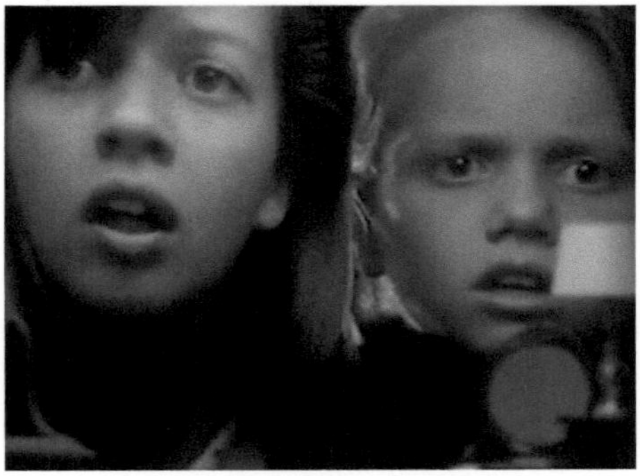

Abb. 448: Kleine Detektive.

Secrets in the Attic wurde anscheinend auch unter dem viel zu reißerischen Titel »The Dollhouse Murders« veröffentlicht, demselben Titel wie das Kinderbuch, auf dem der Film basiert. Es ist einer dieser harmlosen, eher lahmen 90er-Jahre-Fernsehfilme, die nicht wirklich gut und nicht wirklich schlecht sind und einfach so dahinplätschern. Es gibt viel zu viele langweilige, belanglose Dialoge und etliche Szenen, die aus einer billigen, schlechten TV-Soap stammen könnten. Als Horrorfilm ist SECRETS IN THE ATTIC überhaupt nicht zu gebrauchen. Wer sich mit seiner Oma ein kleines Familiendrama mit einem Hauch Mystery ansehen will, kann eventuell zugreifen, wenn man überhaupt eine Fassung dieses raren Werks finden kann. Es kann aber sein, dass sich die Oma beschwert, dass in dem Film nichts passiert.

★★☆☆☆

Besonderheiten: *Fast alle, die an dem Film beteiligt waren, sowohl vor als auch hinter der Kamera, haben sonst an keinem oder sehr wenigen anderen Filmen mitgewirkt. / Der Film ist so unbekannt, dass er nicht mal einen Eintrag in der Online-Filmdatenbank OFDb.de hat.*
Creative Killing: *Nein.*
Nervige Skeptiker: *Tante Claire ist zuerst ungläubig, dass komische Dinge im Puppenhaus passieren, ist dann aber schnell mit an Bord.*
Kill Count: *0*

Seedpeople

1992
Deutsche Titel: Sway / Dark Forest – Aliens des Grauens
Regie: Peter Manoogian (Demonic Toys [Seite 124], Eliminators, Arena)
Drehbuch: Jackson Barr (Subspecies, Trancers II, Bad Channels, Robot Wars)
Coole Tagline: The Root Of All Evil...
81 Min.

Geologe Tom Baines kehrt in seine Heimatstadt Comet Valley zurück, um dort nach Meteoritengestein zu suchen. Bald merkt er, dass einige der Bewohner des beschaulichen Städtchens wie besessen scheinen... oder ausgetauscht.

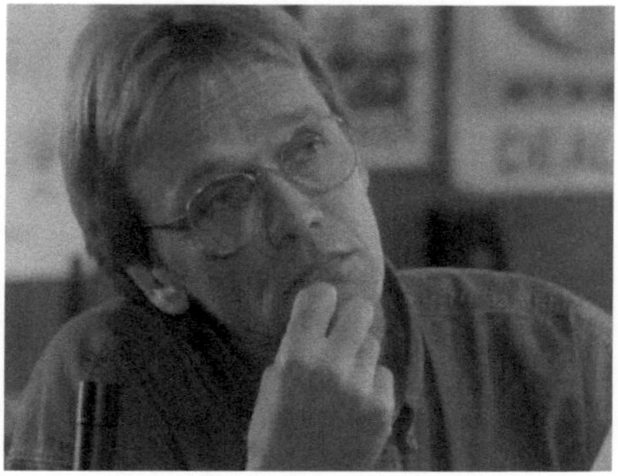

Abb. 449: Unsere Hauptfigur: Der langweilige Biologielehrer, den Du nie ausstehen konntest.

Tom quartiert sich in einem Bed and Breakfast ein, das von seiner Ex-Freundin betrieben wird. Sein ehemaliger Konkurrent um ihr Herz ist mittlerweile Hilfssheriff und ihr Ehemann. Die junge Nichte seiner Ex ist überzeugt, dass ihre Haushälterin ein Monster ist. Um ein Beweisvideo zu drehen, schleicht sie sich in den örtlichen Wald, wo merkwürdige Dinge vor sich gehen. Bald ist auch Tom auf ihrer Seite, der eine ungewöhnliche Samenschale untersucht und nebenbei mit seiner Ex anbandeln will.

In den Bäumen haben sich eigenartige Pflanzen gebildet, die Leute anspucken und in Zombies verwandeln. Wer sich jetzt nicht an die Invasion of the Body Snatchers-Filme erinnert fühlt, der hat sich eindeutig zu wenig mit Horrorfilmgeschichte befasst. Die besessenen Menschen gehen herum, wechseln ab und zu in ihre Monsterform, rollen wie große Critter-Bälle am Boden herum, oder fliegen durch die Luft. Gemeinsam mit einem ortsbekannten Exzentriker kämpfen Tom und seine Ex gegen die schleichende

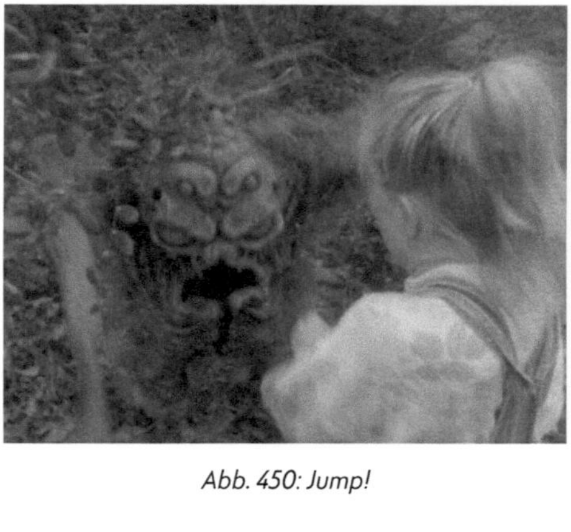

Abb. 450: Jump!

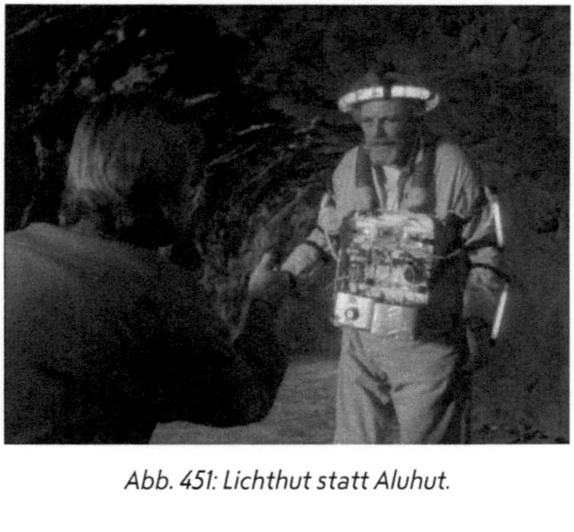

Abb. 451: Lichthut statt Aluhut.

Invasion. Was kann die Alienpflanzenmenscheninvasion aufhalten – Unkrautvernichtungsmittel? Ultraviolettes Licht?

SEEDPEOPLE macht zwar nichts wirklich falsch, und es gibt noch langweiligere Filme in diesem Buch, aber es ist einfach ein viel zu schwungloser, gewöhnlicher, einfallsloser und somit unwichtiger Beitrag zum Kleine-Monster-Horrorgenre. Nix chef, nix def, alles Routine.

★★☆☆☆

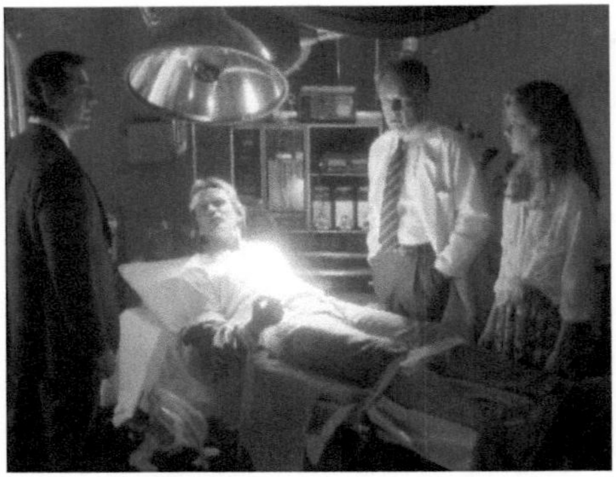

Abb. 452: Warum glaubt mir keiner? Habt ihr keinen BODY SNATCHERS-Film gesehen? Nicht mal den mit Nicole Kidman?

Besonderheiten: *SEEDPEOPLE wurde gleich im Anschluss an den weitaus besseren DEMONIC TOYS schnell und billig gedreht. Die negativen Reaktionen auf den Film machten die Pläne einer potentiell besseren Fortsetzung zunichte, in dem die Pflanzenmenschen ein abgelegenes Krankenhaus hätten attackieren sollen.*
Creative Killing: *Nein.*
Nervige Skeptiker: *Toms Ex will nicht wahrhaben, dass Monster im Wald leben, obwohl ihre Nichte und auch Tom darauf bestehen und sogar einen Videobeleg liefern.*
Kill Count: *5 (1 off camera)*

SEVERED TIES

1992
Deutscher Titel: THE THING – GENE AUSSER KONTROLLE
Regie: Damon Santostefano (A CINDERELLA STORY: ONCE UPON A SONG, ANOTHER CINDERELLA STORY, THREE TO TANGO, BRING IT ON AGAIN)
Drehbuch: John Brancato und Michael Ferris ([immer gemeinsam:] THE GAME, TERMINATOR 3: RISE OF THE MACHINES, TERMINATOR SALVATION, THE NET, THE UNBORN [Seite 417], SURROGATES, CATWOMAN, PRIMEVAL, THE HUNTER'S PRAYER, MINDWARP), John Nystrom
Nennenswerter Cast: Oliver Reed (THE BROOD, THE THREE MUSKETEERS [1973], THE FOUR MUSKETEERS, LION OF THE DESERT, THE DEVILS, BURNT OFFERINGS, TOMMY, GLADIATOR, THE ADVENTURES OF BARON MUNCHAUSEN, OLIVER!, WOMEN IN LOVE, THE CURSE OF THE WEREWOLF, TREASURE ISLAND [1990], CONDORMAN, CASTAWAY, THE HUNTING PARTY, VENOM), Elke Sommer (A SHOT IN THE DARK, THE PRIZE, LISA E IL DIAVOLO [DER TEUFLISCHE / LISA UND DER TEUFEL], GLI ORRORI DEL CASTELLO DI NORIMBERGA [BARON BLOOD], THE WRECKING CREW, CARRY ON BEHIND, UNTER GEIERN, DEADLIER THAN THE MALE), Garrett Morris (*Saturday Night Life*, THE STUFF, *2 Broke Girls*, SANTA WITH MUSCLES, COOLEY HIGH)
95 Min.

Ein energischer Forscher, der auf den klingenden Namen Harrison Harrison hört, steht kurz vor einer medizinischen Sensation: Mithilfe der DNA von Eidechsen, denen bekanntlich der Schwanz nachwachsen kann[68], will er Krebspatienten heilen sowie Leute, denen ein Arm oder Bein abhanden gekommen ist.

Harrisons vornehme, dominante Mutter Helena (Elke Sommer) hat einen deutschen Akzent und jahrelang seine Forschungen finanziert – allerdings aus purem Eigeninteresse, wie wir sofort erahnen. Harrison hat mit den Forschungen dort fortgesetzt, wo sein Vater aufgehört hat. Diesen hat Helena indirekt auf dem Gewissen, aber im Gegensatz zum Sohnemann hatte der Gatte ohnehin nicht so funktioniert, wie sie wollte.

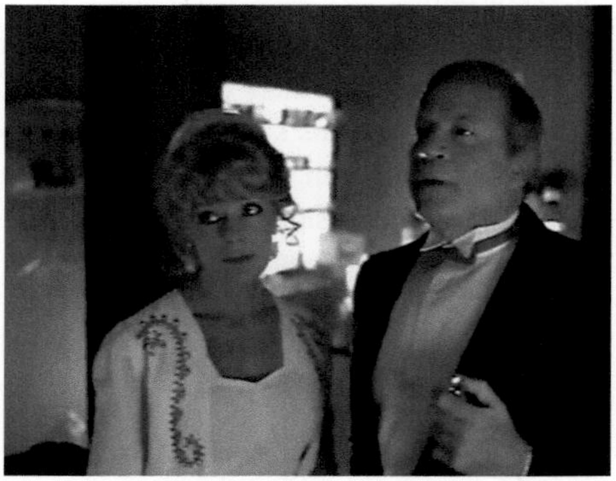
Abb. 453: Helena und Hans erwarten Ergebnisse.

Als Harrison endlich mit seinem neuesten, verbesserten Plasma den Durchbruch schafft, nehmen ihm Helena und ihr fast ebenso gemeiner Lebensgefährte Hans (Oliver Reed) das Labor sofort weg. Scheiß auf die Krebskranken und die gliedmaßentechnisch Unterbestückten – die zwei geldgierigen Mensch-Monster wollen Harrisons Erfindung lieber an das Unternehmen verkaufen, das chemische Kriegsführung quasi erfunden und Zyklon B für die Nazis hergestellt hat. »Zyklon B non olet«, wie der Lateiner sagt.

Da Harrison aber offenbar einer von diesen Weltretter-Gutmenschen ist und kein Freund von Tod und Massenvernichtung, kommt es zu einem Streit mit der Mutter und einem Handgemenge mit Hans. Wie auch sein Vater wird Harrison Opfer eines Laborunfalls, der durch eine familiäre Auseinanderset-

[68] Ob es wohl soziologisch-biologische Studien zum Schwanzregenerationsneid im Tierreich gibt?

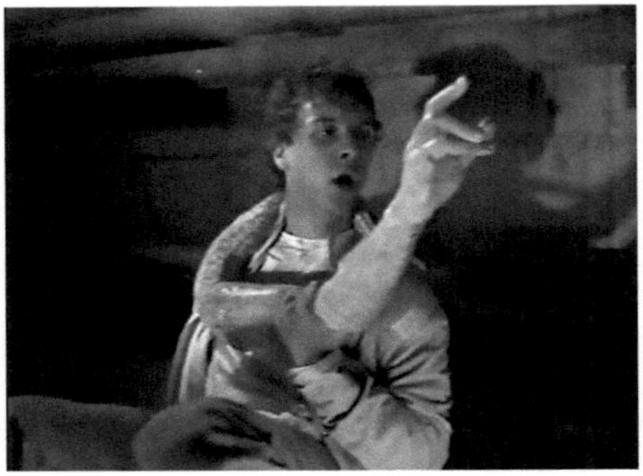

Abb. 454: Hoppla!

zung ausgelöst wurde. Er verliert dabei aber nicht sein Leben, sondern nur seinen rechten Arm. Praktisch, dass Harrison gerade ein genau für so einen Fall gedachtes, neues Serum dabei hat! Er flieht vor Helena und Hans und versteckt sich in einer schäbigen Gegend der Stadt.

Als er sich dort das Plasma injiziert, wächst ihm ein Mutantenarm, der aber blöderweise einen eigenen Willen hat und von Harrisons Körper abspringen kann. Ganz perfekt war das Plasma also anscheinend doch nicht. Zum einen war zu viel Eidechsen-DNA in der Mischung, auch hätte er vielleicht doch nicht die DNA eines Serienkillers dazumischen sollen. Aber das gab's wahrscheinlich billiger. Harrison meint, sein rechter Arm sei »part lizard, part psycho, part me«.

Der junge Ex-Forscher trifft auf den Obdachlosen Stripes (Garrett Morris), dessen Interesse an dem Plasmafläschchen so weit reicht, dass er es Harrison einfach wegnimmt. Die beiden begeben sich zu Stripes' Unterschlupf, wo sich etliche andere Sandler zusammengetan haben. Nachdem die Mutantenhand den selbsternannten religiösen Anführer der Untergrundgruppe getötet hat, wird Harrison von ihnen gefeiert. Daraufhin verspricht er, dass er ihnen mit seinem Plasma gegen ihre Leiden helfen kann. Er deutet sogar an, sie in Supermenschen verwandeln zu können (was aber leider nicht passieren wird). So verbünden sie sich und Harrison schwört sie auf Rache gegen seine Mutter und Hans ein.

Harrison baut in der Kanalisation mit schlichten Mitteln ein Labor, um neues Plasma herstellen zu können. Seine Hand hilft ihm zunächst, wendet sie später aber gegen ihn. Helena und Hans sind fuchsteufelswild, denn es gelingt ihnen nicht, Harrisons Formel zu reproduzieren. Die zwei können Harrison in der Kanalisation tatsächlich aufstöbern, stehlen sein Plasma und entführen gleich noch seine hübsche neue Freundin, die er auch da unten in den Abwassersystem kennengelernt hat (eh klar).

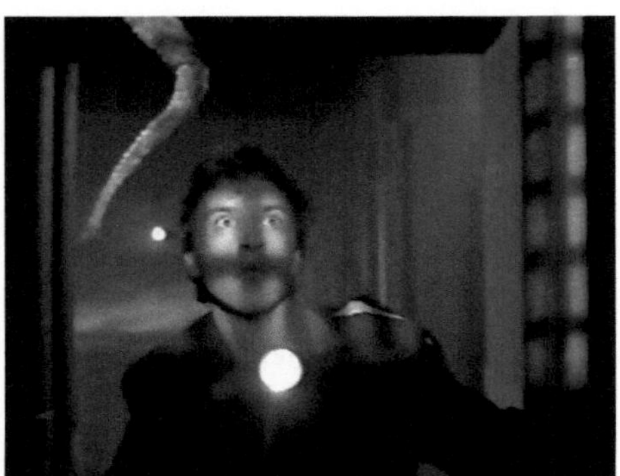

Abb. 455: Hinter dir!

Harrison erschafft in seinem dreckigen Impro-Labor mehrere Killerarme, die ihm bei seinem Racheplan helfen sollen. Der gewaltsame Konflikt spitzt sich weiter zu und nimmt immer merkwürdigere Formen an. Wer ein Happy End erwartet, wird leider enttäuscht werden. Dafür sind wir Schund-Aficionados fast den ganzen Film über ziemlich happy.

Severed Ties ist ein ziemlich bizarrer, grausiger und unterhaltsamer Trashfilm mit viel

Gore, der es schafft, selbst in diesem freakigen Subgenre herauszustechen. Er kommt ein wenig wie eine schwarzhumorige Körperhorror-Satire daher und fühlt sich in etwa wie ein etwas schwächerer, trashigerer Brian Yuzna (SOCIETY, BRIDE OF RE-ANIMATOR, RETURN OF THE LIVING DEAD III)-Film an. SEVERED TIES ist ein B-Film mit einer Extraportion »B«, für die wirklich Hungrigen – kein B-Kinderteller. »B satt«, wie man in Deutschland auch sagen könnte.

★★★☆☆

Besonderheiten: *Der letzte von drei Filmen, die von Fangoria Films produziert wurden, einem kurzlebigen Tochterunternehmen des bekannten amerikanischen Horrorfilmmagazins Fangoria. Die beiden anderen heißen CHILDREN OF THE NIGHT (1991) und MINDWARP (1992).*
Creative Killing: *In diesem Buch sind Killerarme keine Seltenheit.*
Nervige Skeptiker: *Keine.*
Kill Count: *4*

Shake Rattle and Roll 12

Philippinen 2011
Regie (Mamanyiika): Zoren Legaspi
Drehbuch (Mamanyiika): Aloy Adlawang, Maribel Ilag
124 Min.

Shake Rattle & Roll ist eine (bislang) 15-teilige Reihe von philippinischen Horror-Episodenfilmen. Warum hat es bis Teil 12 gedauert, bis endlich eine Puppengeschichte vorkommt – wissen die Filipinos nicht, was gut ist? Der Film besteht aus drei Geschichten zu je etwa 40 Minuten. Die erste heißt »Mamanyiika«, was man laut Wikipedia mit »Mutterpuppe« übersetzen kann.

Darin zankt sich die Mama im Auto mit dem Papa, weil der eine Affäre hat. Tochter Ara und ihre kleine Schwester Abi(gail) sitzen hinten drin und müssen zuhören. Mama hat genug, steigt im nächtlichen Regen aus dem Wagen und streitet dort weiter laut mit Papa. Ein kleiner Schubser und der Vater wird von einem vorbeifahrenden Auto erfasst. Die Mutter schaut geschockt und wird dann selber vom nächsten Auto auch noch niedergefahren. Warum hupt dieses heranfahrende Auto nur und bremst nicht? Ich glaube, auf den Philippinen geht es einfach härter zu, man muss sich nur diese ganzen Ninja-Filme von denen ansehen. Also wahrscheinlich dachten sich die zwei Fahrer: »Selber schuld« und sind weitergerast.

Die Mutter stirbt und der Vater landet im Rollstuhl. Bei einem Friedhofsbesuch findet Abi im Erdhaufen eines Grabes eine Puppe, die nach ihr schreit. Zu Hause vertraut sich die Kleine dem Spielzeug an und seufzt, dass ihr ihre Mutter abgeht, worauf dieses den Kopf bewegt und antwortet: »Mama's here.« Die Puppe spricht immer wieder zu Abi, sagt, dass sie sie liebt, und bietet sich als Ersatzmutter an.

Ara ist sofort misstrauisch und wird beim Baden im Pool von der Puppe attackiert. Später attackiert Ara vor den Augen ihrer weinenden Schwester wiederum die Puppe, denn sie ist überzeugt, dass sie ein böser Killer ist. Ist es wirklich die verstorbene Mama, die aus dem Spielzeug spricht, oder ist der Geist einer verrückten Frau in die Puppe übertragen worden? Kann sich die bereits dezimierte Familie gegen die Puppe wehren, um nicht weiter dezimiert zu werden?

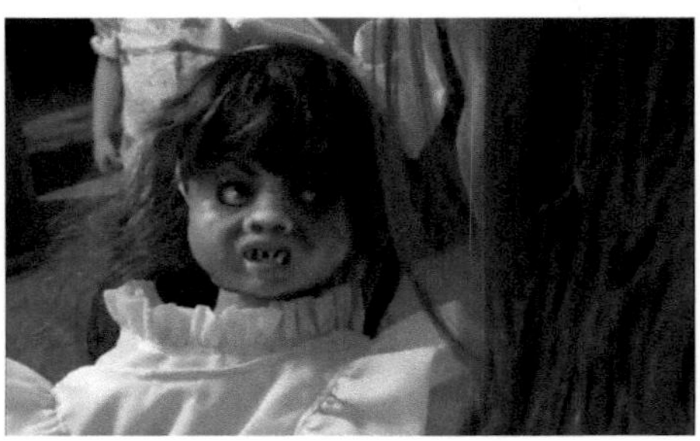

Abb. 456: Mama, bist du's?

Mamanyiika hat eine gute Kinderschauspielerin und ein paar nette Effekte. Für die aufwendigeren Aufnahmen wird die Puppe sehr oft von einem kleinen Mädchen mit Horror-Make-up gespielt, die mit ihren spitzen Zähnen schön fürchterlich aussieht und ein schauriges Lachen drauf hat. Bei dem ganzen Flennen und Schreien glaubt man manchmal, man sei bei einer TV-Soap. Die Ereignisse sind freilich komplett unoriginell, ansonsten ist es eine einfache aber solide, verhältnismäßig temporeiche kleine Geschichte.

In der zweiten Episode will ein Dämon eine von drei Freundinnen in seinen Bann ziehen, die auf seiner Insel Urlaub machen. Hier kommen übrigens auch kurz *tiny terrors* vor, in Form von menschenähnlichen Libellen, den Gehilfen des Dämons.

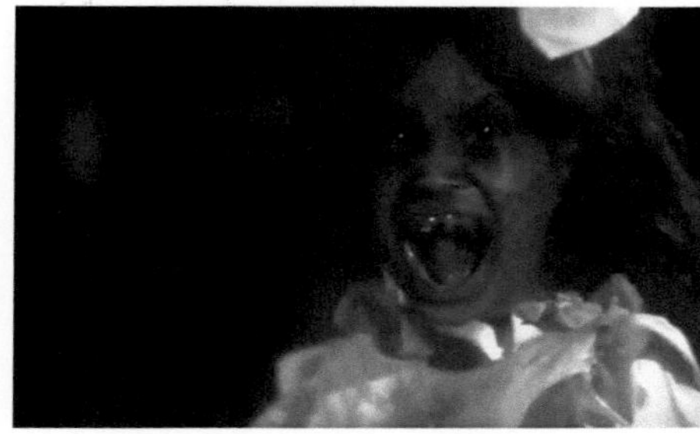

Abb. 457: RAWR!

In der dritten Story soll eine Lehrerin Kindern Privatunterricht geben, und die Bewohner des Hauses stellen sich blöderweise als Vampire heraus. Die Frage ist also: Lieber pfählen oder verbrennen?

★★★☆☆ (Mamanyiika)

★★★☆☆ (SHAKE RATTLE AND ROLL 12 als Ganzes)

Besonderheiten: *Keine.*
Creative Killing: *Nein.*
Nervige Skeptiker: *Nicht wirklich.*
Kill Count *(Mamanyiika): 4*

SHIVERS

Kanada 1975
Deutscher Titel: PARASITEN-MÖRDER
Drehbuch und Regie: David Cronenberg (RABID, THE BROOD, SCANNERS, VIDEODROME, THE FLY, DEAD RINGERS, NAKED LUNCH, CRASH, EXISTENZ, COSMOPOLIS)
Nennenswerter Cast: Barbara Steele (LA MASCHERA DEL DEMONIO [DIE STUNDE WENN DRACULA KOMMT], PIT AND THE PENDULUM [1961], 8 ½, PIRANHA), die unglaublich attraktive Lynn Lowry (THE CRAZIES [1973], SCORE)
Coole Tagline: Going MAD is just the beginning... / T-E-R-R-O-R Beyond the Power of Priest or Science to Exorcise!
87 Min.

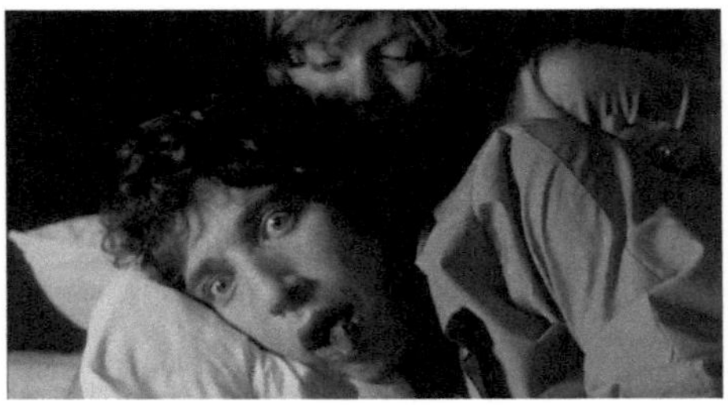

Abb. 458: Horror im Bett.

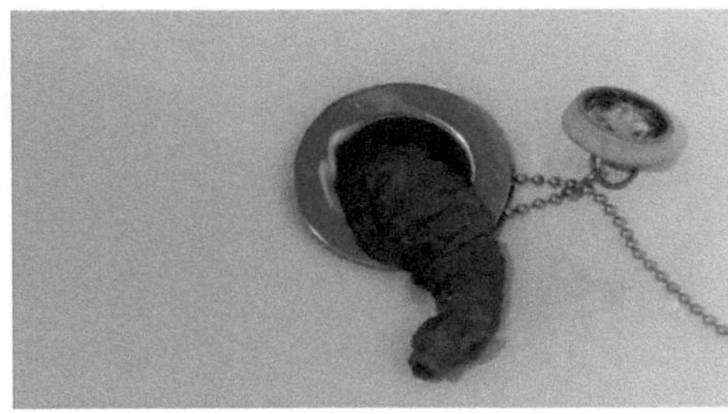

Abb. 459: Horror in der Badewanne.

Dass der menschliche Forschungsdrang irgendwann unseren Untergang einläutet, ist nicht so unwahrscheinlich. In SHIVERS geschieht das nicht durch so etwas wie eine Superbombe, sondern durch ein medizinisches Experiment: In einem supermodernen Gebäudekomplex auf einer abgelegenen Insel wollte ein eigenwilliger Forscher einen benevolenten Parasiten erschaffen, der dem menschlichen Körper helfen und ihn heilen soll. Der Versuch schlug fehlt, woraufhin der Forscher das 19-jährige Mädchen tötet, dass sein Versuchskaninchen war, und sich danach selbst richtet.

Der Parasit ist sexuell übertragbar, und blöderweise war das Mädchen horizontal sehr aktiv. Mehrere Männer in dem Apartmenthaus tragen den Parasiten in sich, der sich zu einer Art Riesenschnecke entwickelt und ab und zu Auslauf braucht. Er verwandelt seine Wirte in Sexbesessene, die keine Kontrolle mehr über sich haben.

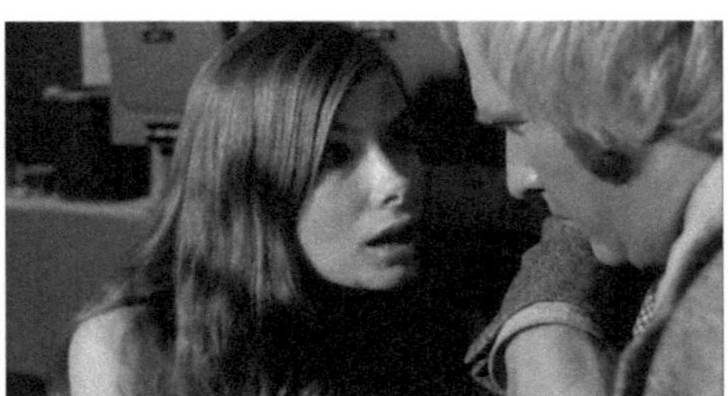

Abb. 460: Lynn Lowry hat übernatürlichen Hunger auf Sex. Gut so.

Vage Filmtitel (wie eben »Shivers«) werden als stilvoller empfunden, aber ich fände »Angriff der hungrigen Sex-Zombies« besser. Als sich das ganze Apartmenthaus in eine riesige Orgie verwandelt, habe ich mich an ein oder zwei Stellen wie bei einem wilden Monthy-Python-Sketch gefühlt. Ansonsten ist SHIVERS ist ein toller *slow burner* – ein stylischer, blutiger

Schocker, dem Spannungsaufbau und das Kreieren einer unheilvollen Stimmung sehr gut gelingen. Ein frühes Werk von Cronenberg, dem Mann, den man sofort mit dem Subgenre »Body Horror« in Verbindung bringt.

★★★★☆

Besonderheiten: *Sexuell übertragbare* tiny terrors, *die in und aus Menschen kriechen.*
Creative Killing: *Nein.*
Nervige Skeptiker: *Keine.*
Kill Count: *5*

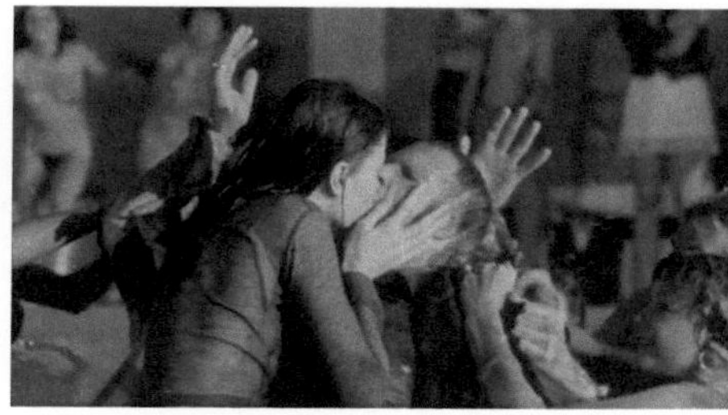

Abb. 461: The Ministry of Silly Sex?

Shrunken Heads

1994
Regie: Richard Elfman (Forbidden Zone, Modern Vampires)
Drehbuch: Matthew Bright (Freeway, Freeway II: Confessions of a Trickbaby, Ted Bundy, Guncrazy, Modern Vampires, Dark Angel: The Ascent)
Nennenswerter Cast: Meg Foster (They Live, Masters of the Universe, Stepfather II, Jeepers Creepers 3, The Emerald Forest), Julius Harris (Dr. Kanangas rechte Hand in Live and Let Die)
86 Min.

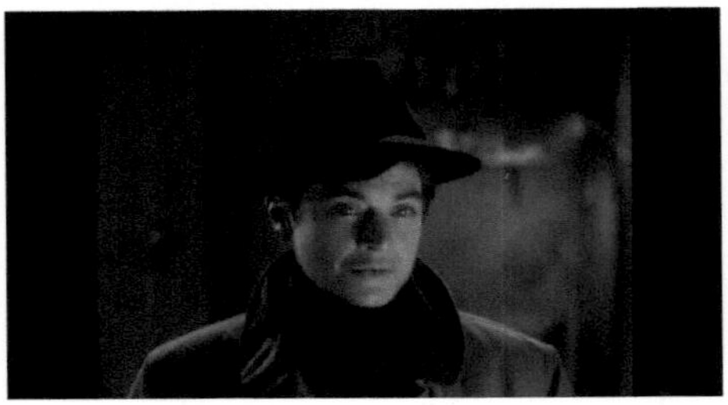

Abb. 462: Meg Foster als Big Moe.

Tommy und seine Freunde Bill und Freddy sind drei junge Teenager, die riesige Comicfans sind und im gleichen Stadtviertel wohnen. Das Leben dort könnte ganz angenehm sein, vor allem weil der geheimnisvolle Mr. Sumatra (Julius Harris) in seinem Straßenkiosk immer coole Bilderheftchen auf Lager hat und nett zu ihnen ist. Doch eine Jugendbande – ganz typisch mit Lederjacken und Auto – schikaniert die drei Nerds immer wieder zum Spaß. Vinnie (eh klar, ein Italoamerikaner) ist der Anführer der Dreierbande und arbeitet für den burschikosen, weiblichen Gangsterboss Big Moe (eine großartige Meg Foster), einem feuchten Camp-Traum, der aus einem von Sumatras Comics entsprungen sein könnte.

Tommy, der fast so furchtlos und gerechtigkeitsfanatisch ist wie die Helden seiner Heftchen, filmt Vinnies Bande bei einem Diebstahl und stiehlt Big Moes Wettscheine. Genug ist genug – Big Moe befiehlt ihrem Protegé Vinnie, er soll die kleinen Gegner zur Strecke bringen. In einer Szene, die Scorsese auch nicht besser hinbekommen hätte, werden die drei jungen Freunde auf offener Straße von Vinnie und seinen zwei Kumpanen über den Haufen geschossen. Dabei hätten sich Tommy und seine süße Kindergartenfreundin Sally gerade ineinander verliebt. Moe ist nach der Aktion so stolz auf Vinnie, dass sie ihm die Verantwortung für das Schutzgeldeintreiben in ihrem Wohnviertel übergibt.

Die Handlanger machen sich an die Arbeit, nur vor dem unheimlich wirkenden Kioskbesitzer Mr. Sumatra haben sie zu viel Angst. Was niemand weiß: Sumatra war in seiner Heimat auf der Insel Haiti nicht nur Polizist, sondern auch Magier und Voodooexperte, der Übeltäter auf seine Art und Weise entfernte. Sumatra schleicht sich nach der Totenwache zu den Särgen von Tommy, Bill und Freddy und schneidet ihnen mit einer Säge die Köpfe ab. Zuhause angekommen, wirft er die Köpfe zusammen mit einer toten Streunerkatze in einen riesigen Hexenkessel. Nach einer gewissen Zeit und mit ein wenig Zauber erweckt er die drei Schrumpfköpfe zum Leben, die fortan nur noch in kurzen Sätzen sprechen und Sumatra ihren Meister nennen.

Ein Jahr lang trainiert der Voodoomann die drei kleinen Köpfe für ihre Rache. Sie können fliegen und lernen eine spezielle Fähigkeit: Tommy kann Elektroschocks austeilen,

Bill beißt sich in seine Gegner wie ein Vampir und Freddy benutzt ein Klappmesser, das er in seinem Mund trägt. Die drei Freunde verlieren offenbar zunehmend ihre Menschlichkeit, was sich vor allem in ihrer leblosen Sprache äußert. Tommys Seele scheint aber noch intakt zu sein, denn er trifft sich wieder mit Sally. Nach einem Schock und einer kurzen Eingewöhnungsphase lässt sie ihn sogar an ihre jungfräulichen, 15-jährigen Brüste ran.

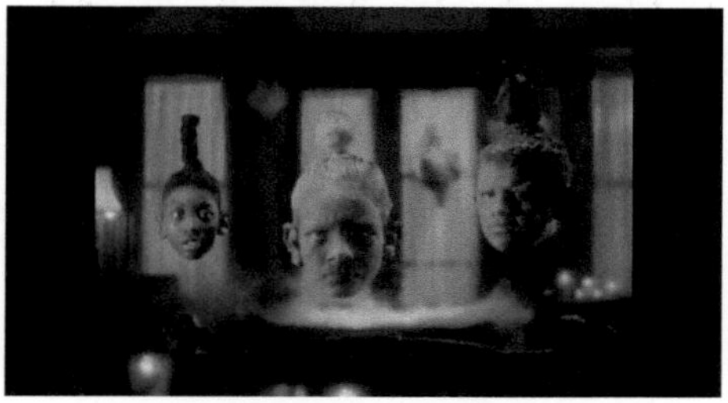

Abb. 463: Not the heroes we deserve, but the heroes we need.

Wie es sich für Comichelden gehört, sagen die drei Schrumpfköpfe dem Gesocks den Kampf an. Zu einer Straßenratte sagen sie sogar im Dirty Harry-Stil »Make our day«. Was Sumatra mit Tommy gemeinsam hat, ist sein strenger Gerechtigkeitssinn. Der alte Magier ist offensichtlich ganz in seinem Element: Er räumt mit dem Gesindel der Straße auf – Haiti Style. Die Opfer der kleinen Killerköpfe sterben allerdings nicht gleich, sondern erst nach einer gewissen Zeit. Zuerst werden sie interessanterweise zu müllsammelnden, Graffiti-säubernden Zombies. Das ist ja mal ein Ding! Man stelle sich vor, zum Tode Verurteile wären gezwungen, noch ein paar Wochen lang gemeinnützige Arbeit zu verrichten und dann »zack« sind sie weg. Im Actionfinale greifen Sumatra, Sally und die Köpfe dann Big Moe, Vinnie und deren Anhänger an, und es kommt zu einer Verfolgungsjagd.

Okay, den meisten Genrefans wird SHRUNKEN HEADS wohl zu kindisch sein, und den Gorehounds unter Euch ist er sicher zu zahm. Ich finde aber, dass der Film ein ziemlicher Brüller ist. Er zeigt, was Full Moon Besonderes schaffen konnte, wenn sie nur ein klein wenig Geld zur Verfügung hatten: Einen herrlich schrägen, unterhaltsamen, gruseligen und brutalen Film, der Voodoo, Gangsterkitsch, urbane Selbstjustiz, Zombies, eine Lovestory und noch mehr vereint. Und das alles für einen Betrag, der wahrscheinlich dem Catering-Budget eines mittelgroßen Hollywoodfilms nahekommt.

Wenn man ein bisschen gemein ist, könnte man sagen, SHRUNKEN HEADS ist wie Tim Burton auf billig. Der Eindruck verstärkt sich noch, da der Bruder des Regisseurs – Star-Komponist und Burton *go-to-guy* Danny Elfman! – für den Vorspann eine Elfman-typische Titelmelodie abgeliefert hat. Für den Rest des Films hat Charles Bands Bruder Richard einen ebenso tollen Soundtrack komponiert, mit Jazzmusik, die klingt wie aus einem alten Gangsterfilm.

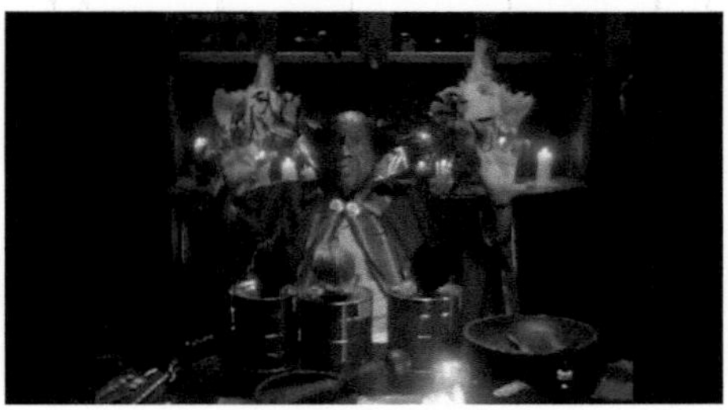

Abb. 464: Sumatra.

Im Grunde ist SHRUNKEN HEADS ein Kinderfilm mit Horror und einem R-Rating. Vielleicht fand er deshalb nie ein größeres Publikum und ist selbst unter Full Moon-Fans bei weitem kein Favorit. In Deutschland hätten ihn die Verleiher, finde ich, »Die Rache der fliegenden Schrumpfköpfe« nennen sollen, um den tollen Camp-Ton des Films einzufangen.

★★★★☆

Besonderheiten: *Hier sind die* tiny terrors *unsere Helden.*
Creative Killing: *Von einem fliegenden Kopf mit einem Rasiermesser den Hals aufgeschlitzt.*
Nervige Skeptiker: *Keine.*
Kill Count: *10 (3 off camera)*

Silent Night, Deadly Night 5: The Toy Maker

1991
Deutscher Titel: Toys – Tödliches Spielzeug
Regie: Martin Kitrosser
Drehbuch: Martin Kitrosser, Brian Yuzna
Nennenswerter Cast: Mickey Rooney (Babes on Broadway, Babes in Arms, The Black Stallion, Boys Town, Revenge of the Red Baron [Seite 347])
86 Min.

Seit er mitansehen musste, wie sein Vater durch einen Spielzeugball unbekannter Herkunft einen grausamen Tod fand, ist der kleine Derek stumm. Noch mehr tödliches Spielzeug ist im Umlauf, aber woher kommt es? Da wären der alte Spielwarenverkäufer Joe Petto (Mickey Rooney), sein Sohn Pino (na, klingelt's?[69]) sowie ein mysteriöser Fremder, die es scheinbar alle aus irgendeinem Grund auf Derek abgesehen haben. Mehr braucht man zu der Thrillerhandlung nicht wissen.

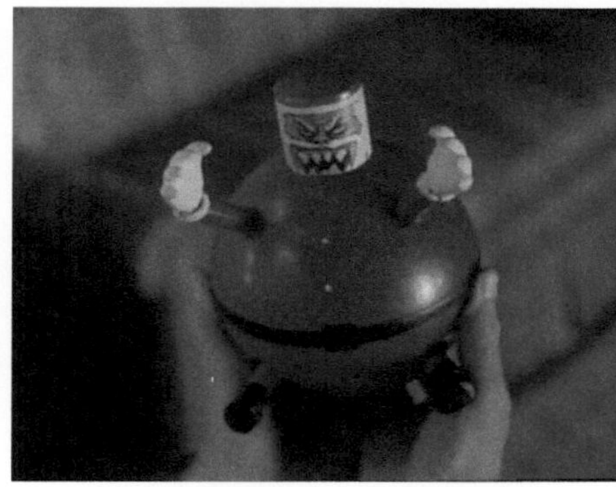

Abb. 465: Die Santa-Kugel hat in den Attacke-Modus gewechselt.

The Toy Maker hat nicht besonders viel Action und Kills und auch sonst nicht viel zu bieten, dafür aber einige spaßige Szenen mit attackierendem Spielzeug. Was man dem eher vor sich dahinplätschernden Film vielleicht noch zugute halten kann, ist, dass man wirklich erst am Ende eine Antwort auf die Fragen »Wer?« und vor allem »Warum?« bekommt. Ein humanoider Killerroboter tritt im Finale überraschend als tragische Figur auf – 1991 war ja bekanntlich Terminator 2: Judgment Day der Megaevent-Film schlechthin. Und immerhin ist er sicher der weltweit einzige Film, in dem eine Babysitterin von Spielzeugsoldaten und einem Spielzeugpanzer angeschossen wird. The Toy Maker hat übrigens mit den ersten vier Silent Night, Deadly Night-Filmen, die man auch nicht unbedingt sehen muss, nichts zu tun.

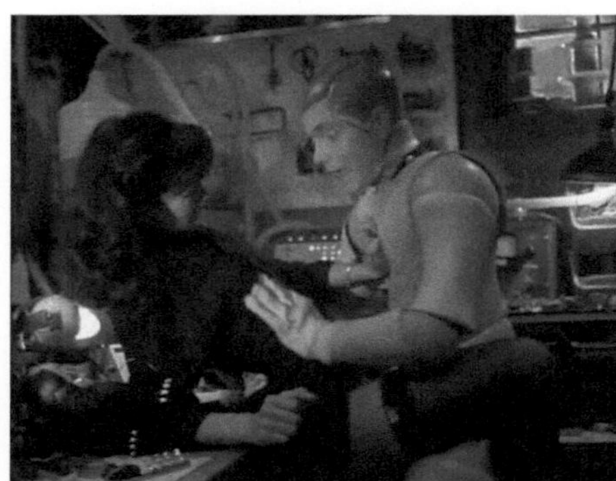

Abb. 466: Robo-rape? Nein danke. Der menschengroße Spielzeugroboter ist aber untenrum wie die Ken-Puppe gebaut, von daher...

Es hat etwas Lustiges und gleichzeitig Trauriges, Mickey Rooney hier zuzusehen: Einem Mann, der sich in jüngeren Jahren mit Musicals an der Seite von Judy Garland in

[69] Tipp: Geppetto und Pinocchio!

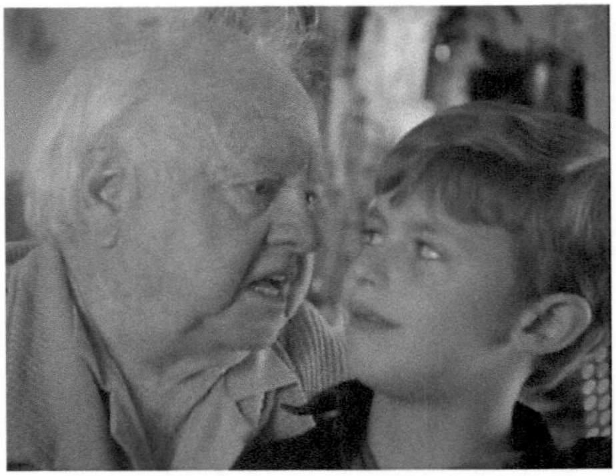

Abb. 467: Hey Mr. Rooney, bitte den Diskretionsabstand bewahren, vor allem mit deiner Alk-Fahne.

die Herzen der Amerikaner spielte und hier für einen trashigen Film über Killerspielzeug herhalten muss. Ein paar Jahre später wirkt Rooney als halbseniler Opa von Tobey Maguire in einem fast ebenso miesen, aber zumindest familientauglicheren Film mit: REVENGE OF THE RED BARON (1994, *Seite 347*).

★★☆☆☆

Besonderheiten: *Schauspiellegende Mickey Rooney, der immerhin einen Oscar für sein Lebenswerk bekam, spielt den trunksüchtigen Spielwarenverkäufer Joe Petto. Möglicherweise hat sich Rooney den Film und den Status seiner Karriere schöngesoffen und Pettos Alkoholismus wurde nachträglich in den Film eingebaut.*
Creative Killing: *Eine Spielzeuglarve, die sich durch den Schädel eines Mannes frisst.*
Nervige Skeptiker: *Keine.*
Kill Count: *4*

THE SKULL

UK 1965
Deutscher Titel: DER SCHÄDEL DES MARQUIS DE SADE
Regie: Freddie Francis (TALES FROM THE CRYPT, THE DAY OF THE TRIFFIDS, DRACULA HAS RISEN FROM THE GRAVE, DR. TERROR'S HOUSE OF HORRORS [Seite 152], THE EVIL OF FRANKENSTEIN, THE CREEPING FLESH)
Drehbuch: Milton Subotsky (TALES FROM THE CRYPT, DR. TERROR'S HOUSE OF HORRORS [Seite 152], THE VAULT OF HORROR, AT THE EARTH'S CORE, DR. WHO AND THE DALEKS)
Nennenswerter Cast: Peter Cushing (DRACULA [1958], THE HOUND OF THE BASKERVILLES [1959], THE CURSE OF FRANKENSTEIN, HORROR EXPRESS, THE MUMMY [1959]), Christopher Lee (THE LORD OF THE RINGS-Trilogie, STAR WARS: EPISODE II – ATTACK OF THE CLONES, THE WICKER MAN, THE MAN WITH THE GOLDEN GUN, DRACULA [1958], THE HOUND OF THE BASKERVILLES [1959], THE MUMMY [1959], Fu Manchu in den FU MANCHU-Filmen der 1960er)
83 Min.

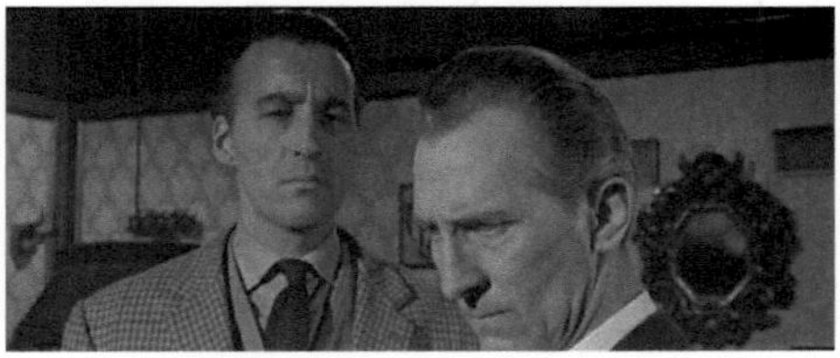

Abb. 468: Zwei Legenden in einem ihrer Nicht-Vorzeigewerke.

Christopher Maitland (Peter Cushing) ist Sammler von okkulten Gegenständen und Autor. Von einem zwielichtigen Mann, der ihm immer wieder Material für seine Studienzwecke liefert, erhält Maitland für viel Geld einen Totenkopf. Wie es der deutsche Titel bereits verrät, gehörte dieser dem Marquis de Sade, dem legendären unzüchtigen Bürgerschreck, der dem Sadismus seinen Namen gab. Einst hat ein Forscher den Totenkopf aus dessen Grab entfernt und ist danach, wie auch seine Geliebte, umgekommen.

Sir Philipps (Christopher Lee in einer Nebenrolle) war bis vor Kurzem im Besitz des Totenkopfs und warnt seinen Freund Maitland: Der Marquis de Sade war von einem bösen Geist besessen, der noch heute in seinem Totenkopf haust. Maitland aber nimmt den Schädel in seine Sammlung auf und stürzt sich so in sein Verderben, denn auch er wird von dem bösen Geist besessen.

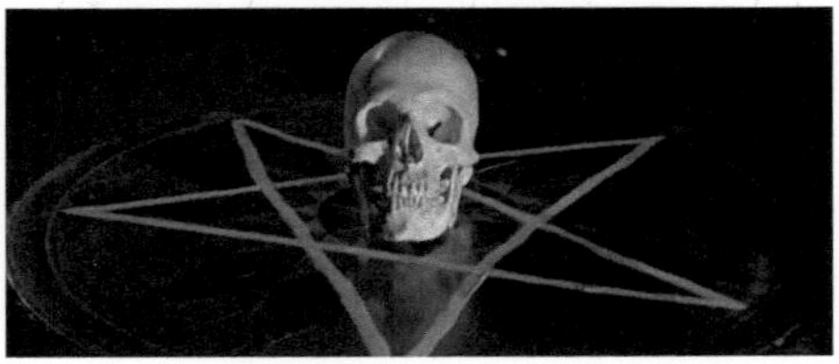

Abb. 469: Buhuhuhuuuu!

Diese vernachlässigbare und unspektakuläre kleine Geschichte stammt aus dem Hause Amicus (ASYLUM [*Seite 27*], TALES FROM THE CRYPT, DR. TERROR'S HOUSE OF HORRORS [*Seite 152*]). Es gibt nicht viel *tiny horror*, außer dass ab und zu ein Totenkopf von selber durch die Luft fliegt und Peter Cushing in seinen Bann zieht. Besondere Effekte erwartet man sich bei einer alten britischen Schauergeschichte ohnehin nicht, aber THE SKULL ist leider viel zu nüchtern und langweilig und schafft es nicht einmal, eine gruselige Stimmung oder interessante Handlung aufzubauen. Einzig eine gelungene Traumszene kann man neben dem stets verlässlichen Peter Cushing positiv erwähnen.

★★☆☆☆

Besonderheiten: *Keine*
Creative Killing: *Nein.*
Nervige Skeptiker: *Keine.*
Kill Count: *3 (alle off camera).*

SLITHER

USA, Kanada 2006
Deutscher Titel: SLITHER – VOLL AUF DEN SCHLEIM GEGANGEN
Drehbuch und Regie: James Gunn (SUPER, GUARDIANS OF THE GALAXY, GUARDIANS OF THE GALAXY VOL. 2, DAWN OF THE DEAD [2004, nur Drehbuch], TROMEO AND JULIET [nur Drehbuch], SCOOBY-DOO [nur Drehbuch], SCOOBY-DOO 2: MONSTERS UNLEASHED [nur Drehbuch])
Nennenswerter Cast: Elizabeth Banks (ZACK AND MIRI MAKE A PORNO, WALK OF SHAME, THE NEXT THREE DAYS, THE UNINVITED, MAN ON A LEDGE, THE 40 YEAR OLD VIRGIN, THE HUNGER GAMES, POWER RANGERS), Nathan Fillion (SERENITY, *Firefly*, *Castle*, WAITRESS, *Dr. Horrible's Sing-Along Blog*)
96 Min.

In den Wäldern einer südlichen Kleinstadt fällt ein Komet auf die Erde und eine überdimensionale Schnecke tritt heraus. Der Unsympath Grant bekommt von dieser einen kleinen Pfeil in die Brust geschossen, was eine starke Mutation[70] auslöst. Die Aliens finden jemanden, der ihnen als Brutstätte dient, und bald gibt es sie zu hunderten.

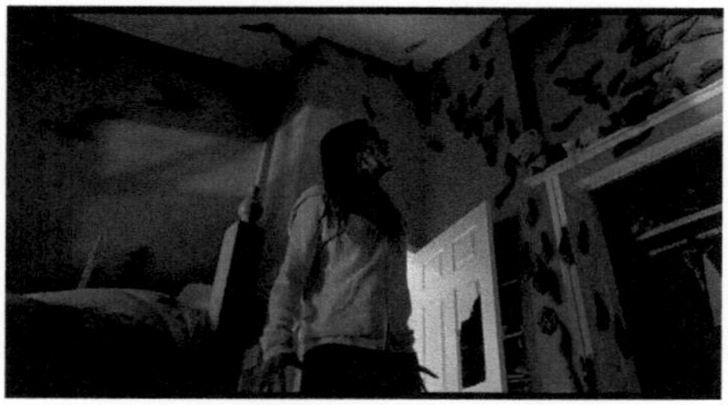

Abb. 470: Silberfischchen sind ein Furz dagegen.

Für sich alleine sind die kleinen Schnecken-Würmer nicht bedrohlich, aber ihr massenhaftes Auftreten sorgt für Horror – wie bei Hitchcocks Vögeln oder bei Starbucks. Ganz wie in NIGHT OF THE CREEPS (*Seite 280*) bewegen sich die Parasiten pfeifschnell und machen Menschen zu Zombies. Sie kriechen in Windeseile an ihnen hoch und dringen gewaltsam in ihre Mundhöhlen ein. Es entsteht eine Schwarmintelligenz, denn alle besessenen Menschen teilen sich dasselbe Bewusstsein.

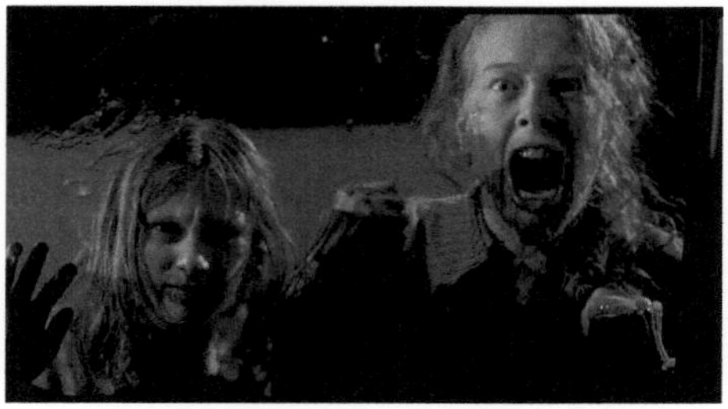

Abb. 471: Schneckenbesessene.

SLITHER ist kein Vorzeigewerk unseres Subgenres, aber eine äußerst unterhaltsame Horror-Comedy, die neben ein paar *tiny terror*-Szenen auch einen Riesenmutanten mit Tentakeln zu bieten hat. Man genießt, ähnlich wie bei Filmen wie FROM DUSK TILL DAWN und BRAINDEAD, mit breitem Grinsen die Eskalation der Gewalt und Abscheulichkeiten. Schade ist, dass die Gaudi dann viel zu schnell wieder vorbei ist.

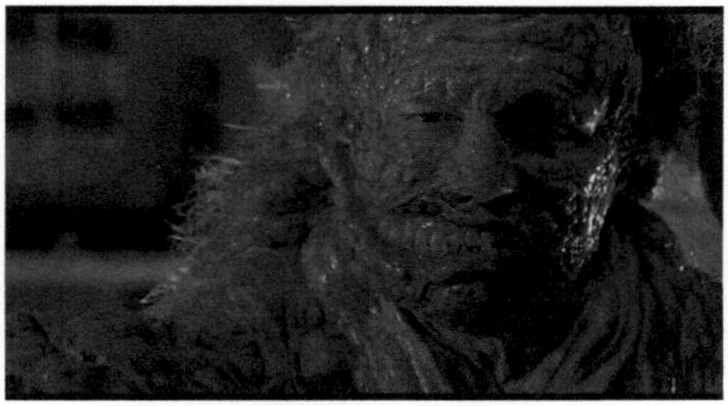

Abb. 472: Schatz, bist du's?

70 à la FROM BEYOND.

Regisseur James Gunn, der bei der Trashschmiede Troma zur Schule gegangen ist, kam einige Jahre später dann mit den GUARDIANS OF THE GALAXY-Filmen zu Weltruhm.

★★★★☆

Besonderheiten: *Hauptcharaktere treffen sich zu einer Tanzveranstaltung in »Henenlotter's Saddle Lodge«, eine Referenz an Frank Henenlotter, dem Regisseur der BASKET CASE-Trilogie (ab Seite 41) und von BRAIN DAMAGE (Seite 74). / Bürgermeister MacReady ist ein Verweis auf Kurt Russels Figur im ewigen Klassiker THE THING.*
Creative Killing: *Nein.*
Nervige Skeptiker: *Keine.*
Kill Count: *Unklar, weil die Würmer die Menschen offenbar nicht töten, sondern nur von ihnen Besitz ergreifen. Aber es gibt ein paar gute blutige Kill-Szenen.*

THE SUCKLING

1990
Drehbuch und Regie: Francis Teri
Coole Tagline: He'll always be mommy's little mutant.
89 Min.

Am Anfang erfahren wir, dass es sich hier um eine wahre Geschichte handeln soll. Sie ist sicher genau so wahr wie die in TEXAS CHAIN SAW MASSACRE – also eh fast ein historisches Reenactment. THE SUCKLING spielt im Jahre des Herrn 1973, also kurz bevor Abtreibung in den USA landesweit legalisiert wurde.

Zunächst scheint es nur ein entsetzlicher Alptraum zu sein, dann stellt es sich als die Wirklichkeit heraus: Eine schwangere College-Studentin findet sich in einem schäbigen, zwielichtigen Bordell wieder, das gleichzeitig als Abtreibungsklinik operiert. Ja, Ihr habt richtig gelesen. Manche Geschäftsideen sind so genial aber einfach, dass man sich fragt, warum man nicht selbst darauf gekommen ist. Auch praktisch: Für die Unterhaltung der männlichen Gäste gibt es immer genügend Sexy-Krankenschwester-Outfits. Die Nutten sehen zur Abwechslung hier wie echte Nutten aus, nicht wie Hollywood *hookers* à la Julia Roberts und Konsorten.

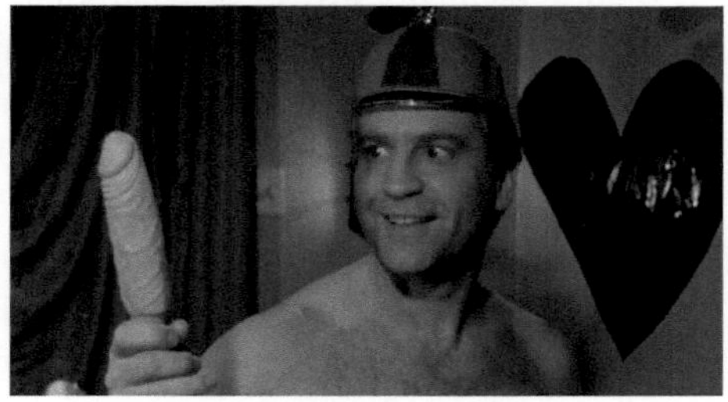

Abb. 473: Er ist nicht wegen einer Abtreibung gekommen, sondern für das andere.

Zwei College-Kids, die man nicht unbedingt in dem Milieu vermuten würde, besuchen dieses besondere Etablissement. Die junge Mutter will nicht abtreiben, sondern das Kind zur Adoption freigeben. Ihr Freund – also der angehende Papa, der keiner sein möchte (sie nennen beide nie ihre Namen) – drängt sie aber dazu und meint allen Ernstes, dass sie ja vielleicht noch ihre Meinung ändern könnte, wenn sie erst mit der Puffmutter und Abtreibungsexpertin des Hauses – »Big Mama« – gesprochen hat. Und außerdem: Wie kann man gegen etwas sein, das man nie probiert hat? So gesehen ist der Freund schon fair, er hätte auch einfach sagen können »Dein Körper, meine Regeln.« Wobei ich als Frau glaube ich auch keine Abtreibung von jemandem durchgeführt haben wollte, der »Big Mama« heißt. Also ich kann beide Standpunkte verstehen. Die kleine Mama erklärt der großen Mama, dass sie nur wegen ihrem Freund hier sei und das Kind auf jeden Fall behalten möchte. Also bekommt sie, wie geplant, hinterlistig ein Betäubungsmittel in einem Getränk verabreicht.

Das Baby, im Wachstum ziemlich weit fortgeschritten, wird entfernt und beim Klo runtergespült. Manchmal gibt es Aufnahmen, die man sein ganzes Leben lang kein zweites Mal sehen wird. So wie jene in THE SUCKLING, in denen ein unterentwickeltes, schrumpeliges Baby mit Nabelschnur dran durch eine Kanalisation gespült wird und dann dicke Batzen Giftmüllschleim durch ein Kanalgitter von oben auf das schreiende Kind

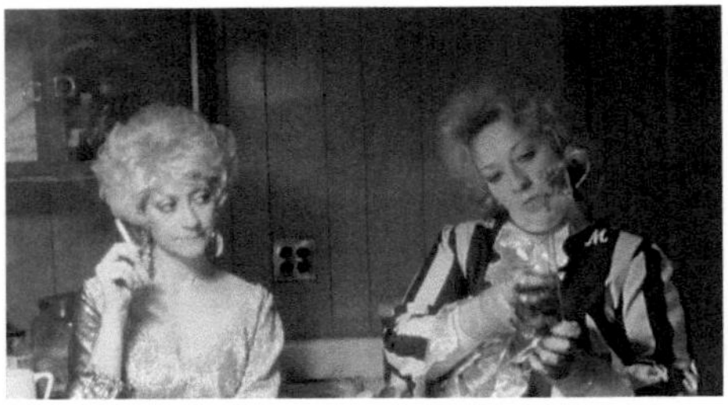

Abb. 474: *Big Mama, die Abtreibungsexpertin unseres Vertrauens (rechts), und eine ihrer fleißigen Mitarbeiterinnen.*

tropfen. Denn es hat nicht gereicht, dass man ein Bordell betreibt, in dem man nebenbei illegale Abtreibungen durchführt. Nein, man musste auch noch Giftmüll im Garten lagern.[71] Bei Big Mama rollt der Rubel, da bin ich mir sicher. Das Baby mutiert, wird etwas größer, und ihm wächst eine Stachelhand.

Big Mama reißt blutige Fetzen von dem Metallkleiderbügel, mit dem sie fachgerecht die Abtreibung durchgeführt hat, und hängt dann ihren Arztkittel damit an die Wand. Ordnung ist das halbe Leben! Die Geschädigte wacht wieder auf, hat klarerweise einen massiven Schock und nennt ihren Freund »krank«. Sie muss jetzt erstmal wieder runterkommen und ruht sich auf einem Sofa aus. Dann erschießt eine der Prostituierten ihren Freier, was diesem nonchalanten Dialog nach sich zieht: »What's going on?« – »Tammy shot a dude.« Das hat schon fast eine Monty Python-Qualität. Die Szene ist komplett sinnlos und ohne Konsequenzen. Ich glaube, sie war einfach zur Auflockerung gedacht. Nebenbei wurde damit etabliert, dass sich eine Pistole in dem Haus befindet, die dann später wieder häufig benutzt wird. So gesehen: Genial.

Plötzlich wird einer Nutte aus dem Klo heraus der Kopf abgebissen – Baby's back! Die Türen sind verriegelt, die Telefonleitung ist tot, und die Fenster sind von einer undefinierbaren Schicht von fleischähnlichem Material bedeckt. Es gibt kein Entkommen: Die zwei College-Kids, Big Mama, ihre Nutten, zwei Türsteher und ein Freier sind in dem Haus zusammen eingesperrt. Das Monsterbaby attackiert sie der Reihe nach und benutzt seine Nabelschnur wie einen Fangarm. Einer der Türsteher, ein Ex-Knacki, bedroht ebenso alle und ist verrückt genug, dass er ihm unsympathische Menschen erschießt. Währenddessen wächst der Mutant weiter und erreicht in der zweiten Hälfte Erwachsenen-Größe. Achtung Spoiler, aber das muss ich Euch einfach erzählen: Als nur noch seine Mama übrig ist, läuft das Monster auf sie zu, schrumpft dabei und dringt wieder in sie ein. So als ob es sagen wollte »Da gehöre ich hin, und wehe, du lässt mich nochmal abtreiben!«

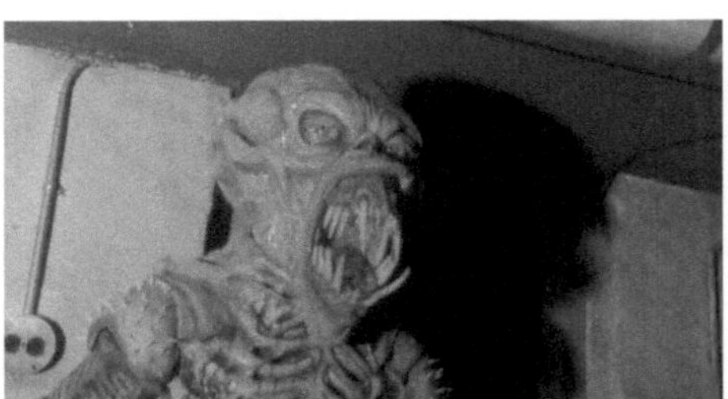

Abb. 475: *Ein vehementer Abtreibungsgegner.*

THE SUCKLING ist ein dreckiger, mieser kleiner Film, in dem wir krassen Scheiß sehen, den wir woanders niemals serviert bekommen würden. Die Kill-Szenen und die Effekte sind schwach, aber das Monster, vor allem in seiner großen Form, sieht verdammt cool aus. Wenn ein Film so irre ist wie dieser hier und etwas »Besonderes« hat, dann wiegen die einfallslose

[71] In Großbritannien wurde der Film als SEWAGE BABY veröffentlicht.

Regie, die schlechten Schauspieler – also typische Dinge, von denen auch dieser Film geplagt ist – weit nicht so schwer.

Die zweite Hälfte von THE SUCKLING ist gewöhnlicher und leider auch viel träger als die erste. Es gibt viele Szenen, in denen Figuren besprechen und probieren, wie sie aus dem Haus entkommen können. Insgesamt ist es aber eines der düstersten und abscheulichsten Werke, die ich jemals gesehen habe. Ein klaustrophobisches Bedrohungsszenario mit einem Mutantenmonster und einem Wahnsinnigen, grindige Prostitution, Amateur-Abtreibung, Enthauptung, Mord, Selbstmord und eine kurze Vergewaltigung einer geistig weggetretenen Patientin in einer Nervenheilanstalt werden zu einem sehr ekligen und sehr besonderen Horrorbouquet geschnürt. Wenn der Film handwerklich besser gemacht wäre und in der zweiten Hälfte nicht so absacken würde, müsste ich diesem herausragenden Kotzbrocken glatt vier Sterne gehen.

Der Hauptproduzent des Films will ihn übrigens nicht als bloßes Stück *schlock cinema* verstanden wissen, sondern auch als Diskussionsbeitrag zu, wie er sagt, einem der wichtigsten und kontroversiellsten Themen in der westlichen Welt. Nur damit ihr's wisst.

Stellt Euch mal vor, ein komplett Unvorbereiteter würde THE SUCKLING sehen. Nicht jemand, der aktiv nach solchen Werken sucht (denn nur so findet man so einen Film überhaupt). Nehmen wir zum Beispiel einen durchschnittlichen Familienmenschen mittleren Alters, der in seiner hauptsächlich aus ARD, RTL und Disney bestehenden Mainstreammedien-Blase lebt und nie oder kaum mit Genrefilmen in Berührung gekommen ist. Man stelle sich dessen Kulturschock vor! Das muss sein, wie wenn man einen Bauern aus der mongolischen Steppe plötzlich mitten auf den Times Square stellt. Was passiert, beginnt er zu weinen oder zu lachen? Freut er sich, oder stirbt er innerlich? Findet es heraus, Ihr mongolischen Bauern, und schaut Euch die Blu-Ray von THE SUCKLING an.

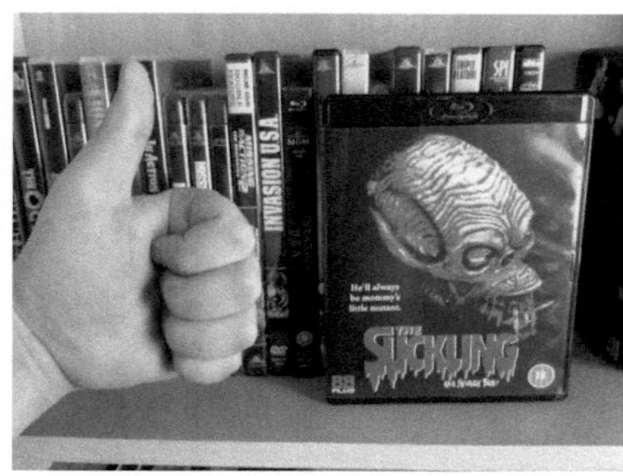

Abb. 476: Dass wir in einer Welt leben, in der man diesen Film auf Blu-Ray kaufen kann, macht mich glücklich. Ein dreifach Hoch auf unsere liberal-kapitalistische Gesellschaft!

★★★☆☆

Besonderheiten: *…*
Creative Killing: *Ein Türsteher bekommt zu viel Elektrizität ab und explodiert.*
Nervige Skeptiker: *Keine.*
Kill Count: *10 (3 off camera)*

Tales from the Hood

1995
Regie: Rusty Cundieff (Fear of a Black Hat, *Chappelle's Show*)
Drehbuch: Rusty Cundieff (Fear of a Black Hat, House Party 2), Darin Scott (Waist Deep, Dark House)
Nennenswerter Cast: Clarence Williams III (52 Pick-Up, Purple Rain), Tom Wright (Creepshow 2, Marked for Death)
97 Min.

Tales from the Hood ist die schwarze Variante eines Horrorepisodenfilms, also quasi die Hood-Version von Creepshow oder Tales from the Crypt.

Vier etwa 20-minütige Geschichten werden von der Rahmenhandlung »Welcome to My Mortuary« abgerundet. Darin wollen drei fluchende *hoodrats* und *wannabe*-Gangster bei einem Leichenbestatter Drogen abholen, die dieser anscheinend gefunden hat. Sie bekommen den *shit* aber nur, wenn sie sich dafür zuerst vier Geschichten von dem kauzigen, älteren Mann anhören, der permanent seine Augen weit aufgerissen hat, als würde er sich von den Geschichten fürchten, die er selber erzählt.

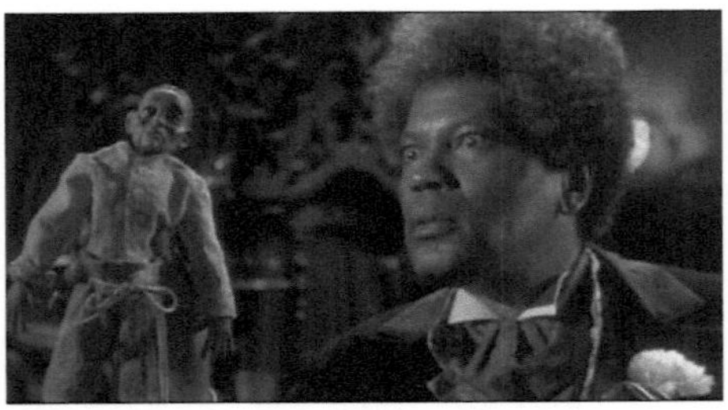

Abb. 477: Der Bestatter will uns was erzählen.

In der ersten Erzählung »Rogue Cop Revelation« schlagen drei korrupte Cops einen einflussreichen Schwarzen nieder, der sich als politischer Agitator gegen Polizisten ausspricht, die nebenbei Drogen verkaufen. Dann töten sie ihn, lachen noch darüber und schaffen es auch, den Ruf des unschuldigen Mannes zu zerstören. Es überrascht wahrscheinlich nicht, dass Tales von Mr. Spike Lee produziert wurde. Gotta stick it to the man! Wieder mit von der Partie, und wieder in einer »schäbigen« Rolle, ist übrigens Duane Whitaker, *your friendly neighborhood cellar rapist*, der auch in Puppet Master 5 (*Seite 316*) und Hobgoblins (*Seite 216*, aber lieber nicht) zu sehen ist.

In der zweiten Geschichte »Boys Do Get Bruised« sieht sich ein kleiner Junge mit einem gewalttätigen Vater konfrontiert, aber vielleicht können ein engagierter Lehrer und etwas Voodoo-Magie helfen, sich des bösen Monsters zu entledigen.

Die vierte Geschichte »Hard Core Convert« eröffnet mit einer kleinen Ballerorgie und tanzt etwas aus der Reihe. Hier geht es nicht um etwas Übersinnliches, sondern um den experimentellen A Clockwork Orange-ähnlichen Versuch der Rehabilitierung eines schwerkriminellen Gangmitglieds, der etliche Leute aus seiner Community auf dem Gewissen hat. Eine sehr eigene und etwas unbefriedigende Episode, auch wenn sie als *cautionary tale* (warnendes Beispiel) doch etwas hergibt.

Mit Drogen, rassistischen Cops, häuslicher Gewalt und Gang-Schießereien werden fast schon klischee-gerecht die Probleme von nordamerikanischen Schwarzen in einkommensschwachen Gegenden behandelt. Was haben die *brothers from the hood* aber außer diesen vier Dingen noch für ein wirkliches Problem? Du darfst nur einmal raten. Schau noch mal auf das Cover dieses Buches. Was könnte es sein? Die Antwort lautet natürlich: Killerpuppen.

Somit ist Geschichte Numero Drei unsere goldene Mitte. Der kauzige Leichenbestatter erklärt uns: Wenn ein menschlicher Körper zu viel durchmachen muss, kann es vorkommen, dass die Seele den Körper verlässt. Die Puppe dient als Zwischenstation für diese geschundene, arme Seele, die dadurch überleben kann, bevor sie wieder weiterzieht (wahrscheinlich in den Himmel oder in die Hölle, oder die jeweilige Hood-Version).

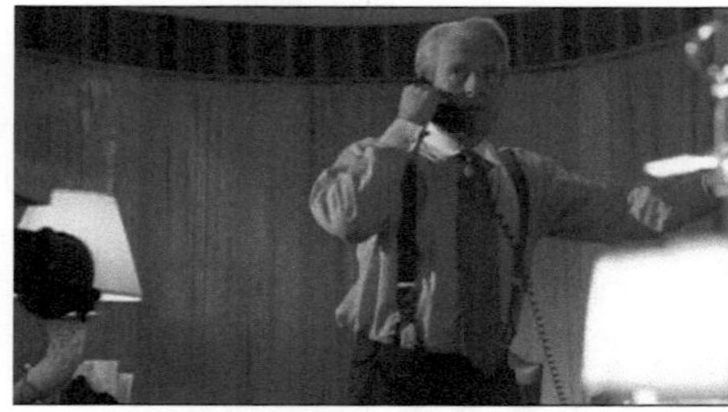

Abb. 478: Einmal die Capricciosa bitte, mit extra Negertränen.

Mit diesem Hintergrundwissen beginnt »KKK Comeuppance«[72], in der im ländlichen Süden der USA der widerliche weiße Politiker und Ex-Ku-Klux-Klan-Mitglied Duke Metger als Gouverneur kandidiert. Sein Wahlversprechen: Die unfaire Schwarzen-Quote (in den USA bekannt als »affirmative action«) bei der Jobvergabe soll wieder gestrichen werden. Die Blackies sollen gefälligst nicht so viel gegen ihn demonstrieren, sondern sich lieber einen Job suchen, meint er. Also ich glaub ich weiß schon, wer als nächstes stirbt...

Duke Metger hat sich auf einer ehemaligen Plantage niedergelassen, auf der früher hunderte Schwarze als Sklaven gehalten wurden. Deren blutige Geschichte erzählt uns Metger: Als die Sklaven nach dem Bürgerkrieg befreit wurden, wollte sich das der damalige Besitzer nicht gefallen lassen und hat sein Ex-Personal in einem lokalen Mini-Holocaust einfach zu Hunderten verbrannt oder gelyncht. Der Legende nach kamen die Seelen der vielen getöteten Sklaven nie zur Ruhe, bis sich eine Voodoo-Frau auf der ehemaligen Plantage niederlies, dort Puppen bastelte und die Seelen in diese einziehen ließ. Metger meint, die Legende gebe dem Ort einen gewissen KZ-Charme, darum habe er das Grundstück gerne gekauft, woraufhin sogar sein PR-Manager, der diesen menschlichen Abfall in den Medien gut aussehen lassen muss, sagt: »You're a sick fuck, Duke«.

Metger wird zunächst von einer einzelnen schwarzen Puppe heimgesucht, später sieht er sich mit einer Puppenarmee konfrontiert. Diese Episode ist nicht nur ziemlich spannend, sondern hat auch ein paar gute Puppenanimationseffekte zu bieten.

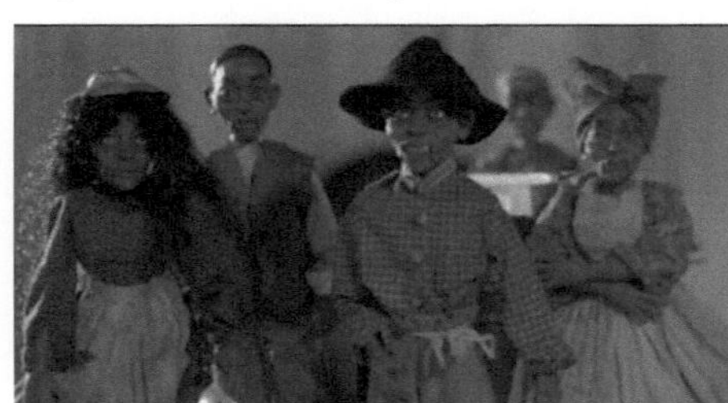

Abb. 479: Sie arbeiten nicht mehr für den weißen Massa.

In allen Erzählungen, außer der vierten, geht es um Rache. In der Zeit, in der Quentin

72 »Comeuppance« kann man gut mit »wohlverdiente Strafe« übersetzen.

Tarantinos DJANGO UNCHAINED erschien, wurde ein paar Mal kommentiert, dass sich Hollywood bis auf sehr wenige Ausnahmen wie MANDINGO nie an die Sklavereithematik der eigenen US-Geschichte gewagt habe. Das stimmt auch, aber warum hat niemand diese sehr nette kleine Geschichte erwähnt, in der die Sklaven selber in Puppenform späte Rache am weißen Mann üben? Vielleicht lässt man nur »ernstere« Auseinandersetzungen gelten.

Wer glaubt, dass man hier die Billigversion einer Horroranthologie serviert bekommt, mit Auge auf den »urban market« gerichtet, irrt. TALES ist überraschend gut gemacht, geschrieben, besetzt und inszeniert und gehört zu den kompetentesten und unterhaltsamsten dieser Art von Filmen. Obendrein ist es so etwas wie Sozialkommentar-Horror. Eine klare Empfehlung!

★★★★★ (KKK Comeuppance)

★★★★★ (TALES FROM THE HOOD als Ganzes)

Besonderheiten: *Fast ausschließlich schwarze Darsteller.*
Creative Killing: *Ein Bösewicht wird so richtig zusammengefaltet, im wahrsten Sinne des Wortes.*
Nervige Skeptiker: *Keine!*
Kill Count *(KKK Comeuppance): 2*

Tales of Halloween

2015
a.k.a. The October Society's Tales of Halloween
Drehbuch und Regie (Bad Seed): Neil Marshall (The Descent, The Descent: Part 2, Centurion, Doomsday, Dog Soldiers)
Nennenswerter Cast: John Savage (Hair, The Deer Hunter, Message in a Bottle, Salvador, White Squall)
97 Min.

Hier kriegen wir zehn sehr kurze Kurzgeschichten, die um das Halloween-Thema kreisen und in derselben Vorstadt spielen.

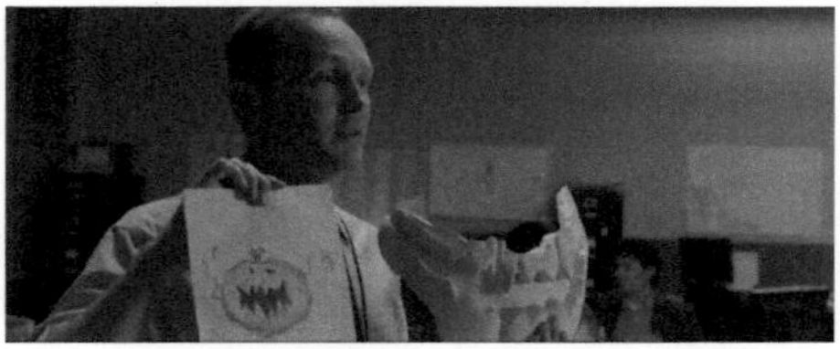

Abb. 480: Der Forensiker ist sich sicher: Es muss der Kürbis gewesen sein.

»Bad Seed« heißt jene Kurzepisode, die uns interessiert. Darin wird einem Ehemann von einem Kürbis, den er gerade noch fein säuberlich ausgehöhlt hat, der Kopf abgebissen. Der Killerkürbis hat Schlingpflanzenfüße und macht sich damit aus dem Staub. Beim traditionellen *trick or treat*-Süßigkeitensammeln lockt das orange Monster mit Goldttalern, die in seinem offenen Mund liegen, ein kleines Kind an und frisst es auf.

Diese Ereignisse rufen eine Polizistin auf dem Plan, die den Kürbis viel zu einfach wieder besiegt. Aber gibt es noch mehr von ihnen? Die Episode ist gute zehn Minuten lang. Der *tiny horror* hat noch nicht mal richtig angefangen, da ist er schon wieder vorbei.

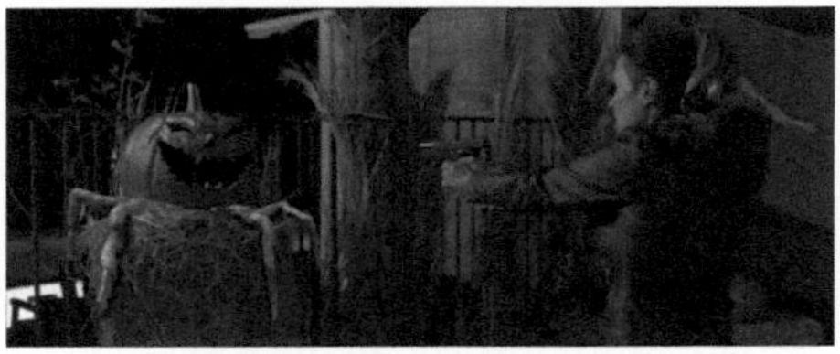

Abb. 481: Wieder mal typisch: Ausgerechnet jetzt sind die Kugeln alle.

Tales of Halloween ist eine sehr humorvolle Angelegenheit, es gibt viel zu Schmunzeln und zum Grausen. Einige unterdurchschnittliche Geschichten reihen sich an viele durchschnittliche. Bei einer Laufzeit von 97 Minuten sind die zehn Episoden viel zu kurz. Es sind nicht recht viel mehr als ein paar nette Ideen, die in wenigen Szenen exekutiert werden. Technisch ist der Film einwandfrei gemacht, und man bekommt viel Blut und viele Leichen.

★★★☆☆ (Bad Seed)

★★★☆☆ (Tales of Halloween als Ganzes)

Besonderheiten: *Joe Dante (Gremlins [Seite 200] und Gremlins 2 [Seite 203]) hat einen kleinen Gastauftritt in der Halloweenkürbis-Geschichte, John Landis in einer anderen.*
Creative Killing: *Semi-kreativ: Von einem Halloweenkürbis komplett aufgefressen.*
Nervige Skeptiker: *Keine.*
Kill Count *(Bad Seed): 2*

THE TELLING

2009
Deutscher Titel: GIRLS MANSION MASSACRE
Regie: Harry Grigsby, Nicholas Carpenter
Drehbuch: Joe Lessard
84 Min.

In der Rahmenhandlung dieses müden Episodenfilms geht es um eine Studentinnenverbindung voller doofer Tussis, die von einer blonden Obertussi angeführt wird. Diese wird dargestellt vom Model und TV-Sternchen Holly Madison, der bekanntesten Ex-Freundin von Hugh Hefner. Die Tussis ziehen sich wie Nutten an und haben auch Nutten-Namen wie »Roxy« und »Amber«. Holly erklärt uns, dass ihre Schwesternschaft ausschließlich aus Elite-Schlampen besteht. Jede Frau will zu ihnen gehören und jeder Mann will in ihnen sein. Eine junge Frau will auch unbedingt dabei sein, wird aber von Holly schroff abgewiesen, wahrscheinlich weil ihr Kleid zu schlicht oder ihr Auto nicht cool genug war. Daraufhin bringt sich die unglückliche Anwärterin mit Tabletten um – wow.

Wieder wollen drei scheinbar nette Mädchen aus irgendeinem Grund der Bimbotruppe beitreten. Um aufgenommen zu werden, muss jede von ihnen eine Horrorgeschichte erzählen. Auf der Stelle muss sich Anwärterin Nr. 1 eine Horrorgeschichte einfallen lassen, und nach ein paar Sekunden Bedenkzeit erzählt sie uns eine. Und es scheint, als ob diese lahme, uninteressante Geschichte wirklich so entstanden wäre:

Lily ist eine blonde Göre und lernt zu Hause für irgendein Studium. Sie lebt mit ihrem Freund Tommy zusammen, der in einem Café arbeitet. Tommys Ex-Freundin Sarah darf vorübergehend bei ihnen wohnen, bis sie eine Bleibe findet. Tommy nimmt eine Puppe mit nach Hause, die er im Müll gefunden hat – immer eine gute Idee. Die Puppe bewegt sich alleine durchs Haus und sagt komische Sachen, wie zum Beispiel, dass sie Tommy für sich haben will. Zuerst verdächtigt Lily Sarah, dass sie ihr ihren Freund stehlen will und ihr einen Streich spielt. Die Puppe nennt Lily eine Schlampe und taucht immer wieder auf. Warum sie dann auch Leute umbringt, erfahren wir nicht. Wahrscheinlich, weil es eine Horrorgeschichte sein soll.

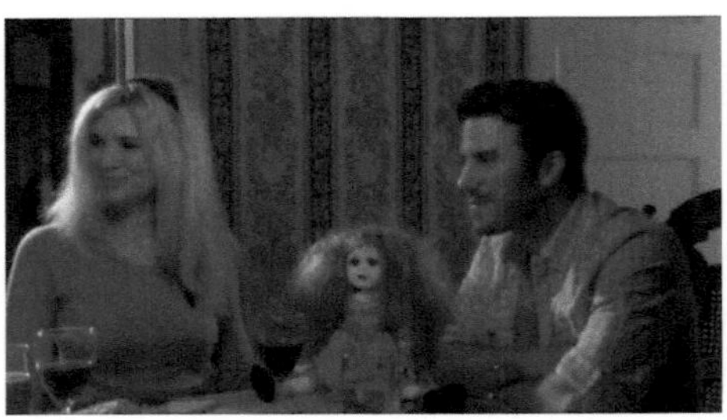

Abb. 482: Lily und Tommy.

Holly Madison meint, die Geschichte sei okay, die nächste sollte aber besser sein. Ist sie aber leider nicht, und auch die dritte ist nicht erwähnenswert. Nicht nur die Rahmenhandlung, die mit einer Racheaktion für die tote Anwärterin abgeschlossen wird, sondern auch die drei Episoden sind mit etlichen Tussis besiedelt. Und dafür, dass der Film voller Playboy-Bunnies ist, kommen viel zu wenig nackte Brüste vor.

★☆☆☆☆ (DollFace)

★☆☆☆☆ (THE TELLING als Ganzes)

Besonderheiten: *Die Puppe teilt einmal mit ihrem Körper einen massiven Stromschlag aus.*
Creative Killing: *Nein.*
Nervige Skeptiker: *Keine.*
Kill Count *(DollFace): 2 (1 off camera)*

TIKI

2006
Drehbuch und Regie: Ron Ford (THE FEAR [nur Drehbuch])
82 Min.[73]

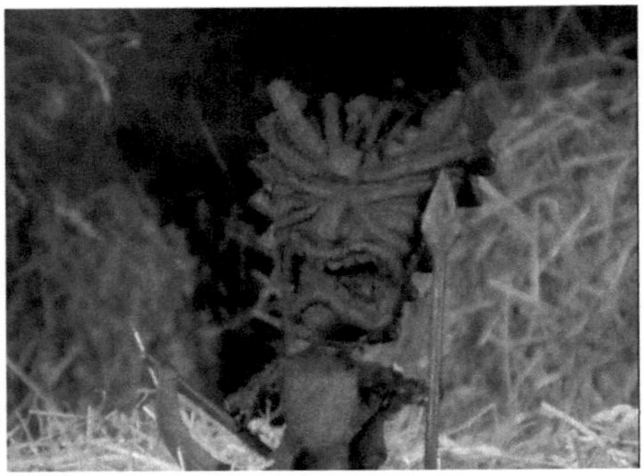

Abb. 483: Unscheinbar, aber sehr tödlich.

Ein Mann bedroht eine gefesselte und geknebelte Frau mit einem Messer. Er hat sie entführt, weil ihr reicher Vater ganz in der Nähe seines Schiffsverleihs ein Konkurrenzunternehmen aufgemacht hat, ihn damit vom Markt verdrängt und so sein Lebenswerk zerstört. Alle legalen Möglichkeiten wurden angeblich ausgeschöpft, also will er ihr jetzt das Messer in den Hals stecken und Verlust mit Verlust begleichen. Doch da hüpft eine kleine hölzerne Tiki-Figur beim Fenster herein, läuft im Haus herum, hackt ihm zwei Finger ab, sticht ihm ein Auge aus und schlitzt ihm dann den Hals auf. Danach kommt jemand und nimmt die Figur wieder mit. Diese Anfangsszene hat mit dem Rest des Films nichts zu tun, also musst Du Dir nix merken. Sie soll wohl nur darüber hinwegtrösten, dass wir nun über eine halbe Stunde Handlung und keinen Kill sehen werden.

Amy ist eine schüchterne, unscheinbare Frau, die mit ihrer Tante, einem fanatischen Voodoofan, bislang auf Hawaii gelebt hat. Jetzt zieht sie in eine kleine Wohnung in der Nähe des Colleges, wo sie für Theaterschauspiel inskribiert hat. Die Tante hat Amy ohne ihr Wissen eine kleine Tikistatue in den Koffer gepackt, was sie nervt, weil sie mit dem Voodookram nichts zu tun haben will. Unter ihren neuen Kommilitoninnen ist eine unsympathische Gruppe von fünf Tussis, die fast so schlimm sind wie die jungen Bitches in CARRIE. Dazu kommen noch zwei Punk-Schlägertypen, die zwei der Mädels daten. Hier merkt man, dass es der Filmemacher wohl nur bis zur High School geschafft hat, denn im tertiären Bildungssektor findet man zum Glück keine Bullies mehr.

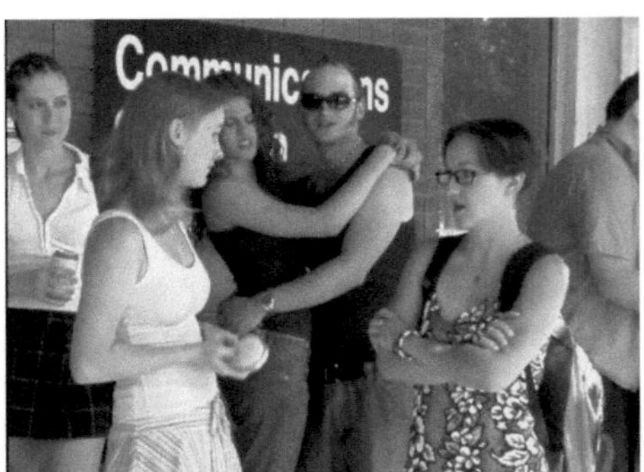

Abb. 484: Amy und die Tussis.

Die Tussis sind gemein zu Amy, die sich gleich in ihren neuen Professor verknallt. Das nutzt das Quintett aus, um ihr einen Streich zu spielen: Sie weisen die Bullys an, Amy heimlich einen Zettel vor ihre Wohnungstüre zu legen,

[73] Die DVD-Rückseite verspricht »Approx. 120 Minutes of Puppet-Pounding Horror«, in Wahrheit wurde da einfach das auf der Disk befindliche Making Of dazugerechnet.

anzuklopfen und wegzurennen. Auf dem Zettel steht, dass der Professor Amy toll findet und sie ihn am Abend besuchen soll. Die schüchterne junge Frau zieht sich sexy Unterwäsche an und erscheint damit im Schlafzimmer vom Professor, der sie wieder rauswirft. Draußen stehen die Tussis mit den zwei Bullys und lachen sich schlapp. Sie nennen Amy einen Loser, weil sie glaubte, der Professor würde sie wirklich mögen. Amy ist offenbar so beschämt und emotional überfordert, dass sie in die Wiese fällt, einen epileptischen Anfall hat und in einem Koma landet.

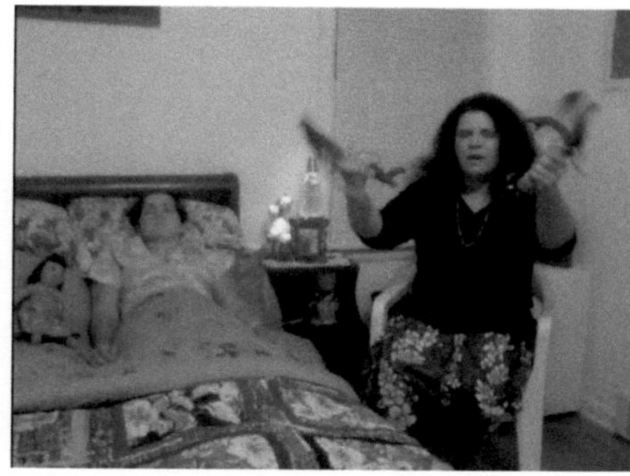

Abb. 485: Muss auch ab und zu mal sein: Eine Voodoo-Session.

Die Voodootante kommt mit dem Flieger aus Hawaii an und ein Arzt erklärt uns, dass Amy fehlgebildete Blutgefäße hat. Die Tante meint, dass die Tikifigur ihr sagt, dass es Menschen mit dunklen Herzen gibt, die Amy das angetan haben, und dass sie die Figur verwenden kann, um ihre gerechtfertigte Rache auszuführen. Amy überträgt im Koma mit Hilfe der Tante irgendwie ihren Geist in die Tikifigur, und das fröhliche Killen beginnt. Der Professor und die Polizei versuchen, hinter das Geheimnis der mysteriösen Mordserie zu kommen.

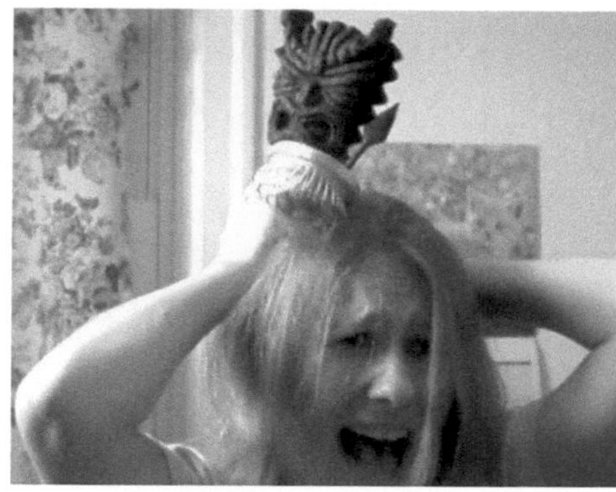

Abb. 486: Die Session war erfolgreich.

TIKI ist zwar von der ultrabilligen Sorte, aber sympathisch und geradlinig. Ein geschickter Filmschnitt täuscht über die lachhaften Animationen und Attacken der Tikipuppe hinweg, die auch prominent in Szene gesetzt wird. Es gibt eine unmotivierte Lesbensexszene, genügend Blut und Kills und eine ungewöhnlich brutale Skalpierszene. Für alle *tiny horror*-Fans ist TIKI ein völlig unbekannter, kleiner Geheimtipp.

★★★☆☆

Besonderheiten: *Keine.*
Creative Killing: *Tod durch eine in den Hals gerammte Plastikflasche.*
Nervige Skeptiker: *Der Schauspielprofessor geht zur Polizeistation und meint, dass er vielleicht Informationen zum jüngsten Doppelmord hat. Im Fernsehen hat er den Vater von einem der ermordeten Bullys gesehen, der erklärt hat, dass eine hässliche Holzpuppe der Mörder war. Nun wurde der Prof eben in der Früh in seinem Bett attackiert, seine Freundin konnte den Angreifer aber abwehren. Der Professor schwört, sie würden ihm nicht würden glauben, aber… Worauf einer der zwei Polizisten entgegnet »If you say it was a wooden doll, I'm gonna shoot you in the heart.« Whoa, mach' mal halblang, Cowboy. Manche nervige Skeptiker würden ihr Weltbild anscheinend mit Gewalt verteidigen. Und natürlich war die Holzpuppe der Angreifer.*
Kill Count: *7*

The Tingler

1959
Deutscher Titel: Schrei, wenn der Tingler kommt
Regie: William Castle (House on Haunted Hill [1959], 13 Ghosts, Strait-Jacket, Mr. Sardonicus, Homicidal)
Drehbuch: Robb White (House on Haunted Hill [1959], 13 Ghosts, Homicidal)
Nennenswerter Cast: Vincent Price (The Last Man on Earth, The Masque of the Red Death, The Abominable Dr. Phibes, Dr. Phibes Rises Again, House on Haunted Hill [1959], Pit and the Pendulum [1961], House of Usher [1960], Laura, The Fly [1958], House of Wax [1953], The Raven [1963], Witchfinder General, *Batman* [1966], Theatre of Blood, Tales of Terror, The Haunted Palace, The Tomb of Ligeia)
Coole Tagline: Bring Your Date and Watch Her Tingle! / Amazing NEW TERROR Device Makes You A Living Participant in the FLESH-CRAWLING ACTION!
81 Min.

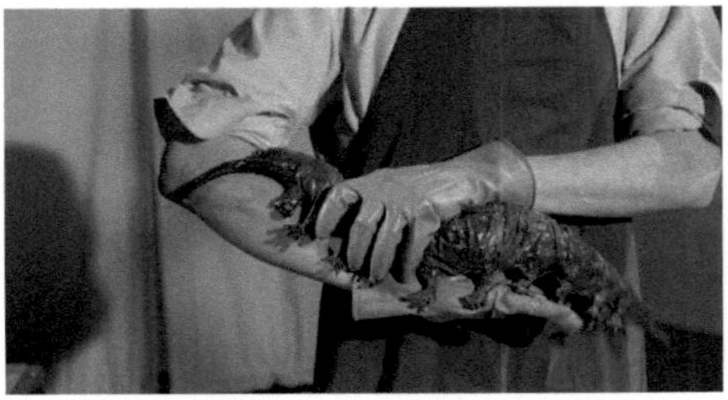

Abb. 487: Overly attached Tingler just wants to hug you!

Verspürst Du auch manchmal ein Kribbeln im Rücken, wenn Du Dich fürchtest? Das liegt daran, dass jeder von uns einen Parasiten mit sich herumschleppt, der wie eine Mischung aus Hummer und Riesenwurm aussieht und sich von menschlicher Angst ernährt.

Warren Chapin (Vincent Price) ist Gerichtsmediziner, doch seine wahre Leidenschaft gilt der Forschung. Er ist überzeugt, dass es etwas Greifbares in unseren Körpern geben muss, dass uns Angst physisch spüren lässt. Vielleicht ist es sogar etwas Lebendiges. Durch seine Arbeit, die wir verfolgen dürfen, bewahrheitet sich seine Vermutung.

Seine Frau dient Warren als Versuchskaninchen. Er bedroht sie mit einer Pistole und schießt dann mit einer Platzpatrone auf sie, worauf sie vor Schreck kollabiert. Die untreue Bitch kann er ohnehin nicht leiden. Schnell werden Röntgenaufnahmen gemacht und ein Wesen wird entdeckt, das Warren auf den Namen »Tingler« tauft. Dieser klammert sich an unserer Wirbelsäule fest und ist Schuld daran, wenn wir starr vor Angst sind.

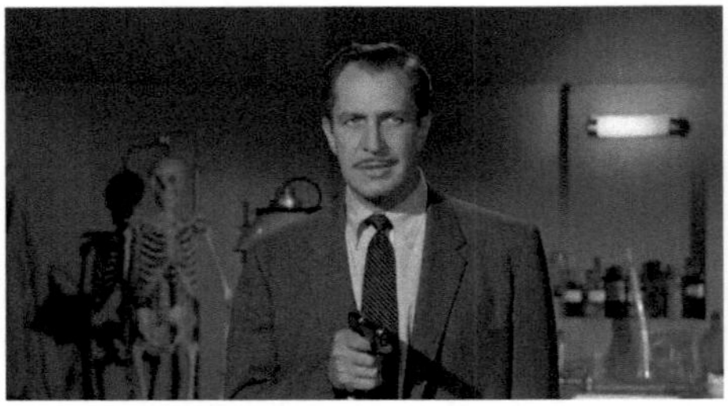

Abb. 488: The Price is right.

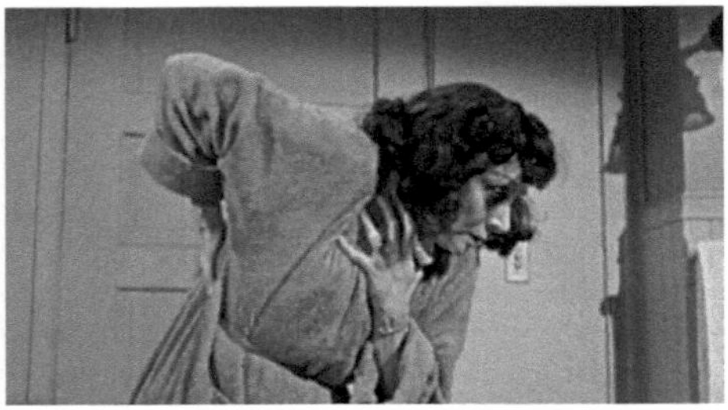

Abb. 489: Kreuzschmerzen im Alter? Da hat wieder der Tingler zugeschlagen.

Später schafft es Warren, ein lebendes Exemplar aus einem Körper zu extrahieren. Durch Angst wächst der Tingler, Schreie lähmen ihn. Dann büxt das Wesen blöderweise aus.

THE TINGLER, der interessanterweise noch heute bekannt und beliebt ist, wird zwar niemals langweilig, ist aber doch ziemlich trocken und redselig, was typisch für Schwarzweißfilme dieser Zeit ist. Neben einer herrlich schrägen Grundidee hat der Kitzler des Schreckens gute Schauspieler zu bieten, allen voran natürlich der stets famose Vincent Price, dem man immer gerne bei der Arbeit zusieht.

★★★☆☆

Besonderheiten: *In dem Schwarzweißfilm wird auf effektive Weise für ein paar Sekunden Farbfilm verwendet, für eine Szene, in der eine komplett rote Hand aus einer Badewanne voller Blut herausragt. Falls wer wirklich geglaubt haben sollte, dass Steven Spielberg 1994 als erster rote Farbe in einem Schwarzweißfilm eingesetzt hätte. / Angeblich zeigt der Film den ersten LSD-Trip der Filmgeschichte. / Regisseur William Castle war bekannt für seine Kinosaal-Gimmicks, und THE TINGLER hatte eines der berühmtesten: Während bestimmten Filmszenen erhielten einige Zuseher Elektroschocks in ihren Sitzen.*
Creative Killing: *Nein.*
Nervige Skeptiker: *Keine.*
Kill Count: *0 oder 1*

Totem

1999
Deutsche Titel: Totem – Die Alptraumkreaturen kommen / Das Haus im Wald
Regie: David DeCoteau (Puppet Master III: Toulon's Revenge [Seite 310], Curse of the Puppet Master [Seite 319], Retro Puppetmaster [Seite 322], Puppet Master: Axis of Evil [Seite 327], Sorority Babes in the Slimeball Bowl-O-Rama, Creepozoids)
Drehbuch: Neal Marshall Stevens (Thir13en Ghosts, Head of the Family, Hideous! [Seite 213], Hellraiser: Deader, Curse of the Puppet Master [Seite 319], Retro Puppetmaster [Seite 322], Ragdoll [Seite 345], Totem [Seite 398], The Creeps)
68 Min.

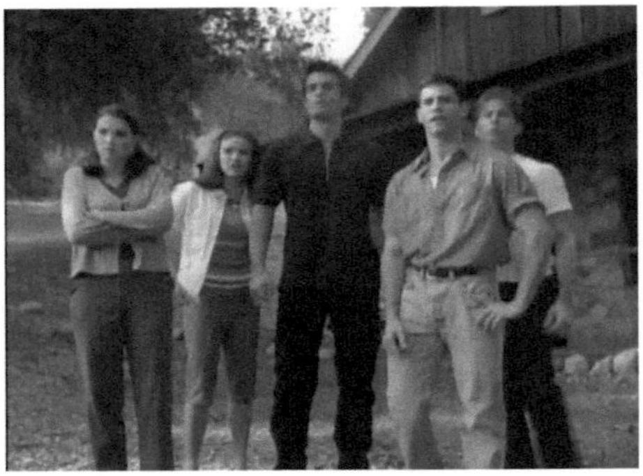

Abb. 490: Invisible walls *gibt's nicht nur in schlechten 3D-Videospielen, sondern auch in* Totem.

Sechs junge Menschen, drei Männer und drei Frauen, treffen sich in einer Hütte in einem verlassenen Wald. Allerdings nicht, um zusammen Urlaub zu machen oder eine Swingerparty zu veranstalten. Keiner kennt den anderen, keiner weiß warum er hier ist. Sie alle wurden von einer ihnen unbekannten Macht in die Hütte gelockt. Flucht ist keine Option, da eine unsichtbare Wand unseren Helden im Weg steht.

In der Nähe der Hütte finden sie einen Friedhof mit einem vertikalen Steingebilde. Das Ding soll an ein Indianertotem erinnern, sieht aber eher aus wie ein IKEA-Regal aus dem Mittelalter. In dem steinernen Billy-Regal von Dreizehnhundertirgendwas sitzen drei kleine grimmige Figuren, die ebenfalls aus Stein sind. Außerdem finden sie Gräber, auf denen die Namen aller sechs Anwesender stehen. Todestag: Heute.

Drei sollen töten, drei sollen sterben – so will es die unbekannte Macht. Drei Leichen werden gebraucht, um das Zeitalter des Feuers wieder auferstehen zu lassen. Als die jungen Leute nicht mitmachen wollen, müssen die drei steinernen Figuren nachhelfen.

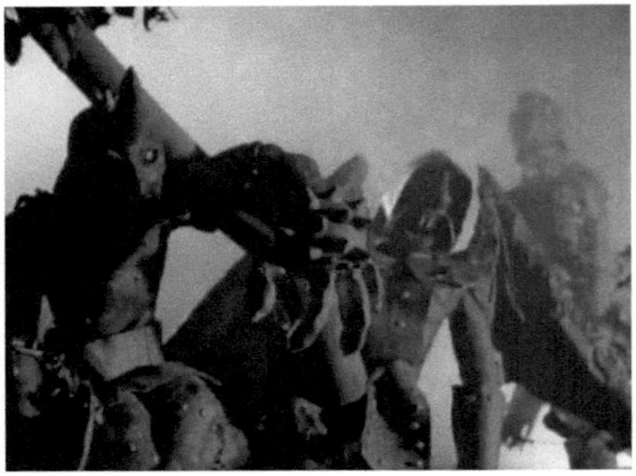

Abb. 491: Recht viel besser als auf diesem Bild sieht man die tiny terrors *im Film übrigens auch nicht.*

Viele Freunde hat Totem nicht, und auch Regisseur David DeCoteau benutzte, wie so oft, einen Fake-Namen, weil er nicht mit dem Film assoziiert werden wollte. Dabei ist der Film gar nicht so furchtbar. Er ist langsam, aber nicht langweilig und schafft es ganz gut, eine unheimliche Mystery-Stimmung aufzubauen. Dunkelheit, Nebel und unbekannte Geräusche tragen zur Stimmung bei.

Ohne Vor- und Nachspann läuft TOTEM etwa eine Stunde. Zumindest als Einstimmung auf einen besseren Puppenhorror oder Full Moon-Horrorfilm ist er gut geeignet. Oder als kurzer Mitternachtssnack, wenn man von einem aufregenderen Horrorfilm mit einem stimmungsvolleren, langsameren Gruselhorror wieder runterkommen will.

★★★☆☆

Besonderheiten: *Keine.*
Creative Killing: *Nein.*
Nervige Skeptiker: *Keine.*
Kill Count: *5 (2 off camera)*

Trilogy of Terror

1975
Regie: Dan Curtis (Burnt Offerings, Trilogy of Terror II [Seite 402])
Drehbuch (Amelia): Richard Matheson (Autor des Romans *I am Legend*, auf dem The Last Man on Earth, The Omega Man und I am Legend basieren, Duel, The Incredible Shrinking Man [Seite 225], The Legend of Hell House, Jaws 3-D, *Twilight Zone*, Twilight Zone: The Movie, Pit and the Pendulum [1961], The Raven [1963], House of Usher, Trilogy of Terror II [Seite 402])
Nennenswerter Cast: Karen Black (Five Easy Pieces, Burnt Offerings, The Great Gatsby [1974], Family Plot, Invaders from Mars [1986], Airport 1975, The Outfit, The Day of the Locust)
72 Min.

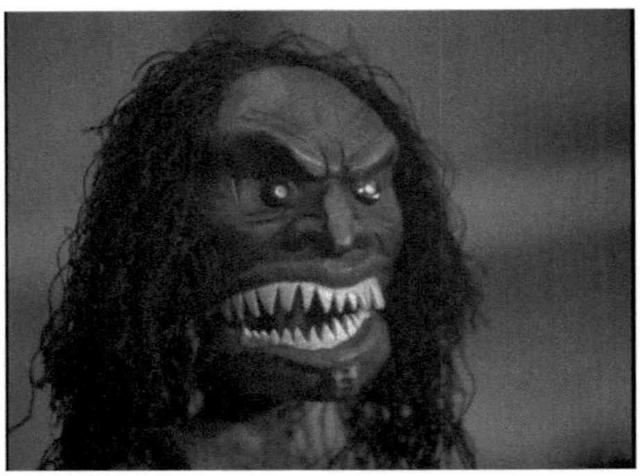

Abb. 492: Der Jäger.

Dieser fürs Fernsehen produzierte Episodenfilm besteht aus drei Geschichten, die alle nach ihren Hauptfiguren benannt sind, welche wiederum alle von Karen Black gespielt werden. Unter Kennern hat der Film einen gewissen Kultstatus, und das liegt einzig und allein an der dritten Episode »Amelia«. Geschichten über erotische Verführung und gespaltene Persönlichkeiten sind ja schön und gut, aber nichts schlägt ein gutes Stück Puppenhorroraction. Die ersten beiden Episoden sind eigentlich mehr Thriller- als Horrorgeschichten und stehen eindeutig im Schatten des aufregenden und außergewöhnlichen Finales des Films.

Denn erst die dritte Geschichte schraubt den Terrorfaktor richtig nach oben. Die handelnden Figuren darin sind einzig und allein Amelia und die »Zuni Fetish Doll«, eine schaurige dunkle Holzpuppe, die Amelia als Geschenk für einen Anthropologieprofessor in einem Kuriositätenladen gekauft hat. Amelia leidet unter einer kontrollierenden und emotional manipulierenden Mutter, was wir durch ein Telefongespräch erfahren. Unabsichtlich befreit Amelia den Geist des Zuni-Jägers und wird von der Holzpuppe attackiert. Wird sich Amelia der beiden terrorisierenden Figuren in ihrem Leben – Mutter und Holzpuppe – entledigen können?

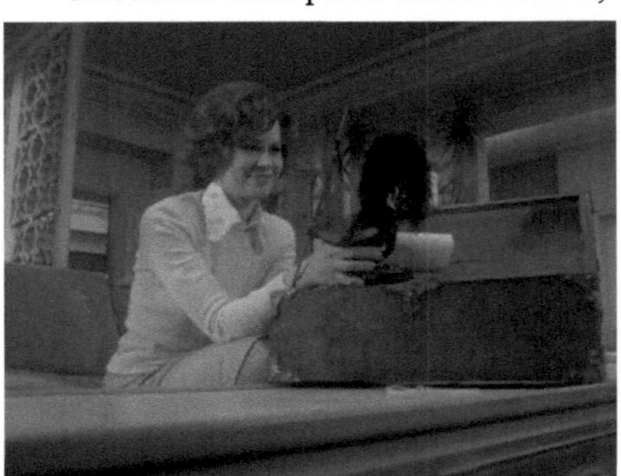

Abb. 493: Jetzt lächelt sie noch...

»Amelia« hat damals bei der Fernsehausstrahlung mit Sicherheit für einige traumatisierte Kinder gesorgt. Die Szenen mit der Puppe sind beeindruckend und in keinen Moment lächerlich, nicht einmal annähernd lustig. Wenn der kleine Jäger angreift, ist das der pure Terror. Geschickt eingesetzter Schnitt und Kamera helfen dabei, wie auch die schaurig-schönen Geräusche und angriffslustigen Schreie, die die Puppe von sich gibt.

Für mich persönlich gehört die letzte Einstellung des Films, deren Inhalt ich nicht verraten will, zu den großartigsten Gänsehaut-Momenten der amerikanischen TV-Geschichte – neben der Sequenz von *Miami Vice*, in der »In the Air Tonight« von Phil Collins gespielt wird, als der General Lee in *The Dukes of Hazzard* das erste Mal angeflogen kommt, und als *The Partridge Family* zum ersten Mal gemeinsam singt[74].

★★★★★ (Amelia)

★★★★☆ (TRILOGY OF TERROR als Ganzes)

> ***Besonderheiten:*** *Fürs Fernsehen produzierter Horror, der unter die Haut geht – mehr noch als SALEM'S LOT (BRENNEN MUSS SALEM) und DARK NIGHT OF THE SCARECROW (DIE RACHE DES GELYNCHTEN).*
> ***Creative Killing:*** *Nein.*
> ***Nervige Skeptiker:*** *»Wodden dolls do not move about« sagt sich Amelia selbst, als sie die Zuni-Puppe plötzlich nicht mehr findet. Selbst, als sie schon eine Weile attackiert wurde, ist sie ungläubig: »This can't be happening.«*

[74] Jede dieser drei Szenen stammt übrigens aus der Pilotfolge der jeweiligen Serie.

TRILOGY OF TERROR II

1996
Deutscher Titel: Eine deutsche VHS wurde unter dem irreführenden Titel TRILOGY OF TERROR veröffentlich (und indiziert).
Regie: Dan Curtis (BURNT OFFERINGS, TRILOGY OF TERROR [Seite 400])
Drehbuch (He Who Kills): Dan Curtis (BURNT OFFERINGS), William F. Nolan
90 Min.

Gut zwanzig Jahre nach dem Original erscheint vom selben Regisseur mit TRILOGY OF TERROR II erneut eine fürs Fernsehen produzierte Horrortrilogie. Im Gegensatz zum Vorgänger, dessen erste beide Geschichten eher psychologische (Horror)Thriller sind, werden diesmal in Geschichte 1 und 2 etwas heftigere Kaliber aufgefahren. »The Graveyard Rats« fängt wie ein Krimi an, schwenkt dann aber zum Tierhorror um. Im zweiten Abschnitt »Bobby« kehrt ein totgeglaubter Sohn zurück und ist nicht mehr der liebe Junge, der er einst war.

In Geschichte 3 ist »He Who Kills« wieder zurück. Nach einem Doppelmord[75] der Zuni-Puppe landet sie bei Frau Dr. Simpson, die den hölzernen Jäger mit Speer untersuchen soll. Sie und ihr Kollege machen sich über den Text der Schriftrolle lustig, wonach – wie in TRILOGY OF TERROR – der Geist des Jägers bei Entfernen der Kette eins mit der Puppe wird. Der Kollege geht nach Hause, und bald müssen sich Dr. Simpson und einige Security-Mitarbeiter mit der Zuni-Puppe messen.

Leider hat »He Who Kills« keine neuen Ideen, teilweise werden sogar ganze Szenen vom Vorgänger übernommen. Es ist mehr ein Remake als eine Fortsetzung. In »Amelia«, der Zuni-Puppengeschichte aus dem ersten Teil, waren Amelia (Karen Black) und die Puppe die einzigen Akteure. Der Angriffsterror fand in einer kleinen Wohnung statt. Die weitläufigen Museums- und Büroräume in »He Who Kills« bieten keine klaustrophobisch-bedrohliche Einengung mehr. Somit ist der Horror der Puppe nicht mehr so effektiv und furchterregend wie im Original, das auch in den Puppenszenen eine bessere Kameraführung hatte.

Die Dialoge dieser Trilogie lassen etwas die feine Klinge des Vorgängers vermissen, dafür wird der Unterhaltungs- und Horrorfaktor nach oben geschraubt. Kurzweilig ist der Film allemal. Schade, dass die dritte Geschichte »He Who Kills« enttäuscht – vor allem, wenn man das Original kennt. Übrigens ist auch »Bobby« ein Remake einer Geschichte aus der Horrortrilogie DEAD OF NIGHT (1977), der ebenfalls vom selben Regisseur inszeniert wurde.

[75] [SPOILER-ALARM:] Der Doppelmord könnte nach den Ereignissen von »Amelie« (TRILOGY OF TERROR) stattgefunden haben, das ist aber nicht eindeutig.

★★★☆☆ (He Who Kills)

★★★★☆ (TRILOGY OF TERROR II als Ganzes)

Besonderheiten: *Keine.*
Creative Killing: *Nein.*
Nervige Skeptiker: *Die Doktorin und ihr Assistent machen sich über den Text der Schriftrolle lustig.*
Kill Count *(He Who Kills): 5 (3 off camera)*

TRILOQUIST

2008
Drehbuch und Regie: Mark Jones (LEPRECHAUN [Seite 252], RUMPELSTILTSKIN [Seite 360])
80 Min.

Drehbuchautor Mark Jones setzt sich nicht sehr oft in den Regiesessel, aber wenn er es tut, dann stehen die Chancen gut, dass *tiny horror* dabei herauskommt. Nach LEPRECHAUN (*Seite 252*) und RUMPELSTILTSKIN (*Seite 360*) ist es der dritte Film dieser Art.

Die Mutter von Angelina und Norbert ist eine abgehalfterte Ex-Schönheit, die sich die Miete in ihrem schäbigen Apartment nicht mehr leisten kann und Heroin spritzt, weil sie keiner mehr für ihren Act mit der Bauchrednerpuppe bucht. Nach ihrem Tod durch eine Überdosis werden die Geschwister mit der Puppe von einem Pflegeheim ins nächste geschickt und landen schließlich bei ihrem Onkel. Als dieser Angelina missbraucht, wird er von der Puppe, die einfach nur »Dummy« genannt wird, umgebracht. War es wirklich die Puppe oder doch der autistische Norbert, der nie spricht und anscheinend durch Dummy kommuniziert? Die Puppe kann sich von alleine bewegen – hat sie also doch ein Eigenleben und wird nicht ausschließlich von Norbert kontrolliert? Bis ganz am Schluss des Films ist das unklar.

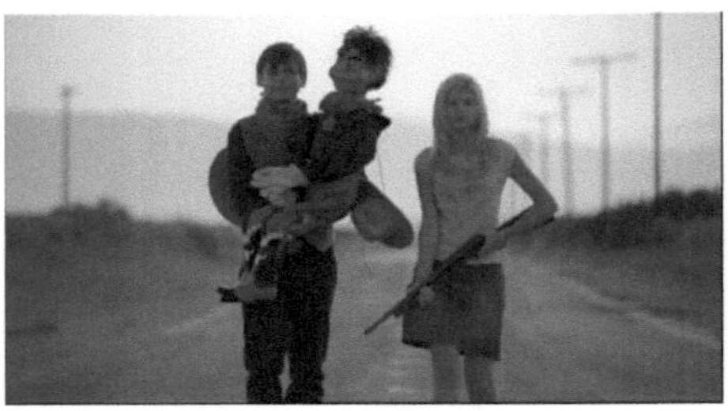

Abb. 494: Natural Born Killer Doll.

Mittlerweile ist Angelina 18 Jahre alt und sexy und überlegt, während sie zum Spaß ein paar Grabblumen zertrampelt, ob sie Model oder Prostituierte werden oder sich wie ihre Mutter mit Dummy ihren Lebensunterhalt verdienen soll. Als Dummy einem kleinen Jungen an Halloween die Finger abhackt, weil dieser ihn doof genannt hat, kommt Norbert in eine Anstalt und Angie holt ihn wieder heraus.

Ein Stripschuppenbetreiber will sie und Dummy nicht anheuern, deshalb beißt ihm Dummy den Penis ab und Angelina stiehlt sein Auto. Die verrückte Bitch beschließt, sich mit ihrem etwas jüngeren Bruder Norbert und Dummy auf einen Roadtrip zu begeben. Sie will in Las Vegas mit der Bauchrednerpuppe ordentlich Geld scheffeln. Hat ihr niemand gesagt, dass sie im Jahr 2008 lebt und es in Vegas eine Million bessere Entertainmentmöglichkeiten gibt?

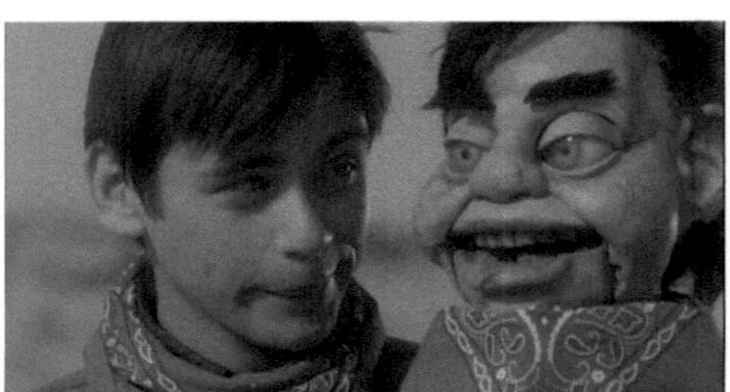

Abb. 495: Norbert und Dummy.

Da die durchgeknallte Angelina auf ihrem Roadtrip nach der Reihe Leute abmurkst, ist ihnen bald die Polizei auf den Fersen. Dummy beschwert sich sogar, dass Angelina ihn in einen Killer verwandelt und will sie sogar umbringen. Wird die kleine, kranke Horrorfamilie die Reise überleben und nach Vegas schaffen?

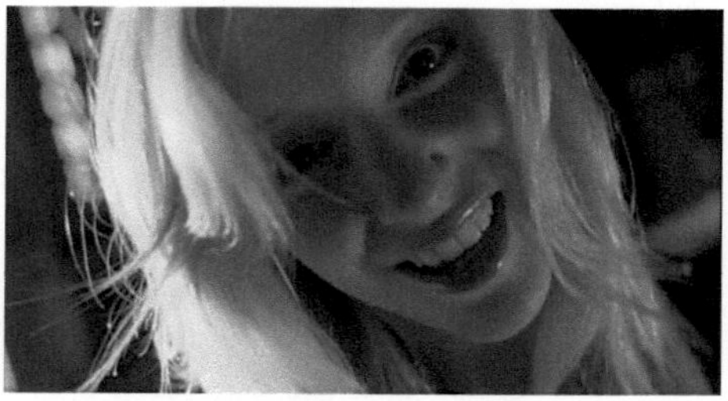

Abb. 496: Angelina – that bitch is cray cray.

Der abgedreht-lustige TRILOQUIST, der in Großbritannien als »Dummy« verkauft wird, ist wie ein billige Parodie von NATURAL BORN KILLERS oder Rob Zombies THE DEVIL'S REJECTS. Die britische DVD wird auch mit »Chucky meets Natural Born Killers« angepriesen. Das kommt ganz gut hin: Wir haben psychotische Serienkiller und eine zynische Puppe, die ständig Erwachsenenwitze macht. Es ist ganz unterhaltsam, der bösen Psycho-Bitch Angelina zuzusehen, die immer tut, was sie will, und jeden umbringt, der ihr im Weg steht. Sie redet viel über Blowjobs und schmust auch mal gerne mit ihrem Bruder.

Immer wieder werden Rockmusiksequenzen eingespielt, die aussehen wie ein MTV-Musikvideo, das um die Jahrtausendwende gemacht wurde. Die Coolness mag für viele aufgesetzt wirken, hebt TRILOQUIST aber deutlich von Jones' Vorgängerfilmen ab. Die kindische Unschuld von LEPRECHAUN und RUMPELSTILTSKIN ist hier komplett verschwunden. Entweder ist Jones mit dem Alter ein schlimmerer Finger geworden, oder – und das halte ich für wahrscheinlicher – er hat sich gedacht: »Hey, es ist 2008, also muss ich derber und mehr *gangsta* sein und auch ein paar Brüste reinhauen, sonst greifen die horroraffinen Teens im Videoladen (den es ja damals noch gab) lieber zu Rob Zombie oder Eli Roth!«

Als *tiny horror* ist der Film nur eingeschränkt empfehlenswert. Dummy quatscht zwar viel, aber die meisten Kills gehen auf Angelinas Kappe. Ein wenig wünsche ich mir, ich hätte TRILOQUIST früher in meinem Leben gesehen. Derbe Witze und spaßig inszenierte, sinnlose Gewalt sind schon lustiger, wenn man so um die 16 Jahre alt ist. Andererseits: Sehr viel habe ich auch nicht verpasst, und es gibt bessere Filme dieser Art.

★★★☆☆

Besonderheiten: *Die Puppe ist der Erzähler. / Einer von zwei Filmen in diesem Buch, in dem das Thema Inzest vorkommt. Hier sorgt der Inzest sogar für ein »Happy End«.*
Creative Killing: *Mit Frischhaltefolie erstickt.*
Nervige Skeptiker: *Keine.*
Kill Count: *6 (2 off camera)*

TROLL

1986
Regie: John Carl Buechler (FRIDAY THE 13TH PART VII: THE NEW BLOOD, GHOULIES GO TO COLLEGE [Seite 184], CELLAR DWELLER)
Drehbuch: Ed Naha (DOLLS [Seite 144], HONEY, I SHRUNK THE KIDS)
Nennenswerter Cast: Michael Moriarty (Q, BANG THE DRUM SLOWLY, IT'S ALIVE III: ISLAND OF THE ALIVE [Seite 235], THE STUFF, COURAGE UNDER FIRE, WHO'LL STOP THE RAIN, PALE RIDER, A RETURN TO SALEM'S LOT), Julia Louis-Dreyfus (*Seinfeld*, ENOUGH SAID, *Veep*), June Lockhart (*Lost in Space, Lassie*), Phil Fondacaro (GHOULIES II [Seite 182], BLOOD DOLLS [Seite 62], THE CREEPS, DECADENT EVIL, *Sabrina, the Teenage Witch*), Sonny Bono (Musiker, *The Sonny and Cher Comedy Hour, The Sonny and Cher Show*, HAIRSPRAY [1988])
82 Min.

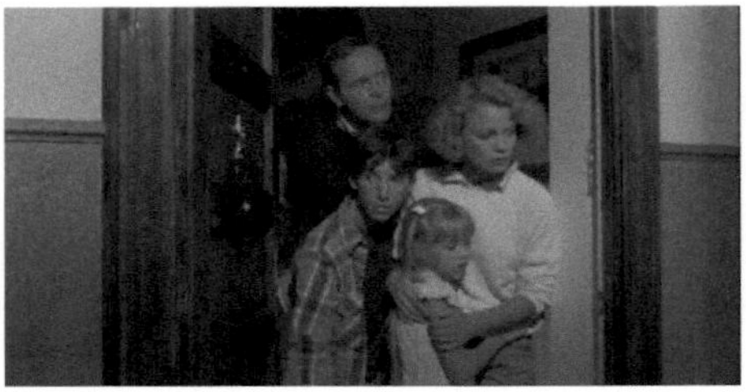

Abb. 497: Ist hier wo ein Troll unterwegs?

Nein, das ist kein Film über moderne Internetkultur, sondern eine frühe Charles-Band-Produktion von Regisseur John Carl Buechler (GHOULIES GO TO COLLEGE, *Seite 184*), die damals ein engagiertes Prestigeprojekt für die jungen Filmemacher und das Studio Empire war.

Eine weiße Mittelstandsfamilie zieht irgendwo in US-Suburbia in ein Wohnhaus ein. Angeführt wird die Truppe von einem nerdigen Schreiberling, der auf den klingenden Namen Harry Potter (Michael Moriarty) hört. Er ist allerdings nicht der Held einer etwas überbewerteten Fantasy-Franchise, sondern ein liebevoller, aber etwas lächerlicher Papa, der immer nett zu allen ist und bei seinen alten Rock-n'-Roll-Schallplatten so richtig abgeht. Der jugendliche Sohnemann hört ebenfalls auf den Namen Harry Potter und verstößt damit gegen eine eigentlich sehr simple Grundregel des Drehbuchschreibens, nämlich dass man verschiedenen Charakteren nicht denselben Namen geben soll. Aber Regeln sind bekanntlich da, um gebrochen zu werden, und vielleicht war es ja als subversiver Witz gedacht. Zu Harry Potter Senior und Harry Potter Junior gesellen sich noch die Mama und eine kleine Tochter.

Als Letztere gleich zu Beginn des Films im Keller bei den Münzwaschmaschinen spielt, wird sie von einem grässlichen Troll geschnappt, der in den Körper des Mädchens schlüpft und ihr Aussehen übernimmt. Plötzlich ist die süße Kleine wie ausgewechselt, grunzt, beißt, frisst wie ein Schwein, rennt herum und schreit nach Hamburgern. Harry Potter Jr. kriegt es mit der Angst zu tun und das völlig zu recht, denn die halbe Portion ist auch noch bärenstark geworden, packt ihn und wirft ihn durch die halbe Küche, ehe er an die Wand klatscht. Nachvollziehbarerweise geht Harry seiner Schwester von nun an

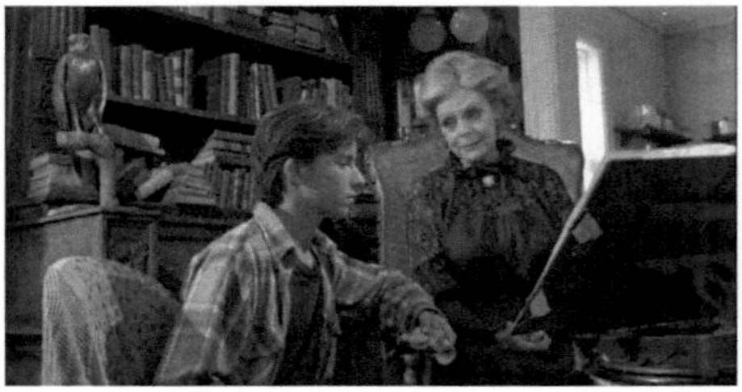

Abb. 498: Harry Potter Jr. lernt von der freundlichen Hexe Eunice St. Clair über Torok und dessen mystische, alte Welt.

aus dem Weg. Als ich um die 17 war, hätte ich auch manchmal schwören können, dass ein gehässiger Troll von meiner 11-jährigen Schwester Besitz ergriffen hat. Aber sind wir nicht alle ein bisschen trollig?

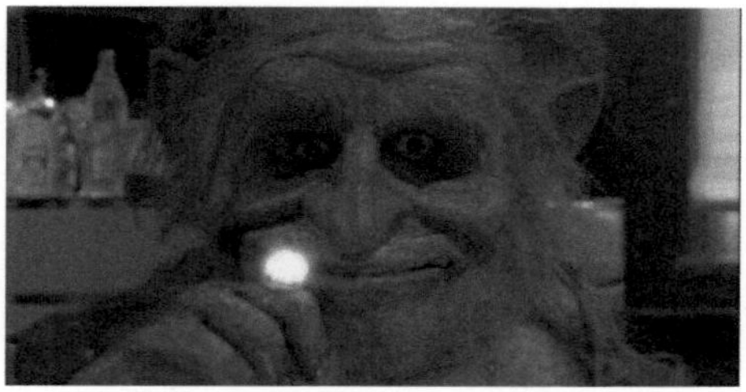

Abb. 499: Torok ist ein toller Troll, megastark und magisch. Wenn er dich mit dem Ringe piekst, endet's für dich tragisch.

Mama und Papa ahnen, wie auch die Nachbarn, nichts von dem geschickten Troll Torok, der aus zauberhaften Urzeiten der Menschheitsgeschichte stammt und sich langsam durch das Gebäude arbeitet, um nach und nach alle Bewohner mit seinem magischen Ring zu pieksen. So will er nämlich das ganze Haus in eine sumpfige Waldgegend verwandeln, die er dann mit seinen kleinen Gefährten besiedelt. Die kleinen Wesen freuen sich über ihr neues Zuhause und singen in einer ergreifenden Szene alle miteinander.

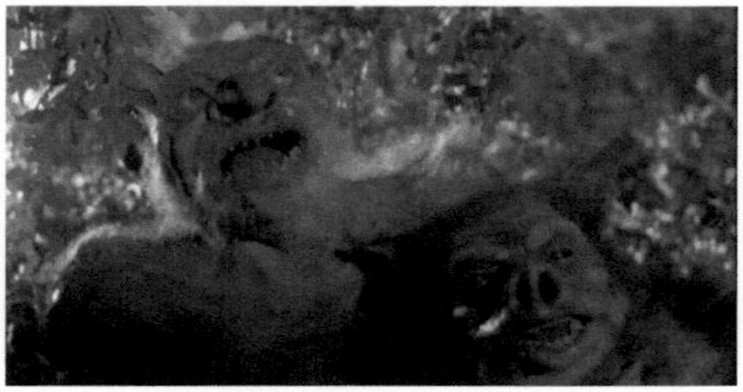

Abb. 500: Sumpfkreaturen erwachen und singen ein Ständchen.

Die illustren Nachbarn bestehen aus: Einem von Sonny Bono (Sonny & Cher) gespielten, swingenden Frauenheld, der noch schmieriger ist als Glen Quagmire aus *Family Guy*. Einer mysteriösen, freundlichen Hexe, die Harry Potter Jr. eine Zauberlektion erteilen wird (J.K. Rowling hat behauptet, die Idee zu Harry Potter wäre ihr auf einer Zugfahrt eingefallen. Vielleicht hat sie aber auch diesen tollen Film gesehen und wurde so zu ihrer Multimilliarden-Dollar-Idee inspiriert). Weiters ein fitnessverrückter Ex-Army-Militärheini und eine junge Schauspielerin, die von keiner Geringeren als dem zukünftigen TV-Superstar Julia Louis-Dreyfus verkörpert wird (Elaine aus *Seinfeld*, außerdem *Veep* und *Old Christine*). Louis-Dreyfus will heute freilich nichts mehr von ihrer ersten Filmrolle wissen und nannte Talkmaster Jay Leno 2013 ein Arschloch, als er einen Clip aus TROLL zeigte, in dem sie als halbnackte Waldnymphe herumhüpft. Ach ja, dazu muss man wissen: Der Troll verwandelt Julia Louis-Dreyfus in eine halbnackte Waldnymphe. Ganz in echt. Sonny Bono hat es sogar noch schlimmer erwischt, er wird in einen Sumpf verwandelt (das habe ich übrigens als Kill gezählt, vielleicht stirbt aber auch gar niemand in dem Film).

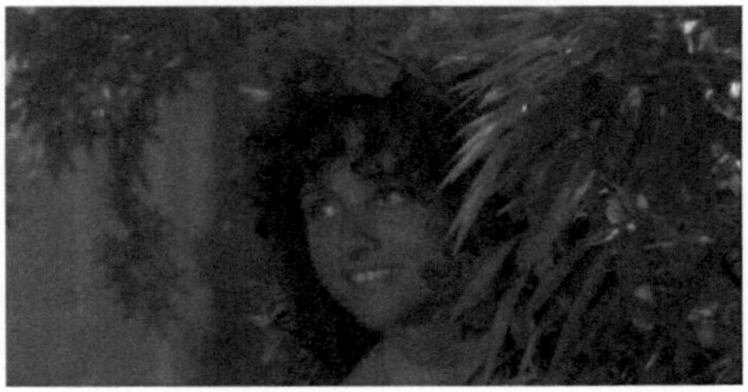

Abb. 501: Elaine hat den Dschungel von New York gegen die Wälder und Sümpfe

Kann Zauberlehrling Harry Potter den bösen Troll besiegen und verhindern, dass dieser das Apartmenthaus übernimmt und von dort aus die Welt zerstört? Die Antwort finden sie in keinem der sieben Harry-Potter-Filmen von Warner

Brothers, meine Damen und Herren, sondern nur in TROLL von 1986, dem ersten echten Harry Potter-Film, nur Original mit zwei Harry Potters! Ein charmanter, lebhafter, familienfreundlicher – aber sehr erwachsenentauglicher – Comedy-Gruselfilm, der fast komplett ohne Gewalt auskommt und dafür einen kräftigen Touch Märchen und Fantasy hat. Und obendrein einige schöne Puppen von Regisseur und Effektmann John Carl Buechler sowie einen ausgezeichneten Phil Fondacaro als netter Nachbar, der sich mit dem Trollmädchen anfreundet.

★★★★☆

Besonderheiten: *Harry Potter! Man kann es gar nicht oft genug sagen. Das nächste Mal kannst Du unter Filmfreunden grinsend sagen »Mein Lieblings-Harry-Potter-Darsteller ist Michael Moriarty.« / die TROLL-Leute wollen J.K. Rowling trollen! Regisseur Buechler befindet sich tatsächlich seit etlichen Jahren ein einem Rechtsstreit mit Warner Brothers wegen der HARRY POTTER-Franchise, weil er den Animationsfilm »Troll: The Rise of Harry Potter Jr.« auf den Markt schmeißen will. Warner hat logischerweise angekündigt, dass sie sich das nicht gefallen lassen werden. Aus dieser Namensgleichheit Kapital schlagen zu wollen, ist zumindest mal keine schlechte Idee. Die Produktionsfirma »The Asylum« hat ihr ganzes Geschäftsmodell danach ausgerichtet, mit ultrabilligen Filmen aus Namensähnlichkeiten Geld zu machen, mit tollen Werken wie ATLANTIC RIM, SNAKES ON A TRAIN und TITANIC II. Produzent Charles Band hat neben der Namensgleichheit auch von »ähnlichen Szenen« gesprochen. Selbst wenn der Name gestohlen wurde – ein Charaktername alleine ist keine große kreative Leistung. Und ich habe alle sieben Harry-Potter-Filme gesehen[76], aber keine einzige Szene hat mich an TROLL erinnert. Beide verwenden bereits lange existierende Mythologie wie Trolle und magische Fabelwesen, um etwas Interessantes damit zu machen. Außerdem wissen alle, die in der Postmoderne angekommen sind, dass nichts auf dieser Welt wirklich originell ist. / Eine nette Ansammlung von B-Darstellern, angeführt von Michael Moriarty als Softie-Kumpeldad. / Der anerkannte Serienstar Julia Louis-Dreyfus spielt, ein paar Jahre vor ihrem Durchbruch, eine halbnackte Waldnymphe. Kann sein, dass ich das bereits erwähnt habe.*
Creative Killing: *Tod durch Verwandlung in eine lebenspendende Riesenpflanze, die sich zu einem Sumpf ausbreitet.*
Nervige Skeptiker: *Keine! Harry Potter Jr. ahnt, dass seine Schwester in Wahrheit nicht mehr seine Schwester ist, versucht aber gar nicht erst, seine Eltern davon zu überzeugen.*
Kill Count: *2 (1 off camera)*

[76] Ich wollte damit bei einer Frau landen, die Harry Potter-Überfan ist. Und ja, es hat geklappt.

TROLL 2

Italien 1990
Drehbuch und Regie: Claudio Fragasso (AFTER DEATH (OLTRE LA MORTE) [ZOMBI 4, nur Regie], LEVIATÁN [MONSTER DOG], PALERMO MILANO SOLO ANDATA [PALERMO MILANO – FLUCHT VOR DER MAFIA, nur Regie], ZOMBI 3 [nur Drehbuch], BLADE VIOLENT – I VIOLENTI [LAURA II – REVOLTE IM FRAUENZUCHTHAUS, nur Drehbuch], RATS – NOTTE DI TERRORE [THE RIFFS III – DIE RATTEN VON MANHATTAN, nur Drehbuch], L'ALTRO INFERNO [nur Drehbuch], VIRUS [DIE HÖLLE DER LEBENDEN TOTEN, nur Drehbuch])
Co-Autorin Drehbuch: Rossella Drudi (AFTER DEATH (OLTRE LA MORTE) [ZOMBI 4], ROBOWAR – ROBOT DA GUERRA)
Coole Tagline: It horrifies you in your sleep, and haunts you for life.
95 Min.

Zwei Dinge vorweg. Erstens: TROLL 2 hat mit TROLL genau gar nichts zu tun, und es kommen auch keinerlei Trolle darin vor, sondern Kobolde (Goblins). Er sollte auch ursprünglich »Goblin« heißen, aber man wollte offensichtlich vom Namen des Films von 1986 (siehe *Seite 406*) profitieren, der im Gegensatz zu TROLL 2 im Kino veröffentlicht wurde. Ein paar Fans wollen trotzdem unbedingt eine Verbindung zwischen den beiden herstellen. In beiden Filmen geht es um kleine Wesen und Grünzeug, und eine amerikanische Mittelstands-Familie ist in Gefahr, doch schon hier enden die Gemeinsamkeiten. Zweitens: TROLL 2 gilt bei vielen Horrorfans als der schlechteste Film aller Zeiten. Die Dokumentation BEST WORST MOVIE beleuchtet den Kultstatus des Films und wird weiter unten in diesem Kapitel besprochen.

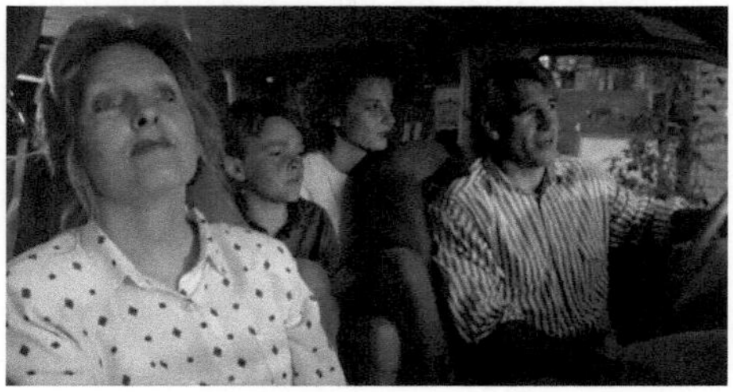

Abb. 502: Familienurlaub. Rechts in Bild: Zahnarzt und Hobbyschauspieler George Hardy.

Der kleine Joshua macht mit seiner Familie Urlaub am Land, in einem kleinen Kaff namens Nilbog. Immer wieder erscheint ihm sein toter Großvater und warnt ihn vor dem Ort. Denn auch heute noch soll es Kobolde geben, und Nilbog ist ihr Königreich.

Dort angekommen, wartet auf dem Esstisch in ihrem Haus ein üppiges Mahl auf die Familie. Dass alle Speisen – sogar ein Maiskolben – grün sind, irritiert niemanden. Wieder erscheint der Großvater, ruft Joshua zu sich und warnt ihn: Grün ist die Erkennungsfarbe der Kobolde, und wenn seine Familie das Zeug isst, werden sie in Pflanzen verwandelt und von den Kobolden aufgefressen. Zum Glück kann der Opa die Zeit anhalten, so bleiben Joshua 30 Sekunden, um die Familie, die allesamt kurz vor dem ersten Bissen eingefroren dasitzt, vom Essen abzuhalten. Joshua bleibt nichts anderes übrig: Er stellt sich auf den Esstisch und pinkelt auf das grüne Festmahl. Es hat geklappt – das Essen wird weggeschmissen und die Familie geht hungrig ins Bett. Eine drastische Aktion, aber ich weiß ehrlich nicht, ob mir unter diesem Zeitdruck etwas Besseres eingefallen wäre. Der Papa maßregelt seinen Sohn mit dem genialen Satz »You can't piss on hospitality!«, ein Satz, der

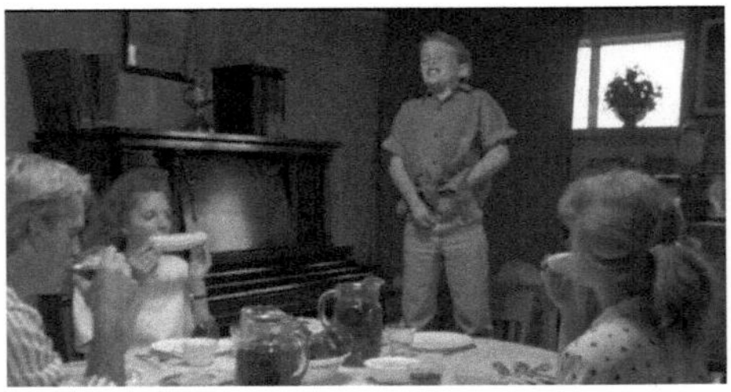

Abb. 503: Ich piss' auf euer Goblinfressen! Not macht erfinderisch.

mitgeholfen hat, dass TROLL 2 bei Trashfilmliebhabern als Meisterwerk für die Ewigkeit eingegangen ist.

Joshuas ältere Teenie-Schwester Holly wird vom gleichaltrigen Elliott hofiert. Dieser ist der Familie mit dem nerdigen Arnold und noch zwei weiteren seiner hormongesteuerten Freunden in einem Wohnwagen hinterhergefahren und hofft, Holly endlich für sich gewinnen zu können und nicht mehr von ihr in die Eier getreten zu werden.

Arnold stößt im Wald auf eine hübsche Frau, die aus dem Nichts auftaucht und offenbar von den Kobolden attackiert wurde. Voller Schrecken zeigt sie auf die kleinen Kreaturen, die mit Holzwaffen durch den Wald stapfen. Arnold ist aber keineswegs erschrocken, sondern fragt erstmal mit »Uh, what are they?« nach. Er unterschätzt die Gefahr und sagt den Wesen, sie sollen sich gefälligst vom Acker machen, dafür kriegt er einen Speer in die Schulter. Die zwei müssen verletzt in ein Haus fliehen, das wie eine alte Dorfkirche aussieht. Dort treffen Arnold und die Frau auf eine gruselig aussehende alte Dame mit starkem Hexen-Vibe, die noch gruseliger redet, als sie aussieht. Die Dame bietet ihnen zur Linderung ihrer Schmerzen einen dampfenden Veggie-Drink aus ihrer Hexenküche an. Die zwei ziehen sich den heißen Smoothie natürlich ohne zu fragen rein, schließlich will man nicht unfreundlich sein. Die alte Dame entpuppt sich später blöderweise als die Königin der Kobolde. Vor den Augen Arnolds wird die schöne Frau in grüne Pflanzengrütze verwandelt, und die Königin freut sich: »Now she is one with the vegetable world! Now she is food for my children.« Die Kobolde kommen zum Essen und Arnold kann sich nicht bewegen, da er sich langsam in einen Baum verwandelt, damit auch er von den Wesen verspeist werden kann. Es folgt das unüberzeugendste »Oh my gooood!« der Filmgeschichte.

Es ist der blanke Horror: Die Familie und die jungen Männer sind umzingelt von Redneck-Vegetariern. Die Bewohner von Nilbog sind allesamt vegetarische Goblins, die Menschengestalt annehmen können. Wer das nicht glaubt, soll »Nilbog« einfach mal rückwärts lesen. Der Pfarrer der Gemeinde prangert in der Kirche die Menschen als böse Fleischfresser an, die ihre stinkenden Körper mit totem Tier füllen und sich so vergiften würden. Im einzigen Lebensmittelladen der Stadt gibt es weder Fleisch, Milch oder Eier (genau genommen sind sie also Veganer). Auch keinen Kaffee, wie der diabolisch dreinblickende Ladenbesitzer anmerkt: »There's no coffee here in Nilbog. It's the devil's drink!« Aber man darf gerne die spezielle, ungekühlte Nilbog-Milch trinken, die es für Touristen sogar gratis gibt! Die Sache hat natürlich einen Haken: Man verwan-

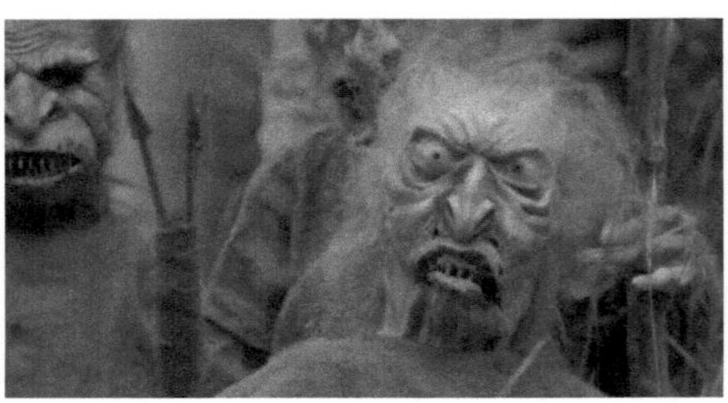

Abb. 504: Copyright: Tourismusbüro Nilbog.

delt sich in eine Koboldfutter-Pflanze. Brennnesselpudding oder grüne Eiskreme sind auch im Angebot. Die Szene, in denen die Dorfbewohner die Familie mit Singen und Klatschen zum Essen animieren wollen, ist ziemlich toll. Es wird brenzlig, schließlich knurrt ihnen der Magen schon seit Tagen. Zum Glück materialisiert sich Joshuas Opa und hat praktischerweise eine Axt und einen Molotowcocktail aus dem Jenseits mitgenommen.

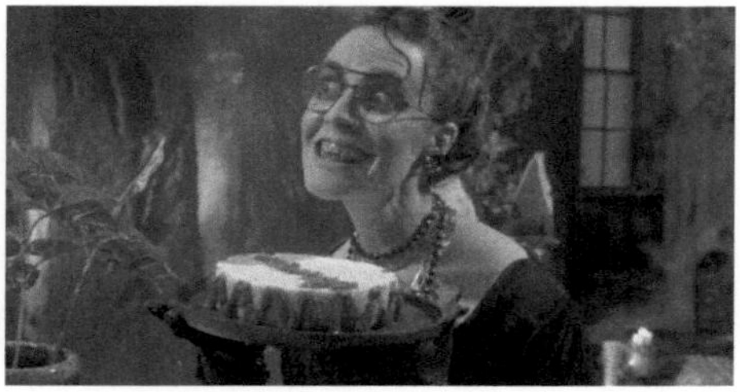

Abb. 505: Würdest Du eine Torte von ihr essen?

Doch so einfach sind die Trolle nicht zu besiegen. In einer glücklichen Wendung holt Joshua im Finale plötzlich ein dick belegtes Wurstbrot hervor – eine unerwartete Fleischwurst-Sandwich-ex-machina-Wendung.[77] Die Koboldkönigin warnt Joshua vor dem Cholesterin und den Giftstoffen in der Wurst. Die Veggie-Kobolde und ihre Königin haben vor dem Wurstaufschnitt so viel Angst wie der Teufel vor dem Weihwasser und Vampire vor Kreuzen. Aber kann die Macht des Guten zusammen mit der Macht der fleischlichen Ernährung die Kobolde besiegen?

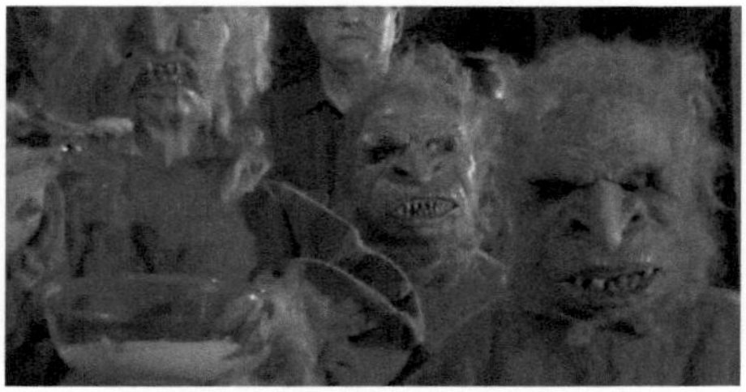

Abb. 506: Oder Eiscreme von denen?

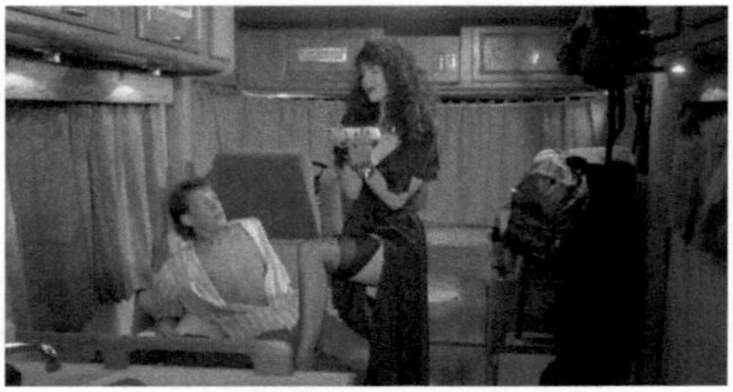

Abb. 507: Oder einen Maiskolben mit ihr, eng umschlungen?

TROLL 2 ist mehr Kinderfilm als Horror und wurde vom italienischen Horrorregisseur Claudio Fragasso inszeniert. Und wie viele italienische Filme dieser Zeit ist er herrlich unsubtil, lustig und hat eine gewisse Verve, vor allem im Vergleich zu amerikanischen Mainstream-Filmen, die dagegen oft reserviert und konservativ wirken. TROLL 2 hat eine ziemlich coole, typisch italienische Synthie-Mucke, viel Overacting und viele unvergessliche, lächerliche Szenen. Oft herrscht eine eigenartige, komische Gruselstimmung vor, die an einen dieser bunteren Italo-Zombiefilme erinnert, von denen Fragasso auch ein paar gemacht hat.

Seit dem großartigen TROLL 2 weiß ich auch, dass alle Vegetarier und Veganer in Wahrheit böse Kobolde in Menschengestalt sind. Eine DVD des Films wäre ein tolles Geschenk für den nervigen, militanten Vegetarier oder Veganer in der Familie oder im Freundeskreis, der ständig seine moralische Überlegenheit als Nicht-Fleischkonsument demonstriert und alle bekehren will.

[77] Deus ex machina (Gott aus der Maschine) bezeichnet eine unerwartete, unmotivierte Wendung, bei der eine Person oder Ereignis etc. eine einfache Lösung des Konflikts in einer Geschichte bringt.

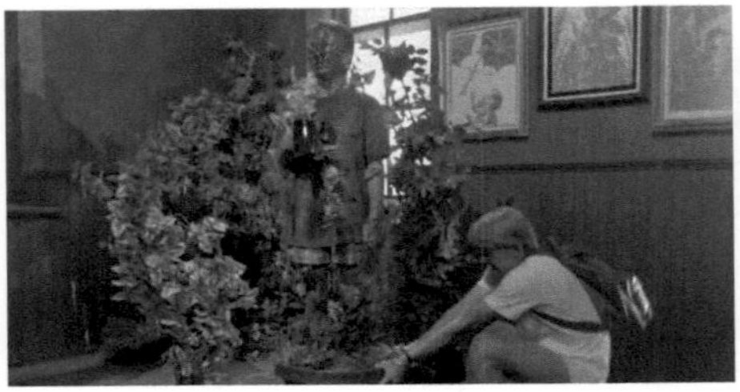

Abb. 508: Der da hat einen besonders schlechten Tag – er verwandelt sich langsam in eine Topfpflanze.

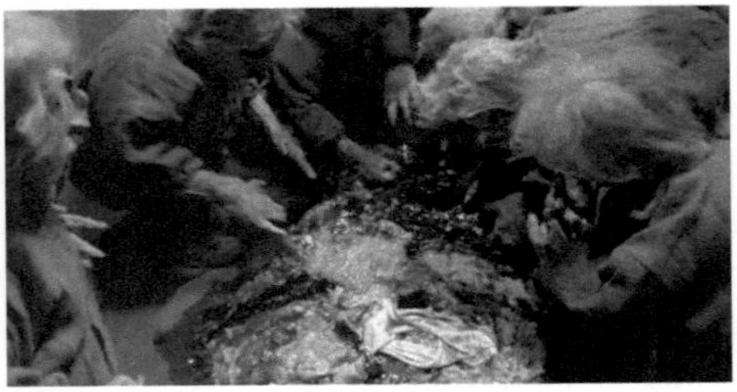

Abb. 509: Ein typisches veganes Fressgelage.

2009 erschien die Dokumentation BEST WORST MOVIE, der das Phänomen TROLL 2 untersucht. Regie dabei führte der Schauspieler, der Joshua verkörperte. Die lustige und liebevoll gemachte Dokumentation beleuchtet den Kultstatus, den TROLL 2 viele Jahre später bei Trashfilmfans erlangt hat. Bei etlichen Vorführungen quer durch die USA wird der Film bejubelt, und die Darsteller des Films werden wie Helden gefeiert. Es ist ein Phänomen moderner Filmfan- und Internetkultur, sich ironisch an Filme zu nähern und das »Schlechte« zu zelebrieren. Die meisten Fans in BEST WORST MOVIE scheinen aber eine aufrichtige Begeisterung für TROLL 2 zu haben. Die Dokumentation macht sich nicht lustig, obwohl es sich bei einem gescheiterten Film und den vielen gescheiterten Schauspiel-Existenzen mehr als angeboten hätte.

Aber ist TROLL 2 wirklich gescheitert? Als Horrorfilm funktioniert er nicht wirklich, hat kaum eine Story und viele schlechte Darsteller, die fast alle keine professionellen Schauspieler waren. In der allseits beliebten Filmdatenbank IMDb war er lange die Nr. 1 der »Bottom 100«, den von den Usern der Seite am schlechtesten bewerteten Filmen aller Zeiten. Die weit über 10.000 Leute, die dem Film mittlerweile auf der Website 10 von 10 möglichen Sternen gaben, sind entweder echte TROLL 2-Hardcorefans oder Leute, die nicht verstehen, dass ein berüchtigt schlechter Film mehr Aufmerksamkeit generieren kann als ein mittelmäßig bewerteter. Vielleicht waren auch viele Fans von DANIEL DER ZAUBERER mit Daniel Kübelböck bei den 10-er-Bewertungen dabei, die ihren Liebling auf Platz 1 sehen wollten.

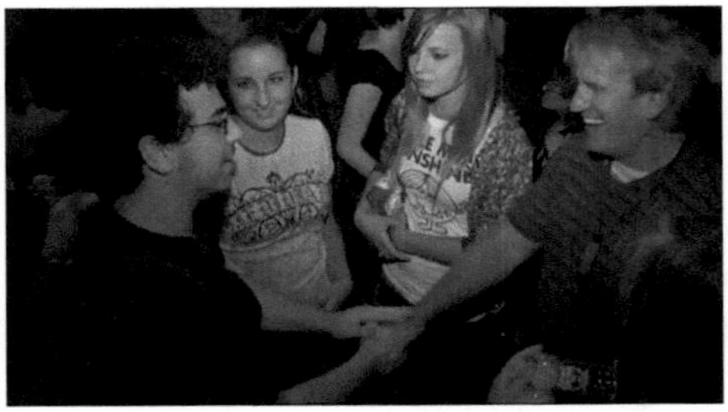

Abb. 510: George Hardy (rechts) badet genüsslich in der Fan-Menge.

Realistisch betrachtet ist »schlechtester Film aller Zeiten«, ein Label, das auch oft MANOS: THE HANDS OF FATE und Ed Woods' PLAN 9 FROM OUTER SPACE angehängt wird, natürlich Unsinn. Es gibt ein ganzes Meer an Filmen, die schlechter sind als TROLL 2. Einige von ihnen finden sich in diesem Buch. Nur hat man bei einem Nicht-Amateurfilm, der als Horrorfilm vermarktet wird, gewisse Vorstellungen. Und es gibt eben keine

Trolle in TROLL 2, dafür viele komische, schräge Szenen und schlechte Kostüme.

Wer glaubt, der Film gehöre zu den schlechtesten aller Zeiten, hat wahrscheinlich nicht viele Filme gesehen. Logischerweise muss der schlechteste Film aller Zeiten einer sein, bei dem inkompetente Leute mit wenig oder keinem Geld einen miesen Film machten. Bei TROLL 2 haben allerdings einigermaßen kompetente Leute mit etwas Budget einen ziemlich unterhaltsamen Film erschaffen, der viele Menschen bewegt hat. Wie viele der Abertausenden an Trashfilmen, die gemacht wurden, können von sich behaupten, eine loyale, kleine Fangemeinde zu haben und bei Screenings und Partys immer wieder gezeigt zu werden? Ich finde, TROLL 2 ist nicht »so schlecht, dass er gut ist«, wie heute gerne gesagt wird, sondern »so eigen, dass er etwas Besonderes ist.« Aber vielleicht meinen es viele Fans ohnehin so.

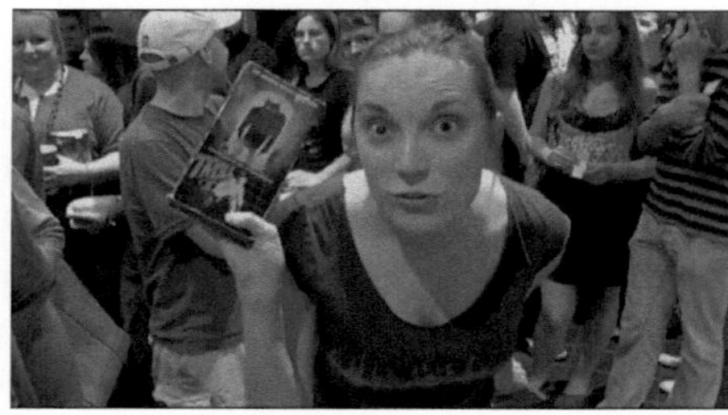

Abb. 511: Eine von vielen begeisterterten TROLL 2-

Die Doku zeigt nicht nur die Fans, sondern beleuchtet auch die Leute, die für TROLL 2 vor und hinter der Kamera standen. Die Darsteller erzählen, wie sehr sie sich für den Film geschämt haben. Manche von ihnen führen ein zurückgezogenes Leben, voller persönlicher und auch psychischer Probleme, haben ihre Schauspielambitionen hinter sich gelassen oder hatten vor und nach TROLL 2 überhaupt nie eine Schauspielkarriere. Der äußerst positive und gutgelaunte George Hardy, der den Vater spielte, bekommt am meisten Aufmerksamkeit und ist ein interessanter Charakter – ein Zahnarzt, der das Rampenlicht sucht und gerne Schauspieler geworden wäre.

B-Film-Regisseur Claudio Fragasso konnte 1989, beim Dreh von TROLL 2, noch schlechter Englisch als heute, was zu Schwierigkeiten mit den Darstellern führte. Er wirkt wie ein herrischer Egomane, der zudem eine tiefsitzende Verachtung für Schauspieler zu haben scheint, die er in BEST WORST MOVIE immer wieder als »Hunde« bezeichnet. Der Regisseur ist ziemlich baff, als er in Los Angeles die vielen Fans sieht, die sich seinen kleinen Schundfilm ansehen wollen, den er vor 18 Jahren gemacht hat. Fragasso kann aber offensichtlich mit dem ironischen Zugang der Fans, die ihn als schlechten Film genießen, nichts anfangen. Er ist auch sichtlich beleidigt, als er darauf hingewiesen wird, dass TROLL 2 als der schlechteste aller Zeiten gilt. Er sieht das überhaupt nicht so, aber auch er versteht: Wenn der Film so einen Status hat, muss er einen Eindruck hinterlassen haben. Fragasso nutzt die Gelegenheit eines Interviews, um uns TROLL 2 als wichtigen Film verkaufen zu wollen, der etwas über Familienzusammenhalt und über das Leben aussagt. Er will sein Werk außerdem als Parabel verstanden wissen. Okay Signor, wenn Sie das sagen. Für manche sind auch Pornos Ausdruck eines politischen Statements. Aber es gibt ja immer mehr als nur die Oberfläche, sogar in TROLL 2.

Wenn man sich den heutigen Kult um Vegetarismus und Veganismus ansieht, könnte man den Film beinahe als prophetisch bezeichnen. Fragassos Frau war die Drehbuchschreiberin von TROLL 2 und erzählt, dass damals viele ihrer Freundinnen Vegetari-

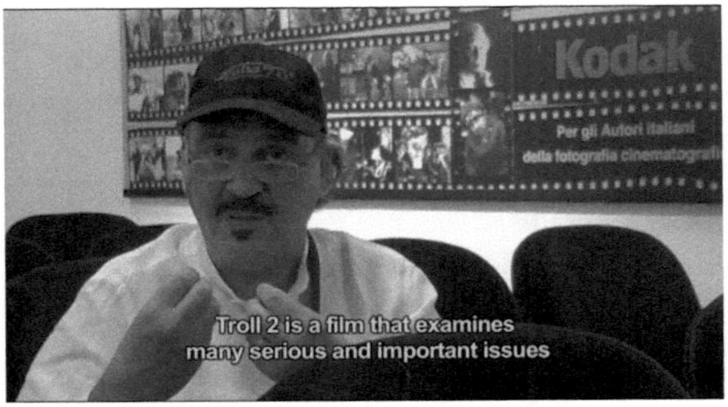

Abb. 512: No, Mr. Fragasso, it really isn't.

erinnen wurden. Das hat sie so angepisst, dass sie die Vampire in ihrer Horrorgeschichte in vegetarische Kobolde verwandelte. Sie will den Film als Kritik und Analyse der modernen Gesellschaft verstanden wissen. Fragasso und seine Frau sind wahrscheinlich die einzigen Menschen auf diesem Planeten, die TROLL 2 zu 100 Prozent ernst nehmen – aber vielleicht tun sie auch nur so.

Der Editor von TROLL 2 merkt an, dass Fantasyfilme heute eine höhere Akzeptanz hätten als früher, und hat sogar die Eier zu behaupten, dass TROLL 2 den Weg für Harry Potter geebnet habe. Klar! Entweder das, oder Harry Potters Sr. und Harry Potter Jr. in TROLL 1 haben den Weg für die Multi-Milliarden-Dollar-Franchise Harry Potter geebnet. John Carl Buechler würde das auch so sehen. Es könnte aber auch sein, dass überhaupt keine Trolle auch nur das Geringste mit dem J.K. Rowling-Phänomen zu tun hatten. Die heute anscheinend psychisch instabile Frau, die die Mutter in dem Film spielte (ihre einzige Filmrolle), vergleicht TROLL 2 mit CASABLANCA, weil es in beiden Filmen um Menschen gehe, nicht um Action und Effekte. Hört, hört!

Diese Welt braucht jedenfalls mehr Filme wie TROLL 2. Filme, die unironisch und auf unterhaltsame Weise ihre Eigenartigkeit und Eigenwilligkeit stolz vor sich hertragen. Die vor Übertreibungen und Verrücktheiten nicht zurückschrecken. Und wenn es mehr Filme wie BEST WORST MOVIE gäbe, wäre das auch nicht verkehrt.

★★★☆☆

Besonderheiten: *Der einzige Film auf dieser Welt, in dem ein Pfarrer in seiner Predigt gegen Hamburger und Steaks schimpft. / Eine »Erotikszene« ist so heiß, dass sich ein Nilbog-Maiskolben in Popcorn verwandelt. / Laura Gemser durfte die Koboldkostüme designen. Bis TROLL 2 wusste ich nicht, dass die bekannte Softsexdarstellerin auch Kostümbildnerin war. Die Jutesäcke mit den draufgenähten Faschingsmasken sind allerdings etwas dürftig, einem Tom Savini oder John Carl Buechler macht sie damit jedenfalls nicht Konkurrenz, nicht mal meiner Oma.*
Creative Killing: *Tod durch heißen Veggie-Smoothie. / Tod duch Veggie-Burger.*
Nervige Skeptiker: *Der Vater glaubt seinen Kindern nicht, dass ihnen ihr toter Großvater erscheint. Viel schlimmer ist aber, dass er Joshua auch nicht glaubt, dass alle Dorfbewohner in Wahrheit Kobolde sind.*
Kill Count: *2 (1 off camera, außerdem einige Kobolde im Finale)*

Tuyul: Part 1

Indonesien 2015
Regie: Billy Christian
Drehbuch: Luvie Melati, Billy Christian, Gandhi Fernando
92 Min.

In der Eröffnungsszene füttert eine Frau, die sich später als die Mutter der Protagonistin herausstellen wird, ein kleines Monsterkind – den Tuyul – mit Blut. *Off camera* verbannt sie ihn daraufhin in ein Fläschchen und stirbt.

Mia zieht mit ihrem Gatten Daniel aus der Hauptstadt Jakarta weg und in das schöne Landhaus ihrer verstorbenen Mutter. Daniel ist Architekt und will dort in Ruhe an einem wichtigen Projekt arbeiten. Mia hatte allerdings schon als Kind Angst in ihrem Elternhaus und ist noch dazu im siebten Monat schwanger.

Ihre junge Nachbarin ist anscheinend eine Hexenmeisterin und hört auf »Karina Rachmann«. Wieder mal ein unheilvoller deutscher Name also? Unter dem Holzboden im Dachgeschoss findet Daniel ein mysteriöses Fläschchen, und als er dessen Korken herauszieht, zerspringt eine Glühbirne. Oje, der Flaschengeist ist frei. Nur dass es kein bloßer böser Geist ist, sondern eine sehr reales, kleines Monsterkind mit Alienkopf.

Es folgen viele dieser trägen »Ist da was hinter der Tür oder unter dem Bett, oder nicht?«-Suspense-Szenen. Endlich passiert dann mal was, aber nicht wirklich: Mia hat einen Traum, in dem sie mitten am örtlichen Marktplatz unter den Schmerzen ihrer Geburtswehen zusammenbricht. Niemand kommt zu ihrer Hilfe und sie presst einen blutigen Tuyul unten raus, der dann gleich auf sie krabbelt. Ganze drei Szenen gibt es, in denen etwas Schlimmes passiert, aber Mia danach aufwacht und alles nur ein Traum war. Drei Mal! War das den Filmemachern nicht peinlich?

Eines Tages hat Mia wieder mal nichts vor, und die verschwiegene Haushaltshilfe macht gerade sauber. Was also soll eine Frau, die sich offenbar alleine über ihren Partner und ihre Beziehung definiert, alleine zu Hause anstellen? Sie sieht sich ihr Hochzeitsvideo an. Dabei kriecht das Monster-Kleinkind, wie so oft, irgendwo im Dunklen herum und wirft Mia einen Spielball auf dem Boden zu. Das passiert ein paar Mal, und niemals führt es zu irgendetwas, außer dass Mia immer mehr Angst bekommt.

Daniel ist keine Stütze für sie, sondern kümmert sich nur um seine Karriere. Entweder er ist gerade am Arbeitsplatz, in seinem Heimbüro im Haus, oder er spricht über seine Arbeit. Er hat Trouble, da ihm von einem Kollegen sein wichtiges Projekt weggenommen werden soll. Das ist ein Handlungsstrang, den ich selbst in einer Seifenoper langweilig finden würde, in einem Horrorfilm noch viel mehr. Später im Film ergibt der Fokus auf Daniel allerdings dann doch Sinn, ohne zu viel verraten zu wollen.

Auf einmal passiert wirklich mal was: Die nahegelegene Dorfgemeinschaft spricht von einem Tuyul und Frau Rachmann wird vorgeworfen, sie würde das kleine Monster großziehen und sei somit eine Bedrohung. Ein wütender Mob mit brennenden Fackeln bewirft die Frau mit Steinen und tritt sie, als sie am Boden liegt. Ohne dass ich irgendwas über dieses Land weiß, kann ich mir gut vorstellen, dass eine kleine indonesische Dorfbevölkerung bei solchen Häretikern, statt lange herumzufackeln, zu richtigen Fackeln greift. »Fuck it, wir holen die Fackeln«.

Neben dem Tuyul gibt es noch einen Gegenspieler für Mia, aber wer ist es? Etwa die (nicht zu Tode) getretene und gesteinigte Nachbarshexe, oder doch die Haushaltshilfe? Oder jemand anderes? Das Monsterkind muss jedenfalls wieder in sein Fläschchen verbannt werden.

Die Figuren dieses Films lächeln übrigens nie, und überhaupt ist TUYUL: PART 1 eine sehr triste Angelegenheit. Die Filmemacher wollten wohl eine düstere, dramatische und gruselige Stimmung erzeugen, das Ergebnis ist stattdessen traurig und fad sowie äußerst banal und gewöhnlich. Manchmal glaubt man auch, dass die Verantwortlichen eine Checklist mit Klischees hatten, die sie alle abdecken wollten.

Es ist einer dieser Filme, bei denen man sich selber dabei ertappt, wie man geistig abdriftet und an interessantere Dinge denkt. Z. B. ob ROBOCOP 2 wirklich so gut ist, wie man ihn in Erinnerung hat, oder ob das Lächeln einer Bekannten letztens eine Bedeutung hatte. TUYUL: PART 1 ist zwar technisch in Ordnung, aber inhaltlich so sehr für die Katz, dass er nicht mehr als einen Stern verdient. Ein Part 2 sollte wohl 2016 kommen, kam aber bis dato nicht.

★☆☆☆☆

Besonderheiten: *Ein Tuyul (oder Toyol) ist ein Geistwesen malaysischer Mythologie. / Dieser indonesische Horrorfilm ist vielleicht der obskurste überhaupt in dieser Enzyklopädie. Zumindest in seinem Heimatland wurde TUYUL: PART 1 auf DVD veröffentlicht.*
Creative Killing: *Nein, gar kein Killing.*
Nervige Skeptiker: *Daniel will von Mia nichts über diesen Tuyul hören. / Eine Psychologin meint, Mia stelle sich den Tuyul nur vor, weil sie unsicher sei und Angst habe, keine gute Mutter für ihr Baby zu werden. Diese Angst würde sich in Gestalt des Tuyuls manifestieren. Die Psychologin stellt sich allerdings wieder mal als Tagtraum von Mia heraus. Eine bloß imaginierte nervige Skeptikerin also.*
Kill Count: *0*

The Unborn

1991
Deutscher Titel: UNBORN – KIND DES SATANS
Regie: Rodman Flender (LEPRECHAUN 2 [Seite 255], IDLE HANDS [Seite 223], CONAN O'BRIEN CAN'T STOP)
Drehbuch: John Brancato und Michael Ferris ([immer gemeinsam:] THE GAME, TERMINATOR 3: RISE OF THE MACHINES, TERMINATOR SALVATION, SEVERED TIES [Seite 369], THE NET, SURROGATES, CATWOMAN, PRIMEVAL, THE HUNTER'S PRAYER, MINDWARP)
Nennenswerter Cast: Brooke Adams (DAYS OF HEAVEN, INVASION OF THE BODY SNATCHERS [1978], THE DEAD ZONE, SOMETIMES THEY COME BACK, SHOCK WAVES, GAS FOOD LODGING, CUBA), James Karen (THE RETURN OF THE LIVING DEAD, RETURN OF THE LIVING DEAD: PART II, HERCULES IN NEW YORK, INVADERS FROM MARS [1986])
Coole Tagline: A New Generation in Terror.
81 Min.

In einer Eröffnungsszene mit zwei Leuten, die dann nicht mehr vorkommen werden, platzt einer schwangeren Frau plötzlich das Baby aus ihrem Bauch, was Blut und einen schockierten Papa zur Folge hat. Ein Hinweis auf den Horror, der noch kommen könnte...

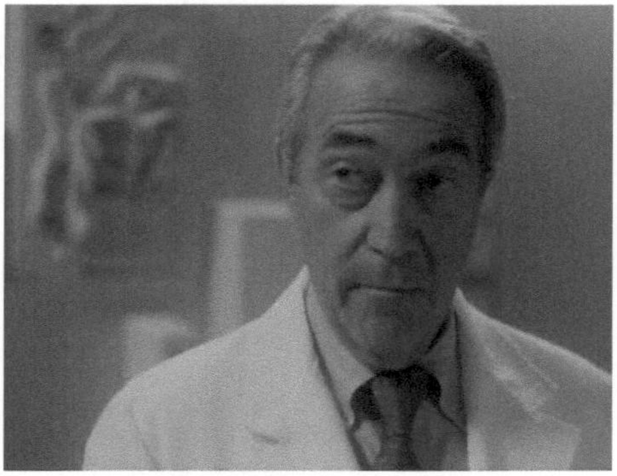
Abb. 513: Dr. Richard Meyerling – der Arzt, dem die Frauen vertrauen.

Die Kinderbuchautorin Virginia (Brooke Adams) und ihr Ehemann, ein Partner in einer Anwaltskanzlei, sind ein sehr nettes Ehepaar und versuchen seit fünf Jahren, ein Kind zu bekommen. Von einem befreundeten Paar wird ihnen Dr. Mengele, pardon: Meyerling (James Karen) empfohlen, ein Überdrüber-Experte für In-vitro-Fertilisation, der sich besonders hoffnungsloser Fälle von Unfruchtbarkeit annimmt.

Ein Termin mit dem scheinbaren Genie wird organisiert, und bald ist Virginia narkotisiert und erfolgreich befruchtet. Den nächsten Satz bitte in einer Trailer-Stimme lesen: »Für Virginia geht ein Traum in Erfüllung, der sich langsam aber sicher in einen Alptraum verwandelt.« Warum bekommen alle durch Meyerling befruchteten Mütter einen Ausschlag am Hals? Wurde das Sperma etwa modifiziert? Hat er Virginia nicht die volle Wahrheit gesagt? Will er gar mit einem Genomprojekt eine neue Herrenrasse züchten und eine »schöne, neue Welt« erschaffen? Hat der Mann überhaupt eine Lizenz? Einen deutschen Namen hat er immerhin, also ist die Kapazität für Böses, noch dazu in einem amerikanischen Film, überproportional vorhanden...

Virginias Körper wehrt sich jedenfalls, der Ausschlag ist da nur der erste Vorbote. Sie weiß: Das, was da in ihrem Bauch haust, ist nicht ihr Kind. Es ist etwas anderes, etwas Fremdes. Die befreundete Mutter, die Meyerling empfohlen hat, hat zumindest ihr Meyerling-Baby ausgetragen, das heute zwei Jahre als ist und ein Genie sein soll. Allerdings hat es anscheinend auch seinen älteren Bruder umgebracht (von wegen

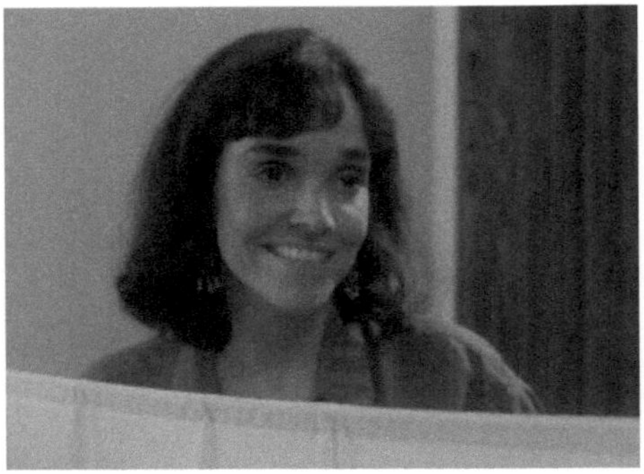

Abb. 514: Einmal ein Baby zum Mitnehmen, bitte.

»Unfall«). Bei dessen Begräbnis geht das VILLAGE OF THE DAMNED-ähnliche, blonde Kind zu Virginia und streichelt ihr über ihren schwangeren Bauch. *Spooky*!

Für Virginia wird die Situation immer belastender, und sie befindet sich in einem ständigen Ausnahmezustand, in dem sie sogar unabsichtlich ihre geliebte Katze umbringt. Sie ist entweder gerade am Rande oder mitten drin in einem Nervenzusammenbruch. Dadurch ist THE UNBORN auch nicht besonders unterhaltsam. Es ist eben kein spaßiger B-Film, sondern ein Thriller-Drama, das aber nicht sehr aufregend ist und wenige schockierende Momente hat. Die zweckdienliche Fernsehfilm-Ästhetik ist nicht untypisch für einen kleineren Film dieser Zeit. Dafür wird die Spannung gut und konstant aufrechterhalten, was man hoch anrechnen kann. Der deutsche Titel UNBORN – KIND DES SATANS verweist auf die inhaltliche Ähnlichkeit mit dem Klassiker ROSEMARY'S BABY. Hier ist aber nicht ein Satanskult, sondern die Wissenschaft für das Übel verantwortlich.

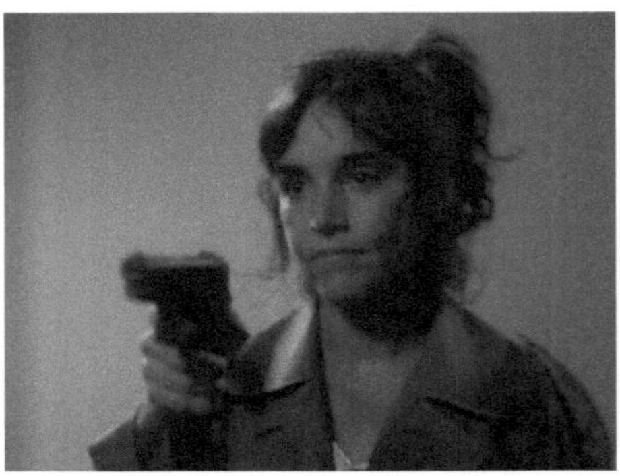

Abb. 515: Mutterschaft ist nicht für jede Frau ein Segen.

Der richtige, lebendige *tiny horror* wird dann erst im Finale kurz ausgepackt, als (Spoiler!) das Mutantenbaby sich nach einer Abtreibung kurz wieder zurückmeldet. Deswegen war THE UNBORN auch stark an der Grenze, überhaupt keinen Eintrag in diesem Buch zu bekommen. Der *tiny terror* dominiert zwar die Handlung, tritt aber lange, lange nicht autonom in Erscheinung. Ganz im Gegensatz übrigens zur Fortsetzung (*Seite 420*), die gleich mit einem fertigen Baby aufwartet – ein schwächerer Film, der aber besser in dieses Buch passt.

★★★☆☆

Besonderheiten: *Die erste – und auch sehr bescheidene – Kameraarbeit von Wally Pfister, der die gesamten 1990ern im Direct-to-Video- und Softsex-Bereich schuften musste, bevor er in den Nullerjahren mit Christopher Nolan dann den Sprung in den Mainstream schaffte, viermal für einen Oscar nominiert wurde und ihn einmal auch gewann (für* INCEPTION*). / Der Film bietet zwei Schauspielerinnen, die heute deutlich bekannter und beliebter sind als die Hauptdarstellerin Brooke Adams: Comedian Kathy Griffin spielt die freakige Leiterin eines »birthing experience centers« und ist eine Lehrerin für New Age-Schwangerschaftsübungen. Lisa Kudrow macht in ihrem Kurzauftritt als Sekretärin von Dr. Meyerling nichts anderes, als zwei Empfangsdame-Sätze zu sagen, zu lächeln und Virginas Mann einen Spermabecher für die Befruchtung zu überreichen. Ein paar Jahre später wird sie als Phoebe Cates in der Serie* Friends *das Fernsehpublikum Amerikas und der restlichen zivilisierten Welt verzaubern – mit 100% weniger Spermabechern, dafür 1.000.000% mehr Erfolg. / Eine ziemlich erotische, kurze Sexszene mit Brooke Adams in Strapsen auf einem Schaukelstuhl.*
Creative Killing: *Nö.*
Nervige Skeptiker: *Nicht wirklich.*
Kill Count: *4 (1 off camera)*

The Unborn II

1994
Deutsche Titel: Baby Blood II / Baby Blood II – Welcome to Hell
Regie: Rick Jacobson (Bitch Slap, *Xena: Warrior Princess, Ash vs Evil Dead, Spartacus: Gods of the Arena)*
Drehbuch: Daniella Purcell, Mark Evan Schwartz
Nennenswerter Cast: Michele Greene (*L.A. Law*)
Coole Tagline: Created of Science. Void of Soul. Born to Rule.
83 Min.

Gleich zu Beginn wird ein Kleinkind auf einem Spielplatz weggeballert. Für den unnatürlich hyperintelligenten Fratz war Dr. Meyerling verantwortlich (siehe Teil 1). Beide Unborn-Filme eröffnen also mit einer Schockszene, die über die vielen darauf folgenden Expositions- und Charakterszenen hinwegtrösten sollen, bevor es wieder spannend/actionreich wird.

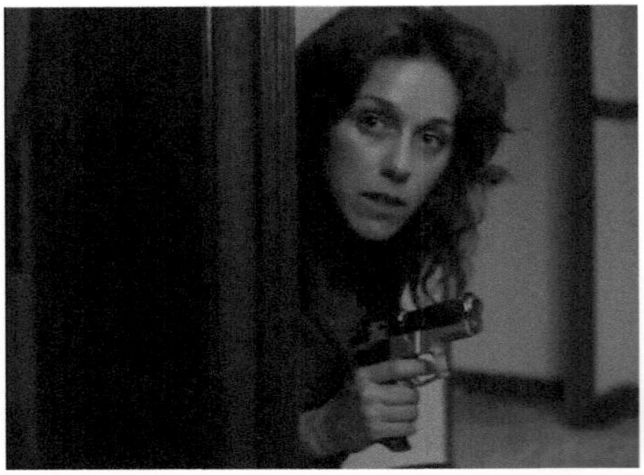

Abb. 516: Der härteste Job der Welt: Mutter.

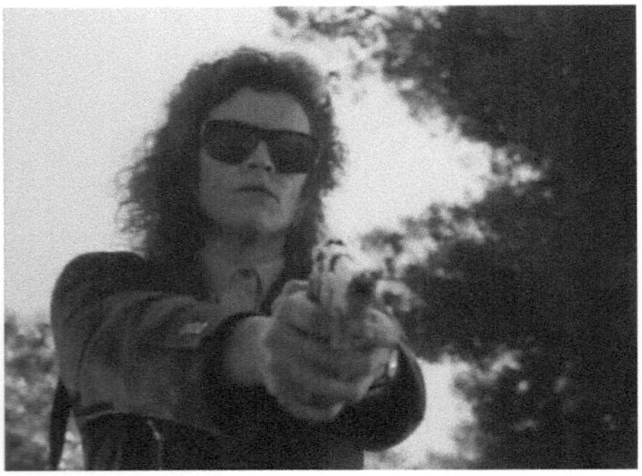

Abb. 517: I'll be back. To kill more babies.

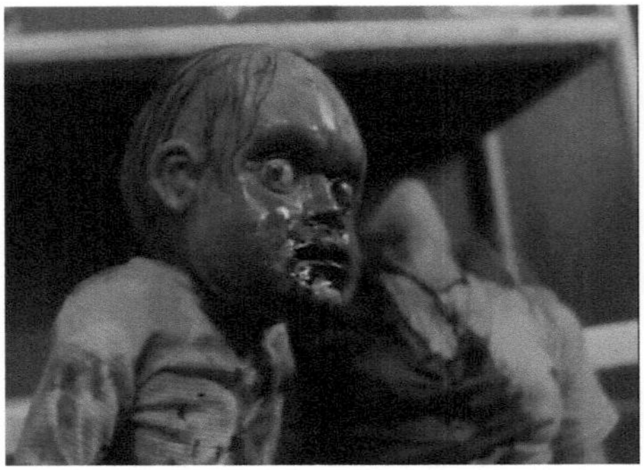

Abb. 518: Magst du das vielleicht noch mal wiederholen, von wegen »Baby muss jetzt heia heia machen«?

Der Killer hört auf den Namen Linda Holt. Auch sie wurde ein Opfer von Meyerlings Gen-Experimenten, und das Mutterglück blieb ihr verwehrt. Jetzt fährt sie in einem Cabrio durch die Gegend und streicht mit einem roten Filzstift Namen von ihrem Kill-Zettel. Sie ist quasi die Baby-Terminatrix, die alle In-vitro-Mutantenbabies von Dr. Meyerling ausradieren will. Linda sieht zwar eher aus wie eine Bankangestellte, aber zumindest hat sie eine coole Terminator-Sonnenbrille auf. Und irgendwie hat sie es bislang geschafft, nicht von der Polizei geschnappt zu werden.

Unsere Hauptdarstellerin (Michele Greene) ist wieder eine Kinderbuchautorin: Catherine zieht mit ihrem Meyerling-Baby Joey, der sehr gerne sehr heftig zubeißt, in ein neues Haus. Ehemann gibt es keinen mehr, vermutlich weil er von klein Joey totgebissen wurde. Logischerweise kommt es zu einer Konfrontation zwischen Catherine und Linda. Bei der Gelegenheit büxt der Horrornachwuchs aus, nachdem er seine Babysitterin und deren Lover totgebissen hat. Linda sagt zu Catherine, dass Joey sie kontrollieren würde und dass sie vernünftig sein und ihr Mutantenkind umbringen muss. Wie ein normaler Mensch das halt macht! Linda muss aber wieder abhauen, als sie Polizeisirenen hört.

Catherine geht schön langsam auf Konfrontation mit ihrem Killerbaby, doch dann entpuppt sich jemand aus Catherines Nachbarschaft als fanatischer Meyerling-Anhänger, der Joey schützen will, und dann schaut auch noch die Fürsorge vorbei!

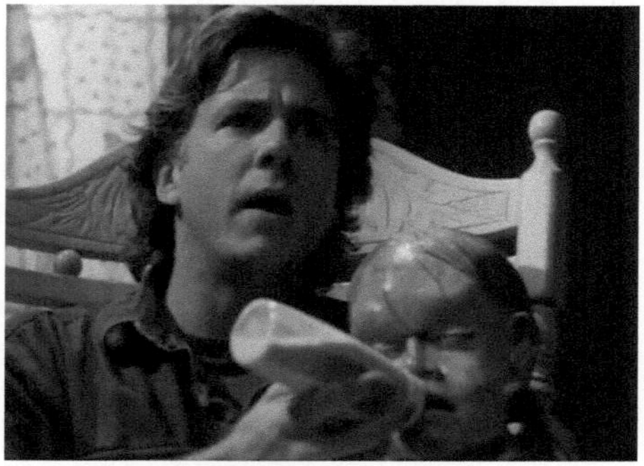

Abb. 519: Killerbaby-Enabler.

Killer-Baby vs. Baby-Killer – wer wird überleben? Siegt die Mutterliebe oder Waffengewalt? Stimmt es, dass sich der kleine Joey gegen seine Mama wenden wird, wenn er ihre Muttermilch nicht mehr braucht? Und dann die Welt beherrschen wird? THE UNBORN II ist etwas anspruchsloser als der erste Teil, hat noch etwas mehr Fernsehfilm-Feeling und statt Brooke Adams eine weitaus schwächere Schauspielerin in der Hauptrolle. Sowohl Handlung als auch Spannungsbogen sind sehr flach, dafür hat er aber wenigstens mehr Action und doppelt so viele Kills.

★★☆☆☆

Besonderheiten: *In Deutschland wurde der Film als »Baby Blood II« veröffentlicht, obwohl er mit BABY BLOOD (Seite 36) nichts zu tun hat.*
Creative Killing: *Nein.*
Nervige Skeptiker: *Keine.*
Kill Count: *8 (4 off camera), davon zwei Babies und ein Kleinkind.*

VACACIONES DE TERROR

Mexiko 1989
Übersetzung des Titels: »Urlaub des Schreckens«
Regie: René Cardona III (KEIKO EN PELIGRO[78]; Sohn von René Cardona Jr., dem wir THE BERMUDA TRIANGLE [Seite 53] zu verdanken haben.)
Drehbuch: Carlos Valdemar (GUYANA: CRIME OF THE CENTURY)
81 Min.

In älteren, härteren Zeiten, als alles noch Schwarzweiß war, wird eine Frau als Hexe verbrannt. Vorher ruft sie noch Beelzebub, den Prinzen der Hölle, dass er ihr beistehen möge, und schwört Rache. Ihr Hexenmaterial, zu dem auch eine Puppe gehört, wird in einen Brunnen geworfen, der versiegelt werden soll.

In der Jetztzeit treffen wir auf den Architekten Fernando, der sich im Kreise seiner Familie einen Augentaco gönnt. Also, wirklich: Ein Tierkopf liegt auf dem Tisch, Fernando nimmt ein Auge heraus und legt es sich auf seinen Fladen. Die Kinder haben keine Lust auf Auge und essen lieber Burger. Ach, diese Jugend von heute. Der Augenschmaus war zur Feier des Tages gedacht, weil Fernando von einer entfernten Verwandten ein Haus vererbt bekommen hat. Logischerweise befindet es sich gleich neben dem Schauplatz der Hexenverbrennung von anno dazumal und soll der Familie als Feriendomizil dienen. Der Urlaub des Schreckens ist schnell fixiert.

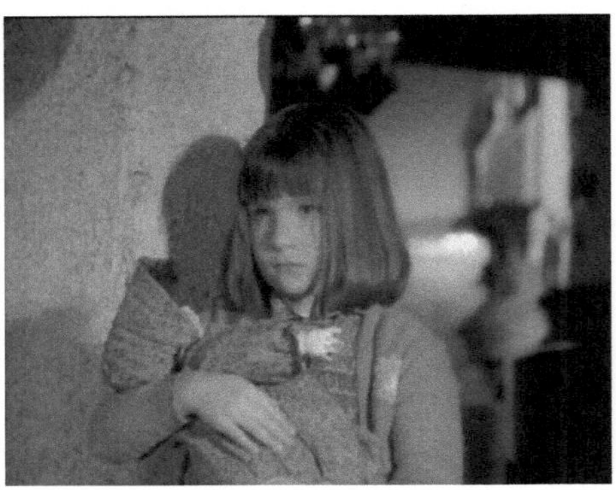

Abb. 520: Wie in THE BERMUDA TRIANGLE (Seite 53) läuft die ganze Zeit ein von einer Puppe besessenes kleines Mädchen herum und schaut finster drein.

Mit an Bord sind Fernandos Teenager-Nichte Paulina und deren Freund Julio. Der ist ein Student des Okkulten und erwirbt einen Talisman, der vor Bösem schützen soll. Der Umhänger soll leuchten, wenn eine böse Macht in der Nähe ist. So wie das Schwert vom Hobbit Bilbo Beutlin, das vor sich hin glimmt, wenn sich Orks oder Goblins in der Nähe befinden. Paulina ist eine Bitch und macht sich über Julios Leidenschaft fürs Okkulte lustig. Für sie ist der Talisman Schrott.

Das neue Ferienhaus entpuppt sich als verstaubte alte Bruchbude, in der bald einige merk-

[78] Ein obskurer Film, der aber in den USA auf DVD veröffentlicht, und sogar im deutschen Free-TV unter dem Titel DER WAL AUS DEM WELTALL ausgestrahlt wurde. Star des Films ist Keiko, der bekannteste Orca-Wal der Welt, der in den FREE WILLY-Filmen auftrat. In KEIKO EN PELIGRO (dt: »Keiko in Gefahr«) geht es um den außerirdischen Wal Keiko, der von Aliens auf der Erde ausgesetzt werden musste und jetzt zurückgeholt werden soll. Der Wal wird von den Menschen als Attraktion gehalten, ist auf Grund der Umweltverschmutzung der Erde krank geworden und soll von ein paar Erdenkindern gerettet werden. Die *South Park*-Folge *Free Willzyx* ist nur augenscheinlich eine Parodie auf FREE WILLY, viel mehr hat sie jedoch genau die selbe Grundhandlung wie KEIKO EN PELIGRO, was nie öffentlich angesprochen wurde. Trey Parker und Matt Stone müssen diesen obskuren *Mex-movie* gesehen haben, oder es ist einer der größten Zufälle in der Geschichte der Unterhaltungsindustrie.

würdige Dinge passieren. Tochter Gaby sieht nächtens die Hexe am Baum hängen und fällt später in den nahegelegenen Brunnen. Der Boden des Brunnens stellt sich als Höhle heraus, in der der gesamte Hexenvorrat liegt. Warum ist der Brunnen nicht mehr versiegelt, hat man ihn irgendwann wieder aufgebrochen? Oder wurde er gar nie erst versiegelt und alle sind damals nach der Hexenverbrennung gleich nach Hause gegangen? War es schon spät und alle wollten schlafen? Und danach war man zu faul und hat vergessen, dass da noch Arbeit zu erledigen war?

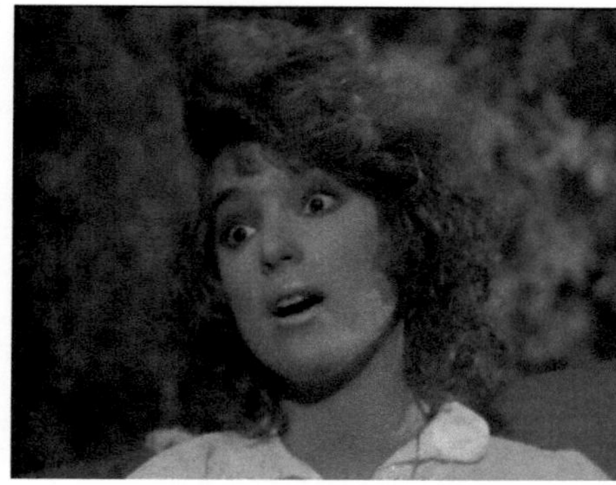

Abb. 521: Hier weht kein Wind, Paulinas Frisur ist Absicht.

Jedenfalls findet Gaby dort die Puppe, ist plötzlich wie ausgetauscht und blickt nur noch finster durch die Gegend. Die Puppe bewegt zwar nur ihre Augen, hat aber telekinetische Fähigkeiten. Leute brechen am Boden zusammen, und dann passieren noch schlimmere Dinge. Gaby weiß, was die Puppe will und wen sich nicht mag (Spoiler: sie mag niemanden). Fernando muss seine Frau ins Krankenhaus bringen, und somit treten Julio und Paulina größtenteils alleine gegen die böse Macht an.

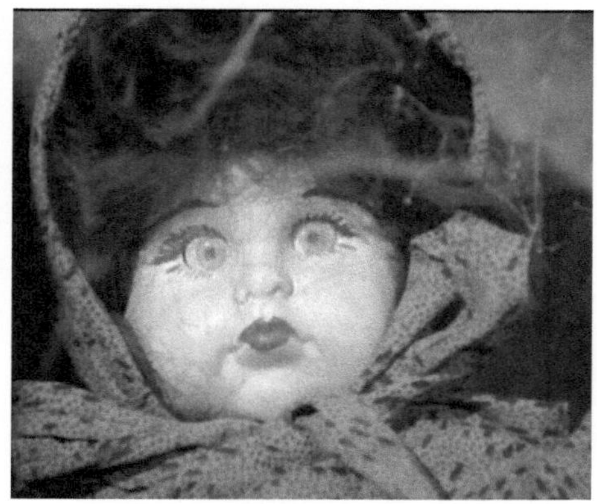

Abb. 522: ¡Qué horror!

Wer sich denkt »Hey cool, endlich mal ein Puppenhorror, der nicht aus den USA kommt. Das wird mal was anderes«, der wird wohl enttäuscht werden. Denn noch formelhafter und klischeebeladener wäre sich in 80 Minuten wohl schwer ausgegangen. Aber das macht ja vielleicht auch nichts, wenn man die Klischees und die Formel mag. Hier haben wir eine sehr sympathische *old school*-Geisterhaus-Geschichte, voll von witzigen, kleinen Einfällen. Mal sind plötzlich Würmer und Ratten im Kühlschrank, dann bluten auf einmal die Gemälde im Haus, und so weiter. Es gibt auch gar nicht so wenig Action, mit herumfliegenden Körpern und explodierenden Tonstatuen.

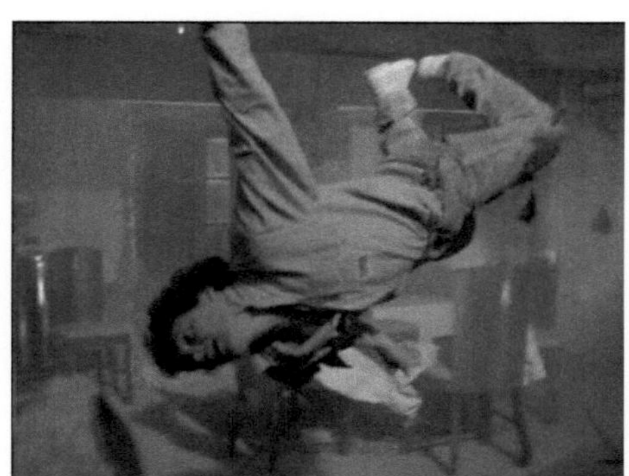

Abb. 523: Den Julio mag die Puppe auch nicht.

Ich wollte dem Film fast eine Drei geben, weil sich die Teufelspuppe nie bewegt. Aber VACACIONES DE TERROR ist einfach zu liebenswert und herrlich cheesy, aber gleichzeitig auch gruselig. Und ein Gruselfilm, der auch wirklich gruselig ist, ist leider alles andere als eine Selbstverständlichkeit.

Der Film dürfte in Mexiko (verständlicherweise!) einen gewissen Kultstatus haben, denn für 2018 wurde »Vacaciones de terror – la reunion« angekündigt, was entweder ein Remake oder gar ein Reboot werden soll.

★★★★☆

> ***Besonderheiten:*** *Ich weiß nicht, ob man das als Besonderheit zählen kann, aber ich musste € 114,66 für eine Compilation-DVD hinblättern, um ziemlich seltene Fassungen der zwei VACACIONES-Filme aus den USA zu importieren. Der Film war sonst nirgends auffindbar, und die YouTube-Version hatte keine Untertitel.*
> ***Creative Killing:*** *Von einem Wandspiegel zuerst verbrannt und dann verschluckt.*
> ***Nervige Skeptiker:*** *Paulina zweifelt alles Legendäre und Okkulte an, für das Julio so leidenschaftlich brennt, und empfiehlt ihm deswegen sogar einen Psychiater. Außerdem sprießt ihr eine Monobraue und sie nervt ihn ständig damit, dass er sich irgendeinen Broterwerb suchen soll. Also komm Julio, drop the bitch. Drop it like it's hot, boyo.*
> ***Kill Count:*** *Sehr wenige, soll aber nicht verraten werden.*

VACACIONES DE TERROR 2: CUMPLEAÑOS DIÁBOLICO

Mexiko 1991
Übersetzung des Titels: »Urlaub des Schreckens 2: Teuflischer Geburtstag«
Regie: Pedro Galindo III
Drehbuch: Santiago Galindo, Pedro Galindo III, Eduardo Galindo
85 Min.

Diesmal macht eigentlich niemand einen Schreckensurlaub, sondern es geht um einen »diabolischen Geburtstag«, wie der Beititel verrät. Julio aus Teil 1 ist jetzt ein Antiquitätenhändler. Wir wissen, dass es dieselbe Figur ist, weil Julio schockiert ist, als er die Puppe aus seinem letzten Sommerurlaub in den Händen eines kleinen Mädchens sieht. Ansonsten gibt es keine Verbindungen zum Vorgänger.

Die ziemlich attraktive Sängerin Mayra (gespielt vom echten mexikanischen Ex-Popsternchen Tatiana) stöbert in Julios Antiquitätenladen herum. Julio erkennt sie sofort und schmeißt sich an sie ran, denn auch er möchte mal wieder so richtig stöbern. Julio weiß auch, dass Mayras Vater der bekannte Filmproduzent Don Roberto ist. Mayra lädt ihn zur Geburtstagsfeier ihrer 7-jährigen Schwester Tania ein, die der Don demnächst auf seinem Filmstudiogelände schmeißen wird. Julio sieht Tania und die böse Puppe in ihrem Arm, doch noch bevor er Mayra oder Tania warnen kann, sind sie mit dem Auto abgerauscht. Plötzlich taucht irgendein alter Typ auf, randaliert vor Frust, dass die Todespuppe wieder da ist, in Julios Laden und wird dann von einem Auto überfahren. Im Sterben verrät der Unbekannte Julio, welches Buch über okkulte Phänomene er lesen soll, um sich zu schützen – praktisch!

Julio liest also brav, wird schnell zum Experten und geht dann auf die Party, die ein Horror-Thema hat. Don Roberto dürfte allerdings doch kein allzu erfolgreicher Produzent sein, denn die »Megaparty« sieht megabillig aus. Aber zumindest ist für Unterhaltung gesorgt: Der Film macht nämlich eine Pause, damit Kinderliederstar Tatiana (= »Mayra«) eine ganze Popnummer trällern kann. Ihre beschwingte Nummer »Chicos, Chicos, Chicos« (Jungen, Jungen, Jungen) trieft vor 80er-Schmalz und ist ganz bestimmt nicht von Sabrina Salernos Song »Boys (Boys Boys)« abgekupfert. Great minds think alike, und so. Als die aufgetakelte Tussi herumhüpfte und ihren doofen Popsong auf der Halloween-Kindergeburtstagsparty zum Schlechten gab, ist mir die Horrorhausstimmung des ersten VACACIONES abgegangen.

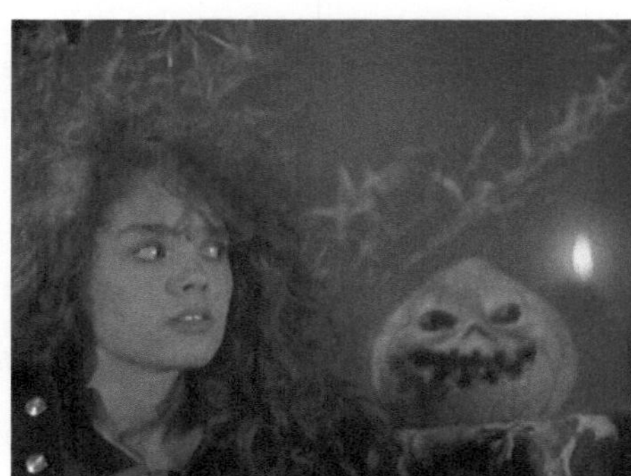

Abb. 524: Später schwebt Mayra in Gefahr.

Dann wird eine riesige Torte mit Figürchen herbeigerollt. Tania schneidet sich in die Finger

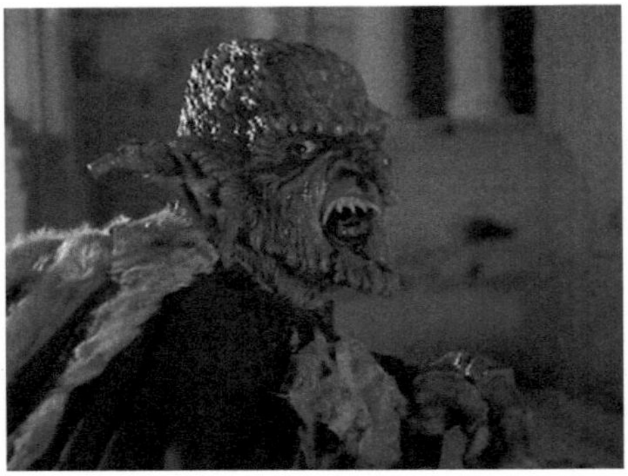

Abb. 525: Das mexikanische Gummimonster.

und Blut tropft auf eine der kleinen Figuren. Plötzlich geht das Licht aus und die Puppe, die sich unter der Torte versteckt, schnappt sich die blutige Figur und beginnt sie zu verspeisen, was überraschend verstörend aussieht. Es folgt eine Verwandlungsszene, in der die kleine Puppe sich in ein menschengroßes hässliches Gummimonster verwandelt. Es gibt einen Toten und die Party ist geplatzt.

Später kehren Julio, Mayra und Tania an den Ort zurück und der eigentliche Film beginnt, der daraus besteht, dass die drei quer durch das Studiogelände laufen und gegen das Gummimonster kämpfen, das keine Lebenden leiden kann.

Teil 2 hat noch mehr an Action und Gaudi zu bieten, hier eine (nicht vollständige) Liste an »set pieces« und Szenen: 1. Tania wird über das Gelände und in die Luft gezogen und verschwindet plötzlich vor unseren Augen. 2. Auch Mayra wird weggezaubert und in ein Figürchen verwandelt. Julio rettet sie aber schnell und erklärt ihr, dass sie den Dämon, der aus der Puppe kam, bis Sonnenaufgang besiegen müssen, ansonsten gehört die Seele ihrer kleinen Schwester für immer ihm. 3. Später wirft das Kobold-ähnliche Gummimonster brennende kleine Kürbisse auf Julio, so wie der Grüne Kobold in den Spider-Man-Comics. 4. Der Wächter der Studios ruft Don Roberto an, wird aber umgebracht, was dazu führt, dass an Robertos Ende der Leitung grüner Schleim aus der Ohrmuschel spritzt. 5. Dem Don wird's zu bunt, also stößt Papa Roberto auch noch zu Julio und Mayra und beginnt, mit seinem Revolver auf den Dämon zu ballern.

VACACIONES DE TERROR 2 ist mindestens so cheesy wie der erste Teil, aber viel doofer und weniger gruselig. Wenigstens ist er aber so doof, dass er schon wieder liebenswert ist. In Sachen Unterhaltungswert steht er dem Vorgänger in nichts nach. Die Puppe gibt es nur sehr kurz zu sehen, also ist Teil 2 als *tiny horror* überhaupt nicht empfehlenswert. Das Gummimonster ist der Hauptgegner. Allerdings taucht die Puppe gegen Ende wieder auf und spuckt jemandem einen Speer in den Körper, was ich auch noch nie gesehen habe.

★★★☆☆

Besonderheiten: *Mayra wird gespielt von einer gewissen »Tatiana«, einer echten Sängerin und TV-Moderatorin, die offenbar ein Star (oder zumindest B-Star) in Mexiko ist und viele erfolgreiche Kinderlieder komponiert hat.*
Creative Killing: *Nein.*
Nervige Skeptiker: *Don Roberto nervt ein wenig rum, aber nicht schlimm.*
Kill Count: *3 (1 off camera)*

Won Ton Baby!

2012
Drehbuch und Regie: James Morgart
Nennenswerter Cast: Debbie Rochon (Hanger, Terror Firmer, Hellblock 13, Citizen Toxie: The Toxic Avenger IV), Gunnar Hansen (The Texas Chain Saw Massacre, Hollywood Chainsaw Hookers, Mosquito)
Coole Taline: Abort Your Conceptions
100 Min.

Jeder Musikhistoriker weltweit weiß, dass Elvis Presley in seiner Endphase haufenweise frittiertes Essen reingeschaufelt hat. Berühmt sind vor allem seine Erdnussbutter-Bananen-Speck-Sandwiches aus der Pfanne.

Auch Wan Tan-Teigtaschen (engl.: Wonton) kann man in die Fritteuse schmeißen, und da Abwechslung bekanntlich das halbe Leben ist, landet Elvis mit seiner Crew 1975 in »Madam Won Ton's«. Dessen namensgebende Besitzerin (Debbie Rochon) ist weiß ist und nicht asiatisch und war angeblich einst mit einem chinesischen Mafiaboss verheiratet, dem das Lokal gehörte. Das Restaurant dient als Front, denn in Wahrheit ist es ein Etablissement – hier werden nicht nur Teigtaschen, sondern auch Fleischtaschen angeboten. Da der King höchstselbst anwesend ist, kümmert sich die Chefin persönlich um ihn und besorgt es ihm (*off camera*) so gut, dass er einen Song nach ihr benennen will. »I like to play with you« flüstert Madam ihm zu, worauf The King of Rock 'n' Roll ihr entgegnet: »That makes two.«

34 Jahre später besucht ein netter, durchschnittlicher Polizist das Lokal. Die Betreiberin ist immer noch Madam Won Ton (und immer noch Debbie Rochon) und versichert dem Polizisten wortwörtlich, dass die Tage, an denen hier gelutscht und gefickt wurde, lang vorbei sind. Madam ist heute eine reife Frau mittleren Alters, mit einem genervten Sohn und der tollpatschigen (wieder weißen, nicht asiatischen) Tochter »Little Wing Won Ton«, die für sie als Kellnerin arbeitet, geistig zurückgeblieben scheint und mit dickem asiatischen Akzent spricht. Ihre Mutter behauptet nämlich, dass ihr Ex-Ehemann – der chinesische Mafiaboss – Little Wings Vater war. Allerdings gibt es Gerüchte, dass die Tochter bei einer Drogen-Sex-Orgie in den 1970ern entstanden ist. Uns ist schnell klar, dass Elvis ihr genetischer Papa ist (Achtung, kleiner Spoiler), wobei wir gegen Ende erfahren, dass es nur ein Elvis-Imitator war.

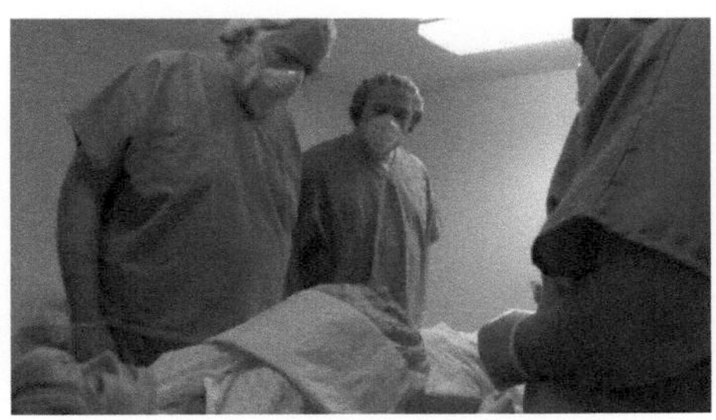

Abb. 526: Ist das Kunst oder kann das weg?

Little Wing hat eine besondere Art von Behinderung: Sie sieht aus, als wäre sie im zwölften Monat schwanger, doch in Wahrheit trägt sie, ohne dass jemand es weiß, seit ihrer Geburt ihren parasitären Zwilling mit sich herum. Drugs are bad, m'kay? Es wurde nie überprüft, was da genau los ist, aber als Little Wing vor Schmerzen umkippt, gehen sie zu Dr.

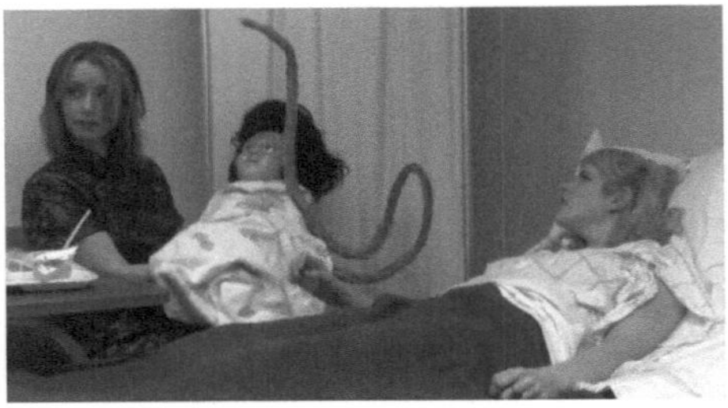

Abb. 527: Debbie Rochon (links) denkt sich wahrscheinlich gerade: »You're not paying me enough for this shit.«

Severson (Gunnar Hansen in einem Gastauftritt), von dem sie die Hammerinfo über den vollständig entwickelten Fötus in ihrem Körper bekommen. Es gäbe laut dem Doc keinen dokumentierten Fall dieser Art und es muss operiert werden, sonst wird der Fötus immer größer und Little Wing würde sterben.

Nach dem erfolgreichen Eingriff stellt sich das Ding als voll entwickelter Baby-Bub mit Krallen heraus sowie einem schleim-produzierenden Gesicht, einer langen, dicken Nabelschnur mit Muskeln und einer vollen Haarpracht – klar, ist er doch das Kind vom King. Won Ton Baby spricht sogar immer wieder mal kurze Sätze. Er benutzt seine Nabelschnur als Arm, mit der er eine Ratte tötet und danach auffrisst. Dann sieht er sich einen Porno an, in dem Frauen Erbrochenes essen, und masturbiert dazu, indem er mit seiner Power-Nabelschnur seinen Riesenpenis bearbeitet. Wie Ihr sicher merkt, ist WON TON BABY! mehr was für die Feingeister unter uns. Später hat der Kleine übrigens dann auch richtigen Sex mit einer betrunkenen Partybiene. Dann killt er auch ein paar Leute, das meiste davon sehen wir aber leider nicht.

Währenddessen lernen sich der Polizist und Madame immer näher kennen und beginnen zu daten. Er hilft ihr dabei, ihre Tochter endlich mit der Wahrheit über ihre Abstammung zu konfrontieren, sprich, dass sie ebenso asiatisch wie ihre Mutter ist.

Dass die Dialoge – noch dazu in einer Komödie, wo Timing so wichtig ist – immer sinnlos in die Länge gezogen sind und somit rein gar nicht ökonomisch erzählt wird, könnte man sowohl als lustig als auch nervig empfinden – eher wohl zweiteres. Eine 70-minütige Fassung des Films könnte ein guter und auch besonderer Amateurfilm sein. Das Material ist für einen 100-Minuten-Film einfach nicht gut genug. WON TON BABY! ist nie wirklich spannend, aber meistens gemütlich, insgesamt sogar halbwegs sympathisch, und in regelmäßigen Abständen gibt es derbe Szenen.

Auf der Bildebene finden sich die meisten Unzulänglichkeiten, wie ein immer wiederkehrendes falsches Format (4:3 auf Breitbild gestreckt) und abgeschnittene Köpfe. Beim Ton läuft es etwas besser, und man kann die Dialoge meistens verstehen.

★★☆☆☆

Besonderheiten: *Keine.*
Creative Killing: *Erwürgt von der mächtigen Nabelschnur eines Killerbabys.*
Nervige Skeptiker: *Keine.*
Kill Count: *5 (1 off camera)*

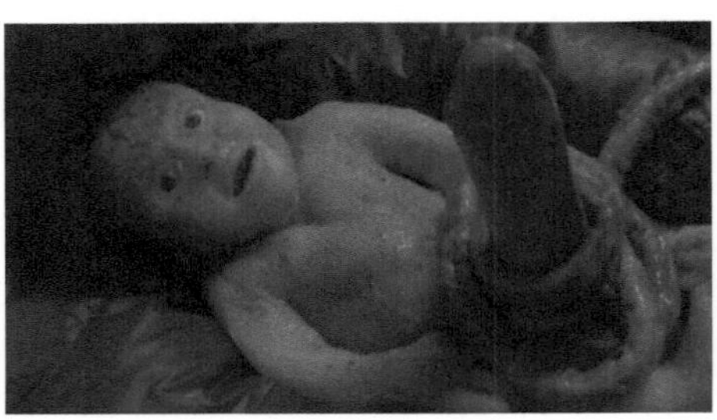

Abb. 528: Noch Fragen?

Yoga Hosers

2016
Drehbuch und Regie: Kevin Smith (Clerks, Clerks II, Dogma, Jay and Silent Bob Strike Back, Chasing Amy, Zack and Miri Make a Porno, Mallrats, Jersey Girl, Cop Out)
Nennenswerter Cast: Johnny Depp (Pirates of the Caribbean-Reihe, Ed Wood, Edward Scissorhands, Charlie and the Chocolate Factory, Alice in Wonderland, Sweeney Todd: The Demon Barber of Fleet Street, Sleepy Hollow, Public Enemies, Donnie Brasco, Fear and Loathing in Las Vegas, Dark Shadows, Blow, The Lone Ranger, What's Eating Gilbert Grape, Chocolat, Dead Man)
Coole Taline: Do your 'wurst...
88 Min.

Irgendwo in Kanada sind Colleen 1 (Harley Quinn Smith, Kevin Smiths Tochter) und Colleen 2 (Lily-Rose Depp, Johnny Depps Tochter) zwei sarkastische 15-jährige Gören, die ständig mit ihrem Handy spielen. Die beiden besten Freundinnen gehen zur Schule und arbeiten nebenbei in einem Supermarkt. Der ältere Mädchenschwarm Hunter lädt sie zu einer coolen Party ein, das wichtigste Event in ihrem jungen Leben. In der Geschichtsstunde lernen die Coleens über den »kanadischen Hitler« und seinen Unterstützer, den Berliner Wissenschaftler Andronicus Arcane. Schnee-Hitler wurde damals eingesperrt, Arcane dagegen verschwand und wurde nie gefunden.

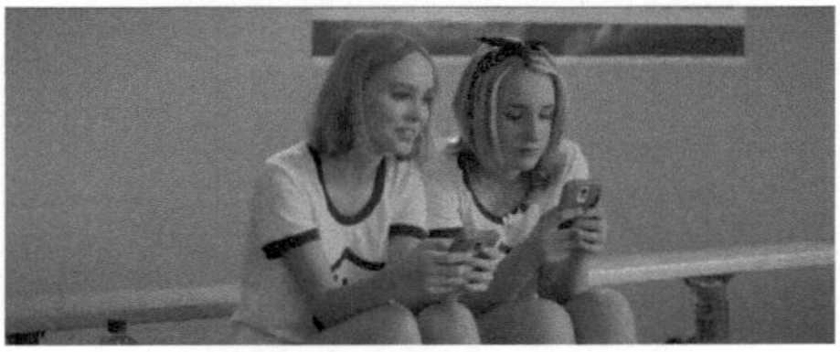

Abb. 529: Die Colleens.

Die doofe Sportlehrerin nimmt den Mädels ihre Handys weg, freilich unter heftigem Protest: »Our phones are who we are!« Ihre ebenso doofe Chefin zwingt die beiden, am Abend der Party im Supermarkt bleiben – megabasic! Also besuchen Hunter und sein Kumpel die Colleens an ihrem Arbeitsplatz, stellen sich aber blöderweise als Satanisten heraus. Weil sie aber kanadische Satanisten sind und die Kanadier ein sehr freundliches Volk sind, wollen sie zumindest nicht die Jungfräulichkeit der Mädchen rauben, sondern sie nur aufschlitzen. Doch dann werden die Nachwuchs-Satanisten plötzlich von kleinen Würstchen mit Pickelhauben tief in den Hintern gestochen und getötet. Andronicus Arcane ist zurückgekehrt und will seine Bratzis auf Kanada und die USA loslassen – kleine uniformierte Bratwurst-Nazis, die statt Blut Sauerkraut in ihren Körpern haben und die ganze Zeit nur »wunderbar« sagen. Das ist lustig, weil Würstchen und Deutsche und so. Können die Colleens zusammen mit einem schrulligen französischen Autor (Johnny Depp) Arcane und die Bratzis stoppen?

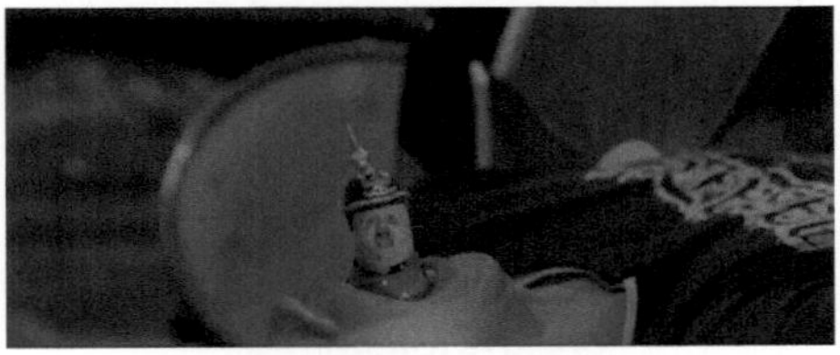

Abb. 530: Wunderbar! Nicht.

Kultregisseur Kevin Smith beschrieb in der *Late Show with Stephen Colbert* seinen neuen Film: »I like to say it's like Clueless meets Gremlins

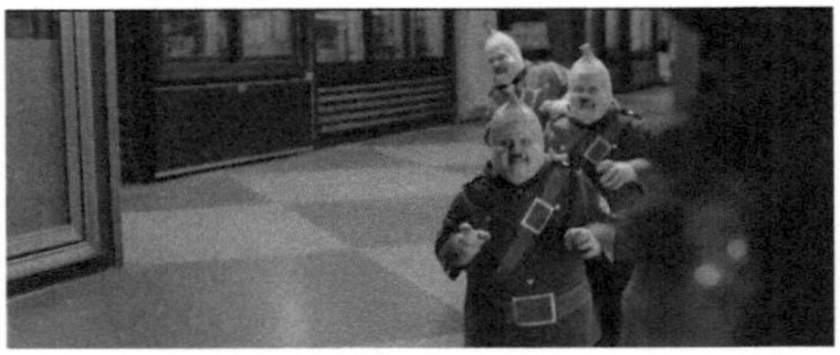

Abb. 531: Bratzis sind euch auf den Fersen.

and then people have seen the movie and they're like ›Hey man, GREMLINS is good‹ so I'm like ›OK, it's like CLUELESS meets CRITTERS‹ – that's an old 80's movie – and then there's some people like ›Dude, CRITTERS is good!‹ so I'm like ›OK, it's like CLUELESS meets PUPPET MASTER 9‹, and they're like ›OK, that's fine.'« In einem YouTube-Vlog sagt Smith weiter, dass YOGA HOSERS als Hommage an Full Moon-Filme, CRITTERS und GREMLINS gedacht war und gibt zu, dass er high war, als er sich den Film ausdachte und dass das Zielpublikum junge Mädchen seien.

Es ist verständlich, dass YOGA HOSERS der mit Abstand unpopulärste von allen Kevin Smith-Filmen ist. Dem Regisseur und Drehbuchautor ist es offensichtlich nicht nur egal, wenn er Durchschnittszuseher vergrault, sondern auch seine Fanbase, die größtenteils aus männlichen Nerds zwischen 25 und 40 bestehen dürfte. Aber es ist schon erstaunlich, *wie* schlecht und unlustig YOGA HOSERS ist, vor allem im Vergleich zu Smiths früheren, ungleich originelleren und smarteren Werken wie MALLRATS, CLERKS II und JAY AND SILENT BOB STRIKE BACK. Ein Film mit kanadischen Satanisten und Nazis sollte nicht so verdammt dürftig und vergessenswert sein.

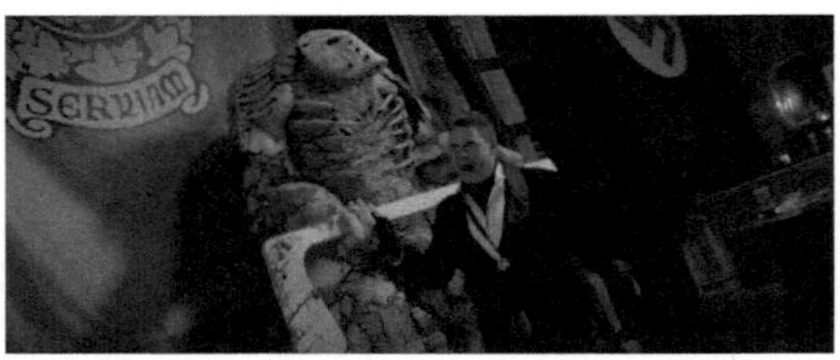

Abb. 532: Meh.

Ganz in der Kevin Smith-Tradition besteht er fast ausschließlich aus Dialogen, die spaßig sein sollen, aber diesmal eben nie sind. Ich weiß nicht, wie Teenie-Mädchen heutzutage reden, weil ich keine kenne. Aber wenn sie sich auch nur annähernd so nervig artikulieren wie in YOGA HOSERS, dann will ich zu jeden Zeitpunkt mindestens 40 Meter von ihnen entfernt sein. Dazu gibt es schlechte digitale Effekte, die aus einem modernen C-Film stammen könnten. Der Film kommt freundlich und harmlos daher, ist dabei aber ein wenig wie ein sehr schlechter und zu konstantem Augenrollen einladender Sketch von *Saturday Night Live*, der auf Spielfilmlänge ausgedehnt wurde.

Nur das Finale mit einem riesigen Hockeyspieler-Zombiemonster und eingeblendeten Soundeffekten wie in der alten 1960er Batman-Serie ist so blöd, dass es schon wieder unterhaltsam ist.

★★☆☆☆

Besonderheiten: *Kevin Smith ist wohl der bekannteste Comic-Fanatiker in Hollywood. Deshalb hat Stan Lee wieder mal einen kurzen Gastauftritt und auch Kevin Conroy, Batmans Stimme aus der Zeichentrickserie der 1990er. Der kauft sich eine Schachtel Zigaretten mit seinem Kumpel Robin. Das Geheimnis seiner beeindruckenden Baritonstimme?*
Creative Killing: *Nein.*
Nervige Skeptiker: *Keine.*
Kill Count: *4, und sehr viele Bratzis.*

ZAPATLELA 2

Indien 2013
Drehbuch und Regie: Mahesch Kothare (ZAPATLELA)
118 Min.

Vielleicht fragt Ihr Euch jetzt: »Wo ist ZAPATLELA 1?« Nun, den konnte ich leider nicht in einer Fassung mit englischen Untertitel finden.[79] Und Marathi verstehe ich genauso wenig wie alle anderen indischen Sprachen. Offensichtlich ist der Vorgänger von 1993 eine indische CHILD'S PLAY-Nachahmung, wie auch PAPI GUDIA (*Seite 285*). Man kann den Film auf YouTube finden, er sieht weitaus billiger als diese zwanzig Jahre ältere Fortsetzung aus, aber ebenso klamaukig und mit Gesangseinlagen.

20 Jahre ist es her, dass die Seele vom »schlechten Mann« Tatya Vinchu in eine Puppe eingedrungen ist (ZAPATLELA Nr. 1). Knastbruder Kubdya, der einen Buckel wie der Glöckner von Notre Dame hat, ist aus dem Gefängnis ausgebrochen und besorgt sich die Puppe, die im Vorgängerfilm einen Kopfschuss erhalten haben muss, da sie eine rote Einschussstelle zwischen den Augen hat. Er geht zu Baba Chamatkar, der eine große Nummer sein muss, weil alle für ihn singen und sich in Ehrfurcht vor ihm hinlegen, während ihm auf dem Thron zugefächert wird. Kubdya erklärt Baba, dass Tatya Vinchu Diamanten im Wert von 500 Millionen (Rupien, nehme ich an, also umgerechnet immerhin ca. 6,5 Millionen Euro) versteckt hat. Kubdya will, dass Baba Puppen-Tatya mit einem seiner Mantras wiederbelebt. Nachdem er dann die Info bekommen hat, wo die Diamanten sind, soll Tatya wieder umgebracht werden und er und Baba teilen sich die Beute 50-50. Baba sträubt sich, wird aber gezwungen, und als er seinen Mantra-Zauberspruch zur Wiederbelebung laut spricht, braut sich lokal ein Unwetter zusammen, genau wie in CHILD'S PLAY. Es klappt anscheinend nicht, was Kubdya frustriert. Es kommt zu einem kurzen Kampf, bei der Baba Kubdya mit einer Lanze mit Schwung den Hals aufschneidet – der einzige Kill in diesem Film. Blut fliegt durch den Raum, ein dicker Tropfen landet genau in der Einschussstelle am Kopf der Puppe, und sie erwacht zum Leben.

Dann erst wird der Titel eingeblendet, und gleich danach »First Marathi Film in 3D«. Da war man offenbar stolz drauf (siehe »Besonderheiten«). Marathi ist nur eine von vielen in Indien gesprochenen Sprachen und nach Hindi, Bengalisch und Telugu die vierthäufigste (danke, Wikipedia!).

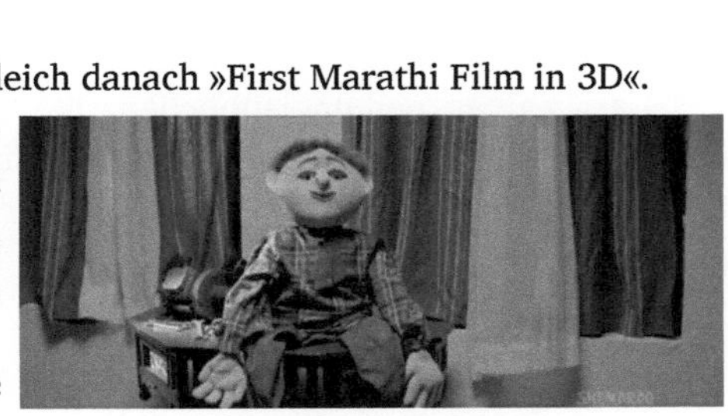

Abb. 533: Fürchtet euch!

Der böse Tatya Vinchu lebt also wieder. Die extrem bewegliche Puppe mit einer kräftigen

[79] Zwei weitere indische Puppenhorrorfilme, die ich nicht mit englischen Untertiteln finden konnte, sind AMMO BOMMA, das Remake von ZAPATLELA in Telugu-Sprache, und MANTRA, ein weiteres Hindi-Remake von CHILD'S PLAY.

Stimme fliegt im Raum umher und attackiert Baba. Tatya will in den Körper eines Menschen (wie bei CHILD'S PLAY), und es muss der Herr aus Teil 1 sein. Baba fällt nach dem schweren Angriff und einem Gespräch in ein Koma. Die Puppe findet aber praktischerweise nicht weit vom komatösen Baba ein Buch, in dem steht, dass man in diesem Fall einfach den Sohn zur Seelenübertragung hernehmen kann, wenn es beim Vater nicht geklappt haben sollte. Also sucht die Puppe nach Aditya, dem Sohn des Opfers des ersten Films.

Nach diesem doch brauchbaren Intro geht es megasteil bergab. Circa 180 Grad. So als ob Dir jemand eines Deiner Lieblingsgetränke hinstellt – sogar mit einem Schirmchen und einem lustigen, langen Strohhalm – und es dann wieder ausleert, das Glas zerbricht und mit langsamen Drehbewegungen in Deinen Bauch rammt. Die Puppe verschwindet für weite Strecken des Films, damit die vielen nervigen und unlustigen Charaktere alle glänzen können.

Maschinenbaustudent Aditya betreibt mit seinem dicken Sidekick ein heruntergekommenes Mini-Holz-Riesenrad auf einem Vergnügungspark, auf dem Ganesha gehuldigt wird. Der traurige Rummelplatz sieht richtig billig aus – so stelle ich mir vor, dass sie in Nordkorea oder einer verlassenen Ostblockzone aussehen. Wenn da mal Ganesha nicht böse wird. Aditya interessiert sich wie sein verstorbener Vater sehr für Bauchredekunst und will der Schüler eines Bauchredners werden, der auf dem Rummelplatz auftritt. Er trifft auf die Tänzerin Megha, die bald zum College gehen wird, und die zwei verlieben sich sofort. Doch Meghas aufbrausende Mutter und ihr megatuntiger Vater, der unter der Fuchtel seiner nervigen Frau steht, schwirren ständig um die beiden herum.

Zudem verscherzt es sich Aditya mit dem Bodyguard des Bauchredners. Aditya will abwechselnd immer wieder hinter die Kulissen zu Megha, um mit ihr zu flirten, und hinter jene vom Bauchredner, um auch ihn zu beeindrucken. Das führt zu vielen unlustigen Slapstickszenen und kindischem Versteckspiel, während Aditya ständig auf der Flucht vor dem Bodyguard ist. Durch einen großen Zufall landet die Puppe genau bei Aditya, also muss er vor der auch noch flüchten.

ZAPATLELA 2 ist, milde ausgedrückt, leichte Unterhaltung. Wobei es leichter eigentlich gar nicht mehr geht. Trotzdem fühlte sich mein Leben für zwei Stunden sehr schwer an. Das liegt an der unglaublichen Dichte an schlechtem Slapstickhumor und Gags auf Kindergartenniveau. Fast alle Figuren sind erwachsene Menschen, die sich wie zankende Kinder verhalten. Umso erstaunlicher ist, dass es sich hier offensichtlich um eine hochbudgetierte Prestigeproduktion handelt. Das Ganze ist wie ein opulentes, teures Kasperltheater.

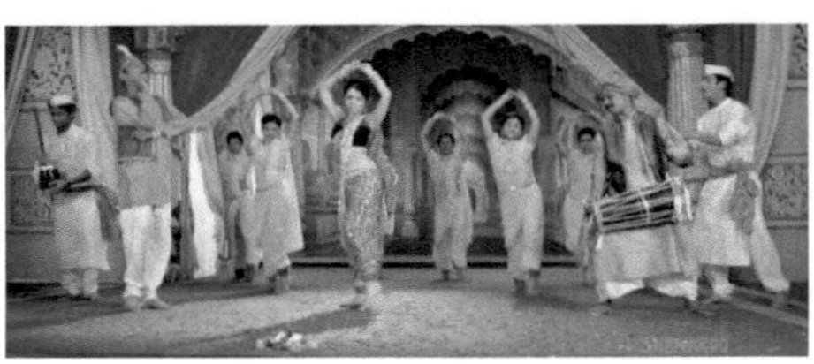

Abb. 534: Tanzeinlage

Ein Film sollte – wie ein Lied – Höhepunkte und unterschiedliche Tempi haben. Hier haben wir dagegen banal aneinandergereihten Szenen, die alle ähnlich und mit der gleichen Geschwindigkeit ablaufen, ohne Spannungsbogen. Wenn man ZAPATLELA 2 mit Musik vergleicht, wäre es ein Trommelkreis, bei dem zwei Stunden lang monoton mit denselben zwei Tönen auf den Nerven herumgetrommelt wird. CHILD'S PLAY wäre dagegen eine Symphonie.

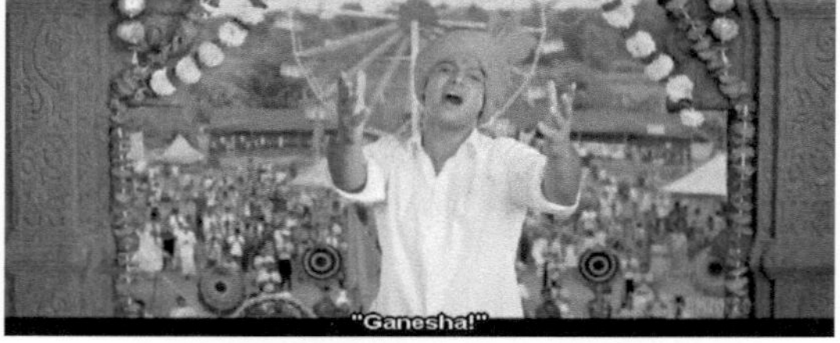

Abb. 535: Oranges Kopftuch, Samenstau: Er studiert Maschinenbau.

Ich vermeide Bollywoodfilme fast komplett, also habe ich wenige Vergleichsmöglichkeiten. Wahrscheinlich ist expressives Overacting ein typisches Merkmal. Jedenfalls scheint es, als würden die Schauspieler Kindertheater vorführen. Ich weiß, dass viele Leute Gesangseinlagen hassen – noch dazu mit Tanz –, aber als Musicalfan bin ich da ganz anderer Meinung. Hier haben wir drei Einlagen, eine davon im Finale, bei der die Handlung wieder unterbrochen und die allmächtige Ganesha verehrt wird. Und jetzt alle zusammen: »Heil dir, Elefantengöttin Ganesha!«

Die 3D-Effekte beschränken sich übrigens im Wesentlichen darauf, dass Obst durch die Gegend fliegt und unschuldige Leute trifft, was mit Soundeffekten versehen ist, die nach *Teletubbies* klingen.

ZAPATLELA 2 ist ein für unseren Kulturkreis und unsere Sensibilitäten ungeeigneter Klamaukblödsinn. Als Horrorfilm kann er kaum durchgehen. Die Puppe kommt viel zu wenig vor, es gibt wenige Angriffe und nur einen Kill. Erst in den letzten Minuten wird die Puppe überhaupt wieder eine Bedrohung, so wie zu Beginn. Das Horrorelement bietet somit nur den Ausgangspunkt und das kurze Actionfinale des Films. Wobei er so nervtötend ist, dass man ihn dann doch als Horrorfilm zählen kann. In gewisser Weise ist es der größte Horror in diesem Buch, und noch dazu zwei Stunden lang. Als zehn Minuten vor Schluss endlich die Puppe Aditya mit einem Messer attackierte, dachte ich: »Ja, bitte bring dieses unerträgliche, singende, Ganesha-verehrende Arschloch endlich um, und dann alle anderen auch.«

Auf Grund seines technischen Levels müsste man zwei Sterne vergeben, aber ZAPATLELA 2 ist so permanent nervig, das er nicht mehr als einen Stern verdient hat. Teil 1 ist wohl ähnlich unerträglich, und noch dazu billiger und technisch schwächer – so gesehen freut es mich eigentlich, dass ich ihn nicht finden konnte.

★☆☆☆☆

> ***Besonderheiten:*** *ZAPATLELA 2 ist nicht nur grottenschlecht, er lügt uns auch noch mit einem Lächeln ins Gesicht. Es stimmt nicht, dass es der erste Marathi-3D Film ist, diese Ehre gebührt offenbar AAI MALA MARU NAKO von 2012. Den konnte ich auch auf YouTube finden. Er sieht billig und schlecht aus – bei den Tanzszenen im Grünen sieht man hinten Autos vorbeifahren. Vielleicht hat den Film deshalb niemanden interessiert.*
> ***Creative Killing:*** *Nein.*
> ***Nervige Skeptiker:*** *Alle nerven, aber nicht mit ihrem Skeptizismus.*
> ***Kill Count:*** *1*

Zombeavers

2015
Deutscher Titel: Zombiber
Regie: Jordan Rubin
Drehbuch: Al Kaplan, Jon Kaplan, Jordan Rubin
Coole Tagline: You'll all be Dammed!
78 Min.

Tierhorror kommt in diesem Buch ja eigentlich nicht vor, aber hier muss ich eine Ausnahme machen, da es sich um Fantasytiere handelt. Es sind zwar Biber, aber Zombie-Biber – Zombiber eben!

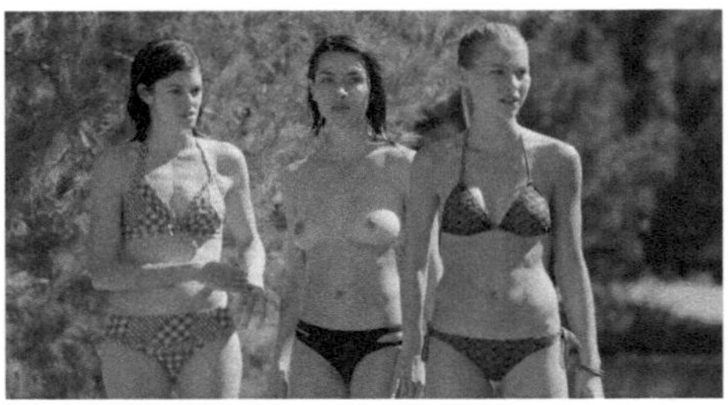

Abb. 536: Beaver fever.

Zwei Herren von der medizinischen Abfallentsorgung fahren mit ihrem Pickup eine Landstraße entlang, während der eine (der sehr unterhaltsame Stand-up-Comedian Bill Burr in einem Gastauftritt) seinem Kollegen von einer prolongierten homosexuellen Erfahrung erzählt. Bill Burr spielt mit dem Handy und sie überfahren ein Reh. Durch den Aufprall fällt eine Kiste des nicht näher definierten Bio-Abfalls vom Truck in den Fluss neben der Straße, wo Biber mit der giftgrünen Flüssigkeit in Kontakt kommen.

Drei attraktive Studentinnen in ihren frühen Mittzwanzigern – eine normale, eine sehr nette und eine sehr sarkastische – wollen dort in der Nähe in einer ziemlich abgelegenen Waldhütte ihr Wochenende verbringen. Eine von ihnen wurde von ihrem Freund betrogen, und nun möchten die Damen mal ohne ihre Männer entspannen, und auch ohne Handys, denn es gibt keinen Empfang.

Doch bald werden sie von ihren Liebhabern überrascht. Die drei Herren crashen die *girls-only*-Party, und da sie mit Latten in ihren Hosen betteln, dürfen sie bleiben. Denn immerhin haben die Damen auch Bedürfnisse. Der Betrüger ist auch dabei, und seine Freundin ist nachvollziehbarerweise megasauer auf ihn, liebt ihn aber noch. Doch bald bahnen sich viel größere Probleme an.

Ein schrecklich erscheinender, tollwütiger Biber von der Größe eines kleinen Hundes sitzt plötzlich in der Badewanne und wird von einem der Herren mit einem Baseballschläger zu Tode geprügelt. Aber nur scheinbar, denn der Zombiber wird später noch einmal attackieren. Nach dem Vorfall überlegen die jungen Leute, ob sie wieder nach Hause fahren sollen. Einerseits sind ein oder mehrere Horrorbiber unterwegs, andererseits haben die drei Kavaliere vier Stunden Autofahrt hinter sich, sind nach der ersten Runde immer noch rattig und wollen noch ein paar Mal Landhüttensex genießen.

Hier wird kein Witz liegengelassen. Aus der Tatsache, dass »beaver« Slang für »Muschi« ist, holt der Film das Maximum heraus, bis eine der Figuren schließlich sogar bittet: »Will you please stop with the beaver jokes?« Aber keine Sorge, nach einer guten halben Stunde sind die Kalauer endgültig vorbei. Denn wisst ihr, wer auch rattig ist? Die Zombiber, die nun vermehrt auftauchen. Einem der Herren wird beim Baden im See ein Bein abgebissen. Die Gruppe rettet sich auf ein im See verankertes Badefloß, das gerade groß genug für fünf Menschen ist. Nummer Sechs kämpft derweil in der Küche gegen den wiedererwachten Zombiber des ersten Angriffs.

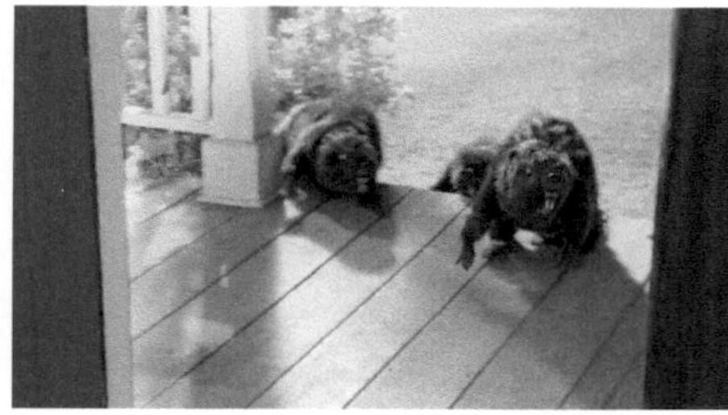

Abb. 537: Zombiber vor der Haustüre.

Die Horrorviecher sind smart, durchbeißen das Telefonkabel der Hütte und auch das der Nachbarshütte und bauen einen Holzdamm mitten auf der Straße, dem einzigen Fluchtweg. Das nette alte Nachbarsehepaar wurde schon getötet, sie kehren aber als Zombies wieder zurück. Oh nein, die Zombiberbisse sind ansteckend?! Jawohl, die Gebissenen werden zu Zombies mit Biberzähnen und Biberschwänzen, und damit zu einer zusätzlichen Bedrohung. Die Nager belagern die Hütte, ihre toten Augen leuchten in der Finsternis, und die Gruppe kann nicht flüchten. Wer wird diesen Horror überleben?

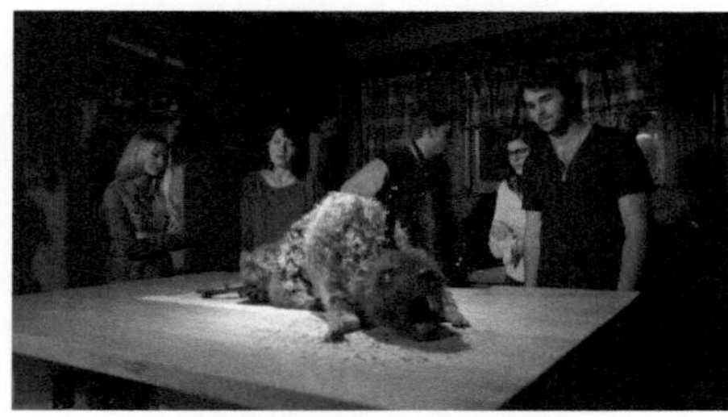

Abb. 538: Es ist serviert.

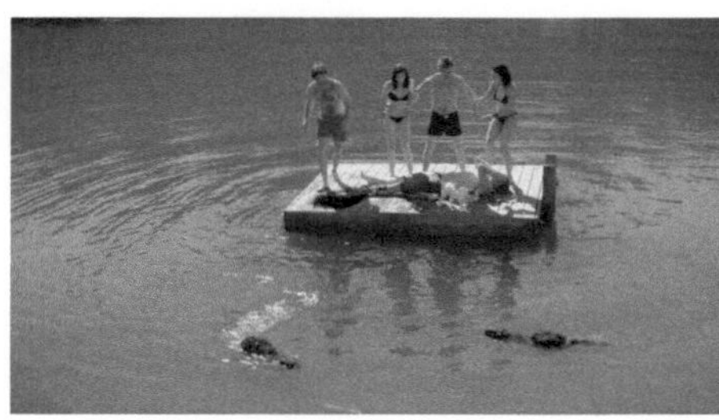

Abb. 539: Eine Biber-brenzlige Situation.

Das klingt jetzt alles vielleicht wie einer dieser miesen »SyFy Original Movies«, ist aber um mindestens eine Welt besser. Im Meer an Junge-Leute-fahren-aufs-Land-und-werden-von-einem-Killer/Monster-attackiert-Filmen sticht ZOMBEAVERS heraus, da er überraschend gut gemacht ist, sowohl filmtechnisch, tricktechnisch als auch schauspielerisch. Weder das Setting noch die Handlung sind originell gestaltet. Dafür gibt es viel Action, einige nett gestaltete Angriffe, wenig Tote (die meisten verwandeln sich ja in Zombies), aber ziemlich viel Gore. Das was der Film machen soll, macht er gut.

Viele dieser Filme halten sich mit ewigen Suspense-Szenen im Finsteren auf. Nicht so dieser Film: Weder gibt es langweiligen Suspense noch sind wir zu Lange im Dunklen. Neben den schönen Aufnahmen bei Tageslicht gibt es viele gute Nachtaufnahmen, bei denen man immer genug sieht. Das ist leider alles andere als eine Selbstverständlichkeit im B-Horror-Bereich. ZOMBEAVERS hat erfrischend kräftige, digitale Bilder.

Ebenfalls bemerkenswert ist, dass der Film sich nicht in reinem Klamauk verliert. Er ist fast durchgehend unterhaltsam, aber die Bedrohung ist als ernste Lebensgefahr ständig präsent. Die vielen praktischen Effekte und das gute Make-up sind auch erwähnenswert. Wir haben es nicht mit CGI-Bibern zu tun, sondern mit richtigen Puppen, die wie ein Alptraum aus *Jim Henson's Creature Shop* aussehen – das verdient Applaus. Obendrein gibt es etwas derben und morbiden Humor sowie viele Sex-Jokes.

★★★★☆

Besonderheiten: *Gleich im Anschluss an die letzte Szene läuft ein* gag reel, *also Outtakes und erweiterte lustige Sätze, die aus dem Film entfernt wurden und ihn noch klamaukiger gemacht hätten. / Ein Braunbärbiberzombie taucht kurz auf. / Anfang 2018 wurde bekannt gegeben, dass das lange angekündigte TV-Comeback der Critters in* Critters: A New Binge *von den* ZOMBEAVERS*-Machern auf die Beine gestellt werden soll. / Regisseur Jordan Rubin (Jahrgang 1972) war viele Jahre lang erfolgreicher Comedyschreiber für etablierte amerikanische TV-Persönlichkeiten wie Craig Kilborn, Larry Wilmore, Carson Daly und Jimmy Kimmel. Außerdem schrieb er für diverse MTV-Liveshows und* Crank Yankers. */ Wenn man sich im Kino oder sonst wo mit anderen Menschen Filme ansieht, kann einem etwas auffallen: Nämlich, dass einige Leute fast nie Probleme damit haben, wenn Menschen sterben, aber sehr wohl, wenn Hunde in Gefahr sind oder sterben. Das finde ich ziemlich degeneriert und gestört, dass man ein Hundeleben über das eines Menschen stellt. Vielleicht hat es mit der christlichen Idee der Erbsünde zu tun, so quasi: »Alle Menschen sind in irgendeiner Form schuldig, im Gegensatz zu Tieren.« Aber was auch immer die kranke Ursache dieser Einstellung ist: In ZOMBEAVERS beweist einer der Kavaliere Geistesgegenwärtigkeit, Problemlösekompetenz und Vernunft in einer lebensgefährlichen Situation: Er wirft den Zombie-Bibern den kleinen Hund ins Wasser, den eine der Ladies mitgenommen hat. So sind die Monster abgelenkt und nicht weniger als fünf Menschen können dadurch einstweilen ihr Leben retten. Gut so!*
Creative Killing: *(*off screen-*)Verbluten durch einen von einem Zombiber abgebissenen Penis.*
Nervige Skeptiker: *Keine.*
Kill Count: *4 (3 off camera) und viele Zombiber.*

Zombie Babies

2011
Drehbuch und Regie: Eamon Hardiman
86 Min.

Zu schlechter Letzt hier noch ein ultragrindiger, kleiner Amateurfilm:

Südstaaten-Glücksritter Burt und sein intellektuell herausgeforderter Kumpan Teddy führen nicht-professionelle Abtreibungen in einem heruntergekommenen Hotel durch. Das Geschäft läuft schlecht für die zwei Proleten, weil Schwangerschaftsabbrüche kürzlich legalisiert wurden. Not, oder in dem Fall Gier, macht erfinderisch: Burt verteilt Flyer für einen »abort-a-thon«, ein günstiges Wellnesswochenende in seinem Bruchbuden-Hotel inklusive fachgerechtem Abtreibungsmarathon. Einige Paare nehmen das Angebot in Anspruch, unter ihnen ein Sugardaddy mit einer unabsichtlich geschwängerten Prostituierten, eine Bitch mit Nerdfreund und ein »normales« Paar.

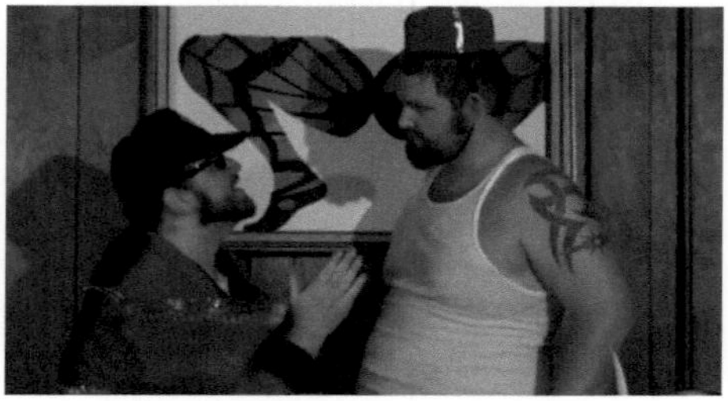

Abb. 540: Geschäftsleute, durch und durch.

Nach getaner Arbeit liegt ein riesiger Föten-Haufen im Keller. Blöderweise befindet sich dieser genau neben Burts Schnapsdestille, mit der er ein ganz spezielles alkoholisches Getränk zaubern kann, das ihn unsterblich macht. Burt sieht aus, als wäre er in seinen 40ern, ist aber angeblich über 100 Jahre alt. Die Schnapsdestille läuft über, und die magische Flüssigkeit erweckt den Haufen abgetriebener Föten zum Leben. Was für eine Schnapsidee…

In der ersten Szene mit einem der kleinen Titelhelden glaubt der mit einer Augenbinde versehene Sugardaddy, dass seine Prostituierte ihn wieder mal verwöhnen wird, stattdessen kackt ein Zombie Baby ihm Dünnpfiff in seinen Mund.

Der eine oder andere könnte innerlich ein wenig sterben bei dem Ganzen. Hier eine kleine Liste von Dingen, die der Filmemacher lustig findet: Eine Reihe von Abtreibungen mit einem Metallkleiderbügel; billige Nutten; ficken und über's Ficken sprechen; schlechter Hotelservice; Schäbigkeit in allen Formen; Kotzen beim Sex; Variationen von Durchfallszenen inklusive einer, in der eine Frau sich darin suhlt; eine Frau, die Zombiebabysperma ins Gesicht gespritzt bekommt.

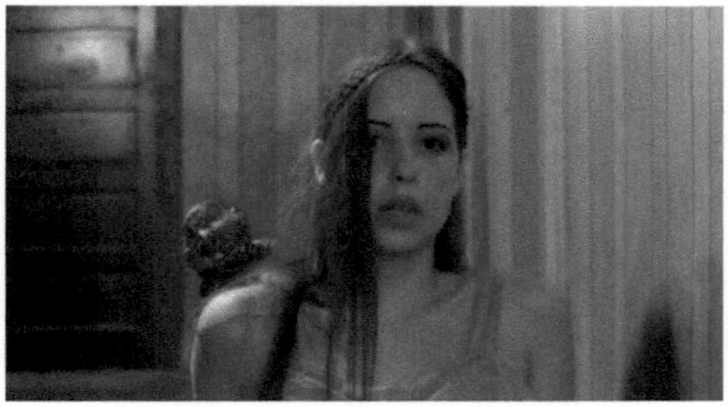

Abb. 541: Sie merkt gerade, dass ein Zombie-Baby ihr im Nacken sitzt.

Natürlich werden schlecht animierte Puppen verwendet und nicht CGI. Die Szene mit dem »erwachenden« Fötenfleischberg war zu aufwändig, also mussten krude animierte Zeichnungen herhalten. Fehlende Soundeffekte und Dialoge (Lippen bewegen sich, man hört nichts) der Nicht-Schauspieler sowie die schlechte Tonabmischung stechen besonders hervor. ZOMBIE BABIES wäre auch ein Spitzenkandidat, wenn es einen Preis für die schlechteste Kameraarbeit in einem kommerziell veröffentlichten Film gäbe. Dass man sowohl ZOMBIE BABIES als auch z. B. AVENGERS: INFINITY WAR als »Film« bezeichnet, ist eigentlich reichlich bizarr. Bei dem Gedanken könnte einem schwindlig werden.

★☆☆☆☆

Besonderheiten: *Der Nerdfreund wird von Shawn C. Phillips gespielt, a.k.a. »coolduder«. Der YouTuber hat in den späten Nullerjahren »DVD Updates«, bei denen DVD- und BluRay-Käufe präsentiert werden, popularisiert und möglicherweise sogar erfunden. Ebenso beliebt waren Videos seiner Filmsammlung. Das war noch lange, bevor YouTube von Let's Plays und Verschwörungsvideos überschwemmt war und sich massenhaft Konzerne an die Videoplattform hefteten. In ZOMBIE BABIES dürfen wir coolduder bei einer Sexszene und bei einer Kackszene beiwohnen.*
Creative Killing: *An frisch und direkt verabreichtem Durchfall erstickt. / Ein Opfer wird von einem Zombie Baby mit dessen Nabelschnur so fest gewürgt, dass es ihm den Kopf abtrennt.*
Nervige Skeptiker: *Keine.*
Kill Count: *5 (2 off camera)*

Tiny TV-Terrors: Folgen von TV-Serien mit kleinem Horror

Fernsehfilme sind im Hauptteil des Buches ebenbürtig neben Kino- und Video-Veröffentlichungen aufgeführt. *Das große Buch des kleinen Horrors* ist, wie der Beititel schon sagt, eine Filmenzyklopädie. Aber da böse Puppen und Horrorspielzeuge klarerweise auch in diversen Fernsehserien vorkommen, sollen in diesem Kapitel die drei mit Abstand bekanntesten Beispiele für TV-Serien mit *tiny terrors* Platz finden. In jeder der drei Serien, die nach Erscheinungsjahr gereiht sind, gibt es wiederum drei Geschichten, die kleinen Horror beinhalten.

»You've just crossed over into...The Twilight Zone.« Wenn es diese einflussreiche Kultserie nicht gäbe, hätte ich dieses TV-Kapitel eigentlich gleich weglassen können. *The Twilight Zone* war damals eine innovative und ideenreiche Serie, die im Gegensatz zu den *Goosebumps*-Kindergeschichten und dem eher lauwarmen Grusel aus der Schattenwelt in *Tales from The Darkside* auch heute noch wirklich interessant und spannend ist – nicht nur aus historischem Interesse. Die Folge *Living Doll* gehört obendrein zu den bekannteren und beliebteren der ganzen Serie.

The Twilight Zone

(1959-1964)
Deutscher Alternativtitel: Unwahrscheinliche Geschichten / Geschichten, die nicht zu erklären sind
3 Folgen á 25 Minuten

The Dummy

Season 3, Episode 33
Erstausstrahlung: 1962
Deutscher Titel: *Der Bauchredner*

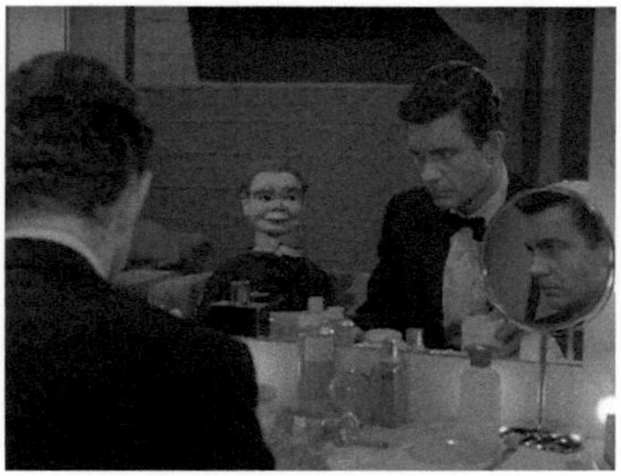

Abb. 542: Jerry und Willie.

Jerry ist mit seiner Bauchrednerpuppe Teil einer Varieté-Show in einem überschaubaren Etablissement. Weil er überzeugt ist, dass seine Puppe Willie wirklich lebt, ist Jerry instabil, trinkt und ist ein Nervenwrack. Darunter muss sein Agent, der glaubt, dass Jerry eigentlich das Zeug zu einem Star hätte, seit vielen Jahren leiden. Viele Auftritte wurden ausgelassen und viele Ausreden gemacht. Es kommt zu einem Schreigefecht, weil Jerry sich wieder einmal betrinkt und wiederholt darauf besteht, dass Willie ein Eigenleben hat. Der Agent meint, Jerry sei schizophren und solle wieder zu einem Psychiater gehen, worauf Jerry ihm antwortet, dass er schon erfolglos sämtliche Psychiater durch sei und deren fachliche Meinungen in- und auswendig kenne. Er bleibt dabei: Das Holzding lebt. Der Agent hat nun endgültig genug und wirft das Handtuch.

Jerry sperrt Willie in einer Truhe ein und macht Pläne, künftig mit einer anderen Puppe aufzutreten und Willie zu verbrennen. Als er nach Hause gehen will, hört er auf einmal Willies Stimme, obwohl er gar nicht im selben Raum mit ihm ist und sich immer weiter von der Truhe entfernt. Jerry dreht durch, läuft panisch umher und sucht Willie, doch er kann die Stimme nicht orten. Die Truhe ist leer, und Willie nimmt die Sache, wie es der Erzähler Rod Serling ausdrückt, in seine eigene, hölzerne Hand.

Keine schlechte, aber eine sehr durchschnittliche Folge aus der *Twilight Zone*, die für Puppenhorror-versierte Leute wie uns maximal aus historischer Sicht interessant ist.

★★★☆☆

Living Doll

Season 5, Episode 6
Erstausstrahlung: 1963
Deutscher Titel: *Die Rache der Puppe*

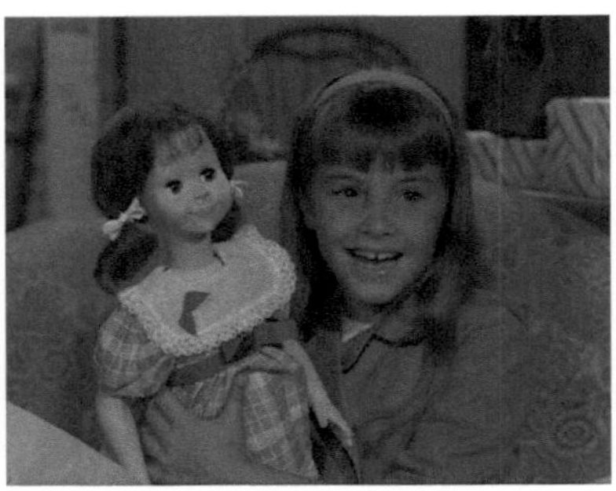

Abb. 543: Christie und Talky Tina.

Annabelle hat ihrer kleinen Tochter Christie eine tolle neue Puppe gekauft, die sprechen kann. »Talky Tina« gibt Standardsätze von sich, die immer mit »My Name is Talky Tina...« beginnen. Der relativ neue Stiefvater Erich (Telly Savalas!) findet das gar nicht gut, und immerhin musste die Gattin damals bei solchen Finanzangelegenheiten eigentlich noch den Hausherren konsultieren.

Erich ist herrischer und mürrischer Mann, der die kleine Christie vernachlässigt. Den groben und emotional verkümmerten Typ kauft man Telly Savalas irgendwie sofort ab. Da Erich sich nicht um Christie kümmert, wollte Annabelle, dass sie mit der Puppe wenigstens eine Spielzeug-Gefährtin bekommt. Erich ist kein Fan von Tina und schreit Christie an, die nach oben in ihr Zimmer läuft. Erich sieht sich Puppe genauer an und zieht sie an ihrer Schnur auf. Als die gesprächige Tina ihn daraufhin wissen lässt, dass sie ihn nicht mag, fetzt er sie gegen die Wand. Also ich bin jetzt schon auf der Seite von Talky Tina. Am Boden liegend richtet sie Erich aus, dass er das bereuen wird.

Doch die Sache sitzt tiefer: Wir erfahren, dass Erich keine Kinder zeugen kann, also kann er für Christie keine geschwisterlichen Spielgefährten schaffen. Man muss hier seinen Frust auch verstehen, immerhin haben sich Männer in den 1960ern fast ausschließlich durch ihre Erwerbsarbeit und durch ihr gesundes Sperma definiert. Außerdem ist man mit einem deutschen Namen in einer alten, amerikanischen Schwarzweiß-Produktion automatisch etwas grober. Seine verständnisvolle Frau weiß: Erich hat es schwer, sich an sein neues Leben anzupassen, da kürzlich mit der Hochzeit zwei Damen auf einmal in sein Leben getreten sind.

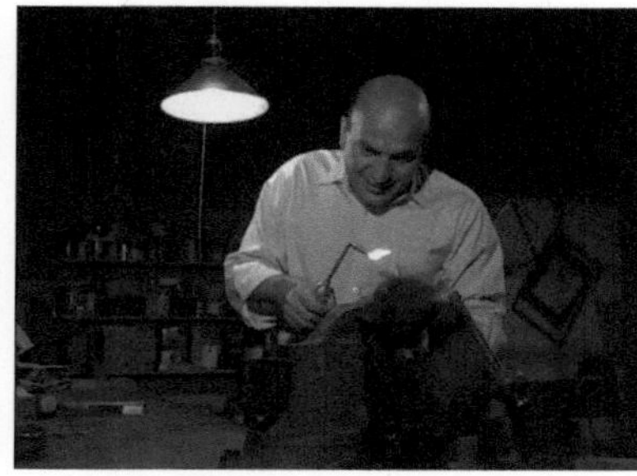

Abb. 544: Erich hat die Schnauze voll.

Immer wenn Erich mit der Puppe alleine ist, lässt sie ihn fortan wissen, dass sie ihn hasst. Aber selbst als Tina ein richtiges Gespräch mit ihm beginnt, hat er keine Angst vor ihr. Er glaubt nämlich, Annabelle habe ein Walkie-Talkie in dem Plastikding versteckt und würde ihm so mit einem Mikrophon einen Streich spielen. Wenn jemand anderes zugegen ist, sagt Tina nur noch ihrem Standardsatz »My name is Talky Tina and I love you very much.« Langsam kommt auch Erich ins Grübeln und wirft Tina in eine Mülltonne. Wenig später erhält er einen Anruf von Tina: »My Name is Talky Tina and I'm going to kill you."

Es macht schon Spaß, Ernst Stavro Blofeld (oder für TV-Fans: Kojak) dabei zuzusehen, wie er maßlos von einer Plastikpuppe irritiert ist und erfolglos versucht, sie in seinem Hobbykeller zu zerquetschen, verbrennen und zersägen. Talky Tina ist aber noch unzerstörbarer als Chucky.

Living Doll ist eine sehr sauber gemachte, spannende Folge mit makelloser Regie und einem tollen Telly Savalas. Die Conclusio ist banal, der Rest jedoch könnte der beste Puppenhorrorkurzfilm überhaupt sein. Das Sahnehäubchen: Die tolle Musik von Bernard Herrmann (Hitchcock-Komponist, sowie für CITIZEN KANE, TAXI DRIVER, THE DAY THE EARTH STOOD STILL, JASON AND THE ARGONAUTS, u.v.a.)

★★★★★

CAESAR AND ME

Season 5, Episode 28
Erstausstrahlung: 1964
Deutscher Titel: *Caesar und ich*

In der ersten Szene trifft Hauptdarsteller Jackie Cooper (Perry White in den alten SUPERMAN-Filmen) auf Gastauftritt Stafford Repp (Chief O'Hara mit dem dicken, irischen Akzent in der alten *Batman*-Serie). Beide sind Kalifornier, doch Repp spielt diesmal keinen Iren, sondern einen jüdischen Pfandleiher. Dafür mimt Cooper diesmal einen Iren: Den gutmütigen Bauchredner Jonathan West.

Dieser findet einfach keine Arbeit, muss seine Armbanduhr für lausige fünf Dollar verpfänden und weiß nicht, wie er die nächste Miete zahlen soll. In seinem

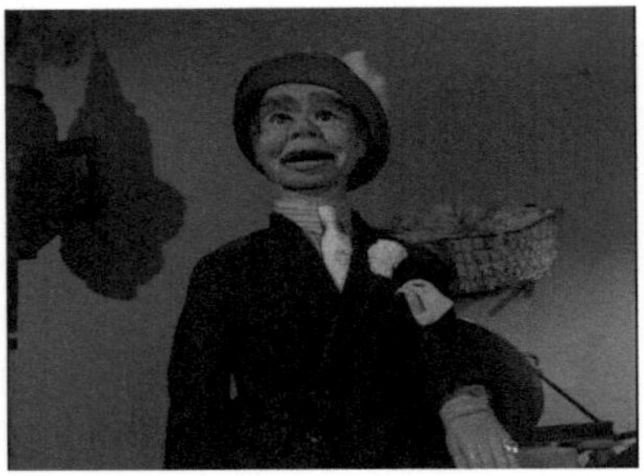

Abb. 545: Caesar braucht Geld für seinen Pimp-Lifestyle.

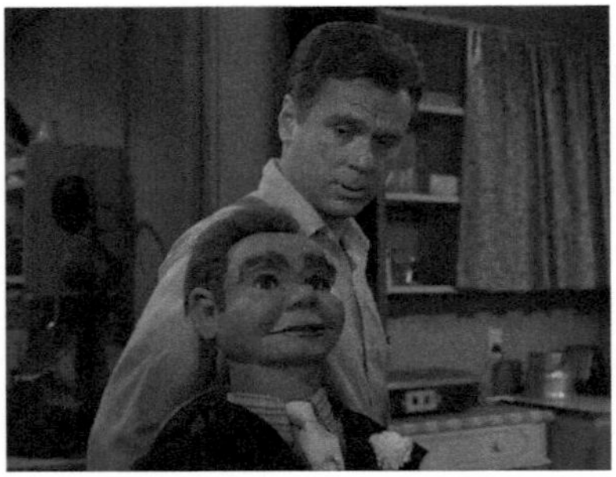

Abb. 546: West ist skeptisch.

(Noch-)Zuhause angekommen, spricht die Puppe Caesar plötzlich mit ihm, was uns nicht überrascht, West hingegen schon. Casesar meint, West solle endlich aufgeben. Nach diesem Intro schwenken wir zu Rod Serling, der uns wie immer warnt, dass wir die Twilight Zone betreten.

Schlechte Gags = keine Gigs: West landet weiterhin keinen Job, weil seine Scherze viel zu lahm sind, weshalb ihn Puppe Caesar auch ständig heruntermacht. Der arme Bauchredner, der sich abends wieder mal mit Kartoffelsuppe begnügen muss, lässt sich fortan von der sprechenden Puppe kontrollieren. Caesar ist nämlich der Meinung, dass in dem talentlosen Bauchredner zumindest ein drittklassiger Dieb steckt, und er drängt West zu einer kriminellen Tat. Nachdem auch ein zweites, größeres Ding gedreht ist, meint West, er könne sich nicht mehr in den Spiegel schauen.

Nach einem anonymen Anruf stattet die Polizei West einen Besuch ab und Caesar verstummt. Vielleicht kann der junge, anonyme Anrufer der neue Partner für den kriminellen Caesar werden?

Caesar and Me ist eine unterhaltsame Folge, die zwar nicht ganz so edel ist wie *Living Doll*, aber mit einem ebenso dramatischen und besseren Finale. Übrigens hat man für Caesar einfach die Willie-Puppe aus der Folge *The Dummy* wiederverwendet und ihr einen schickeren Anzug verliehen.

★★★★★

Tales from the Darkside

(1983-1988)
Deutscher Titel: *Geschichten aus der Schattenwelt*
3 Folgen á 22 Minuten

Inside the Closet

Season 1, Episode 7
Erstausstrahlung: 1984
Deutscher Titel: *Das Zimmer meiner Tochter*

Die süße, unschuldige, junge Studentin Gail braucht kurzfristig eine Bleibe und quartiert sich in einem Zimmer bei einem strengen Vermieter, dem Professor Dr. Fenner, ein. Dort befindet sich unerklärlicherweise eine etwa einen Meter hohe Türe in der Wand, hinter der sich angeblich ein Schrank befinden soll, dessen Schlüssel verschwunden ist. Zwei Mal wacht die Studentin in der Nacht auf, weil sie Geräusche hinter der Türe hört.

Mehrere Male sagt sie Fenner, dass sie Ratten in den Wänden vermutet, was dieser als Unsinn abtut. Völlig unmotiviert erzählt er ihr einmal vom Tod seiner Frau. Da wir aber in so einer Folge nur etwa 20 Minuten Zeit haben, antwortet sie darauf in etwa mit »Was ist jetzt mit der Türe? Da lebt etwas darin!« In der Nacht öffnet sich die Türe von selbst und das Monster kommt heraus. Leider gibt es ein unbefriedigendes Ende.

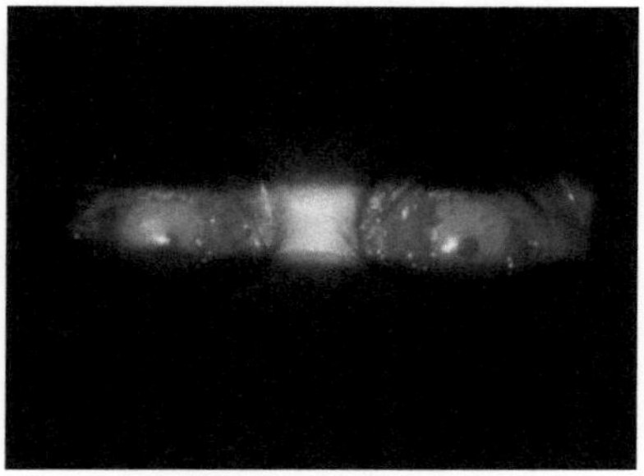

Abb. 547: Das Monster im Schrank: Es ist real.

Diese Geschichte kann man als »eh nett« bezeichnen, denn sie ist wirklich nichts Besonderes, aber eben auch nicht schlecht. *Inside the Closet* ist eine der wenigen Regiearbeiten von Make-up-FX-Guru Tom Savini[80], der klarerweise auch das ziemlich cool aussehende Monster designt hat. Diesem ist es wohl zu verdanken, dass diese Folge von *Tales from the Darkside* sogar zu den bekannteren gehört. Wer Angst vor kleinen Monstern im Schrank hat, oder welche bekommen möchte, dem könnte diese Folge gefallen.

★★☆☆☆

Ursa Minor

Season 2, Episode 10
Erstausstrahlung: 1985
Deutscher Titel: *Der Teddy war's*

Ein kleines Mädchen bekommt einen Teddybären und nennt ihn – ganz kreativ – Teddy. Dieser hat im Anfängerkurs für kleine Horrorwesen brav aufgepasst, und so folgt die Geschichte dem typischen, uns bekannten Muster, nur eben runtergepresst auf 20 Minuten. Eine Blumenvase fällt runter und die Küchenwand wird an einer Stelle verschmiert. Immer wieder soll Teddy an diesen und ähnlichen Aktionen Schuld sein, was die Mama ihrer Kleinen nicht abkauft.

Der Papa ist Antiquitätenhändler und ständig so betrunken, dass er nicht mehr weiß, wo er den Stoffbären her hat. Mama konsultiert einen Experten für

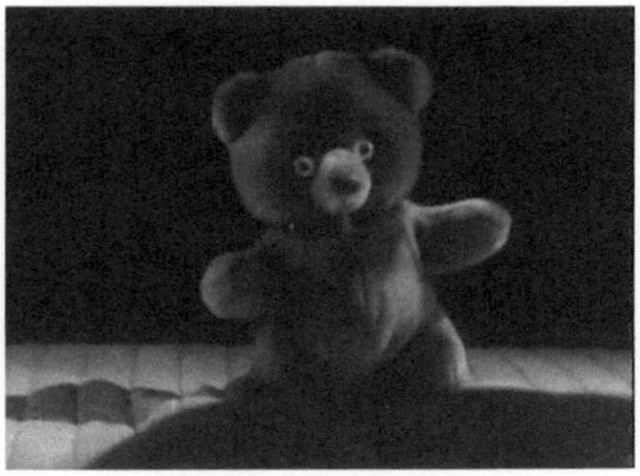

Abb. 548: Free hugs!

[80] a.k.a. »Sex Machine« in From Dusk Till Dawn.

Magie und Mythen, der folgende Hammer-These aufstellt: Der Bär war einst ein mächtiges und gefürchtetes Wesen, dem sogar eine Sternenkonstellation gewidmet wurde. Dann aber wurde das Tier von der modernen Zivilisation gebändigt und auf Maskottchen und Kinderunterhaltung wie Winnie-the-Pooh reduziert. Mittlerweile reicht es dem mythischen Bären, und jetzt schlägt er zurück. Kriegt man für solche Theorien etwa wissenschaftliche Stipendien oder Radioauftritte?

Den Teddy selber sehen wir so gut wie nicht in Aktion, und im erlösenden Finale dieser völlig trivialen und ereignisarmen Folge sticht die Mama mit einem Messer mehrmals auf den Teddybären ein.

★★☆☆☆

THE GEEZENSTACKS

Season 3, Episode 5
Erstausstrahlung: 1986
Deutscher Titel: *Das Puppenhaus*

Die kleine Audrey bekommt von ihrem Onkel ein großes Puppenhaus geschenkt, dass der Immobilienhändler in einem verlassenen Haus gefunden hat. Mit dabei ist auch ein Set von realistisch aussehenden Puppen, das von ihr auf »Familie Geezenstacks« getauft wird.

Audrey spricht zu den Puppen, und die Szenarien, die sie mit ihnen spielt, treten später wirklich ein. So kauft sich die Mutter zum Beispiel einen Mantel, nachdem Frau Geezenstrack dies auch getan hat, und als Herr Geezenstack krank wird, passiert dasselbe mit Audreys Papa Sam.

Dieser macht sich langsam Sorgen, aber seine Gattin tut die Ereignisse als Zufälle ab. Eines Tages kommt Sam spät von der Arbeit nach Hause und das Essen ist verbrannt. Seine Frau stellt ihn zu Rede, während das Kind ihr wohl nicht so unschuldiges Spiel spielt und verkündet, dass Herr Geezenstack seiner Frau eine runterhaut. Und siehe da, fast hätte Papa Sam der Mama wirklich eine verpasst, ausgeholt hatte er schon.

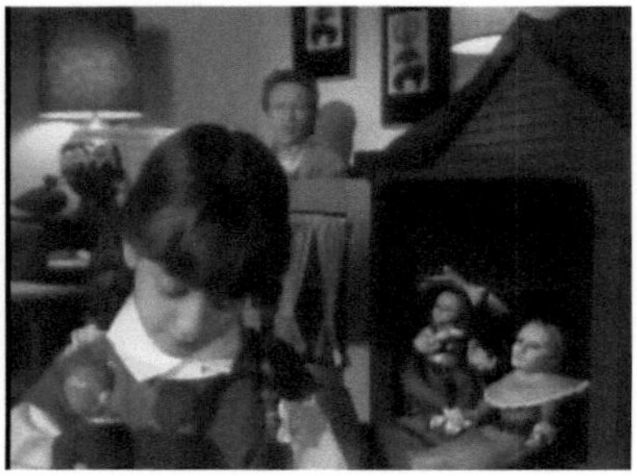

Abb. 549: Tödliches Kinderspiel und im Hintergrund der besorgte Papa.

Sam wird immer angespannter wegen der Puppen, was seiner Frau und dem Onkel Sorgen bereitet. Als Audrey spielt, dass Herr Geezenstack stirbt, fleht Sam sein Kind an, dass sie das nicht nachspielen soll, dass sie überhaupt niemals spielen soll, dass irgendeiner der Puppen etwas zustößt oder eine stirbt. Mama hat schließlich genug: Das Puppenhaus mit den Geezenstacks muss weg. Audrey meint nur, dass das nicht notwendig sei, da sie ohnehin bald auf eine lange Reise gehen werden.

The Geezenstacks zieht sich ebenso, ist aber die stimmigste der drei Episoden, mit einer interessanten Mystery-Idee und einem coolen Twist im Finale. Ich will nur so viel verraten: Am Ende sind mehr Puppen da als zu Beginn. Es ist quasi das INCEPTION unter den Horrorpuppengeschichten und zur Abwechslung mal was Originelles.

★★★☆☆

GOOSEBUMPS

(1995-1998)
Deutscher Titel: *Gänsehaut – die Stunde der Geister*
4 Folgen á 22 Minuten

Alle vier *Goosebumps*-Folgen handeln von der Bauchrednerpuppe Slappy. Die erste Puppengeschichte *Night of the Living Dummy II* basiert, wie alle anderen Folgen der Serie, auf einem *Goosebumps*-Buch. Falls Ihr Euch über die römische Zwei wundert: Die Vorgängergeschichte wurde nicht fürs Fernsehen verwendet. Der GOOSEBUMPS-Langfilm, in dem (ein anders designter) Slappy den Oberfiesling spielt, findet sich übrigens auf *Seite 194*.

NIGHT OF THE LIVING DUMMY II

Season 1, Episode 10
Erstausstrahlung: 1996
Deutscher Titel: *Die Puppe mit dem starren Blick*

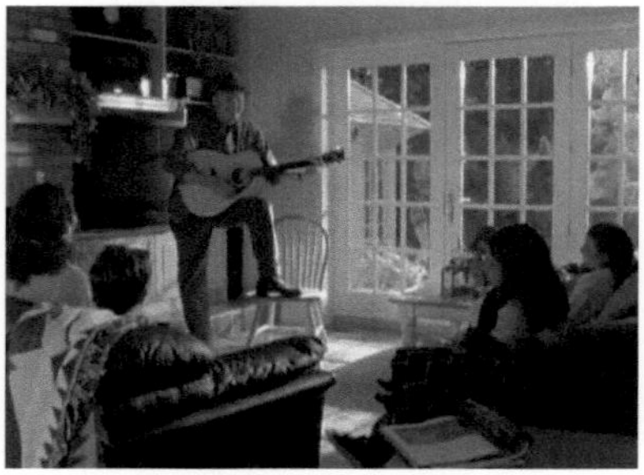

Abb. 550: Nein. Danke.

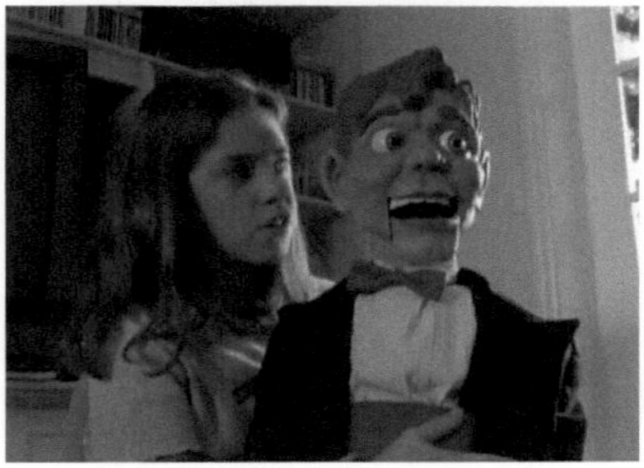

Abb. 551: Ein schlimmer Finger.

Eine Vorstadtfamilie mit drei Kindern veranstaltet in ihrem Wohnzimmer immer wieder Unterhaltungsabende, bei denen die Familienmitglieder ihre Talente zur Schau stellen. Der Papa singt Kinderlieder und kennt ein paar Akkorde auf der Gitarre, der Sohn ist Amateurfilmer, die ältere Tochter Sara kann Malen... das waren noch die dunkleren Zeiten, bevor das Internet sich durchsetzte, und als man mit dem Auto wo hinfahren musste, um sich einen Film zu holen.

Das Hobby der jüngeren Tochter Amy ist Bauchrednerkunst. Sie bekommt »Slappy«, eine Puppe aus einen Second Hand-Laden, geschenkt und ist überglücklich. In der Tasche von Slappys kleinem Jackett findet sie eine Karte mit komischen, fremden Wörtern drauf. Amy liest die Karte vor, während mysteriös klingende Musik eingespielt wird. Oje...

Beim nächsten Unterhaltungsabend beleidigt Slappy auf Amys Schoß sitzend auf kindertaugliche Weise der

Reihe nach die Familie: Der Papa kann nicht singen und die Mutter ist dick. Amy schwört, dass sie diese Dinge nicht sagt. Natürlich glaubt ihr niemand. Slappy ruiniert das neueste Bild von Sara, und bald macht sich Amy ihre gesamte Familie zum Feind.

Sie wirft Slappy in den Kanal, aber er kommt zurück und gibt sich dann auch Sara zu erkennen. Amy und Sara versuchen gemeinsam, die freche, kichernde Puppe zu besiegen.

Keine schlechte Geschichte, aber eine extrem einfache und seichte, mit einem kurzen Gruselfinale. Das brutalste, was Slappy macht, ist, dass er eine Freundin von Amy am Finger packt und nicht loslassen will. Zu Hülf!

★★☆☆☆

NIGHT OF THE LIVING DUMMY III: PART 1 und NIGHT OF THE LIVING DUMMY III: PART 2

Season 2, Episode 24 und 25
Erstausstrahlung: 1997
Deutscher Titel: *Die unheimliche Puppe kehrt zurück – Teil 1 und 2*

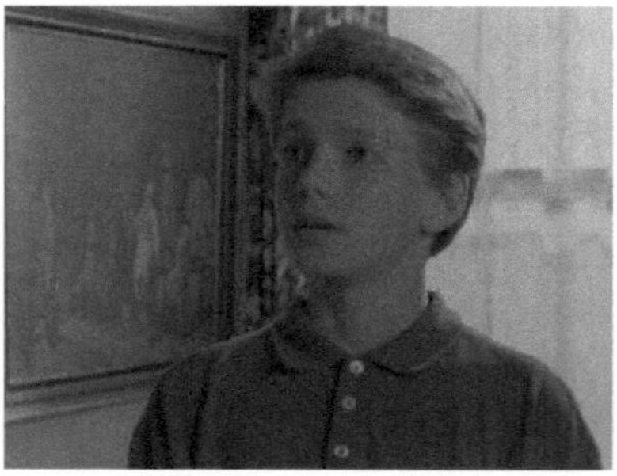

Abb. 552: »From my point of view the Jedi are evil.«

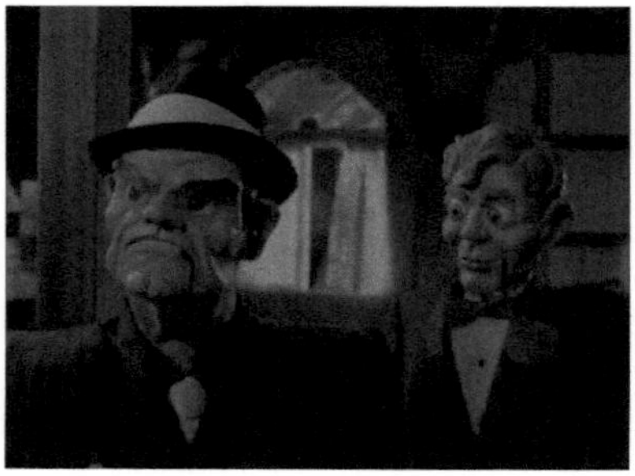

Abb. 553: Zwei schlimme Finger.

In dem Zweiteiler lernen wir eine neue Weißbrot-Vorstadtfamilie kennen. Diesmal ist der Papa der Bauchrednerfreak. Er kauft Slappy in einem Ramschladen und präsentiert ihn seinen zwei ziemlich genervten Kindern Trina und Dan. Wieder wird Slappys Visitenkarte gefunden und laut vorgelesen.

Dann kommt der junge Anakin Skywalker zu Besuch, etwa acht Jahre bevor er in einer weit, weit entfernten Galaxis auf die dunkle Seite der Macht gezogen wurde. Hayden »I don't like sand« Christensen spielt Zane, den extrem ängstlichen Cousin der beiden Kinder. Zane ist wieder mal widerwillig auf Besuch da, obwohl er sich nicht so gut mit Trina und Dan versteht. Der Cousin hat zudem eine starke Bauchrednerpuppen-Phobie und liest sogar ein Buch darüber, wie man seine Ängste bewältigen kann.

Der ständig lachende und freche Slappy ist wieder zum Leben erwacht, also *don't worry, be Slappy*. Merkwürdige Dinge passieren, und irgendjemand hat mit Zanes Kamera ungefragt Bilder von Puppen gemacht. Zane ist sich sicher: Trina und Dan wollen ihn schon wieder ärgern, genau wie bei seinem letzten Besuch.

Die Eltern glauben ihren Sprösslingen nicht, dass sie Zane keine Streiche spielen und dass sie es nicht waren, die den unbewachten Tisch mit dem Abendessen ruiniert haben. Bruder, Schwester und Cousin kämpfen bald gegen Slappy, der ihnen droht, sie in Puppen zu verwandeln.

Die Szenen, in denen Puppen herumlaufen, sind ganz nett gruselig. Da es sich hier um eine Doppelfolge handelt, bleibt mehr Zeit für Charakterisierung, Foreshadowing und so etwas wie einen Spannungsaufbau. Es gibt sogar ein paar kleine Twists in der Handlung und im Finale eine kleine Explosion.

★★★☆☆

Bride of the Living Dummy

Season 3, Episode 16
Erstausstrahlung: 1998
Deutscher Titel: *Die Braut der unheimlichen Puppe*

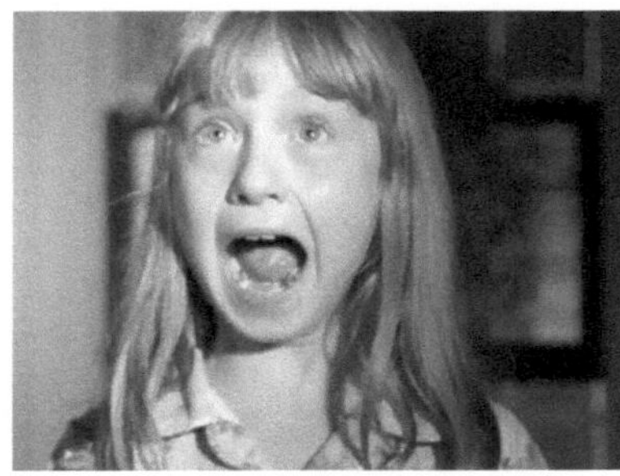

Abb. 554: Kein Slappy-Fan.

Ein Obdachloser findet in einer Gosse einen Koffer mit Slappy und sagt den Spruch auf der Karte auf. Slappy hat einen Deal parat: Er macht den Penner zum »Bauchredner«-Kinderstar, der muss aber dafür sein Sklave werden.

Gesagt, getan. Bei einer Vorstellung entdeckt Slappy die blonde Mädchenpuppe eines der Kinder unserer Geschichte und verknallt sich in sie. Er kommt an die Adresse des Kindes heran und lässt sich per Post dort hinliefern. Der Penner verschwindet für die restliche Handlung der Folge – ich hoffe, er ist auch ohne Slappy glücklich geworden.

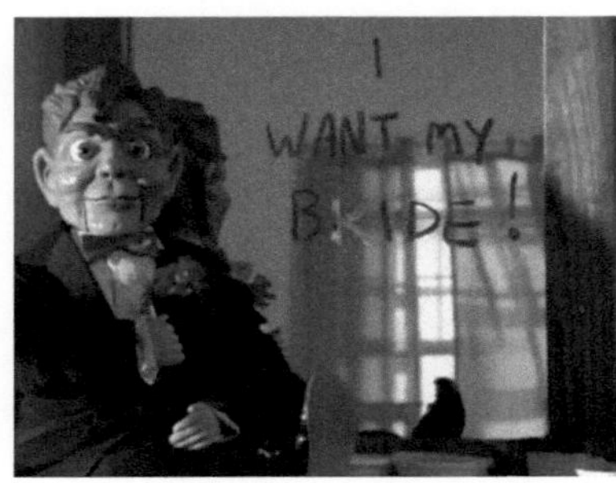

Abb. 555: Und zwar sofort.

Die Eltern sind die meiste Zeit weg, also müssen wir uns mit den miserablen Kinderschauspielern begnügen. Aber zumindest ist es ganz unterhaltsam, wie sie vor Slappy fliehen. Der kleine Schurke lässt später seine Braut am Hochzeitstag für eine andere stehen.

Bride of the Living Dummy ist von den drei Geschichten jene, die am meisten kitschig-cheesy ist, und somit in gewisser Weise die beste. Im Vergleich zu *Night of the Living Dummy III* gibt es bessere Puppenanimationen, und die Aufnahmen wechseln nicht mehr zwischen den Puppen und Kleinwüchsigen, die sich wie Bauchrednerpuppen angezogen haben. Es ist die spaßigste Folge, auch wenn der Spaß wieder nur von kurzer Dauer ist.

★★★☆☆

Filmliste

1936:
The Devil-Doll

1945:
Dead of Night

1947:
The Beast with Five Fingers

1957:
The Incredible Shrinking Man

1958:
Attack of the Puppet People
Fiend Without a Face

1959:
The Tingler

1961:
Muñecos infernales

1963:
The Crawling Hand

1964:
Devil Doll

1965:
Dr. Terror's House of Horrors
The Skull

1972:
Asylum

1973:
Don't Be Afraid of the Dark

1974:
It's Alive

1975:
Shivers
Trilogy of Terror

1978:
The Bermuda Triangle
It's Alive 2

1979:
Phantasm

1980:
Demonoid

1981:
The Boogens
The Hand
The Pit

1982:
Basket Case
Parasite

1983:
The Deadly Spawn
Screamtime

1984:
Black Devil Doll from Hell
The Devil's Gift
Gremlins
The Jar
The Power

1985:
Attack of the Beast Creatures
Cat's Eye
Ghoulies
Joey

1986:
Critters
Night of the Creeps
Troll

1987:
Dolls
It's Alive III: Island of the Alive
Munchies

1988:
Brain Damage
Child's Play
Critters 2
Ghoulies II
Hobgoblins

1989:
Death Doll
Elves

Puppetmaster
Vacaciones de terror

1990:
Baby Blood
Basket Case 2
Child's Play 2
Gremlins 2: The New Batch
Puppet Master II
The Suckling
Troll 2

1991:
Beasties
Child's Play 3
Critters 3
Dolly Dearest
Ghoulies Go to College
Puppet Master III: Toulon's Revenge
Silent Night, Deadly Night 5: The Toy Maker
The Unborn
Vacaciones de terror 2: cumpleaños diábolico

1992:
Basket Case 3
Critters 4
Demonic Toys
Honto ni atta kowai hanashi: Ju shi ryō
Secrets in the Attic
Seedpeople
Severed Ties

1993:
Body Bags
Demon Dolls
Dollman vs. The Demonic Toys
Herencia diabolica
Leprechaun
Little Devils: The Birth
Puppet Master 4

1994:
Ghoulies IV
Leprechaun 2
Possessed by the Night
Puppet Master 5
Revenge of the Red Baron
Shrunken Heads
The Unborn II

1995:
The Dummy – Bloody Anniversary
Evolver
Leprechaun 3
Rumpelstiltskin
Tales from the Hood

1996:
Feeders
Kondom des Grauens
Papi Gudia
Pinocchio's Revenge
Trilogy of Terror II

1997:
Hideous!
Leprechaun 4: In Space
Quicksilver Highway

1998:
Bride of Chucky
Feeders 2: Slay Bells
Curse of the Puppet Master

1999:
Blood Dolls
Idle Hands
Retro Puppetmaster
Ragdoll
Totem

2000:
The Dummy
Leprechaun in the Hood

2003:
Inhabited
Leprechaun: Back 2 tha' Hood
Puppet Master: The Legacy

2004:
Blood Gnome
Seed of Chucky
Kiseichû: Kirâ Pusshî
Puppet Master vs Demonic Toys

2005:
Doll Graveyard

The Gingerdead Man
Larva

2006:
Slither
Tiki

2007:
Dead Silence

2008:
Black Devil Doll
Dangerous Worry Dolls
Gingerdead Man 2: Passion of the Crust
Puppet Show
Triloquist

2009:
Grave Danger
Hobgoblins 2
It's Alive
The Telling

2010:
Demonic Toys 2
Feeding Frenzy
Growth
Infection: The Invasion Begins
Puppet Master: Axis of Evil

2011:
Don't Be Afraid of the Dark
Gingerdead Man 3: Saturday Night Cleaver
Killer Eye: Halloween Haunt
Shake Rattle and Roll 12
Zombie Babies

2012:
Aberrations
Puppet Master X: Axis Rising
Won Ton Baby!

2013:
Bad Milo!
Curse of Chucky
Ooga Booga
Zapatlela 2

2014:
Annabelle
Finders Keepers
Leprechaun: Origins
Maria Leonora Teresa

2015:
Demon Dolls
Goosebumps
Robert
Tales of Halloween
Tuyul: Part 1
Zombeavers

2016:
The Boy
The Dummy 2
Der Nachtmahr
The Curse of Robert
Yoga Hosers

2017:
Anna
Annabelle: Creation
Attack of the Killer Donuts
Charlotte
Cult of Chucky
Cute Little Buggers
Doll Master
The Elf
Ghastlies
Gremlin
Heidi
Puppet Master: Axis Termination
The Toymaker

2018:
Puppet Master: The Littlest Reich
The Revenge of Robert

Bildrechteverzeichnis:

Abb. 1: Privataufnahme des Autors | Abb. 2: ABERRATIONS, US-DVD, amazon.com kydc (DVD-R) | Abb. 3-5: ANNABELLE, US-Blu-ray, Warner Bros. | Abb. 6-7: ANNABELLE: CREATION, US-Blu-ray, Warner Bros. | Abb. 8: ASYLUM, US-DVD, Dark Sky Films | Abb. 9-14: ATTACK OF THE BEAST CREATURES, deutsche VHS, Rebell Video | Abb. 15-17: ATTACK OF THE KILLER DONUTS, deutsche Blu-ray, daredo | Abb. 18-19: ATTACK OF THE PUPPET PEOPLE aus dem Set Attack of the Puppet People / Village of the Giants, US-DVD, MGM Home Entertainment (Midnite Movies Double Feature) | Abb. 20-23: BABY BLOOD, französische DVD, Studiocanal | Abb. 24-28: BAD MILO!, deutsche Blu-ray, Sony Pictures Home Entertainment | Abb. 29-33: BASKET CASE, US-DVD, Something Weird Video | Abb. 34-36: BASKET CASE 2, deutsche DVD, cmv Laservision | Abb. 37-40: BASKET CASE 3, deutsche DVD, cmv Laservision | Abb. 41-43: DIE BESTIE MIT DEN 5 FINGERN, deutsche DVD, Supreme Film | Abb. 44: BEASTIES, US-DVD, amazon.com kydc (DVD-R) | Abb. 45-48: SOS BERMUDA-DREIECK, deutsche DVD, Alive - Vertrieb und Marketing | Abb. 49-50: BLACK DEVIL DOLL, US-DVD, Grindhouse Releasing | Abb. 51-54: BLACK DEVIL DOLL FROM HELL aus dem Set Black Devil Doll from Hell / Tales from The Quadead Zone, US-DVD, Massacre Video | Abb. 55-59: BLOOD DOLLS, US-DVD, Full Moon Releasing | Abb. 60-63: BLOOD GNOME, UK-DVD, Film 2000 | Abb. 64-65: BODY BAGS, US-Blu-ray, Shout! Factory | Abb. 66-68: THE BOOGENS, US-Blu-ray, Olive Films | Abb. 69-70: THE BOY, deutsche Blu-ray, Koch Media Home Entertainment / capelight pictures | Abb. 71-74: BRAIN DAMAGE, US-DVD, Synapse films | Abb. 75-76: STEPHEN KING: KATZENAUGE, deutsche Blu-ray, Koch Media | Abb. 77: CHARLOTTE, US-DVD, Synergetic Distribution | Abb. 78-81: CHILD'S PLAY aus dem Set Chucky: The Complete Collection, US-Blu-ray, Universal Pictures Home Entertainment | Abb. 82-84: CHILD'S PLAY 2 aus dem Set Chucky: The Complete Collection, US-Blu-ray, Universal Pictures Home Entertainment | Abb. 85-86: CHILD'S PLAY 3 aus dem Set Chucky: The Complete Collection, US-Blu-ray, Universal Pictures Home Entertainment | Abb. 87-89: BRIDE OF CHUCKY aus dem Set Chucky: The Complete Collection, US-Blu-ray, Universal Pictures Home Entertainment | Abb. 90-93: SEED OF CHUCKY aus dem Set Chucky: The Complete Collection, US-Blu-ray, Universal Pictures Home Entertainment | Abb. 94-96: CURSE OF CHUCKY aus dem Set Chucky: The Complete Collection, US-Blu-ray, Universal Pictures Home Entertainment | Abb. 97-99: CULT OF CHUCKY, US-Blu-ray, Universal Pictures Home Entertainment | Abb. 100-101: THE CRAWLING HAND, US-DVD, Rhino Theatrical | Abb. 102-104: CRITTERS aus dem Set Critters Collection, deutsche DVD, Warner Home Video | Abb. 105-106: CRITTERS 2 aus dem Set Critters Collection, deutsche DVD, Warner Home Video | Abb. 107-108: CRITTERS 3 aus dem Set Critters Collection, deutsche DVD, Warner Home Video | Abb. 109-111: CRITTERS 4 aus dem Set Critters Collection, deutsche DVD, Warner Home Video | Abb. 112-113: CUTE LITTLE BUGGERS, US-DVD, Uncork'd Entertainment | Abb. 114: DANGEROUS WORRY DOLLS, Videostream, fullmoonstreaming.com | Abb. 115-116: DEAD OF NIGHT, UK-Blu-ray, Studiocanal | Abb. 117-119: DEAD SILENCE, deutsche Blu-ray, Universal Pictures Germany | Abb. 120-121: THE DEADLY SPAWN, US-DVD, Synapse films | Abb. 122: ZERBA – O ENIGMA, brasilianische VHS, Ideal Home Video | Abb. 123-124: DEMON DOLLS, US-DVD, Screamtime Films | Abb. 125-126: DEMON DOLLS, US-DVD, Screamtime Films | Abb. 127-131: DEMONIC TOYS, US-Blu-Ray, Full Moon Features | Abb. 132-134: DEMONIC TOYS 2, Videostream, fullmoonstreaming.com | Abb. 135-138: DOLLMAN VS DEMONIC TOYS, US-Blu-Ray, Full Moon Features | Abb. 139-141: DEMONOID, US-Blu-ray, Vinegar Syndrome | Abb. 142-145: DEVIL DOLL, US-DVD, Image Entertainment | Abb. 146-148: THE DEVIL-DOLL aus dem Set Mad Love / The Devil-Doll, US-DVD, Warner Bros. | Abb. 149-150: THE DEVIL'S GIFT, US-VHS, Lions Gate | Abb. 151-154: DOLL GRAVEYARD aus dem Set Creepy Creature Features, deutsche DVD, Galileo Medien AG | Abb. 155-159: DOLLS, US-Blu-ray, Shout! Factory | Abb. 160-161: DOLLY DEAREST, US-DVD, Lions Gate | Abb. 162-164 : DON'T BE AFRAID OF THE DARK, US-DVD, Warner Archive | Abb. 165-167: DON'T BE AFRAID OF THE DARK, US-Blu-ray, Sony Pictures Home Entertainment | Abb. 168-170: DIE TODESKARTEN DES DR. SCHRECK, deutsche DVD, Wicked-Vision Media | Abb. 171: THE DUMMY, UK-DVD, Film 2000 | Abb. 172-173: THE DUMMY, US-DVD, Screamtime Films | Abb. 174-175: THE DUMMY 2, Videostream, Echelon Studios (vimeo.com/ondemand/thedummy22016) | Abb. 176: THE ELF, US-Blu-ray, Uncork'd Entertainment | Abb. 177-181: ELVES, US-VHS, Futura Home Video | Abb. 182-184: EVOLVER, US-DVD, Trimark Home Video | Abb. 185-186: FEEDERS, US-VHS, Polonia Brothers Entertainment | Abb. 187-189: FEEDING FRENZY, Videostream, Red Letter Media (redlettermedia.com/feeding-frenzy-2010) | Abb. 190-192: FIEND WITHOUT A FACE, US-DVD, The Criterion Collection | Abb. 193: FINDERS KEEPERS, US-DVD, Lions Gate | Abb. 194-196: GHASTLIES, US-Blu-ray, Camp Motion Pictures | Abb. 197-200: GHOULIES aus dem Set Ghoulies / Ghoulies II, US-Blu-ray, Shout! Factory | Abb. 201-203: GHOULIES II aus dem

Set Ghoulies / Ghoulies II, US-Blu-ray, Shout! Factory | Abb. 204-208: GHOULIES: GHOULIES GO TO COLLEGE, UK-DVD, Lions Gate Home Entertainment | Abb. 209-211: GHOULIES IV, UK-DVD, Avenue Entertainment | Abb. 212-213: THE GINGERDEAD MAN, Videostream, fullmoonstreaming.com | Abb. 214-217: GINGERDEAD MAN 2: BAKERY OF BLOOD, Videostream, fullmoonstreaming.com | Abb. 218-222: GINGERDEAD MAN 3: ROLLER BOOGIE MAN, Videostream, fullmoonstreaming.com | Abb. 223-227: GÄNSEHAUT, deutsche Blu-ray, Sony Pictures Home Entertainment | Abb. 228-229: GRAVE DANGER, US-DVD, Yellow Ape Productions | Abb. 230-231: GREMLIN, US-DVD, Uncork'd Entertainment | Abb. 232-237: GREMLINS: KLEINE MONSTER aus dem Set Die Gremlins Collection, deutsche Blu-ray, Warner Home Video | Abb. 238-242: GREMLINS 2: DIE RÜCKKEHR DER KLEINEN MONSTER aus dem Set Die Gremlins Collection, deutsche Blu-ray, Warner Home Video | Abb. 243-244: GROWTH, US-DVD, Anchor Bay Entertainment | Abb. 245-247: THE HAND, US-DVD, Warner Home Video | Abb. 248: HEIDI, US-DVD, Wild Eye Releasing | Abb. 249-253: HIDEOUS!, Videostream, fullmoonstreaming.com | Abb. 254-257: HOBGOBLINS, deutsche DVD, Ascot Elite Home Entertainment | Abb. 258-259: HOBGOBLINS 2, US-DVD, Micro Werks | Abb. 260-261: CURSE, DEATH & SPIRIT, US-DVD, Urban Vision Entertainment | Abb. 262-265: IDLE HANDS, US-Blu-ray, Image Entertainment | Abb. 266-267: THE INCREDIBLE SHRINKING MAN, UK-Blu-ray, Arrow Video | Abb. 268: INFECTION: THE INVASION BEGINS, US-DVD, Morningstar | Abb. 269-270: INHABITED, US-DVD, Image Entertainment | Abb. 271-274: IT'S ALIVE aus dem Set It's Alive Trilogy, US-Blu-ray, Shout! Factory | Abb. 275-276: IT LIVES AGAIN aus dem Set It's Alive Trilogy, US-Blu-ray, Shout! Factory | Abb. 277-279: IT'S ALIVE III: ISLAND OF THE ALIVE aus dem Set It's Alive Trilogy, US-Blu-ray, Shout! Factory | Abb. 280-281: THE JAR, US-VHS, Magnum Entertainment | Abb. 282-284: JOEY, deutsche Blu-ray, Universum Film | Abb. 285: KILLER EYE: HALLOWEEN HAUNT, Videostream, fullmoonstreaming.com | Abb. 286-289: SEXUAL PARASITE, US-DVD, Discotek Media | Abb. 290-292: KILLER CONDOM, US-DVD, Troma Entertainment | Abb. 293-294: LARVA, UK-DVD, Boulevard Entertainment | Abb. 295-297: LEPRECHAUN aus dem Set Leprechaun: The Complete Movie Collection, US-Blu-ray, Lionsgate | Abb. 298-300: LEPRECHAUN 2 aus dem Set Leprechaun: The Complete Movie Collection, US-Blu-ray, Lionsgate | Abb. 301-304: LEPRECHAUN 3 aus dem Set Leprechaun: The Complete Movie Collection, US-Blu-ray, Lionsgate | Abb. 305-309: LEPRECHAUN 4: IN SPACE aus dem Set Leprechaun: The Complete Movie Collection, US-Blu-ray, Lionsgate | Abb. 310-311: LEPRECHAUN IN THE HOOD aus dem Set Leprechaun: The Complete Movie Collection, US-Blu-ray, Lionsgate | Abb. 312-314: LEPRECHAUN: BACK 2 THA' HOOD aus dem Set Leprechaun: The Complete Movie Collection, US-Blu-ray, Lionsgate | Abb. 315-316: LEPRECHAUN: ORIGINS aus dem Set Leprechaun: The Complete Movie Collection, US-Blu-ray, Lionsgate | Abb. 317-319: LITTLE DEVILS: THE BIRTH, kanadische DVD, Shivers Entertainment | Abb. 320: MARIA LEONORA TERESA, Videostream (www.dailymotion.com/video/x6fi6yl) | Abb. 321-323: MUNCHIES, US-DVD, New Concorde Home Entertainment | Abb. 324-327: CURSE OF THE DOLL PEOPLE aus dem Set Crypt of Terror: The Night of the Bloody Apes / Curse of the Doll People US-DVD, BCI Eclipse | Abb. 328-331: DER NACHTMAHR, deutsche DVD, Koch Media | Abb. 332-334: NIGHT OF THE CREEPS, US-Blu-ray, Sony Pictures Home Entertainment | Abb. 335-340: OOGA BOOGA, Videostream, fullmoonstreaming.com | Abb. 341-344: PAPI GUDIA, indische DVD, Eros International | Abb. 345-346: MUTANTI, italienische VHS, CDi Video | Abb. 347-350: PHANTASM, US-Blu-ray, Well Go USA | Abb. 351-354: PINOCCHIO'S REVENGE, US-DVD, Lions Gate Home Entertainment | Abb. 355-358: THE PIT, US-Blu-ray, Kino Lorber | Abb. 359-361: POSSESSED BY THE NIGHT, UK-DVD, Scanbox Entertainment | Abb. 362-364: THE POWER, US-DVD, Scorpion Releasing | Abb. 365-370: PUPPETMASTER, UK-Blu-ray, 88 Films | Abb. 371-376: PUPPET MASTER II, UK-Blu-ray, 88 Films | Abb. 377-383: PUPPET MASTER III: TOULON'S REVENGE, UK-Blu-ray, 88 Films | Abb. 384-389: PUPPET MASTER 4, US-Blu-Ray, Full Moon Features | Abb. 390-395: PUPPET MASTER 5, US-Blu-Ray, Full Moon Features | Abb. 396-399: CURSE OF THE PUPPET MASTER aus dem Set Puppet Master: The DVD Collection, US-DVD, Full Moon Pictures / Koch Vision | Abb. 400-403: RETRO PUPPET MASTER, deutsche DVD, Sunfilm Entertainment | Abb. 404-406: PUPPET MASTER: AXIS OF EVIL, Videostream, fullmoonstreaming.com | Abb. 407-411: PUPPET MASTER X: AXIS RISING, Videostream, fullmoonstreaming.com | Abb. 412-414: PUPPET MASTER: AXIS TERMINATION, Videostream, fullmoonstreaming.com | Abb. 415-418: DÄMONISCHE SPIELE - PUPPET MASTER VS. DEMONIC TOYS, deutsche DVD, Cine Plus Home Entertainment | Abb. 419-420: PUPPET SHOW, US-DVD, Midnight Releasing | Abb. 421-423: QUICKSILVER HIGHWAY, deutsche DVD, Kinowelt | Abb. 424-426: RAGDOLL, Videostream, fullmoonstreaming.com | Abb. 427-430: REVENGE OF THE RED BARON, US-DVD, Buena Vista Home Entertainment | Abb. 431-433: ROBERT – DIE PUPPE DES TEUFELS, deutsche DVD, daredo | Abb. 434-435: THE CURSE OF ROBERT, UK-DVD, 4Digital Media | Abb. 436-437: THE TOYMAKER, UK-DVD, 4Digital Media / Sony Pictures Home Entertainment | Abb. 438-441: THE REVENGE OF ROBERT, UK-DVD, 4Digital

Media / Sony Pictures Home Entertainment | Abb. 442-445: RUMPELSTILTSKIN, US-DVD, Republic Pictures | Abb. 446: SCREAMTIME, UK-VHS, Medusa | Abb. 447-448: SECRETS IN THE ATTIC, US-VHS, Vidmark Entertainment | Abb. 449-452: SEEDPEOPLE, Videostream, fullmoonstreaming.com | Abb. 453-455: SEVERED TIES, US-VHS, Columbia TriStar | Abb. 456-457: SHAKE RATTLE AND ROLL 12, philippinische DVD, Regal Entertainment | Abb. 458-461: SHIVERS, UK-Blu-ray, Arrow Video | Abb. 462-464: SHRUNKEN HEADS, Videostream, fullmoonstreaming.com | Abb. 465-467: SILENT NIGHT, DEADLY NIGHT V: THE TOYMAKER aus dem Set Silent Night, Deadly Night Three-Disc Set, US-DVD, Lionsgate | Abb. 468-469: THE SKULL, UK-Blu-ray, Eureka Entertainment | Abb. 470-472: SLITHER, US-Blu-ray, Shout! Factory | Abb. 473-475: THE SUCKLING, UK-Blu-ray, 88 Films | Abb. 476: Privataufnahme des Autors | Abb. 477-479: TALES FROM THE HOOD, US-DVD, HBO Home Video / Savoy Pictures | Abb. 480-481: TALES OF HALLOWEEN, deutsche Blu-ray, Splendid Film | Abb. 482: THE TELLING, US-DVD, Breakout Entertainment | Abb. 483-486: TIKI, US-DVD, Retromedia Entertainment | Abb. 487-489: SCHREI, WENN DER TINGLER KOMMT, deutsche Blu-ray, Anolis Entertainment | Abb. 490-491: TOTEM, Videostream, fullmoonstreaming.com | Abb. 492-493: TRILOGY OF TERROR, australische DVD, Shock Entertainment | Abb. 494-496: DUMMY, britische DVD, Lions Gate Home Entertainment | Abb. 497-501: TROLL aus dem Set Troll und Troll 2, deutsche DVD, MGM Home Entertainment | Abb. 502-509: TROLL 2 aus dem Set Troll und Troll 2, deutsche DVD, MGM Home Entertainment | Abb. 510-512: BEST WORST MOVIE, US-DVD, New Video | Abb. 513-515: THE UNBORN, US-DVD, New Concorde | Abb. 516-519: THE UNBORN II, US-DVD, New Concorde | Abb. 520-523: VACATION OF TERROR aus dem Set Horror from South of the Border Vol. 1, US-DVD, BCI Entertainment | Abb. 524-525: VACATION OF TERROR 2 aus dem Set Horror from South of the Border Vol. 1, US-DVD, BCI Entertainment | Abb. 526-528: WON TON BABY!, US-DVD, R Squared Films | Abb. 529-532: YOGA HOSERS, US-Blu-Ray, Invincible Entertainment Partners | Abb. 533-535: ZAPATLELA 2, indische DVD, Shemaroo Entertainment | Abb. 536-539: ZOMBIBER, deutsche Blu-Ray, Splendid Film | Abb. 540-541: ZOMBIE BABIES, US-DVD, Independent Entertainment | Abb. 542-546: The Twilight Zone: The Complete Series, US-DVD, Paramount | Abb. 547-549: Tales from the Darkside: The Complete Collection, UK-DVD, Revelation Films / Koch | Abb. 550-555: Goosebumps – The Complete Collection UK-DVD, Revelation Films / Hollywood Classics

Vom selben Autor im Mühlbeyer Filmbuchverlag

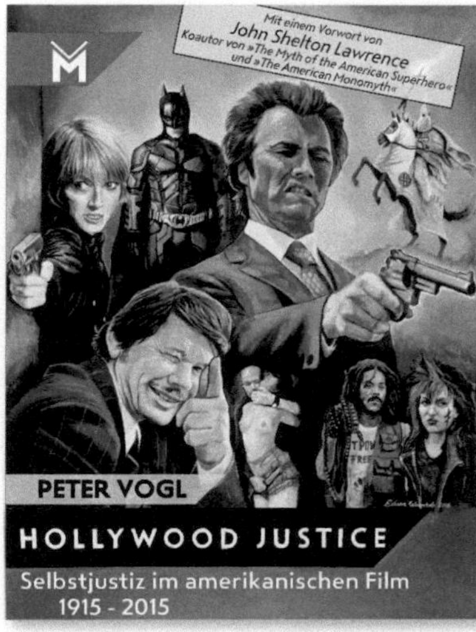

Peter Vogl:

Hollywood Justice

Selbstjustiz im amerikanischen Film

1915 - 2015

217 Seiten, zahlreiche Abbildungen.
E-Book: 14,99 Euro, Print: 18,90 Euro.

Ein Jahrhundert Selbstjustiz im amerikansichen Film: Von BIRTH OF A NATION bis CARTEL LAND nehmen Vigilanten das Recht in die eigene Hand. *Hollywood Justice* ist die weltweit erste Veröffentlichung, die alle wichtigen (und einige weniger wichtige) Vertreter dieses besonderen Genres vereint. Das Buch ist Nachschlagewerk, historischer Überblick und Analyse in einem – eine Enzyklopädie filmischen Faustrechts.

Weitere Veröffentlichungen des Verlags:

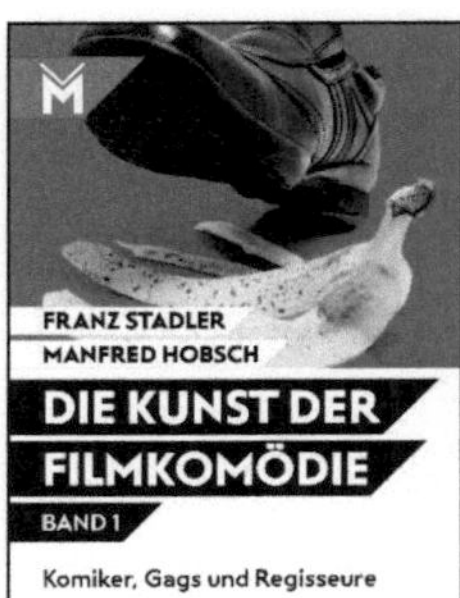

Franz Stadler, Manfred Hobsch:

Die Kunst der Filmkomödie

Band 1: Komiker, Gags und Regisseure

445 Seiten, zahlreiche Abbildungen
E-Book: 22,99 Euro, Print: 29,90 Euro

Band 2: 1.000 Filmkomödien

491 Seiten
E-Book: 22,99 Euro, Print: 29,90 Euro

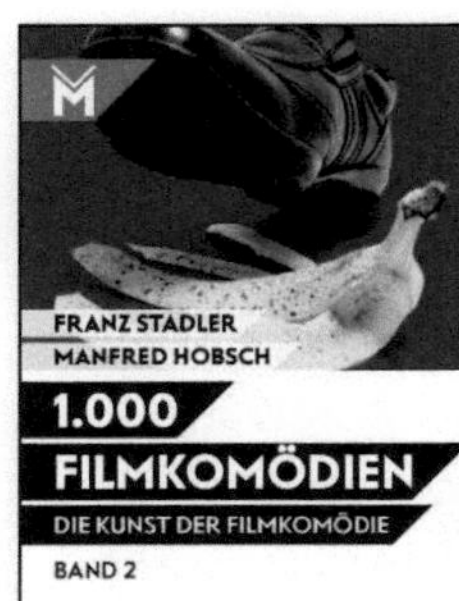

Zwei Bände erklären, wie Komik im Film funktioniert. Der erste Band stellt Grundformen, Stilmerkmale und Hauptthemen der Filmkomödie vor und porträtiert 60 der besten Komödienregisseure sowie 70 bedeutenden Filmkomiker – ein »Standardwerk« (*Filmdienst*). Im zweiten Band präsentieren die Autoren die 1.000 besten Filmkomödien: kenntnisreich, aber subjektiv, geleitet von persönlichen Einschätzungen, dennoch orientiert an Fakten. Das zweibändige Handbuch ist ein Wegweiser durch die Geschichte der Filmkomödie von der Stummfilmgroteske bis zur Comedy von heute.

Weitere Informationen unter
www.muehlbeyer-verlag.de

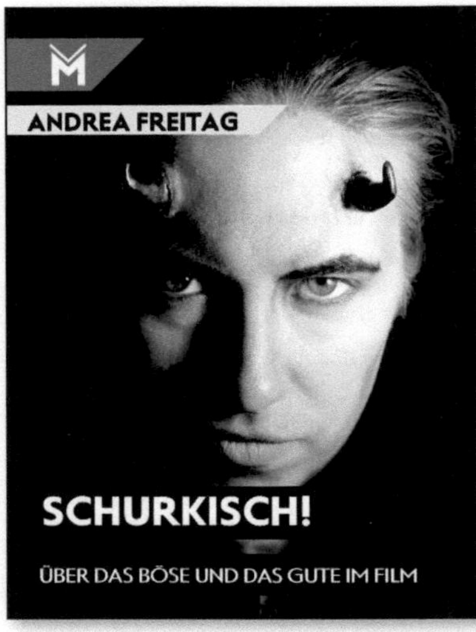

Andrea Freitag:

Schurkisch!

Über das Böse und das Gute im Film

222 Seiten, zahlreiche Abbildungen.
E-Book: 14,99 Euro, Print: 18,90 Euro.

Was macht den echten Schurken aus? Besteht seine Daseinsberechtigung nur darin, den Helden besser aussehen zu lassen? Und wie "gut" muss jemand sein, um als Held zu gelten? In *Schurkisch! – Über das Gute und das Böse im Film* untersucht Andrea Freitag die Gemeinsamkeiten und Unterschiede von strahlenden Helden und düsteren Schurken – und unser Verständnis von Gut und Böse im Film.

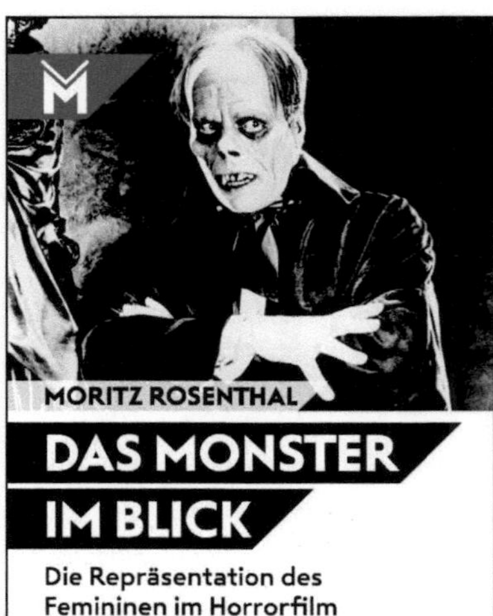

Moritz Rosenthal:

Das Monster im Blick

Die Repräsentation des Femininen im Horrorfilm

96 Seiten, zahlreiche Abbildungen.
E-Book: 9,99 Euro, Print: 12,90 Euro.

Wie wird das Weibliche im Horrorfilm präsentiert? Eine Einführung ins Horrorgenre wie auch in Gendertheorien von Laura Mulvey, Linda Williams, Carol J. Clover, Julia Kristeva und Barbara Creed – anhand von Peter Jacksons BRAINDEAD.